【図解】
INTERIOR COORDINATOR
インテリア
コーディネーター
用語辞典

改訂版

尾上孝一・大廣保行・加藤力［編］

井上書院

はじめに

　今日，わが国の住居環境の指標は，機能性重視から快適さや住み心地の良さへの追求へと移り，同時に，住まいに対する人々の期待も，かつての「量の確保」や単なる「質の充実」ではなく，「癒しとゆとりに包まれた住環境」へと変わってきた。このような時代の要請を受けて登場したインテリアコーディネーターは，顧客のさまざまなニーズに応え，的確なアドバイスや提案ができる専門職として欠かすことのできない存在となっている。

　本辞典は，1993年9月の初版発行以来，インテリアコーディネーター資格試験受験者のみならず，インテリアコーディネーターとして第一線で活躍されている多くの方々からも高い評価をいただき，今回の改訂版の発行に至る11年間で13回の増刷を重ねることができた。その間，建築基準法および消費者関連法規等の改正や，多様化するインテリア商品，廃棄物に関する減量化と適正処理の取組み，高齢者・障害者への配慮ある住まいづくり，シックハウス症候群の原因となる化学物質を含む建材等の使用規制など，住環境を取り巻く幅広い知識が求められるようになってきた。2003年度（第21回）には受験資格年齢の撤廃および試験範囲の変更のもと，新制度による試験が実施され，出題内容も新たな傾向が見られるようになった。このような状況に対応するため，このたび改訂版を出版することとなった。

●改訂版の編集方針
　本辞典は，インテリアコーディネーターの資格取得を目指している方々，および広くインテリアへの知識や趣味としての教養を深めようと考えている方々をも対象にしている。したがって，解説内容は極力やさしく記述するよう努め，以下に示す4項目を改訂作業のポイントとした。
(1) 引きやすさわかりやすさを第一に考え，紙面をカラー化とする。
(2) 参考書としての役割をもたせるため，用語の解説は可能な限り図解する。
(3) 資格試験で出題頻度の高い用語の充実を図る。
(4) 収録用語は，資格試験に即して「インテリア商品と販売」，「インテリア計画と技術」の2つに分類し，それぞれのなかを五十音順に配列する。ただし，学習の便宜を図るため，今日のインテリア界に大きな業績を残したデザイナーについては，「人名」編として「インテリア計画と技術」の後にまとめて収録する。

　最後に，各種スクール，専門学校，短期大学や4年制大学などで「インテリアコーディネーター演習」や「インテリアデザイン論」ほかを学ぶ方々，また，日々の暮らしを通してインテリア関連業務に関心や興味をもたれている方々にとって，本辞典がいささかでもお役に立てれば望外の喜びとするものである。

2004年6月　尾上孝一

本辞典の利用のしかた・凡例

● 構　成

本辞典は，インテリアコーディネーター資格試験受験者を対象に，収録語数3900と図表900点を，実際の資格試験に即して「インテリア商品と販売」，「インテリア計画と技術」の2つに分類し五十音順に配列した。出題頻度の高い用語はもちろんのこと，実務用語，最新用語を網羅するとともに，用語解説では関連知識の拡充にも役立つよう参考書としての機能も兼ね備えた。

また，巻末には今日のインテリア界に影響を与えた建築家やデザイナーを収録した「人名」編と，収録用語の検索に便利な索引，知識の整理に役立つ逆引き索引を設けた。

●利用のしかた

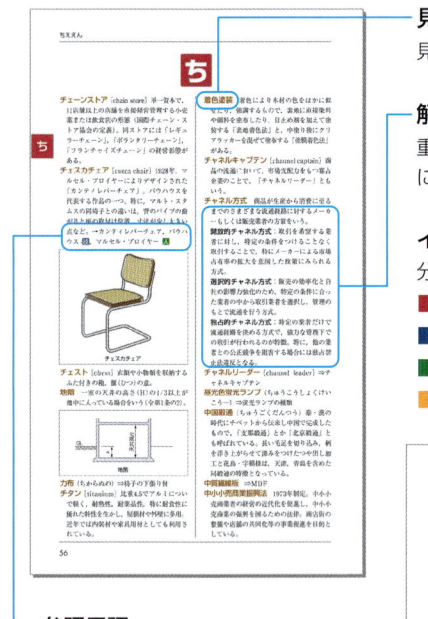

見出し語
見出し語は引きやすい色文字を採用。

解　説
重要な種類名や項目名は、解説文中に黒太文字で表示。

インデックス
分野別に色分け表示。
- ■：インテリア商品と販売
- ■：インテリア計画と技術
- ■：人名
- ■：索引／逆引き索引

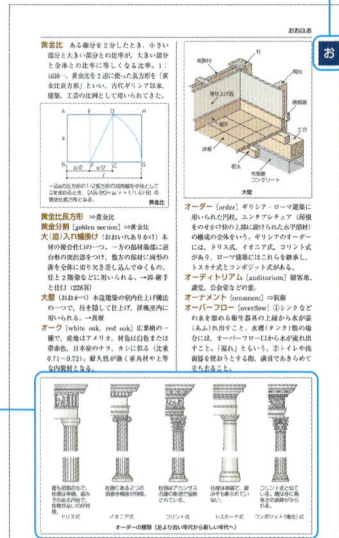

参照用語
他分野に関連用語がある場合には、参照用語の後に記号で表示。
- 販：「インテリア商品と販売」編を参照
- 技：「インテリア計画と技術」編を参照
- 人：「人名」編を参照

図・表
関連用語の種類が多いものは特徴等を簡潔にまとめた表に、解説文だけでは理解しにくい用語は納まりや形状を図解し、当該用語から周辺用語・関連用語への習得にも役立つよう配慮。

●凡　例

［見出し語と配列］
1. 日本語は漢字および平仮名を，外国語は片仮名またはアルファベットを用いた。
2. 長音を示す「ー」は，直前に含まれる母音（ア・イ・ウ・エ・オのいずれか）を繰り返すものとして，その位置に配列した。
　　（例）シェード＝シエエド　ホームセンター＝ホオムセンタア
3. 同一音の配列は，清音・濁音・半濁音の順とした。
4. 一般的な発音として使われていると判断できる用語については「ヴァ・ヴィ・ヴ・ヴェ・ヴォ」を用いた。
　　（例）ヴォイド
5. 漢字は常用漢字にとらわれず，古来の用語を採用した。
6. 一つの見出し語に別の言い方がある場合には，原則として見出し語の中で（　）で囲んで示した。
　　（例）大入れ継ぎ，追入れ継ぎ＝大（追）入れ継ぎ
7. 見出し語の読みは，難解語または誤読のおそれのある語にかぎり見出し語の後に（　）で囲んで示した。
　　（例）框（かまち）　筋違い（すじかい）
8. 見出し語にアルファベットが用いられている場合，アルファベットのまま読むものは読みを示さず，慣用の読み方がある場合に読みを（　）で囲んで示した。
　　（例）AIDAモデル（アイダ―）

［原　語］
1. 見出し語の直後に［　］で囲んで示した。
2. 原語名は，以下の略記号を原語の直後に記入した。ただし，英語は原語名を省略した。
　　伊＝イタリア語　仏＝フランス語　蘭＝オランダ語　ポ＝ポルトガル語
　　西＝スペイン語　独＝ドイツ語　　ラ＝ラテン語　　和＝和製英語・洋語
3. 漢語や和語との混合語や，商品名，工法等で適当な原語がない場合には省略した。

［解　説］
1. 解説文は現代仮名遣いとし，原則として常用漢字によった。
2. 外国語・外来語・外国人名は片仮名を用いた。
3. 語義がいくつか分かれる場合は，①②の番号を付した。
4. 法規関係で参照条文を示す場合，建築基準法は「法」，建築基準法施行令は「令」と略記した。

［参照記号］
⇒解説はその項（図・表）を見よ
→その項（図・表）を参照せよ

［アルファベット文字］

A	エー	B	ビー	C	シー	D	ディー	E	イー	F	エフ	G	ジー
H	エッチ	I	アイ	J	ジェー	K	ケー	L	エル	M	エム	N	エヌ
O	オー	P	ピー	Q	キュー	R	アール	S	エス	T	ティー	U	ユー
V	ブイ	W	ダブリュー			X	エックス			Y	ワイ	Z	ゼット

＊）建築関係法規，消費者関連法規，基準・規格等は2004年6月現在のもので，改正されることがあります。必ず諸官庁および関係機関が発表する情報で確認してください。

目次

I インテリア商品と販売 ... 1
II インテリア計画と技術 ... 95
III 人名 ... 315
索引・逆引き索引 ... 325

インテリア商品と販売

I

チェア、テーブル、ベッド、収納家具
カーペット
ウインドートリートメント
住宅設備機器、金物、建具、照明
内装材、塗料
インテリア・アクセサリー
インテリア・オーナメント
インテリア・グリーン
エクステリア
マーケティング、流通チャネル、ビジネス
情報、積算、リフォーム
コンサルティング、プレゼンテーション
バリアフリー、環境デザイン
防犯
消費者法規、建築関連法規

アーガイル ［argyle］1897年，イギリスの建築家チャールズ・レニエ・マッキントッシュによりデザインされたハイバックチェアの総称。アール・ヌーボーの優雅さをそなえ構造の構成原理はゼツェッション運動に影響を与えた。→チャールズ・レニエ・マッキントッシュ 人

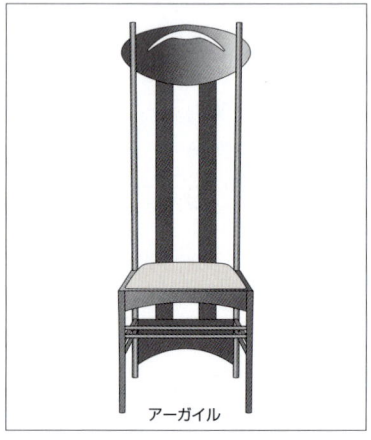

アーガイル

アームチェア ［arm chair］座面の両側にひじ掛けの付いた椅子。西欧では16世紀末頃までは椅子＝アームチェアをさしていた。ひじ掛けのない小椅子は，「バックストゥール」と呼ぶ。

ISDN ［integrated services digital network］総合デジタルサービス網。公衆電気通信ネットワークによりさまざまな情報サービスを提供するもので，NTTのINS（高度情報通信システム）はその代表的な例。

IH調理器 磁力線が鉄製なべの底面を通ると，そこに電流が誘導され，なべ自身の電気抵抗により発熱することを利用して加熱調理するもの。調理器のトッププレート自体は直接熱をもたないのが特徴。高齢者にとっては安全で便利な調理器である。

INS ［information network system］高度情報通信システム。NTTによるISDN（総合デジタルサービス網）の一つで，電信電話，その他の電気通信網を光ケーブル大容量デジタル通信網として一本化し，21世紀の基幹通信システムとして構築中。その実用化は各方面から注目されている。

ICカード ［integrated card］プラスチックカードにマイクロプロセッサとしてのLSIメモリーを内蔵したもので，「インテリジェントカード」ともいう。従来の磁気カードと比較し，大幅に記憶容量が増えたことにより多様な利用が考えられている。

AIDAモデル （アイダ—）消費者行動の心理的過程を示す理論。Attention（注意），Interest（興味），Desire（欲望），Action（行動）の略。1898年，エルモ・ルイスにより発表された行動プロセスモデル。

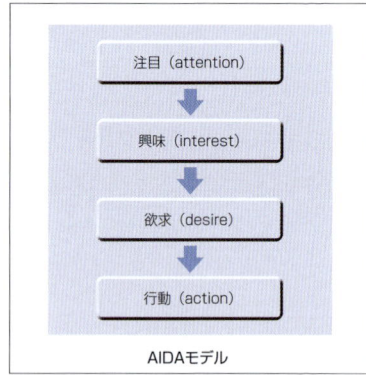

AIDAモデル

ID機能 クレジットカードによる本人証明のこと。同カードの使用時に事前に登録した暗証番号やサインを示し，カード会員本人であることを確認する。

AIDCAモデル （アイドカ—）消費者行動のプロセスモデルに関する理論。1925年，エドワード・ストロングがAIDAモデルに「確信（Conviction）」の過程を加えて提唱した。同モデルに「満足（Satisfaction）」を加えたものを「AIDCASモデル」という。

AIDMAモデル （アイドマ—）消費者の購買心理のプロセスに関する理論。アメリカのローランド・ホールにより提唱され，AIDAモデルに「記憶（評価）(Memory)」を加えたもので，広告の心理理論としても採用されている。

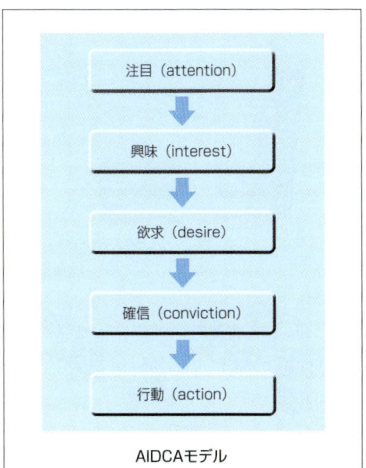

AIDCAモデル

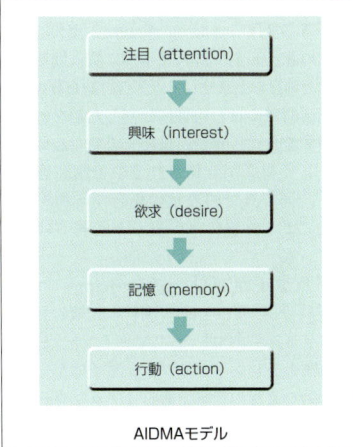

AIDMAモデル

アウトレットストア［outlet store］メーカー出荷の段階で余剰品や傷物などのデッドストックを集中的に仕入れて低価格で販売するディスカウントストア。1970年代，アメリカで生まれたファクトリーアウトレット（工場直販）が始まりとされ，日本ではブランド衣料品と小物を扱うストアが多い。また，ディスカウントショップの集積商業集団のことを，「アウトレットモール」という。→カテゴリーキラー

アウトレットモール［outlet mall］⇒アウトレットストア

亜鉛鍍金（あえんめっき）亜鉛のクロム塩酸によるクロメート処理を施す電気めっき。鉄鋼材，特に釘や丁番，鋼板の防錆用に多用されている。

あおり張り　全体を上張りで張りぐるみとしたり，座枠の上に小巻きのスプリングを付けて二重張りとするもので，「総張りぐるみ」ともいう。ソファーやイージーチェアなどクッション性を特に必要とする椅子の張り工法。

赤と青の椅子　⇒レッド＆ブルーチェア

明り障子　一般の紙障子をさす。

アキスミンスターカーペット［Axminster carpet］パイル（むく毛）を一本一本切断して織られた，多彩で複雑な色柄を特色とする機械織りの高級品。ジャガード装置でセットした糸をグリッパー機で織り込む「グリッパー式」と，柄に合わせてパイル系をスプールに巻きつけて織機にかける「スプール式」がその代表的な織り方。

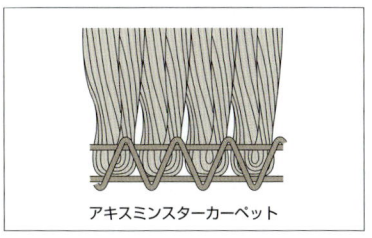

アキスミンスターカーペット

アクリル［acrylic］石油からつくられるアクリルニトリルを共重合原料と重合させ紡糸したもので，特にアクリルニトリルの比率が50％以上のものをアクリル，同率が40～50％のものをアクリル系という。ウールよりも軽く，かさ高性や保温性，耐候性に富むため，カーテン，カーペットの主力繊維として用いられている。特に，アクリル系はやや重量があるが，難燃性に優れた性能を有している。

アクリル樹脂　耐候性，耐薬品性に優れた熱可塑性の樹脂で，「メタアクリル樹脂」ともいう。硬度が高く透明度，着色性に富み，照明器具のカバーやドアパネルのほか，小物家具の成形素材に多用されている。

アクリル塗装　⇒塗装の種類

アクリルラッカー塗料　硝化綿とアクリル樹脂を主体とした速乾性の塗料で，ラッカー塗料に比べ耐候性が良く変色しないため，家具以外の塗料にも広く使用される。

上げ下げ障子　⇒雪見障子

アコーディオンカーテン［accordion curtain］⇒アコーディオンドア

アコーディオンドア［accordion door］アコーディオン式にたためる構造をもつ間仕切りで，「アコーディオンカーテン」ともいう。住宅用の軽便なものから大型の業務用までその種類は多く，いずれも寸法に合わせて特注されている。

麻［linen］亜麻（リネン）とラミー（草麻）の総称。耐久性があり洗濯にも強い繊維としてテーブルリネンに多用。滑らかさがないため，綿やレーヨンとの混紡でケースメントカーテンに使われている。→テーブルリネン

浅型レンジフード 遠心力ファンで効率が高く，一般のキッチンに多く使用されている。フード部分が浅いタイプで，高静圧のターボファンを多用。→レンジフード

脚物（あしもの）洋家具類を形態上から分類した際の呼び名。椅子やテーブル類をさし，家具業界の用語として用いられている。→箱物

アジャスター［adjuster］床の不陸（ふろく）を調整して水平に保つため，テーブルの脚やキャビネット類の台輪の内側に取り付ける調整金具。

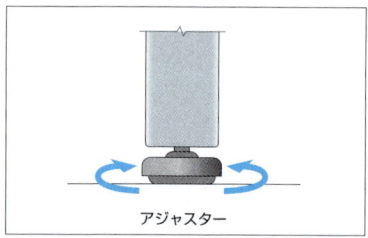
アジャスター

アセチル化木材 改良（人造）木材のこと。木材のセルロースの水酸基をアセチル基に置換し，寸法安定性を付加したもの。同様なものに「ホルマル化木材」がある。

アソートメント［assortment］マーチャンダイジング（商品化計画）による商品構成や品ぞろえのこと。品ぞろえは，店舗がターゲットとする客層のニーズに合った商品の質，数，量であり，展示においてはテーマに基づく分類やゾーニングがポイントとなる。

厚張り 赤ゴムやチップウレタンで座枠に土手状に座の形をつくる椅子の張りぐるみで，「土手張り」ともいう。特に，ある程度のクッション性を必要とする椅子に用いられる。

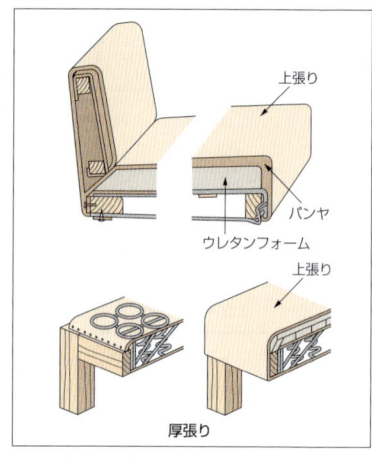
厚張り

アップツーデート［up-to-date］⇒アドバンス

アドオン方式［add-on system］元利均等払いの意。元金（借入元本）に借入期間に応じた利息を上乗せして返済合計額を算出し，返済期間に対し均等に分割した額を毎回返済する方式。元金が最後まで変らないものとして利息が計算されるので割高感があり，同方式での表示の場合，元利均等方式による実質年率の表示が義務づけられている。

アドバタイジング［advertising］⇒広告

アドバンス［advance］流行・先端の意味のファッション用語，転じてテイスト（感性）分類のトレンドタイプ。先端ではないが今日的な流行の意味である「アップツーデート」も同様の分類で，今日的感性をいう。→トレンド商品

アドホック調査［adhoc research］調査の必要に応じて企画から実査，報告まで一回で完結する一般的な単発調査。

アナログ［analog, analogue］⇒デジタル

アブストラクト［abstract］文献情報の手段に用いる抄録（抜き書き）。

アフターサービス［after service］商品販売後に顧客に対して提供する各種のサービス。品質保証，無料修理，定期メンテナンスなどがその例。同サービスはクレームの処理ではなく，顧客の満足感の充実を目的としたものでなければならない。

あみウェブテープ ⇒ウェビングテープ

アミノアルキド塗料 アミノ化合物の縮合による塗料。硬化剤を用いず加熱・乾燥さ

せる焼付け硬化形で，金属の塗装に用いられている。

アモルファス金属　金属ガスと同液体を急冷加工した非晶質金属。耐食性や引張り強さが他の金属に比べて最も高いため，防食被覆材ほか多方面に利用されつつある。

綾織り（あやおり）⇒斜文織り（しゃもんおり）

アラミド繊維　軽量で弾力性があり，特に耐熱性に優れるため，他の樹脂と複合化して航空機材や防火服に用いられる。ポリアラミドを主成分とする高分子化合の繊維。

粗利益　⇒売上総利益

あられ継ぎ　⇒蟻組継ぎ（ありくみつぎ）

蟻組継ぎ［ありくみつぎ］板材の木口（こぐち）を互いに欠き組手として接合する組継ぎの一種。「刻（きざ）み継ぎ」とか「あられ継ぎ」ともいう。たんすの引出しなどの接合に多用。特に前板と側板の接合に用いる包みあり組みは，「ダブテール継ぎ」ということが多い。

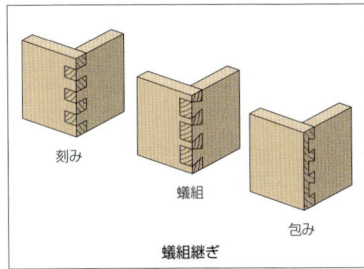

蟻組継ぎ

有田焼（ありたやき）17世紀初，文禄・慶長の役（1592，1597）後に，帰化した季参平により佐賀県の有田に開窯。純白の地肌と赤絵を特色に海外に輸出されている。近くには，伊万里（いまり）焼や唐津焼の産地がある。

アルカリイオン整水器　水道水を浄化させるとともに，電気分解によりアルカリイオン水（飲用や料理用）と酸性水（食器洗い用）とに分離する機能をもった装置。

アルマイト［alumite］アルミニウム表面に緻密堅硬な耐食性の被膜処理を施したもの。耐食性・耐熱性，熱・電気の絶縁性に優れている。

アルミサッシ［aluminium sash］アルミの型材で組み立てた窓枠のこと。軽量で水密性，気密性，耐風圧性に優れ，外観が美しい。

アローアンス［allowance］自社製品の拡張販売努力に対する現金報酬，販売促進のための協賛・援助金をいう。自社製品販売のための販売店への広告宣伝や陳列に対する援助金，売上高に対する協賛金がその例。
→インナーキャンペーン

アローダイアグラム［arrow diagram］一つのテーマに属する複数の項目の進行過程を表記して，全体の流れと各項目間の相互関係を把握する図表のこと。

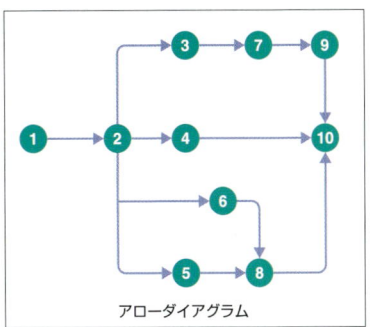

アローダイアグラム

アローチェア［arow chair］⇒ピーコックチェア

アングル丁番　羽根がアングル状，クランク状になった丁番で，扉が側板の小端（こば）にかぶる形の取付けに用いる。→図-丁番（58頁）

アンダーコート［under coat］⇒下塗り

アンダーフェルト［under felt］カーペットの敷込み工事の際に，クッション性や吸音性を高めるために，カーペットの下に敷くフェルト製のクッション材。→アンダーレイヤー

アンダーレイヤー［under layer］カーペットの敷込み工事の際に，床との間に敷き込むクッション材。同材には，麻や綿のフェルトやゴム，ポリエチレンのスポンジ，植物繊維をフェルト状にしたパームロックなどがある。

アンティーク塗装　古い時代の外観に見せる塗装技法。ワイピングステインなどの着色で被塗物に濃淡をつけて，透明塗料で仕上げる。

アンテナショップ［antenna shop］メーカーが消費動向や購買行動などに関する顧客情報を直接収集するために設立した小売店舗のことをいう。

安楽椅子　⇒イージーチェア

EOS〔electronic ordering system〕オンライン受注システム。特定地域の流通業者間の取引に用いられる専用VANで,「電子式受発注システム」ともいう。発注企業と受注企業をオンライン化した仕入業務情報ネットワークで,百貨店からコンビニエンスストアまでその利用は多い。

イージーチェア〔easy chair〕ひじ掛け椅子の中で,休息性を高めるため傾斜をつけた背と幅広の座面をもつパーソナルチェアのことで,「安楽椅子」ともいう。

イートイン〔eat in〕顧客の店内滞留時間を延長させることを目的に,飲食フロア以外のフロアに設置したコーヒースナックのショップ。

Eマーク ヨーロッパの国際壁紙製造協会(IGI)が制定したマーク。再生紙の使用と環境保全を考慮した原料の仕様を定めている。→図-マーク一覧(7頁)

イエスバット話法 ⇒応酬話法

衣架(いか) ⇒衣桁(いこう)

衣桁(いこう) 衣服を掛ける調度品で,「衣架(いか)」ともいう。鳥居型と吊り型,屏風型がある。実用だけでなく衣裳を掛けて室内装飾の役割ももつ。二枚屏風のように折りたたみ式になったのは江戸時代中期以降のこと。

衣桁

椅子の上張り材 モケットや金華山などのパイル織りと平織りやゴブラン織りのパイル系の織物のほかに,牛馬の皮をなめした天然皮革,樹脂を化学的に合成して作った合成皮革などがある。

椅子の構造 椅子は身体を保持する座と背もたれ,それを支持する座枠(台輪),脚,貫(ぬき)などから構成される。背もたれは,後脚と上部の笠木と背板(または背束)からなる。

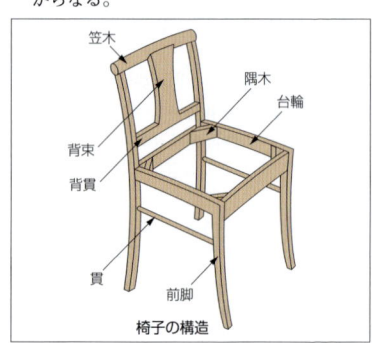

椅子の構造

椅子の下張り材 椅子の下張り材には衝撃吸収材としてのスプリング材や,それを保持したり充てん材などの押さえに用いるものがある。

クッション材:ウレタン樹脂をスポンジ状に発泡させたウレタンフォーム,ゴムのラテックス海綿状に成型したフォームラバー,動物の毛を使ったヘアーロック,植物繊維を用いたパンヤやファイバー,合成繊維を綿状にした合成繊維綿などがある。

スプリング材:薄張り工法では特殊ビニロン糸とゴムで作ったウェビングテープやS状の鋼線を平面状に組んだスネークスプリング,網目状に編んだメッシュウェビング,厚張り工法では鋼線をらせん状に巻いたスプリングをセットしたセットスプリングなどがある。

押え材:力布(補強のための当て布)やズック,金巾(かなきん),麻糸などがある。
→厚張り,薄張り,ウレタンフォーム,金巾,フォームラバー

椅子の種類 食事や休息,作業などに用いる背もたれのある椅子には,ひじ掛けのある「アームチェア」,ひじ掛けのない「バックストゥール」,休息用の「イージーチェア(安楽椅子)」や「レストチェア」,「ロッキングチェア」,和室で用いる「座椅子」がある。

いすのし

 Eマーク
ISMマーク
ウールマーク
エコマーク
 SGマーク

SVマーク
エスマーク
mマーク
 Qマーク
 ケナフマーク

 公正マーク
 Cマーク
 Gマーク
 JISマーク
 JASマーク

  省エネ性ラベル
 石油燃焼器具検定合格証
 DKマーク
 伝統工芸マーク

左：目標基準値達成製品は緑色
右：目標基準値未達成製品は橙色

  PSLPGマーク
上：特定LPガス器具等
下：特定以外のLPガス器具等

 PSEマーク
上：特定電器用品
下：特定電器用品以外の電器用品

 PSCマーク
上：特別特定製品
下：特別特定製品以外の特定製品

 PSTGマーク
上：特定ガス用品
下：特定ガス用品以外のガス用品

 BLマーク
 ブルーエンジェルマーク
 防炎製品ラベル
 防炎ラベル
 RALマーク

マーク一覧

ISMマーク（イズム―）壁装材料協会が定めた規定マーク。同協会会員の壁紙メーカーの製品で、同協会が定めた品質・安全基準を満たした壁紙に付される。→エコロジー壁紙、図-マーク一覧（7頁）

委託販売 商品の販売を第三者（受託者）に委託すること。委託者は受託者に一定の手数料（commission）を支払うが、売買から生じる損益は委託者に帰属する。販売を委託するもののほかに、買付を委託する委託買付を含むことがある。

板矧ぎ（いたはぎ）板の木端（こば）どうしを接合することをいう。その方法にはいも矧ぎという「バットジョイント」、そぎ矧ぎという「スカーフ」、相互をジグザグにした「フィンガー」、実（さね）を用いた「実矧ぎ」などがある。図は「実矧ぎ」を示す。

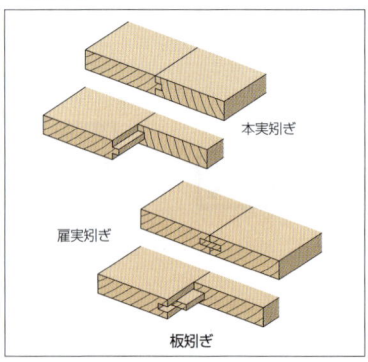
板矧ぎ

1種S型キッチン 従来型のキッチンセットのことで、「セクショナルキッチン」ともいう。流し台、調理台、コンロ台などそれぞれ独立して完成されたものを現場で配置する縦割り形式のキッチン。→システムキッチン

一般情報 一般に公開され誰にでも入手できる情報。デザインや製品にかかわるものや業界、市場に関するものがある。これらの情報源は新聞、図書などの出版物だけでなく、展示会や調査による観察から得られることも多い。

移動累計平均図 ⇒Zグラフ

イノベーション［innovation］革新、新機軸もしくは技術革新の意。オーストリアのシュンペーターにより概念化されたもので企業発展と活性化のうえで必要な要因となるものをいう。

伊万里焼（いまりやき）佐賀県伊万里市周辺で焼成されている磁器の総称。白磁器に色鍋島の色絵を施す鍋島様式が特徴。特に、江戸時代末期まで有田焼を伊万里港から輸出された磁器は「古伊万里焼」といい区別する。

イメージターゲット［image target］販売店舗の宣伝や装飾の目標とする顧客のモデル像や理想とする顧客層のことで、「リードターゲット」ともいう。

色の伝達 色彩の感覚には個人差があり、特に言葉で色彩を伝えることは難しい。プレゼンテーションにおいて色見本や現物サンプルを提示するのはそのためだが、実際の空間での受ける感じは照明やほかの色との対比によって大きく異なる。

岩谷堂箪笥（いわやどうたんす）18世紀後半、岩手県の江刺地方や盛岡に形成されたもので、ケヤキやキリを素材に漆塗りや手打ち彫りの金具による装飾を特徴としている。

岩谷堂箪笥

印紙税 1967年施行の印紙税法で定められた課税対象である文書の作成者が、その課税標準税率に応じて納付しなければならない納税印紙のこと。契約書や手形、売上代金にかかわる領収証など、その内容や記載金額によって税額が定められている。

インショップ［in shop］店舗内で独立した専門店形式をもった売場またはショップ。百貨店やショッピングセンター内でより専門店的機能をもった売場として設けられている。ブランド商品や特定のDC商品の売場展開に多く採用されている。

インストアマーキング［instore marking］⇒ソースマーキング

インストアマーチャンダイジング［instore merchandising〕小売店舗における商品化計画の中核となる商品の品ぞろえ，陳列展示，装飾ディスプレーの総合的計画をいう。

インセンティブプロモーション〔incentive promotion〕顧客の購買動機や販売店の販売意欲を刺激・奨励する販売促進活動をいう。消費者プレミアムや見本配布は前者，ディーラープレミアムや販売コンテストなどは後者の例。→消費者プレミアム，ディーラープレミアム

インテリアグリーン〔interior green〕室内で用いる観葉植物，植木，花などの総称。観葉植物は，冬期においては特に加温や加湿が必要である。代表的な観葉植物の特性は次のとおりである。アジアンダムやゴムノキ，シクラメン，フェニックスなどは比較的低温に強く加湿を必要としない。アイビーやゼラニウム，サボテンなどは比較的乾燥に強く加湿を必要としない。また，栽培に関しては一般の植木鉢を用いるほか，土を用いない水耕栽培としてハイドロボールという発泡煉(れん)土を使う「ハイドロカルチャー」や，ガラス容器に入れて植え込む「テラリウム」，培地を用いない「エアープランツ」などがある。

インテリアコーディネーター資格制度の目的　インテリアコーディネーター業務にかかわる，①知識技能の標準化，②社会的責務の明確化を行うことで，最終的には「国民の健康な消費生活の普及に寄与する」ことにある。

インテリアコーディネーターの業務　顧客ニーズを把握し，提案の前提となる顧客情報を収集，プランニング・提案の承認を受け，取引内容を決定する一連の活動をいう。商品の納品や工事の施工管理から顧客管理までを含む場合もある。

インテリアコーディネーターの情報処理　コンサルティングに必要な資料である，①インテリア・スタイルブックの作成，②カタログや見本帳の収集・整理がある。いずれもその内容が常に新しい情報であるようその収集・管理に心掛けることが大切。

インテリアコーディネーターの職能　「インテリアエレメントの流通過程において，消費者に対し商品選択，インテリアの総合的構成等について，適切な助言提案を行うこと」（社団法人インテリア産業協会の公式定義より）。

インテリアコーディネーターの助言・提案　顧客の立場に立った問題解決のための助言・提案は，その内容が具体的に実現可能であり，そのための売買や工事請負の契約行為が伴うことが前提とされている。

インテリア情報の種類　インテリアコーディネーターにとって必要な情報は大別すると，基礎情報，実務情報，個別情報の3つに分けられる。

基礎情報：国内外の社会・経済の動向等に関する社会経済情報，人口動態統計や新築住宅着工戸数，市場の状況，小売業の立地商圏等に関する市場情報，生活者の暮らし方の情報や衣食住の時代変化に関する生活文化情報がある。

実務情報：商品開発，生産動向，販売方針，各種展示会やイベント等の情報である業界情報，商品に関する生産から流通に至る商品情報，建築の施工技術やエレメントに関する技術情報がある。

個別情報：顧客に関する顧客情報，インテリアコーディネーターの提案内容を顧客が承認した契約書面にする契約情報，着工時期，施工担当者，工程，竣工時期，納期などに関する工程情報がある。

インテリジェンス〔intelligence〕意思決定や問題解決に役立つようデータを整理・分析し，精製した情報をいう。

インテリジェントカード〔intelligent card〕⇒ICカード

インナーキャンペーン〔inner campaign〕販売店に対する販売促進活動の総称。自社商品に対する販売意欲を高めるために行われる「ディーラーコンテスト」，「ディーラープレミアム」，「アローアンス」などがその例。

インパック〔in pack〕⇒オンパック

インフォメーション〔information〕データを整理・分類し加工した原材料的情報で，目的に役立つよう分析される前の情報資料のこと。

インボイス〔invoice〕商業送り状。商品の出荷に伴って販売先に送付される売り主の出荷明細書などの通知書のこと。同状には商品名や数量，価格のほかに輸送機関や積出し日などが記載され，到着後の検収資料となる。

引力モデル　⇒小売引力の法則

ウィルトンカーペット［Wilton carpet］基布とパイルを同時に織る機械織りの高級品で，18世紀中頃，イギリスのウィルトン地方で織られたことにその語源がある。ジャガード織機を使い柄を織るが，色柄はアキスミンスターより少ない。パイル密度が細かく耐久性に優れている。特に二重組織りのものは「ダブルフェイス」という。

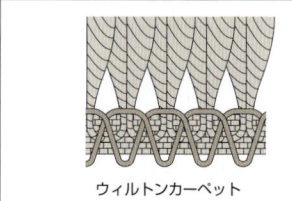
ウィルトンカーペット

ウインク［Wink］喜多俊之のデザインによる可変式シェーズロングチェア（1980年）の名称。座る姿勢に応じて背の角度，左右のフット，ベースが自由に変えられ，カバーリングシステムで「マウス」の愛称で世界的に知られている。

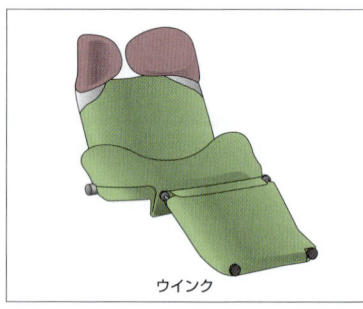
ウインク

ウィングチェア［wing chair］ハイバックチェアの中で背もたれ上部の両サイドが前方に突き出た耳付き椅子。その形状は暖炉の直火熱や外部の風から頭部を保護するためで，17世紀頃にその原型が見られる。

ウィンザーチェア［windsor chair］17世紀後半から18世紀初頭，イギリスのウィンザー地方で挽物師が農民の食事用の椅子として製作したのが始まり。一般には厚木の座板に脚や背の部材を直接接合する構造をもつ椅子の呼称。

ウィングチェア

ウィンザーチェア

ウインドートリートメント［window treatment］窓回りの装飾，またはそれに用いるカーテンやシェード，スクリーン，ブラインドなどの総称。

ウール［wool］羊毛は吸放湿性があり弾力性，染色性，保温性に優れた繊維として衣料を中心にカーペットや椅子張りの高級裂地に多用されている。難燃性があり汚れにくい特質がある反面，虫害を受けやすく表皮のはげ落ちによりフェルト化しやすい。

ウールマーク［wool mark］純毛製品であることを証する品質マーク。国際羊毛事務局（IWS）により，新毛99.7％以上の使用など厳しい品質検査を合格した純毛製品であることを表示したもの。→図-マーク一覧（7頁）

ウエアハウス［warehouse］大量の商品を低価格で販売する倉庫式の展示で，コストダウンを図っている店舗。

ウェビングテープ［webbing tape］特殊より糸の繊維にゴムを浸透させた帯状の弾性体。フレームの種類に応じた止め金具を使

って椅子張りのクッションとして用いる。→椅子の下張り材

ウォーターベッド〔water bed〕マットレスの中に水を入れたベッドで、ヒーター付きのタイプが多い。体圧が平均化されるため姿勢に無理がなく疲れないという利点がある。床ずれ防止にも効果がある。

ウォールキャビネット〔wall cabinet〕壁面に取り付けるシステムキッチン用の収納キャビネット。一般的な収納用のほかに、水切り棚付きのものやコーナー用などがある。

ウォールツーウォール〔wall to wall〕⇒全面敷き

薄張り ウェビングや詰め物を取り付けた座枠に上張りを張る椅子張りの方法で、「皿張り」ともいう。特にクッション性を必要としない食堂の椅子や小椅子に多用されている。

内金（うちきん）契約代金総額の一部の前払金をいう。契約成立の証拠とされるもので、契約を履行する保証的な意味あいから「手付金」とほぼ同一視されている。

打付け継ぎ 板材を互いに直角に接合する継手。図は釘打ちによる代表的な種類。

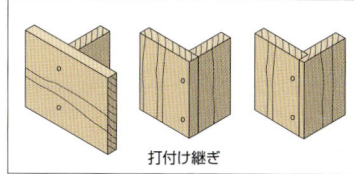
打付け継ぎ

ウッドシーラー〔wood sealer〕⇒下塗り

売上原価〔cost of sales〕仕入価格もしくは製造原価。一定期間中に販売もしくは製造された商品にかかわるコストをいう。棚卸では次の式で計算されている。売上原価＝期首棚卸高＋当期期中仕入高－期末棚卸高、売上原価＝期首製品棚卸高＋当期製造原価－期末製品棚卸高

売上仕入 売れた分の商品だけを仕入したものとして計上する仕入方式。商品は売れるまでその所有権と保管責任は納入業者にあり、納入時に原価を定めておくなどが委託仕入と大きく異なる。「消化仕入」ともいう。

売上総利益 総売上高から売上原価を差し引いた残額で、「粗利益」ともいう。総売上高に対する比率を売上(高)総利益といい、企業収益力を示す基本指標とされている。

売上総利益率＝売上総利益／総売上高×100（％）

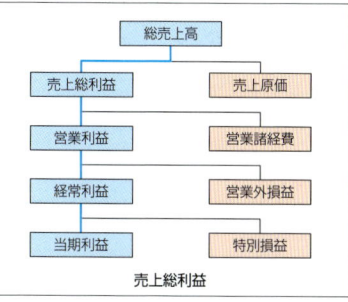
売上総利益

漆塗り 漆の木の分泌物を主成分とし、ラッカーゼの酸化重合、常温乾燥させる塗料で、塗膜が硬く耐油、耐酸・アルカリ性に優れる。コストが高く高級和家具や漆器、美術工芸品などに使用は限られている。

漆の精製 漆の木から採取した天然の樹液（アラミ）をろ過した生漆の水分を抜いて半透明のクロメ（水分を取り除く作業）にすることをいう。この精製された透明の漆を「木地蝋（きじろう）漆」と呼ぶ。

ウレタンフォーム〔urethane foam〕ポリウレタン樹脂を化学処理により発泡させたスポンジ状のクッション材で、椅子の充てん材として最も多く用いられている。→椅子の下張り材

上澄吸収価格政策（うわずみきゅうしゅうかかくせいさく）新製品の導入期に高価格を設定し開発費や販促費を早期に回収しようとするもので、価格が多少変わっても需要が増減しない需要弾力性の小さい高額商品や耐久消費財に適用されている。「初期高価格政策」または「スキミングプライス」ともいう。

上塗り（うわぬり）最終仕上げ塗装の工程のことで、塗膜強度や光沢、質感を保つためのもの。→下塗り、中塗り

上張りジョイント 上張り壁装材の目地の処理には、カットした裁ち目どうしを突き付ける「突付け張り」、溝の中に上張り材の耳を張り重ねたり突っ込んで処理する「目地張り」、目地棒でジョイント部を押さえて固定する「目地棒押え」などがある。

雲竜紙（うんりゅうし）和紙の一つで、コウゾの荒すじを混ぜたままのやや厚みのある質感をもつ。障子紙やランプシェードなど工芸的に用いられる。→障子紙の種類

エアープランツ［air plants］⇒インテリアグリーン

エアスプレー塗装 圧縮空気で塗料を霧状にして吹き付ける塗装法。一般にスプレーやエアコンプレッサーなどの機器が用いられている。

エアレススプレー塗装 圧縮空気を用いず塗料に直接高圧をかけて高粘度の塗料を噴霧する吹付け塗装で，塗料の霧散がエアスプレーより少ない利点がある。

営業外収支 ⇒営業外損益

営業外損益 通常の営業活動以外の活動から生じた営業外収益と営業外費用の差で，「営業外収支」ともいう。営業外収益には，金融収益や有価証券評価益，雑収入など，営業外費用には金融費用や為替差損，証券評価損などがある。

営業諸経費 ⇒営業費

営業費 「営業諸経費」ともいう。営業活動に関連して必要となる費用の総称。給料や販売手数料，運搬費などの販売費と，建物減価償却費や公租公課，保険料などの一般管理費に大きく分けることができる。

営業用見積 契約以前の営業段階において依頼者へ提示する見積で，依頼者側の予算や競合相手の同見積金額を推測し，かつ利益が見込める金額を算定したものでなければならない。「入札用見積」についても同様だが，官庁や法人によって作成方法や書式が指定されることが多い。

営業利益率 売上高に対する営業利益高の比率をさしていう。営業利益高は売上高から売上原価，販売費，一般管理費を差し引いたもの。営業利益率＝営業利益高／総売上高×100（％）

衛星通信［satellite communication］人工衛星を中継とした無線通信。広帯域に高速で伝送ができ，同報通信や多元接続が可能なため，衛星中継の放送だけでなく多方面の通信システムに利用されている。

AI［artificial intelligence］人間の頭脳に近い能力をもつコンピューターで「人工知能」ともいう。単なる記憶だけでなく，学習，推論，連想の機能をもつことが特長で，エキスパートシステムや自動翻訳などはその応用例である。

ABS樹脂 スチレン(S)，ブタジエン(B)，アクリルニトリル(A)の共重合樹脂のことで，成形品は耐熱性，耐衝撃性，耐薬品性に優れた特徴をもつ。特に発泡体のものは合成木材として用いられている。→スチロール樹脂

ABC分析 販売効率をみる分析手法の一つ。売上高順に品目を累積し，総売上高の70％を占めるものをA，同じく20％をB，残りをCとして，売上貢献度の高いAグループを重点的に販売しようとするもの。

液化石油ガス法 「液化石油ガスの保安の確保及び取引の適正化に関する法律」の略称。液化石油ガス用器具の検定や同器具の設置に関する規制を定めている。→PSLPGマーク

エキスパートシステム［expert system］専門家の知識をコンピューターに集積し，AI（人工知能）によって推論を行うシステムのこと。

エクステリアエレメント［exterior element］室内のインテリアに対し，室外・屋外の外構や庭園をエクステリアといい，そこを構成するアプローチ部や庭・景観部，および建物に付随する設備・装置の総称。

　アプローチ部：門・門扉（もんぴ），垣・塀（へい），フェンス，カーポートなどをさし，建物とのバランスを考えた個性表現が重視される。

　庭・景観部：庭には伝統的な日本庭園と洋風庭園がある。日本庭園では環境を配慮した植栽のほか，水や石を構成要素とした形式がある。白砂を敷き詰めて水景とした「枯山水（かれさんすい）」，切石を敷いた石段や園路の「延べ段」，切石や自然石を建物の出入口に置いた「沓脱石（くつぬぎいし）」などがその例。洋風庭園ではベント・グラス（イネ科の雑草）の芝，格子垣とも呼ばれる「トレリス」，樹木を装飾的に刈り込んだ「トピアリー」などがある。

　建物の付随設備：「露壇」「園壇」ともいうテラスや，建物の外壁から突き出した屋

外のバルコニー，ツル科の植物をからませたツル棚や「緑廊（りょくろう）」ともいう洋風四阿（あずまや）のパーゴラ，鋳物や石材，陶器などで作ったテーブルやスツール，ベンチなどのガーデンファニチャーなどがある。

エクステンションテーブル［extension table］必要に応じて甲板の長さが伸縮できる機構をもつテーブルで，「伸長式テーブル」あるいは「拡張式テーブル」ともいう。その機構には折りたたみのバタフライ式やドロップリーフ式，甲板を内部に収納する甲板収納式などがある。→ドロップリーフテーブル，バタフライテーブル

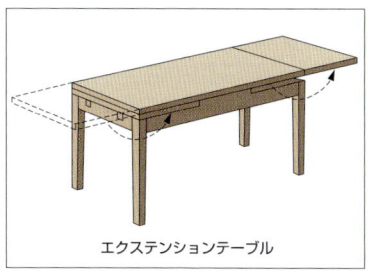

エクステンションテーブル

エコマーク［ecological mark］環境保全に役立つ商品として推奨される商品に付されるマーク。環境庁の指導のもと，財団法人日本環境協会により商品の消費や廃棄段階において環境を汚さずリサイクル等が考慮された商品を認定しているもので，フロンを使わないスプレー，再生紙利用製品などがその対象例。→図-マーク一覧（7頁）

エコロジー壁紙　生産から廃棄焼却に至るまで，人や環境に害を及ぼさない安全性と環境保全を考慮した壁紙。珪藻土（けいそうど）を使った珪藻土壁紙，非塩ビ系の炭化水素合物オレフィンを用いたオレフィン壁紙，ハイビスカス科のケナフの繊維を原料としたケナフ壁紙などがある。エコロジー壁紙には，主要国で品質の基準を定めており，日本では申請により一定基準に合格したものにエコマークやISMマークが付されている。→ISMマーク，エコマーク，図-マーク一覧（7頁）

SGマーク　製品安全協会が審査し，安全と認定された製品に付されるマーク。乳幼児用製品（21品目），家具・家庭・厨房用品（30品目），スポーツ・レジャー用品（54品目），福祉用具製品（6品目），その他（13品目）の計124品目が対象。SGマーク製品の欠陥により人身事故が発生した場合には，被害者救済制度が適用される。→図-マーク一覧（7頁）

SP［sales promotion］⇒セールスプロモーション

SVマーク　壁紙製品規格協議会（SV協議会）がJISやRALなどの環境等を考慮した壁紙の品質基準を参考にし，快適・健康・安全を追及するために独自の基準を加味した自主規格に基づくマーク。→図-マーク一覧（7頁）

エスマーク　製造・輸入事業者，販売事業者と利害関係のない公正中立な立場にある第三者機関による電気製品の安全性を確保した第三者認証マークのこと。このマークを発行する制度を「第三者認証制度」というが，法律で義務づけられていないため，第三者の認証を受けるかどうかは事業者の意思による。→図-マーク一覧（7頁）

越前焼（えちぜんやき）起源は平安時代で，日本六古窯の一つ。焼き締め，灰釉，鉄釉を基調とした肌合いと独特のねじ立て成形を特色とする焼物。

エッグチェア［egg chair］アルネ・ヤコブセンが1959年に発表した椅子の名称。硬質低発泡樹脂のシェル状の面にフォームラバー，牛皮または織布で張りくるんだ椅子。脚部はアルミダイキャスト製。→アルネ・ヤコブセン 人

江戸指物（えどさしもの）起源は戦国時代で江戸中期に産地が形成された。クワやケンポナシの木目を生かしたふき漆による木地（きじ）仕上げが特徴。金釘を使わず木組みを見せない内柄（うちほぞ）仕立てと角丸（かどまる）仕上げ，江戸前といわれるふき漆仕上げを特徴としている。→京指物，指物

エナメルオープンポアー塗装　木目をそのままに生かしたエナメルの目はじき塗装をいう。素地を隠した不透明色の一般的な仕上げのエナメル塗装を「エナメルクローズフィニッシュ」という。

エナメル塗装　⇒塗装の種類

NFM［new fibermesh］複合材のこと。軽くて強度に優れた特性から，鉄に代わるものとして注目されている。ガラス繊維やアラミド繊維，カーボン繊維をメッシュ状に編み，熱硬化性の樹脂で成形したもの。

NDC〔Nippon Decimal Classification〕日本十進分類法。図書館で用いられている十進法による分類。→UDC

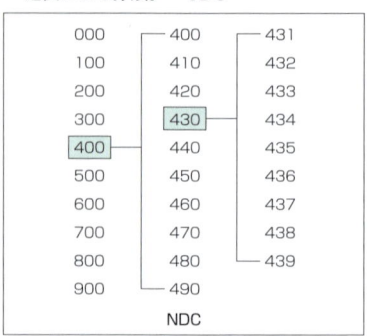

NTB〔non tariff barrier〕⇒非関税障壁
NB〔natinal brand〕⇒ナショナルブランド
FRP〔fiber reinforced plastic〕繊維強化プラスチック。プラスチック（樹脂）にガラス繊維を付加し、素材の耐衝撃性や耐疲労性を高めたものをいう。特に不飽和ポリエステル樹脂をガラス繊維で強化したものをさすことが多い。椅子の骨組やバスタブなどの構造用材に多用されている。
FA〔factory automation〕コンピューターや産業ロボットにより製造システムを自動化すること。受注から生産、出荷までの各工程において、各種の制御機械やロボットを導入し、省人化と生産性の向上、コストダウンを図ることを目的とする。
FMS〔flexible manufacturing system〕多品種少量生産システム。ニーズの多様化に対応するための多品種少量生産と、工程の無人化を意図した生産管理システム。
FOB〔free on board〕貿易価格の中の本船渡し価格のこと。輸出港において買主手配の本船に引き渡すまでの費用で、船の運賃や以降の保険などの費用は買手側の負担となる。
エポキシ樹脂接着剤　ビスフェノール系で硬化促進剤を使う二液混合接触圧による接着剤。耐水・耐薬品性に優れ、木材だけでなく金属、ガラス、プラスチックなどにも広く用いられている。
エマルションペイント塗装　⇒塗装の種類
MIS〔management information system〕経営情報システム。企業経営の意思決定に必要な正確な情報を適時に提供できるコンピューターシステムをいう。「経営情報システム」ともいう。
MSDS〔material safety data sheet〕「製品安全データシート」といい、製品に含まれている化学品の名称や製造企業名、取扱い法、危険性や有害性の種類、物性、環境への影響、安全対策、緊急時の対策などに関する有害情報が化学物質ごとに記載されている。
MDF〔medium-density fiberboard〕「中質繊維板」のこと。木材を主とする繊維をパルプ化し、板状に成型したファイバーボード（繊維板）の中で、特に比重0.4以上0.8未満のものをいう。加工性が良く断熱性に優れるため、家具の基材から吸音材まで幅広く利用されている。→繊維板 技
Mマーク　財団法人生活用品振興センターにより、品質基準に合格した木製家具などに付される品質推奨マーク。購入日より2年間の無料修理やアフターサービスが定められている。対象商品は、木製家具、スチール家具、調理器具など。→図-マーク一覧（7頁）
エリアマーケティング〔area marketing〕市場細分化戦略による地域密着型マーケティングのこと。商圏の地域特性に対応した店舗づくりや品ぞろえ、販促活動を展開することをいう。
LSI〔lange-scale integrated circuit〕大規模集積回路。特に集積されている回路部品が1,000個～10万個規模のものをいう。1,000個以下の中規模を「MSI」、10万個以上の超大規模のものを「超LSI」または「VLSI」という。
LVL〔laminated veneer lumber〕「単板積層材」のことで、単板を繊維方向に平行に積層して接着し、縦方向の強度を高めた積層板。家具の芯材、建具枠などの造作材、梁や柱などの構造用材として幅広く利用されている。
塩化ビニル樹脂　耐薬品性、耐摩耗性に優れた熱可塑性の樹脂で、化粧板のほか、発泡体によるクッション材をはじめ壁紙や塗料などその用途は広い。
園壇　⇒テラス
エンドテーブル〔end table〕⇒サイドテーブル
エンプラ　エンジニアリング・プラスチックの略称。産業用金属の代替に用いられる工業用プラスチック。ガラスの代替材のポ

リカーボネート（PC），接着剤や電気部品に用いるフェノール樹脂（PHF），化粧板に用いるジアリルフタレート樹脂（DAP），FRPとして成形基材に用いる不飽和ポリエステル，人造大理石のメタルメタアクリレート樹脂などはその例である。

エンボス加工 型付けのローラー（エンボスロール）で織物の表面に凹凸模様を加熱型付けし，樹脂で固定する加工をいう。特にプレス機により不規則な模様を付けることは「モアレ加工」という。

オイルフィニッシュ［oilfi nish］亜麻仁油（あまにゆ）や油性ワニスを木材の繊維の中に浸透させる塗装。表面に塗膜が形成されないため，割れやはがれがなく補修が容易な仕上げ。

応酬話法（おうしゅうわほう）顧客との対話で相手に不快感を与えず意見を訂正させるなどのセールストークをいう。特に顧客を納得させるための話法をさす。相手の主張を認めながら自分の意見をいう応酬話法を「イエスバット話法」ということもある。

OR［operations research］⇒オペレーションズリサーチ

OES［order entry system］「リアルタイム受発注システム」または「オーダーエントリーシステム」ともいう。受注情報をリアルタイムで把握し，在庫照合のうえ出荷もしくは仕入先へ発注するシステム。

大(追)入れ継ぎ（おおいれつぎ）板の側面に他方の木口（こぐち）面を見せないで直角に接合する打付け継ぎの一種。

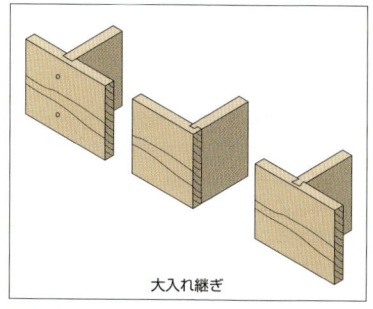

大入れ継ぎ

OA［office automation］⇒オフィスオートメーション

OCR［optical character reader］光学的文字読み取り装置。衣料品や耐久消費財に付されているPOS用値札を読み取り，データを自動入力するものをいう。特に，JANコードによるバーコードを読み取るのは「BCR」（bar code reader）という。

OJT［on the job training］現場教育訓練。社員教育の中で日常の業務や現場実習を通して実地に訓練することをいう。OJT以外で期間を決めて講義や研修，トレーニングを行うことを「off JT」（off the job training）という。

オーストリアンシェード［Austrian shade］⇒シェード，ローマンシェード

オーソリゼーション［authorization］クレジットカード会社による発行カードの販売承認または非承認の調査をいう。カードの有効性や限度額のチェックは電話照会のほかにCAT端末の設置によりオンライン化が進んでいる。

オーダーエントリーシステム［order entry system］⇒OES

オーダリーマーケティング［orderly marketing］国際貿易摩擦を生じさせたり，市場に混乱を起こすことのないよう考慮した秩序ある貿易活動。

オーバーロック加工 オーバーロックミシンを用いてカーペットの縁を二重縫いし，縁がほつれないようにすることで，「サージング」ともいう。

オーブン［oven］上下左右の直火で全体を加熱させる調理機器。ガス式ではレンジと一体化した「ガスオーブンレンジ」，グリル機能をもった「ガスグリルオーブン」がある。

オープンオフィスシステム［open office system］⇒オフィスランドスケープ

オープン価格制 小売販売の段階で自由に設定される小売価格のこと。家電製品やカメラのメーカーによる標準小売価格などの指示価格を廃止することで二重価格表示をなくす狙いがある。

オープン懸賞 商品の購入者に限定せず，誰でも応募できる懸賞。テレビや新聞を媒体とするものが多く，公正取引委員会では不公正な取引方法の特殊指定として，懸賞の限度額を100万円以内としている。

オープンボア塗装 ⇒塗装の種類

オーブンレンジ [oven range] ⇒レンジ

送り付け商法 ⇒ネガティブオプション

オットマン [ottoman] イージーチェアとセットされた足乗せ用のスツールで，「フットスツール」ともいう。本来は数人が並んで座れる張りぐるみのベンチの呼称。

オパール加工 セルロース系繊維と化学繊維を交織し，セルロース系繊維を酸で炭化し水洗いして透し模様をつくる加工で，レースやケースメント布地の加工に多用されている。

オピニオンリーダー [opinion leader] 非公式な小集団において影響力の大きな人物をいう。同リーダーを通じた情報伝達や働きかけを販売促進やイメージ成形に利用することも多い。

オフィスオートメーション [office automation] オフィス全体の業務の自動化・省力化の総称。コンピューターやファクシミリなどのOA機器を導入することで事務の効率化，無人化を促進させコストの削減を図る目的がある。広義には組織の編成やオフィス環境の改善まで含めたものをいう。

オフィスランドスケープ [office landscape] ドイツのクイック・ボナーが提唱したローパーテーションによって作業空間を仕切るオープンオフィスシステムのこと。

off JT [off the job traning] ⇒OJT

オフパック [off pack] ⇒オンパック

オペレーションズリサーチ [operations research] 「OR」と略す。企業の組織運営にかかわる意思決定のための数理的解析手法。同手法には「線型計画法（LP）」や「ダイナミックプログラミング（DP＝動的計画）」，「モンテカルロ法」などがある。

オムニバス調査 [omnibus research] 一度に複数の目的をもって複数の事柄を調査する市場調査。

オリエルウインドー [oriel window] 張り出し窓のこと。壁面が多角形に突き出ている窓をさしていう。

織物壁装材 ドレープ地や緞子（どんす）地などの織物に紙で裏打ちしたものと，フェルトなどの不織布や植毛による繊維壁紙がある。ソフトな質感で高級な壁仕上材だが，耐水性がなく摩擦や汚れ，日光に弱いなどの欠点があり，使用場所は応接間や寝室に限定されている。

オレフィン壁紙 ⇒エコロジー壁紙

オンパック [on pack] 消費者プレミアムの一手段。商品やパッケージにプレミアムを付帯させたもので「パックオン」ともいう。パッケージに装入するものを「インパック」，商品とプレミアムを別々にしたものを「オフパック」という。→消費者プレミアム

カーテン [curtain] 開口部に取り付けられる吊り下げ状の幕のこと。語源は，ラテン語のコルティナ（覆い，鍋，釜，器の意）といわれ，その使用目的には保温，防音，視線の遮断とともに装飾的な効果をもち，吊り方，素材ともさまざまな様式がある。また装飾のほか，遮光・調光，保温，吸音などの目的に用いるカーテンには，その生地や製法別に厚手のドレープ，薄手のレース，その中間のケースメント，また制電，防炎，抗菌，完全遮光などの機能を付加したカーテンもある。

カーテン工事の積算 スタイルや縫製により大きく異なるが，一般的な場合ではカーテンの布地量（要尺）メートル数×（布地のメートル当たりの単価＋縫製単価）と仕上がり価格を算出し，レールやほかの用品を加算する。特に要尺では裾や上部の折返し分や柄リピート（繰り返し），ひだ倍数などに十分注意して計算することが必要。

カーテン装飾用品の種類 カーテンを効果的に装飾し，演出する用品には次のようなものがある。

タッセル：カーテンを左右に寄せて折りたたむ装着バンドで，房やコード，チェーンなどがある。特に，レディーメード（既製

品）カーテンにはレースやドレープと共布で作ったものがセットされている。
バランス：カーテンの吊り元に取り付けられた上飾りで、「トップトリートメント」ともいう。取付けにはバランスレールや取付け板が必要で、ドレープと共布が用いられていることが多い。
トリミング：カーテンの裾や縁を飾る装飾品で、フレンジやブレード、ギャザーフリルなどの種類があり、「トリム」とも呼ばれている。
→カーテン

カーテンの生産地 カーテン生地の生産地は中部地方、近畿地方が中心。特に綿織物では愛知県の三河地方、静岡県の浜松地方、フィラメント織物では京都府北部、福井県周辺、レース地では富山県や栃木県地方がよく知られている。

カーテンの製織 織物と編物があり、織物は一重と多重、編物は経（たて）編と緯（よこ）編に大きく分類することができる。

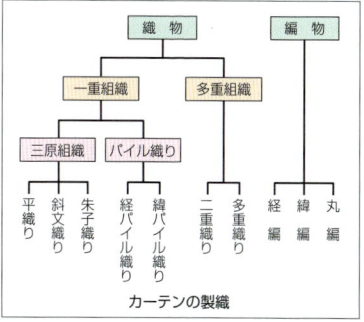
カーテンの製織

カーテンの染色 生地を織る前の糸を染める「先染め」、生地の段階で染める「後染め」がある。先染めには紡績する前の「原料染め」と繊維の段階で染める「トップ染め」、糸の段階で染める「糸染め」などの浸染（しんぜん）が中心となる。後染めには染機を用いた「布染め」、プリントによる「捺染（なっせん）」がある。

カーテンの洗濯取扱い絵表示 縫製カーテンなどの繊維製品には、家庭用品品質表示法に基づき日本工業規格（JIS L 0217）による洗濯取扱い絵表示が付されている。特にカーテンでは、洗濯の方法、塩素漂白の可否、ドライクリーニングの可否、アイロンの掛け方、絞り方、干し方などが表示されている（18頁参照）。

カーテンの品質表示 カーテンには家庭用品品質表示法により、①繊維の組成、②収縮率、③難燃性、④家庭洗濯などの取扱い方法、⑤寸法などに関し表示することが義務づけられている。特に取扱い絵表示では、洗濯の方法、塩素漂白の可否、アイロンの掛け方、ドライクリーニングの可否、絞り方、干し方などを日本工業規格（JIS L 0217）で表示することになっている。

カーテンの要尺 カーテンの縫製に必要な布地量は、無地物と柄物では計算方法が異なる。無地物での一般的な計算式は、［カーテン仕上がり寸法＋裾の折返し分＋上部折返し分］×布地幅数、布地幅数＝［カーテンレールの長さ×ひだの倍数］÷使用布地幅（端数は切り上げ）。

カーテンの流通 ブランドメーカーである製造問屋を中心にして形成されているが、近年、その形態は混在化の傾向があり多様化されてきている。特に注文品は販売問屋や代理店、商社などを経由して取引されるケースが多い。

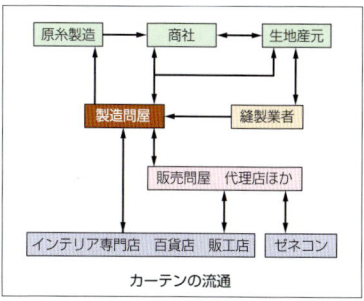
カーテンの流通

ガーデンファニチャー［garden furniture］庭園で使用する家具の総称。→エクステリアエレメント

カーテンボックス［curtain box］カーテンレールやブラインドを取り付けるための窓際の天井などに取り付けたボックス。特にボックスの内幅はダブルカーテンで、20～25cm、ブラインド併用で27cm以上必要。レールと一体成型のアルミ製ボックスもある（19頁参照）。

カーペット［carpet］織物または敷物の総称。インテリアにおいて美観、保温、防音を目的とするもので、手織り、機械織りのほか刺繍（ししゅう）や不織布などもある。「絨毯（じゅうたん）」ともいう。→図-カーペットの種類（20頁）、緞通（だんつう）

カーテンの洗濯取扱い絵表示

区分	記号	説明	区分	記号	説明
洗い方（水洗い）	40	液温は40℃を限度とし、洗たく機による洗たくができる。	ドライクリーニング	ドライ	ドライクリーニングができる。溶剤はパークロルエチレンまたは石油系のものを使用する。
	弱 40	液温は40℃を限度とし、洗たく機の弱水流または弱い手洗いがよい。		ドライ セキユ系	ドライクリーニングができる。溶剤は石油系のものを使用する。
	手洗イ 30	液温は30℃を限度とし、弱い手洗いがよい（洗たく機は使用できない）。		ドライ（×印）	ドライクリーニングはできない。
	（桶に×印）	水洗いはできない。	アイロンの掛け方	中	アイロンは中程度の温度（140～160℃まで）で掛けるのがよい。
	弱 30 中性	中性洗剤を使用する場合の表示。この表示はほかの洗い方記号にも使われる。		（アイロンに×印）	アイロン掛けはできない。
塩素漂白の可否	エンソサラシ	塩素系漂白剤による漂白ができる。		高	アイロンの下に当て布を使用する。
	エンソサラシ（×印）	塩素系漂白剤による漂白はできない。			注）高温は180～210℃、低温は80～120℃で掛けるのがよい。

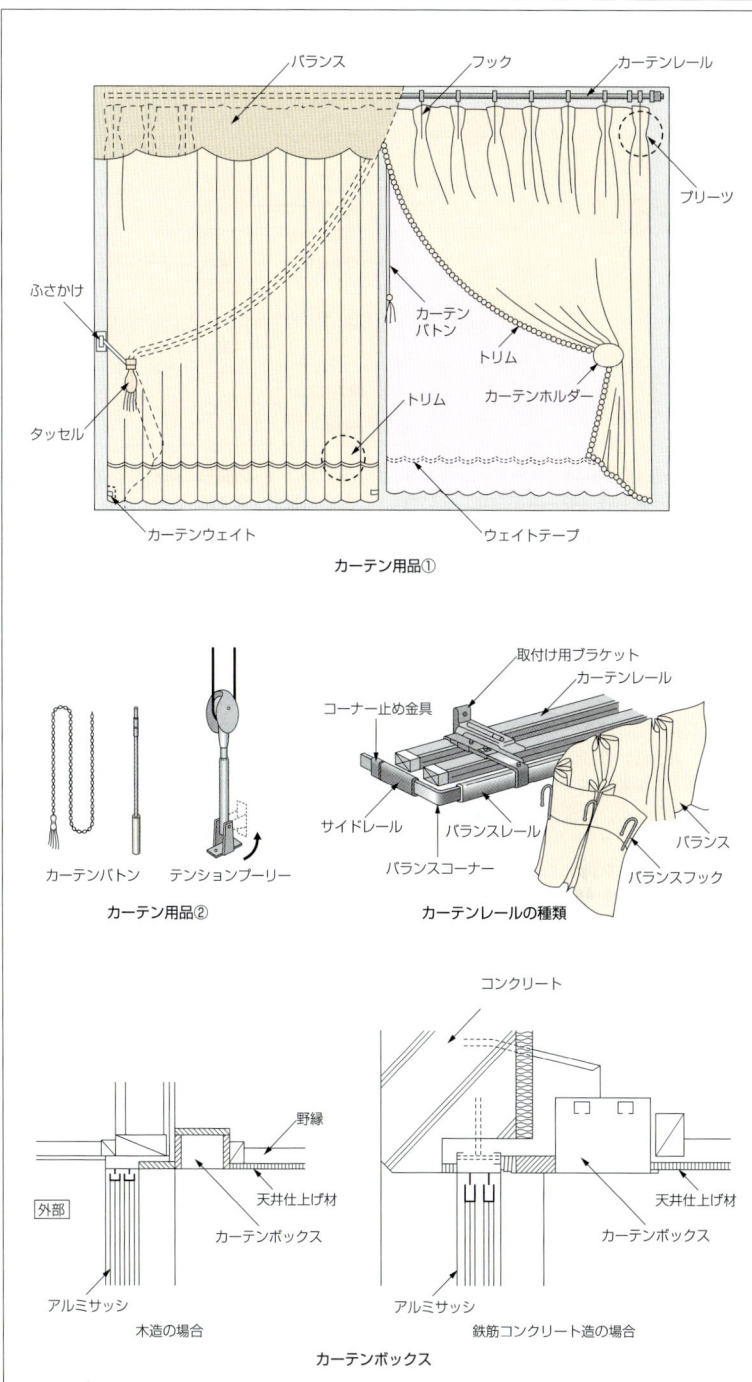

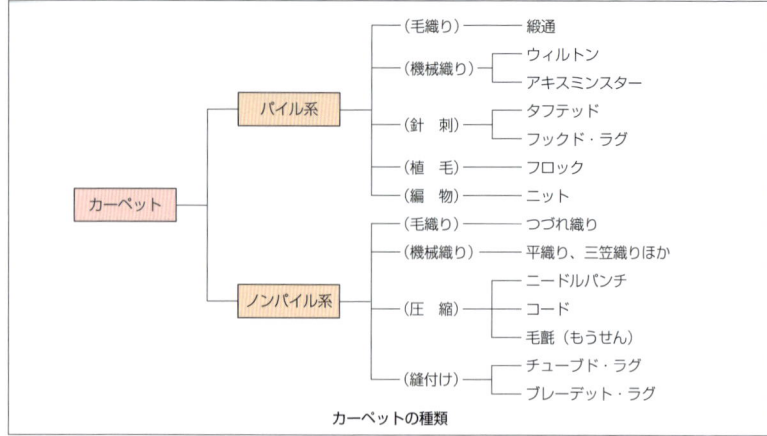

カーペットの種類

カーペット工事の積算　材料費（m²当たりの単位）と施工費（敷込み平面積）とに分けて積算する。図面上の積算では敷方向を定め、ロール幅で総長さを計算するが、実質面積で計算する場合もある。施工費は敷込み面積のm²当たりで計算、ジョイントの方法や下地材（フェルト），金物の有無、撤去の有無などを確認して加算する。

カーペットのジョイント　カーペットの敷込み工事の際の継ぎ合せ部分のジョイントには，①手縫いのほかに，②ヒートボンドテープ，③接着剤（エッジシーラー）などを用いて行うが，重量のある幅広のカーペットではトラック機やレールウェイ機などの，④機械縫いを施すこともある。

カーペットの寸法　製造時のロール幅によって，一般には91cm，182cm，273cm，364cmを基本としているが，品種によって69cmから455cmまでその幅は数多い。カットされた畳物では団地間から江戸間，中京間，本間などのように寸法も大きく異なる。

畳物の標準寸法　(cm)

	1畳	4畳半	6畳
団地間	85×170	225×225	255×340
江戸間	88×176	264×264	264×352
中京間	91×182	273×273	273×364
本　間	95×191	286×286	286×382

カーペットの生産地　ウィルトン織りやタフテッドカーペットは大阪の泉南地方を中心に，滋賀県や岐阜県の各地方で生産されている。特にニードルパンチは兵庫県，ハンドタフトは高知県がその中心的生産地。

カーペットの染色　繊維を紡糸する前に染める最も一般的な「トップ染」，紡糸した織り前の糸を染色する「糸染」，織り上がったものを染色する「ピース染」や「プリント染」がある。

カーペットの単位　カーペットに用いる単位には次のようなものがある。

パイル密度：単位面積当たりのパイル本数。
ステッチ：タフテッドカーペットのたて方向に測った密度の単位。
ゲージ：タフテッドカーペットの幅方向に測ったニードル間隔を示す単位。
デニール：フィラメント糸の太さの単位。9,000mで1gを1単位とする。
番手：短繊維糸の太さを示す単位。
越（こし）：ウィルトンカーペットでパイルを抑える緯（よこ）糸の本数。1パイルを緯糸3本で抑えるのを「三越（みこし）」という。

カーペットのテクスチャー　カーペットの表面には一般的なカットタイプのほかに，パイルの高さが均一なものと高低に差があるループタイプのもの，フェルト状のフラットタイプのものがある。

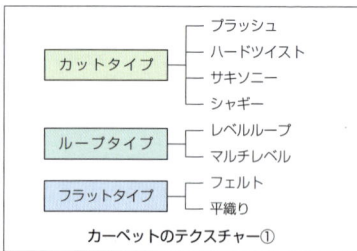

カーペットのテクスチャー①

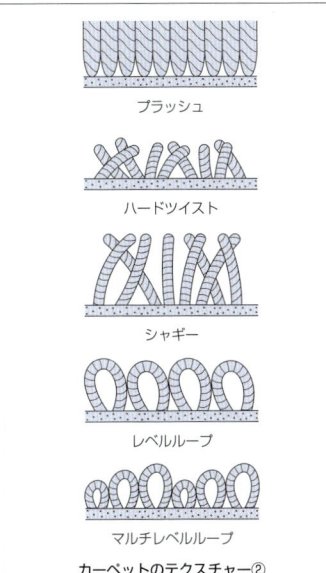
カーペットのテクスチャー②

カーペットの流通 ブランドメーカーである製造問屋を中心にその流通が形成されているが、近年その形態は多様化しつつある。

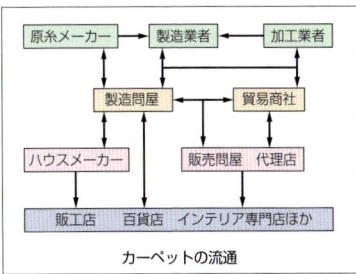
カーペットの流通

カーボン繊維 炭素繊維を主材とした耐熱性で高強度の新素材。特に軽量で引張り強度、弾力性に優れた特質からゴルフクラブから航空機の構造材までその用途は広い。

介護保険制度 保険料を負担していれば、介護を必要としたときに、在宅介護サービスや施設介護サービスについての費用の一定額を給付してもらえる制度。また必要と認められれば、市町村が要支援者・要介護者に対して住宅改修費の支給、福祉用具購入費の支給、福祉用具の貸出し等を行う。

介護保険法 わが国の介護保険制度を実現するために、1997年に成立し、2000年より施行された法律。

概算見積 顧客との事前打合せにより、工事などに関する費用の概要を示したもので、その多くは営業の初期段階において顧客に提示され、その後の営業進行を大きく左右する要因となる。

階層分類 ⇒情報分類

階段の寸法 建築基準法施行令第23条にて規定されている。表の④⑤は、階高3m以内、そのほかは4m以内に設けること。

回転信用 ⇒リボルビング方式

開放型チャネル政策 取引を望むすべての卸売業者、小売業者に対し取引を行うメーカーの販路政策。大量販売・大量広告で市場のシェアアップを意図したもので、メーカーのチャネル管理はない。

開放的チャネル方式 ⇒チャネル方式

買回し品 消費材の中で婦人服や装身具、靴、カバンなど選択に際して複数の店で比較・検討のうえで購入する状態をもつ商品群をいう。

階段の寸法（建築基準法施行令第23条より） (cm)

区　分		階段および踊場の幅の内法寸法	蹴上げ	踏　面	踊場の高さ
①	住宅（共同住宅の共用階段を除く）	75以上	23以下	15以上	4m以内ごとに設ける
②	③〜④以外のもの	75以上	22以下	21以上	
③	直上階の居室の床面積の合計が200m²を超えるもの。あるいは、居室の床面積の合計が100m²を超えるもの地階の階段	120以上	20以下	24以上	
④	中学校、高等学校、デパート、劇場、集会場等	140以上	18以下	26以上	3m以内ごとに設ける
⑤	小学校	140以上	16以下	26以上	

注1）回り階段部分の踏面寸法は、狭いほうの端から30cmの位置で測る。
　2）屋根階段の幅は、60cm以上とする。

回遊導線　「回遊動線」とも書く。売場で快適にかつ効率よく，回りながら購買できるように設けられたフロア通路のことで，「客導線」ともいう。→導線計画

カウチ　[couch] 片方だけに低い背当てとひじ掛けがあるソファー状の寝椅子。仮眠や昼寝のできるソファーとして用いられている。

カウンター　[counter] 事務作業での書類の授受や，食事の際の食器や料理の受渡し，サービスを行うための台をさす。使用目的によって，カウンターの高さ，幅（奥行），仕上げなどが異なる。

カウンタートップ　[counter top] ⇒ワークトップ

価格カルテル　⇒価格協定

価格協定　同業複数の企業が市場の独占を目的としてそれぞれの自社製品の販売価格を協定することで，「価格カルテル」ともいう。不況カルテル，合理化カルテルなど特別な例を除き，独占的な価格形成のうえから独占禁止法により規制されている。

価格支持制度　政府の介入による価格維持制度。特定商品に対する「安定帯価格制度」と米・麦類を対象とする「食糧管理制度」がある。

価格指導制　⇒価格先導制

化学繊維　石油，石炭，天然ガス，木材，石綿などを原料とし，化学的操作により人工的につくりだした繊維の総称で，「再生繊維」，「合成繊維」，「無機繊維」などに大別される。

価格先導制　主導的地位を占める企業が市場の価格形成に指導的役割をもつことで，「価格指導制」ともいう。企業間で事前の打合せによる場合，独占禁止法でいう価格カルテルとなる。

価格弾力性　商品の価格の変化に対する需要量の変化をいう。一般的に価格が上がれば需要は下がる。「需要弾力性」ともいう。

柿渋塗装　（かきしぶとそう）⇒塗装の種類

隠し丁番　丁番を見せない扉や拡張式の折りたたみ式甲板に用いられる丁番。→図-丁番（58頁）

拡張式テーブル　⇒エクステンションテーブル

核店舗　⇒キーテナント

家具の安全基準　性能に関する基準は日本工業規格（JIS）により規定されている。特にその安全性に対する試験には，箱物では箱の強度をみる剛性試験と各部取付け個所の安全性をみる安定性試験，脚物（あしもの）では座面や背もたれの強度をみる静負荷試験と動負荷の繰返しによる衝撃試験とがある。その他，収納家具には，地震時における耐転倒性などが設けられている。

家具の産地　木材の生産地や集散地を中心に発達。以下はその代表的生産地。たんすや食器など箱物，棚物では大川（福岡県），府中（広島県），新潟県，リビングやダイニングの脚物（あしもの）では岐阜県や日田（大分県），広島県など，書棚や食器棚では前橋（群馬県）や甲府（山梨県），静岡県など，鏡台は徳島県や静岡県，スチール家具では東京都，大阪府，ベッドや注文家具では東京都およびその近郊である。伝統家具では，桐たんすの加茂（新潟県），春日部（埼玉県），漆塗り家具の京都府，輪島（石川県），香川県，民芸家具では松本（長野県），北海道など，また曲木家具では湯沢（新潟県），成形家具では天童（山形県）がある。

家具の分類　機能面からは身体を支える椅子やベッドなどの「人体系」，作業や物を支える机やテーブルなどの「準人体系」，物の収納や間仕切りを目的としたたんすや棚などの「建物系」とに大別できる。ほかに形態別，住居形式別，様式別，使用目的別に区分する場合もある。→準人体系家具 技，人体系家具 技，建物系家具

家具の流通　メーカーから問屋を経て小売店，または直接小売店へ届くのが一般的な経路である。特に，家具業界では問屋の占めるシェアが大きいのが特色だが，近年では販売形態その他の変化により，その流通形態も大きく変化しつつある。

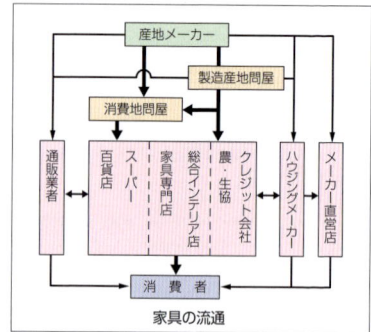

家具の流通

加工木材 化学的処理により改良された木材。無水酢酸などでアセチル化した「アセチル化木材」，加熱・圧縮で硬度や安定性を高くした「加熱処理材」などがその例。

瑕疵担保責任（かしたんぽせきにん）売買などで商品に隠れた欠陥があるときに売主が負う損害賠償や契約解除を含む契約上の責任（民法第570条）。瑕疵とはその物が本来有すべき品質や性能に欠陥があることをいい，売主の同責任は買主の瑕疵発見から1年間負わねばならない。

カシュー塗装 ⇒塗装の種類

可処分所得 家計が自由に処分できる所得のことで，実収入から非消費支出を控除した税引後の手取り収入をいう。可処分所得は消費支出と貯蓄，借入金返済にあてられる。

ガスオーブンレンジ［gass oven range］⇒オーブン

春日部桐箪笥（かすかべきりたんす）埼玉県春日部地方の桐たんす。起源は17世紀初頭に日光東照宮の造営に携わった工匠の一部が同地でキリ材を用いて長持ちなどの指物（さしもの）を作ったことにある。関東地方の中心的産地として形成され今日に至っている。

ガスグリルオーブン［gass grill oven］⇒オーブン

ガス事業法 都市ガスを利用する人の利益と安全を確保し，公害を防止することでガス事業の健全な発展を図ることを目的とした法律。都市ガス用器具の安全検定と同ガス事業者の販売事業の許可制について規制している。→PSTGマーク

カストマーリレーションズ［customer relations］顧客と企業・商品・販売員との良好な信頼関係，およびその向上を図るマーケティング活動をいう。

仮設工事 工事に伴う仮設の水道・電気・電話・備品等の設置や仮囲い，防護シート，足場などの保安・保護の設備，墨出しや養生に関する工事などをいう。

寡占（かせん）oligopoly 少数の大企業により市場が支配されている独占形態のこと。家電業界，自動車業界，板ガラス業界などがその典型的な市場形態をもつ。寡占企業の製品価格はフルコストとなり，各社ともに同額に設定されやすい特徴がある。

仮想環境表示システム ⇒バーチャルリアリティ

カットガラス［cut glass］⇒クリスタルガラス

カットパイルベルベット［cut pile velvet］⇒ビロード

カットループ［cut loop］⇒ループカーペット

割賦購入斡旋方式（かっぷこうにゅうあっせんほうしき）商品購入に際し，販売業者と契約している信販会社へ手数料込みの代金を支払う三者間契約による割賦販売方式で，「専門機関媒介方式」ともいう。

割賦販売（かっぷはんばい）購入者から代金を2カ月以上の期間にわたり，かつ3回以上に分割して受領することを条件として政令で定められた指定商品（サービスの提供を含む）を販売することをいう。

割賦販売の法的規制（かっぷはんばいのほうてききせい）割賦販売法により，①販売条件の明示（価格，支払回数および期間，手数料率の実質年率），②契約書面の交付，③クーリングオフの告知，④販売業者による契約解除および損害賠償，などに関して規制がなされている。→割賦販売法，クーリングオフ

割賦販売法（かっぷはんばいほう）1960年，割賦販売などにかかわる取引を公正にし，その健全な発達を図ることで購入者の利益を保護することを目的に制定。自社割賦販売，ローン提携販売，割賦購入斡旋，前払式同販売および特定取引が規制対象となる。→割賦販売

カップボード［cup board］食器を収納する戸棚，台所で使う食器棚，食堂に置き飾り棚を兼ねたダイニングボードがある。特に間仕切りを兼ねた両面使用のタイプを「ハッチ」という。

家庭用品の品質表示 家庭用品品質表示法による指定商品の品質表示には，その品目ごとに成分，性能，用途，貯蔵法その他品質に関する表示標準と表示者名，および表示者が遵守すべき事項の明示が定められている。→家庭用品品質表示法

家庭用品品質表示法に基づく表示	
外 形 寸 法	幅○○×奥行○○×高さ○○
甲板の表面材	
表 面 加 工	
取扱い上の注意	
表 示 者	

家庭用品の品質表示
（テーブルの品質表示の例）

家庭用品品質表示法 一般消費者が日常使用する繊維製品，雑貨工業品などのうち，購入する際に品質の識別が著しく困難，かつ識別することが特に必要な品目に対し，品質に関し表示すべき事項と表示の方法などを定めた法律で，消費者の利益保護を目的としている。

カテゴリーキラー [category killer] 特定の商品を豊富に品ぞろえし，低価格で販売する大型専門店をいう。ロードサイドリテイラーやアウトレットストアなどがその例。
→アウトレットストア，ロードサイドリテイラー

家電リサイクル法 特定家庭用機器再商品化法（2001年度施行）をいい，冷蔵庫・冷凍庫，エアコン，テレビ，洗濯機の4品目を対象に，その廃棄時のリサイクルを義務づけた法律。同法では，家電製品の買い替えに際し，消費者はリサイクル料，引取り運搬料，消費税を負担し，小売店（小売業者）からは，不法投棄を防ぐために，最終処理までの流れを管理する家電リサイクル券（廃棄物管理票）が渡される。

カトラリー [cutlery] ナイフ，フォークなど食卓に用いる金属器の総称。特に純銀製のものを「スターリングシルバー」という。

金巾（かなきん）shirting 28〜40番ぐらいの単糸を使い，経緯（たてよこ）糸の密度をほぼ同等に織った，比較的薄地の平織り綿布。生地のものを「生(き)金巾」，漂白したものを「さらし金巾」，無地染めのものを「染金巾」，捺染（なっせん）したものを「更紗（さらさ）」という。生地のままで用いられるものがあるが，多くはさらしてシャツや肌着等に用い，無地染めのものは主として裏地に用いられる。更紗は数色の草花や幾何学模様を配置し，ふとん地，ふろしき地や子供の服地等に用いられる。

加熱調理機器 ガスや電気を熱源とする加熱調理機器にはコンロ，グリル，オーブン，レンジなどがある。特に，電気を熱源としたヒーター式や電磁式のものを「クッキングヒーター」といい，空気を汚したり酸欠になる心配がなく，最近その利用が多くなっている。

カバーリング [covering] 下張りをしたソファーやチェアの本体（ヌード）に着脱式に縫製された上張り布をかぶせて，ジッパーやテープで固定するもの。特に上張り地が傷んだり汚れた場合に簡単に取り替えができる利点がある。

壁紙下地処理 壁紙張りの下地となる石膏ボードや合板などの下地材の表面を平滑に調整する処理方法としては，次のようなものがある。
コーキング処理：天井や他の部材との見切り部分や枠回り等の隙間を埋める。
サンダー処理：下地の凸部分をサンドペーパーやサンダー（研磨機）で削って平滑にする。
シーラー処理：下地材のあく止めと壁紙の接着剤の接着補強のために行う下地塗装。
パテ処理：充てん材のパテを用いて，下地材の継目や全体の凹部分を埋めて平滑にする。

壁紙の品質規格 日本工業規格「壁紙」（JIS A 6921）で寸法，品質が定められ，JIS認可工場で製造された規格壁紙にはロット番号，製造年月，製造業者名などが製品に表示されている。ほかに壁装材料協会で定めた品質検査自主基準「KF規格」がある。

壁紙の防炎加工 有機リン酸系の防炎剤または防炎剤と樹脂の混合液に壁紙を浸漬し，防炎性能を付加し難燃化を施す加工。

可変費用 ⇒変動費

鎌錠（かまじょう）引戸に用いられる錠前で，鎌形のボルトの先端を一方の受座に引っ掛けて施錠するもの。図はシリンダー錠付きのタイプ。

鎌錠

框（かまち）建具の四周の枠のこと。

框組み（かまちぐみ）戸などのたて框，横框を組み，その框に鏡板をはめ込んだ構造をさす。→鏡板 技

框戸（かまちど）建具の四周に枠としてまわした框とその仕口で，戸の重量を支える構造の戸。

紙壁装材 壁紙にはコウゾ，ミツマタを原料とする鳥の子やふすま紙などの「和紙」

とパルプを原料に機械すきの「洋紙」がある。一般に壁紙は、デザインが豊富で施工も容易である反面、汚れや摩擦に弱い欠点がある。近年では塩ビ系の合成紙やエンボス加工も施され、水ぶき可能なものも多くなってきた。

加茂桐箪笥（かもきりたんす）新潟県加茂地方を産地とする桐たんすで、その形成は19世紀初頭。東北産の良質のキリ材を素材に木釘と組み継ぎの伝統的技法が用いられている。高級桐たんすの代表的なブランド名として知られている。

唐木（からき）「とうぼく」ともいう。東南アジア、インドなどから輸入される堅木・銘木の総称。代表的なものにシタン、コクタン、タガヤサン、カリンがある。語源は奈良時代、同材が中国（唐）を経てわが国に渡来したための呼称。

唐木家具（からきかぐ）シタン、コクタン、タガヤサン、カリンなどの堅木を素材にした箱物家具の総称。飾り棚、茶棚などの棚類、座机や花台の机類を中心に、火鉢や盆などの小物も多い。木目を生かしたふき漆仕上げ、堅牢さと精巧な彫刻に特徴がある。

ガラス繊維　ガラスを溶融し繊維状にした無機繊維。短繊維（ステープル）は不燃性のカーテンに、長繊維（フィラメント）はグラスウールなどの断熱材やFRP素材として多用されている。

ガラス丁番　枠のないガラス扉に取り付ける丁番で、ガラスをはさんで軸吊りにする形式とガラスに孔をあけて金具止めとするタイプとがある。→図・丁番（58頁）

唐津焼（からつやき）佐賀県唐津市周辺で16世紀後半から盛んに焼かれている磁器の総称。多種多様な器種と技法があり、釉をずぶ掛けした無地唐津や、釉薬の下に鉄絵で文様を描いた物などがある。絵付けにおいては、志野（しの）や織部（おりべ）の影響を受けている。

唐戸（からど）開き戸の一種。框（かまち）の枠の中に、中央に縦桟1本、横桟を数本取り付け、その間に板などを取り付けるなどの形式がある。古くは、神社などの出入口の戸に、今日では住宅用にも利用されている。→框

カリガラス［kali glass 蘭］木炭や炭酸カリウムを混ぜて硬さを高めたガラス。耐薬品性があり、フラスコなどの理科学用に使用されている。

カルテル［Kartell 独］同業者間や業界団体の内部で競争を制限するために行う共同行為。共同して価格や生産数量、販売地域、取引先などを協定することは独占禁止法により不当な取引制限、競争制限の行為として禁止されている。

為替手形（かわせてがた）BE（bill of exchange）。振出人が受取人に対し一定金額を支払うよう第三者（支払人）に委託した証券をいう。支払人が引受けを拒絶した場合、振出人が償還義務を負うことになる。

簡易課税制度　消費税の計算において、基準期間の課税売上高が5,000万円以下の事業者について、消費税の納税事務の軽減のために課税売上高だけを把握すれば、それに一定率（みなし仕入率という）を乗じて課税仕入れを計算することができる制度。

簡易施工型キッチン　⇒3種M型キッチン

環境保全志向マーケティング［socio ecological marketing］企業活動はその手段と結果において地球の自然環境を破壊したり、生態的サイクルを狂わすことがあってはならないという考え方で、近年の社会的要請となっている。

元金均等償還　⇒元利均等償還

慣習価格政策　一定価格が消費者に定着している商品において、値上げ・値下げを行うことなく、品質やサイズ、デザインなどを変えて調整することをいう。

含水率　木材に含まれる水分の比率。一般に含水率が30％以下になると強度が増す。周囲の大気中の湿度と平衡（へいこう）した気乾状態の含水率を「平衡含水率」（約15％）という。

間接経路政策　卸売業者を用いた販売チャネル政策。ブランド品や商品に季節性がなく返品に対応できるもの、小売業者との取引が少ないものなどに採用されている。

カンティレバーチェア［cantilever chair］片持ち式の椅子。マルト・スタムスのスチールパイプ椅子やマルセル・ブロイヤーによるチェスカチェアはその代表的なもの。→マルセル・ブロイヤー 🧑

ガントチャート［Gantt chart］複数の項目についての期間もしくは時間的経過をバーで示して全体の進行状況を把握しようとするもので、工事の作業工程表などに多用されている。

かんりき

カンティレバーチェア

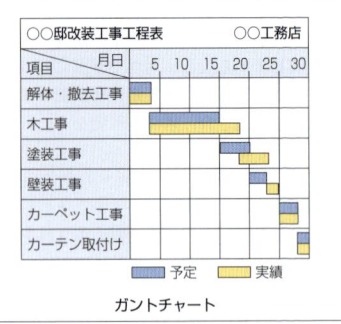
ガントチャート

元利均等償還 元金（借入元本）と利息の合計返済額が毎回均等になる定額返済方法。銀行の消費者ローンなどで最も多く使用されている。元金を返済期間に応じて均等割りにして返済するとともに、残元金に対する利息を加算して支払うものを「元金均等方式」という。

管理費 工事監督者の人件費をいうが、工事に伴う管理事務所、駐車場、資材置場などの賃借料や仮設の水道、電気、電話の使用料を含むことも多い。

キーテナント［key tenant］ショッピングセンターの中で中心となる「核店舗」のこと。顧客を吸引できる知名度をもつ百貨店や総合スーパーが、デベロッパーの計画のもとに参加する形態が多い。

キーワード［key word］情報検索に用いる鍵となる記号や解析の手がかりとなる用語の総称。コンピューターとのアクセスにおいては、入力されたキーワードによって検索する方法が一般的である。

危害情報システム 商品に関連する事故の実態を把握し、危害防止の情報を提供するために国民生活センターに設置された情報網で、全国の消費生活センターと全国の指定病院がそのネットワークになっている。→国民生活センター、消費生活センター

刻み継ぎ（きざみつぎ）⇒蟻組継ぎ（ありくみつぎ）

木地色塗装（きじいろとそう）透明塗料のぬれ色によって木材の材色を効果的に生かした塗装。被塗物の材質によってラッカー塗料とポリウレタン樹脂塗料を使い分ける。

木地蝋漆（きじろううるし）⇒漆の精製

基礎情報 ⇒インテリア情報の種類

北側斜線制限 建築物の建てる位置とその高さは、日照の面から北側の隣地境界線に接して建てることを規制している（法第56条第1項）。→斜線制限

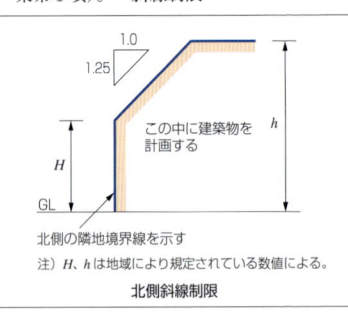
北側斜線制限

キッチン設備工事の積算 一般にはキャビネットや造付け機器類、シンクや水栓金具などの、①機器または部品代、ガス調整などで、メーカー協定による、②機器調整費、③取付け設置または組立ての施工費、④搬入運搬費などがその項目に含まれる。特に通常のキッチンセットとシステムキッチンでは多少異なる点に注意したい。

CAE（キャイ）computer aided engineering コンピューター支援エンジニアリング。CAD・CAMの拡張機能をもつ機器で、CAD（コンピューター支援設計）による設計を種々の解析やシミュレーションによ

ってその生産に関する特性を検討できる。

逆系列戦略　小売業や卸売業者によりメーカーを資金面や経営面で支配し、自己の系列化にすること。大型小売店のショップブランド（SP）の専門メーカーとしてその例は多い。

客導線　⇒回遊導線

ギャザー襞　（一ひだ）カーテンの上部を縮め縫いながら不規則なひだをつくるもので、ギャザーテープを用いることが多い。薄手のカーテン生地で、ひだは3.5倍は必要となる。

キャスター　[caster]　移動をしやすくするため、椅子やワゴンの脚先に取り付ける小型の車輪で、単輪、双輪、ストッパー付きなどがある。

キャッシュレスカード　[cashless card]　支払いにおいて、現金の代わりに用いることのできるカードのこと。

キャッシュレスカードの種類　キャッシュレスカードの形態には次のようなものがある。

　クレジットカード：あらかじめ一定額を与信して発行される後払い信用カードのこと。銀行系の金融機関が発行する銀行系カード、信販会社が発行する信販系カード、百貨店やスーパーが発行する流通系カードなどがある。

　プリペイドカード：一定額を前払いして発行を受ける無記名前払い式カードのこと。テレフォンカードや鉄道会社が発行するカード、商品券などがその例。プリペイドカードの発行会社には法律により、未使用残高の1/2以上の保全処置をとることが義務づけられている。

　デビットカード：代金の支払いで即時決済の機能をもつ、即時決済キャッシュレスカード、支払い金額が定額のためクレジットカードで行う信用照会をせずに、支払い口座の残高照会のみで即時に口座引落としとなるのが特徴。

キャッチ　[catch]　閉めたときの扉を所定の位置に固定する金具で、弾性を利用したスプリング式やマグネット式のほかに、特に引手のいらないクイックキャッチャー式のものがある。

キャッチセールス　[catch sales]　街頭などで通行人を呼び止めて商品やサービスの取引行為を行うもので、営業所で契約するも

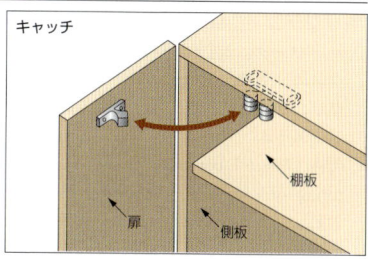

のを含め、「訪問販売等に関する法律」により契約書面の交付義務やクーリングオフの規定などが定められている。→クーリングオフ

キャット端末　[CAT—]　credit authorization terminal　クレジットカードの信用照会のために小売業店舗に設置された端末機。カード会社によるカードの販売承認または非承認を「オーソリゼーション」という。

CAD　（キャド）computer aided design　コンピューターとの対話形式で設計・製図を行うシステムで「コンピューター支援設計」ともいう。CADはコンピューター本体とGD装置、プロッター（またはプリンター）により構成され、高速で二次元から三次元の図形を作成することができる。

キャビネット　[cabinet]　たんす、飾り棚から小型の整理箱まで収納家具の総称。特に横長の形状のボードに対し縦長の形状をさす場合が多い。

キャプション　[caption]　一般の印刷物などで挿図や写真に付けられる説明用の短い文章のこと。

キャブチェア　[cab chair]　1977年、イタリアの国際的工業デザイナー、マリオ・ベリーニによりデザインされたコードバン革（馬のでん部の皮を使ったなめし革）によるサイドチェアの名称。

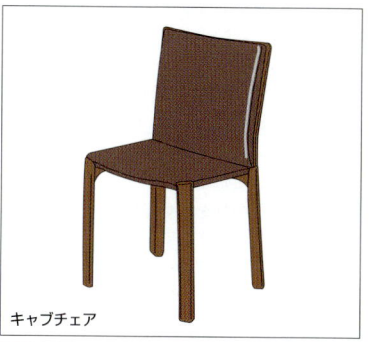

キャプテン　[CAPTAIN]　文字図形情報ネットワーク。NTTが開発したビデオテックスの一つで、情報センターと電話回線を結び、必要な情報を入手する双方向画像通信システム。

CAM　(キャム) computer aided manufacturing　コンピューター援用生産。CAD (コンピューター支援設計) により設計されたデータをもとに、工作機械やNC装置の制御指令テープを作成するシステム。機械生産における設計から生産、搬送などの制御システムを意味することもある。

キャンバスの寸法　油彩画に使用するキャンバスは、人物型 (F:Figure)、風景型 (P:Paysage)、海などの水平線のある対象物の描写に使用する海景型 (M:Marin) の3種類の型があり、それぞれ号数で大きさを表す。これらの型は長方形で、長手方向の寸法は同じで、短手方向の大きい寸法からF、P、Mの順に小さくなる。

キャンバスの寸法 (一部抜粋)　(mm)

号数	縦	横		
		F	P	M
SM	227	158	—	—
1	220	160	140	120
10	530	455	410	333
20	727	606	530	500
50	1,167	910	803	727
100	1,620	1,303	1,120	970
500	3,333	2,485	2,182	1,970

Qマーク　「繊維製品品質総合検査制度」に基づいて付される品質表示マーク。Qマーク管理委員会により外観、寸法、性能、加工処理剤などにつき審査を行うもので、対象商品は衣服、敷物、寝具、カーテンなどの申請製品である。→図-マーク一覧 (7頁)

京指物　(きょうさしもの) 起源は平安時代で室町以降の茶道文化の興隆とあいまって普及した。クワやキリの無垢板 (むくいた) を用いた飾り棚や小だんすのほか、技巧たくみな茶道具用指物、禁裏御用指物がある。優雅かつ精緻な細工仕上げをその特徴としている。→江戸指物、指物

鏡台　鏡と化粧道具を収納する台からなる和家具。特に全身を写す縦長の鏡だけのものは「姿見」という。平大、両山、片山、三面鏡、姫鏡などがある。

鏡面仕上げ　(きょうめんしあげ) ⇒ミラー仕上げ

居室　建築基準法において、居住、執務、作業そのほかのためにある一定時間以上使用する室をいう (法第2条第四号)。例えば、居間、寝室は居室になるが、玄関、便所、納戸はならない。居室では、天井高、換気面積、採光面積が規制される。

居室の換気面積　居室の換気に有効な開口部は、居室床面積の1/20以上は必要。ただし、換気ファンなどの技術的なもので緩和される (法第28条第2項、令第20条の2ほか)。

居室の採光面積　住宅、寄宿舎 (寝室)、病院 (病室) などでは、採光に有効な開口部は、住宅においては居室の床面積の1/7以上は必要。ただし、襖・障子などで随時開放できる2室は1室と考える。天窓は、実面積の3倍を有効として計算する (法第28条第1項、令第19条、同第20条)。→天窓 技

居室の天井高　一般の居室では、2.1m以上と決められている (令第21条)。広い室内で天井の高さが異なる場合は、次式により計算される。天井の高さ=室の容積／室の面積

清水焼　(きよみずやき) 起源は平安時代の京都の清水寺の周辺という。特に17世紀以降、金や銀の箔 (はく) を使った多種多様な磁器用具で、全国に「京焼」として知られた。

キルティング加工　⇒ボンディング加工

金属塗装の前処理　金属塗装やめっきを施す前に行う表面についた油や錆などの除去には、洗浄剤や苛性ソーダ溶液による「脱脂」、錆を削ったり酸で溶解させる「脱錆」、クロム酸やリン酸塩による「被膜化成処理」がある。

きんま塗り　[蒟醬塗り] 漆塗面に文様を線彫りし、彫り跡に何色かの色漆を埋め、乾燥後に研ぎ出す技法。起源はミャンマーにあるが、わが国では天保年間、讃岐の玉楮象谷 (たまこうぞぞうこく) により創始されている。

クーリングオフ［couling off］一方的に申込みの撤回や契約の解除ができる無条件契約解除権、またはその権利の行使ができる期間をいう。訪問販売では契約書面を受け取った日から、営業所以外の場所で契約した割賦販売も同様に8日間と定めている。ただし連鎖販売取引（マルチ商法）では20日間である。

九谷焼（くたにやき）九州の磁器と京焼の影響を受けて17世紀中頃、石川県九谷地方で開窯。青味の素地に呉須（ごす）による線描と九谷五彩と呼ばれる精巧な絵付けが特徴。

クッキングヒーター［cooking heater］⇒加熱調理機器

クックトップ［cook top］ガスまたは電気を用いたコンロ（加熱器）のこと。ガスを用いたものには大型と小型のコンロを組み合わせた2〜3口型が多い。電気を熱源とするものには渦巻型の「シーズヒーター」、セラミックガラストップの「セラミックヒーター」などがある。

グッドデザイン商品選定制度 ⇒Gマーク

沓脱石（くつぬぎいし）建物に出入りするときに、脱いだ履物をそろえておいておくための石。→エクステリアエレメント

区分所有権 分譲マンションなどの区分された建物の部分を目的とする所有権をいい、一般に、区分所有者は専有部分の区分所有権と共用部分や同建物の敷地の所有権とを共有するとしている場合が多い。

組手継ぎ 板材の箱（枠）組の継手で、たんすの引出しなどに多用される。組手により二枚組、三枚組、あり組などという。

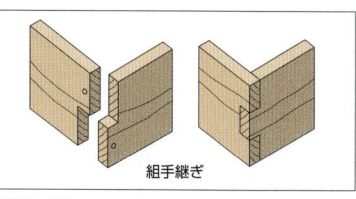

組手継ぎ

グライド［glide］床を保護し移動を容易にするためにソファーやベッドに取り付けた脚金物で、「ドメス」とか「プレラック」ともいう。

グラスウール製品 ガラス繊維を綿状に加工したもの。断熱や吸音材として使用される。

クラスター分析［cluster analysis］グルーピングによる多変量データ解析法。データをいくつかのグループ（クラスター）に類別し、その差異や特性を分析するもので、ライフスタイルの分析や市場調査の分析に用いられる。

クリスタルガラス［crystal glass］珪砂を主原料に、鉛の含有量を多くして光の屈折率を高めたもの。透明度が高く、研磨やグラビール（ガラス表面にグラインダーを用いて模様を施す技法）などのカット加工が容易で、「カットガラス」ともいう。なかでもボヘミアンクリスタルガラスが有名で、江戸切子（きりこ）や薩摩（さつま）切子はこの影響を受けたものである。→テーブルウエア

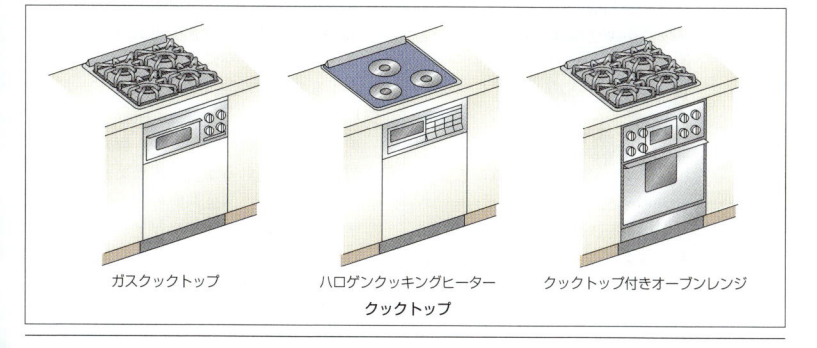

ガスクックトップ　　ハロゲンクッキングヒーター　　クックトップ付きオーブンレンジ
クックトップ

グリッパー工法 カーペットの敷込み工法の一つ。木片などに逆目釘付きのグリッパーエッジを部屋の壁ぎわの床面に釘や接着剤で固定し, これにカーペットを伸ばして引っかけて固定する敷込み工事の施工法。扉などの開閉部分などグリッパーが使えないところは金属製のナップロックを用いる。→全面敷き

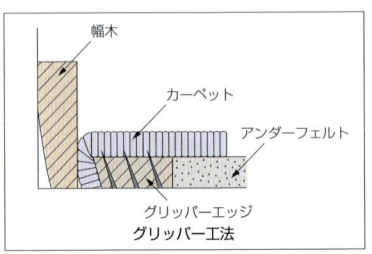

幅木／カーペット／アンダーフェルト／グリッパーエッジ
グリッパー工法

クリッピング [clipping] 切り抜きによる文献情報の整理の一方法。特に新聞や雑誌の整理に多用されている。

グリル [grill] ガスや電気を熱源とした焼網機器で, 上バーナー付きの片面焼きと上下バーナー付きの両面焼きがあり, クックトップと一体となったものも多い。→クックトップ

車椅子 移動のための歩行を代替する椅子で, 手動と電動の駆動があり, 両手で車輪を動かす自走用と介助の人の手を借りる介助用に大きく分けられる。日本工業規格（JIS）では, 手動用の基準寸法を全長120cm以下, 全幅70cm以下, 全高109cm以下と定めている。身障者が使う車椅子の多くは, 介護保険制度による福祉貸与用品の対象となっている。→介護保険制度

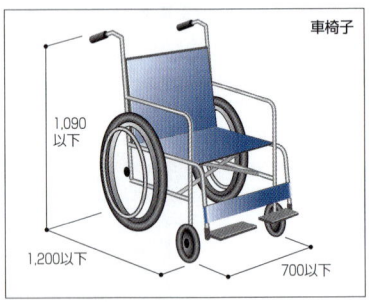

車椅子
1,090以下／1,200以下／700以下

グレード分類 品格や等級, 価格などによる区分。最高級を「プレステージ」, 高級を「ベター」, 標準を「ボリューム」などと分類するのはこの例。

クレーム処理 消費者が購入した商品やサービスに対して不平や不満を申し立てることで, 特に賠償を求める場合も含めた対応やその手順をいう。クレームは障害ではなく, 有益な意見の獲得としての位置付けが大切である。

クレジットカード [credit card] 商品およびサービスの購入や提供の代価として決済できるキャッシュレスカードのこと。①決済機能, ②クレジット（信用取引による掛売り）機能, ③ID機能（身分証明）などがある。→キャッシュレスカード, キャッシュレスカードの種類

クレジット販売 商品およびサービスの購入や提供の支払代金を掛売りや割賦（かっぷ）により後払いにする信用販売のこと。同販売の形態には, 割賦方式と非割賦方式がある。

クレセント [crescent] 引違いサッシ等の召（めし）合せ部分に取り付ける三日月状の締め金具。図は施錠のできるプッシュタイプ。

クレセント

クロームなめし ⇒皮革

クローム鍍金 （―めっき）金属クロームを表面に被覆する電気めっき。防錆性, 耐摩耗性に優れているため, 金属家具から各種の金物まで最も多く用いられている。

クロスオーバーカーテン [cross over curtain] ⇒スタイルカーテン

クロスマーチャンダイジング [cross merchandising] 関連性のある商品を横断的かつ総合的に展開する生活提案型の商品化計画をいう。ライフスタイル別あるいはライフオケージョン別に商品を品ぞろえして展示するのはその例。

クロルピリホス [cholorpyrifos] 芝生や観葉植物の害虫駆除剤の一つ。特にシロアリ駆除に使用されるが, 改正建築基準法により, シックハウス症候群の汚染源となる化学物質として「ホルムアルデヒド」と「クロルピリホス」の2種類が指定され, その使用が禁止または制限されている。→シックハウス症候群, ホルムアルデヒド

経営情報システム〔management information systems〕⇒MIS

蛍光ランプの種類 放電による蛍光物質の発光を利用した放電発光電球で，白熱ランプに比べてランプの寿命が長く，ランプ効率が良いのが特徴。蛍光ランプの光色は色温度や演色性別に，昼光色，白色，電球色に大別される。また，蛍光ランプの中で昼光色蛍光ランプは，色温度が高くやや青味のある涼しい光色で，演色性を必要としないところに多用されている。蛍光ランプを形状的に分類すると，直管形（FL），環形（FCL），U字形（FUL），電球形（G・T型），コンパクト形（FPL）などがある。特に，近年開発された電球形蛍光ランプは，点滅回路を発光管と一体化したもので，一般白熱ランプと同じ口金（くちがね）を使用している点に特徴がある。→環形蛍光ランプ 技，蛍光ランプ 技，コンパクト形蛍光ランプ 技，直管形蛍光ランプ 技，白色蛍光ランプ 技

経済企画庁国民生活局 消費者行政に関する企画立案と各関係省庁との総合調整，施策の推進を行う政府の消費者行政の中心となる機関。

傾斜路 斜めに勾配をつけた通路で，歩行に困難な人たちのために階段の代わりに用いられる。表面は粗面で滑りにくい仕上げとし，勾配は1/8以下と決められている。「ランプ」ともいう（令第26条）。

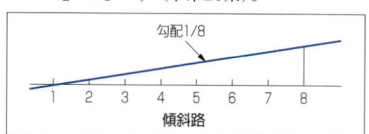

経常利益（率） 営業利益から営業外損益を加減したもを経常利益といい，同利益が総売上高に占める割合を経常利益率という。経常利益＝営業利益－営業外利益。経常利益率＝経常利益／総売上高×100（％）

珪藻土壁紙（けいそうどかべがみ）⇒エコロジー壁紙

系統図 目的に対する手段を細分化し系統化したもので，「方策展開図」ともいう。

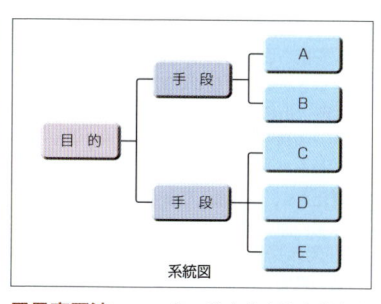

景品表示法 1962年，独占禁止法を補完するために制定された「不当景品類及び不当表示防止法」の略称。「過大な景品付販売や不当な表示により消費者が商品の選択を誤ることを防止し，事業者の公正な競争を確保すること」を目的としている。→公正競争規約，独占禁止法

契約自由の原則 契約時における当事者の立場は自由平等であり，契約の内容や方式，相手方の選択などは強行法規や公序良俗，信義則等に反しない限り自由に定めることができる。→公序良俗，信義誠実の原則

契約の解除 契約の解除には，①当事者間の話し合いによる合意，②取決めによる約定解除，③いずれか一方の当事者が法律の条件下で行う法定解除がある。債務不履行や瑕疵（かし）担保責任，クーリングオフ規定などによる契約解除はその例。→瑕疵担保責任，クーリングオフ

契約の成立 相対する当事者間による一定事項について拘束力をもつ取決め。相方の「申込み」と「承諾」の意思表示の合致により成立する。

契約の取消し 契約は当事者の一方もしくは双方が，①未成年者，②禁治産者もしくは準禁治産者，③詐欺・強迫による契約，である場合には，いずれも一方的に取り消すことができる。→詐欺・強迫

契約の無効 取消しや解除を待つまでもなく契約自体が無効となるものに，①強制法規，②公序良俗，③信義則にそれぞれ反するものや，④錯誤による契約，⑤意思能力をまったく欠く者による契約がある。→公序良俗，信義誠実の原則，錯誤

契約用見積 受注確定後の正式契約用に設計図書に添付・提示される見積をいう。通常，依頼者側と受注者側に各1部ずつ作成し，両者の署名捺印したものを取り交わしている。

系列化戦略 メーカーの製品販売強化と安定を図るため，選定された販売業者との結びつきを強める種々の販売経路政策。

KJ法 川喜田二郎氏の提唱による情報分析法。多種多様なデータをカードを用いていくつかの共通な属性やイメージのもとに群化させ，全体として統合する手法。企業・職場の問題解決に多用されている。

ケースメント ［casement］①ドレープ（厚地の織物）の遮断性とレースの透視性の両方の機能をもつもので，公共施設や商業施設の窓カーテンとして多用されている。特に，透し織りやからみ織り以外に編物による製法により生産されている。②ハンドル操作で開閉する，縦滑り出しの窓。

ゲートレッグテーブル ［gate leg table］ ⇒バタフライテーブル

毛織り物 ［woolen fabrics］羊毛，ヤギ，ラクダなどの毛を用い，経緯（たてよこ）糸で織り上げたもの。サージ，ギャバジン，モスリン，ネル，毛布など。

結露防止壁紙 壁紙の熱伝導を少なくし放湿性を付加することで結露の発生を防止した壁紙。繊維間に断熱空気層をもつ合成繊維の不織布を型押ししたものや，オレフィン系の樹脂をコーティングしたものがその例。→エコロジー壁紙

ケナフ壁紙 ⇒エコロジー壁紙

欅箪笥 （けやきだんす）ケヤキの単板にふき漆で仕上げ，金具は南部鉄の手彫りを使ったたんす。その起源は平安時代，産地は岩手県を中心とした東北地方。岩谷堂や南部たんすの名で知られている。

ケルビン 光源の光色の違いを示す色温度の単位（K：ケルビン）。数値が高いほど青や白に近く，冷たい光色となる。一般の蛍光ランプの色温度は昼光色で，5,300～7,000Kで最も高く，温白色で4,000K以下，白熱ランプで3,000～2,500K，高圧ナトリウムランプで2,500～2,000Kと最も低い。→色温度 技，高圧ナトリウムランプ 技，白色蛍光ランプ 技

原価 仕入コスト高を原価といい，仕入原価の実際の売価に対する割合を原価率という。原価率＝仕入原価／（仕入売価－値引高）×100（％）

限界消費性向 ⇒消費性向

限界利益 売上高から変動費を差し引いたもの。限界利益＝売上高－変動費

減価償却 設備などの固定資産の消耗や価値の減少（減価）を，毎期一定の算定方式で損金として計上（償却）すること。算定方式には「均等償却法」と「逓減（定率）償却法」がある。

原価値入率 （げんかねいれりつ）値入高の仕入原価に対する割合で，「利掛率」という。また，初期「マークアップ」あるいは「マークオン」ともいう。原価値入率＝値入高／仕入原価×100（％）→コストプラス法

原価率 ⇒原価

源氏襖 （げんじぶすま）襖の一種。襖の一部に明り障子がはめ込まれたもの。一般に，外部に面さない暗い部屋の採光を考慮した間仕切りに使用される。→図-襖（75頁）

建設業法 建設工事の適正な施工を確保し，建設業の健全な発達を目的としている。例えば，一括下請負の禁止（建設業法第22条）や主任技術者の設置（法第26条）などを決めている（昭和24年法律第100号）。

建築確認申請 建築計画の内容が，法規その他の法令に適合しているか否かを設計図などにより申請すること。これにより各都道府県の建築主事がこれを確認する（法第6条）。増改築または移転にかかわる面積の合計が10m²以内の場合は不要。

建築基準法 建築物の敷地・構造・設備・用途などに関する最低の基準を定め，人々の生命・財産を守り，公共の福祉の増進をはかることを目的としている（1950年制定）。関連法規には同法施行令，同法施行規則などがある。

建築法規 建築物に関する法律（建築基準法）・政令（建築基準法施行令）・省令（建築基準法施行規則）・条例（東京都建築安全条例ほか）・告示（国土交通省告示（建設省告示）ほか）などの一般的な総称をさす。

建築面積 建物の外壁またはこれに代わる柱の中心線で囲まれた部分の水平に投影された面積。一般に「建坪（たてつぼ）」という。また，外壁などの中心線から1m以上突出した軒がある場合，軒先から1m後退した残りの部分が面積に算入される。→出窓

こうこく

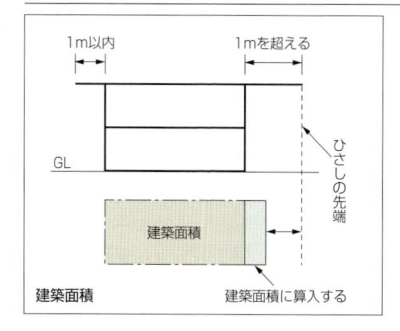

建蔽率（けんぺいりつ）都市計画区域内では，建築面積の敷地面積に対する割合の制限が決められている（法第53条）。建ぺい率＝建築面積／敷地面積×100（％）

建築面積／建築面積に算入する／ひさしの先端／1m以内／1mを超える／GL

こ

高圧的マーケティング　大量生産・大量消費・大量広告を背景にした販売第一主義のマーケティング活動をいう。販路拡大のために販売促進活動と販売技術に重点がおかれやすく，消費者に対し押しつけ的なマーケティングとなりやすい。

甲板（こういた）top board　カウンターや机などの上面の板をいう。「天板（てんいた）」ともいう。

甲板の構造（こういたのこうぞう）テーブルや机の甲板の構造には，一枚板や木片をはぎ合わせた「ソリッド（solid）甲板」，化粧枠組に化粧合板や鏡板をはめ込んだ「框組み（かまちぐみ）甲板」，フラッシュ構造や練芯や積層による「合板甲板」といった種類がある。

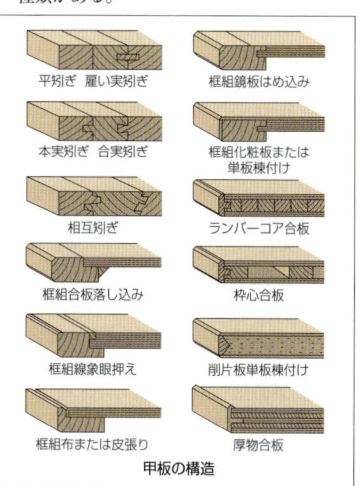

甲板の構造：平矧ぎ／雇い実矧ぎ／框組鏡板はめ込み／本実矧ぎ／合実矧ぎ／框組化粧板または単板棟付け／相互矧ぎ／ランバーコア合板／框組合板落し込み／枠心合板／框組線象眼押え／削片板単板棟付け／框組布または皮張り／厚物合板

高輝度放電ランプの種類　「HIDランプ」ともいい，①ナトリウムとアルゴンガスを封入した「高圧ナトリウムランプ」，②球内に蛍光体を塗布した水銀発光型の「水銀ランプ」，③金属ハロゲン化合物質を球内に添加し，演色性を高めた「メタルハライドランプ」などがある。→HIDランプ 技，高圧ナトリウムランプ 技，水銀ランプ 技，メタルハライドランプ 技

工業標準化法　鉱工業品の品質改善，合理化を図ることを目的として，1949年に制定された法律。同品の種類，形式，形状，寸法，品質など全国的に統一化，標準化するもので，メーカーの申請により日本工業標準調査会のJIS規格に適合したものにはJISマークが付されている。→JISマーク

広告［advertising］広告主が明示された有料形態をとる宣伝・販売促進活動であり，商品・サービスの品質や特性，企業のイメージや情報を伝達する商業広告と行政や公共の情報を伝える非商業広告がある。「アドバタイジング」ともいう。

広告カバレッジ　［advertising coverage］広告媒体の致着可能地域のこと。特に電波媒体では，視聴可能なサービスエリアをいう。

広告規制　広告による情報操作などから消費者を保護し市場の適正化を図るために「独占禁止法」「景品表示法」「公正競争規約」など，業界の自主規制として「広告審査機構（JARO）」や「広告審査協会」による規定がある。→景品表示法，公正競争規約，独占禁止法

広告効果の測定法 広告効果の測定には売上高の対比のほか, コミュニケーション効果をみるダグマーモデルがある。これにより広告実施の前後の視聴率, 注目率から認知効果, 知名度や理解度から態度変容効果, 購買状況から購買喚起効果をそれぞれ測定することができる。

広告予算 広告予算の算出には, 広告目標や市場状況などから総合的に検討されるが, 代表的な方法には, ①売上高や利益高に応じた比率法, ②目標達成に必要な広告コストを算定するタスク法, ③競争企業の広告費を基準にした競争企業対抗法, ④製品単位当たりの広告費から算出する販売単位法がある。

交差比率 平均在庫高に対する売上高の割合で, 投下資本に対する利益の効率指標をいう。交差比率＝利益高／平均在庫高×100(％)。交差比率＝利益高×商品回転率

公序良俗 (こうじょりょうぞく) 公の秩序と善良な風俗。社会の一般的秩序と社会一般の道徳観念のことで, 全体として社会的妥当性を指す。公序良俗に反する法律行為は基本の人権, 人倫・正義に反するものとして無効となる(民法第90条)。

公正競争規約 事業者や同団体が公正取引委員会(1947年発足)の認定を受けて, 景品類の提供と表示の内容等の適正化を図るために設けた自主規制。同規約は景品表示法に基づく各業界の具体的ガイドラインで, 各業界で結成された公正取引協議会により運用されている。→景品表示法

合成樹脂 ⇒プラスチック

合成樹脂の成形加工 合成樹脂の代表的な成形加工法には, 型の中に樹脂を注入して成形する「注型法」や「真空成形」, ロール材を用いてシート状にする「カレンダー法」, トランスファー成形や発泡成形の「射出成形」や「押出成形」, FRP成形の「接触圧成形」や「圧縮成形」がある。

合成繊維 [synthetic fiber] 石油や天然ガスを原料に繊維を構成する分子を化学的に合成した人造繊維。天然繊維に比べて優れたものが多いが, 難燃性はやや劣る。ポリエステルやアクリル・アクリル系, ナイロン, ポリプロピレン, ポリクラールなどがある。

合成繊維綿 ポリエステル繊維やポリプロピレン繊維の綿状のクッション材。弾力性, 保温性, 耐候性に優れた椅子張りの充てん材として多用されている。

公正取引委員会 独占禁止法の目的達成のために総理府に設置された合議制の行政機関。内閣総理大臣が国会の同意を得て任命する5人の委員で構成された同委員会は, 市場の競争秩序を維持するための独立した権限を有している。

合成皮革 (ごうせいひかく) 合成樹脂を発泡させ化学的処理でつくった人工皮革で, ウレタン系とポリアミド系, 塩化ビニル系のものがある。変色せず耐汚性に優れるが, 天然皮革に比べ通気性や吸湿性に劣る。→天然皮革, 皮革

公正マーク 公正取引協議会が「公正競争規約」に基づき, 適正な表示をしていると認めたものに公正取引委員会の承認を得て付す自主認定マーク。観光土産品の認定証や牛乳・乳飲料の公正マークなどがその例。→図-マーク一覧(7頁)

合成木材 スチロール樹脂, スチレン樹脂, ABS樹脂などを化学的処理により低発泡成形したもので, 外観や機械的性質が木材に似た性質をもっている。

構造用パネル 建築物の構造耐力上主要な部分に使用される合板。JASでは1級(構造計算等を要する構造部分および部品に用いる)と2級(耐力壁, 屋根下地, 床等に用いる)に規定されている。おもな厚さには, 5, 6, 7.5, 9, 12, 15, 18, 21, 24mmがあり, 大きさでは900×1,800mm, 1,000×2,000mmなどがある。ただし, ホルムアルデヒドの発散量に応じてその使用が規制されている。

抗弁権の接続 割賦購入斡旋取引において, 販売会社から商品が引き渡されなかったり, 瑕疵(かし)があるなどの事由で消費者がクレジット会社に対する支払請求を拒んだり, 支払いを一時中断する対抗権利をいう。

小売引力の法則 小売施設の立地と購買力との関係に関する理論で, 「引力モデル」ともいう。代表的なものに「ライリーの法則」や「コンバースの法則」「ハフ・モデル」「MCIモデル」などがある。→ライリーの法則

小売商業調整特別措置法 ⇒商調法

高齢者対応住宅 高齢者の身体的機能の低下を考慮し, 不便な障壁を取り除いたバリアフリー設計による住宅のことで, 「バリ

アフリー住宅」ともいう。具体的には，床面の段差の解消，浴室・トイレ・廊下など必要な個所に適切な手すりの設置，あるいは手すり取付け用下地材の設置，車椅子での移動を考慮して廊下の幅員や出入口の扉を工夫するなどの対応がなされている。高齢者向け集合住宅である「シニア住宅」や子供家族と別居し隣居する「ペア住宅」をいう場合もある。

コーディネーター業務のプロセス 一般的なコーディネーターの業務は，①顧客来店応接から，②顧客情報収集，③プランニングおよび見積作成，④提案・説明，⑤承認・契約，⑥発注・工事手配，⑦納品・工事施工，⑧顧客管理までのプロセスをいう。

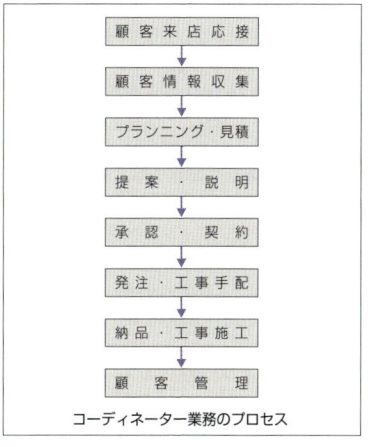

顧客来店応接
↓
顧客情報収集
↓
プランニング・見積
↓
提 案 ・ 説 明
↓
承 認 ・ 契 約
↓
発注・工事手配
↓
納品・工事施工
↓
顧 客 管 理

コーディネーター業務のプロセス

コーティング加工 ⇒樹脂加工
コーデュロイ［corduroy］⇒コール天
コード［code］体系化された数字や記号のこと。仕入先や商品名など，その多くは取引先コード，商品コードの記号や番号で区分され，伝票その他に広く用いられている。データ的情報の処理にはコード化することが有効かつ能率的である。
コードカーペット［cord carpet］パイルを波状にゴムなどの下地材に接着し固定した圧縮カーペット。
コーポラティブチェーン［co-operative chain］同一業種の独立した小売店どうしが独立性を保ちながら共同して仕入や宣伝などの営業活動を行うもので，特にチェーンの主宰が小売店の場合をいう。正式には「リテイラー・オウンド・コーポラティブ・チェーン」（小売主宰協同組合）という。

コーポレートアイデンティティ［corporate identity］企業が独自性確立のために行う企業イメージの統合戦略。主として視覚的統一表現を用いた企業イメージの形成に用いられている。「CI」と略称することが多い。
コーポレートシチズン［corporate citizen］企業市民の意。企業は文化支援や地域社会貢献などで社会の一員としての役割や責任を果たさねばならないという思想をいう。
コーポレートチェーン［corporate chain］⇒レギュラーチェーン
コール天 綿の緯（よこ）パイル織りで「コーデュロイ」ともいう。パイルの緯糸をカットして毛羽立てたもので，ビロード（天鵞絨）の一種。耐久性，保温性に優れた椅子の上張り地として用いられている。
ゴールデンライン［golden line］商品の展示陳列の際の有効陳列区分。最も見やすく手に触れやすい場所や位置をいう。
小切手 振出人が支払人（金融機関）宛に，受取人（持参人）に対して一定金額を支払うよう委託した支払証券のこと。小切手は支払いの手段として用いられるが，小切手法により要件記載事項が定められている。
小切手の種類 小切手には，受取人の預金口座を必要とする①一般線引小切手，支払銀行を特定する②特定線引小切手，振出人と支払銀行が同一の③自己宛小切手などがある。
顧客志向［consumer orientation］消費者利益もしくは顧客欲求を満足させることを理念とする考え方。近年の企業マーケティング活動のフィロソフィー（哲学）とされている。
顧客情報収集 提案・助言のもとになる与件条件の引き出し，顧客ニーズの聞き取り行動をいう。単なる商品に関する顧客反応の収集ではない。
石（こく）日本の伝統的な尺貫法の一つで，木材の体積を示す単位。1石は1尺×1尺×10尺（30cm×30cm×300cm）で10立方尺。約0.27m³。
国際消費者機構［IOCU］1960年に米国消費者同盟，英国消費者協会など5つの消費者団体により結成された，消費者利益のための国際的活動を目的とした団体。日本を含め世界50カ国以上が加盟，国連ではNGO（非政府組織）のオブザーバーとして参加している。

国民生活審議会　国民生活向上対策審議会を母体に1965年に設立された経済企画庁の諮問機関。内閣総理大臣および関係大臣の諮問に応じ、国民生活の安定と向上に関する重要事項を調査・審議する総合部会，消費者政策部会，住生活特別部会などから構成されている。

国民生活センター　1970年，「国民生活センター法」により「国民生活の安定及び向上に寄与するため，総合的見地から国民生活に関する情報の提供及び調査研究を行うこと」を目的に設置された特殊法人。

個人信用情報機関　クレジット会社がカード会員などの個人情報を登録し，会員のクレジット会社の問合せに応じて同情報を提供している機関で，適正な与信が行われることを目的としている。代表的なものに販売信用のCIC，銀行のKSCなどがある。

コストプラス法［cost-plus approach］製造原価ないしは仕入原価に一定比率のマージンを加えて販売価格を決定する方法。加算されるマージンを値入（ねいれ）高または利幅といい，原価に対する割合を原価値入率という。→原価値入率

固定費　生産や販売の変動があっても変化しない費用で，「不変費」ともいう。減価償却費，支払利息，保険料，租税公課，人件費（固定給料等）などがその例。

後藤塗り（ごとうぬり）色漆の中塗りの上に蝋色漆を加えた朱漆を指頭でたたきながら斑紋を出し，透漆を塗り込んで仕上げる技法。明治時代に高松藩士の後藤大平によって創始されたためその名が付いた。

コノイドチェア［conoid chair］1960年，日系のジョージ・ナカシマによりデザインされた椅子の名称。ウォールナット材のオイル仕上げで，脚部の畳ずりが特徴。カバザクラ材で漆塗り仕上げのものもある。→ジョージ・ナカシマ 人

コノイドチェア

個別情報　⇒インテリア情報の種類

コマーシャルカーペット［commercial carpet］⇒コントラクトカーペット

コミュニケーション能力　コンサルティング業務における基本的能力とされる。①顧客のニーズを引き出す聞き上手としての受信能力，②業者との打合せや商品発注において的確さが欲求される発信能力の2つの能力のこと。

コングロマーチャント［conglo merchant］単一資本による多角的経営企業体。買収や吸収による企業合併で多様な業種や業態の企業をもつ複合的な巨大企業のこと。

コンサルタント［consultant］相談に応じ指導してくれる者の意。今日では，特定分野の専門的知識を身につけた者が診断・指導などをすることをさしている。

コンサルティング業務　顧客ニーズの把握，提案や助言の前提となる顧客情報を収集するプロセス（過程）とプランニングを含む提案行為。

コンサルティング業務の基本的姿勢　①顧客の立場に立って行動する，②聞き上手としてのコミュニケーション能力をもつ，③顧客の価値観を認めて顧客の満足を得る，④自己管理など職業的意識をもつ，⑤知識見聞を拡大し広い見識をもつ，ことなどである。

コンサルティングセールス［consulting sales］商品・サービスの販売や提供において顧客のニーズを的確に把握し，顧客の立場で相談に応じながら進める販売活動をいう。特に対面販売による百貨店や専門店の販売方法として重視されている。

コンサルティングの機能　①消費者の問題解決への提示を通じて消費需要を創造すること。②顧客との相談業務の結果として信用を獲得すること。

コンサルティングの必要性　①消費者に必要な情報が入手しづらくなったこと，②インテリア商品の選定が全体的に統合的志向になったこと，③販売の現場においては顧客との個別対応が必要となったこと，などがコンサルティングが要求される理由である。

コンサルティングの留意事項　一般的な留意事項として，①聞き上手であること，②常に肯定的であり，勇気づけること，③適切な判断材料を常に提供すること，などがある。

コンシューマリズム［consumerism］消費者の権利を守ることを目的にした、ネーダー型の運動や消費者運動全体をいう。

コンソールテーブル［console table］前脚だけで背部を壁にもたせかけて用いる持ち送り式の小テーブル。花瓶や胸像などの飾り台で、起源は18世紀初頭、「ピアテーブル」ともいう。

コントラクトカーペット［contract carpet］店舗や事務所などの業務用に用いるカーペットで、「コマーシャルカーペット」ともいう。耐久性、防炎性、防汚性などの機能が重視され、素材にはナイロン繊維が多用されている。

コンビニエンスストア［convenience store］便利性を業態とする小規模小売店の総称。時間的、距離的、品ぞろえなどにおいて顧客のニーズに対応し、1960年代以降急成長を遂げた。同ストアの多くは、フランチャイズチェーンやボランタリーチェーンに加盟している。

コンピューター［computer］1946年アメリカで完成された「ENIAC」電子計算機に始まるが、二進法やデジタル化の導入により情報処理機能も多様化し、パーソナルタイプから大型汎用コンピューター、人工知能をもつAIまでその機種は数多い。

コンピューター支援設計 ⇒CAD（キャド）

コンピューターセキュリティ［computer security］コンピューターシステムの安全性の確保と機密保護をいう。対策には火災や地震、停電、故障などの物理的なものとデータ等の漏洩・犯罪などの運用管理的なものがある。

婚礼家具 婚礼に伴う家具・調度品の総称。収納家具では洋服だんす、衣裳（和）だんす、整理だんすを婚礼三点セットという。近年では住宅事情やライフスタイルの変化により、その内容やデザインに差異が生じている。

コンロ［焜炉］上面にバーナーを設けたガス方式には1〜5kwのハイカロリーのものがある。一方、ガス方式に比べ瞬発的な出力が低い電気方式は、ランニングコスト（維持費）は高いが安全性に優れ、高齢者住宅向けの火のない電磁調理機器として普及している。特に、機器をワークトップに落し込んで設置するビルトインタイプのものを「クックトップ」という。→IH調理器、クックトップ

さ

サージング［serging］⇒オーバーロック加工

材工込み見積 材料費と工賃、経費を含めて一式とする内訳見積で、部位別見積や増改築工事の見積に適している。

材工別見積 材料費と工賃、経費を別々の項目にして計算する内訳見積のこと。職種別見積に用いられることが多い。

採光有効面積 採光に有効な部分の面積は、隣地境界線または同一敷地内の他の建築物の各部分から、その部分の面する隣地境界線または同一敷地内の他の建築物などの対向部までの水平距離（D）を、その部分から開口部までの垂直距離（H）で除した割合（D/H）が用途地域ごとに決められている。

在庫統制 在庫の過不足による弊害を少なくするために標準在庫高を調整すること。その算定には商品ごとの商品回転率と在庫販売比率をもとにしたものがある。

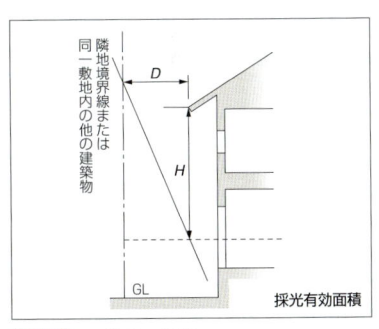

座椅子 ⇒椅子の種類

再生繊維 木材パルプやコットンリッター（綿のくずなど）を薬品で溶かし細長い繊維に再生したセルロース系繊維で、レーヨンやキュプラ、ポリノジックなどがその代表的なもの。吸湿性があり染色性に富む反面、耐久性に劣るため、ほかの繊維と混紡・交織して用いられている。→レーヨン

サイドテーブル［side table］ソファーやチェアの横に置く補助テーブルで、「脇卓子」「エンドテーブル」ともいう。照明器具や灰皿などの置台で、センターテーブルより丈が高く、ネストテーブルを使うことも多い。→テーブルの種類

サイドボード［side board］横長式の飾り棚。リビングルームの飾り棚として用いるもので、「ローボード」ともいう。本来は食堂の壁際に置かれる補助テーブルの意。

再販価格維持制度 製造業者が販売業者に対し、その取引先への販売や小売価格を指示し拘束する独占禁止法上の特例除外措置制度。書籍などの特定6品目が公正取引委員会で再販商品として指定を受けている。

財務諸表 企業の経営や財政状況を明らかにした書類の総称。決算期に企業から発表される貸借対照表や損益計算書はその代表的なもの。→損益計算書、貸借対照表

債務不履行責任 債務者が契約の趣旨や規定に従った給付または提供をしなかった場合に負う損害賠償を含む責務をいう。債務不履行には、①履行遅滞、②履行不能、③不完全履行などがある。

差益率 ⇒売買益率

魚の骨 ⇒特性要因図

下がり壁 ⇒垂れ壁

左官工事の積算 モルタル、プラスター、漆喰（しっくい）などの塗り壁や床仕上げなどの左官工事は、一般にm²当たりまたは坪当たりの材工費で算出する。施工下地の状態や施工手間により割高になる場合も多い。

詐欺・強迫 詐欺とは故意に事実を偽って人を錯誤に陥れること、強迫とは不法に人を脅して恐怖心を起こさせることで、これらの行為によってなされた契約などの法律行為は一方的に取り消すことができる。

錯誤 真意とその表示がくい違うことに気づかないをいう。その態様には内容、表意、動機があり、法律行為ではその重要な部分にくい違いがあるときは無効とされる。ただし、錯誤による無効を主張できるのは当事者本人に限られている。

酢酸ビニル樹脂接着剤 酢酸ビニルを乳化重合した熱可塑性の接着剤。耐水撃性、作業性に優れ、家具の組立てや突板の熱圧接着に多用されている。乳白色の液状（エマルション）のボンドはその例。

指物（さしもの）板を組み立てて作る家具・建具の加工技法、またはその技法で作られた家具調度品。指（さし）とは物指の意、あるいは継手のさす組立てを表す言葉で、物指を使い継手で組み立てることをいう。代表的なものに江戸指物、京指物がある。→江戸指物、京指物

座卓（ざたく）和室での応接や食事などに用いるテーブル。特に折りたたみ脚の簡易食卓を「茶袱台（ちゃぶだい）」という。ケヤキやクワ、シタンやカリンなどを主材に、漆塗りやウレタン塗装で仕上げたものが多い。

サッコ［sacco］1968年、イタリアのピエーロ・ガッティほかによりデザインされた袋状の椅子。皮革（ひかく）の袋にポリエステル粒を入れたもので、ポップ時代を代表するデザインとして高い評価を受けた。

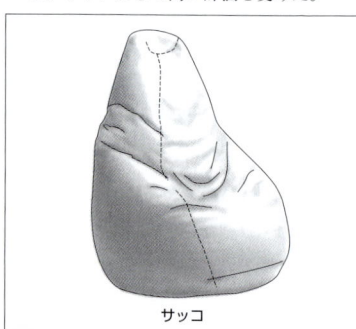

サッコ

サテン仕上げ 金属の表面に不連続状の条こんを付けるつや消しの仕上げで、「スクラッチ仕上げ」とか「シルクライン仕上げ」ともいう。

差別価格政策 同一商品について、地域や相手方により差別的価格を設定すること。正当な理由がない場合には、不公正な取引方法として独占禁止法により禁止されている。

サムターン回し対策 サムターンを指以外では回しにくい形状にしたり、内外とも締り機構がドアの奥に位置するシリンダー錠にするのが有効である。→図-シリンダー錠（47頁）

皿張り ⇒薄張り

産業廃棄物 企業の活動に伴って発生するゴミや廃油等の廃棄物のこと。近年、有害廃棄物の海洋投棄や越境移動などの不法処理が地球環境汚染の一因として問題化してい

る。→廃棄物処理法

三原組織（さんげんそしき）一重織物の中でパイル織りを除いた基本組織。経（たて）糸と緯（よこ）糸を組み合わせて織られた「平織り」，「斜文織り」，「朱子（しゅす）織り」の三種類の組織のこと。

3種M型キッチン 単品を並べただけの従来型のセクショナルキッチンと部材ユニット型との中間的形式をもつタイプで，「簡易施工型キッチン」とも呼ばれている。特に，部材型と比較して部材が少なく自在性に劣るが，施工が容易であり，国産のシステムキッチンの主要な形式となっている。→システムキッチン

サンディングシーラー［sanding sealer］⇒中塗り

参入障壁 市場への参入を困難にしている各種の制約をいう。関税制度や輸入制限割当などの貿易参入障壁のほか，自動車や家電などの既存企業の寡占市場への新規参入障壁がその例。

サンフォライズ加工 織布を機械で強制的に縮ませ蒸気処理し，洗濯などで縮まないようにする防縮加工。特に綿やレーヨンなどのセルロース系繊維に用いられている加工法。

散布図 複数の項目やデータの特性を表記し，特性間の相関関係について分析したものをいう。

サンプリング［sampling］商品見本を試用してもらうことで購買を促進させようとするもの。販売店頭での配布，DM（ダイレクトメール）による郵送，広告の見本請求券による応募者への送付などはその例。

サンプル調査［sample research］⇒標本調査

し

シアーカーテン［sheer curtain］薄地で光が透けるカーテンの総称。ポリエステル繊維の平織りの「ボイル」，プリント模様のある「オペール」，経（たて）糸にネットをもつ「バティス」，平織り地にしわ加工を施した「ワッシャ」など種類も多い。

GRC［glass fiber reinforced cement］ガラス繊維強化セメント。セメントやコンクリートの欠点である曲げ強度や引張り強度を，耐アルカリ性のガラス繊維で補強した複合材料。

CI［corporate identity］⇒コーポレートアイデンティティ

CATV［cable television］有線テレビ放送。本来はTV放送の難視聴地域対策として生まれた共同有線受信TVであったが，近年では多チャンネルと双方向性を生かしたケーブルサービスとして普及，特に都市型CATVでは地域的情報から地域コミュニティーの多様な情報提供が行われている。

CFRC［carbon fiber reinforoed concrete］炭素繊維強化コンクリート。セメント，コンクリートに炭素繊維を混入し，その曲げ強度と引張り強度を補強したもので，鉄筋のように錆や収縮が生じることがなく，軽量なためにその代替材料として今後の利用が期待されている。

GMS［general merchandise stor］⇒ゼネラルマーチャンダイズストア

CG［computer graphics］コンピューターを用いて図形・画像を作成・処理すること。CAD・CAM，アニメーション，CTスキャナーなどで多方面に利用されている。

CPI［consumer's price index］⇒消費者物価指数

シーベキップ［schibekipp］片引きと内倒しの開閉機能を備えた窓で，内倒しの機能を使えば換気ができる。

Cマーク タフテッドカーペットに付される品質合格マーク。社団法人日本カーペット協会が定めた品質基準に合格した同協会会員企業で製造したものについて表示されている。→図-マーク一覧（7頁）

Gマーク「グッドデザイン商品選定制度」に基づき選定された商品に付されるマーク証紙。財団法人日本産業デザイン振興会が企業から申請された商品の中から，機能性，耐久性，安全性を含むデザイン全体を審査して選定している。→図-マーク一覧（7頁）

シールドバックチェア［shield back chair］楯型の背もたれをもつ椅子で，18世紀後半のイギリス・ネオクラシシズム期にヘップルホワイトらにより創出された。

しいれけ

シールドバックチェア

仕入計画 販売計画に基づき商品の種類・数量・価格・時期・仕入先・仕入方法を検討すること。

仕入原価 商品の仕入価格に引取り運賃や保険など，仕入に要した仕入付帯費用を合算したものをいう。

仕入売価（定価） 仕入時に予定した売上時の売価。メーカーで指定する定価のことをいう場合もある。実際に売れた時の売価は，売上売価もしくは実売価という。

シェード [shade] 上下方向に昇降させながら開閉させるもので，代表的なものにローマンシェードがある。シェードには1枚の平らな布でできている「プレーンシェード」，裾が膨らむ「バルーンシェード」，全体にひだが寄る「オーストリアンシェード」などがある。

ジェネリックブランド [generic brand] ノーブランド商品もしくは無印商品。同商品は広告や包装経費を抑えることで，ナショナルブランド商品やプライベートブランド商品より低価格で販売できる利点がある。

直張り （じかばり）パテやシーラーによる下地調整後，下張りをせずに直接壁装材を張ること。特に防火規制を受けるキッチンや火を使う部屋では，直張りだけで下張りは原則的に禁止されている。

信楽焼 （しがらきやき）日本六古窯の一つで，起源は天平時代という。産地は滋賀県南部の甲賀地方。無釉，茶褐色の独特の陶肌を生かした壺，花器から植木鉢，ガーデンセットなどで知られる。

敷地と道路 建築物（住宅）の敷地は，道路（公道，幅員4m以上のもの等，法第42条）に2m以上接することが必要（自動車専用道路を除く。法第43条）。

仕口 （しぐち）部材の木口（こぐち）を相互に，または木端（こば）とある角度で交差させて接合すること。框（かまち）材では柄（ほぞ）組や，太柄（だぼ）組，板材では留継ぎやきわ継ぎ（板継ぎ）がその代表的なもの。

軸吊り丁番 ⇒図-丁番（58頁）

時効 ある状態が一定期間続いた場合に権利を得たり，権利をなくすこと，またはその制度をいう。飲食代や宿泊代は1年，商品の代金は2年，請負人の工事代金は3年，公共料金や月賦代金は5年とされている。

自己破産 破産法に基づく負債整理で「消費者破産」ともいう。裁判所の破産宣告により債務の免責を申請できるが，復権までに法律上の資格や転居の自由などに一部制限を受けることになる。

市場細分化戦略 市場をいくつかに区分し，その区分ごとに最も適したマーケティングを展開することで，消費者ニーズの多様化に対応しようとするマーケット戦略。

市場調査 ⇒マーケティングリサーチ

システム家具 工場生産によるシステム化されたユニットやパーツ（部品類）を組み合わせて構成された家具。システム家具は，ユニット家具とビルトイン家具に大別される。

ユニット家具：ボックスやキャビネットなどの箱体と棚板，側板，扉，引出しなどの部材を組み合わせて構成する家具。

ビルトイン家具：現場造付け家具のことで，図面に合わせて用意したパネルやパーツ（部品類）を，現場で実際の寸法に合わせて調整して構成する家具。「ビルトインファニチャー」ともいう。

システムキッチン [system kitchen] 流し台や調理台のキャビネットと調理機器，ワークトップなどが有機的に一体化され施工されるキッチン設備のこと。JIS規格では1種S型のセクショナルキッチンと2種H型，3種M型と3つに分類している。→1種S型キッチン，2種H型キッチン，3種M型キッチン

システム収納 部品や部材を用い，現場施工により組み立てるシステム化された壁面収納家具や間仕切り兼用家具。ユニットになったボックスやパネルを組み立てて大型の置家具とした家具的システム収納と，現

しつこう

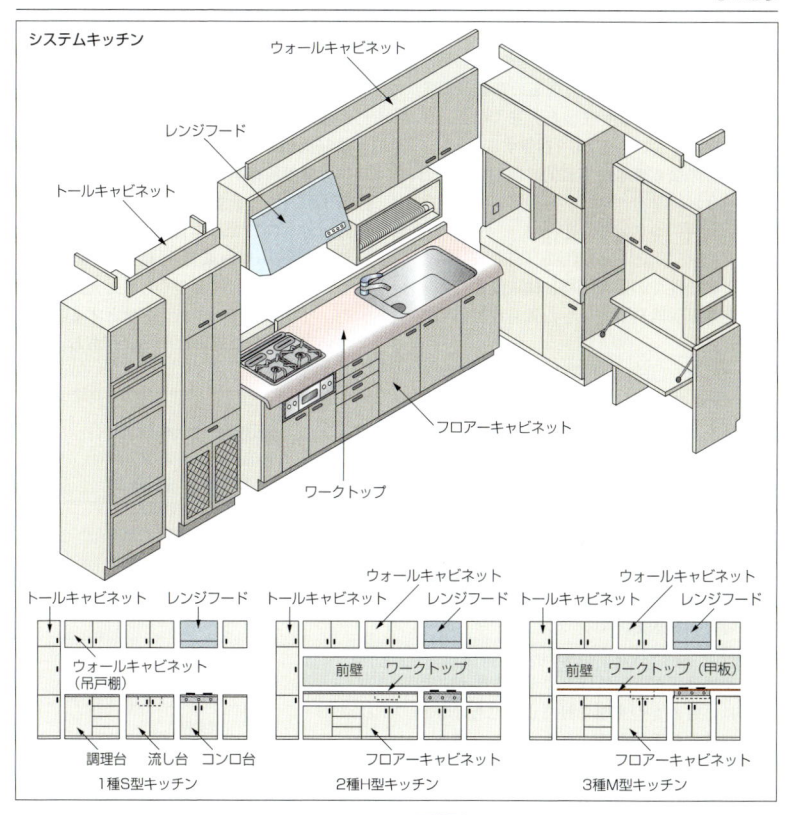

システムキッチン

- トールキャビネット
- ウォールキャビネット
- レンジフード
- フロアーキャビネット
- ワークトップ

1種S型キッチン / 2種H型キッチン / 3種M型キッチン

場でパネルを組み立てて壁面や間仕切りを兼ねて造り付ける造作的システム収納がある。

JIS法 ⇒工業標準化法

JISマーク 工業標準化法に基づき，日本工業規格に適合した鉱工業製品や同品の製造工場に表示される認定マーク。→工業標準化法，図-マーク一覧（7頁）

下地調整 壁装材の仕上がりを良くするために下地を平滑にし，接着などを容易にする処理をいう。下地の種類に合わせてパテやシーラーを用いるが，特に下地材の目地の平滑化には，パテだけでなく目張りのための下張りが必要となる。

下塗り 「アンダーコート」ともいう。塗料の吸込みむらを防止し付着性を高めるだけでなく，目止め剤の固定や着色のにじみを押さえることを目的とする下地塗装で，木質材には「ウッドシーラー」，金属には「プライマー」の各塗料が用いられている。→上塗り，中塗り

下張り 下地調整のための下張りには，下地全体に下張り紙を張る「べた張り」，下地の目地を覆い隠す「目地張り」，布壁紙の仕上げに用いる「袋張り」などがある。

シックハウス症候群 新築の住宅において，壁紙やフローリング，家具などの建材や接着剤から発するホルムアルデヒドなどの化学物質が原因で起こる，頭痛，吐き気，目や鼻やのどの痛み等の体の不調のこと。シックビル症候群の一種。→シックハウス対策

シックハウス対策 改正建築基準法第28条の2（2003年7月1日施行）で定める化学物質は，クロルピリホスとホルムアルデヒドの2つの化学物質で，これらが含まれる建材を居室の内装材や天井裏等の下地材として使用するのを制限するとともに，換気設備の設置を義務づけることとしている。→クロルピリホス，ホルムアルデヒド

実行用見積 営業的判断により受注を受けるために作成された見積。その売価は値引きにより原価を割り込むことも少なくない。

室内空気汚染物質 ⇒VOC
実務情報 ⇒インテリア情報の種類
私的独占 企業がほかの企業の事業活動を自己の統制下において支配，または差別的な価格によって競争企業を排除することで，市場での公正競争を実質的に制限する行為をいう。
シニア住宅 ⇒高齢者対応住宅
シフ [CIF] cost insurance and freightの略。輸出港での船積価格に輸入港までの運賃と海上保険料を加算した貿易商品価格のこと。
ジャージー [jersey] 毛糸を経(たて)編み機で編んだ椅子の上張り地。同じ編物にはメリヤス地の「トリコット」がある。伸縮性，屈とう性に優れ，曲線の多い成形椅子の上張り地として使用されている。
社会志向マーケティング [social marketing] 社会全体の利害を考慮することが消費者の長期的福祉となり，結果として企業の安定的成長につながるというコンセプトをもった企業活動。
シャギーカーペット [shaggy carpet] パイルの長さが30mm以上のカットタイプで，糸は太目のものを粗く打ち込んだものが多い。装飾性と接触感が良く，ピース敷きやマットだけでなく，壁掛けなどにも用いられている。
尺度構成法 ⇒SD法 技
遮光カーテン 光を遮るためには，①多重織りにしたり，②ドレープの裏地に黒膜を使う，③芯地に黒糸を用いたシルバーブラインダーを使うなどがあるが，近年では，④合成樹脂をラミネート加工したり，⑤アルミ粉末をコーティング加工したものも開発されている。
JAS規格 日本農林規格（Japanese Agricultural Standard）。農林省所管の各種物資に関する品質の向上と安全のためのもので，各種合板，集成材，フローリング類などに対して定められている。
JAS法 ⇒農林物資法
JASマーク 農林物資法に基づき品質規格基準に合格したものに付される格付けマーク。インテリア関連では合板や集成材，フローリングボードなどがその対象品目で，メーカーの申請により日本農林規格協会等がJAS規格との適合性を審査している。→農林物資法，図-マーク一覧（7頁）

斜線制限 建築物の高さは，敷地の状況（隣地や道路など）により法規で規制されている。道路斜線制限（法第56条），隣地斜線制限（令第135条の3），北側斜線制限（法第56条第1項）などがある。→道路斜線制限，隣地斜線制限，北側斜線制限
斜文織り （しゃもんおり）経（たて）糸または緯（よこ）糸が布面に斜めに続く畝（うね）文様をもつ組織で，「綾（あや）織り」ともいう。特に密度を濃くして遮光性を付加し，ブラインダーカーテン地とすることも多い。代表的なものにサージがある。→三原組織

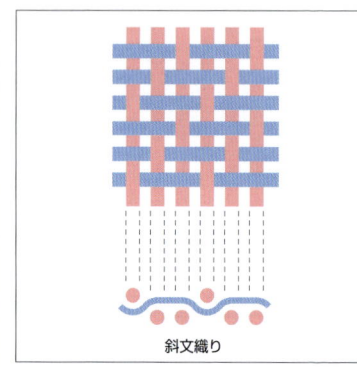

斜文織り

ジャルージ [jalousie 仏] 鎧戸（よろいど）などを意味し，水平な羽板を垂直に並べたルーバー（鎧張り，鎧戸の意）で，羽板の角度を変えることができる。
ジャロージー窓 ジャルージを取り付けた縦長状の窓のことで，換気・採光などの面から台所，浴室ほかに用いられている。
JANコード （ジャン—） Japanese article number 日本工業規格制定の標準商品用バーコード。13桁の標準タイプと8桁の短縮タイプがある。メーカーや出荷元で印刷されるソースマーキングでPOS（ポス）システムの商品コードとして知られている。→バーコード，POSシステム
シャンデリアランプ [chandelier lamp] ⇒白熱ランプの種類
集視ポイント 店舗内において顧客の視線を引きつけ注目される位置。同ポイントに引きつけられることをいう。
住宅性能保証制度 財団法人性能保証住宅登録機構が国土交通省の指導で実施している住宅の品質・性能を保証する制度。住宅品質確保促進法（品確法）では，引き渡し

から10年以内に基本構造部（基礎や柱、床、屋根など）に不具合がみつかった場合、施工会社は無償で補修する責任を義務づけている。この10年保証を万が一、施工会社が倒産や廃業をしても行えるようにしたのがこの制度。この制度の対象は、新築住宅のみで、中古住宅の場合は新築と内容が異なる既存住宅保証制度がある。保証対象となるのは、機構に登録している業者による新築一戸建専用住宅などであり、顧客の申請に基づき現場検査などを経て保証書が発行されている。

絨緞（じゅうたん）⇒カーペット

収納家具 衣服や食器、書籍などを収納する置き家具の総称。洋服を収納する洋服だんすやワードローブ、ロッカーだんす、和服や衣類の和だんす（衣裳だんす）、下着類を収納する整理だんす、食器用の食器戸棚やカップボード、カップなど飾り物を飾るサイドボード、書籍を整理する本棚や書棚がその例。

収納家具の構造 天板、側板、地板、裏板からなる箱（枠）組に扉や台輪、棚板、引出しなどを取り付ける構造が一般的。

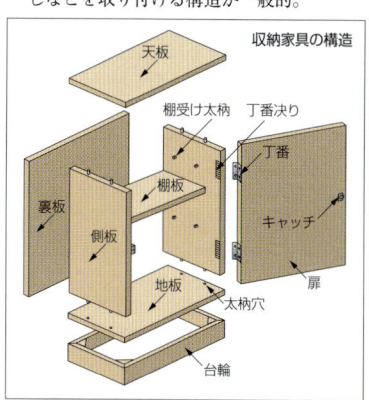

樹脂加工 繊維に合成樹脂を塗布、浸透させて熱で固定することで、しわや縮みを防ぎ風合いをよくする加工。ウレタンフォームなどの膜を布地に接着させることを「ラミネート加工」、樹脂や塗料を化学的に塗布することを「コーティング加工」という。

受信能力 聞き上手としてのコミュニケーション能力のこと。プランニングや提案のもとになる顧客情報の引き出しや顧客需要の聞き取りに必要とされる能力。

朱子織り（しゅすおり）経（たて）糸と緯（よこ）糸の交差する点を一定の間隔に配置し、経糸か緯糸のいずれかの浮きを多くした組織をいう。サテンなど高級ドレープの織り方に多く、変化組織にはトルコ朱子や昼夜朱子などがある。→三原組織

出資法 「出資の受入れ、預り金および金利等の取締りに関する法律」の略称。年率29.20％を超える利息の契約をしてはならないとするなど、約定利息の利率や同違反に対する刑事罰を定めている。

需要創造 消費者との対応による問題解決の提示は、需要の内容を変えることであり、将来の需要の引き起こしである。これらコンサルティングのプロセスは結果として供給側にとって新しい需要を創るということになる。

需要弾力性 ⇒価格弾力性

巡回販売 ⇒ルートセールス

春慶塗り（しゅんけいぬり）木地に加飾を施し、透明の漆を上塗りして木理を生かした仕上がりで、飛騨や輪島に多くみられる漆塗りの技法。

準不燃材料 一般の火災時には、ほとんど燃焼せず、煙も少ない材料で、不燃材料に準ずる防火性能をもつもの。例えば、石膏ボード、木毛セメント板がある（令第1条第五号）。

省エネラベリング制度 正式名称は「家庭用品電気・電子機器の省エネルギー基準達成率の算出方法及び表示方法」という。省エネルギー性能表示に関する制度で、経済産業省（資源エネルギー庁）により2000年8月から実施されている。省エネルギー

法で定められた特定機器のエアコン，蛍光灯器具，テレビ，冷蔵庫，冷凍庫の5品目（この5品目だけで，一般家庭での消費電力量の約65％を占める）に加え，2003年6月からストーブ，ガス調理機器，ガス温水機器，石油温水機器，電気便座の5品目が追加となった。これらの家電製品に省エネルギーの目標値を定め，省エネ性マーク，省エネ基準達成率，年間消費電力（エネルギー消費効率），目標年度の4項目を表示するとともに，目標基準以上を達成した製品には緑色，未達成の製品には橙色のラベルを付している。→図-マーク一覧（7頁）

消化仕入 ⇒売上仕入

商圏 ［trade area］吸引可能な潜在顧客を含む顧客が居住している地理的範囲で，マーケティング活動のターゲットとなる市場範囲をいう。特に，販売の取引領域であることから「商勢圏」ともいう。

障子 組子のある建具に障子紙が張られたものをいう。形状・目的により水腰障子，雪見障子，猫間障子，柳障子，すだれ障子，書院障子，そして一般的な明り障子がある。→障子（そうじ）技

障子紙の種類 障子紙にはコウゾを原料とした手すきの高級紙「美濃紙」や厚手の手すき「西の内」をはじめ，コウゾの荒すじを混ぜた「雲竜紙」，一般的なものにはミツマタにパルプを混ぜた機械すきの「新美濃紙」などがある。

使用者責任 使用人（社員）が業務上，第三者に与えた損害については，原則として使用人の属する会社または同代表者がその賠償の責任を負う。

浄水器 水道水の残留塩素によるカルキ臭や雑菌によるカビ臭，発ガン性物質のトリハロメタンを，活性炭フィルターでろ過することによって除去するもので，キッチンの水栓に取り付けるタイプと，ビルトインタイプのものがある。

商勢圏 ⇒商圏

商調法 1959年に制定された「小売商業調整特別措置法」の略称。小売商業の正常な秩序を阻害する要因を除去し，零細過多な小売業の事業活動を保護することを目的としている。

承認・取引内容の決定 コンサルティングにおける承認とは，提案に対する顧客ニーズもしくは問題解決における顧客との意思の一致のことで，取引内容の決定とは，提案内容の具体化に伴う契約の締結をいう。

錠の種類 ドアの錠には，施錠ができる「デッドロック」（本締り錠）とラッチボルト（仮締り）だけの「モノロック」がある。近年では，錠とシリンダーによる鎮錠方式から，新しい識別機構をもったカードロック式やテンキーロック式でセキュリティシステムを導入したものなどが多くなってきている。→シリンダー錠

消費者行政機構 消費者保護に関する行政機構は，消費者保護基本法に基づいて設置された消費者保護会議を最高機関とし，経済企画庁国民生活局を中心に，地方公共団体では各都道府県市町村に消費者行政専管の部局を中心とした組織をなしている。

消費者金融 消費者の商品・サービスの購入目的のための金銭を貸し付ける信用供与をいう。消費者ローンやサラリーマン金融などがその例。消費者保護を図るため「貸金業の規制に関する法律」や「出資法」が定められ，金利や広告，取立て等に規制がある。→消費者信用

消費者コンテスト 消費者に対するセールスプロモーションの一つ。クイズやアンケートを含むさまざまなコンテストがある。消費者の関心度や印象を強めることや話題性によるPR効果を意図したものであり，賞品の単価や総額には「景品表示法」により規制がなされている。→景品表示法

消費者信用 消費者への信用供与取引形態

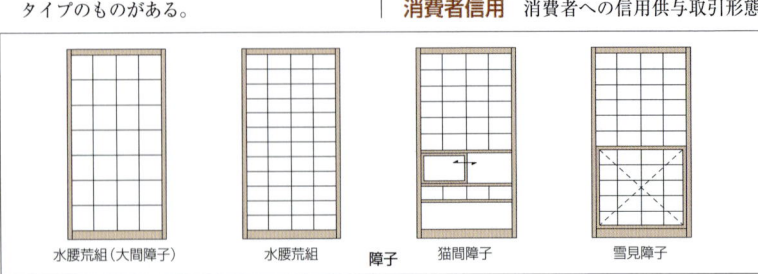

| 水腰荒組（大間障子） | 水腰荒組 | 猫間障子 | 雪見障子 |

障子

をいう。同取引には物品の購入やサービスの提供に信用を供与する「販売信用」と消費者の借入資金を供給する「消費者金融」とに大別される。

消費者の四つの権利 故ケネディ大統領による「消費者保護に関する大統領特別教書」(1962年) により明示された, ①安全である権利, ②知らされる権利, ③選択する権利, ④意見を聞いてもらう権利をいう。

消費者破産 ⇒自己破産

消費者物価指数 [consumer's price index] 略して「CPI」。消費者が購入する商品・サービスの価格水準の変動を指数化したもので, 総理府統計局により毎月発表されている。

消費者プレミアム 消費者に景品を提供することで商品の購買を促進させようとするセールスプロモーション。パッケージに景品を付けたパックオン, 応募した人や店頭で配る景品, 景品引替えクーポン券などがその例。→インセンティブプロモーション, オンパック

消費者保護会議 消費者保護基本法に基づき, 消費者保護に関する基本的な施策の企画を審議し実施を推進するために, 総理府に設置された消費者行政の最高意思決定機関。内閣総理大臣を会長に各関係省庁の大臣等によって構成される。

消費者保護ガイドライン 1985年, 国連総会で採択された消費者保護に関する国際的指針。消費者保護の達成のための支援, 消費者ニーズに応える生産流通体制の促進など7項目を目的として宣言している。

消費者保護基本法 1968年「消費者の利益の擁護及び増進に関する対策の総合的推進を図り, もって国民の消費生活の安定と向上を確保する」ことを目的に制定された。国および地方公共団体, 事業者の各責務と消費者の役割を定めている。

消費者保護条例 1969年の地方自治法改正により, 各地方公共団体が議会の議決によって制定した消費者保護に関する一般準則。

消費生活センター 消費者保護条例により各地方公共団体が独自に設置した消費者行政の窓口機構。自治体により生活センター, 消費者センター, 相談室などの名称があり, 消費者への情報提供, 苦情処理, 商品テストがおもな業務。国民生活センター法に基づき1970年に設立。

消費生活用製品安全法 家庭用品の中で, 構造, 材質などからみて一般消費者の生命または身体に対して特に危険を及ぼすおそれが大きい製品を特定製品に指定して, 安全基準に適合したものについてはPSマーク (特定製品マーク) を付し, 表示のないものは販売を禁止する法律。家庭用の圧力なべ・圧力釜を「特定製品」, 乳幼児用ベッド, 浴槽用温水循環器を「特別特定製品」に指定している。→PSCマーク

消費性向 可処分所得に占める消費支出の割合, もしくは消費に向ける心理的な傾向をいう。同所得に占める貯蓄の割合を「貯蓄性向」という。また可処分所得の増加単位1に対する消費支出増加単位の割合を「限界消費性向」という。

消費税の納税軽減措置 ①基準期間の課税売上高が1,000万円以下の事業者は納税が免除され (「事業者免税制度」), ②同売上高が5,000万円以下の事業者は「簡易課税制度」が選択できる。

消費税法 消費者が商品・サービスの購入を通じて負担する間接税を定めた法律。製造, 卸売, 小売の各段階で納税するが, 累積は排除され, 最終的には消費者が全額を負担する仕組み。

商標 [brand] 企業や商品にほかと区別するために付される名称や標示文字・図形をいう。企業にとっては製品識別の手段, 消費者にとっては商品識別の手段となる。商標にはメーカーによる「ナショナルブランド」と流通業者による「プライベートブランド」がある。→トレードマーク

商標法 商標の保護により商標使用者の業務上の信用の維持を図ることを目的とした法律で, 「ブランド法」ともいう。商標の登録, 審査, 商標権, 存続期間, 使用権, 権利侵害などを定めている。

商品安全三法 消費者保護立法のうち安全確保を目的とした法令の中で, 特に「消費生活用製品安全法」「化学物質の審査および製品等の規制に関する法律」「有害物質を含有する家庭用品の規制に関する法律」をいう。

商品回転率 一定期間中の商品売上高の同期間の平均在庫高に対する割合。商品回転率を高くするには, 売上高を増やし平均在庫高を少なくするとよい。商品回転率＝商品売上高／平均手持在庫高×100（％）

商品保管 仕入商品を検収し倉庫などに適正に保管, 出荷するまでの商品出納と商品管理に関する業務をいう。

正礼政策 (しょうふだせいさく) ⇒定価政策

情報 意思決定や問題解決のうえで必要とされる有意義な事項やメッセージ。データを特定の目的のために加工処理したものをいう。特に販売計画的視点からは, その目的達成のための意思決定に役立つ体系化された知識をいう。

情報検索 目的とする情報をデータベースから取り出すことで, マニュアルによる検索やコンピューターによる検索などがある。特に, データに付した記号やラベルをもとに検索することを「キーワード検索」と呼ぶ。

情報収集 特定目的のために現象や事実を収集し記録すること。マーケティング活動で行われる市場調査はその代表的な例。

情報処理 意思決定や問題解決に役立つようにデータを①収集, ②整理, ③分類, ④検索・利用するまでの一連の手順。

情報整理 収集されたデータを必要に応じて効率よく取り出せるよう, 一定の方式でまとめて蓄積すること。カードによる整理, クリッピング（切り抜き）, アブストラクト（抄録）などの作成とファイリングがその例。近年では, コンピューター利用によるフロッピーやCD-ROMなどある。

情報分析 収集された情報を活用できるように, その意味を解読する手順。特にその分析では, 数字でとらえた定量情報と数字でとらえられない定性情報に応じて多くの分析方法が用いられている。

情報分類 情報を共通の属性ごとに区分し体系化して整理すること。属性に基づくグループ分けを一般に「階層分類」といい, 図書館で用いられている十進分類法や日本標準商品分類などのグループ分類法はその代表例。

消防法 「火災を予防し, 警戒し及び鎮圧し, 国民の生命, 身体及び財産を火災から保護するとともに, 火災又は地震等の災害による被害を軽減し, もって安寧秩序を保持し, 社会公共の福祉の増進に資すること」を目的とする。地下街や百貨店, ホテルなどの不特定多数の人が使う防火対象物品を定め, 基準以上の防炎性能をもつ防炎物品を用いることを義務づけている。カーペットの防炎規制のほか, 防火対象物の防火安全の確保のため, 消火器や火災報知機, 避難口やそこに至る通路に設ける誘導灯, 同標識, 避難具などの消防用設備の設置を義務づけている。

初期高価格政策 ⇒上澄吸収価格政策

初期値入高 (しょきねいれだか) ⇒値入高, 値入率

初期利幅率 ⇒売価値入率

職種別見積 工事の種目別に各職種の項目を内訳として計算したもので, 建設工事で広く用いられている見積。

ショッピングセンター [shopping center] 「デベロッパーのもとに計画された小売業, 飲食業, サービス業などの集団的施設をいう」（日本ショッピングセンター協会）。同センターには規模別に近隣型のネイバーフッド, 地域型のコミュニティー, 広域型のリージョナル, 超広域型のスーパー・リージョナルの各タイプがある。

白木塗装 (しらきとそう) 北欧で開発された塗装で, ぬれ色が少なく塗膜が黄変しにくいアミノ樹脂塗装。全体を透明の塗膜で被覆する点でオイルフィニッシュとは大きく異なる。

自力救済 公的な救済手段を経ず, 自力で損害を回復する行為をいうが, 社会秩序の維持・安定のための正当防衛や緊急避難として認められるものを除いて原則的に禁止されている。

シリンダー錠 [cylinder lock] 円筒状の錠前をさし, 建具・家具類などに用いられるもの。円筒状の内部に鉄小片（ピンタンブラー）を並べてスプリングを入れ, 各種の形状をもつ鍵を構成している。→錠の種類

シルクライン仕上げ ⇒サテン仕上げ

シルバーボールランプ [silver boll lamp] ⇒白熱ランプの種類

人感センサー付き照明 人の動きを感知して自動的に点灯する装置付きの照明で, 廊下やトイレ, 玄関内および玄関ポーチ等に設置される。夜間の歩行を安全にするとともに, ポーチでの使用は防犯上にも役立つ。

信義誠実の原則 信義に従い誠実に行うことをいい, 単に「信義則」ともいう。権利の行使や義務の履行においては, 社会常識や一般通念により不当とされることなくこれを行わなければならない。権利の濫用や私的独占などはこの原則に反する行為の例。

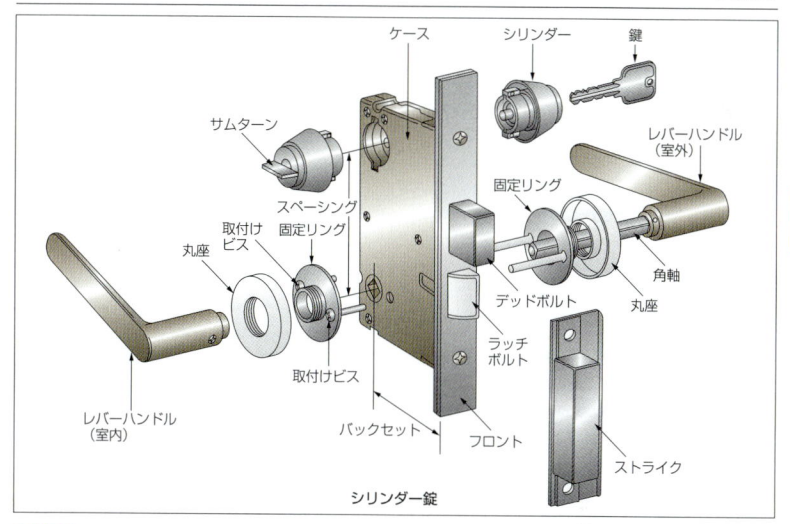

信義則 ⇒信義誠実の原則

シンク［sink］食器や野菜を洗うための水槽。システムキッチン用はワークトップに造付けされる。ゴミ処理用の水槽をもつ3槽タイプもある。材質にはステンレスのほか，鋳物や鋼板のほうろう製がある。

人工芝 スポーツやレジャー関連施設のほか，住宅のベランダなどに用いられている合成樹脂で成型した芝カーペット。タフテッド人工芝と成型品人工芝があり，ナイロン強化ビニリデンを原料としている。住宅用ではポリプロピレン製が多用されている。テニスコートの人工芝にはパイルの中に砂をいれたサンドフィルタイプのものもある。

人工知能 ⇒AI

寝装具（しんそうぐ）寝室で使用する繊維製品の総称で，特にベッドやマットレスを含む場合もある。ベッド，マットレス，布団（ふとん），枕（まくら），シーツ，カバー，ベッドカバー（スプレッド），毛布（ブランケット）などがある。

深層面接法 調査対象者の隠された意識下の動機を明らかにする面接法。その多くは自由な話の展開の中にその理由を探るもので，「動機調査法」とも呼ばれる。

伸長式テーブル（しんちょうしき—）⇒エクステンションテーブル

人的販売［personal selling］販売員が主体となって行う販売促進活動。広告などの非人的販売が一方的伝達であるのに対し，人的販売は双方向のパーソナルコミュニケーションであることが大きな違いである。「パーソナルセーリング」ともいう。

浸透価格政策 新製品の導入期に，相対的に低い価格を設定することで市場シェアを多く占めようとするもの。一般に単価の低い大量販売・大量広告で，需要の集中が見込まれる製品に適用されている。

信用獲得 コンサルティングによる問題解決への提案・助言が顧客に満足を与え，かつ顧客との良好な関係を維持できることにより顧客の信頼や信用を得ること。

スーパーキャプテン［super captain］⇒VRS

スーパーストア［super store］⇒スーパーマーケット

スーパーマーケット［super market］セルフ・サービス方式を採用し，低コスト・低マージンによる小売を業態とする総合食料品店。食料品以外に家庭用品や衣料品などを扱う，同マーケットより大型の店舗を「スーパーストア」という。

スーパーレジェラ［supper leggera］1951年，イタリアの建築家ジオ・ポンティによりデザインされた小椅子。重量1.3kgの超軽量で，椅子機能の極限を追求した作品として世界的に知られる。→ジオ・ポンティ 👤

スーパーレジェラ

スカラップカーテン［scallap curtain］⇒スタイルカーテン

スキミングプライス［skimming price］⇒上澄吸収価格政策

スキャナー［scanner］画像入力装置。バーコードやOCR（optical character reader 光学式文字読み取り装置）文字などを光学的に走査し，デジタル画像として入力，POSターミナルにおいて利用されている。

スクラッチ仕上げ ⇒サテン仕上げ

スクリーン［screen］スクリーン状の一枚布を用いたもので，プリーツ加工したプリーツスクリーン，パネル状のパネルスクリーンがあり，特にプリーツスクリーンは「プリーツシェード」ともいう。

スクレーパー［scraper］⇒素地調整（そじちょうせい）

スターリングシルバー［sterring silver］⇒カトラリー

スタイルカーテン［style curtain］装飾性を重視した形状のカーテン。例えば，吊り元が真ん中で突き合わされ固定された「センタークロスカーテン」，互いに交差している「クロスオーバーカーテン」，裾がスカラップ（丸くふくらみをもたせる）やアーチ状の「スカラップカーテン」，目隠しのための「カフェスタイル」，数本に分割した「セパレートカーテン」などがその例。

スタッキングチェア［stacking chair］収納や運搬時に積み重ねができる椅子。特に会議用や業務用のスチール製の小椅子に多い。横方向に連結する機構をもつものは「リンキングチェア」という。

スチロール樹脂 着色性，加工性，耐衝撃性に優れた熱可塑性の樹脂で，照明器具のカバーや骨組材に，特にスチレン，ブタジエン，アクリルを共重合したABS樹脂，合成木材の材料として利用されている。→ABC樹脂

スツール［stool］背もたれとひじ掛けのない小椅子の総称。化粧用のほか，補助用の使用も多い。座面が高い「ハイスツール」，休息椅子の足乗せの「オットマン」，長椅子式のものは一般に「ベンチ」という。

ズック 黄麻やポリプロピレン繊維をシート状に織った下張り用の布で，薄手を「ヘッシャン」，厚手を「ピール」という。スプリングや力布のかぶせや巻き土手，座の底張りに使用。

ステイン［stain］染料や顔料，薬品による着色または着色剤。水溶性染料を水に溶かした「水性ステイン」，油性染料に少量の油性ワニスを混ぜた「油性ステイン」，アルコール可溶染料を用いた「アルコールステイン」，顔料による「顔料ステイン」などがある。

ステー［stay］ライティングビューローなどの扉を開けて水平に保持するためのたすき金物で，1本のロットタイプと2つ折りのタイプがあり，開閉時の安全性のためのブレーキ装置付きが多い。

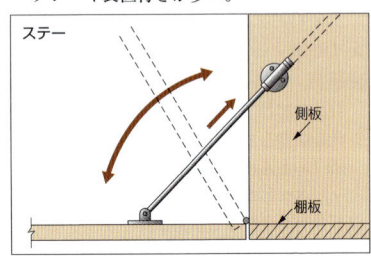

ステー
側板
棚板

ステープル［staple］短繊維。フィラメントを紡績できる長さに切断した繊維，または糸として使用できない長さの繊維で，いくつかを束ね，からませて長くし，よりをかけて糸とするものをいう。天然繊維の綿やウールがその例。

ストアロイヤリティー［store loyalty］店舗忠実性。店舗に対する顧客の信用度や信頼性をいう。消費者の店舗選択の大きな要

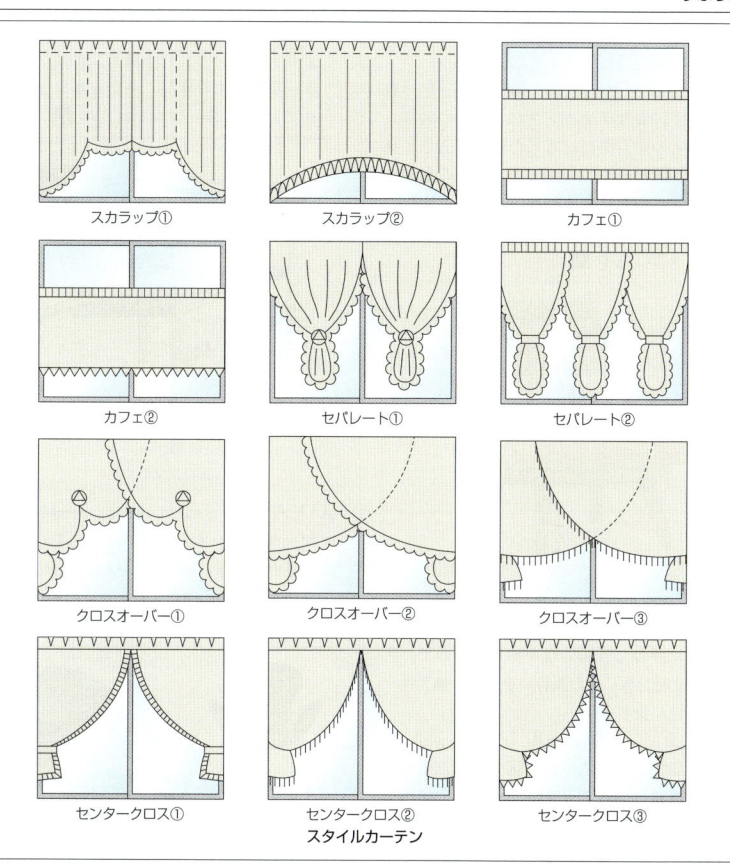

スタイルカーテン

スカラップ①　スカラップ②　カフェ①
カフェ②　セパレート①　セパレート②
クロスオーバー①　クロスオーバー②　クロスオーバー③
センタークロス①　センタークロス②　センタークロス③

因であり，店舗にとってはマーチャンダイジングの目的となるもの。

ストッパー［stooper, door stopper］扉を開閉する際に，直接壁などに当たって傷などをつけないよう，床面や幅木または壁面の上部に取り付けられる金物をさす。「戸当り金物」ともいう。

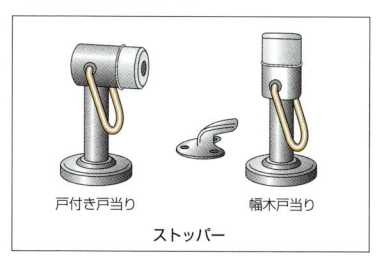

戸付き戸当り　幅木戸当り
ストッパー

スネークスプリング　⇒椅子の下張り材

スプラットバックチェア［splat back chair］花瓶型の透し彫りを背板にもつ椅子で，クィーン・アン様式の特徴の一つ。→クイーン・アン様式 技

スプラットバックチェア

スプリング［spring］鋼鉄線をらせん状に巻いた弾性体で，鼓形の「コイルスプリング」，波形の「ウェーブスプリング」，あらかじめ枠の中にコイルスプリングをセットした「セットスプリング」がある。

すへしや

スペシャリティーストア［speciality store］
⇒専門店

スポークチェア［spoke chair］1962年，豊口克平によりデザインされた椅子の名称。日本人の座姿勢に対応した座面の広さと高さに特徴がある。スポーク（車輪の中心部から輪に向かって放射状に出ている棒）の名称は，背を支える車輪のような形状による。→豊口克平 人

スポークチェア

スライス木質壁装材 天然木を薄く切って基材に圧着し表面処理を施したもので，天然木化粧合板に似た風合いをいう。施工性，経済性に優れる。

スライディングウォール［sliding wall 和］必要に応じて室内空間を区分するための移動（可動）間仕切り壁。ホールや会議室など業務用の間仕切り壁として多用されている。

スライド丁番 複数の回転軸があるシステム化されたかぶせ扉用の丁番。特に表側からは丁番が見えず，扉取付けの調整や着脱が自由に行える。→図-丁番（58頁）

すり上げ障子 ⇒雪見障子
すり漆塗り ⇒ふき漆塗り

スリングチェア［sling chair］1928年，世界的建築家ル・コルビュジエ，シャルロット・ペリアン，ピエール・ジャンヌレらによりデザインされた小椅子。エスプリヌーボーを代表する作品。→シャルロット・ペリアン 人，ル・コルビュジエ 人

スリングチェア

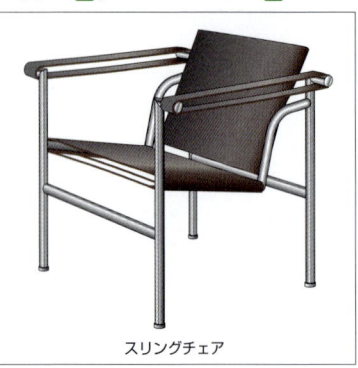

スワンチェア［swan chair］1958年，デンマークのアルネ・ヤコブセンによりデザインされた椅子。硬質発泡ウレタンによるフォルムが白鳥に似た形状からこの名がある。→アルネ・ヤコブセン 人

スワンチェア

寸法感覚 一般に顧客の感覚では，数字や図面から正確な空間やボリューム感をイメージすることは難しい。寸法感覚は正確であるが数字で表したり，位置づけて推測することは経験を必要とする。

せ

正規連鎖店 ⇒レギュラーチェーン
成形合板 単板を繊維方向に積層圧着し成形した曲面状の合板をいい，常温圧縮と高周波による加熱圧縮の製法がある。→アルヴァ・アアルト 人

製造物責任法 製造物の欠陥を原因とする身体機能や財産の被害・損害に対しては，故意・過失を問わず製造物のメーカーや輸入元がその賠償責任を負うという法律で，1995年7月に施行され，「PL法」あるいは「無過失責任法」とも呼ばれる。同責任の時効は製品の出荷時より10年で，被害者の

成形合板（パイミオチェア）

製品ライフサイクル

損害賠償請求は被害を受けてから3年以内と定められている。→PL法，無過失責任法
静電塗装　塗料の粒子に電荷を与え，静電気の作用で霧状の塗料を吸着させる吹付け塗装。被塗物の全体を均一に塗装できるのが特長で，金属や木材など多方面の塗装に用いられている。
製品安全データシート　⇒MSDS
製品計画［product planning］製品の開発から廃棄に至るまでの一連の計画諸活動をいう。同計画には新製品の開発，既存製品の改良，製品ラインの決定からデザイン，包装，商標などがあり，製造企業のマーケティングの中核をなすもの。
製品差別化政策　競争製品に対し自社製品のもつ特性を強調し，市場占有率を高めようとする製品計画。
製品多様化政策　ニーズの多様化に対し，製品の種目（アイテム）を拡大することで適合させようとする製品計画。
製品陳腐化政策　製品の機能的寿命が尽きる前に新機能の追加や改良，モデルチェンジなどにより，旧製品の陳腐化を図り新製品へ買い替え需要を促進しようとする製品計画。
製品標準化政策　製品の品質やデザインを統一し標準化することで，大量生産によるコストを下げる製品計画。
製品ライフサイクル［product life cycle］製品の市場での寿命をいう。一般に導入期，成長期，成熟期，衰退期の4段階のプロセスをとり，その間の売上高と利益は図表のように変化する。特に利益曲線は販売曲線より一段先行するのが特質。
セーブル焼　1756年，フランスのセーブルに開窯された王立磁器製作所がその創始。1771年，カオリンの鉱床が発見され，その地で開窯された「リモージュ窯」に合併された。エジプト風の新古典調の意匠で知られている。
セーリングポイント［selling point］セールスポイント，販売訴求点のこと。個々の顧客ニーズに対応した商品特性の提示であり，単なる商品説明ではない。
セールスプロモーション［sales promotion］広告・パブリシティ，人的販売を補足・調整し販売促進に寄与する活動で，一般に「SP」と略称することが多い。
セールスポイント［sales poiont］⇒セーリングポイント
セールスマニュアル［sales manual］販売の方法・手順を標準化した指示書。社内のセールスプロモーションの有力な手段として位置づけられている。
積算　工事費を予測する作業。建築工事の場合，設計図，仕様書などに基づいて，工事費を算出すること。工事に用いる各種材料の数量，各職種の工数，建築物各部分の数量を一つ一つ洗い出して，それぞれに単価（単位数量当たりの価格）を乗じて金額を算出，さらに諸経費などを加えて工事費を計算する。建築物の数量拾いに重点を置いた場合を「積算」といい，値段を出すのに重きを置いた場合を「見積」ともいうが，通常は工事費を算出することを含める。
積算の手順　①施工方法の決定，②必要事項の拾い出し，③集計，これが一般的手順だが，積算範囲や品質レベル，施工環境，工期・納期などに関する事前の確認作業がその前提となる。
石炭酸樹脂　⇒プラスチック
石炭酸樹脂接着剤　⇒フェノール樹脂接着剤
石油燃焼器具検査合格証　石油ストーブなどの石油器具に対し，日本燃焼器具検定協会が安全基準に合格した旨を証したマーク。
→図-マーク一覧（7頁）

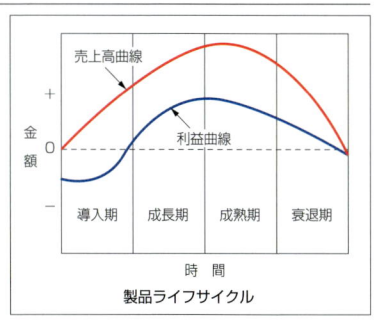

セクショナルキッチン［sectional kitchen］
⇒１種S型キッチン

セクショナルチェア［sectional chair］⇒セパレートチェア

セクレタリー［secretary］⇒ビューロー

Zグラフ（ゼット―）ある期間の項目の合計と累計を表示し、全体としての傾向を見ようとしたもので、「移動累計平均図」ともいう。

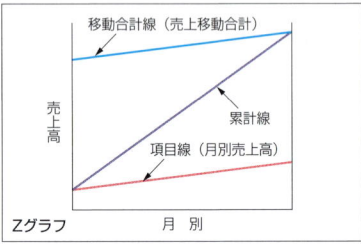

図：Zグラフ（移動合計線（売上移動合計）／累計線／項目線（月別売上高）、縦軸：売上高、横軸：月別）

セットスプリング　⇒椅子の下張り材

設備工事の積算　電気、給排水、ガス、冷暖房、空調、電話などの設備・設置工事の見積や積算に関しては、それぞれの専門業者に依頼することが一般的で、それぞれ別途工事とするケースが多い。

セティ［settee］⇒ラブチェア

瀬戸焼（せとやき）17世紀頃、藩の保護により愛知県の瀬戸地方に開窯され日常雑器を中心に生産。わが国の代表的な窯物の名称となっている。

ゼネラルマーチャンダイズストア［general merchandise store］食品以外の日常生活用品を取り扱う大型の総合スーパーのことで、「GMS」ともいう。わが国では食品を扱うものが一般的。

セパレートカーテン［separate curtain］
⇒スタイルカーテン

セパレートチェア［separate chair］アームレス、ワンアーム、コーナーの各チェアを部屋や使用目的に合わせて自由に組み合わせてレイアウトができるもので、「セクショナルチェア」ともいう。

セブンチェア［seven chair］1955年、デンマークのアルネ・ヤコブセンによりデザインされ、フリッツハンセン社により製作された成形合板の椅子の名称。脚部がスチールパイプによりスタッキングできるのが特徴。→アルネ・ヤコブセン 人

セマンティックディファレンシャル法
［semantic differential scale］⇒SD法 技

セブンチェア

前後処理工事　本工事前に必要な地下の補強や補修工事、および本工事後の残材処理手間をいう。特に大規模工事の場合の解体取り壊しや撤去に関しては、「解体撤去工事一式別途」とする場合が多い。

センタークロスカーテン［center cross curtain］⇒スタイルカーテン

選択的チャネル方式　⇒チャネル方式

専売型チャネル政策　メーカーにより限定された特定の流通業者だけで販路が形成されるもので、特定地域における特定商品の販売が主となるため「独占型」とも呼ばれる。メーカーの強力なチャネル管理で支配される販売系列化戦略の一つである。→チャネル方式

専売店制　製造業者が販売業者に対し、他社商品の取扱いを禁止したり制限するもので、その手段や結果が公正競争の阻害となるものは独占禁止法に違反する。

全面敷き　部屋全体にカーペットを敷き詰めることで、「ウォールツーウォール」ともいう。保温・断熱効果が良く、一般にはグリッパー工法が用いられている。→グリッパー工法

専門機関媒介方式　⇒割賦購入斡旋方式

専門店［speciality store］専門品を取り扱う小売業店舗。特に限定した商品ラインの中で豊富な品ぞろえと専門的コンサルティングを有することがその特長。業態には本来の専門店のほか、ロードサイドリテイラー（専門大店）やアウトレットストアなどを含むこともある。→ロードサイドリテイラー

専門品　自動車、高級家具などの耐久消費材。高価格で購入頻度が相対的に低いが、選定に際し、計画的でかなりの期間情報を収集し比較検討などの購買努力を惜しまない商品群をいう。

増減見積 工事中に発生した追加工事や仕様変更に際し,工事完了後のトラブルを避けるために作成される見積のこと。

造作工事の積算(ぞうさくこうじのせきさん) 内装仕上げにかかわる木工事や造作家具の積算においては,材料費や施工費のm^2当たりの計算ではなく,その品質やレベルを十分に考慮し,材料のロスや特殊な補助材,養生材など細かな拾い出しが必要である。

増築部分の面積 増築・改築・移転をする場合(防火および準防火地域外の場合),その部分の面積が$10m^2$以内なら申請不要。

総張りぐるみ ⇒あおり張り

添毛織り(そえけおり) ⇒パイル織りの種類

ソースマーキング〔sauce marking〕 メーカーや発売元が生産または出荷の段階で商品のバーコードを印刷すること。小売業店が入荷の段階で値札ラベルに印刷するものは「インストアマーキング」という。

ソーダガラス〔soda glass〕 ソーダ灰を混ぜたガラス。破損しにくいので,コップやサラダボール,小鉢などの日常使用する食器類に多用されている。→テーブルウエア

殺ぎ継ぎ(そぎつぎ) ⇒滑り刃矧ぎ 技

素地調整(そじちょうせい) 塗装下地としての素地の検査,平滑化のための研磨や調整をいう。けばを取り素地を固めることを「グルーサイジング」という。木材素地の平滑化に用いる充てん剤を「パテ」,金属素地の錆落しなどの調整のために用いる道具を「スクレーパー」という。

組積工事の積算 れんが・タイルによる組積工事やALC板工事の積算は,必要な材料費と施工工賃,養生費,運搬費に分けて積算するが,施工上のレベル,材料の品質,歩留りにより材料費,施工性や人工(にんく)数などの割増しなどを考慮しておかねばならない。

ソファー〔sofa〕 休息用の長椅子の総称。三人掛けの一般的なソファーのほかに,二人掛けの「ラブチェア」,背当てが低く片方にひじがつき身体を横たえる寝椅子の「カウチ」などがある。

ソファーベッド〔sofa bed〕 昼間はソファーとして使えるベッド。シーツなど寝具を収納するスペースをもつものが多い。ベッドメーカーによるものとソファーメーカーによるものがあり,その機構やデザインは多様化している。アメリカではベッド兼用ソファーを「ダベンポート」という。

ソフトウエア〔soft ware〕 コンピューターによる情報処理技術の総称。コンピューター制御プログラムの基本ソフト(オペレーティングシステム)とアプリケーションプログラムの応用ソフトがある。

損益計算書 一定期間における企業の経営実績を示す会計原則に基づく計算書類をいう。一般に当期業績主義による経常利益から包括主義による特別損益を加減して当期損益を算出している。

損益計算書

科　目	金額(千万円)
総売上高	10,000
売上原価	7,000
販売費・管理費	2,000
営業利益	1,000
営業外収益	100
営業外費用	200
経常利益	900
特別利益	100
特別損失	100
税引当期利益	900
法人税・住民税	300
当期利益	600
前期繰越利益	100
中間配当額	10
利益基準積立金	100
当期未処理分利益	590

損益分岐点 総収入と総費用が一致する損益ゼロをいう。損益分岐点以上の収入(売上げ)があれば利益,以下で損失となる採算点のこと。損益分岐点＝固定費／(1－変動費／売上高)

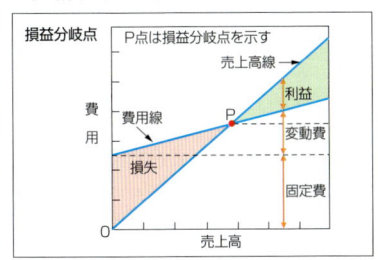

存清（ぞんせい）黒や赤の漆塗面に色漆で文様を描き，乾燥後，文様を浮彫り状あるいは綿状に彫って仕上げる技法。室町時代に中国を経て伝わったため，明の名工・存清の名がついている。

損料　仮設工事費で用いる防護シートや足場材，使用する機械器具類など施工業者の所有物の当該工事にかかわる負担費用や使用料。

た

ターゲットマーケティング［target marketing］⇒パーソナルマーケティング

耐火構造　国土交通大臣が一般の火災時の加熱に一定の時間以上耐える性能があると指定するもの。鉄筋コンクリート造，れんが造などの構造で，壁・柱・床，梁および屋根が対象（法第2条第七号，令第107条）。

大規模小売店舗立地法　2000年6月1日施行。消費者の利益に配慮しつつ，周辺の中小小売業の事業活動の機会を適正に確保することを目的とした大規模小売店舗法（旧法）に対して，周辺地域における生活環境の保持のため，大規模小売店舗の施設配置および運営方法について適正な配慮がなされることを目的としている。

耐光堅牢度（たいこうけんろうど）繊維の染色の日光等に対する褪色・褪光の度合い。カーテン生地では，日光，紫外線，キセノンアーク灯光に対する度合いが試験されている。JIS（日本工業規格）では等比級数的に1級から8級までの基準を定め，8級を最も堅牢度がよいものとしている。カーテン生地としては，4級以上の堅牢度が商品化されている。

貸借対照表　企業の保有資産や資金調達などの財政状態を示す計算書で，一般に企業の資産運用を借方に，負債や資本などの資金調達に関する項目を貸方として対照する。

耐水壁紙　ガラス繊維の基材に塩ビの発泡層，樹脂の強化膜の三層構造をもつ壁紙。普通のビニル壁紙より耐水性，耐摩擦性，耐熱性，耐汚染性に優れ，ホテルや店舗などの業務用に使用されている。

帯電防止加工　静電気の発生による汚れ吸着や不快感をなくすための加工で，アニオン系の薬剤で繊維に水分を含みやすくするものや炭素繊維や導電性のスチール繊維をパイル糸に混入する方法がある。

太民（たいみん）・**中民**（ちゅんみん）・**幼民**（やんみん）⇒丸籐（まるとう）

太陽光発電システム　太陽光エネルギーを，太陽電池モジュールを用いて電力に換える発電システム。太陽電池モジュールには変換効率15～17％のシリコンタイプや，変換効率8％で安価な非結晶シリコンタイプがある。太陽光発電システムの発電量は，地域，取付け角度，モジュールの情報等で異なるが，3.1kWhシステムで年間約3,000～3,500kWの発電が可能で，石油消費換算で約7,000ℓの節約となる。

タイルカーペット［tile carpet］45cm角や50cm角の板状の置き式のカーペット。接着剤を用いず必要な部分に置き，汚れたらその部分を取り替えるだけでよい。輸入品に多く，オフィスのカーペットとして利用されている。

タイル工事の積算　一般的には材料費と施工費を個別に算出する。材料費では平物と役物を分けてm²数を拾い出し，切り損等の損失を5％程度見込んでおく。役物は梱包単位での計算となることも多く，施工費も割高になるので注意する。

ダイレクトマーケティング［direct marketing］中間に販売業者を介在させず，直接消費者に働きかけて商品・サービスを販売することをいう。訪問販売や通信販売などがその代表例。

タキストコープ法　調査対象者に対し，瞬間的に特定の画像を見せて，その印象の度合いを調査する市場調査の方法。

ダグマーモデル［DAGMAR model］広告目標の設定と広告効果の測定に関するコーレイの理論。認知・理解・選好・購買の範囲の各段階のいずれかを目標とし，その効果を広告の実施前と後に測定しようとするもの。

タッセル　⇒カーテン装飾用品の種類

建具工事の積算　金属製，木製，規格品，

注文品の別によってその積算は大きく異なるが，一般的には，①本体および部材の価格，②付属金物，③加工組立費，③ガラス代，④搬入取付け費，として計算する。金属製の多くは，メーカーによりユニット価格となるケースやガラス代を含まない例もある。

建坪（たてつぼ）⇒建築面積

棚卸し［inventory］手持ち商品や保有している原材料，製品などの残高を調べること。実際の現品を調査する「実地（現品）棚卸し」と帳簿上の出入りの残高を調べる「帳簿棚卸し」がある。

タブテール継ぎ［clovetail joint］⇒蟻組継ぎ（ありくみつぎ）

タフテッドカーペット［tufted carpet］基布にパイル糸を刺し込む機械織りの普及品。20世紀初頭，アメリカで発明されたタフテッドマシーンにより大量生産が可能となりカーペットの普及に大きく貢献した。断面でラテックスの糊が見えるのが特徴で，高級品は1インチ間の経（たて）糸が1/10以上のものをいう。

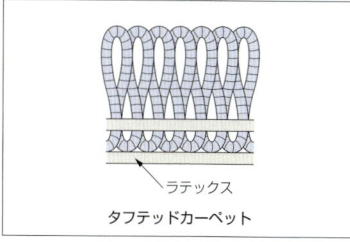

タフテッドカーペット

WPC［wood plastics composite］木質材料にビニル系モノマーを複合木化したプラスチック複合木材。硬質，耐摩耗性，耐汚性が高いため，フローリング材などの床材に多用されている。

ダブルフェイス［double face］⇒ウィルトンカーペット

タペストリー［tapestry］⇒ラグ

多変量解析 ある現象を多元的，多面的にとらえ，そのデータを統計処理し簡潔に要約すること。回帰分析法，判別分析法，因子分析法，分散分析法など，データ特性に応じた分析モデルが数多く開発されている。

太枘継ぎ（だぼつぎ）堅木の丸棒状の雇いざねで部材を継ぎ合わせる接合で，精度や作業性，経済性に富み，60年代から量産家具に多用されている。

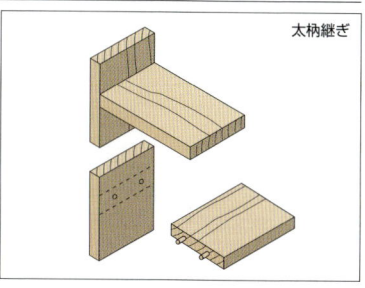

太枘継ぎ

垂れ壁（たれかべ）天井面から垂れ下がった壁の総称。開口部上部の小壁も含まれる。住宅および共同住宅において火を使用する室で，台所＋食堂型，台所＋居間型の場合，境を不燃材料仕上げの垂れ壁（長さ50cm程度）で区画されていないものは，両方とも内装制限を適用される（内装の制限を受ける特殊建築物等・令第128条の3の2，同第129条）。→内装制限，不燃材料

段階価格政策 需要量が減らない一定範囲内の価格を数段階設定し，種目（アイテム）を増やすことで商品選択をしやすくした価格政策。ネクタイや靴などの価格設定にその例が多い。

箪笥の種類（たんすのしゅるい）和家具の中で特に収納を目的とし箱物家具。衣服を収納する「衣装だんす」のほかに，小物手回り品を整理する「用だんす」，茶道具入れの「茶だんす」，薬入れの「薬だんす」，商家用の「帳場だんす」，階段下をたんすとした「階段だんす」がある。

緞通（だんつう）手織りで厚手の敷物。地経（たて）糸にパイル糸を一本一本手で結びつける手織りカーペットで，パイル糸が密で粒数が多いほど耐久性があり高級とされている。代表的なものにペルシャ緞通，トルコ緞通，中国緞通，日本では鍋島，堺，山形の各緞通がある。

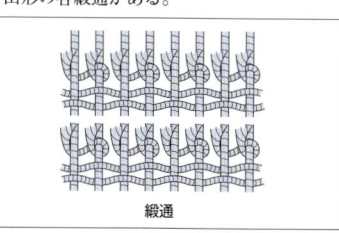

緞通

タンニンなめし ⇒皮革（ひかく）

単板積層材（たんぱんせきそうざい）⇒LVL

ち

チェーンストア［chain store］単一資本で、11店舗以上の店舗を直接経営管理する小売業または飲食店の形態（国際チェーン・ストア協会の定義）。同ストアには「レギュラーチェーン」、「ボランタリーチェーン」、「フランチャイズチェーン」の経営形態がある。

チェスカチェア［cesca chair］1928年、マルセル・ブロイヤーによりデザインされた「カンティレバーチェア」。バウハウスを代表する作品の一つ。特に、マルト・スタムスの同椅子との違いは、背のパイプの曲がりと座の取付け位置、寸法が少し大きい点など。→カンティレバーチェア，バウハウス 技，マルセル・ブロイヤー 人

チェスカチェア

チェスト［chest］衣類や小物類を収納するふた付きの箱、櫃（ひつ）の意。

地階　一室の天井の高さ（H）の1/3以上が地中に入っている場合をいう（令第1条の2）。

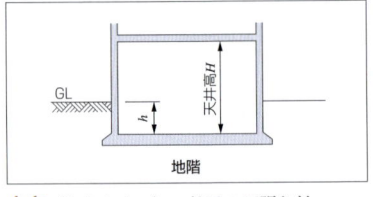

地階

力布（ちからぬの）⇒椅子の下張り材

チタン［titanium］比重4.5でアルミについで軽く、耐熱性、耐薬品性、特に耐食性に優れた特性を生かし、屋根材や外壁に多用。近年では内装材や家具用材としても利用されている。

着色塗装　着色により木材の色をほかに似せたり、強調するもので、素地に直接染料や顔料を塗布したり、目止め剤を加えて塗装する「素地着色法」と、中塗り後にクリアラッカーを混ぜて塗布する「塗膜着色法」がある。

チャネルキャプテン［channel captain］商品の流通において、市場支配力をもつ寡占企業のことで、「チャネルリーダー」ともいう。

チャネル方式　商品が生産から消費に至るまでのさまざまな流通経路に対するメーカーもしくは販売業者の方策をいう。

　開放的チャネル方式：取引を希望する業者に対し、特定の条件をつけることなく取引することで、特にメーカーによる市場占有率の拡大を意図した政策にみられる方式。

　選択的チャネル方式：販売の効率化と自社の影響力強化のため、特定の条件に合った業者の中から取引業者を選択し、管理のもとで流通を行う方式。

　独占的チャネル方式：特定の業者だけで流通経路を決める方式で、強力な管理下での取引が行われるのが特徴。特に、他の業者との公正競争を阻害する場合には独占禁止法違反となる。

チャネルリーダー［channel leader］⇒チャネルキャプテン

昼光色蛍光ランプ（ちゅうこうしょくけいこう—）⇒蛍光ランプの種類

中国緞通（ちゅうごくだんつう）秦・漢の時代にチベットから伝来し中国で完成したもので、「支那緞通」とか「北京緞通」とも呼ばれている。長い毛足を切り込み、柄を浮き上がらせて深みをつけたつや出し加工と花鳥・字模様は、天津、青島を含めた同緞通の特徴となっている。

中質繊維板　⇒MDF

中小小売商業振興法　1973年制定。中小小売商業者の経営の近代化を促進し、中小小売商業の振興を図るための法律。商店街の整備や店舗の共同化等の事業促進を目的としている。

チューリップチェア［tulip chair］1956年，アメリカのエーロ・サーリネンによりデザインされた椅子の名称。背座は強化プラスチック成形で，別名「ペデスタルチェア」ともいう。→エーロ・サーリネン 🧑

チューリップチェア

彫漆（ちょうしつ）色漆を重ね塗りした塗面に，文様を浮彫り状に彫り込む技法で，彫り口の断面に層状の文様がでる「紅花緑葉」はその例。特に重ね塗りの漆が単色の場合は，漆の色により堆朱（ついしゅ），堆黄，堆黒などという。

長寿社会対応住宅設計指針　新築される住宅における高齢者対応の普及と促進を目的に，旧建設省住宅局から都道府県等に通知されたもの（1995年6月通達）。加齢等による身体的機能の低下や障害が生じた場合にも基本的にそのまま住み続けることができる住宅の設計についての指針で，高齢社会に対応した住宅ストックの形成を図ることを意図している。→高齢者対応住宅

丁番（ちょうばん）扉や戸の開閉に用いる軸金具は，その目的に応じた多様な形式と種類がある。平丁番ともいう一般的な「普通丁番」のほかに，丁番を見せたくないときに使う「隠し丁番」，ガラス扉用の「ガラス丁番」，扉が側板の小口にかぶる「アングル丁番」，ライティングビューローの扉用の「フラップ丁番」，複数の回転軸をもち扉の取り外しや取付け位置の調整ができる「スライド丁番」，扉を縦吊りとするピボットヒンジの「軸吊り丁番」などがある。→図-丁番（58頁）

直接経路政策　卸売業者を用いないチャネル政策。商品単価が高いもの，販売地域が特定されるもの，大量販売と大量広告が実施されるといった商品特性をもつものにおいて多用されている。

貯蓄性向　⇒消費性向

直管形蛍光ランプ（ちょっかんがたけいこう―）⇒蛍光ランプの種類

沈金（ちんきん）漆塗面に点彫りや線彫りによって文様を施し，これに生漆をすり込み，金・銀の箔や消粉を埋め込んで付着させる技法。→輪島塗り

堆朱（ついしゅ）⇒彫漆（ちょうしつ）

ツインベッド［twin bed］一対のベッドのことで，一般にシングルベッドを2つ並列した配置形式のこと。

ツーウェイコミュニケーション［two-way communication］相互伝達による交流，対話，転じて販売における顧客との基本的姿勢をいう。一方的な営業姿勢ではなく，顧客との良好なコミュニケーションの中から本来の販売は始まるという考え方。

通信販売　郵便，電話，銀行口座振込などによる申込みを受けて指定商品を販売するもので，訪問販売法により広告の内容や申込代金の受領通知などに規制を受ける。同販売においては，クーリングオフの適用はその性質上認められてはいない。

突板（つきいた）sliced veneer　合板の化粧張りに用いる天然木スライスベニヤ（単板）。厚0.2～0.3mmを一般に薄突板，厚0.7～0.9mmを厚突板，1mm以上のものは突板といわず「挽板（ひきいた）」という。

継手（つぎて）joint　部材と部材を直線方向に継ぐ接合で，木口（こぐち）と木口とを直角に接着する「バットジョイント」や継手を斜めに切って接合する「スカーフジョイント」，木口を相互にジグザグに加工し接着した「フィンガージョイント」などはその例。

つきて

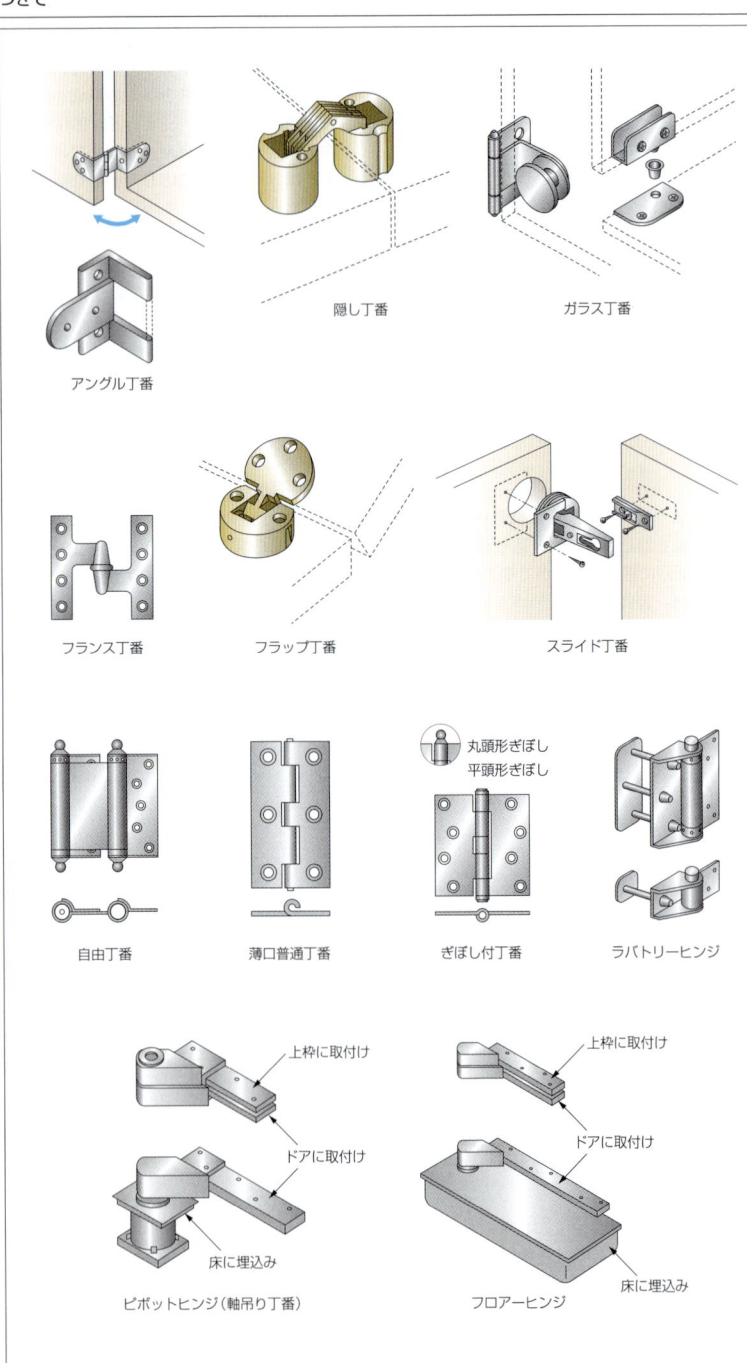

隠し丁番

ガラス丁番

アングル丁番

フランス丁番

フラップ丁番

スライド丁番

自由丁番

薄口普通丁番

丸頭形ぎぼし
平頭形ぎぼし

ぎぼし付丁番

ラバトリーヒンジ

上枠に取付け
ドアに取付け
床に埋込み
ピボットヒンジ（軸吊り丁番）

上枠に取付け
ドアに取付け
床に埋込み
フロアーヒンジ

丁番

て

提案説明時の留意事項 提案の説明の際には，顧客のニーズや問題解決のための，①解決案の要点を明確にまとめて，②優先順位をつけて明らかにし，③より具体的に生き生きと話すことだが，場合によっては，④スケジュールや予算の概要，⑤代案の用意も必要となる。

DSS [decision support system] 意思決定支援システム。経営の意思決定のために必要な情報提供を目的に整備されたコンピューターシステム。

DKマーク 「優良断熱建材認定制度」に基づき優良と認定された断熱建材に表示される品質認定マーク。断熱サッシ，グラスウール，硬質ウレタン，ロックウールなどがその対象で，社団法人日本建材産業協会が申請された中から審査認定している。→図-マーク一覧(7頁)

DCブランド [designer's and character brand] 有名デザイナーによりデザインされた商品や特徴のある個性的商品の総称。消費者の差別化欲求に対応した商品として，また商品や店舗のイメージ向上を意図して販売されている。

ディーラーコンテスト [dealer contest] 自社製品に対する販売意欲を増進させるための販売業者を対象とした競技会。売上高，陳列，POP装飾，接客技術などのコンテストを販売業者間で行い，表彰したり賞金を与えるのはその例。→インナーキャンペーン

ディーラープレミアム [dealer premium] 販売業者に対するセールスプロモーションの一つで，旅行招待，特別報奨金，物品などの景品を付けた販売をいう。「ディーラーローダー」ともいう。→インセンティブプロモーション，インナーキャンペーン

ディーラーヘルプス [dealer helps] 自社製品の販売促進を意図して行うメーカーの販売業者への経営強化のための援助。店舗経営の指導，経営者や店員に対する教育・訓練，店舗改装への資金の援助，市場動向や経営情報の提供などがその例。

ディーラーローダー [dealer loader] ⇒ディーラープレミアム

定価政策 値札により商品の価格を明示し売価で値引を行わないもので，「正札政策」ともいう。信用度を示すものとして，百貨店の価格政策に多く見られる。

定期借地権 (ていきしゃくちけん) 1992年8月より施行された新借地借家法により定められた更新制度のない借地権のこと。一定期間(通常50年)を経れば期間を延長できず，借りた土地を原則さら地(すぐに家が建てられるような空き地)にして地主に返還しなければならない賃貸契約。借主は保証金(土地代の2～3割程度)と毎月の地代を支払うが，土地の購入に比べると負担が軽い。この制度を活用して，近年では一般の土地付き分譲住宅より安価な定期借地権付き分譲住宅が販売されている。いまだ流通市場などの整備が不完全なため，購入者も慎重な対応が必要である。

定期借家権 (ていきしゃくやけん) 2000年3月より施行された期限付きの借家権のことで，これまで正当の事由がない限り家主からの更新拒絶ができないことになっていたが，定期借家契約では契約期間の満了をもって更新されることなく借家契約が終了する。住宅だけでなくオフィスビルの一室や店舗でも適用される。

TQC [total quality control] 総合的品質管理のことで，製造部門から販売や事務部門にいたる全社的な品質の向上を目的とした管理意識や研修をいう。その対象は製品や商品だけでなく，各部門における担当業務全般である。

提携ローン販売 ⇒ローン提携販売

テイスト分類 嗜好や感性による区分。流行の最先端を「アドバンス」，一般的なものを「エスタブリッシュド」などと分類するのはその例。

定性情報 ⇒定量情報

デイベッド [day bed] 片方に枕ひじをもったソファー状の寝椅子。→ベッドの種類

定量情報 データの中で数字で分析できるもの，または分析された情報をいう。売上高や利益率，市場占有率などはその例。特

に数字でとらえることのできない情報を「定性情報」という。

データ [data] 観察された現象や事実の記録。生の素材としての状態を数値や記号で表現することが多い。

データ測定尺度 変数によるデータを分類するための測定尺度。属性で区別する「分類（名義）尺度」，順位や序列で測定する「順序（序列）尺度」，差や間隔でみる「相対尺度」，比率で測定する「比例尺度」などがある。

データベース [data base] 情報を有効かつ効率よく検索できるよう整理・統合し管理したファイル群のこと。データベースの作成から検索までの汎用ソフトウエアを「DBMS」(データベース管理システム)という。

テーブルウエア [table wear] 食卓で用いるグラスなどのガラス食器類や陶・磁器の食器類，ナイフやフォーク，スプーンなどのカトラリー類の総称。→カトラリー

テーブルクロス [table cloth] テーブルにかける布地のことで，フォーマルディナー用のテーブルクロスは，水分がしみ込みにくく，汚れも落としやすい純白の麻かダマスク織り（綾織り）の綿が使用される。

テーブルの構造 テーブルはトップと呼ぶ甲板とそれを支える脚部から構成される。幕板は甲板を脚部に固定するもの，隅木は幕板を保持し脚部を安定させる補強材。

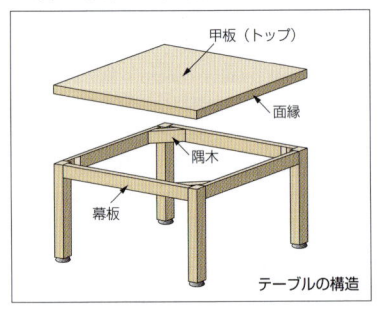

甲板（トップ）
面縁
隅木
幕板
テーブルの構造

テーブルの種類 テーブルには食卓やリビングで使う「センターテーブル」（コーヒーテーブル），補助用で脇テーブルともいう「サイドテーブル」，ベッドの脇に置く「ナイトテーブル」などがある。特に食卓においては，甲板の長さを変える「伸長式テーブル（エクステンションテーブル）」など機能面で工夫されたものも多い。

テーブルリネン [table linen] トップクロス，フルクロス，プレイスマット，テーブルランナー，ナプキンなど，食卓に用いるテーブルウエア繊維製品の総称。特に縁飾りのあるリネンを「ドーリー」と呼ぶ。→テーブルウエア

テキスタイル [textile] 本来は織物の意味だが，カーペットのような厚地やシートを含まない織物や編物，フェルト状のクロス類などの総称。

適正包装 日本包装技術協会による「適正包装の7原則」では，①適切な内容物の保全，②安全な容器・材料，③適切な量，④適切な内容物の表示，⑤適切な空間容積，⑥相応の包装経費，⑦廃棄処分上問題がない，などをあげている。

デコラティブチェア [decorative chair] ⇒Yチェア

デジタル [digital] データや情報を数値化したもの（通常0または1の二値を用いる）。コンピューターやメディアの送受技術の基礎をなすもので，従来の電圧を基礎としたものは「アナログ」（非符号化）という。

テストマーケティング [test marketing] 新製品開発で全国販売に先立って行う市場実験をいう。一般には消費水準が全国平均の中規模都市をモデル市場として，広告・宣伝などの販促活動から購買調査などが実施される。

手すりの高さ 2階以上の階にあるバルコニーなどの手すり壁，さくまたは金網の安全上必要な高さは1.1m以上とする（令第126条）。

手付金（てつけきん）売買契約に拘束性をもたせた保証金。買手から売手に支払われる代金で，買手は同金を放棄，売手は同金の倍額を償還することでそれぞれに契約を解除することができる。

デニール [denier 仏] 繊維の太さを表す単位。長さ450mの糸の重量が0.05gであるときを1デニール。デニールの数が少なくなるほど糸は細くなる。→番手（ばんて）

デビットカード ⇒キャッシュレスカードの種類

テフロン加工 [teflon manufacture] 一般に耐圧性のある四弗（ふっ）化エチレン（テフロンはデュポン社の商品名称）を鋼板表面に塗布接着する加工のこと。

デベロッパー [developer] 地域開発やショ

ッピングセンターの計画から管理・運営までの事業を行う企業体のこと。ニュータウン開発やリゾート開発を行う電鉄会社や大規模なショッピングセンターの事業主体がその例。

出窓 外壁の中心線より外部に突き出したもので、室内を広く見せたり装飾として構成される。出窓は、床よりの高さが30cm以上、突き出し長さ1m未満のもので、建築面積に算入されない。→建築面積

デモグラフィックス［demographic factors］人口統計学的属性。消費者の性、年齢、職業、婚姻、家族構成、学歴、所得などを市場調査や分類の基準とすること。

デモンストレーション［demonstration］店頭や講習会で商品の特性や使用方法を実演したり指導することで、消費者の購買意欲を刺激すること。

テラス［terrace］地上面より高くなった人工または自然の平たん部。建物前面の「露壇」、庭園内の「園壇」とがある。→エクステリアエレメント

テラリウム［terrarium］⇒インテリアグリーン

テリトリー制 一定地域内での自社商品の販売を特定の流通業者だけに限定する販路政策。流通段階での自由価格競争を妨げることから独占禁止法に違反することが多い。

デルファイ法［delphi method］将来の技術や社会、生活がどのようになるかを予測する専門家を対象とした調査手法。調査目的に応じて複数の専門家を対象に、動機法やアンケートにより情報を収集することが多い。

デルフト陶器 イタリアのマヨリカ陶器の伝来により、17世紀オランダのデルフトで開窯。中国や日本の陶磁器の影響を受けた錫釉の陶器で、乳白地に呉須（ごす）のコバルトブルーの絵付けの意匠で知られる。

天板（てんいた）⇒甲板（こういた）

電球形蛍光ランプ ⇒蛍光ランプの種類

電気用品安全法 電気用品による危険および障害の発生を防止することを目的とした法律。1961年に制定された「電気用品取締法」が2001年4月の法改正により「電気用品安全法」となった。→PSEマーク

電子式受発注システム ⇒EOS

電子レンジ 高周波電波による摩擦熱を利用して食品を加熱する調理機器で、オーブンを組み合わせた電子オーブンレンジが多く用いられている。

電着塗装 電気的処理により表面に塗膜を形成させる金属塗装。電着用の水性塗料を入れたタンクに被塗物を浸す方法で、複雑な形状のものも容易に施すことができる利点がある。

伝統工芸マーク「伝統的工芸品産業の振興に関する法律」により認定され、検査に合格した伝統的工芸品に付される伝統証紙のマークをいう。→図-マーク一覧（7頁）

天然繊維 天然に産する繊維物質の総称。毛や絹などのタンパク質（アミノ酸）により構成される動物繊維と、麻などの炭水化物（セルロース）からなる植物繊維、アスベスト（石綿）などの無機質からなる鉱物繊維に大別される。

天然皮革 椅子に用いられる天然皮革にはクロームでなめした動物質（特に牛皮）が多い。他の上張り材に比べ通気性、耐久性、耐熱性に優れ、むれたり、ほつれたりせず落ち着いた感触で、リビングセットや応接セットに多用されている。→合成皮革、皮革

と

ドアアイ［door eye］玄関扉などに設けられる小さなレンズののぞき穴のことで、室内から来訪者などを確認するための目的をもつ。

ドアクローザー［door closer］一般に扉の上部の框（かまち）に取り付け、開かれた扉を自動的に静かに閉める装置。「ドアチェック」ともいう。

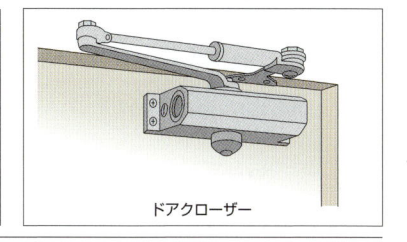

ドアクローザー

戸当り金物 ⇒ストッパー

ドアチェック［door check］⇒ドアクローザー

ドアノッカー［door knocker］出入口用の扉などを手でノックする（たたく）かわりに取り付けられた金物。

ドアノブ［door knob］扉の取手。

籐（とう）rattan アジアの熱帯に自生するヤシ科のツル性植物で，スマトラやセレベス，マレー半島南部産ものが良質とされている。原籐のままでの輸出を禁止している国も多い。つやのある「セガ籐」，柔軟性のある「ロンチ籐」，骨格材として用いる「トヒチ籐」などの種類がある。

投影法（とうえいほう）無意識下にある動機や欲求を回答者の解釈や態度の中から探る方法で，動機調査法の一つ。「ロールシャッハ法」や「絵画統覚法」はその例。

籐家具（とうかぐ）rattan furniture ヤシ科の籐を主材にした家具。籐は繊維方向に引張り，曲げの各強度に優れ，ソファーや収納家具からラックまで多種の家具用材として利用されている。

動機調査法［motivation research］商品選択や購買動機に関する消費者の無意識的な動機を明らかにするための調査方法で，「モチベーションリサーチ」ともいい，「面接想起法」や「投影法」，「連想法」などがある。

導線計画 売場やフロアの顧客回遊計画。フロアの主要通路を「主（メイン）導線」，フロアの周囲をとり巻く形の通路を「トラック導線」という。→回遊導線

唐木（とうぼく）⇒唐木（からき）

銅鍍金（どうめっき）鉄素地の錆止めやアルミ素地の下地処理に，銅の薄い層を表面に固着させたもの。特に亜鉛や錫（すず）を用いたのは「ブロンズめっき」という。

道路斜線制限 建築物の各部分の高さは，前面道路との関係により規制されている（法第56条，同第91条関係）。前面道路との関係については，敷地との高低差，2以上の道路に接するとか，道路の反対側に公園・広場などがある場合により緩和されている。→斜線制限

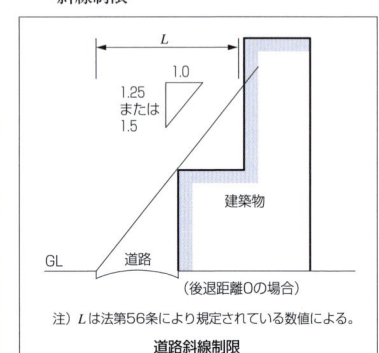

注）Lは法第56条により規定されている数値による。

道路斜線制限

ドーマーウインドー［dormer window］屋根窓のことで，屋根の傾斜面に設けられた窓。

トールキャビネット［tall cabinet］床の上に設置する背の高いシステムキッチン用のキャビネット。一般収納用のほかに，オーブンや冷蔵庫を組み込むビルトイン（造付け）機器用がある。

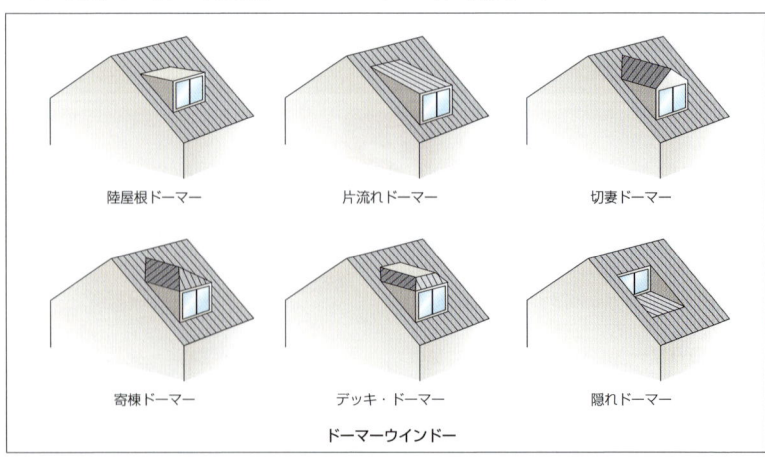

陸屋根ドーマー　片流れドーマー　切妻ドーマー

寄棟ドーマー　デッキ・ドーマー　隠れドーマー

ドーマーウインドー

特性要因図 結果に対する原因の構造を解明するもので，図の形状から「魚の骨」とも呼ばれている。QC（品質管理）の問題解決において最も多く用いられている。

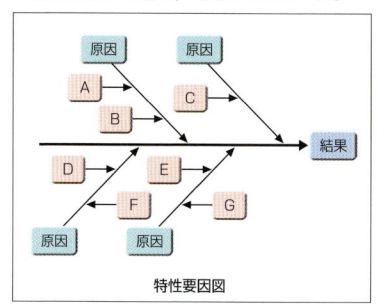

特性要因図

独占禁止法 1947年に公布された「私的独占の禁止及び公正取引の確保に関する法律」の略称。公正で自由な競争を促進して一般消費者の利益を確保するとともに，国民経済の健全な発展を図ることを目的としている。

独占的チャネル方式 ⇒チャネル方式

特定家庭用機器再商品化法 ⇒家電リサイクル法

独立方式 販売信用の中で販売業者が顧客と二者間契約を結び割賦販売を行うことをいう。百貨店や大型スーパーが独自に発行している会員カードがこの方式によるもので，顧客の信用調査やそのリスクが，発行する販売業者にある点がほかの方式と大きく異なる。

常滑焼（とこなめやき）起源は12世紀頃で愛知県の常滑を中心に開窯された。焼き締めによる無釉の陶器で，日用雑器を中心に生産されている。1976年には伝統的工芸品として認定された。

都市計画法 都市計画の内容やその決定手続きなどに関する必要な事項を定めている。例えば，市街化調整区域（第7〜14条）を定め無秩序な市街化を防止する（1968年法律第100号）。

塗装工事の積算 一般に天井，壁面などではm²数，回り縁や幅木では延べm数，建具，ドアの枠回りやカーテンボックス類は取付け個所当たりの単位で，下地処理や養生を含んだ材工費として算出する。特に下地処理や養生の程度，塗装工法などによって割高になることが多い。

塗装の種類 塗装は，その目的や対象物に対応した適切な塗料や方法を選ぶことが重要である。その種類は仕上げの透明・不透明，塗料別などにより分類される。

アクリル塗装：アクリル樹脂と硝化綿を原料とした合成樹脂塗料を用いた速乾性に優れた塗装。

エナメル塗装：ワニスに顔料を配分した不透明着色塗装。

エマルションペイント塗装：有機溶剤を含まない合成樹脂系の水性塗装で，無臭無公害の乳液状の塗料を使う。

オープンボア塗装：透明塗料を用いて，木材の木目を見せる目撥（めはじ）き仕上げ（塗装により木目がつぶされていない仕上げ）で，ケヤキやナラなどの塗装に多用。

柿渋塗装（かきしぶとそう）：渋柿の実から採取した液を原料とした木材保護塗装。

カシュー塗装：カシューナッツの実の殻を原料とし，化学処理した早乾燥性塗装で，漆塗装に似た仕上げが特徴。

UV塗装：紫外線で塗膜を硬化させる速乾性の塗料を使う塗装で，オープンボア仕上げに効果的。

特価政策 ある期間を定めて特別価格で販売するもので，在庫整理や汚損品処分などで同価格が仕入原価以下になることもある。特に販促の目的でメーカー品をコスト割れの商品としたものを「ロスリーダー」（損失先導商品）という。

トップトリートメント ⇒カーテン装飾用品の種類

トップライト［top lighting, skylight, roof light］⇒天窓 技

土手張り（どてばり）⇒厚張り

トピアリー［topiary work］樹木の枝葉を刈り込み動物や鳥，人物，幾何学的な形などに仕立てる整枝法で，西洋庭園に見られる。→エクステリアエレメント

砥部焼（とべやき）産地は愛媛県松山市周辺，起源は18世紀後半の民窯から。庶民的な飲食器や酒器を中心とする陶磁器が中心で，厚手で堅ろう，手描きの絵付けを特色としているもので伝統的工芸品の一つ。

ドメス［domes］⇒グライド

留め継ぎ 部材相互を45度に削り，組み合わせて木口（こぐち）を見せない高級な箱（枠）組の継手として用いる。補強のための隅木や雇い実（ざね）が施されている。

トラック導線 店舗の導線計画で，特に顧

とりのこ

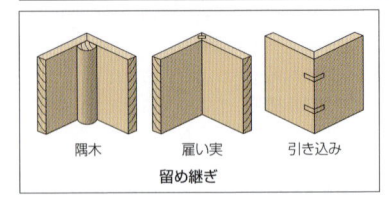

留め継ぎ
隅木／雇い実／引き込み

客の回遊性を高めるために，フロア周囲をとり巻く形で施された導線（通路）をいう。

鳥の子紙（とりのこし）コウゾとガンピを原料とした手すきの高級ふすま紙。近年ではパルプや麻の繊維を混ぜて機械すきで作られた経済的な新鳥の子もある。

トリミング ⇒カーテン装飾用品の種類

トリム［trim］⇒カーテン装飾用品の種類

トレイヤージュ［treillage 仏］⇒トレリス

ドレーキップ［drehkipp］内開きと内倒しの開閉機能をもち，外部側のガラス清掃が容易にできる窓。

トレーディングスタンプ［trading stamps］クーポン付き販売の点数券で，消費者プレミアムセールとして小売業者の SP戦略に多用される。→セールスプロモーション

トレードマーク［trade mark］商標法により審査を受け独占的使用権（商標権）を与えられた登録商標のこと。商標権は10年間で，以降は更新登録で延長が可能。商標の要件には，①将来を含め自己の業務にかかわる商品に使用し，②自他商品との識別を有するものとされている。→商標

ドレープ［drape］厚手の生地・織物で「ドレパリー」ともいう。カーテンや椅子張り，テーブルクロス，ベッドリネンなどに用いる厚地の布の総称。カーテンではジャガード織りの柄物やドビー機織りの無地物がその主流。

ドレッサー［dresser］本来は中世のイギリスで用いられたオープン型の食器戸棚のことをいうが，現在では鏡付きの化粧だんすやスツール付きの化粧テーブルをいう。

ドレパリー［drapery］⇒ドレープ

トレリス［trellis］木製の垣根格子の総称。庭の見切りや塀，アーチ，門を造る素材として用いられ，これらで構成された庭園構築物を総称して「トレイヤージュ」という。→エクステリアエレメント

トレンド商品 傾向商品。時代の流行や感覚の先端をいく商品群の総称。トレンド商品の多くはファッショングッズに多く見られる。テイスト分類の中のアドバンスと同じ感性をもつ商品をいう。→アドバンス

ドロップリーフテーブル［drop leaf table］両側に折りたたみ式の拡張甲板をもつテーブルで，使用時には持ち送りを出して甲板を水平に保持する。→エクステンションテーブル

ドロップリーフテーブル

ドロワー［drawer］たんす，机などの引出しのこと。または製図している人をさす。

な

内装仕上工事の積算 ⇒カーペット工事の積算，壁装工事の積算

内装制限 建築物の初期の火災の広がりを防止するために室内の壁，天井仕上げに燃えやすい材料を使用することを規制している。また，床（床面から1.2m以下の腰壁を含む）は内装制限の対象となっていない（法第35条の2，令第128条の3の2〜同第129条）。→垂れ壁

ナイトテーブル［night table］ベッドの頭脇に置くサイドテーブル。照明スタンドや時計などを置く甲板と小物を入れる引出しが付く。足元ランプや各種のコントローラーを内蔵したホテルタイプのものもある。→テーブルの種類

ナイトラッチ［night latch］扉を閉めると自動的に鍵がかかり，室内側からは自由に開閉できるが，室外からは鍵を使用しないと開けられない錠のこと。「夜錠（やじょう）」ともいう。→錠の種類

ナイロン繊維 石油・石炭を主原料とした合成繊維で，摩擦に強く耐久性に富んでいる。耐光性に劣るためカーテンには使用されないが，帯電防止加工を施して業務用のカーペットや椅子張り地として多用されている。

中敷き（なかじき）必要なところだけに敷く部分敷きのことで，特に寄木床などで壁から30〜40cmあけて敷くことを「センター敷き」という。帖物の柄織りや緞通（だんつう）を用いることが多い。

中塗り（なかぬり）下塗りの後に塗面を平滑にし，上塗りの付着や仕上がりを良くするためのもので，木製品の塗装では「サンディングシーラー」，金属塗装では「サイディングシーラー」が用いられている。→上塗り，下塗り

梨子地塗り（なしじぬり）金銀の粉末（梨子地粉）をまいた上に透明な漆（梨子地漆）を塗って研ぎ出し，ナシの実の肌のように仕上げたもの。

ナショナルブランド［national brand］略して「NB」。メーカー商品の商標で，特に全国に販売網をもつ著名なメーカーが大量広告，販促活動により販売する商品のブランドをいう。

捺染（なっせん）生地に図柄模様を染めつける，または印刷するプリントのこと。代表的製法にはスクリーンを使った「手捺染」，輪転機ローラーを用いた「機械捺染」，転写紙やプリントを圧着加熱する「転写捺染」がある。

生ゴミ処理機 現在，生ゴミ処理機には，地面の上に直接コンポスト（バケツを逆さにしたような入れ物）を置き，その中に生ゴミを投入し，地面に接した部分から順次腐敗して堆肥にする方法と，密閉容器に生ゴミを入れ，培養菌などの微生物の力で発酵させて堆肥にする方法，ヒーター付き処理機の中で生ゴミを乾燥させ，減量化させて堆肥として活用，あるいは燃えるゴミとして処分する方法の3つがある。

南京錠（なんきんじょう）pad lock U字型金具に錠の足を通して締める可動式のもので，扉の框枠（かまちわく）などに取り付けられる。開閉には，鍵や数字，文字を組み合わせるものもある。

難燃カーテン 難燃性をもつカーテン生地には，①原料ポリマーが難燃性を有するアクリル系やポリクラール，ポリ塩化ビニル繊維のもの，②難燃剤を混入し紡糸した難燃ポリエステルや難燃ポリノジック，③布地を防炎液に浸漬させて後処理した綿やレーヨン生地などがある。なお，ガラス繊維によるカーテンは特に「不燃カーテン」という。

難燃材料 燃焼する速さが遅く，初期火災の煙の発生量も少ない燃えにくい性能をもつ材料をいう。例えば，難燃合板，難燃繊維板などがある。

に

ニーチェアX［NY chair X］1970年，新居猛によりデザインされた組立式の「ホールディングチェア」。スチールパイプにキャンバス地張りで，折りたたむことができる。

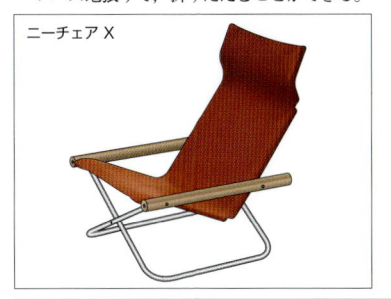

ニーチェア X

ニードルパンチ［needle punch］短繊維を針で刺し固めてフェルト状にした不織布のカーペット。パイル糸がなく裏面には合成ゴムで補強されている。ポリプロピレン繊維を主材とした経済的なカーペットとして店舗等の商業スペースに多用されている。→ポリプロピレン繊維

二月堂机（にがつどうづくえ）⇒文机（ふづくえ）

二重敷き 全面敷きのカーペットの上にさらに必要な部分にラグを置敷きにすること。特にずれ防止のための専用ネットや固定シートを用いてラグの移動を防ぐことが必要となる。

2種H型キッチン 現場で部品や部材を組み合わせ，天板（ワークトップ）で一体化して施工するシステムキッチン。水平分割構造をもつ「部材ユニット型キッチン」で，輸入品のシステムキッチンに多い型式。→システムキッチン

ニッケル鍍金 （―めっき）スチールや亜鉛ダイキャスト製品の防錆や光沢処理のために施す金属ニッケルによる電気めっき。

ニッチャー [nicher] 市場競争の地位の中で特定市場内でミニリーダーの役割と独自性をもった企業をいう。特に市場特定化やニーズ特定化をその基本戦略としている。独自性のないものは特に「フォロワ」と呼び区別している。

ニットカーペット [knit carpet] 経（たて）編みラッセル機などの編み機を用いて，パイル糸を基布と同時に作ったた編み敷物。

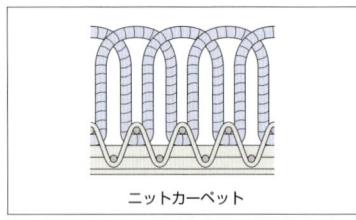

ニットカーペット

日本消費者協会 1961年，日本生産性本部の消費者教育室を母体に創設された財団法人。通産省の助成を受けて商品の各種テストを実施し，その評価を機関誌「月刊消費者」に公表している。商品テストのほか，消費生活コンサルタントの養成や消費者啓発や相談業務をおもな業務としている。

入札用見積 ⇒営業用見積

ニュースリリース [news release] 企業がパブリシティ向けとしてマスコミ関係者に配布する広報印刷物。新製品やイベントなどの自社情報を広報する場合，ほかの広告と連動して行われることも多い。

ニューセラミックス [new ceramics] アルミナ，SiC，窒化けい素などを主成分とし，熱処理により開発された非鉄金属無機材料。耐熱性，耐食性，耐摩耗性に優れ，軽量であるなどの長所があり，工業材料のほか，キッチンのシンクやバスユニットの材料としても用いられている。

ニューメディア [new media] 新聞や雑誌といった出版物や映画などのマスメディア以外の通信媒体のことで，特にコンピューターを介した通信伝達手段をいうことが多い。同媒体には公衆電気通信（ISDNほか）やCATVなどの有線系，衛星放送の無線系，CDやビデオなどのパッケージ系がある。

ニューロコンピューター [neuro computer] 人間の脳機能を模倣したコンピューター。特に学習，認識，直感などの能力をコンピューターに付加し，人間の脳機能を情報処理の上に再現することを意図している。

尿素樹脂接着剤 （にょうそじゅしせっちゃくざい）⇒ユリア樹脂接着剤

ね

値入高 （ねいれだか）仕入売価（定価）と仕入時の原価との差額。値引きする前の初期利益高のこと。

値入率 （ねいれりつ）値入高の原価に対する割合で，「原価値入率」もしくは「マークアップ」ともいう。

ネガティブオプション [negative option] 申込みや契約に基づかず一方的に商品を送付したり，注文以外の商品を送り付けてその代金を請求する行為をいう。送付を受けた側が代金の支払いを承諾したり商品を解梱し使用しない限りは契約が成立したことにはならない。「送り付け商法」ともいう。

ネガティブオプションの商品保管期間 ネガティブオプションによる商品保管期間は送付のあった日から起算して14日間，商品の引取りを業者に請求した場合には請求の日から7日間であり，いずれか早い日までに業者が引取りをしない場合，送付を受けた側ではこれを自由に処分することができる。

猫間障子 （ねこましょうじ）明り障子の中に開閉できる小障子を組み込んだもの。→図・障子（44頁）

ネストテーブル [nest table] いくつかのテーブルを高さや幅，長さを縮小して組み入れ，必要に応じて取り出して使う補助組込みテーブルをいう。特に3組がセットに

なったのを「トリオテーブル」，4組がセットを「カルテットテーブル」という。→テーブルの種類

鼠講（ねずみこう）先に加入した者が後で加入した者から金銭や有価証券等を受け取る配当組織で，「無限連鎖講」ともいう。マルチ商法と異なり，理論的に組織の維持ができず，「無限連鎖講の防止に関する法律」で開設や勧誘は一切禁止されている。

熱可塑性樹脂（ねつかそせいじゅし）熱を加えると軟化溶解し，冷却すると固化する性質をもつプラスチック。塩化ビニル，ポリエチレン，ポリプロピレン，スチロールの各樹脂がその例。

熱硬化性樹脂 成形後，再加熱しても硬化したままで性質が変化しないプラスチック。ポリウレタンやポリエステル，メラミンの各樹脂がその例。

練芯構造（ねりしんこうぞう）⇒平板の構造

の

農林物資法「農林物資の規格化および品質表示の適正化に関する法律」の略。1950年，農林物資の品質改善，生産の合理化等を図り，適正な表示を行わせることで消費者の選択に資することを目的として制定。「JAS法」ともいう。→JASマーク

ノーブランド商品 ⇒ジェネリックブランド

ノックダウン家具［knockdown furniture］運搬やストックに便利なように，天板や側板，扉，台輪などの主要構成部分が分解されて，必要に応じて組み立てられるように設計された家具をいう。

ノブ［knob］節，瘤（こぶ）の意で，戸などの引手をいう。

延べ面積（のべめんせき）建物の各階の床面積の合計。「延べ床面積」ともいう。

延べ床面積（のべゆかめんせき）⇒延べ面積

ノベルティ［novelty］社名を入れて無料で配る景品広告の総称。社名入りで宣伝に用いられるティッシュペーパーやライター，カレンダーなどがその例。

ノンスリップ［non-slip］階段の踏面（ふみずら）の先端部に滑り止め，破損，摩耗防止の目的で取り付けられる部材。材料には，鉄，黄銅，ステンレスなどがある。

は

バーコード［bar code］商品識別に用いる光学的読取り用の記号で，わが国では13桁の標準タイプと8桁の短縮タイプとがある。コードには国別，商品メーカー，商品アイテム（品目）およびチェックデジットから構成され，POSターミナルのスキャナー（自動読取り装置）で読み込むシステム。→JAN（ジャン）コード

パーゴラ［pergola］もともとイタリアの葡萄棚からでた語。ツル性の植物をからませた棚で，今日では外部空間の中で，人間が寄り集まるための空間装置として使われており，「緑廊（りょくろう）」ともいう。

パーソナルセーリング［personal selling］⇒人的販売

パーソナルチェア［personal chair］各個人が専用に使用する椅子の意。

パーソナルマーケティング［personal marketing］消費者との個別対応を重視した企業活動のことで，「ターゲットマーケティング」ともいう。対面接客によるコンサルティングや苦情処理，顧客情報のデータベース化による顧客管理などがその例。

バーチカルブラインド［vertical blind］縦に吊るしたルーバーの開閉や角度調整により光量を調節する縦型ブラインド。操作にはスクリューロット式のものを主とし，コード式，バトン式などがある。ルーバーにはアルミ製のほかに，合成繊維のものが用いられている。

バーチャルリアリティ［virtual reality］コンピューターシミュレーションによる人

工現実感のことで「VR」と略す。人間の動作を感知し，視野を変えることで擬似的に仮想空間を体験できるシステム。「仮想環境表示システム」ともいう。

ハードウエア〔hard ware〕コンピューターを構成している中央処理装置本体と，その周辺機器装置の総称。中央処理装置には記憶，演算，制御の，周辺装置には入力，出力，補助の各機能をもつ装置がある。

ハードツイスト〔hard twist〕パイル一本一本に強いよりをかけたカットパイルカーペットのテクスチャー。パイルの長さ10〜25mmで，プラッシュとシャギーの中間タイプ。丈夫で弾力性があり，汚れが目立ちにくいのが特色。→カーペットのテクスチャー。

ハートビル法　不特定多数の人が利用する建物の出入口や廊下，階段，トイレ等，高齢者や身体障害者の利用に安全かつ円滑に使えるよう基準を定めた法律。正式には「高齢者，身体障害者等が円滑に利用できる特定建築物の建築の促進等に関する法律」(1994年施行)という。同様の主旨で，住宅での設計規範を定めたものに「長寿社会対応住宅設計指針」がある。

パームロック〔palm lock〕⇒ヘアーロック

売価還元法（ばいかかんげんほう）百貨店や大型の販売店で採用されている棚卸しの計算方法で，売上高全体の平均原価率を調べることで売上原価や粗利益高を算出する。原価率＝(期首在庫(原価)＋期中仕入高(原価))／(期首在庫(売価)＋期中仕入高(売価))×100(％)。期中売上原価＝期中売上高×原価率。期中粗利益高＝期中売上高－期中売上原価

売価値入率（ばいかねいれりつ）値入高の仕入売価に対する割合。「初期利幅率」ともいう。売価値入率＝値入高／仕入売価(定価)×100(％)

廃棄物処理法「廃棄物の処理及び清掃に関する法律」の略称で，1971年に制定され，1992年と1997年に改定された。廃棄物の減量化と再生利用および不法投棄対策，廃棄物の適正処理推進などを目的としている。→産業廃棄物

ハイドロカルチャー〔hydro culture〕⇒インテリアグリーン

売買益率　値引きなどを含め実際に売った時の利益高の実売価に対する割合。単に「利益率」とか「差益率」ということもある。売買益率＝(値入高－値引高)／(仕入売価－値引高)×100(％)

ハイバックチェア〔high back easy chair, grandfather chair〕背もたれが高く，頭が支えられる形式の休息しやすい安楽椅子のこと。

パイル織りの種類　パイル織りは経（たて）糸と緯（よこ）糸のほかに，経パイル糸または緯パイル糸を織り込んだもので「添毛織（そえけおり）」ともいう。経パイル織りには，パイルが3mm前後で毛羽状の表面をもつ「ベルベット」，麻や綿で毛足の長い「ベロア」，緯パイル織りでは，パイル糸をカットした「ベルベッチン」，縦方向にうねをもつ「コール天（コーデュロイ）」などがある。

パイロットスイッチ〔pilot switch〕スイッチを入れた時，通電していることを示す光が点くスイッチのことで，電流検知型と電圧検知型がある。蛍スイッチと兼用し，スイッチが入った状態で赤から緑に変わるものもある。

パイロットランプ〔pilot lamp〕夜間，スイッチの位置を知らせるために内蔵された超小型のランプのこと。

ハウスオーガン〔house organ〕企業が社内・外の人を対象に発行している定期刊行誌。社内報などの社内向けの「インターナルオーガン」と取引先や顧客などの社外向けの「エクスターナルオーガン」がある。

萩焼（はぎやき）山口県萩市，長門市周辺で焼成される陶器。低温焼成による貫入（かんにゅう）が特徴で，江戸時代より茶人の器として珍重された。

白熱ランプの種類　熱放射で発光させる電球で一般照明用光源として最も多用されている。白熱ランプ（白熱電球）には，①フィラメントを用いた「白熱普通ランプ」，②球形のボールランプとも呼ばれる「ホワイトボール」，③球形をアルミ蒸着加工した半反射間接照明用の「シルバーボールランプ」，④水雷球（すいらいきゅう）とも呼ばれる「シャンデリアランプ」，⑤球頭部に集光レンズを用いたPAR型の「ビームランプ」，⑥ランプの内部にアルミの反射鏡を付けた投光用でスポットライトに用いる「リフレクターランプ」，⑦石英ガラス球内にハロゲン物質を封入した「ハロゲ

ンランプ」などがある。

箱物（はこもの）家具の形態上からの分類で，たんすやロッカー，キャビネットなどの収納家具の総称。特に椅子やテーブルは脚物（あしもの）という。いずれも家具業界で用いられている業界用語。→脚物

バスユニット［bath unit］工業生産部品の一つで，浴室を構成する浴槽，洗い場床，壁，天井，換気扇，化粧棚，シャワーなどを組み合わせたもの。

バタフライスツール［butterfly stool］1954年，日本の工業デザイナー柳宗理によりデザインされた椅子。成形合板を用いた代表作で，その名称は，蝶が羽を広げた形に見えるところからきている。

バタフライスツール

バタフライテーブル［butterfly table］必要に応じ折りたたんだ羽根状の一方の甲板を水平に支えて使う折りたたみ式の伸長式テーブル。特に拡張する甲板を支える框（かまち）状の自在脚をもつテーブルを「ゲートレッグテーブル」という。→エクステンションテーブル

バタフライテーブル

バチェラーズチェア［bachelor's chair］⇒バレットチェア
パックオン［pack on］⇒オンパック
バックストゥール［back stool］⇒アームチェア
パテ［putty］⇒素地調整（そじちょうせい）

パネル調査 時系列的変化を調査するもので，同一の調査対象者（パネラー）に対し，同一質問を同一方法で一定期間後に反復してデータ収集し分析する方法。同じパネラーに対し異なる調査内容を反復して調査することは特に「モニター調査」という。

パブリシティ［publicity］ニュース的価値から媒体に無料で取り上げられるもの，あるいは媒体機関に対してニュース素材を提供するプロモーション活動をいう。

パラレルスライド［parallel slide］建具を手前に引いてから横に滑らせて開閉する窓（内動形引戸）。

バランス ⇒カーテン装飾用品の種類

バランスカーテン［balance curtain］カーテンの上部に付ける装飾用の垂れ飾り。ひだのないストレートバランスとひだを付けた装飾的なデコラティブバランスがある。取付けはバランスレールを用いる方法と天板に直接釘打ちする方法がある。

バリアフリー住宅 ⇒高齢者対応住宅

バルーンカーテン［balloon curtain］⇒ローマンシェード

バルーンシェード［balloon shade］⇒シェード

バルセロナチェア［Barcelona chair］1929年，ミース・ファン・デル・ローエによりバルセロナ博ドイツ館の設計でデザインされた椅子。バウハウスを代表する作品。→バウハウス 技，ミース・ファン・デル・ローエ 人

バルセロナチェア

パレート図 同じ属性のものをまとめてグラフ化し，それぞれを多い順に累積して相互の比率を比較することで重要な要因を明らかにするもの。一般には「ABC分析図」と呼ばれている。

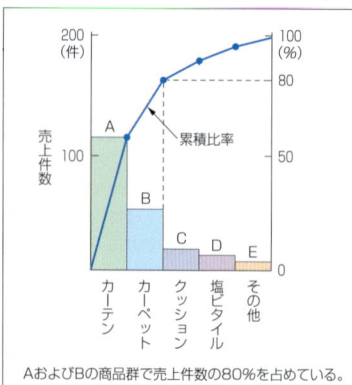

AおよびBの商品群で売上件数の80%を占めている。
パレート図

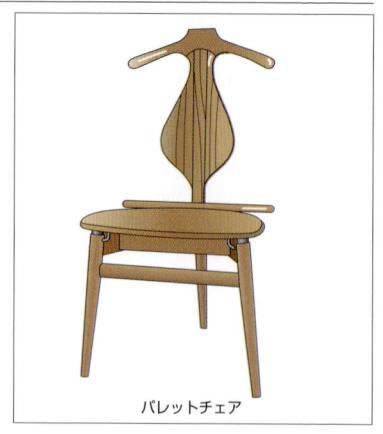

パレットチェア

パレットチェア〔palatte chair〕1953年，デンマークのハンス・J・ウェーグナーによりデザインされた小椅子。ハンガーやズボン掛け，小物入れをもったユニークなデザインで，独身者のための椅子「バチェラーズチェア」ともいう。→ハンス・J・ウェーグナー 人

ハロゲンランプ〔harogen lamp〕⇒白色ランプの種類

パワーセンター〔power center〕キーテナント（核店舗）として，大型のディスカウント専門店を設置した大型ディスカウントショッピングセンター。→キーテナント，ショッピングセンター

VAN（バン）value added network　付加価値通信網。プロトコル（データ通信規約）を通信制御にコンピューター相互を変換させ，送受する際に各種の情報処理を付加した通信サービス網で，ファクシミリやキャプテンなどがその例。

番手（ばんて）紡績糸の太さの単位。1番手は，9,000mで1gの重さの糸のこと。番手の数が大きくなるほど糸は細くなる。→デニール

VANの種類（バンのしゅるい）付加価値通信網にはファクシミリやキャプテン（文字図形情報）などの基本VANとアプリケーションプログラムをもつ高度VAN，金融機関やLANなどの特定業務用の専用VANがある。

販売事務　販売管理の目的達成のための手段をいい，具体的には帳簿や伝票作成，記帳，整理，保管，各種文書の作成などをさす。

ひ

ピアテーブル〔pier table〕⇒コンソールテーブル

PSLPGマーク　液化石油ガス法に基づき，製造事業者が国の定めた技術上の基準に適合した製品に表示するマークのことで，安全性の自己確認が義務づけられている。「特定液化石油ガス器具等以外の液化石油ガス器具」と，第三者機関の検査が義務づけられている「特定液化石油ガス器具等」がある。これらの表示のない製品は販売することができない。→液化石油ガス法，図-マーク一覧（7頁）

PSEマーク　電気用品安全法に基づき，製造・輸入事業者が国の定めた技術上の基準に適合した製品に表示するマークのことで，安全性の自己確認が義務づけられている。「特定電気用品以外の電気用品（冷蔵庫，洗濯機，エアコン，テレビ等）」と第三者機関の検査が義務づけられている「特定電気用品（電線，ヒューズ，コンセント，電気温水器，ポンプ等）」がある。これらの表示のない製品は販売することができない。→電気用品安全法，図-マーク一覧（7頁）

PSCマーク　消費生活用製品安全法に基づ

き，製造事業者が国の定めた技術上の基準に適合した製品に表示するマークのことで，安全性の自己確認が義務づけられている。「特別特定製品以外の特定製品（家庭用の圧力なべ・圧力釜等）」と第三者機関の検査が義務づけられている「特別特定製品（乳幼児用ベッド等）」がある。これらの表示のない製品は販売することができない。→消費生活用製品安全法，図-マーク一覧（7頁）

PSTGマーク　ガス事業法に基づき，製造事業者が国の定めた技術上の基準に適合した製品に表示するマークのことで，安全性の自己確認が義務づけられている。「特定ガス用品以外のガス用品」と第三者機関の検査が義務づけられている「特定ガス用品」がある。これらの表示のない製品は販売することができない。→ガス事業法，図-マーク一覧（7頁）

PL法 ⇒製造物責任法

BLマーク「ベターリビングマーク」ともいう。「優良住宅部品認定制度」に基づき優良と認定された住宅部品に付される品質認定マーク。防音サッシ，収納ユニット，キッチンシステムなどが対象で，表示製品には2年間の保証責任保険と賠償責任保険がつけられている。→図-マーク一覧（7頁）

ピーコックチェア［peacock chair］1947年，デンマークのハンス・J・ウェーグナーによりデザインされたウィンザーチェア。背もたれの形状から付けられた名称で，「アローチェア」ともいう。→ハンス・J・ウェーグナー 人

BCR［bar code reader］⇒OCR

ピース敷き　椅子やテーブルの下，玄関ホール，ドレッサーやベッドの前など必要に応じて用いるラグやマットの置敷きのこと。

ヒートン［hooked nail］木ねじの頭部を環のようにした金物のこと。

PB商品　⇒プライベートブランド

ピールアップ接着工法　カーペットを床に接着剤で貼るじか張りの中で，特に敷き替え時のはく離を容易にした接着工法。

皮革（ひかく）動物の皮を薬品等で処理した革の総称で，特に布の基材に合成樹脂を塗布した合成皮革（合皮）に対し，天然皮革といって区別する。椅子張りには牛皮が最も多く，タンニンなめしの皮は，堅牢ではあるが耐候性がなく汚れやすい。また，クロームなめしの皮は，タンニンなめしの皮と比較して柔軟性があり，染色性，耐熱性に優れている。→合成皮革，天然皮革

光通信　テレビや電話の電気信号をシリコン系ガラス繊維ケーブルの発光ダイオードで伝送する通信システムで，ISDN（総合デジタル通信網）やCATVなどニューメディアへの利用も実用化されている。

非関税障壁［non tariff barrier］略して「NTB」。関税以外で行われる輸入制限などの政策や規制をいう。輸入課徴金，輸入数量割当てなどのほか，国内の産業保護措置や消費者保護の目的をもつ大規模小売店舗立地法や再販維持制度もGATTなどで問題化されている。

挽板（ひきいた）⇒突板（つきいた）

引出しの構造　引出しは前板，側板，向板（先板），底板からなる。高級な衣裳だんすの引出しの場合，その用材にはキリ材を使い，板の継ぎにはあられ組継ぎや包み蟻組継ぎが用いられる例が多い。

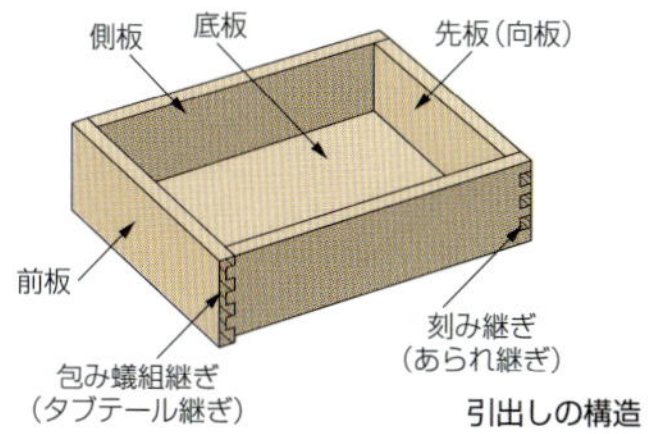

引出しの構造

引手（ひきて）pull catch　各種の建具類，引出し，各種の箱のふたなどを開けるために手を掛けるものをさす。「取手」ともいう場合もあり，素材には木製，金属製，プラスチック製などがある。

引手の種類　扉や戸，引出しなどの開閉に用いる金具には，一般的な開扉用の「棒引手」や「鈦(かん)引手」，「つまみ引手」などのほか，引戸用でほり込み式の「手欠き引手」がある。

引戸（ひきど）sliding door　水平方向にレールや溝に沿って移動して開閉する建具の総称。形式によって片引戸，両引戸，引込み戸，引違い戸などがある。

引独鈷（ひきどっこ）ベッドフレームの組立て金物で，フック形式とピン形式がある。

ピクチャーウインドー［picture window］西欧の住宅に用いられたもので，外部景観を枠取りするために外壁にはめ殺しなどで取り付けられた大きな窓のこと。

引独鋲

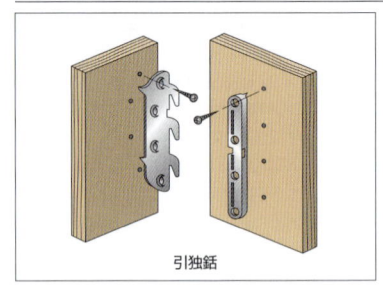

肘掛け椅子（ひじかけいす）⇒アームチェア

ビジネスマインド［business mind］コンサルティング業務におけるビジネスとしての自己管理のこと。時間の効率化，商品・工事に関する打合せや手配などの内部作業，フォロー業務などの正確さがその要件である。

ビジュアルアイデンティティ［visual identity］略して「VI」。視界面の感覚的統一化。店内のサインから売場造作（ぞうさく），包装紙，プライスカードまでを視覚的に統一したイメージで構成すること。

ビジュアルプレゼンテーション［visual presentation］「VP」と略す。視覚に訴求する提案・提示の総称。商品の展示・陳列だけでなく，包装やPOPまでを統一的テーマのもとに視覚的・感覚的に訴求すること。単に視覚に訴える表現手法をさす場合もある。

ビジュアルマーチャンダイジング［visual merchandising］視覚に訴えた商品化計画のことで，「VMD」と略称される。店舗内のレイアウトやディスプレーをCIのテーマで統一し，視覚や感覚に強力に訴求することで購買意欲を高めようとするものをいう。→コーポレートアイデンティティ

ヒストグラム［histogram］データの分布状態やばらつきの頻度を層別化し，その特性を明確にした棒状グラフ。

備前焼（びぜんやき）岡山県の備前地方で焼かれる炻（せっき）質の焼物で，その開窯は鎌倉時代。無釉の焼き締めで花器，茶器は美術工芸品としても評価が高い。

ピッキング対策　玄関錠の被害を防ぐためには，ディスクシリンダー式でタンブラー方式のロータリーディスクシリンダー錠や，マグネットを利用した刻みのない電子キーを用いたマグネチックタンブラーシリンダー錠が有効である。

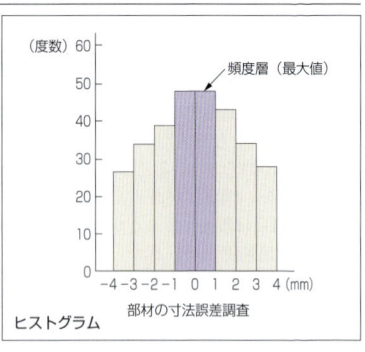

非提携ローン方式　顧客が直接金融機関に対し融資の申込みと分割の返済を行うもので，商品購入代金として一括支払を受けた商品販売業者との提携等の契約関係が存在しない方式をいう。

ビデオテックス［video tex］電話などの電気通信回線を用いてデータベースから必要な情報を得るシステムで，NTTのキャプテンシステムがその代表的なもの。

ビニル壁紙　ポリ塩化ビニル樹脂に可塑剤や充てん剤を混合してシート状にしたものを紙で裏打ちし，表面に型押し加工やプリント加工，発泡加工を施した壁装材。ビニル壁紙はほかに比較して耐水性や経済性があり壁装仕上材の主流となっている。

ビニル壁紙の種類　ビニル壁紙には印刷してビニルフィルムを積層した「ラミネート系」と，型押し加工にプリントした「エンボス系」，ビニル層に発泡剤を充てんした「発泡系」のものがある。

ビニル発泡壁紙　ビニル壁紙の中で発泡剤を用いてふくらみのある質感に仕上げたもの。印刷インクに発泡剤を入れて部分的に発泡させた「プリント発泡」，部分的に発泡をおさえて凹凸をつけた「ケミカルエンボス」，粒状の発泡体を基材に接着し砂壁の風合いをだした「塩ビチップ」壁紙などがある。

ビニル床シート　塩化ビニル樹脂に可塑剤，安定剤などを加え布を積層したもので，耐磨耗性，耐水性，耐薬品性に優れている。

ビニル床タイル　塩化ビニル樹脂に可塑剤や安定剤，充てん材などを加えて加工したもので，バインダー（塩化ビニル樹脂や可塑剤，安定剤のこと）の含有率が35％以上のものを「ホモジニアスビニル床タイル」，35％未満のものを「コンポジションビニル

床タイル」という。→床仕上材の種類
ピボットヒンジ〔pivot hinge〕⇒図-丁番（58頁）
百貨店〔department store〕単一資本のもと専門品や買回し品を中心に，多様な商品と各種のサービスを提供する大規模小売業態をいう。
ビューロー〔bureau〕書類棚の折りたたみ式の扉が開いたときに甲板となる机で，「ライティングビューロー」とか「ビューローキャビネット」ともいう。特にビューローの書類棚の上に書棚を付けた机を「セクレタリー」と呼ぶこともある。
ビューローキャビネット〔bureau cabinet〕⇒ビューロー
標準在庫高　売上目標高に対する商品の適正在庫高をいう。商品回転率や在庫販売比率からは次の式で計算できる。標準在庫高＝売上目標高／商品回転率，標準在庫高＝売上目標高×在庫販売比率
標本調査　調査の対象となる母集団の中からサンプルを抽出し調査することで，母集団の特性を推定する。その方法には意図的にサンプルを指定する「有意標本抽出法」と，無作為に抽出する「無作為（ランダム）標本抽出法」がある。→母（ぼ）集団，ランダムサンプリング
平板の構造（ひらいたのこうぞう）箱物に用いる平板の構造には，木枠組に鏡板をはめ込んだ「框組み（かまちぐみ）」，ランバーコアやパーティクルボードを芯に用いた「練芯（ねりしん）構造」，木枠組だけで内部を中空にして両面に合板を張った「フラッシュ構造」などがある。
平織り（ひらおり）経（たて）糸と緯（よこ）糸が交互に交替する組織。三原組織の一つ。堅ろうで実用的な織り方で，代表的なものに白綿布がある。→三原組織

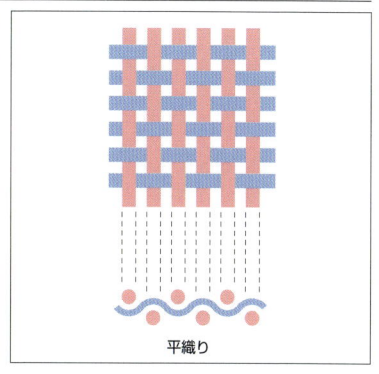

平織り

平織りカーペット（ひらおり—）経（たて）糸と緯（よこ）糸を組み合わせたパイルのないカーペットの総称。綿の二重平織りの「三笠織り」，三笠織りにモール糸を用いた「菊水織り」，茶席に用いる「緋毛氈（ひもうせん）」などがその例。
ビルトイン家具　⇒システム家具
ビルトイン機器　システムキッチンの本体にはめ込んで取り付ける調理機器やそのほかの機器類の総称。電気やガスによるレンジやオーブン，シンク，浄水器，照明器具などがその例。
ビルトインファニチャー〔built-in furniture〕⇒システム家具
ビロード〔veludo ポ〕フィラメント系のパイル織物で，「カットパイルベルベット」ともいう。パイルの経（たて）糸をカットして毛羽状としたもの。特に緯（よこ）糸をカットして毛羽をつくったものは「別珍（べっちん）」または「ベルベッチン」といい，保温性に優れた椅子の上張り地として使用されている。
ヒンジ〔hinge〕扉などの丁番のこと。スプリングヒンジ，フロアヒンジなどの種類がある。

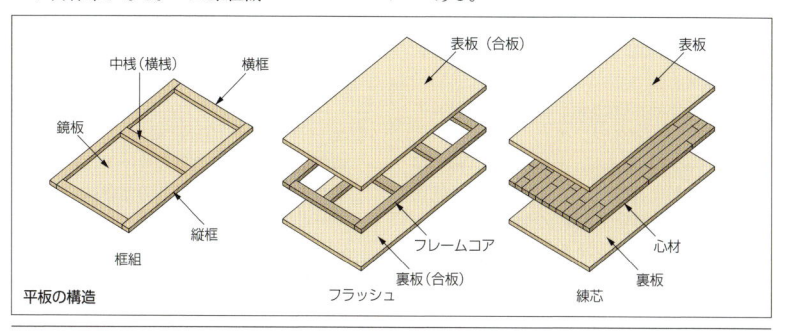

平板の構造

ファイリング［filing］収集した情報を一定の方式で整理・保管すること。必要なときに効率よく取り出せるように，索引を付し分類や配列を定めておくことが必要。

ファクトリーアウトレット［factory outlet］使用には何の支障もないが，専門店では扱えないような小さなキズがあるブランド品を，低価格で販売する1970年代にアメリカで生まれた工場直販売店。

ファブリック［fabric］カーテン，カーペット，クロス類などのテキスタイル（織物）製品の総称。天然繊維と化学繊維に大別される。→化学繊維，天然繊維

ファンチャート［fan chart］複数の項目について，ある期間の時系列的変化を相対的に解析した直線グラフ。

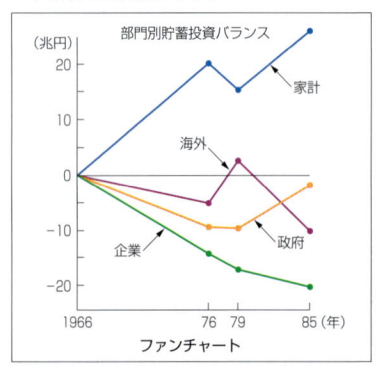

ファンチャート

VR［virtual reality］⇒バーチャルリアリティ

VRS［video response system］NTTが開発した画像応答システムで「スーパーキャプテン」ともいう。会話型で個別対応による情報提供ができるのが特徴。

VI［visual identity］⇒ビジュアルアイデンティティ

VMD［visual merchandising］⇒ビジュアルマーチャンダイジング

VOC［volatile organic compound］沸点が50～250℃と比較的低い温度で蒸発・気化する化合物（揮発性有機化合物）の総称で，ホルムアルデヒド，トルエン，キシレンなどさまざまな物質がある。過剰に吸い込むと頭痛やめまい，吐き気など人体への有害性や発ガン性などの可能性が指摘されている。「室内空気汚染物質」のこと。

フィックス［fixed］はめ殺し，固定されていることを示す。はめ殺しガラスを「フィックスガラス」という。

VP［visual presentation］⇒ビジュアルプレゼンテーション

部位別見積　住宅の部屋の各部位を項目の単位として見積る方法で，一般には項目の内訳を職種別とし，材工一式で計算する。

フィラー［filler］システムキッチンの設置に用いるすき間調整用の板。キャビネットと壁面との空間を埋める幅15cm前後の前板で，寸法に合わせて現場でカットして取り付ける。

フィラメント［filament］長繊維。一本の繊維が長く連続し，紡績せずに糸にできる繊維。天然繊維では絹糸，化学繊維ではレーヨンやナイロンがその例。

フィランソロピー［philanthropy］企業の社会的貢献活動の意味。社会公益のため営利的見返りを期待しないで，社会問題解決のための幅広い公益的活動を行うことをいう。

フィンガージョイント［finger joint］木材の木口（こぐち）をジグザグに加工し接着した継手。テーブルの甲板に用いる集成材の接合などに多用。

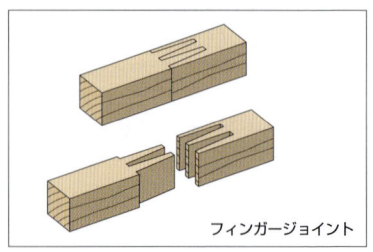

フィンガージョイント

フェースシート［face sheet］顧客の属性情報を記録した顧客管理カード。顧客にかかわるプロジェクト情報の記録はアフターサービスや販促活動に利用されることが多いが，その性質上，管理には十分注意が必要である。

フェノール樹脂　耐熱性，耐摩耗性に優れ

た熱硬化性の樹脂で，化粧板の基材や引手，合板の接着剤などのほか，電気絶縁性を利用して配線器具にも用いられている。ただし，ホルムアルデヒドの発散量に応じてその使用が規制されている。

フェノール樹脂接着剤 石炭酸樹脂とホルマリンの縮合による熱硬化型の接着剤。耐熱性，耐水性に優れており，合板などの接着に用いられている。「石炭酸樹脂接着剤」ともいう。ただし，ホルムアルデヒドの発散量に応じてその使用が規制されている。

フェンス [fence] 仕切り垣や棚の総称で，特に木製，金属製の垣根のこと。

フォームラバー [foam rubber] ゴム樹液のラテックスを主成分に加熱，発泡，成形した海綿状の充てん材。耐久性に富むクッション材として用いられている。→椅子の下張り材

フォールディングチェア [folding chair] 運搬の便や収納時のスペースを少なくするために，折りたたみなどの可変機能をもった椅子。

フォールディングテーブル [folding table] 脚が折りたたみ式になったり取手を付けて持ち運びができるテーブル。使用しないときの収納の便も考慮されている。

深型レンジフード フード部分が深く油煙の捕集効果が良い。ファンは遠心力ファンのシロッコファンが多く，ダクト配管が可能なキッチンや集合住宅に多用されている。→レンジフード，遠心力ファン 技

ふき漆塗り 精製された透明漆を生地に何回もすり込み木理を生かした漆塗りで，「すり漆塗り」ともいう。高温高湿の中で硬化させた塗膜は強じんではく離しにくく，耐水性，耐薬品性，防腐性に優れた特長がある。特に民芸家具や伝統工芸品の仕上げ塗装として多用されている。

不況カルテル 不況に対処するために販売価格や販売条件，生産制限などを企業間で協定すること。一定要件下で公正取引委員会により，独占禁止法の特別適用除外として許可されている。

複合材料 複数の素材を組み合わせた新しい材料。ポリエステル樹脂にガラス繊維を組み合わせた繊維強化プラスチック「FRP」，セメントやモルタルに炭素繊維を加えた炭素繊維強化セメント「CFRC」など。

福祉用具法 1993年厚生省（現厚生労働省），通商産業省（現経済産業省）によって制定された法律で，正式名称「福祉用具の研究開発及び普及の促進に関する法律」をいう。高齢者や障害者の自立の促進と介護者の負担軽減を図るための福祉用具の開発，普及促進，産業技術の向上を目指している。

袋張り 下地を平滑にし柔らかな仕上げとするための下張り工法。和紙の4つ切り（45cm×30cm）の周辺に糊（のり）をつけ順に貼り合わせてゆく方法で，中心に空気層ができることからその名がある。布壁紙張りの下張りに用いるもので，内装制限の適用を受ける場所では禁止されている。

不公正取引 共同で行う取引拒絶，不当廉売，排他的条件付き取引，誇大表示・過大景品付き販売，再販売価格の拘束など，公正かつ自由な競争を阻害するものとして公正取引委員会で指定された取引の形態。

不公正な取引方法 公正な競争を阻害する，①不当な取引拒絶やボイコット，②不当な差別対価，③不当廉売，④不当誘引，⑤不当な拘束条件付き取引や排他条件付き取引，⑥取引上の地位の不当利用などをいい，公正取引委員会により独占禁止法違反として規制している。

部材ユニット型キッチン ⇒2種H型キッチン

襖（ふすま）平安時代に現れた間仕切りに用

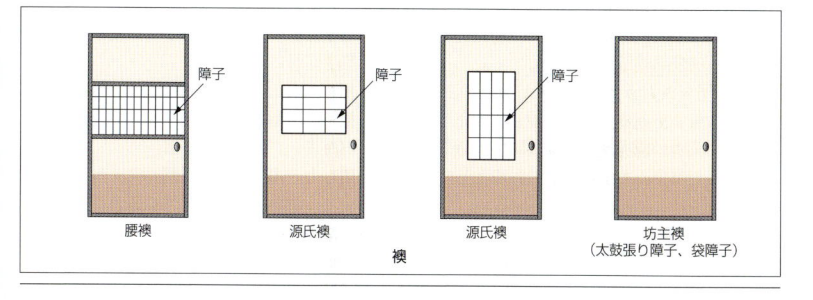

襖

腰襖　源氏襖　源氏襖　坊主襖（太鼓張り障子，袋障子）

いられる和風建具の一つ。構造は，木で骨を組み，両面から紙または布を張り引手と縁を取り付けたもの。今日では，室内で間仕切り，押入，天袋，地袋などに用いられ，古くは「襖障子」ともいう。「源氏襖」「坊主襖」などがある。

襖障子（ふすましょうじ）⇒襖

不正競争防止法 企業表示，商品表示の冒用（ぼうよう）に関する私企業の利益保護を目的とした法律で，①他人の商標表示や営業表示の冒用，②原産地の虚偽表示，③商品の内容，品質，製造等に関する誤認表示，④競業者の営業誹謗行為に関する規制を定めている。

附帯費用 工事に伴う残材処理・同運搬費や清掃片付け・クリーニング費。労災や工事の保険料などを集計したもの。

普通丁番 ⇒図-丁番（58頁）

文机（ふづくえ）和室で書を読んだり字を書いたりするときに用いる座机。経文読みに用いた小造りの座机のことを「二月堂机（にがつどうづくえ）」という。

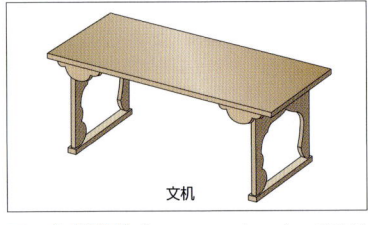

文机

フックドラグ［hooked rug］一本の電動針で，パイルの長さや糸の太さを自由に変えながら手でつくるハンドタフテッド（HT）によるマットやタペストリーの総称。

フットスツール［foot stool］⇒オットマン

不当表示 一般消費者に誤認されることによって不当に顧客を誘引する表示。表示の内容が実際のものより優良と誤認されたり，価格や取引条件が実際より有利であると誤認される表示のほか，公正取引委員会が特に指定する表示は景品表示法の規制対象となる。→景品表示法

不当廉売（ふとうれんばい）商品・サービスを原価を下回る価格で継続して販売し，他の事業者の販売活動を困難にするおそれのある行為で，不公正な取引方法として独占禁止法により違法とされている。

不燃カーテン ⇒難燃カーテン

不燃材料 一般に火災時には，燃焼せず煙も出さない材料。例えば，コンクリート，鋼材，石綿スレート，れんが，しっくいなど。→垂れ壁

不変費 ⇒固定費

不法行為責任 商品の瑕疵（かし）によって身体や財産に損害を受けた場合，直接契約上関係のないメーカーなどの加害者に問われる損害賠償責任をいう（民法第709条）。被害者側で加害者の，①行為と損害発生の因果関係，②故意または過失などの立証をしなければならない。

プライウッド［plywood］木材を薄く殺（そ）いだ単板（厚1〜3mm）を繊維方向交互に直交させ奇数枚張り合わせた合板で，「ベニヤ板」ともいう。使用する接着剤により完全耐水の1類合板，高度耐水の2類合板，普通耐水の3類合板の種別がある。

プライベートブランド［private brand］販売業者の商標。商品に対する品質保証，責任の所在を明示する意味から信頼度が向上しブランドロイヤリティー（商標忠実性）による購買が増加する例が多い。同商品のことを「PB商品」ともいう。

プライマー［primer］⇒下塗り

ブラインド［blind］遮光や視線の遮断を目的としたもので，遮光や調光（日照調節）に用いるブラインドには，スラット（羽根）を水平に取り付けた「ベネチャンブラインド」，縦方向に取り付けた「バーチカルブラインド」，布のスクリーンを上下さる「ロールブラインド」などの種類がある。

プラスチック［plastic］石油や石炭を主成分とした高分子化合物で，「合成樹脂」ともいう。成型品のほか，塗料や接着剤など幅広く使用されている。熱を加えると溶融し，冷却すると再び硬化する熱可塑性のものと，再び熱を加えても溶融しない熱硬化性のものとがある。以下はその代表的なものである。

ポリアミド：アミド系の重合体で，強度や耐薬品性に優れた樹脂。合成皮革や合成繊維の素材に多用。

ポリ塩化ビニル：塩化ビニル重合の熱可塑性の樹脂で，壁紙やタイルカーペットのバッキング材などに多用。

ポリカーボネート：炭酸エステル系の化合物で，耐熱性，耐衝撃性に優れた熱可塑性の樹脂。照明器具のグローブ（装飾カバー）その他に多用。

ブラッシュ［plush］カットパイルカーペットの中で，パイルの長さが5〜10mmの最も一般的なものをいう。オフィスの会議室やホテルの客室，住宅の居間や寝室などに最も広く用いられている。

フラッシュ構造 ⇒平板の構造

フラップ丁番［flap hinge］水平面が開閉軸となるドロップ丁番。特にライティングビューローの扉に用いるものをいう。→図-丁番（58頁）

フランス落し［flush bolt］両開き扉の召し合せ面に彫り込んで取り付ける上げ落し金物。錠のつかない側のたて框（がまち）に彫り込む。

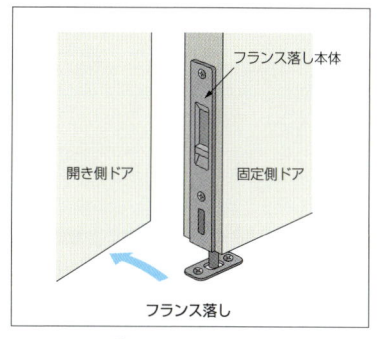

フランス落し本体
開き側ドア　　固定側ドア
フランス落し

フランス丁番　羽根が取り外せる2管丁番で，特に回転軸の管部に特徴をもつ。→図-丁番（58頁）

フランス戸［French door］⇒フランス窓

フランス窓［French window］テラスやポーチ（車寄せ，ベランダなど）に向かって，外壁に設けられたフランス戸（正方形のガラス入りの格子組の幅の広い戸枠の中にはめ込んだ開き戸のことで，2枚で1組のもの）とその開口部の意。一般に窓と呼ぶ場合，人の出入りはできないが，この窓は出入りができる。

フランチャイズチェーン［franchise chain］主宰者（フランチャイザー）が，加盟店（フランチャイジー）に対し各種のノウハウの使用権や販売権を提供し，強力な指導のもとで活動させる形態をいう。加盟店は主宰者に対しノウハウ料を支払うとともに，その経営政策の管理下におかれる点でボランタリーチェーンとは大きく異なる。→チェーンストア

ブランド［brand］⇒商標
ブランド法　⇒商標法

プリーツ加工　⇒リップル加工
プリーツシェード［pleats shade］⇒スクリーン

プリペイドカード［prepaid card］給付に先立って前払いで購入する無記名式のカード。テレフォンカードや商品券などの自家発行型，JRオレンジカードなどの共同発行型がある。同カードには前金保全などを定めた「プリペイドカード法」による規制がある。→キャッシュレスカードの種類

プリペイドカード法　1990年に制定された「前払式証票の規制等に関する法律」をいう。消費者保護と信用秩序維持のための仕組みを整備することを目的としている。

プリペイドカード法の規制　前払式証票法の規制によりカード発行業者は，①事業名称等の登録もしくは届出，②カードに一定事項を記載し，③カード未使用残高の1/2以上についての供託保全措置などが義務づけられている。

ブルーエンジェルマーク　1977年にドイツで導入された環境マークで，環境保護運動の一環として認定した世界で最も早く発足したもの。取得には，品質について厳密な試験項目が設けられ，壁紙には60％以上の再生紙を利用するよう義務づけられている。→図-マーク一覧（7頁）

フレーム［frame］骨組，窓枠，額縁などの意。

プレーンシェード［plain shade］⇒シェード

ブレーンストーミング［brain storming］心理学者オズボーンが開発した創造性開発の手法。特定のテーマのもとに各自が自由にアイデアを発表することで問題解決のヒントにするもの。

プレゼンテーション［presentation］顧客のイメージを具体的に表現し，提案すること。イメージ形成には，視覚に訴求する有効な材料や道具を用いることがポイントである。

プレゼンテーションツール［presentation tool］顧客への提案に用いられる道具には，①カタログや写真，②サンプルや現物，③スケッチやパース，④プレゼンテーションボード，⑤模型，⑥スライドやビデオなどがあるが，イメージ形成に効果的な材料を適切に選定することが大切である。

プレラック　⇒グライド

フロアーキャビネット［floor cabinet］⇒フロントキャビネット

フロアーヒンジ［floor hinge］扉の開閉金物の一つで，重量の大きな自在扉に用いられ，床面に埋め込まれて自動的に静かに閉めるもの。「床付き丁番」ともいう。→図-丁番（58頁）

フローコーター塗装　シャワー式に塗料を流す中に，コンベヤーで被塗物を通して塗装する量産向きの塗装方式。

プロジェクト情報　特定の業務，特定の顧客にかかわるデータ的情報をいう。特定の業務や顧客に関するデータ，商品・工事，その業務にかかわる見積書や契約書，領収書などの文書を含む情報がその例。

フロックカーペット［frock carpet］帯電した基布に短繊維を植えつけて，パイル状の表面に加工した「電気植毛カーペット」。

プロトコル［protocol］データ通信に必要な通信規約および通信制御手順のこと。異機種のコンピューター間の通信や複数のデータの相互通信などのシステム化のための標準化された方式や変換のための手順。

フロントキャビネット［front cabinet］床とワークトップの間に設置するシステムキッチン用の収納キャビネット。一般収納用のほかにシンク用，クックトップ用など種類は多い。「フロアーキャビネット」ともいう。

粉体塗装　（ふんたいとそう）静電気と空気圧を利用して粉末状の塗料を金属表面に付着させ，高温で焼付けを施す無溶剤塗装の一つ。

ヘアーライン仕上げ　スチールウールなどの研磨材を用いて，一定方向に連続的条こんを付けたつや消し金属表面加工のこと。

ヘアーロック［hair rock］獣毛にラテックスを混入し乾燥硬化させた椅子張りの充てん材で，「ラバーライズドヘアー」ともいう。特にヤシやシュロの樹皮繊維を素材としたものを「パームロック」と呼ぶ。

ペア住宅　⇒高齢者対応住宅

ベイウインドー［bay window］外壁の柱と柱の間の意で，張り出し窓。一般には長方形に張り出した窓のことで，本来は2階まで吹抜け状に設けられた出窓をさす。

平均演色評価数　光源による色の見え方の忠実度を表す演色性の度合いを示す指数。最高値はRa（アールエー）100で，白熱ランプやハロゲンランプ，高圧ナトリウムランプが最も高い。白色蛍光ランプはRa60前後，蛍光ランプは演色性を高めた三波長域発光型の高演色タイプも開発されている。

平衡含水率　（へいこうがんすいりつ）⇒含水率

ヘーベシーベ［hebeschibe］レバーハンドルを180度回転させると戸が持ち上がり，逆に回転させると戸が下がる，大型引戸の開閉をスムーズに行うことができる窓。

壁装工事の積算　天井や壁面のクロス張り工事では，m²当たり材工費で計算するものが多いが，壁紙類の使用メートル数と施工面積を個別に算出する例もある。使用メートル数の計算では，15〜20%前後の損失と柄リピート（繰り返し）を考慮し，施工では下地調整費用を加算することが必要となる。同工事を「内装仕上工事」という場合も多い。

壁装材の種類　壁・天井の仕上材に用いられる壁紙には，塩化ビニル系の「ビニル壁紙」，紙を主材料とした「紙壁紙」，繊維を

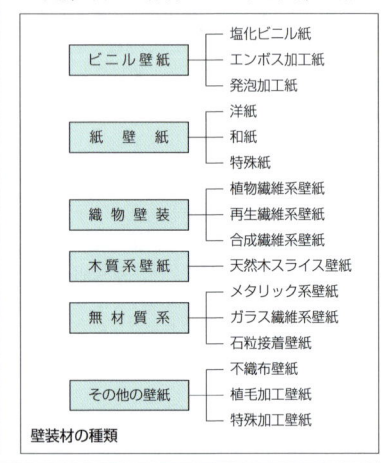

ビニル壁紙	塩化ビニル紙
	エンボス加工紙
	発泡加工紙
紙壁紙	洋紙
	和紙
	特殊紙
織物壁装	植物繊維系壁紙
	再生繊維系壁紙
	合成繊維系壁紙
木質系壁紙	天然木スライス壁紙
無材質系	メタリック系壁紙
	ガラス繊維系壁紙
	石粒接着壁紙
その他の壁紙	不織布壁紙
	植毛加工壁紙
	特殊加工壁紙

壁装材の種類

主材とした「織物壁紙」，天然木を薄く切って圧着した「木質系壁紙」，金属や石などを材料とした「無機質壁紙」などがある。

壁装材の寸法 ビニル壁紙などの壁装材の寸法は，メーカーにより一定ではないが，ビニル壁紙や織物壁紙では93cm，輸入壁紙では53cmが標準的な幅であり，一巻きの有効最短部分の長さは7.3m以上となっている。

ベターリビングマーク [better living mark] ⇒BLマーク

べた張り 下地の平滑化と均一化のための下張りで，全面に糊(のり)付けした和紙やハトロン紙を貼り合わせること。袋張りの上にさらに全面的にべた張りするものを「清張り」という。→清張り 技

ヘッシャンクロス [hessian cloth] 椅子張りなどの下張りに用いられ，黄麻などを粗く織った麻布のこと。

別珍 (べっちん) ⇒ビロード

ベッドスプレッド [bed spread] ベッドを用いないときのほこり除けに使うベッドカバー。一般にふろしきと呼ぶ「スロータイプ」，ホテルで多く見られる「フィッティッドタイプ」，マットレスだけをカバーする「コンソールタイプ」がある。

ベッドの構造 一般的なベッドは，マットレスとそれを支える床面のボトム(底部)，ボトムを保持するフレーム(枠組)からなる。フレームの頭部の板を「ヘッドボード」，脚部の板を「フットボード」という。特にフットボードのないものは「ハリウッドタイプ」とか「アメリカンスタイル」，フットボードとヘッドボードの付いたものは「ヨーロピアンスタイル」と呼ばれる。

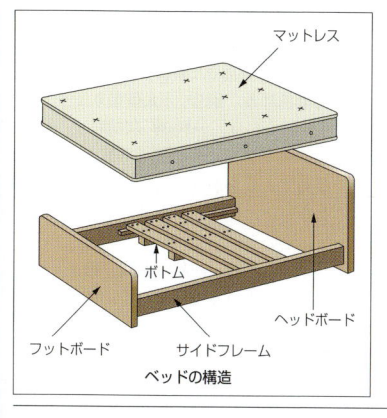

ベッドの種類 標準タイプの「シングル」(970×1,950mm)，「セミダブル」(1,200×1,950mm)，「ダブル」(1,400×1,950mm)，「キング」(1,600×1,950mm)のほかに，二段式の「二段ベッド」や昼間はソファーとなる「ソファーベッド」，予備用の「折りたたみベッド」，使用時に倒して使う「収納ベッド」など多種多様の品種がある。

ヘッドボード [head board] ベッドの頭部側に取り付けられた板状のものをさす。→ベッドの構造

ベッドリネン [bed linen] ベッドに用いる寝装繊維製品の総称。シーツやベッドパット，ピロケース(枕カバー)，ベッドスプレッド，コンフォーター(掛けぶとん)などがその例。

ペデスタルチェア [pedestal chair] ⇒チューリップチェア

ベニヤ板 ⇒プライウッド

ベネシャンブラインド [venetian blind] 太陽光の直射と反射をさえぎり，光量を調整するための横型ブラインド。スラット(羽根)の昇降や角度調整にはひもによるものとポール操作のものがあるが，近年では電動式も開発されている。スラットはアルミニウムが主で，50mm幅から15mm幅と色数とともに多様化している。

ペルシャ緞通 (—だんつう) 7世紀のササン朝ペルシャで完成されたといわれ，現在でも手織りカーペットの最高級品とされている。独特のペルシャ花鳥文様と豊かな色彩，特にパイル密度1m²当たり1,300本以上(高級品では1〜2万本)等の品質はほかにその類をみない。図は代表的ペルシャ緞通の部位名称を示す。

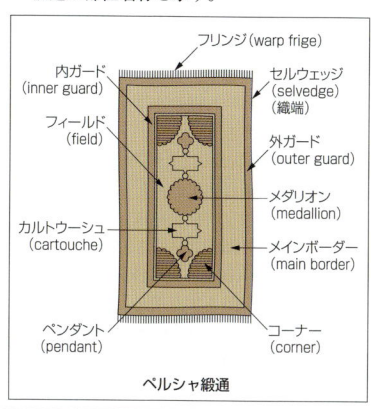

ベッドの構造

ペルシャ緞通

ベルベッチン ［velveteen］⇒ビロード
変動費 生産や販売の数量の変化により増減する費用のことで,「可変費用」ともいう。原材料費や売上原価,運賃,出来高払賃金,販売手数料などはその例。
変動費比率 変動費の売上高に対する割合を売上高変動費比率という。売上高変動費比率＝変動費／売上高×100（％）

ほ

ボウウインドー ［bow window］壁面が弓形の曲面をもって張り出した窓のこと。
防炎加工 アミン系の含リン酸化合物やアンチモン化合物の難燃剤を繊維に含浸させて防炎性能を付加する後処理加工。カーテンや壁紙の防炎処理に多用されている。
防炎製品ラベル 消防法に基づく防炎規制品以外のもので,防炎性能が保証できる製品に対し財団法人日本防炎協会が認定し付したラベルをいう。毛布や敷布などの寝具類,テントやシート,幕類,防災頭布,寝装衣類などがその対象製品である。→防炎対象品,図-マーク一覧（7頁）
防炎対象品 消防法により定められた高層建築物や商業施設,公共施設などの防炎規制を受ける防火対象物に使用するカーテンやカーペット,どん帳,展示用合板など政令で定められた物品をいい,定められた防炎性能をもつことを表示する防炎表示が義務づけられている。→防炎ラベル
防炎ラベル 消防法により防炎防火対象物の建築や場所で使用するカーテンやカーペット,工事用シートなどの防炎物品に付すことが義務づけられている防炎認定ラベル。→図-マーク一覧（7頁）
防汚加工 繊維に汚れをつきにくくする加工には,撥水（はっすい）・撥油性の化合物剤による処理やシリコン系の樹脂で表面をコーティングする処理,静電気による塵埃（じんあい）の吸着を防止する帯電防止加工などがある。
防火規制 市街地における火災の危険を少なくするために都市計画として定める地域で,防火地域・準防火地域・指定なしとに分けられる（都市計画法第9条）。
防火構造 耐火構造よりは性能的に劣るが,火災の延焼を防止する構造。例えば,鉄網モルタル塗り,しっくい塗りなどがある。
防かび壁紙 ［防黴壁紙］製造過程において,バイナジンなどの防かび剤を混ぜてかびに対する抵抗力をもたせたビニル壁紙。その施工では,下地調整剤や接着剤に防かび剤が入ったものを使用することが必要である。
防火壁装材 建築基準法の内装制限を受ける場所の天井や壁面に使用する壁装材。下地基材の種類との組合せによりその防火性能の等級が検定され,壁装材料協会の検定証票ラベルが付されている。
方策展開図 ⇒系統図
防縮加工 （ぼうしゅくかこう）繊維の縮み防止加工には,製織工程において機械的に施す「サンフォライズ加工」,綿を化学的に処理し光沢を出し収縮を防ぐ「シルケット加工」,ウールの縮みを化学的処理で防ぐ「シュランク加工」などがある。
防じん壁紙 ［防塵壁紙］ほこり付着の原因となる静電気を帯電防止剤を添加することで防止した非発泡系のビニル壁紙。特に,ちりやほこりを嫌う先端技術や精密機械を扱う工場や研究所の内装仕上材として使われている。
防水加工 空気や水蒸気を通し水滴を通さない撥水（はっすい）通気性の「撥水加工」と,空気や水蒸気も通さない不通気性の「耐水加工」がある。シリコンや有機フッ素加工物を用いるのは撥水加工の例。
坊主襖 （ぼうずぶすま）襖の形式の一種。襖の回りの枠を見せずに,骨組みの両面から襖紙で張り包んだ襖のこと。おもに茶室に使用される。別に,「太鼓張り障子」「袋障子」ともいう。→図襖（75頁）
紡績 ステープル（短繊維）を集め,平行にたばねてよりをかけ一定の長さの糸にすることをいい,できた糸を紡績糸（スパンヤーン）という。
包装 ［packaging］商品の保護,輸送,保管を目的としているだけでなく,顧客の購買喚起を高める役割をもっている。一般に商品個々に用いる「個装」,個装をまとめた「内装」（ケース）,輸送などで用いる外部包装

の「外装」に区分される。

防虫加工　羊毛の防虫対策には，羊毛自体に防虫性をもたせることと，芳香性の防虫剤を混入する方法がある。近年では「ディールモス加工」による半永久的な防虫加工がその製造過程で施されるようになり，虫害は少なくなっている。

訪問販売等に関する法律　訪問販売，通信販売および連鎖販売の取引を公正にし，購入者が受ける損害の防止を図ることにより購入者の利益を保護することを目的とし，1976年に制定された。同法ではネガティブオプション，キャッチセールスもその規制対象としている。

訪問販売の禁止行為　訪問販売法第5条の2により同販売の活動では，①判断に影響を及ぼす重要なものについて不実を告げる，②申込みの撤回や解除を妨げるために威圧し困惑させる行為を禁止し，同行為には1年以下の懲役または罰金が課せられる。

ホームインプルーブメントセンター　[home improvement center] DIY (do it yourself) 商品から住宅建材，修繕用品までを専門に取り扱うセルフサービス方式の複合的小売店舗。単に「ホームセンター」ともいう。

ホームエレベーター　[home elevator] 上下階の移動介助を軽減して生活の利便性を高めるために用いられ，用途を個人の住宅用に限定した定員2〜3人乗りのエレベーター。使用者は家族に限定され，不特定多数の者が直接利用可能な設置は認められていない。積載荷重は最大200kg，昇降時の最高速度は毎分20m以下，昇降工程は10m以下（約4階建住宅まで）と規定されている。かごの床面積は，車いす1台と介助者が乗り込み可能な1.1m^{2}以下で，エレベーター設置に必要な面積は1,800×1,800mm以下である。2個所に出入口を設けることは可能だが，同一階で両方の戸を開けて通り抜けることはできない。年一回の定期検査が義務づけられている。

ホームセンター　[home center] ⇒ホームインプルーブメントセンター

ホームバンキング　[home banking] 取引銀行のコンピューターと家庭の端末機を通信回線で結び，預貯金の振込や残高照会などができるオンラインシステム。

ホールセールクラブ　[wholesale club] 倉庫型ウエアハウスで，特定の会員を対象に，卸売価格に近い低価格で商品を販売するディスカウントストア。→ウエアハウス

ボーンチャイナ　[bone china] 18世紀中頃，トーマス・フライによりロンドン東部に開窯されたのがその創始。陶土に牛骨灰を加えて焼成した軟質の磁器で，乳白色の肌合いと透光性を特長としている。ウェッジウッドやミントンがその例。

ポジティブオプション　[positive option] 購入者の申込みを受けて商品を売買することをいう。特に，カタログやリーフレットによる通信販売の売買形態をさすことが多い。その性質上，クーリングオフ（無条件契約解除）は認められていない。→クーリングオフ

母集団　[universe] ある調査の対象となるグループ全体をいう。母集団全体を対象にして行う調査を「全数調査」，母集団の中から一部のサンプルを抽出し母集団全体の特性を推測することを「標本調査」という。→標本調査

保証書　商品の品質やアフターサービスにかかわる保証書は法的に義務づけられたものではないが，同書の有無や記載内容により消費者が販売業者の法的責任に誤認がないよう経済産業省より行政指導要請が行われている。

POSシステム　（ポス—）point of sales system　販売時点情報管理システム。レジスターにおいて販売に関する情報をコンピューターに入力し，伝票作成からデータの記録を行い，必要に応じて情報処理加工に利用できる機能をもつ。

POSの機能　（ポスのきのう）伝票作成からデータ記録まで事務処理の効率化，生産性の向上などのハード面だけでなく，販売動向や商品管理，購買分析などのソフト面での情報利用に広く利用されている。

柄組　（ほぞぐみ）一方の部材に胴付きを，他方にほぞ穴をあけて接合するもので，「柄継ぎ」とか「柄差し」ともいう。椅子の脚と側台輪との接合に多用されている。

柄差し　（ほぞさし）⇒柄組

柄継ぎ　（ほぞつぎ）⇒柄組

蛍スイッチ　暗い所でもスイッチの位置がわかるように，スイッチ部分が光っているもので，廊下や階段等に設置される。スイッチがオフの状態で点灯し，スイッチを入れると消灯する。

柄組

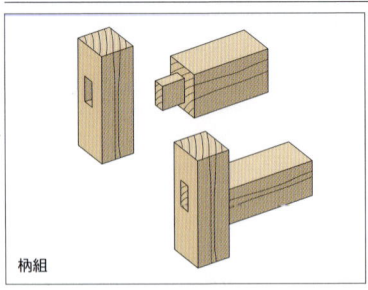

ポップ　[POP] point of purchase advertising 購買時点広告。商品と店舗に関する広告の要素を含むもので看板から展示装飾，ショーカードまでその領域は広い。ビジュアルプレゼンテーション計画の一環として，視覚的に訴えることで顧客の購買意欲を刺激し購買決定に結びつけることが目的。

ボランタリーチェーン　[voluntary chain] 独立した同一業種の小売店が独立性を維持しながら多数と結合し，仕入そのほかの営業活動の共同化を行う小売業形態で，特に卸売業者が主宰するチェーン組織をいう。→チェーンストア

ポリアミド　[polyamid] ⇒プラスチック

ポリウレタン　[polyurethane] 化学繊維や合成ゴムなどの原料となる高分子化合物の一種で，耐摩耗性，耐溶剤性が比較的高い。ウレタンフォームマットレスや断熱材に使用される。

ポリウレタン樹脂　同樹脂の成形品は耐衝撃性，耐摩耗性に優れた性質がある。発泡成形で軟質のものはウレタンフォームなどのクッション材に，硬質のものは断熱材料やインテグラスキン成形の材料に，家具塗料材としても広く使用されている。

ポリウレタン樹脂塗料　耐候性，耐熱性，耐薬品性，耐摩耗性に優れた特質があり，特に二液形は硬度が高く，塗膜の付着性のうえから木製家具塗料の主流を占めるだけでなく，建築や楽器の塗料としても広く用いられている。

ポリエステル　[polyester] 石油のテレフタル酸とエチレングリコールの重合による合成繊維で，化学繊維の中では最も多く生産されている。同繊維は摩擦や日光に強く，吸湿性がなくしわになりにくいなどの特性から，レースカーテンやテーブルクロスなどの主材となっている。

ポリエステル樹脂　耐候性，耐薬品性に優れた熱硬化性樹脂で，塗料や化粧板，シェル材（曲面材）として用いられている。ガラス繊維を加えた強化ポリエステルのFRPは椅子のシェル，浴槽バスの素材として使用されている。

ポリエステル樹脂塗料　不飽和ポリエステルにスチレンモノマーを加えた無溶剤型の塗料。塗膜が厚く，耐候性，耐薬品性に優れる反面，付着性や衝撃性に欠点があるため，下塗りにウレタン樹脂塗料が用いられることが多い。

ポリエチレン樹脂　耐薬品性，耐衝撃性に富む熱可塑性の樹脂で，椅子のシェル（曲面板）や包装材に広く用いられている。

ポリ塩化ビニル　⇒プラスチック

ポリ塩化ビニル繊維　耐候性に優れ，摩擦に強い難燃性の合成繊維で，レースやドレープカーテンに多用されている。ポリクラール繊維に比べて吸湿性はないが，耐候性に優れている。→ポリクラール繊維

ポリカーボネート　[polycarbonate] ⇒プラスチック

ポリクラール繊維　ポリ塩化ビニル系の共重合繊維で，適度な吸湿性があり柔らかな風合いをもつ。特に太陽光にぜい化しない難燃性のカーテンとして多用されている。

ポリプロピレン樹脂　耐薬品性，特にアルカリ性に強く耐候性に優れた熱可塑性の樹脂。成形品は柔軟性，耐疲労性があり，屋外用の家具や事務用家具の素材として用いられている。

ポリプロピレン繊維　摩擦に強く，合成繊維の中では最も軽いが，耐熱性，吸水性がないためニードルパンチカーペットや人工芝の素材として多用される。→ニードルパンチ

ホルマル化木材　⇒アセチル化木材

ホルムアルデヒド　[formaldehyde] 無色で刺激臭のあるガス。水に溶けたものがホルマリンで，特に殺菌・防腐作用があり，消毒液，防腐剤に多用され，合板製作時や壁紙の接着剤としても使用されていた。ガスの放散時に呼吸器を刺激したりアレルギー性皮膚炎，シックハウス症候群などの原因となるため，WHO（世界保健機関）では発ガン可能性物質としている。改正建築基準法により，「クロルピリホス」とともに，これらの物質が含まれる建材を対象として，居室の内装材や天井裏の下地材等に対する

内装仕上げの制限

発散速度 mg/m²h	名　称	JIS・JAS	内装仕上げの制限
0.005以下		F☆☆☆☆	制限なし
0.005 超 0.02 以下	第3種ホルムアルデヒド発散建築材料	F☆☆☆ (旧) E_0、F_{c0}	使用面積を制限
0.02 超 0.12 以下	第2種ホルムアルデヒド発散建築材料	F☆☆ (旧) E_1、F_{c1}	
0.12 超	第1種ホルムアルデヒド発散建築材料	─── (旧) E_2、F_{c2}、無等級	使用禁止

使用を制限している。JASやJISでは合板等の建材から放散されるホルムアルデヒドの放散基準値を定めている。→クロルピリホス，シックハウス対策

ホワイトボール［white boll lamp］⇒白熱ランプの種類

ボンディング加工［bonding finish］裏表の布の間にウレタンフォームや不織布をはさみ，貼り合わせて保温効果を高める加工。特に，綿などをはさんでミシン縫いをすることを「キルティング加工」という。

ま

マークアップ［mark up］⇒原価値入率，値入率

マークオン［mark on］⇒原価値入率

マーケティング［marketing］市場・環境を的確にとらえ，その欲求を充足させる商品・サービスを生産者から消費者に円滑に流通させるために行われる種々の企業活動をいう。

マーケティングコンセプト［marketing concept］生産から消費までの企業活動の基本となる考え方またはその基本的指針。

マーケティングリサーチ［marketing research］商品・サービスのマーケティングに関する資料を組織的に収集し分析・記録することで，「市場調査」ともいう。流通系企業での市場調査には消費者ニーズに関する需要分析，経済動向や産業界に関する環境分析，広告や経路，販売活動に関する販売分析などがある。

マーチャンダイジング［merchandising］マーケティングの目的を達成するために行われる商品開発や商品仕入から商品陳列までの一連の商品化計画をいう。同計画では，①商品，②場所，③価格，④数量，⑤時期の適正な計画と管理が重要な課題となる。

マイセン磁器　1710年，ドイツのマイセンに開窯された王立磁器製作所がその起源で，中国の五彩，日本の柿右衛門の影響を受けた。ロココ風の装飾で，独特の花模様は「ドイツの花」とも呼ばれている。

前払式特定取引　商品売買の取次または指定役務の提供などで，その商品の引渡しや提供の前に代金を全額，もしくは一部を2カ月以上の期間にわたり，3回以上に分割して受領する取引をいう。百貨店などの友の会や冠婚葬祭互助会の取引がその例。

蒔絵（まきえ）漆塗面に生漆で文様を描き，その上に金・銀の粉をまき付けていく技法で，研出し蒔絵，平蒔絵，高蒔絵の加飾技法がある。→輪島塗

曲木（まげき）ブナやナラなどの木材を蒸煮して，金型で固定した後に乾燥させ曲面に成形した部材。19世紀中頃，ドイツのトーネット社において曲木の量産化に成功。同社の曲木を用いた曲木家具（椅子）は世界的に知られている。→曲木椅子，ミカエル・トーネット

曲木椅子（まげきいす）木材の曲面成形による椅子。ブナやナラを蒸煮軟化させ曲型で成形，可塑性を高め残留ひずみを利用した製法は，1930年代ミカエル・トーネットにより開発された。→ミカエル・トーネット

曲木家具（まげきかぐ）⇒曲木

益子焼（ましこやき）19世紀中頃，笠間焼の影響を受け，栃木県の益子地方に開窯されたもので，白化粧ではけ目の技法と浜田庄司の民芸陶器で知られている。

マジョリカ陶器 マヨルカ島に伝わったスペインの陶器がイタリアのマジョルカ陶器の起源で、14～16世紀頃に完成。錫釉の庶民的な日常雑器をおもに生産している。

マズローの欲求段階説 人間の欲求には5つの段階があり、低次元の段階の充足を経て次の高次元への欲求が顕在化するというアメリカの心理学者マズローの学説。消費者の意識や行動の分析に関する基本的理論としてよく知られている。

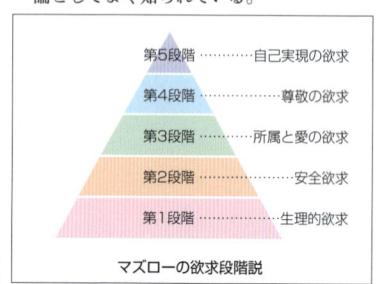

	品質	機能	デザイン	メンテナンス
A商品	●	◉	◉	●
B商品	◉	●	●	×
C商品	▲	●	×	●
D商品	●	●	▲	×

◉：優秀　●：良好　▲：普通　×：不可

マトリクス

第5階 ……… 自己実現の欲求
第4階 ……… 尊敬の欲求
第3階 ……… 所属と愛の欲求
第2階 ……… 安全欲求
第1階 ……… 生理的欲求

マズローの欲求段階説

マッカーシーの4P アメリカの経済学者マッカーシーのマーケティングの中心的課題として、①Product（製品）、②Place（経路）、③Price（価格）、④Promotion（販売促進）の4つをいう。

松本民芸 1948年、柳宗悦の提唱する民芸運動に賛同した池田三四郎の指導により創設された。松本地方に形成された松本家具を土壌にヨーロッパ、アメリカの民家家具の意匠を導入、ケヤキやミズメザクラの無垢（むく）材を用い、漆や柿渋（かきしぶ）で仕上げた堅ろうな家具は、日本の代表的民芸家具として評価が高い。→柳宗悦 [人]

マトリクス［matrix］データの項目とその特性を縦と横に記し、その相互の関連の順位を決めることで各項目の特性を比較検討するもの。

マニフェスト制度 産業廃棄物の不法投棄防止を目的としたもので、排出事業者が産業廃棄物の処理を委託するときに、産業廃棄物管理票（マニフェスト）に産業廃棄物の種類や数量、運搬業者名、処分業者名等を記入し、各業者に委託した産業廃棄物の処理の流れを自ら把握・管理して適正処理を確認するしくみのこと。→産業廃棄物

マニュアル［manual］手引き、必携書などをさす。

マネジリアルマーケティング［managerial marketing］経営者による企業活動の統合的管理と長期的戦略をいう。経営者の意思決定によるマーケティング統合戦略の意味。

マルコフ連鎖 特定銘柄から他の銘柄に支持銘柄を変える確率を数学的にモデル化したもの。

マルチレベルループ［multi level loop］⇒ループカーペット

丸籐（まるとう）籐皮をつけたままの籐で、セガ籐、トヒチ籐、ロンチ籐などがある。特に直径が5～15mmのものを丸籐といい、それ以上を民籐という。民籐は15～20mmを「幼民（やんみん）」、20～25mmを「中民（ちゅんみん）」、25mm以上を「太民（たいみん）」といい区別する。→割籐

マンスリークリア方式 翌月一括支払による決済のこと。銀行系クレジットカードの使用による支払方法の一つ。

マントルピース［mantelpice］暖炉の前飾りのことで、暖炉の上部や側面の壁に組み込んで造られた飾り枠などをさす。和室における床の間まわり（床と床脇）と同様な意味合いをもつ。

み

水腰障子（みずこししょうじ）全面を紙張りにした障子をさす。→図・障子（44頁）

未成年者の法律行為 満20歳に達しない未成年者の法律行為は、原則として法定代理人（両親や親権者）の同意が必要であるが、権利を得たり義務を免れたりする行為、法定代理人が許可した財産の処分行為や営業に関する行為は単独で行うことができる。

見積 販売価格の設定または販売価格の決定に基づく発注のこと。前者では，原価に対し必要な経費や利益を加えてその目的に合った数値を算出する「コストプラス法」が多用されている。建築の場合，一般に積算数量と工事単価により総工事費用を算出することをさす。

ミラー仕上げ 金属表面を平滑にし，つやを出す仕上げ加工で，「鏡面仕上げ」ともいう。耐水ペーパーなどで地肌を研磨し，ポリッシャコンパウンドで仕上げる方法が多い。

民芸家具 一般民衆の生活の中から生れた日用道具や調度品と民芸運動によって創り出された椅子やテーブルの新作民芸をいう。近年では外国のカントリー家具，アンティーク家具などの自然素材を用い手加工で作られたものすべてを含めて呼称することもある。

民芸家具の産地 柳宗悦の民芸運動により興された民芸家具の産地には，池田三四郎の創設した長野県の松本民芸，吉田璋也による中国地方の鳥取民芸家具，1964年，大原總一郎が興した北海道民芸家具，福岡県の北九州民芸家具などがある。

民法 社会生活上の一般的規範を定めた法律（1896年制定）。総則，物権，債権，親族，相続の5編からなる。販売に関するものでは，総則に法律行為と権利，時効，物権に所有権，抵当権，留置権，債権に保証，契約，売買，請負などの規定がある。

む

無過失責任法 ⇒製造物責任法

無機質壁紙 無機質繊維を加工し裏打ちした壁紙のこと。アルミホイルを用いた「メタリック壁紙」，金や銀などの箔押し加工した「金属箔壁紙」，ひる石などの粒子を塗布接着したり，ガラス繊維で織った「無機質防火壁紙」などがある。

無限連鎖講 ⇒鼠講（ねずみこう）

無作為抽出法 ⇒ランダムサンプリング

無双窓（むそうまど）窓の内外に幅のある連子（れんじ）を組んだものを組み合わせ，一方を引くと一方の連子が空間（あきま）を防ぐようにしたもの。従来の和風建築の雨戸上部にある換気用の窓などに用いられた。→連子 技

無能力者 法律でいう無能力者とは，①満20歳に達していない未成年者，②精神障害のある準禁治産者，③心神喪失の状況にある禁治産者のこと。②および③はいずれも家庭裁判所での宣告が必要である。

め

名声価格政策 価格の高さで品質やグレードの良さを印象づけることを意図した価格政策で，ブランド品を中心に多用されている。

メセナ［mécénat 仏］国家・企業の文化・芸術に対する支援をいう。企業は経済活動を行うだけでなく，社会の文化や芸術活動を支援するなど，社会的・文化的貢献をする存在でなければならないという思想。

メタアクリル樹脂 ⇒アクリル樹脂

鍍金仕上げ（めっきしあげ）美観や耐腐食性，耐摩耗性を高める目的で，素材の表面を他の金属で被覆する金属の仕上げ処理のこと。クロームめっきや金めっきなど，素材と用途に応じた種類がある。

鍍金の工程（めっきのこうてい）金属めっきの基本的な工程は，金属に付着している油汚れや錆を除く「前処理」を行い，表面の傷や地荒れを除く「研磨」を経て，「電気めっき処理」後，「表面仕上げ」を施すのが一般的手順。

メッシュウェビング ⇒椅子の下張り材

目止め 木材の導管を埋めて平滑にし，塗装の余分な吸収を防止すること。素地に直接行う場合と下塗り後に行う場合があり，目止め剤にはとの粉などの水性とボイル油やワニスの油性がある。

目張り 下地の継目部分に細幅（6〜7mm幅）のクラフト紙を全面糊（のり）付けしてふさ

メラミン樹脂 合成樹脂中、最も硬質で耐熱性、耐薬品性に優れた熱硬化性の樹脂で、家具ではテーブルの甲板（トップ）や化粧板の化粧材料に多用されている。ただし、ホルムアルデヒドの発散量に応じてその使用が規制されている。

メラミン樹脂接着剤 メラミンとホルムアルデヒドの縮合反応による接着剤。耐水性、耐熱性、耐薬品性に最も優れた性質があり、完全耐水合板などの接着剤として用いられている。ただし、ホルムアルデヒドの発散量に応じてその使用が規制されている。→ホルムアルデヒド

綿 ［cotton］繊維の中で最も生産量が多い天然繊維で、耐久性、洗濯性、染色性に優れた素材であるが、伸長性がなく縮みやすくしわになり、かびに弱い欠点がある。プリントカーテンのほか、テーブルリネンなどの主材として多用されている。

面格子 （めんごうし）窓などの開口部に木材、金属の細い棒状のものを一定の間隔に打ちつけたもの。

メンテナンス ［maintenance］維持、保持、管理などの意。建築では建築物の維持、管理、修理のことをいう。

も

モアレ加工 ⇒エンボス加工

木材塗装の工程 素地の検査や研磨の「素地調整」、塗料の吸込みや材色の調整のための「着色目止め」、木材の樹脂分を押さえ塗料の吸込みむらを防ぐ捨て塗りの「下塗り」、塗面の平滑化で上塗りの付着性を良くする「中塗り」、仕上がりの「上塗り」の工程で施されている。

モケット ［moquette］基布の経緯（たてよこ）糸に綿や麻糸を用い、ウールのパイル糸を織り込み毛羽立て糸とした経パイル織物。緻密な織りで耐久性があり、車両のシートや業務用の椅子の上張り地としての使用が多い。

モチベーションリサーチ ［motivation research］⇒動機調査法

木工事 （もっこうじ）積算の項目にいう木工事には天井、壁、床の各部分の構造および下地材の取付け工事や回り縁やドア枠、幅木の大工工事をいうが、押入や物入などの小規模の造作（ぞうさく）工事を含む場合もある。

木工事の積算 （もっこうじのせきさん）木材、合板、ボード類や金物などの材料費と大工手間の工賃に大きく分ける。材料費では現場割付けによる損失の発生を10〜20%、工賃ではm^2当たりの工賃に仕上げの程度や工期による損失などを見込んだ人工（にんく）計算をすることが必要である。

モニター調査 ⇒パネル調査

モノロック ［monolock］扉に設けられる錠前の一つで、握り玉にシリンダー錠を組み入れたもの。室内側からは、プッシュボタンなど簡易な操作ができる。→錠の種類

最寄品 （もよりひん）食料品や日用品などの便宜品、生活必需品で消耗性が強く購買頻度が高いが選定には時間をかけずに最寄りの店で購入することからこの名がある。

や

焼付け塗装 加熱により塗料を乾燥させる金属塗装仕上げ。一般に高温（130℃以上）仕上げほど仕上がりの塗膜が緻密で硬度が高くなる。速乾性塗料を用いた場合は、焼付けせず自然乾燥仕上げとする。

約束手形 振出人が一定期日に一定金額の支払いを約束する信用証券をいう。代金支払いもしくは資金繰りのための融通手形としても多用されている。

夜錠 （やじょう）⇒ナイトラッチ

約款 （やっかん）あらかじめ用意された定型的な契約条件。行政官庁の許可・認可により事前規制させられているものや、商慣習により事業者が作成するものが多い。

有償契約 売買や賃貸借のように，当事者双方が互いに相対する債務を負う契約をいう。経済的に対価関係にある利益の授受であり，贈与など一方だけが債務を負うのは「片務契約」といい，一方だけが利益を得るのが「無償契約」となる。

UDC［Universal Decimal Classification］国際十進分類法。主分類表と補助分類表により構成，国際ドキュメンテーション協会により管理されている。日本で使用されているのはNDCという。→NDC

UV塗装 ⇒塗装の種類

床仕上材の種類 床仕上材にはその用途別に無垢（むく）材やフローリング，コルクなどの木質系とビニル床タイルや同シート，樹脂を塗る塗り床などのプラスチック（合成樹脂）系，カーペット系などがある。

木質系床材：木質系床材には天然木を板状に製材した無垢材，合板の基材に銘木の薄板を張った合板系フローリング，天然コルクに樹脂を混ぜてタイル状に加圧成形したコルクタイルなどがある。

プラスチック（合成樹脂）系床材：プラスチック（合成樹脂）系床材には，塩化ビニル樹脂を原料としてタイル状に成形したビニル床タイルや，ゴムを原料としたゴム床タイルなどのタイル系床材，このタイル系床材をシート状に成形したシート系床材，およびエポキシやポリウレタンなどの樹脂を塗布する塗り床材などの種類がある。

カーペット系床材：天然繊維や化学繊維を素材とした繊維床材。

その他：陶磁器の床タイルや床レンガ，自然石や人造石による石床材，コンクリート，カラーモルタル塗り，左官による土などを用いた床仕上材など多様である。

床下の換気 最下階の居室の床が木造の場合，真下の地面からの湿気を換気する。そのために，壁の延べ長さ5m以下ごとに300cm²以上の換気孔を設置する（令第22条）。

床下ユニット 部品や部材を組み合わせて床下に設置した収納庫。上部開閉式の固定式のほか，上下や左右にスライドできるものや冷凍冷蔵の機能をもつものもある。樹脂一体成形が多く，収納力が80ℓの小型から2,000ℓの大型地下カプセル型まで種類は多い。

床付き丁番 ⇒フロアーヒンジ

床面積 建築物の各階またはその一部で，壁そのほかの区画の中心線で囲まれた部分の水平投影面積をいう（令第2条第1項第三号）。例えば，階段部分は，階段の水平投影面積を上階（2階建では2階）の床面積に算入する。一般に，算入されるか否かは行政側の判断による場合がある。

雪見障子 明り障子の一つで，上げ下げできる小障子を下方に設けて外側に透明なガラス面を取り付けたもの。「上げ下げ障子」「すり上げ障子」ともいう。→図・障子（44頁）

ユニット家具 複数の単位となる箱（枠体）を目的に応じ積み重ねたり並べたりして一つの家具とする組合せ式の家具をいう。積み重ねには，だぼ（太柄）や締結金具により安全性が考慮されていることが必要。→システム家具

ユニットバス［unit bath］床・壁・天井・バスタブ・ドアなどを工場で生産し，現場で設置・組み立てる方式の浴室ユニットで，その部品を総称して「バスユニット」ともいう。バスユニットには工法上，工場で全体を組み立てるキュービックタイプと，現場で組み立てるノックダウンタイプがある。ユニットの形状には，浴槽（バスタブ）と洗い場の床・壁・天井・ドアを一体化した「フルユニット」と，浴槽・床・腰壁のみを一体化した洗い場付き浴槽ともいう「ハーフユニット」がある。→バスユニット，スペースユニット技，ハーフユニット技

ユニバーサルデザイン［universal design］ハンディキャップのある人も健常者も含めて，すべての人に等しく使いやすく快適に生活できる公平性をめざしたデザイン思想のこと。

輸入家具の流通 輸入家具には外国メーカーの完成品を直接または輸入商社を経る場合のほかに，半製品やノウハウをもつライセンスメーカーを経る場合があるが，近年

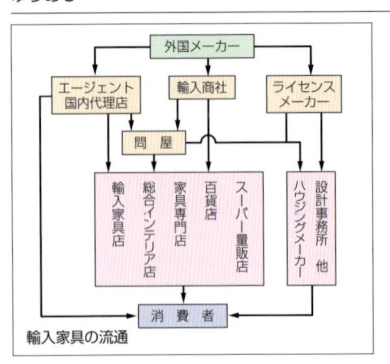

ではその形態も多様化している。

ユリア樹脂接着剤 尿素とホルムアルデヒドの縮合反応による熱硬化性の接着剤で,「尿素樹脂接着剤」ともいう。比較的安価なため,一般木工用や合板の接着剤としての利用が多い。ただし,ホルムアルデヒドの発散量に応じてその使用が規制されている。→ホルムアルデヒド

輸入家具の流通

よ

容積率 都市計画区域内では,建築物の延べ面積の敷地面積に対する割合の制限が決められている(法第52条)。容積率=延べ面積／敷地面積×100(％)

溶接加工 金属の溶接による接合には,溶加材を融かして接合するガスやアークを用いた「溶融法」,溶加材を用いないで電気抵抗による「圧加法」,ハンダなどのろう材を用いた「ろう接法」などがある。

用途地域 ある地域に建てられる建築物の用途を規制している(法第48条,同第49条)。

ら

ライティングビューロー [writing bureau] 上部に扉付きの書棚を付けた小机。書きものをする際は扉を開けて水平にし,扉の裏側を甲板として用いる。机のかわりに下部を引出し(チェスト)としたものもある。特に,ビューローの上にオープンの本棚をのせたものを「セクレタリー」という。

ライティングビューロー

ライフオケーション分類 生活のスタイルやしかた,場所,目的,時間などによる生活提案型の商品構成区分をいう。ライフスタイル別,ライフステージ別,ルームスタイル別,デイオケーション別などの構成がその例。

ライフスタイル [life style] 価値観や生活意識に基づいた生活行動の総称。消費者志向マーケティング,特に顧客特性の分析の中心課題とされている。

ライフスタイルの把握 顧客の生活様式は顧客自身の住まいに対する生活の価値観の表現であり,その把握には長期的な経験を要するか,顧客の行動や性向の要因となるさまざまな意識や価値観を見る目を養う必要がある。また,その把握においては,インテリアコーディネーター自身の性向や価値観で判断することがあってはならない。

ライフステージ [life stage] 人生のライフサイクル別の生活基盤や生活状況をいう。チャイルド,ヤング,ファミリー,シルバーなどの区分はその例。

ライリーの法則 ライリーにより1929年に提唱された小売引力モデル。「ある都市の

小売業がその周辺から吸引する購買力は，その都市の人口に比例し，周辺都市との距離の2乗に反比例」するという。→小売引力の法則

ラインロビング［line robbing］特定のテーマに絞り込んで専門化をはかり，奥行のある商品構成を行うこと。そのためには，対象顧客の絞り込みや専門的なコンサルティング販売が前提となる。

ラウンジチェア［lounge chair］ラウンジ（談話室など）に置かれる椅子。足を投げ出せるような奥行の深い座面をもった安楽椅子。今日では，ゆったりした姿勢で掛けられる椅子の総称。

ラグ［rug］置き敷き用の敷物の総称。あらかじめ決まった形の寸法をもった敷物で，一般には一畳未満を「マット」，一畳から三畳未満の広さのものを「ラグ」という。壁掛け用のラグのことを「タペストリー」という場合もある。

ラダーバックチェア［ladder back chair］背枠がはしご状に組まれた背もたれをもつ椅子で，17世紀のイギリスや18世紀初頭のアメリカ・コロニアル様式に見られた装飾様式を表す。→コロニアル様式**技**，チャールズ・レニエ・マッキントッシュ**人**

ラダーバックチェア

ラッカー塗装 硝化綿（ニトロセルロース）を主成分とした塗装は，速乾性があり作業性が良い反面，塗膜が薄く，他の塗装に比較して耐摩耗性，耐薬品性，耐候性などに劣る。同塗料に樹脂分を多くして耐性を補強したものを「ハイソリッドラッカー」という。

ラックジョバー［rack jobber］販売店の中で特定のスペースとその運営を任された卸売業者のこと。特に百貨店や量販店の中でみられる薬品売場がその例。

螺鈿（らでん）夜光貝や蝶貝などの貝殻の真珠質を，漆面の文様の彫穴にはめ込んで研ぎ出す工芸技法をいう。

ラバーライズドヘアー［rubber rised hair］⇒ヘアーロック

ラブシート［love sheet］⇒ラブチェア

ラブチェア［love chair］ひじ付きの二人掛けソファー。「ラブシート」とか「ロマンスシート」ともいう。特に近世では「セティ」といった。

ラミネート加工 ⇒樹脂加工

RALマーク（ラル—）ドイツの壁紙品質保証協会と品質管理・標識協会（RAL）が定めた品質安全マーク。品質と健康・環境を考慮した原料仕様と安全基準では最高水準として評価されている。→エコマーク，図-マーク一覧（7頁）

LAN（ラン）local area network 企業内情報通信網。同一敷地内でコンピューターやワークステーションなどの情報機器をネットワーク化し，共同利用する情報通信システム。最近では，一般住宅でも利用されている。

ランダムサンプリング［random sampling］無作為標本抽出法。無作為に抽出したサンプルを調査することにより母集団の特性を推測する方法で，その抽出方法には，単純無作為，等間隔，層別，二段無作為など統計学の確率論に基づいた方法が採用されている。→標本調査

ランプ［ramp］⇒傾斜路

リアルターゲット［real target］販売店舗の主力販売顧客層のことで，ボリュームゾーン商品群の品ぞろえの対象となるメインターゲットのこと。

リアルタイム受発注システム ⇒OES

リージョナルショッピングセンター
[regional shopping center] ショッピングセンターの中で最も大規模な郊外型大型小売店舗。核店舗を中心にテナント店舗70～150店舗，数千台を収容する駐車場のほか，公共施設や娯楽施設を付設したものも多い。

リース [leace] 商品や設備を3～6年の比較的長期間にわたり賃貸借契約により利用すること。ユーザーは商品や設備を購入することなく，賃借料は全額損金として経理上処理ができる。事務機械のほか，土地建物もその対象で，特に日本ではファイナンスリースの利用が最も多い。

リードターゲット [lead target] ⇒イメージターゲット

利益率 ⇒売買益率

利掛率 (りがけりつ) ⇒原価値入率

リサイクル法 改正廃棄物処理法と再生資源利用促進法をいい，ゴミの減量化と資源としての再利用（リサイクル）を定めたもの。特に後者では業種別，製品別に再生利用などの内容と目標を明示している（包装容器：1997年4月施行，家電：2001年4月施行，自動車：2003年1月施行）。

利潤志向マーケティング [profit orientation] 消費者満足と利益増大を前提にした効率主義の利益重視の企業活動をいう。

リストラクチャリング [restructuring] 企業再構築。産業構造や市場の変化に即応して企業の事業内容の根本的な改革を行うことをいう。企業内構築には将来構想に基づいて新規事業の導入，組織や人材の革新などがある。

利息制限法 約定利息にかかわる民事保護の上限を定めたもので，元本10万円未満は年利20％，同10万円～100万円は同18％，同100万円以上は同15％とし，これを超える分は無効としている。同法の制限金利を超え出資法の制限金利までを「グレーゾーン」という。

リップル加工 合成繊維とセルロース繊維を交織・混織し，化学処理により部分的に布地を収縮させてしわを付ける加工をいう。特に，繊維の熱可塑性を利用したひだ付け加工を「プリーツ加工」という。

リテールサポート [retail support] メーカーや卸業者による小売業者支援のためのセールスプロモーションの総称。ディーラーヘルプスやアローアンス，店頭販売助成などはその例。小売店に対しセールスプロモーションを専門に担当している人をプロモーターあるいはフィールドマンと呼ぶ。

リニューアル [renewal] 店舗の改装や刷新計画のことで，「リフレッシュ」あるいは「リノベーション」ともいう。店舗の活性化による売上増やイメージアップ，意識高揚を目的としている。

リネン [linen] 亜麻布の意で，一般にテーブルクロス，シャツ，シーツなどの綿類を含めた布製品の総称。

リノベーション [renovation] ⇒リニューアル

リピート寸法 リピートとは繰返しの意味で，壁紙やカーテン生地の柄や模様の1パターン分の寸法をいう。柄物の要尺計算時に加算する寸法のこと。→カーテンの要尺

リビングダイニングチェア [living dining chair] 居間と食堂椅子で用いるアームチェアを兼ねたひじ付きの椅子。狭い都市型のマンションのリビングダイニングに用いられているが，座面の大きさや高さが両方の中間的なものとなり，休息・食事ともに機能面において十分とはいえない。

リビングボード [living board] 居間で用いる飾り棚やサイドボードの総称。テレビやステレオなどを収納するため下台の奥行を深くしたオープン形式のものが多い。組合せが自由で，システム化された大型の現場施工型のタイプもある。

リフォーム [reform] 新築以外の増築や改築，模様替えなどの工事を総称していう。

リフレクターランプ [reflector lamp] ⇒白熱ランプの種類

リフレッシュ [refresh] ⇒リニューアル

リベート政策 一定の売上高や売上数量に応じてメーカーや卸業者や小売業者に支払う利幅の後払い金。販促の目的で用いられる販売奨励金や売上割戻し金，取引高リベートなどがその例。

リボルビング方式 あらかじめ設定した利用限度額内で商品を購入し，毎月一定額もしくは一定率額を分割して返済する方式で，「回転信用」ともいう。一括払いと違い年率13％前後の手数料を支払うが，近年銀行系クレジットカードでも同方式が導入されている。

リボンバックチェア [ribbon back chair]

ちぢれたリボン状の透し彫りの装飾を背板にもつ椅子で，チッペンデール様式の特徴の一つ。→チッペンデール様式 技

リボンバックチェア

留置権（りゅうちけん）他人の物の占有者がその物に生じた債権をもつときは，その債権の支払いを受けるまでその物を留置できる権利（民法第295条）。修理を請け負った家具は，その修理代を受け取るまで店で預り，引き渡さなくてよいなどはその例。ただし，留置物を勝手に処分することは禁止されている。

流通センター 流通施設または物流拠点の総称。企業の配送センターや倉庫は前者の例，共同出資による倉庫団地やトラックターミナルなどは後者の例。

緑廊（りょくろう）⇒パーゴラ

隣地斜線制限 建築物の高さは，隣地境界線との関係により規制されている（令第135条の3）。→斜線制限

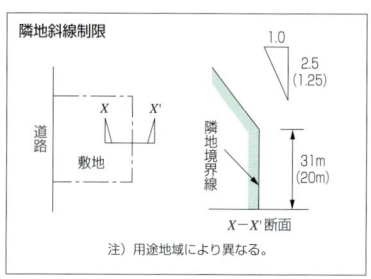

隣地斜線制限
注）用途地域により異なる。

隣地使用権 家屋の新築・改築等の工事に際し，必要な場合には隣地の一時使用をその地主に請求し，承諾を受けて立ち入ることができる権利（民法第209条）。

る

ルートセールス［rout sales］一定経路で一定の得意先を定期的かつ継続的に訪問し販売することで，「巡回販売」ともいう。ある地域でのすべての顧客を対象にしたセールス活動を「ローラーセールス」という。

ループカーペット［loop carpet］輪状のパイルをもつカーペット。ループの高さが均一な「レベルループ」と高低のある「マルチレベルループ」，カットループとミックスした「カット＆ループ」がある。装飾性と耐久性に優れリビングやホテルなどに多用されている。

れ

レイアウト［layout］商品配置計画。商品の配置計画はマーチャンダイジングのコンセプトに基づくゾーニングと店内フロアの導線計画との総合的調整の中で行われる。

レース［lace］調光を目的とした透視性の高いカーテン地で，ラッセル編みなどの経（たて）編機によるものが主流。特に近年では幅広（3m幅）のものもあり，すそにボーダー模様を付けるなどの柄物も多くなっている。

レースの種類 透けて見える織物の総称。機械編みのレースカーテンから手編みのリネンまでその種類は多い。ラッセル機編みの「ラッセルレース」，リバーレース機による「リバーレース」，ノッチンガム機による「織りレース」，マリモ機による「ケースメント」などがある。

レーダーチャート［radar chart］データの特性要因を個々にスケール化し，全体としての傾向や特異性を比較したもの。

レーダーチャート

レッド&ブルーチェア

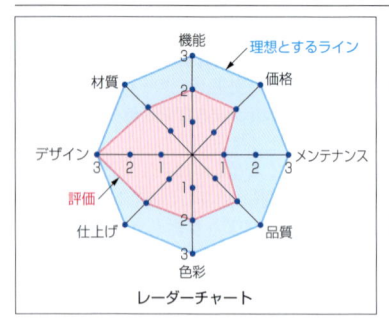

レーヨン〔rayon〕人造絹糸のことで，パルプを主原料としたセルロース系の再生繊維。吸湿性があり，摩擦に弱く弾力性に乏しいなどのため，他の合成繊維と混紡，交織して用いられている。→再生繊維

レギュラーチェーン〔regular chain〕単一資本による11店舗以上の店舗が直接経営管理される小売業態で，本部により財政面が完全に支配されている同一会社。「コーポレートチェーン」あるいは「正規連鎖店」ともいわれている。→チェーンストア

レストチェア〔rest chair〕⇒椅子の種類

レッド&ブルーチェア〔red and blue chair〕「赤と青の椅子」。1918年，オランダのゲーリット・トーマス・リートフェルトによりデザインされた椅子。幾何学的デザインで，デ・スティール運動の代表作品として知られている。→ゲーリット・トーマス・リートフェルト

レベルループ〔level loop〕⇒ループカーペット

連鎖販売取引　物品・権利の再販，受託販売，販売の斡旋，役務の提供で特定利益を収受できることで誘引する取引，およびその商品の購入や役務の支払いや提供で2万円以上の特定負担を条件とする取引形態。

レンジ〔range〕コンロとオーブンを組み合わせたもので，ガスを熱源としたものが「ガスレンジ」で，電磁式のものが「オーブンレンジ」である。

レンジフード　キッチン用の排気用機器および天蓋(てんがい)部分のことで，加熱調理器の上部に，法律で定められた位置に設置する。浅型レンジフードと深型レンジフードとがある。→浅型レンジフード，深型レンジフード

連想記号法　情報分類の一手法。特に対象となる項目の内容や文字から連想される記号をコードもしくはキーワードとして分類することをいう。マーケティングをM，テレビをTとするのはその例。

レンタル〔rental〕商品や設備器具を短期間必要に応じて賃貸借契約により利用するもので，特に車や旅行用品，コンピューター機器などにその利用が多い。

ロードサイドリテイラー〔roadside retailer〕都市近郊住宅地に近接した幹線道路に面して立地された大型のディスカウントストア。特に限定された商品を大量かつ低価格で販売し，広いスペースと駐車場を持つことが特徴。→カテゴリーキラー，専門店

ローボード〔low board〕⇒サイドボード

ローマンシェード〔Roman shade〕布をひもの操作で上下方向に開閉させて光量を調整するもので，特にひだ(プリーツ)をたたみ上げる様式をいう。一般的な「ナチュラルタイプ」のほかに，すそを風船状にしながら上げる「バルーンシェード」，ちりちりカーテンともいわれる「オーストリアンシェード」，プリーツ加工を施した「プリーツタイプ」などがある。

ローラーセールス〔roller sales〕⇒ルートセールス

ローマン
(ナチュラル)

ローマン
(シャープ)

ローマン
(バルーン)

ローマン
(オーストリアン)

ローマンシェード

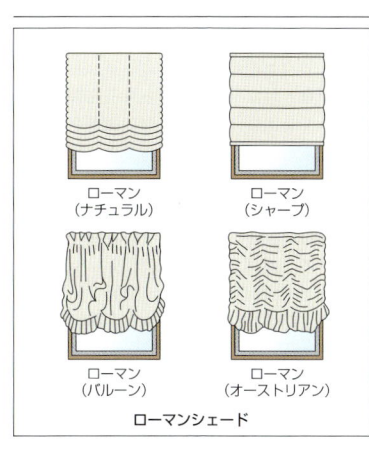

ロールシェード［roll shade］⇒ロールブラインド

ロールスクリーン［roll screen］⇒ロールブラインド

ロールブラインド［roll blind］布製スクリーンの昇降式ブラインドで,「ロールスクリーン」とか「ロールシェード」ともいう。スプリングを内蔵したロールパイプで布をまき上げるもので, スクリーンには樹脂加工を施した綿や麻, ポリエステルの布が用いられている。

ロールプレイング［roll playing］役割演技法。社員の教育訓練において, 接客販売などの場面や役割を設定し模擬的に演出することで, その場面における問題点を考え討議しながら学習すること。

ローン契約 金銭の消費貸借のこと。ローン契約の債務者は債権者に対し, 借入金に相当する引当てとしての財産を担保として差し入れたり, 債務者が万一のときに代わって返済する保証人を立てるなどの条件がある。

ローン提携販売 商品購入に際し, その販売業者の債務保証付きで金融機関から割賦返済を条件に融資を受けて行う取引形態をいう。特に消費者の債務を保証するのがクレジット会社の場合は「提携ローン販売」という。

ロジスティックス［logistics］原材料の仕入・在庫管理から製品化の工程, 製品の輸送と配送の物的流通までの物の流れを効率よく支援・管理することをいう。

ロスリーダー［loss leader］⇒特価政策

露壇（ろだん）⇒テラス

ロッキングチェア［rocking chair］揺り椅子。椅子の脚部に湾曲したロッカー（車の輪止めのようなもの）を付けるなどして前後に揺れを生じさせ休息性を高めたもの。

ロッキングチェア

ロックウール製品 無機質繊維のロックウールを主原料とし, それに結合材や混合剤を加えて板状に成形し, それを基材にして表面を塗装仕上げなどに加工したもの。吸音性・断熱性・防火性に優れ（不燃材料認定）るが, 耐吸湿性に劣る。おもに天井材に使用されていたが, 近年, シックハウス対策としてその使用は制限されている。

ロマンスシート［romance seat］⇒ラブチェア

わ

ワークトップ［worktop］システムキッチンのフロアキャビネットの上に設置する天板（甲板ともいう）のことで,「カウンタートップ」ともいう。調理作業面であり, 耐熱性, 耐水性, 傷つきにくさなどが要求される。メラミン化粧合板やダップ化粧合板などのほか, ステンレス張り, 人造大理石が多く使用されている。

ワードローブ［ward robe］衣服収納のための箱物家具の総称。語源は上着を吊るすワードルームだが, 今日では洋服だんすをさす場合が多い。

Yチェア 1951年，デンマークのハンス・J・ウェーグナーによりデザインされた小椅子の名称。中国の椅子がデザインの原点で「デコラティブチェア」ともいう。→ハンス・J・ウェーグナー 人

Yチェア

和家具 和室に用いられる家具調度品の総称。収納家具のたんす類を中心に，食卓の茶袱台(ちゃぶだい)，衣服掛けの衣桁(いこう)，仕切りの衝立(ついたて)や屏風(びょうぶ)，ひじ乗せの脇息など，その種類は多い。

脇卓子 (わきたくし) ⇒サイドテーブル

ワゴン [wagon] 車輪やキャスターの付いた運搬台。キッチンからダイニングへの配膳用の「ダイニングワゴン」，リビングでのティーサービス用の「ティーワゴン」，甲板が伸長式で小テーブルを兼ねた「テーブルワゴン」などがある。

和紙 コウゾやミツマタ，ガンピなどの繊維を原料として手すきで作られる高級品と，パルプを主原料にマニラ麻の繊維を混ぜた機械すきの普及品がある。半紙，美濃紙，鳥の子など。

輪島塗り (わじまぬり) 生漆に輪島特有の地の粉を混ぜた木地づくりに花塗りや呂色塗りの上塗りと沈金(ちんきん)，蒔絵(まきえ)の加飾が特色で，伝統的工芸品として指定を受けている。→沈金，蒔絵

ワシリーチェア [wassily chair] ⇒マルセル・ブロイヤー 人

割籐 (わりとう) 丸籐の表皮を加工したもので，椅子の編組や巻込み材料のほか，あじろ敷物にも用いられている。丸籐から表皮を取った残りの芯部を籐芯という。→丸籐

割引政策 取引条件に応じて一定割合で売価を安くするもので，メーカーや卸売業者による卸売価格政策の一つ。現金払いや早期支払いによる割引，数量割引，オフシーズン割引などがその例。

ワンストップショッピング [one stop shopping] 一個所ですべての買物ができること。百貨店などの大型小売店舗の利便性をいうこともある。近年では関連商品を総合的に展開するだけでなく，金融機関や郵便局，旅行案内所まで設置しているところもある。

インテリア計画と技術

II

インテリアの歴史・様式
インテリア計画、空間計画、寸法計画
住宅各室の計画、安全計画
人間工学
色彩計画・造形
建築構造、構成材料
床・壁・天井・屋根の構法
造作、開口部、階段
機能材料
光、音、熱、換気・通風、結露
設備計画
照明計画
製図・表現

あ

アーキテクト［architect］建築家の意。語源はギリシア語のarkhos（長），tekton（職人）であり，近世になって施主または建て主と施工業者の間に介在する統括者としての設計監理者をさすようになった。

アーケード［arcade］列拱（れっきょう），拱廊（きょうろう）の意。建築物でアーチ（せり持ち）の連続的に並んだものをいう。一般には，ほぼ一定の間口と高さをもつ商店，売場が並列または直列に連続して建てられたものをさす。

アーゴノミー系家具 ⇒人体系家具

アース［earth］⇒接地

アーチ［arch］壁面の開口部の上方を半円形に石積みで形成した構造で，「拱（きょう）」「迫持（せりもち）」「迫（せり）」の意。アーチの形は，曲線の種類によって多様なものがある。また，アーチの柱廊を「アーケード」という。

アーツアンドクラフツ運動［Arts and crafts movement］19世紀後半にイギリスにおこった工芸運動。1861年，ウィリアム・モリスはモリス・マーシャル・フォークナー商会を設立し，手工芸製品の復興をめざした。芸術と社会とを統合しようとした近代化運動への出発点となった。→ウィリアム・モリス 人

アート紙［art paper］印刷用紙の一つで，ケミカル・パルプを主とした上質紙の両面に粘土，白色剤などを塗布して光沢仕上げとしたもの。写真版の印刷に適しポスターなど用途は広い。

アーバンデザイン［urban design］都市計画の意。土地利用や交通計画などに対して街路，広場，緑地などの都市の構成形態に重きをおき，都市の人間的空間の秩序づくりを創造的に視覚化し設計すること。

アーリー・アメリカン様式［Early American style］⇒コロニアル様式

RC造［reinforced concrete construction］⇒鉄筋コンクリート構造

RCラーメン構造［Rahmen 独］RC（reinforced concrete）は鉄筋コンクリートの略。柱・梁の骨組の各接点が剛（堅固に接合されている）に取り付けられている構法。これと対になる構法に，壁構造がある。

アール・デコ［Art Deco 仏］1925年にパリで開催された「現代装飾・産業美術博覧会」の意。装飾的要素としての幾何学的形態が，新古典主義的な対称的構成のもとに多用され，高級品指向から象牙，貴金属，黒檀（コクタン），光沢仕上げを好んで用いた。

アール・デコ

アール・ヌーボー［Art Nouveau 仏］1890年頃から約20年間，ベルギーやフランスを中心に流行した自由で奔放な造形運動。感覚的で有機的な曲線と非対称の構成を特徴とする様式は，アール・ヌーボー（新しい芸術）と呼ばれ，ドイツでは「ユーゲント・シュティール」（若い様式）と呼ばれた。形態は，炎，波，草の茎，流れる髪のような曲線形を使用するのが特徴。関連する人物に，エクトル・ギマール（仏），アントニオ・ガウディ（西），アウグスト・エンデル（独），チャールズ・レニエ・マッキントッシュ（英）などがあげられる。

アール・ヌーボー

ISO［International Organization for Standardization］国際標準化機構．各国の規格を調整し，国際規格として制定する機関．1946年に設立され，事務局はジュネーブにある．わが国は1952年に加入，日本建築学会にISO連絡委員会がおかれている．

合(相)欠き（あいがき）木材の接合仕口の一つ．接合する2つの部材の接する部分を半分ずつ欠き取って取り付け，補強金物類を併用する．→図-継手と仕口（228頁）

I形配列　厨房機器の配列形式の一種．冷蔵庫，シンク，調理台，加熱調理器を一列に配置する形式．

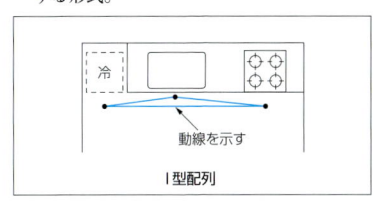

アイキャッチャー［eye catcher］目をとらえることの意．広告などを見るとき，はじめに視覚を通じて注意をひきつけることをいう．

アイコリドール［eye corridor］インテリア空間などでの人間の視線の動きや軌跡．インテリア空間の視覚的効果をねらって計画される．見る人間の興味や関心の深いところに視点は注がれるが，一般には次のような法則性がある．①前→後，②暗→明，③周縁→中心，④輪郭→部分，⑤図→地．

合(相)決り（あいじゃくり）板を張り合わせるときに，板厚の半分ずつを欠き取って相互に張り合わせること．

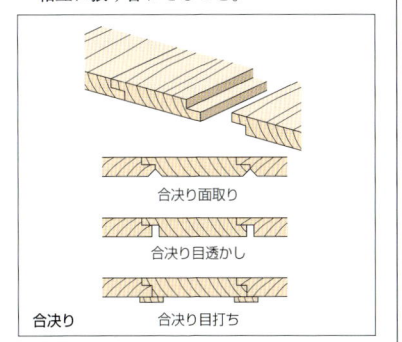

合(相)決り実矧ぎ（あいじゃくりさねはぎ）板を張り合わせるとき，合決りと実矧ぎとを併用させたもの．→実矧ぎ

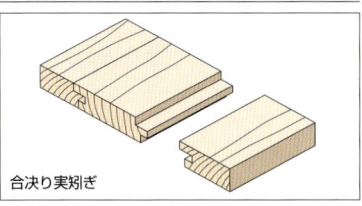

アイストップ［eye-stop］人の視線を引きつけるデザイン的要素．例えば，廊下の突き当りやロビーの正面に特徴的な色や形をもった物体（オブジェ）などを配置し，人の視線をコントロールする．

アイソメトリック［isometric］⇒等角投影法

アイデアスケッチ　⇒ラフスケッチ

ID［industrial design］⇒インダストリアルデザイン

アイポイント［eye point］視点．「EP」と略す．

アイボール［eye ball］埋込み形スポットライトの一種．目玉の動きのように照射角度を自由に調整できるため，照明対象の移動がある場合などに適している．→ダウンライト

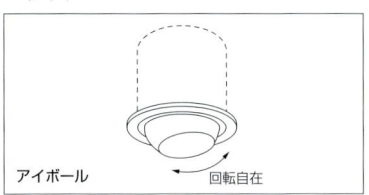

アイ(マーク)カメラ［eye-camera］眼球に光線を当てて，その反射光をビデオカメラで撮影し，眼球運動や注視点位置を測定するためのカメラ．映し出される映像中に，人間の視点の位置が小さな点として表示されるしくみとなっている．

アイランド形配列　厨房機器の配列形式の一種．ワークトップの両端とも壁面に接しないで，室内に冷蔵庫，シンク，調理台，加熱調理器を島（アイランド）のように一列に配置する形式．

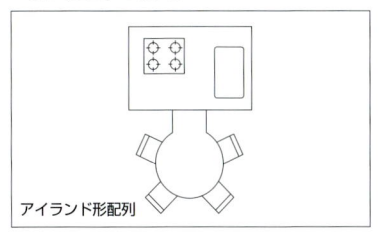

あいれへ

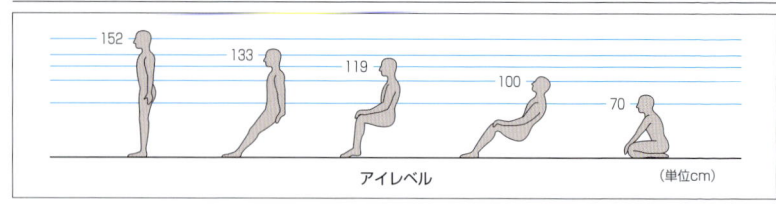

図: アイレベル（単位cm） 152, 133, 119, 100, 70

アイレベル〔eye level〕視点高。人間の生活姿勢の違いによって、目の高さの位置が異なり、空間の見え方も違ってくる。こうした人間の視点位置をいう。座位、立位、椅子座位などアイレベルの位置によって空間構成のしかたもそれぞれ違って整える必要がある。「EL」と略す。

アウトライン〔outline〕輪郭、外形の意。転じて物事の概略・概要の意にも用いる。

アウトレットボックス〔outlet box〕電気配線用の電線管の付属部品。壁埋込み電気配管工事や二重天井内電気配管工事などの際、照明器具やスイッチ、コンセントの取付け位置に設置するボックス。

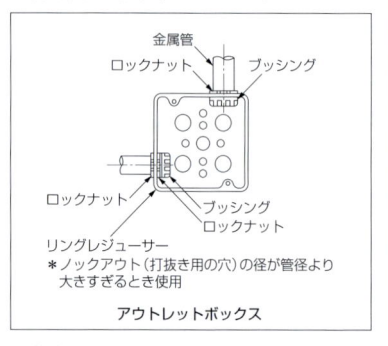

図: アウトレットボックス — 金属管、ロックナット、ブッシング、リングレジューサー
＊ノックアウト（打抜き用の穴）の径が管径より大きすぎるとき使用

図: 木材の方向（幹線方向（繊維方向）、接線方向（板目方向）、半径方向（柾目方向））、心材（赤身）、辺材（白太）、髄心（樹心）、年輪、髄線、内樹皮、外樹皮、樹皮、柾目、木口、板目、形成層、赤身

亜鉛鉄板 亜鉛めっきをした鋼板。耐久性に優れ、おもに屋根用材料として用いられる。JISでは平板、波板。「トタン板」「トタン」「亜鉛引き鉄板」「亜鉛めっき鉄板」ともいう。

亜鉛鍍金鋼管（あえんめっきこうかん）⇒白ガス管

茜色（あかねいろ）⇒表・慣用色名（132頁）

赤身（あかみ）木材組織の部分名称の一つ。樹心に近い木質部。水分が少なく、強固で腐りにくい部分をさす。「心材」ともいう。→白太（しらた）、心割れ

上り框（あがりがまち）玄関と土間の段差部分や床の縁の部分に取り付けられる部材。通常、木材が使用されるほかに、石材や金属製などの部材が設けられる。

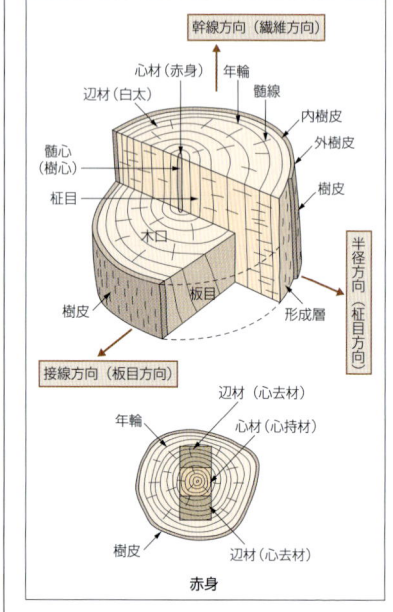

アカンサス〔acanthus〕草の葉（地中海地方のきつねのまご科）を題材とした建築装飾で、特に古代以来、柱の頭部装飾に用いられた。→文様

あき〔空き、明き〕clearance すき間のことで、組み立てられた2部材間の目地や間隔、または壁と家具とのあきにも用いられる。→あきの設計

あきの設計 MC（モデュラーコーディネーション）において、構成材の領域を示すモジュール呼び寸法と、もう一つ実際の構成材の設計寸法である製作寸法をもつが、製作寸法は呼び寸法に対してやや小さく造らざるを得ず、その差を「あき」という。あきは、製作誤差、位置誤差、組立て、施工のための必要寸法などが含まれる。

アクセントカラー〔accent color〕強調色の意。インテリアの色彩計画において、床・壁・天井などの比較的大きな面に使われる基調色（ベースカラー）、家具・カーテンな

どに用いられる配合色（アソートカラー）などの全体的な秩序色に対して、目立った変化や焦点をつくるためにクッションの照明などいわゆる小物（ルームアクセサリー）に強い色調や反対色が使われる。→アソートカラー，ベースカラー

アクセント照明［accent lighting］ある特定の対象が周辺よりくっきりと浮かび上がるようにするための照明。指向性の高い光をもつスポットライト器具による照明が代表的な例といえる。

アクソノ ⇒軸側投影法

アクソノメトリック［axonometric］⇒軸側投影法

アクティブソーラーシステム［active solar system］機械的な方法によって太陽熱を積極的に利用すること。太陽熱温水器，太陽熱発電，太陽熱での冷暖房の利用等がある。→パッシブソーラーシステム

あぐら［胡床，趺坐］⇒胡床（こしょう）

浅葱色（あさぎいろ）⇒表-慣用色名（132頁）

アシンメトリー［asymmetry］造形構成上での左右非対称をさす。シンメトリー（左右対称）は，均衡性はある反面，堅苦しさや単調さがあり，わずかな変化でバランスは崩れる。逆に非対称によってバランスを保ち，変化や動的要素を組み入れる。ロココ時代の家具・インテリアにはアシンメトリーの要素が組み入れられていた。→シンメトリー

アスナロ［翌桧］⇒ヒバ

アスヒ［明日桧］⇒ヒバ

アスファルト［asphalt］通常，暗黒色で天然アスファルト（原油が天然に蒸発して産出するもの）と石油アスファルト（石油精製の残渣として産するもの）とがある。防水工事や道路建設などに用いられる。

アスファルトシングル［asphalt single］住宅の勾配屋根の屋根葺き材料に使用される。アスファルトフェルト類（厚い材）にアスファルトを塗布し，着色砂粒をつけ所定の大きさに切断され，下地板に釘打ち仕上げされる。軽量で地震などにより落ちる危険はない。

アスファルトルーフィング［asphalt roofing material］コンクリート建物の陸屋根（ろくやね）仕上げにおいて，防水層の下地材として使用される。動植物の繊維を原料にしているフェルト状のシート（薄い布状）にアスファルトを浸透させている。

アスベスト［asbestos］天然に産する繊維状の鉱物で「石綿」と呼ばれ，耐熱・耐火・断熱性に優れていたため，板状や吹付けなどで多用されていた。今日では，発ガン物質と判明し使用されなくなった。

校倉造り（あぜくらづくり）log house 木材（角材）を横に重ねて（井楼（せいろう）組み）外壁とした構造の造り。角材の断面には，円・三角・六角などがあり，正倉院（756年頃）の造りは現存で最も著名なもの。

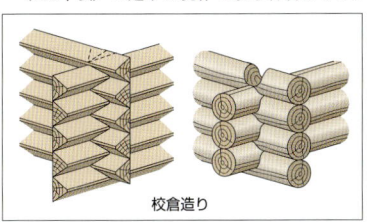

校倉造り

アソートカラー［assort color］「配合色」ともいう。インテリアの色彩計画において，床・壁・天井などの基調色（ベースカラー）に対し，その特性を高めたり，逆に変化をつけるために家具・カーテンなど取り替えのきく中規模面積のエレメントを対象につけられる色彩。→アクセントカラー，ベースカラー

頭つなぎ 木造住宅の構法部材の名称。1階や2階部分のみの柱の上部を受ける部材がないときに，しっかりと固定するために設けられる構成材料。→図-ツーバイフォー構法（227頁）

アダム様式［Adam style］18世紀後半，イギリスの建築家R・アダムとその兄弟たちによって創造された軽快，優雅な古典主義的な様式のこと。室内装飾では，イギリスの伝統に古代ローマの装飾手法を採り入れ，古典的な趣味で統一したもの。→新古典主義

アダム様式

圧縮強度　圧縮とは，力が作用して物体の体積が減少すること，物体に垂直方向の力が働いた際，垂直な断面に対する単位面積当たりの強さの割合をいう。

圧力水槽給水方式　中高層建築やきわめて高い水圧を必要とする場合に採用される給水方式。水道本管より受水槽に受けた水をポンプにより圧力水槽に注水し，圧力槽内の空気を圧縮することにより，高い水圧で給水する方式。

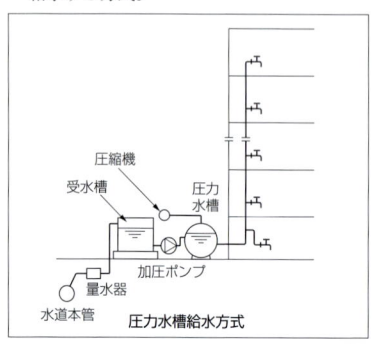

圧力水槽給水方式

アトリウム［atrium］もともとはローマ時代の住宅における中央に天窓をもつ主要広場のことをさした。最近ではガラスに覆われた大空間をいい，商業ビル，オフィス，ホテルなどで計画される外部的な雰囲気をもつインテリア空間をさす。

アネモ形吹出し口　天井に設置される空調吹出し口で，数枚の羽根を重ねた断面形状のもの。大風量を送るのに適し，吹き出された空気と室内空気とがよく混合される。天井面の吹出し口の形状は，丸形と角形がある。

アピトン［apiton(g)］産地は東南アジア。材色は赤～暗赤色，材質は比較的重硬（比重0.78）で，伸縮がやや大きい。工作しやすく光沢をもち，ラワンより固く強じん。一般建築造作材，家具材などに用いる。→表・木材の分類②（295頁）

溢れ（あふれ）⇒オーバーフロー

アプローチ［approach］接近，誘導の意。通常，住宅計画においては道路や広場から各住戸の出入口に至る通路およびその周辺をさす。

あま　⇒セメントペースト

雨仕舞（あまじまい）屋根や外壁・建具回りから雨水などが建物の中に漏ったり浸透しないようにすること，またその方法をいう。現場などでは，「雨仕舞が良い」「雨仕舞が悪い」などという。

アメニティー［amenity］居住性，快適性の意。コンフォータブル（comfortable）は生理的・心理的快適性の意味合いが強いが，アメニティーは室内環境から始まり，地域・都市環境まで幅広い範囲と，物理的条件から社会的・経済的条件に至るまで，広義に用いられる。→快適性

アメリカ・モダン［America modern］アメリカ近代の意。1940年代以降の徹底した抽象的造形や工業主義的追求がはじめから一貫して流れていた基本的な思想で，現在では，巨大な工業力を背景とした合理性の追求による多様なデザインをいう。

洗い落し式便器　汚物をトラップの封水中に没入させ，水洗時には溜面の落差を利用して流す便器。溜水面積が狭く，洗浄力も弱いので，乾燥面に汚物が付着して臭気が出やすい。→トラップ

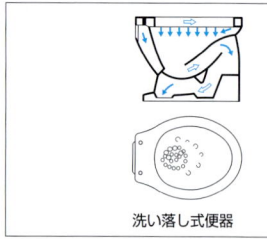

洗い落し式便器

洗い出し仕上げ　左官仕上げ工事の一つ。コンクリートやモルタルなどの表面が完全に硬化しないうちに洗い出し，石の表面を出して仕上げとする工法。

洗い出し式便器　水の溜まる浅い受け皿を作って汚物を受け，水洗時にトラップ方向に流し出す便器。和風便器に採用されるが，受け皿に汚物が露出するため，臭気が発散する。→トラップ

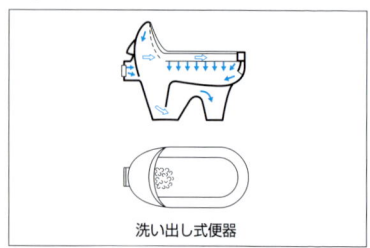

洗い出し式便器

洗い場付き浴槽　⇒ハーフユニット

荒壁（あらかべ）伝統的な木造建築の壁仕上

げの一つ。竹小舞（たけこまい）下地に塗り付けた土壁をさす。→竹小舞

荒床（あらどこ）床仕上げ工事に関する用語の一つ。床仕上材のためにあらかじめ床面に張り付けた面をさす。「捨床」ともいい，合板などが用いられている。→大引き，束石（つかいし），床束（ゆかづか）

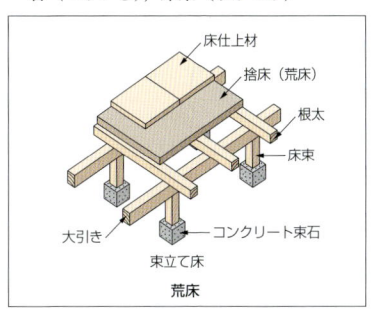

荒床

アラベスク［arabesque］アラビア風装飾からサラセンの装飾文様のこと。一般に植物や動物を主題にして複雑な文様を描いているものをさす。→文様

粗磨き（あらみがき）rough grind ⇒表-石材の仕上げ①（201頁）

蟻壁（ありかべ）あり壁長押（なげし）と天井にはさまれた細長い部分の壁をさす。

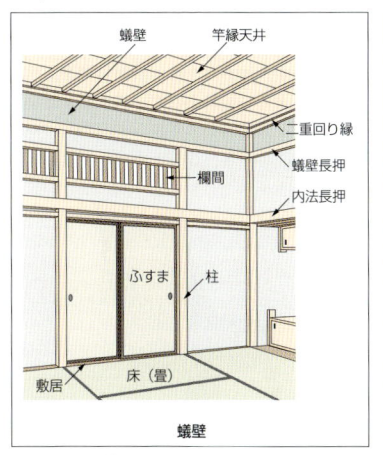

蟻壁

アルコーブ［alcove］もともとはアラビア語でヴォールトを意味し，壁面につくられたくぼみをいう。このことから部屋の壁面を後退させて造られた小さなくぼみ状の空間をさす。食事コーナー，ベッドを置いた寝室，あるいは書斎など，落ち着きを求める空間に用いられる。

アルゴンガス［Argon gas］白色塗装電球などの普通電球や蛍光ランプのガラス球内に封入されているガス。他のガスとの組合せにより，ランプ効率や寿命に影響を与える。→封入ガス

アルターネーション［alternation］⇒リズム

アルミスパンドレル［alumi spandrel］建物の外壁の窓の下枠と，下階の窓の上枠との間の壁をさし，ここをアルミ製のパネルで仕上げていることをいう。

アルミダイキャスト［aluminum diecasting］⇒ダイキャスト

合せガラス 安全ガラスの一つ。2枚以上の板ガラスの間に各種樹脂フィルムを中間膜としてはさみ，加熱圧着してつくる。→表-ガラスの種類（129頁）

アンカーボルト［anchor bolt］基礎コンクリート部と土台からの上部構造とが地震や風圧によってずれたり移動しないように，先端がL字形の鉄筋$\phi 13$（パイ13mmといい，直径をいう）を使用。取付け位置は，建物の隅や土台の継手から150mm程度離し，コンクリートに200mm以上埋め込むこと。→基礎，ϕ（パイ）

アングル［angle］鉄骨製品の一種で，L形断面をもつ形鋼。L形の二つの板幅が同じものを「等辺山形鋼」，異なるものを「不等辺山形鋼」という。鉄骨造の構成部材として使用される。

暗順応（あんじゅんのう）⇒順応

暗所視（あんしょし）暗い場所での物や色の見え方をいう。網膜には錐（すい）状体，桿（かん）状体の2種類の視細胞があり，錐状体は主として色に，桿状体は明るさに対して機能する。暗い場所では錐状体が働かず，色覚が生じない。→明所視，比視感度，プルキンエ現象

暗清色（あんせいしょく）⇒清色（せいしょく）

安全色彩 公共の場での防災，安全，救急などのためにJIS（日本工業規格）で色彩表示が決められている。JIS Z 9101（安全色彩使用通則），JIS Z 9106（けい光安全色彩通則），JIS Z 9104（安全色光使用通則）。→表-安全色彩使用通則（102頁）

安全性 日常生活の中で，地震や火災，台風，落雷などの非常時における安全を確保することが大切である。環境での安全計画

安全色彩使用通則（JIS）

色名　色の参考値	表示事項	備　考
赤 7.5R 4.5/15	防災、禁止、停止、高度の危険	補助色は白を用いる
黄赤 2.5YR 6.5/14	危険、航海・航空の保安施設	補助色は黒
黄 2.5Y 8/14	注意	補助色は黒で、わくはしま模様
緑 10G 4/10	安全、救護、避難、進行、衛生	補助色は白
青 2.5PB 3.5/10	指示、用心	補助色は白
赤紫 2.5RP 4.0/12	放射能	黄色と組み合わせて用いる
白 N9.5	通路、整頓（文字・記号・矢印および補助色）	
黒 N1	（文字・記号・矢印および補助色）	

には，万が一の危険があっても安全にしておく「フェイルセーフ」と，老人や幼児などどんな人にとっても安全であることの「フールプルーフ」の2つが必要である。

暗騒音（あんそうおん）⇒マスキング

アンティーク［antique］骨董品，古美術の意。通常，アメリカでは100年以上，イギリスでは50年以上経ったものをいう。

安定器［ballast］蛍光ランプや水銀ランプなどの放電灯を点灯させるための電気回路と部品を組み立てた機材。おもな役割は放電させるのに必要な電圧を与えたり，放電状態を安定させることにある。最近は小型軽量のインバーターの電子安定器が普及している。→インバーター

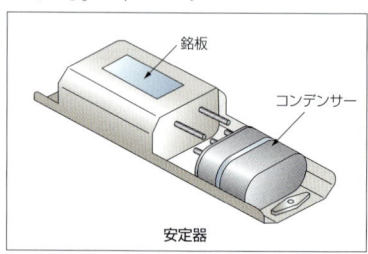

アンバランス［unbalance］不つり合い，不均衡の意。計画的には左右対称を避けた新しい形式の意匠に使用される。

アンピール様式［Empire style］1804年，ナポレオンが帝政を確立してから19世紀中頃まで流行，帝政期のローマや古代エジプトの専政時代の装飾意匠をもとにした室内装飾や工芸の様式。様式は直線と厳格なシンメトリー（左右対称）に従っている。装飾意匠にはスフィンクス，パピルス，勝利の女神，月桂樹などが採用され，表面の装飾にブロンズの金めっき表装が使われた。椅子の座や背，寝台の掛布や幕には真紅のビロードが使用され，その表面は金糸の刺しゅうで豪華に装飾された。代表的な建築家として，宮廷建築家ペルシェ（1764～1838）とフォンテーヌ（1762～1853）。

アンペア［ampere］電流の単位。電流とは電荷が導体中を連続して通過することで，その大きさは導体の中を単位時間に流れる電気量の大きさで表される。単位記号はA。

い

EL［electro luminescence］シート状の面光源として表示や液晶のバックライトなどの用途がある。インバーター使用で高輝度発光させることができるため、装飾用照明としての応用も期待されている。発光色は白色、グリーン、ブルーグリーン、イエロー、オレンジ色などがある。

EL［eye level］⇒アイレベル

EP［eye point］⇒アイポイント

イオニア式［Ionic order］ギリシア建築のオーダーのうち2番目に古い形式。渦巻き形の柱頭とドリス式（最古）より細い柱で、優美な形態をもっている。→オーダー

イオン化式煙感知器 防災設備機器の一種。火災時の煙の微粒子にイオンが吸着し、イオン電流が減少して火災信号を発する煙感知器。→光電式煙感知器

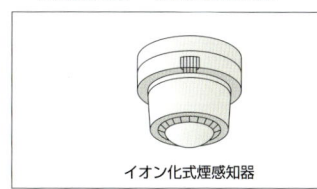

イオン化式煙感知器

生き節（いきぶし）木材の欠点の一つで、節の組織（繊維）と周囲の材の組織との結合が緊密で、樹幹中に含まれた生き枝の断面のこと。

倚子（いし）もたれや勾欄（手すりのようなもの）のある腰掛け、畳を敷きその上に座る。中納言以上が用い、五位以上は塗床子（ぬりしょうじ）が用いられた（掃部寮式（かもんりょうしき）より）。現在、正倉院にある赤漆槻木胡床（せきしつつきのきこしょう）と呼ばれるケヤキ製の腰掛けは、平安時代におけるこの倚子の形式のもの。

石積み 石を積み上げて壁面などの構成。

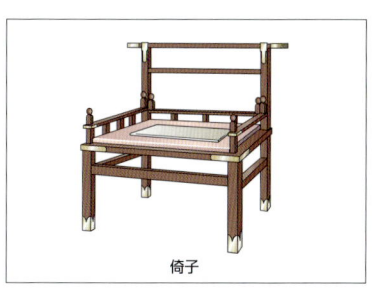

倚子

石材の形から「野石積み」（採石場から切り出したままのもの）や、「玉石積み」（自然の形の石をそのまま積み上げたもの）、「切石積み」（加工したもの）とがある。化粧目地仕上げは、一般に沈み目地（幅6mm）とする。

意匠図（いしょうず）一般に、配置図、平面図、立面図、断面図、矩計図（断面詳細図）、各種詳細図が含まれる。意匠図に対して、構造図、設備関連図等の言葉がある。

いすか継ぎ［鶍継ぎ］木材の継手・仕口の一種。接合する2面または3面が交差して取り付けられるもの。天井格縁（ごうぶち）、破風板（はふいた）、根太（ねだ）などに用いられる。鶍（いすか）は、雀（すずめ）より大きな鳥で、両くちばしは湾曲交差し、マツの実などをついばむのに適する。→図-継手と仕口（228頁）

椅子の支持面のプロトタイプ 機能面からみれば、作業椅子、軽作業椅子、軽休息椅子、休息椅子、頭もたれ付き椅子の5タイプに分けられる。それは人間が椅子に腰掛けたときの身体の支持のしかたの違いによって分けられる。最終安定姿勢時における一連の椅子の機能について、適切な寸法・角度・形状を表したものをいう。→最終安定姿勢

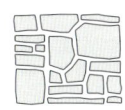

| 加工板石の小口張り | 玉石積み | 野石の練積み | 小口を混ぜた整形張り | 乱層積み |

石積み

いすらむ

	作業系 ←→ 休息系					
角度	95°～105°	100°～105°	105°～110°	110°～115°	115°～123° (まくら付)	*オットマンが付くFL 15°～23°
	0°～5°	5°	5°～10°	10°～15°		
座面高(mm)	370～400	350～380	330～360	280～340	210～240	
種類	作業椅子(事務用椅子/学校用椅子)	軽作業用椅子(食事用椅子/会議用椅子)	軽休憩椅子(応接会議椅子/喫茶用椅子)	休憩椅子(ソファー/安楽椅子)	まくら付休憩椅子(リクライニングシート/ハイバックチェアー)	

高い	座面高（席から座位基準点まで）	小さい
水平	席面角度	大
小さい	席面と背もたれ角度	大きい
小さい	支持面	大きい

単位：mm

椅子の支持面のプロトタイプ

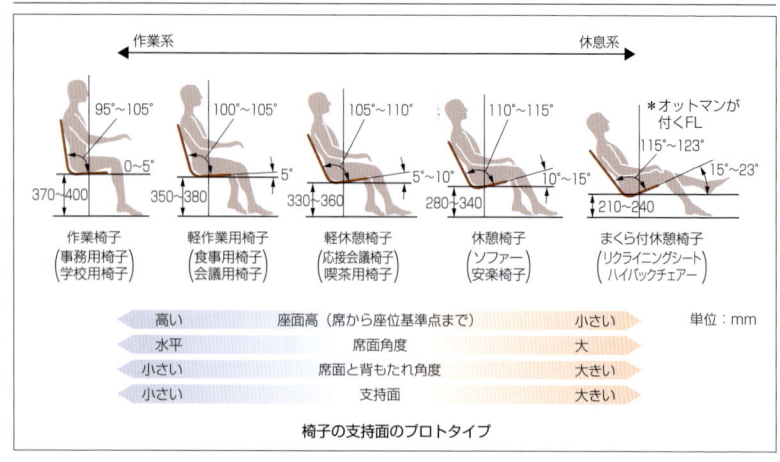

イスラム様式［Islam style］7世紀以降、オリエント、アジア、北アフリカ、スペイン南部に広まったイスラム教徒の建築等に用いられた装飾。特に、「アラベスク」と呼ばれる幾何学的な装飾、人や動物の彫刻、植物の文様や半円形のアーチ（開口部上部の構造部）などがあげられる。→文様

板戸 框（かまち）と桟の枠組に板を張り付けたもので、開き戸や引戸に用いられる。

板目 木材組織の部分名称の一。年輪の切線方向に切った面をさし、木目が不規則に表れているもの。材質は狂いが大きいが、幅広の材が可能。→柾目（まさめ）

イタリアン・モダン［Italian modern］20世紀初頭ミラノを中心に起こった芸術的な運動。未来派（機械を賛美する芸術と呼ばれた）にあり、芸術的な表現として、時間の形象化と運動感の表現を志向した。無思想ではなく、その発想は、形態・色彩・材料と技術に総合された鋭い感性の創造物を生んでいる。

位置誤差 構成材を現場で据え付ける際に生じる誤差。これには墨出し（部材表面に印をつけること）に伴う誤差と、その墨に合わせて構成材を取り付ける際にも生ずる双方の誤差が含まれる。→誤差

一酸化炭素 燃焼器具の不完全燃焼の際に発生し、人間の血液中のヘモグロビンと結合し強い毒性を発揮する。建築基準法等で室内の一酸化炭素(CO)の含有率は10ppm(＝0.001%)以下と定められている。

1消点透視法 「平行透視図」とも呼ばれ、対象物を正面から見て表現してゆく画法。床面と天井面は水平に壁面は垂直となり、各直線群は延長すると必ず1点に交わる。この点を消点(VP)という。

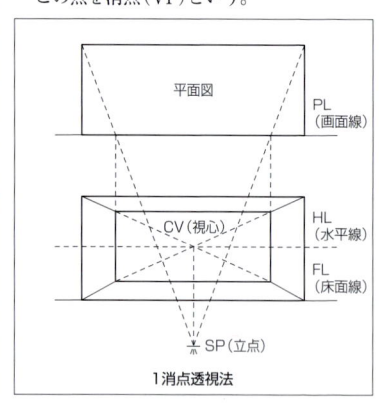

1消点透視法

一点鎖線 図形や物の大きさ（柱の太さや壁の厚みなど）の中心を表すのに用いる。太い、細いの2種がある。→表-線②③（205～206頁）

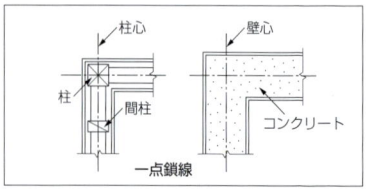

一点鎖線

糸面（いとめん）柱や板などの角を細く糸幅のように削ること、または削られた面をさす。この反対を「大面（おおめん）」という。→図・面取り（292頁）

田舎間（いなかま）⇒関東間

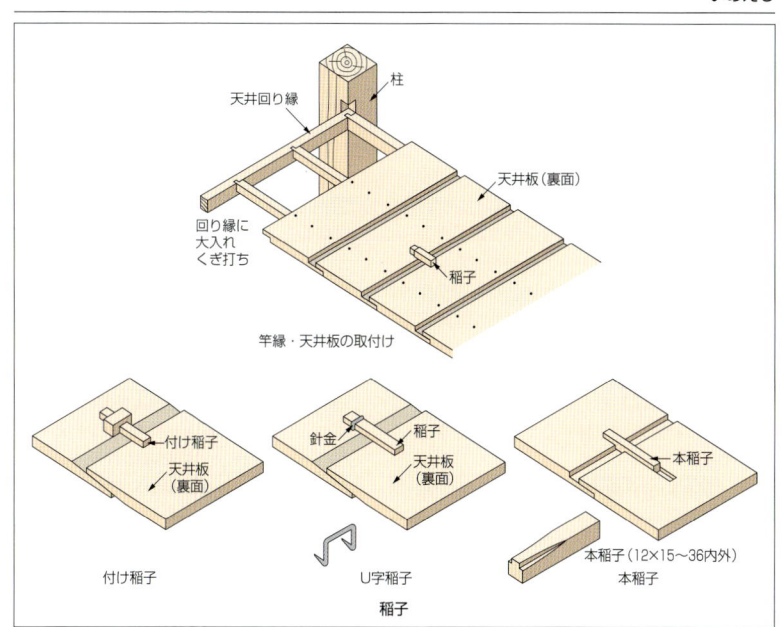

稲子（いなご）天井仕上げ工事の部材の一つ。竿縁（さおぶち）天井などの天井板の重ね目に，すき間が出るのを防ぐために天井板裏面に取り付けられる。本稲子，付け稲子，金物稲子の3種がある。

稲妻金物（いなずまかなもの）角丁字形の金具で，床の間に軸などを掛けるのに用いられるもの。これを天井回り縁下端に取り付けた無双四分一（むそうしぶいち）または印篭四分一（いんろうしぶいち）に仕込んでゆく。→無双四分一

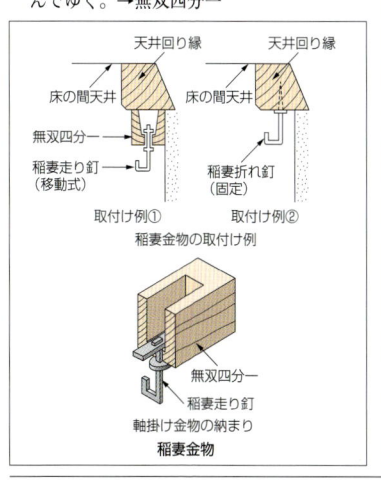

イニシャルコスト［initial cost］建物やインテリアを生産・施工する際に，建物の躯体や仕上げ，設備や備品などにかけられた初期投資をいう。これに対し，それらの維持・管理，運営などにかけられるその後に発生する費用を「ランニングコスト」，あるいは「メンテナンスコスト」という。

居間［living room, siting room］家族の団らんを中心に趣味，接客，休息，家事などさまざまな生活行為が行われる部屋のこと。他の部屋とのつながりから，「ゾーン型」「ホール型」「独立型」のタイプに分けられる。住宅の中で特定の行為に対して対応する部屋が与えられていない場合には，その大半の行為がここで行われる複合機能空間といえる。

イマジネーション［imagination］想像力，想像の所産，構想力の意。

イミテーション［imitation］模倣，模造品，物まねの意。

イメージ［image］人間の頭の中に描かれる印象。人の想像や連想からくる映像，画像，形象，心象など。一般にデザインを行う際に有形，無形にかかわらず頭に浮かびあがるものをさしてイメージと呼ぶこともある。SD法などによって測定することができる。→SD法

イメージスケッチ［image sketch］計画するもののイメージをまとめながらスケッチを繰り返してゆき，漠然としたものから徐々に具体的な計画案としてまとめてゆく過程の中で描かれるもの。

イメージボード［image board］注文主（クライアント）から与えられた条件について，さまざまな発想をしながら条件を満足させたイメージをまとめボードに表現する。表現手法には，図面，スケッチ，写真等を切り貼りして，より具体的にわかりやすく表示する。

イメージマップ［image map］人間が空間をどのように認知しているかを調べる方法の一つ。絵や地図を描かせてイメージを測定する。

いも［芋］いも目地の略称。→図-れんが積み（312頁）

いも継ぎ［芋継ぎ］木造工法の継手の一種。外見は材どうしを突付けのように見えるが，内部に柄（ほぞ）を設け，凹部と結合するもの。→図-継手と仕口（228頁）

いも目地［芋目地］⇒図-れんが積み（311頁）

イラストシート［illustration sheet］⇒イラストボード

イラストパネル［illustration panel］⇒イラストボード

イラストボード［illustration board］イラストレーションボードの略。設計した建築物や室内のイメージを，的確にわかりやすく視覚的情報として説得のためのボード（厚手の台紙を使用したものなど）に表現したもの。「イラストパネル」または「イラストシート」などともいう。

イラストレーションボード［illustration board］⇒イラストボード

入側（いりかわ）伝統的な民家や書院造りなどで，座敷と外部回りとの間に設けられたやや広めの縁側部分のこと（幅1間～1間半程度）。室内側半分に畳などを敷き込むこともある。→縁（えん）

入り皮柱（いりかわばしら）化粧柱の一種。木材の樹幹が損傷を受けて，樹皮の一部が木部の中に入り組むことで趣のある表面をもち，茶室などに使用される。

入り幅木（いりはばき）壁面より引っ込んで幅木を納め，壁面を軽快に見せていること。→出幅木（ではばき），幅木

入母屋（いりもや）屋根形式の一つ。上部を切妻形式とし，その下部の周りに庇（ひさし）をつけたもの。和風外観の建物に利用される。→図-屋根の形状（300頁）

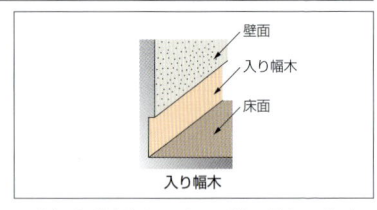

色温度（いろおんど）color temperature
試料光源の光と同一の色度の放射を発する完全放射体（黒色）の絶対温度を，その光の色温度という。一般照明用光源の光色は，ふつう色温度で表され，単位はケルビン（K）が使われる。ちなみにろうそくの光が約1,900K，高度の高い位置にある月が4,200K，曇り空で6,000～8,000Kであり，このことから色温度の低い光源ほど暖かく，逆に高い光源は冷たい印象を人に与える。→光原色

色の感情効果 色は人間にさまざまな感情を与える。最もよく知られるものに温度感覚がある。色相環の赤から橙系統の色は「暖色」（warm color）と呼ばれ，暖かさを感じさせる。またこの反対に青を中心として青緑から青紫系統の色相は冷たさを与えるため「寒色」（cool color）と呼ばれる。両者の中間の緑や紫については，暖かさも冷たさも感じさせず「中性色・中間色」という。この寒暖の感情要素は，主として色相の影響による。

色には気持ちをたかぶらせる色と落ち着かせる色がある。興奮・沈静の感情を引き起こす色で，暖色系は「興奮色」，寒色系は「沈静色」であり，一般に彩度が低いと興奮性は弱まる。

同じ距離から見ても，赤や黄色などの暖色は近くに見え，逆に青系統の寒色は遠くに見える。前者を「進出色」，後者を「後退色」というが，これは色相に関連すると同時に，明度あるいは彩度の高い色ほど進出して見える。

明るい色であれば同じ面積でも大きく感じさせ，反対に暗い色は小さく感じさせる。これを「膨張色」「収縮色」といい，明度が関連する。また，明るい色は軽く，暗い色は重く感じさせる軽重感がある。主としてこれは明度によって違うが，同じ明度で

あれば，彩度の高いほうが軽く，低いほうが重く感じられる。
硬軟感は，おもに明度，彩度にかかわり，明度が高い色は軟らかく，低い色は硬い。また，彩度の低い色は軟らかく，高い色は硬い。

色の三属性 色の性質を示す要素として，色合いの違いを示す「色相」(hue)，明るさの度合いを表す「明度」(value)，色の鮮やかさを示す「彩度」(chroma) の3つをいう。

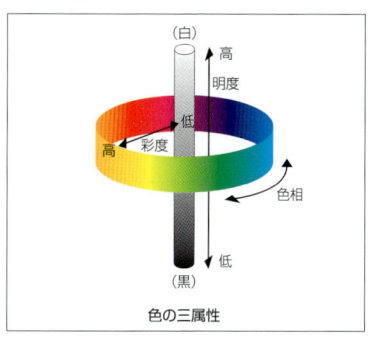

色の三属性

色の視認性 色の存在が目に認められやすさの程度をいう。色によっては遠くまではっきり見える色とそうでない色とがあるが，これは対象（図の色）とする色と背景の色（地の色）との関連により異なり，一般に地の色と図の色の三属性の差が大きいほど視認性は高い。

色の対比 2つの色が相互に影響し合って，その違いが強調されて見える現象をいう。これには同時に2つ以上の色を見るときに生じる「同時対比」と，ある色を見てから，すぐにほかの色を見たときに起こる「継時対比」とがある。また原理的には，色相対比，明度対比，彩度対比，補色対比などがあげられる。

色の同化 色が他の色に囲まれている場合，囲まれた色がそのまわりの色に近づいて見える現象をいう。同化は色が近づいて見えることから，囲まれた色の面積が小さいときや，囲まれた色が周囲の色と類似しているとき，2つの色が縞（しま）模様をしているときなどに起こる。

色モルタル仕上げ 左官仕上げの一種。着色したモルタルを塗ること。下地はメタルラスまたはワイヤーラスを使用する。→モルタル塗り

色立体（いろりったい）色を表すには，色相，明度，彩度の3つの要素が必要で，これらを規則的に系統だって配列し，3次元の立体的な形に表したもの。一般には縦軸を中心に明度軸とし，この周囲に色相を配列，中心軸からの距離を彩度として表す。

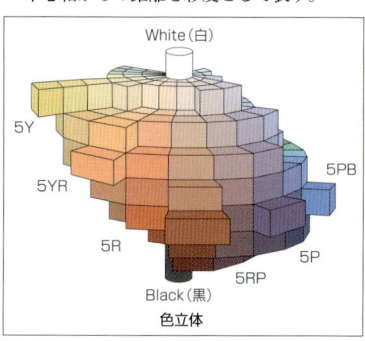

色立体

イングルヌック［ingle nook］炉辺の意。暖炉脇の小さくて暖かな場所。

インシュレーションボード［insulation board］「軟質繊維板」のこと。軽量で加工性に富み，断熱・遮音・吸音性が大きく，湿度により多少の伸縮がある。大きさ寸法は，303×606mm，厚さは9，12mmで，おもに天井に用いられる。

インスタントレタリング［instant lettering］製図表現に際し，室名，図面タイトル名，樹木などが印刷されたシート（片面に接着処理されたもの）を所定の場所に置き，圧着してゆくもの。

インターフェイス［interface］物と物との取合い，接点，境界面，接触面などをいう。インテリアの施工等において，異業種によって設計・施工されるエレメントとエレメントの取合いをいう。また，人間と物との接点なども「ヒューマンインターフェイス」といい，例えば，コンピューターの操作を行うキーボードやVDTディスプレーは人間工学的考慮が必要とされる。

インターホン［interphone］NTTなどの外線と接続しない構内専用の電話設備の総称。

インダクションユニット方式 送られてきた冷温風をノズルから吹き出し，生じた誘引気流を熱交換装置に通して室内の温湿度調節を行う機器をインダクション（誘引）ユニットという。これを用いた空調方式で，個室の多い建物やペリメーターゾーンに使われる。「誘引ユニット方式」ともいう。

インダストリアルデザイン［industrial design］工業設計，工業デザイン。近代の工業生産技術方式によって生み出される各種の製品にかかわるデザイン。視覚伝達（ビジュアルデザイン）から始まり，電化製品，家具，車両デザインなどの生産（プロダクト）デザインまで広範囲にまたがる。「ID」とも略す。

インテリア［interior］室内の意。建築物の内部，特に使用者・利用者と密接に関連する場面の多い室の内部をさす。単なる室そのものではなく，室に配置または装備されたもの（家具，造付け設備類など）や室をより装飾的にするものなどが含まれる。

インテリアエレメント［interior element］室内要素の意。室に配置される装備・装置類や小物類などが含まれる。例えば，家具，カーテン，カーペット，暖炉，照明器具やインテリアグリーン，絵画，インテリアアクセント（小物類）などがある。

インテリアコーディネーター［interior coordinator］インテリアエレメントの流通過程において，消費者に対し商品選択，インテリアの総合的構成などについて，適切な助言提案を行う者。経済産業省大臣により「インテリア計画に係る消費者相談業務に関する知識及び技能審査事業」を行う機関として認定された社団法人インテリア産業協会の実施するインテリアコーディネーターの資格試験は，第1次筆記試験として「インテリア商品と販売の基礎知識」と「インテリア計画と技術の基礎知識」が毎年10月に，第2次試験として「論文試験」と「プレゼンテーション試験」が毎年12月に行われる。

インテリアゾーン［interior zone］事務所などの広い部屋で，外壁窓側から3～6m以上離れた部分。日射の影響や外壁の熱的影響が少ないので，冷暖房負荷の計算時には別に計算する。→ペリメーターゾーン

インテリアデコレーション［interior decoration］室内装飾。すでに計画されたインテリア空間領域内について，インテリア様式などの知識や技能に基づいて，仕上げ方法や材料の選定，家具・照明・カーテン・カーペットなどインテリアエレメントの選択を行うこと。西欧ではインテリアの職能として成り立っている。

インテリアデザイナー［interior designer］インテリア空間およびインテリアエレメントなどインテリアにかかわり，暮らし方や生活のあり方について提案してゆく設計者。インテリアのデザインイメージおよび企画・立案，インテリアの設計図書の作成，工事監理などが主たる業務となる。

インテリアプランナー［interior planner］インテリアの設計などに従事する者の知識および技能の水準についての審査，証明業務のうち，国として奨励すべきものを国土交通大臣が認定する制度で，財団法人建築教育普及センターが実施するインテリアプランナー資格試験に合格し登録を受けた者。1987年より実施されている。

インテリアプランニング［interior planning］インテリア空間全般における設計計画を総称。設計プロセスにおいて，一つ一つの内部空間を取りあげて部屋の形状や具体的寸法，さらに部屋どうしのつながりや部屋と外部空間との結合部である出入口，窓などの開口部の位置や大きさを検討，決定する段階をさす。

インテリジェントビル［intelligent building］高度な情報通信機能を備えたビル。例えば，①空調，照明，防災などのビルオートメーション，②通信回線，光ファイバーによるLANなどのテレコミュニケーション，③OA機器導入によるオフィスオートメーションなど。「スマートビル」ともいう。

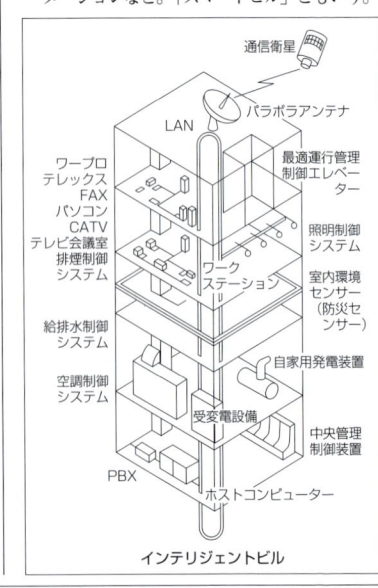

インテリジェントビル

インバーター［inverter］現在，家庭で使われている電気は50Hz/60Hzの交流であり，これをより高い周波数に変換する装置をいう。蛍光ランプなどを点灯させる場合，最近はインバーター安定器が使われているが，従来型安定器に比べランプ効率アップやちらつきカット，50Hz/60Hz共用などの特長をもつ。→安定器

飲料水 飲料用に適する水，または適するように処理した水。法的には，水道法などで定める水質基準を満たした水をいう。

う

ヴァナキュラー［vernacular］もともとは教会で用いられる「俗な」という意味。日本語では土着，土俗，風土的のことで，建築・デザイン分野では民衆・大衆のデザインのこと。地域や民族に固有な，というニュアンスも含まれる。

ヴィスタ［vista 伊］眺望，見通した景色。都市景観で使われる言葉。

ウィリアムアンドメリー様式［William and Mary style］イギリス，スチュアート朝の王ウィリアム3世（在位1689～1702）の時代の様式。オランダ総督であったため，オランダの影響を受けており，背の高い椅子，布や皮を上張りしたものなどがある。

ウィリアムアンドメリー様式

ウインドーファン［window fan］換気扇を組み込んだ箱状機器で，窓部に取り付けられ，夏期の夜間，少し開けた窓から冷気を取り入れるために使用される。

ウェーバーフェヒナーの法則［Weber-Fechner's law］人間が刺激を受けたとき，その刺激の大きさと感覚との関係を量的に示す法則。刺激量を増大させると感覚量も大きくなるものの，感覚の増加の度合いは次第に弱まっていく。音の単位デシベル（dB）は，この法則に基づいて定められており，例えば，10倍の音のエネルギーに対し，人間の耳には10倍の音の大きさとして，100倍のエネルギーに対しては20倍，1,000倍は30倍の大きさとして感じる。

ヴェルサイユ宮殿 パリの西南近郊のヴェルサイユにあるルイ王朝の大宮殿。1624～68年以降に拡張された後期バロック様式の代表とされ，ヨーロッパ諸国の宮殿建築に多大の影響を与えた。

ヴォイド［void］空間，すき間の意。人間が内から認知できる立体的空間をヴォイド（空）なる空間と呼ぶ。→ソリッド

ウォークインクロゼット［walk in closet］クロゼットとは納戸・戸棚，小私室，便所などのこと。これに衣装収納を兼ねた更衣室をいう。

ウォーターハンマー［water hammer］給排水管中のある流速の水が急停止した時，圧力波や騒音が生じる現象。水の運動エネルギーが瞬時に圧力エネルギーに変換され管に伝わる。シングルレバー給水栓や全自動洗濯機の電磁弁等が原因となりやすい。防止策は，エアーチャンバーやベローズ型防止器具の利用などである。

ヴォールト［vault］円弧状（アーチ）の形をもとに構成された曲面状天井のことをいう。

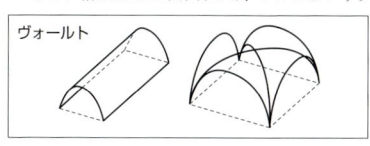

ヴォールト

ウォールユニット［wall unit］部屋の大きさに相当する建築部品（構成材）で，壁形にあらかじめ工場で組み立てられた状態のもの。キッチンユニット，収納壁面などがこれに当たる。→スペースユニット

ウォールユニット

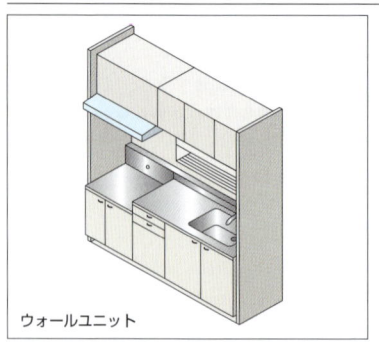

ウォッペ指数 発熱量と比重から計算される都市ガス分類のための指数。ガス事業法では、都市ガスの$1m^3$当たりの発熱量を、空気に対する比重の平方根で除したものをいう。指数が大きいほど、発熱量が大きいことになる。

ウォルナット [walnut] 広葉樹の一種。産地はアメリカ東部諸州、心材は深褐色、辺材は淡色でやや重くて（比重0.57）強固、耐久性に優れ家具材や上等な内装材となる。

浮き床工法 床に生じた衝撃音を階下に伝わらせないように、コンクリート床スラブの上にグラスウールなどの緩衝材を敷き詰め、その上にもう一層コンクリート床を打設するなどの床工法。

鶯色（うぐいすいろ）⇒表慣用色名（132頁）
請負契約書 ⇒工事請負契約書
鬱金色（うこんいろ）⇒表慣用色名（132頁）
雨水（うすい）汚水、雑排水、特殊排水以外の排水。屋根、屋上、バルコニー、敷地内などの雨水による排水をいう。

渦巻き（うずまき）石材研磨用の渦巻き機の略。円盤で荒削りした板石にさらに磨きをかけるのに用いられるもの。

打ち継ぎ（うちつぎ）コンクリート工事において、コンクリート打ちを中断し、次にコンクリート打ちをしたその継目部分をさしていう。

内法（うちのり）対向または対面する2つの部材の内側から内側までの距離をさす。「内法高」や「内法幅」の略称として用いられる。これに対し、外側で表示することを「外法（そとのり）」、柱や壁の中心間での表示を「心々（しんしん）」と呼ぶ。インテリア空間では建築躯体などの内側に基準面をおいて、内法で表示すれば壁厚や柱を考慮しなくてもよい。

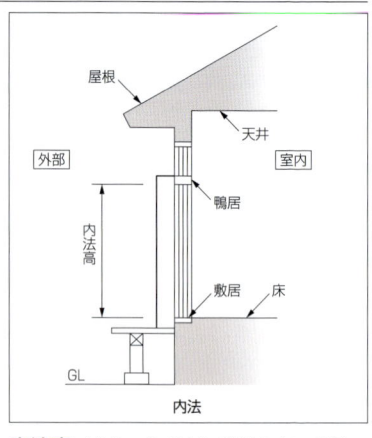

内法高（うちのりだか）建具などの敷居の上端から鴨居（かもい）の下端までの垂直距離をさす。

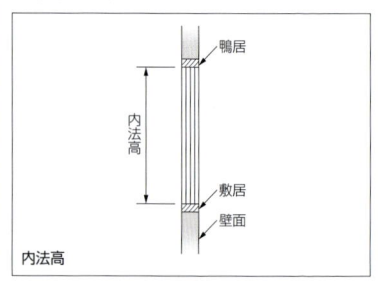

内法貫（うちのりぬき）伝統的な木造建築の壁面に使用される構成部材の一種。貫は木造真壁（しんかべ）造りで柱を貫いて相互につないでゆく横木のこと。窓や出入口の上端に位置する鴨居（かもい）のすぐ上に設けられる。

内法柱間制（うちのりはしらませい）⇒畳割り

内法幅（うちのりはば）建具などのたて枠の内部面から対向するたて枠の内部面までの水平距離をさす。

打放しコンクリート [architectural concrete, fair-faced concrete] コンクリート構造で、型枠をはずしたそのままのコンクリート表面を仕上げ面としたコンクリート。

馬乗り目地（うまのりめじ）タイル張り，れんが積みなどの目地の一種で，隣り合う目地が垂直に連続しないもの。「馬踏み目地」「破れ目地」ともいう。一般に目地幅は，部材1個当たりの大きさが大きくなれば広く仕上げる。→図-れんが積み（312頁）

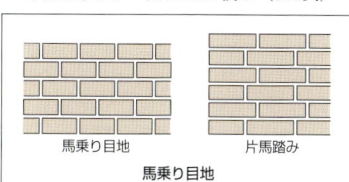

馬乗り目地　　片馬踏み
馬乗り目地

馬踏み目地（うまふみめじ）⇒馬乗り目地
埋め樫（うめがし）敷居の溝底に摩耗を防ぎ，戸の滑りをよくするために埋められた細いカシの木のこと。平らな鉄板なども用

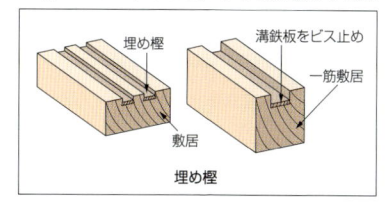

埋め樫　　溝鉄板をビス止め
　　　　　一筋敷居
敷居
埋め樫

いられていたが，今日では，プラスチック製の敷居すべりなどを接着することが多い。→敷居

埋込み式浴槽　洗い場の床レベルに近い高さまで上縁面を深く埋め込んだ浴槽。あまり広くない住宅の浴室においては，洗い場の飛まつが浴槽に入ったり，高齢者や幼児は転落の危険があるので，あまり採用されない設置方法。

ウレタンクリア［Urethan clear］塗料の一種。木質部に利用されるもので，透明で耐久性がある。特に，テーブルの甲板などには適している。「ポリウレタンクリアラッカー塗り」ともいう。

上塗り　左官工事や塗装工事において，最後に仕上げて塗る層のこと。例えばプラスター塗り（コンクリート下地の場合）では，①下地の処理→②下塗り→③中塗り→④上塗り（中塗りの水引き状態（乾燥の度合い）を見計らい，金ごてでこて押え十分に塗り付け，水ばけで仕上げる）。

上端（うわば）部材や部品の上部のある部分をさす。反対を「下端（したば）」という。→天端（てんば）

え

エアーコンプレッサー［air compressor］内燃機関や電動モーターを使って空気を圧縮して必要な圧力を得る機器。圧縮方法には，往復式，回転式，遠心式などの種類がある。「空気圧縮機」ともいう。

エアーチャンバー［air chamber］ウォーターハンマーを防止するため設けられる配管中の空気溜まりとなる部分。空気は衝撃吸収の役割を果たすが，長い間に空気が水に溶けてなくなることがある。そのため，最近はあまり用いられない。

エアコン　⇒ルームエアコン

エアブラッシュ［air brush］ポスター類やパース（透視図）などの描画の一手法。液体状の絵具を圧縮空気により先端のノズルから霧状に噴出させ，淡い中間調の濃淡を表現する。

AE剤［air-entrained agent］コンクリート混和剤の一種。コンクリートの中に微細な気泡を含ませてゆく表面活性剤。

ALC製品［Autoclaved light-weight concrete］気泡コンクリート（内部に多量の小気泡を含ませた多孔質コンクリート）のこと。軽量，耐火，断熱などの優れた性能をもち，床，壁，屋根などに利用される材。

AVルーム　オーディオ・ビデオ機器などを用いた視聴覚を重視した部屋。防音性能などに配慮。

エクステリア［exterior］外の，外側の意で，外部，外装，外観をさし，インテリアに属さない門や塀などの外回りをいう。インテリア（室内）に対する語。→エクステリアエレメント販

エコー［echo］⇒反響

SRC構造［steel framed reinforced concrete structure］⇒鉄骨鉄筋コンクリート構造

エスキス［esquisse 仏］設計・デザインの構想をまとめるために書かれるスケッチ。フリーハンドで立体的に書いたり平面的に書かれたりする。→フリーハンドスケッチ

えすそう

S造［steel structure］⇒鉄骨構造

SD法［semantic differential method］相反に背反する意味をもつ形容詞、「冷たい←→暖かい」、「明るい←→暗い」、「良い←→悪い」などを用いて、5～7段階評価によるイメージ調査方法。結果を単純集計すると簡単なイメージの全体像が理解できる。因子分析法を用いるとイメージのもつ構造的な内容が把握可能となる。

Sトラップ サイホン型の排水トラップの一種。排水管の一部をS字を横にした形に曲げてトラップとしたもの。洗面器や大便器、洗濯流し（スロップシンク）などの排水口に接続して床排水する。

SP［standing point］透視図法で、その場に立って見る位置、立脚点（立点）のこと。

エゾマツ［蝦夷松］針葉樹の一種。心材は淡褐色、木理（もくり）通直で軽柔かつ弾力性をもつ。肌目が美しく、音響の効果に優れる。ピアノの響板、バイオリン、ギターなどに用いられる。構造材一般に使用。

HIDランプ［high intensity discharge lamp］高輝度放電ランプの略。高圧水銀ランプ、メタルハライドランプ、高圧ナトリウムランプの総称。一般に光束（単位時間に流れる光のエネルギー量）が大きく、ランプ寿命の長いことが特長である反面、点灯に安定器を必要とし、またスイッチを入れてから安定した明るさになるまで数分の時間を要する。

HA［home automation］⇒ホームオートメーション

HL［horizon line］地平線（地平面）のこと。

エッチング［etching］銅板を薬品で腐食させて凹版をつくる銅版画の技法の一つ。→リトグラフ

エディキュラ［aedicula ラ］もともとラテン語で小さな家、小神殿の意味。円柱を立てペディメント（三角形の小屋根）をのせた空間をさす。最近は、大きな空間の中にもう一つ小さな親密感のある空間領域を造り出すための装置の意味として使われる。

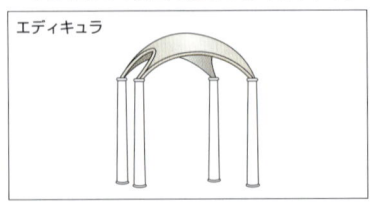

エディキュラ

江戸間（えどま）⇒関東間

江戸紫色（えどむらさきいろ）⇒表-慣用色名（132頁）

エナメル［enamel］ペイントとワニスの中間的なもので、塗膜は光沢が強く装飾用。「エナメルペイント」ともいう。

エナメルペイント［enamel paint］⇒エナメル

海老束（えびづか）床脇に設けられた違い棚の上棚・下棚を支持している垂直材をさす。→図-本床（ほんどこ、285頁）

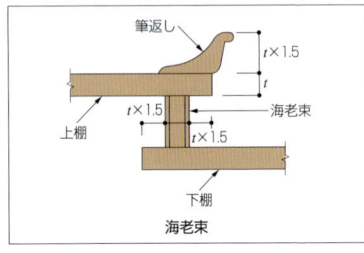

海老束

FF型 ⇒燃焼器具

Fケーブル ⇒VVFケーブル

エプロン［apron］①浴槽の外部の立上り部分。浴槽を据置き型や半埋込み型に設置する場合には、何らかの仕上げが必要になる。②劇場のプロセニアムより前の舞台スペース。③建物の裾付近の舗装された部分。

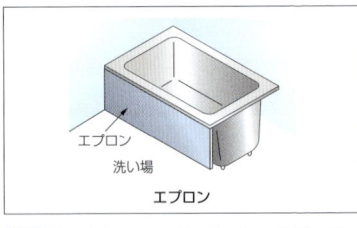

エプロン

MC［modular co-ordination］⇒モデュラーコーディネーション

エリザベス様式［Elizabethan style］イギリスのエリザベス1世時代（1558～1603）の様式。ゴシック様式が残り、直線構成を基調とし、単純な構造と実用性を重視した。

L形配列 厨房機器の配列形式の一つ。ワークトップがL字形に曲がり、シンクと加熱調理機器が分離して配置される形式。I形配列に比べると、調理時の作業者の移動距離がやや少なくなる。

エルゴノミクス［ergonomics］人間工学の意。主としてヨーロッパで使われる。ギリシア語でのErgon（仕事）とnomos（管理、

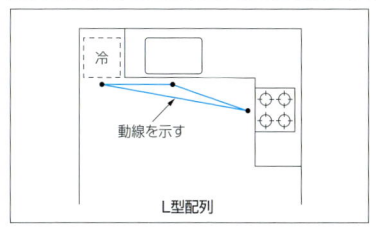

法則）の二つの言葉を組み合わせてできた造語。→人間工学，ヒューマンファクターズエンジニアリング

L(字)型家具配置 応接，団らんに際して，ソファー，安楽椅子を平面的にL字に配置するレイアウト。対向型家具配置がやや形式ばっているのに対して，くつろいだ（アットホームな）雰囲気づくりに役立つ。

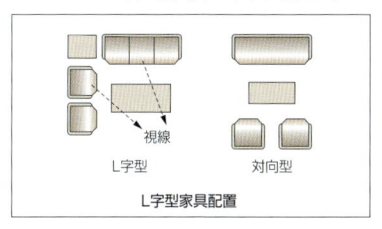

L続き間型住居 現代日本の住居形式にみられる平面形式の一つ。和室2室の続き間をもつものと団らんの場が洋室のものとがある。伝統と近代の折衷タイプ。

LDK空間のタイプ LDK（リビングダイニングキッチン）の空間は，基本的にはそれぞれ独立した3つの単位空間の組合せによってつくられている。LDKを一つの空間（部屋）としてまとめ，開放型の調理設備を用いることで，団らんの中に調理作業も一緒に取り込んでいる形式など，多様な生活スタイルを演出できる住空間である。

LPガス [liquefied petroleum gases] プロパンやブタンを加圧して，常温で液化したもの。発熱量が約24,000kcal/m^3と非常に大きく，ボンベに詰めて燃料として使われている。

エレベーション [elevation] ⇒立面図

エレメントボード [element board] インテリア計画で使用されるものをインテリアエレメント（室内要素の意）といい，計画した平面上の家具・照明器具，絵画，植物や小物にいたるまでをボード表現したもの。

エレメントレイアウト [element layout] ⇒ファニチャーレイアウト

縁（えん）居室の内部と外部とをつなぐ部分。「縁側」（座敷等の外回りに通路として設け，庭と室内とを結ぶ重要な接点となる），「広縁」（特に広い縁側のことで，畳を敷き込んだのを「入側（いりかわ）」ともいう），その他には，住居の外部に設けて雨ざらしとなるものに「濡れ縁」がある。濡れ縁には，「榑縁（くれえん）」と「切り目縁」とがある。

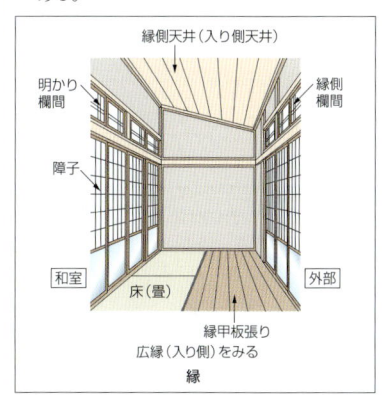

塩化ビニル管 ⇒塩ビ管

塩化ビニルライニング鋼管 鋼管に素材以上の性能を付加するために，内側壁を塩化ビニルで被覆した材料のこと。

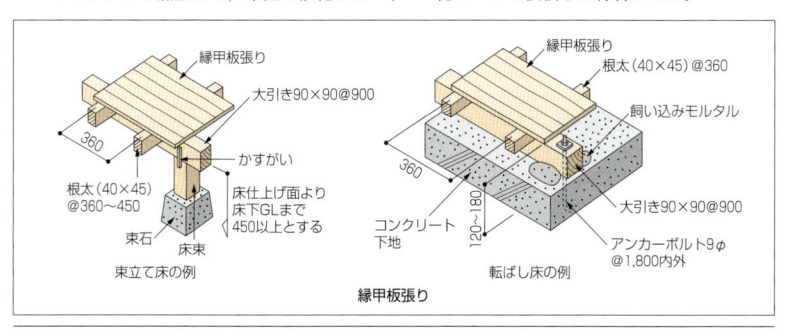

縁甲板（えんこういた）ヒノキ，ナラ，ラワン，アピトンなどが用いられ，床，壁，天井用など広く使用される板。取付けは，釘打ち，目かすがい打ちなど。

縁甲板張り（えんこういたばり）従来から縁側の床仕上材として用いられ，代表的な床仕上げの一つ。張付けには，束（つか）立て床と転（ころ）ばし床の場合がある（113頁参照）。

縁甲板張り①（形状・寸法） (mm)

材料形状	天然乾燥のまま板そばに本実加工したもの 洋風縁甲板のもの［厚18以上 幅100内外］ 和風縁甲板のもの［厚15以上 幅100内外］
使用樹種	・ヒノキ、マツ、スギ ・ブナ、ナラ、サクラ、ラワン、アピトンほか

縁甲板張り②（寸法例） (mm)

名　称	幅×長さ×厚さ
ヒノキ	120×3,650×15 120×4,000×15
アピトン	100×3,650×15 105×3,180×15
ラミンフローリング	100×3,650×15 105×3,650×15

円座（えんざ）菅（すげ），藺（い），蒋（まこも）などの葉を，渦巻きのようにまるく編んで作った敷きもの。経3尺（約900mm），厚さ約1寸（約30mm）。これを織物で包み，縁をつけ，その色によって位の上下の別をつけた。「わらうだ」「藁座（わらざ）」ともいう。

円座

演色性（えんしょくせい）color rendering properties 物の色の見え方は，光源の種類によって異なる。このような物体色の見え方についての光源の性質をいう。一般には平均演色評価数Raを目安にする。最高値がRa100で，例えば白色塗装電球は100。

遠心力ファン ファンの羽根車が回転することによって，空気が中心から半径方向へ流れる形式のファン。遠心力によって圧力が増大するもので，シロッコファン，ターボファンなどの種類がある。

延性（えんせい）物体が，弾性の限界を超えて破壊されずに引き延ばされる性質のこと。

エンタシス［entasis］円柱中央部のふくらんでいる状態をさし，古代ギリシア，ローマの建築に見られる。

エンタルピー［enthalpy］ある温度時における空気など流体中に含まれる熱量をさす。すべての物質は温度変化や状況変化によって熱の出入りがあり，ある条件下での物質のもつ一定の熱量をいう。

鉛丹色（えんたんいろ）⇒表・慣用色名（132頁）

鉛直材 木造建築の構成部材の垂直材をいう。おもな部材には，床束（ゆかづか），柱類（管柱（くだばしら），通し柱，間柱），小屋束（こやづか）などがある。

塩ビ管「塩化ビニル管」のことで，塩化ビニルの重合による熱可塑性樹脂である塩化ビニル樹脂を利用したパイプ。給排水管などに利用され，種類としては，硬質塩化ビニル管，水道用硬質塩化ビニル管，耐熱性硬質塩化ビニル管，耐衝撃性塩化ビニル管などがある。

鉛筆 芯は，黒鉛と粘土により配合され，9Hから8Bまで19種が市販されている。H（Hard）が多いほど粘土の比率が高いので硬く薄い色の芯になり，Bが多いほど黒鉛の比率が高いため軟らかく濃い芯になる。HBとBの間にはF（firm，堅い）がある。

お

追い焚き（おいだき）風呂釜の機能の一つ。浴槽内の湯の温度が下がった場合に，給湯しないで再加熱すること。

横架材（おうかざい）木造建築の構成部材の水平材をいう。基礎から上階に，土台，大引き，根太（ねだ），床板（とこいた），窓台，窓まぐさ，軒桁（のきげた），梁，母屋（もや），棟木（むなぎ）などがある。

黄金比 ある線分を2分したとき，小さい部分と大きい部分との比率が，大きい部分と全体との比率に等しくなる比率。1:1.618…。黄金比を2辺に使った長方形を「黄金比長方形」といい，古代ギリシア以来，建築，工芸の比例として用いられてきた。

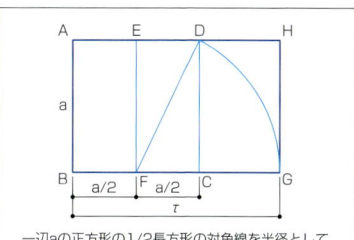

一辺aの正方形の1/2長方形の対角線を半径としてGを求めるとき，[AB/BG＝a/τ＝1/1.618]の黄金比長方形となる。
黄金比

黄金比長方形 ⇒黄金比
黄金分割［golden section］⇒黄金比
大(追)入れ蟻掛け（おおいれありかけ） 木材の接合仕口の一つ。一方の部材端部に逆台形の突出部をつけ，他方の部材に同形の溝を全体に切り欠き差し込んでゆくもの。柱と2階梁などに用いられる。→図-継手と仕口（228頁）
大壁（おおかべ） 木造建築の室内仕上げ構法の一つで，柱を隠して仕上げ，洋風室内に用いられる。→真壁
オーク［white oak, red oak］広葉樹の一種で，産地はアメリカ，材色は白色または帯赤色，日本産のナラ，カシに似る（比重0.71～0.72）。耐久性が強く家具材や上等な内装材となる。

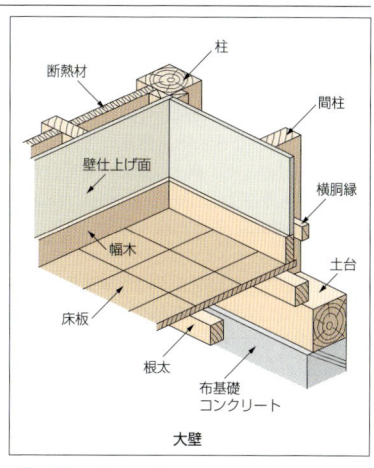

大壁

オーダー［order］ギリシア・ローマ建築に用いられた円柱，エンタブレチュア（屋根をのせかけ柱の上部に設けられた水平部材）の構成の全体をいう。ギリシアのオーダーには，ドリス式，イオニア式，コリント式があり，ローマ建築にはこれらを継承し，トスカーナ式とコンポジット式がある。
オーディトリアム［auditorium］観客席，講堂，公会堂などの意。
オーナメント［ornament］⇒装飾
オーバーフロー［overflow］①シンクなどの水を溜める衛生器具の上縁から水が溢（あふ）れ出すこと。水槽（タンク）類の場合には，オーバーフロー口から水が流れ出すこと。「溢れ」ともいう。②トイレや洗面器を使おうとする際，満員であきらめて立ち去ること。

ドリス式	イオニア式	コリント式	トスカーナ式	コンポジット(複合)式
最も初期のもので，柱頭は単調。縦みぞのある円柱で，柱礎がないのが特徴。	柱頭にある2つの渦巻き模様が特徴。	柱頭はアカンサスの葉の彫刻で装飾されている。	柱身は単調で，縦みぞも彫られていない。	コリント式と似ている。隅は柱に渦巻きの装飾がみられる。

オーダーの種類（左より古い年代から新しい年代へ）

オーバーレイ合板 [overlayed plywood] 合板の表面に各種樹脂(メラミン樹脂や塩化ビニル樹脂)の薄い板や金属板を張ったもの。→表-合板の種類(151頁)

大引き (おおびき) 木造建築の1階床を支える横材のこと。根太(ねだ)を受けるもので、大きさ寸法(mm)は90角、105角、間隔は900mm程度に取り付けられる。→荒床

大引き受け (おおびきうけ) 木造床組の部材の一つ。大引きの端部を支持して柱、間柱に取り付けたもの。→根太(ねだ)掛け

オープン部品 不特定な建物に用いられることを前提として、設計・生産、市販される部品。建築の共通的な要素として、一般性、普遍性をもち、またある範囲の大きさと機能をもつこと、さらにモデュール呼び寸法、標準工法、性能の表示、価格の表示、カタログが用意されていることなどの条件をもつ。→クローズド部品

大面 (おおめん) chamfer 柱などの角を大きく削り取ってある面のこと。→糸面、図-面取り(292頁)

置畳 (おきだたみ) ⇒畳

置床 (おきどこ) 簡易で運搬しやすく、部屋の隅に置いて床の間とするもの。正式に床の間をつくらない和室の隅などに配置する。寸法例には、幅900×奥行330×高さ290mmなど。→図-床の間(241頁)

屋外設置型瞬間湯沸器 屋外に設置され、配管によって必要個所に給湯する瞬間湯沸器。浴槽の追い焚(だ)きができるものと、給湯専用のものとがある。

オクターブ [octave] 周波数の比が2:1になる音程の単位を1オクターブという。音楽ではドレミファソラシドの8度音程を意味する。

屋内消火栓 初期火災を消火するための、ホースによって移動可能な消火設備。消防法によると、屋内消火栓を必要とする対象物の階ごとに、消火栓のホース接続口を中心に半径25mの円内に、対象物のすべての部分が包含されるように配置する。

奥行 [depth] 建物、家具、敷地などの主たる方向から反対側の面までの距離をさす。→間口(まぐち)

奥行知覚 人間の眼の網膜には外界の状態は2次元として映る。しかし人間は物や空間を奥行のある3次元の立体として把握する。こうした知覚現象を「立体視」、あるいは奥行知覚と呼ぶ。これには両眼視差、輻輳(ふくそう)、調節などの生理的な理由のほかに、経験などの判断によって奥行差を生じる。

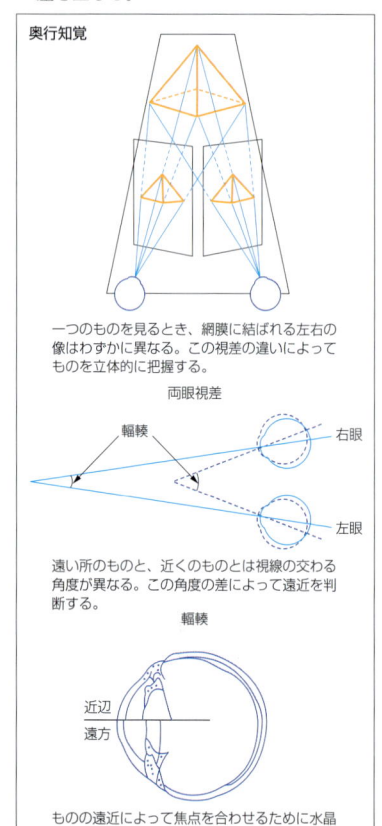

奥行知覚

一つのものを見るとき、網膜に結ばれる左右の像はわずかに異なる。この視差の違いによってものを立体的に把握する。
両眼視差

輻輳　　右眼　　左眼

遠い所のものと、近くのものとは視線の交わる角度が異なる。この角度の差によって遠近を判断する。
輻輳

近辺　遠方

ものの遠近によって焦点を合わせるために水晶体の厚薄さを調節する。このときの眼筋の状態で奥行差を知覚する。
調節

納まり ⇒ディテール

押板 (おしいた) ①床の間の原形といわれ、低い四脚をもった板状の台。奥行は狭く、間口の広いもので、その上に三具足(みつぐそく、香炉、花瓶(けびょう)、燭台の揃いもの)を置き、掛字(おもに文字を書いた掛物)の礼拝を行った。14世紀末から15世紀初頭には、台状の押板は造付けのものとなり、別に棚や書院が設けられるようになった。②開き扉を開閉するために、押す位置に取り付けられる板(プラスチック製、金属製)をさす。

折敷（おしき）薄いヒノキの板を折り回して縁とした角または隅切り形の盆のことで，食器や杯をのせるのに用いた。仕上げは黒塗り，朱色，白木ものなどで，8寸四方のもの（約240mm）を大角，5寸四方のもの（約150mm）を中角といい，足付き，足のないものなどがある。

折敷　隅切り形

押縁（おしぶち）内外装仕上げ工事に用いられる部材の一つ。縦羽目板の継目に打つ目板とか，合板，板類などの継目を押さえ留め付けるための細長い横木のこと。

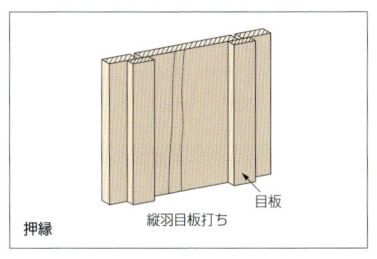

押縁　縦羽目板打ち　目板

汚水　水洗便所等（大小便器，ビデ，汚物流し）から排出される水のこと。下水道設備においては，各家庭などから排出される水全体をさす場合もある。

オストワルト表色系　ドイツの化学者オストワルトによって考案された表色系。まず黄，橙，赤，紫，青，青緑，緑，黄緑の8つの基本色相を3つに分けて24色相とし，黄を1番に順次24までの数字として表している。明度，彩度については白黒の量で等比級数的に表され，アルファベットで記述されるようになっている。表示の方法は色相番号，白色量を表す記号，黒色量を表す記号で連記する。

落し掛け（おとしがけ）床の部分の上部小壁下に架け渡してある横木のことで，小壁塗止りの無目をさす。かつては，落として掛けたともいわれ，古い床の間ほど堅木が使用されていた。今日では，キリやスギ柾などを用い，しゃれた部屋では皮付き丸太や竹を用いる。→図-本床（ほんどこ, 285頁）

音の三属性　耳が知覚し判断できる音の要素として，音の大きさ（振幅），音の高さ（周波数），音色（波形）の3つがある。音の大きさとは，音のエネルギーの大きさで，人間の耳には大小として感じられ，単位はdB（デシベル）で表す。音の高さとは，音の波が1秒間に振動する回数で，周波数の大きい音は人間の耳に高い音として聞え，小さい音は低く聞える。周波数を表す単位はHz（ヘルツ）。音色は，人間の耳には快い，悪い，かたいなどの感覚を呼び起こす。

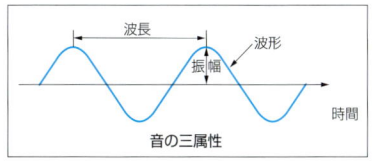

音の三属性

音の性質　音がある物体にぶつかることを入射という。入射した音は一部反射し，一部はその物体に吸収され，一部は透過する。こうした伝わり方のほか，音は屈折，回折，共鳴（共振）などの性質をもつ。

反射（率）：音エネルギーがある物体に入射し，はね返る状態をさし，反射する音の量は，物体の質量が大きく，凹凸が少ないなど表面積が小さいものほど多くなる。どの程度反射するかを表す単位が反射率で，反

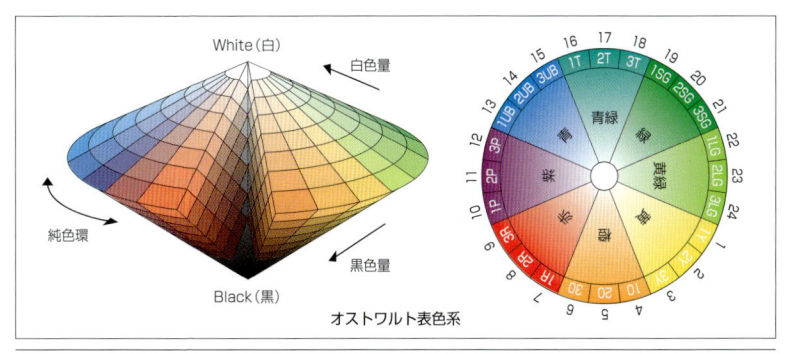

オストワルト表色系

射率＝反射の音エネルギー／入射の音エネルギーで示し，反射率が大きいほどその物体は反射しやすいことを表す。

透過（率）：音エネルギーが物体の中を通り抜ける状態で，一つは物体内の細かいすき間を抜ける場合と，もう一つは入射によって遮へい物が振動し，2次音源となって再放射される場合とがある。透過される音の量は，透過率＝透過する音のエネルギー・入射の音エネルギーで表され，物体の密度が粗いほど透過する音のエネルギーは大きく，透過率も大きい。

吸収（率）：音エネルギーが異なる物体に当たったとき，物体の摩擦や振動によって，音エネルギーが主として熱エネルギーなどに変換し音エネルギーが減少する状態で，吸音の量は，吸音率＝吸収された音エネルギー（入射エネルギー―反射エネルギー）／入射の音エネルギーで表される。吸音は反射とは逆に，面密度が高く多孔質な物質ほど吸収されやすく，吸音率も大きい。

屈折：光と同様に，音エネルギーが物体にぶつかったとき，伝搬速度の違いによってその中を曲がって通っていく現象。

回折：音が遮へい物でさえぎられた後も，進行方向を変えて，裏側にまで回り込む現象。回折によって伝わる音の量は，遮へい物の幅が大きいほど小さくなる。

共鳴（共振）：物体は特定の周波数に対して共振する性質をもち，これを「共振周波数」と呼ぶ。物をたたくと特定の音が発せられるが，これが共振周波数で，音の場合，これを共鳴という。弦楽器などは弦の共振周波数の振動で胴を共鳴させて大きな音にする。

踊り場（おどりば）階段の途中に設けられた踏面（ふみづら）の広い段をさす。危険防止や休息のために設けるもので，階段の高さが4mを超えるものは，4m以内ごとに踏み幅1.2m以上の踊り場を設けること（令第24条）。

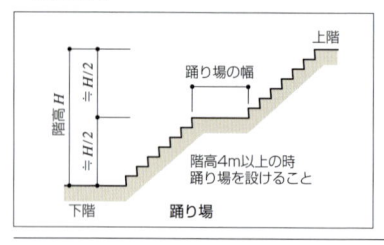

オフコン オフィスコンピューターの略。最近ではパソコンが小型化・高性能化して，オフコンとの区別ははっきりしない。

オブジェ [objet 仏] 物，事物，対象，または前衛美術で幻想的効果を与えるために用いられるさまざまな素材。

オフホワイト [off white] ごくわずかに色味を帯びた明るい白色。

オポジション [opposition] ⇒リズム

折り上げ天井 天井の中央部を天井回り縁より丸形に湾曲させて高く仕上げたもの。

オリジナリティ [originality] 独創性，創造性の意。

オリジナル [original] 複製に対する原作，原画の意で，独創的な目新しいものをさす。

織部板（おりべいた）⇒織部床

織部床（おりべどこ）簡略な床の間形式の一つ。天井回り縁の下の柱と柱の間に化粧板（幅180～210mm程度）を取り付け，軸掛け用の釘を打ったもの（この化粧板を「織部板」「錦板」ともいう）。→図・床の間（241頁）

温水洗浄便座 便座に温水を作って局所を洗浄する機能をもたせたもの。その他にも，便座の暖房，洗浄後の温風乾燥，便所全体の冷暖房などの機能の付加した便座もある。

温水暖房 室内に設置した熱交換器に温水を送り暖房する方式。運転音が静かで，配管も細くフレキシブルなため，住宅のセントラルヒーティングに広く使われている。

温度 温冷の度合いを数値的に示す量。セ（摂）氏目盛（記号℃）と，カ（華）氏目盛（記号°F）の2つがある。セ氏は氷点を0°，沸点を100°と設定し，カ氏は氷点を32°，沸点を212°としたもの。セ氏とカ氏の目盛の関係は，$F = 9/5C + 32°$ また，気体の熱膨張の法則に基づいて定めた熱力学的温度目盛を「絶対温度」（記号°K）という。

温熱（度）感覚の四要素 暑さ，寒さなど人間の温度（温熱）感覚は，温度のみならず，湿度，気流，放射（周壁面温度）の4つの要素によって左右される。

温風暖房 中央装置で温風をつくり，ダクト（風道）を通じて各室の吹出し口から供給して暖房する方式。湿度調整や換気を併わせて行うことができるが，小規模な住宅では機器やダクトの設置が難しいため使用例は少ない。

か

カーテンウォール［curtain wall］建築物の外壁面やインテリアの間仕切り区画として設けられた重力などを受けない壁。「帳壁」ともいう。

ガーデンクォーター［garden quarter］タイル・れんが床張り模様（パターン）の一つ。その他に「ガーデン網代（あじろ）」「ガーデン馬踏み」などの模様（パターン）がある。

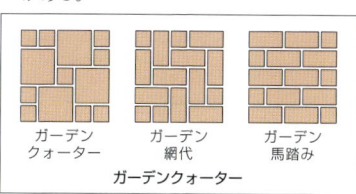

ガーデンクォーター

カーポート［car port］簡単な屋根だけを設けた車庫をいう。これに対し「ガレージ」は自動車を格納するための建物をいう。

カーボランダム［carborundum］研磨または耐火材料に使用されるもので、電気炉でつくった濃緑色または黒色の結晶で硬度が大きいもの。

外形線 対象物の見える部分の形状を表すもの。建築図面では、断面部の表示は極太線とし、単に見える部分は前者より細く表す。→表・線③（206頁）

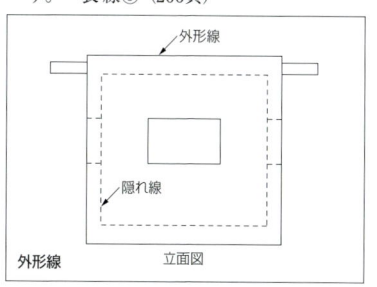

外形線

開口部の断面表示記号 ⇒建具表示記号
開口部の立面表示記号 ⇒建具表示記号
会所桝（かいしょます）敷地内の排水管の接合部などの要所に設けられるます。排水管を詰まらせるようなものを分離し、排水管の掃除、点検をしやすくする。雨水ます、トラップますもこの一種。

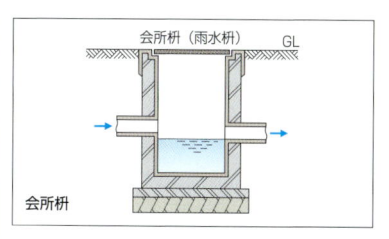

会所桝

階高（かいだか）ある階の水平面から、その直上階の水平面までの高さをさす。例えば1階の仕上げ床（上面）から2階の仕上げ床（上面）までの垂直方向の距離をいう。→天井高

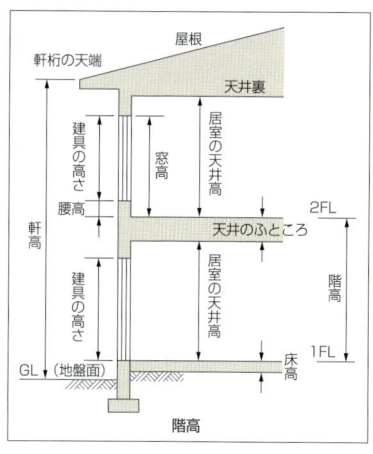

階高

階段［stair, staircase］建築基準法によれば住宅の階段の寸法は踏面（ふみづら）15cm以上、蹴上げ（けあげ）23cm以下となっている（令第23条）。勾配は通常40度以下、30～35度程度が適当。タイプによって直通、L型、U型、曲線（らせん）などがある。→階段の寸法 販

階段

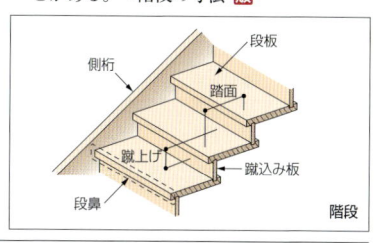

階段室型集合住宅 集合住宅における住棟の平面形式からみた分類の一つ。1つの階段をはさんで左右に2つの住戸が配置された形式。中層アパートに多く、通路面積が節約できて、しかも各住戸の採光、通風、プライバシー（独立性）の点で有利となる。

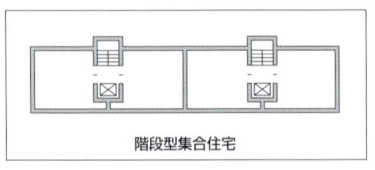

階段型集合住宅

階段の分類 階段は上下階をつなぐ通路で、入口階段（外部から建物に入る）と室内階段とがある。

　平面形式による分類：直通階段，矩折（かねおり）階段，回り階段，折返し階段，らせん階段など。

　構法形式による分類：おもに木造の場合、箱階段、側桁（がわげた）階段、力桁（ちからげた）階段、ささら桁階段などがあり、その他材料別にコンクリート製、鉄製などがある。

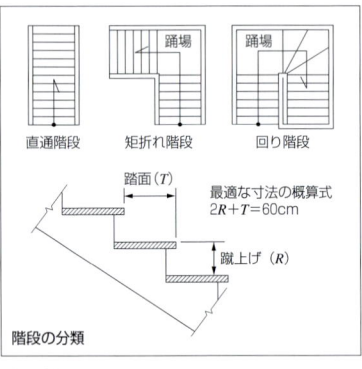

直通階段　矩折れ階段　回り階段

踏面(T)　最適な寸法の概算式　$2R+T=60cm$　蹴上げ(R)

階段の分類

快適性 [amenity] 生理的側面と心理的側面がある。インテリア空間において生理的側面に影響を与える条件としては、気温、湿度、気流、ふく射熱などの温熱環境的な条件のほかに、騒音・振動、明るさ、臭気などがある。心理的側面とは、精神的ストレス、安心感、個別性への対応、プライバシーの確保、使い勝手の良さなどの要素が含まれて成り立つ。最近では社会性や文化性などを含んで「アメニティー」の言葉が使われている。→アメニティー

外部仕上げ 建物の外部にあって見える部分の仕上げのこと。木造建築では外壁、窓、樋（とい）、妻板、屋根など、コンクリート造建築ではカーテンウォール、アルミスパンドレルなどがある。

界壁 （かいへき）party wall 共同住宅や連続住宅の各住戸間を区切っている壁をさし、建築法規上で用いられている。「戸境壁（こざかいかべ）」ともいう。

開放型燃焼器具 ⇒燃焼器具

カエデ ［楓］広葉樹の一種。材色は淡褐色を帯び、重硬でじん性（粘り強いこと）をもち加工しにくい。建築家具、装飾材に用いられる。

鏡板 （かがみいた）腰壁、扉、天井などの枠や額縁の中にはめ込んである平滑な一枚板をいう。

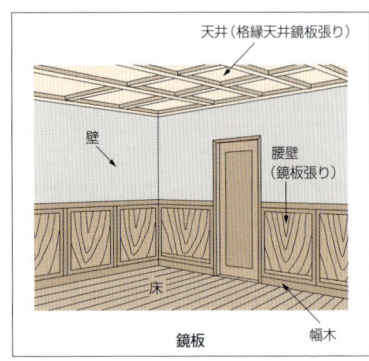

天井（格縁天井鏡板張り）
壁
腰壁（鏡板張り）
床
鏡板　幅木

鏡戸 （かがみど）ケヤキの杢（もく）目板などの一枚板をはめ込んだ板戸のことで、最近では化粧合板等が用いられている。

掻き落し仕上げ （かきおとししあげ）左官工事の一つ。普通セメントまたは白色セメントと粗面仕上材料とを塗り合わせる。次に、中塗りの上に塗り厚6mm以上塗ったのち、こて、金ぐし、ブラシなどでむらなく掻き落とし粗面に仕上げるもの。「掻き落し粗面仕上げ」ともいう。

掻き落し粗面仕上げ （かきおとしそめんしあげ）⇒掻き落し仕上げ

確認申請 建築主が建築基準法の規定に基づいて、建築物の新築、増築等を行う場合、建築主事（都道府県および人口25万人以上の都市などに置かれる）に対して行う申請のこと。

家具配置 [furniture layout] 椅子、テーブル・デスク、収納棚などインテリア空間における家具の位置と家具の種別を選択し決定すること。特にソファーの配置やテーブ

ルの大きさ，形などは，それを利用する人間の空間的位置関係を決定することで，人間関係や心理面までも影響を及ぼす。部屋の中での人間の動線や眺望，室内での見え方などと合わせて計画しなければならない。

家具表示 図面上に各種の家具配置を表現してゆく手法。縮尺寸法に応じて平面図上や展開図上に表示してゆくもの。

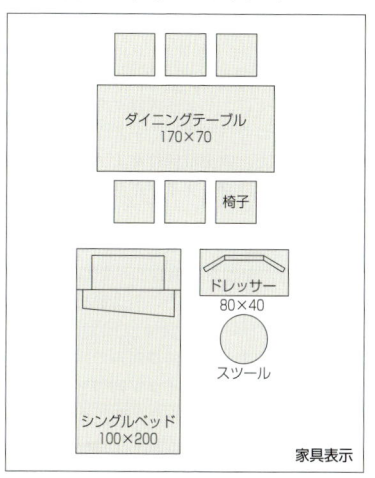

家具表示

食事・会議

会議

応接

囲み型家具配置

額縁（がくぶち）casting, trim 窓・出入口とその周囲の壁仕上材との接する部分を，納まりよく見切りとして取り付ける角材をさす。

隠れ線 図面表現において，対象物の見えない部分の形状を表すのに用いる。→図-外形線（119頁），表線③（206頁）

掛込み天井（かけこみてんじょう）化粧の屋根裏面と平天井とで構成されたもので，おもに茶室に用いられる天井形式。→図-天井の形（233頁）

花崗岩（かこうがん）石質は硬く，耐久性が大きく，石材中最も多く使用される。「御影（みかげ）石」ともいう。→図-石材の分類①（200頁）

囲み型家具配置 応接や食事，会議などを行う際にとられる家具配置の一つ。4方向から相互に向き合って人間が座席を占める型。人数が多い場合，格式を重んじる場合などにとられる。

火災報知発信器 感知器が設置されていない場所や，感知器が作動する前に人間が火災を発見した場合に，手動で受信機に信号を送る装置。

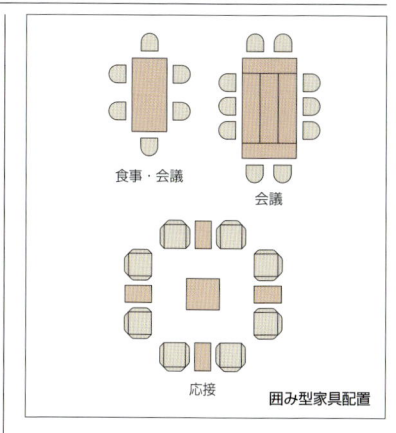

笠木（かさぎ）室内では，手すりや腰羽目の上部に取り付ける部材をさす。

重ね継ぎ 木造建築の継手の一種。2つの部材を重ね合わせて釘またはボルトで継いだもの。

カシ［樫］広葉樹の一種。材色は赤褐色を帯び，緻密・堅硬で弾力性は大。敷居の溝，せん，くさびなどに用いられる。

可視光線［visible rays］人間の目で感知することのできる光で，電磁波のうちでも380nm（ナノメーター）から780nmのごくわずかな範囲である。波長の違いによりさまざまな性質や特徴をもっており，紫や青は短波長，赤は長波長，緑黄は中波長。可視光線より波長の短いほうは紫外線，長いほうは赤外線で，さらに短波長になるとX線，γ（ガンマ）線などがある。

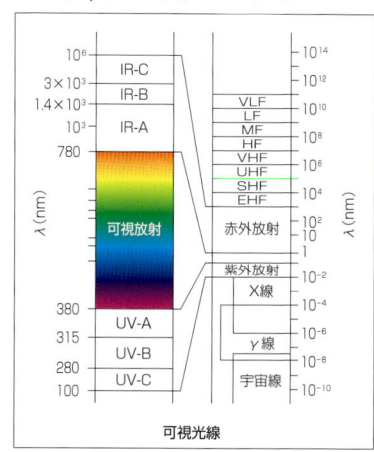

可視光線

家事室 ⇒ユーティリティ

加湿器 空気中の水蒸気量を増加させる装置。加湿方法には、空中に水滴を加えて蒸発させる方法、空中に露出した水面から蒸発させる方法、別に作った水蒸気を吹き込む方法などがある。

下肢のスペース（かしの―）デスク・テーブルなど準人体系家具を使用する際、人間の脚部を納めるのに必要な空間領域。足を組む、動かすなどの動作が支障なく行えるよう、空間を確保する。

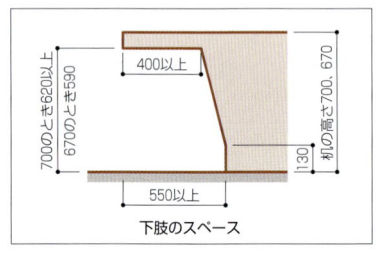

下肢のスペース

可照時間（かしょうじかん）ある土地の日の出から日没までの時間数。「可照時数」ともいう。

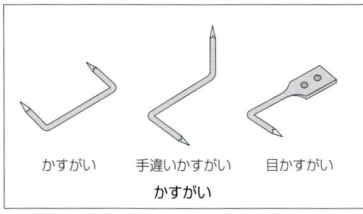

かすがい［鎹］木材の接合金具の一つ。棒鋼の両端を直角に折り曲げ、先端をとがらせたもの。目かすがい、手違いかすがいなどがある。

かすがい

春日造り（かすがづくり）奈良時代中期に成立したと考えられている神社本殿形式の一種。切妻造り、妻入り。正面柱間は1間で、棟には置千木（おきちぎ）と堅魚木（かつおぎ）を揚げるもので、春日大社本殿（1863）は典型的な一例。

ガスコック［gas cock］ガス配管の末端に取り付けられる開閉栓。接続口には、金属管接続用とゴム管接続用とがある。安全のためには、万一のガス漏れの際、自動的にガスを遮断するヒューズコックが使われる。→ガス栓

ガスコンセント［gas receptacle］ガス用ゴム管または強化ガスホースを簡便に接続できる継手。プラグとソケットから構成され、万一、継手が外れてもガスを遮断する構造。「迅速（じんそく）継手」ともいう。

ガスストーブ［gas stove］燃料用の気体を燃焼させ、室内を暖める器具。燃焼形式別には、開放燃焼型のファンヒーターなどと密閉燃焼型のFFヒーターとがある。

ガス設備図 ガス・メーター、ガス栓の位置や個数、配管などを表示するもので、住宅では、給排水衛生設備図に併記されることがある。

ガス栓 ガス管の末端に取り付ける開閉弁。種類としては、ヒューズコック、可とう管コック、ねじコック、ホースコックなどがある。また、露出取付けタイプと壁や床に埋め込むボックスタイプがある。→ガスコック

ガステーブル［gas table］コンロとグリル（魚焼器）などを組み合わせた卓上型のガス調理機器。コンロ台の上に載せて使用するもので、バーナー数は2口が多いが、それ以外のもある。熱量調節ができるハイカロリーバーナーやマイコン制御型も開発されている。「テーブルコンロ」ともいう。

ガスボンベ［gas bombe］プロパン、酸素などの高圧ガスを入れる鋼製円筒状の容器。圧力容器として使用する場合は、その製造、認可、取扱いが法的に定められている。

ガスメーター［gas meter］ガスの消費量の測定用計器。計測法には湿式と乾式とがあり、湿式は大量のガスを使用する場合などに使われる。住宅などの一般需要には、乾式の膜式メーターが使われ、最近ではマイコンや発信機を組み込んだものがある。計量法の規定に合格した有効期限内のものを使用する。

ガス漏れ警報器 センサーによりガス漏れを検知し、警報音または信号によって報知する機器。LPガスは空気より重いので、部屋の下部に滞留して爆発事故を起こす危険があるため、法的に設置が義務づけられる場合がある。

ガスレンジ［gas range］加熱調理機器の一種。コンロやグリルを組み合わせたガス利用の調理機器。容量や機能の組合せによりさまざまな種類がある。

型板ガラス 板ガラス面の模様などから適度に透視性をなくすもので、厚さには4mm、6mmなどがある。→表-ガラスの種類（128頁）

片銀杏面（かたいちょうめん）額縁の面の一つ。いちょう面の片方のみで面を構成しているもの。

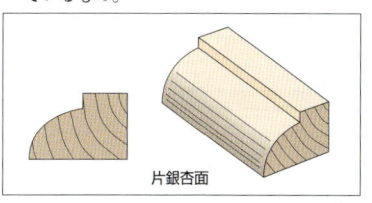

片銀杏面

傾ぎ大入れ（かたぎおおいれ）木材の接合仕口の一つ。2つの部材の一方に斜めに切り口をつけ、片方に乗せかけて取り付けるもの。柱と胴差し、柱と窓台など、垂直材と水平材の仕口。→図-継手と仕口（228頁）

片几帳面（かたきちょうめん）額縁の面の一つ。切り面と決（しゃく）り面を併用したもの。

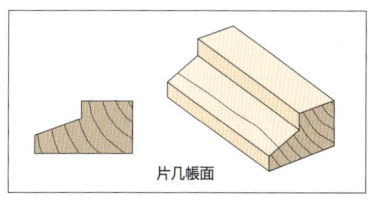

片几帳面

片流れ 屋根形式の一つで、片方に全面的に傾斜しているもの。簡易な建物（物置など）に利用される。→図-屋根の形状（300頁）

片流れ天井 室内において、一方のみに傾斜した天井のこと。「勾配天井」ともいう。→図-天井の形（233頁）

片持ち梁［cantilever beam］⇒カンティレバー

片廊下型集合住宅 集合住宅の住棟の平面形式による分類の一つ。一つの廊下に対して、いくつかの住戸が平面的に並び配置される形式。通路面積が必要となり、通路に面した部屋のプライバシーは保ちにくいが、利点としては各住戸の採光、眺望などの環境条件は同一となる。

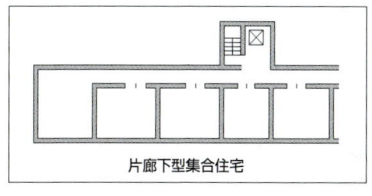

片廊下型集合住宅

型枠（かたわく）コンクリート工事に関する用語の一つ。コンクリートを所定の型に打ち込むための堰板（せきいた）と支保工（しほこう）より構成されている枠組のこと。→支保工、堰板

勝ち・負け ⇒床勝ち（ゆかがち）

合掌造り（がっしょうづくり）屋根を支えるために、木材を逆V形に組み合わせた構造の民家をいう。特に、岐阜県の白川地方と富山県の五箇山地方に特有の草葺き切妻造りが有名。合掌造りの発生は江戸時代といわれ、狭い土地、大家族、養蚕のためにこの形式を生み出したといわれている。

カップリング付き水栓 水道ホースを確実に接続できるように、吐水口先端部に回転するカップリングの付いた水栓金具。

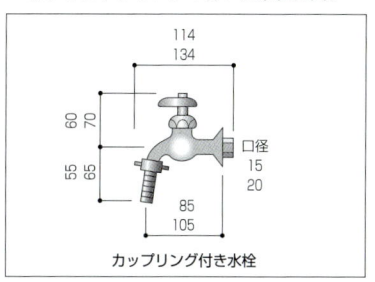

カップリング付き水栓

桂離宮（かつらりきゅう）京都市下桂にある数寄屋風書院建築と池泉（ちせん）回遊式庭園で有名な離宮。後陽成（ごようぜい）天皇（107代）の第八条宮智仁（としひと）・智忠（ともただ）親王により、1620年から1648年にわたって1・2期工事を経て現在の形式が完成された。広さ約56,000m²（約1.7万坪）。古書院・月波楼、中書院、松琴亭、笑意軒など簡素な茶亭や庭園、環境との調和の美をもつ。

金鏝（かなごて）左官工事に使用する鋼製またはステンレス製のこて。

金鏝仕上げ（かなごてしあげ）左官工事において、タイル貼りの下地モルタルなどに用い、表面を平滑に金ごてにて仕上げるもの。

矩計図（かなばかりず）建築物の主要な外壁部の断面を詳細に表示してゆくもので、「断面詳細図」ともいう。書き込むべきおもな寸法部は、床高、天井高、天井の懐（ふところ）、軒高、窓高、屋根の勾配、軒の出、庇（ひさし）の出、床組、そして必要な仕上げ名称等を表示する。縮尺は1/20程度が多く用いられる。

かねおり

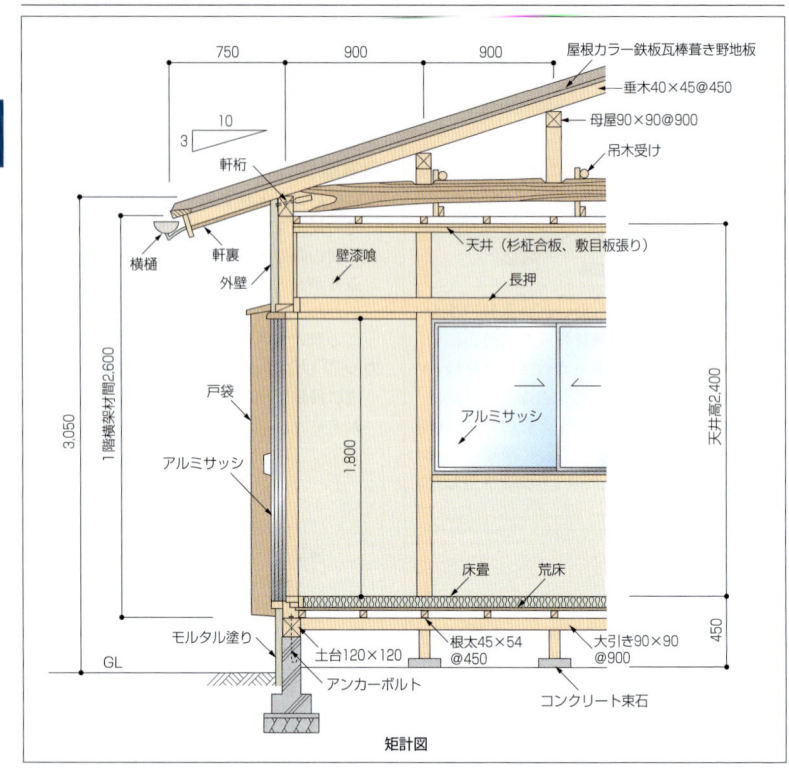

図:矩計図

主な記載寸法・部材名:
- 750, 900, 900
- 屋根カラー鉄板瓦棒葺き野地板
- 垂木40×45@450
- 母屋90×90@900
- 吊木受け
- 軒桁
- 3/10勾配
- 軒裏
- 横樋
- 外壁
- 壁漆喰
- 天井(杉柾合板、敷目板張り)
- 長押
- 戸袋
- アルミサッシ
- 1,800
- 天井高2,400
- 1階横架材間2,600
- 3,050
- 床畳
- 荒床
- モルタル塗り
- 土台120×120
- 根太45×54@450
- 大引き90×90@900
- 450
- GL
- アンカーボルト
- コンクリート束石
- 矩計図

矩折階段(かねおりかいだん)⇒階段の分類

矩折金物(かねおりかなもの)木材の接合金具の一つで,直角に曲がった細長い平板状の金物をさす。

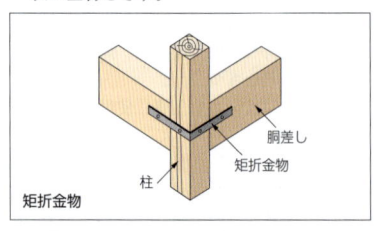

図:矩折金物(胴差し、柱、矩折金物のラベル付き)

矩(曲)尺(かねじゃく)大工用具の一つ。長短の長さが異なるL字形(角度が直角をなす)の物差し。大工用具として建築現場で用い,鋼鉄製でつくられている。

鹿の子摺り(かのこずり)左官工事の工程の一種。漆喰(しっくい)塗りなどで,むら直しの後に平らでない部分を中塗り前に,所々漆喰を薄く塗り付けて直すこと。漆喰塗りの上級な仕上げ手順では,下塗り→むら直し→鹿の子摺り→中塗り→上塗り,となる。→むら直し

カバ[樺,椛]広葉樹の一種。辺材は淡紅白色,重硬で表面仕上げは良好,洋家具材,装飾材などに用いられる。

兜(甲)造り(かぶとづくり)関東西部から東北地方に広く分布する草葺き寄棟(よせむね)造りの民家をいう。名称の由来は,屋根裏が養蚕の部屋として使用されており,その屋根の形が兜に似ていることによる。

被り厚さ(かぶりあつさ)鉄筋コンクリート工事に関する用語の一つで,鉄筋の表面からこれを覆っているコンクリート表面までの最短の直線寸法をさす。柱,梁,床,壁などにより規定されている。

カブリオール[cabriole]猫脚のことで,S字形の特有な曲り脚で湾曲しているもの。クィーン・アン様式,ルイ15世様式,チッペンデール様式に現れている。

壁掛け小便器壁面に取り付けられる小便器の総称。トラップと一体になった水洗式のものは,「壁掛けストール小便器」という。

壁下地の種類（構造躯体・下地・仕上げ）

構造躯体	下地の種類	仕上げ例
木構造	小舞下地	日本壁
	胴縁下地	板張り、合板張り
	ラスボード下地	塗り壁
	木摺下地	塗り壁
	ラス下地	モルタル塗り
コンクリート構造 コンクリートブロック造 その他	躯体＋モルタル下地	タイル張り
	胴縁下地	板張り、合板張り
	石張り下地など	石張り

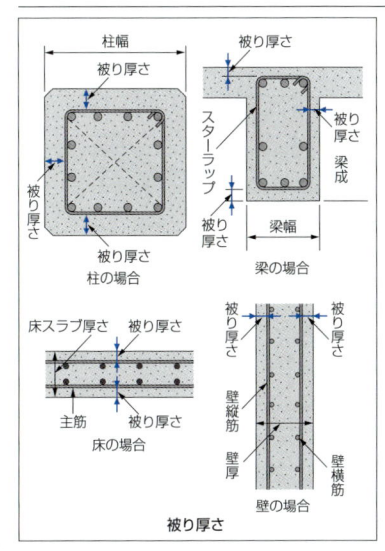

壁紙張り仕上げ 壁または天井などに装飾用の紙を張って仕上げること。また紙のほかにビニル、織物、木質系、無機質の各壁紙など多く使用されている。

壁構造 [bearing wall structure]「壁式構造」ともいい、建築物の構造方式の一つ。壁体、床版など平板的な構造体のみで構成してゆくもの。柱、梁を主体とする構造（ラーメン構造）と異なり、高層化には難があるが中低層には適する方式。

壁式構造 ⇒壁構造

壁下地（かべしたじ）壁仕上げのための下地のこと。骨組に下地造りをして仕上げる場合、面的に構成された壁体に直接仕上げる場合、何らかの下地ごしらえをする場合とに分けられる。壁面の下地ごしらえは、壁面の仕上げ材と構造躯体との組合せによって異なってくる。

壁代（かべしろ）障屏具（しょうびょうぐ）の一種。母屋（もや）と廂（ひさし）との境に長押（なげし）から垂らす帳（とばり）をさし、今日のカーテンのようなもの。表面に御簾（みす）をかけ、人目をさえぎるだけでなく、寒さを防ぐためのもの。冬はかけ、夏ははずしておく。壁代をあげるときは、御簾と一緒に巻き上げるもので、御簾は木端（こはし）という細い板をいれて巻き上げる。→御簾

壁タイル張り 壁面のタイル仕上げにおける張り方のこと。使用するタイルの大きさによって異なる（126頁参照）。

積上げ張り：一般に「団子張り」「つけとろ張り」ともいい、100角タイル以上に用いられ、下部から上方に張ってゆく。

内装タイル改良積上げ張り：内装ユニットタイルなどに用いられ、いも目地仕上げ。

モザイクタイル改良積上げ張り：モザイクタイル・ユニットに用いられ、壁上部から下部に張り付ける。精度の高い下地づくりが必要。

壁床（かべどこ）⇒釣床（つりどこ）

可変型住宅 時間的経過によって家族構成が変化したり、居住者のライフスタイルの違いなど住まい手の多様なニーズや個性的な住まい方に自由に対応できるようにあらかじめ考慮された住宅。都市再生機構（旧住宅公団）のKEPなどがその代表例で、間仕切りなどが可動、移設できることによって間取りの自由性が確保される。このような考え方を応用した住宅を「CHS（センチュリーハウジングシステム）」と呼ぶ。

加法混色（かほうこんしょく）2種類以上の色の光（色光）が、混り合って別の色として見えることで、各々の色の反射率が加算されるため、もとの色より明るくなる。色光の三原色は赤、緑、青で、カラーテレビはこの原理を利用したもの（126頁参照）。→減法混色

框（かまち）窓、扉といった建具の上下左右の回りを構成する部材。ほかに、上り框（あ

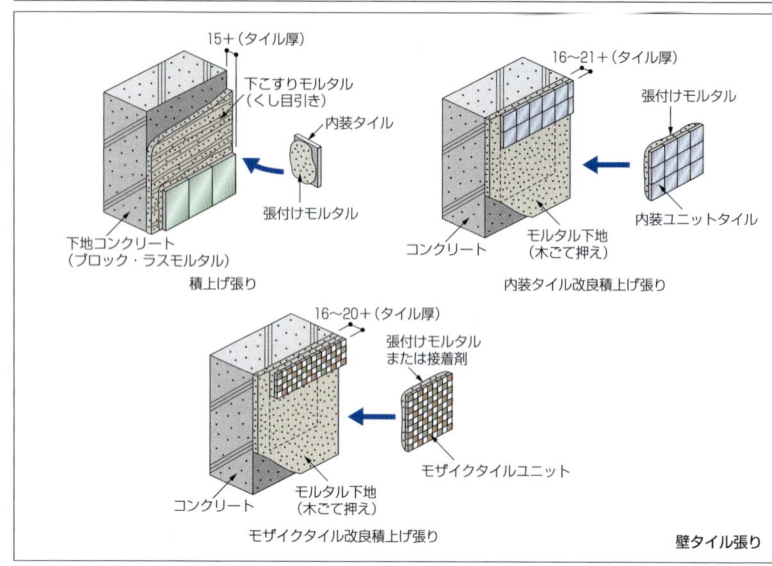

かまちと

壁タイル張り

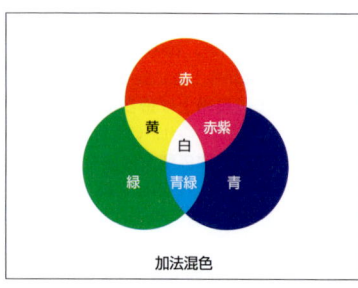

画面線（がめんせん）⇒PP
鴨居（かもい）引戸，引違い戸の上部に取り付けた溝を設けた横材。和風建築の縁側の外部に設けられた雨戸などに使用する「一筋（ひとすじ）鴨居」，建具を設けず溝のないのを「無目（むめ）鴨居」（無目）という。室内で開口部に続いて壁面に鴨居と同じ化粧材を取り付ける「付け鴨居」，最上級の住宅で内法貫（うちのりぬき）を用いず1本

がりがまち），床框（とこがまち）など，床面に段差がある場合に高いほうの末端に取り付ける化粧の横木を略して呼称する。
框床（かまちどこ）⇒本床（ほんどこ）
紙のサイズ　製図表現に用いられる紙のサイズは，紙加工仕上げ寸法（JIS P 0138-1961）に準拠している。おもに製図用紙とはA列が用いられ（A0〜A4判），国際的にも通用している。→図面の大きさ

紙のサイズ②

	b	a
H 判	1,200	900
四六判	1,091	788
L 判	1,100	800
A 本判	880	625
B 本判	1,085	765
菊 判	939	636

紙のサイズ①（加工仕上げ寸法）（JIS P 0138-1961）　　(mm)

番号	A 列	B 列
0	841×1,189	1,030×1,456
1	594× 841	728×1,030
2	420× 594	515× 728
3	297× 420	364× 515
4	210× 297	257× 364
5	148× 210	182× 257
6	105× 148	128× 182

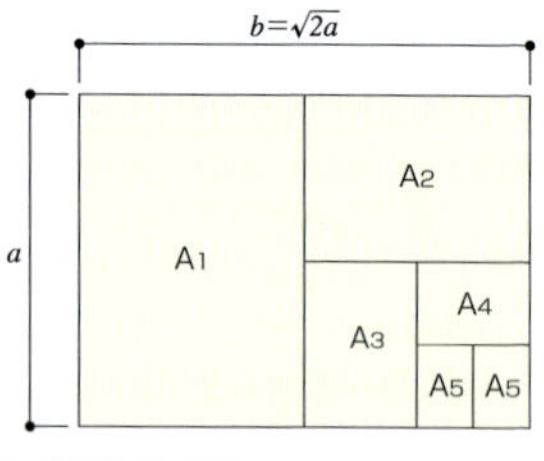

$b=\sqrt{2}a$

ものとする「差し(指し)鴨居」などがある。
→欄間（らんま）

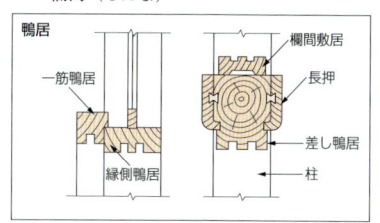

カラーコンディショニング［color conditioning］⇒色彩調節
カラーシミュレーション［color simulation］色彩計画に際して，実際に着色する前に，コンピューターグラフィックスなどを利用して，建物やインテリアに各種の色彩をほどこし事前に評価を行うこと。カラーシミュレーションを行うための機器を「カラーシミュレーター」という。
カラースキーム［color scheme］色彩設計の意味。一般には，インテリア設計のプロセスにおいて，最終段階における材料や室内要素の具体的な色決めを行うことをいうが，基本計画など初期段階での色のイメージを決めることまでも含む。
カラーチャート［color chart］⇒色標（しきひょう）
カラートーン［color tone］フィルム状のもの（裏面に弱粘着処理が施してある）で，各色それぞれ，つや有り，つや消し，透明，不透明，グラデーションなどがあり，切り貼りして用いる。
カラートタン［color tutanaga ポ］⇒着色亜鉛鉄板
カラーハーモニー［color harmony］⇒色彩調和
カラーベスト［color vest］住宅屋根葺き用石綿スレートの平面彩色スレートをいう。セメントに特殊鉱物質や無機質繊維などで補強し高温加圧成形した，厚さ4.5〜7mmの不燃材。高い密度で均一な結晶構造をもち，吸水率，伸縮率，含水率などが低い。
ガラス［glass］一般に，珪酸塩を主成分として作られた硬くて割れやすい薄い透明状のもの。ソーダ，石灰，カリ，酸化鉛などを粉砕混練し，炉で1,400〜1,500℃で溶融して種ガラスを作る。この種ガラスから各種ガラス製品が作られている。→表-ガラスの種類（128頁）

ガラス戸 框組み（かまちぐみ）または縦横の桟を用いて構成された建具に板ガラス類を取り付けた戸のこと。今日では木製のほかにアルミ製，スチール製などがある。
ガラスブロック［glass block］ガラス製の中空ブロック。特殊に成形されたもので，大きさは，115，140，190mmの正方形（厚さ80，95mm）のもの。→表-ガラスの種類（130頁）
唐櫃（からびつ）衣料その他調度類を収納するもの。長方形のものは，長側面の両側に2脚ずつつき，蓋（ふた）はかぶせ蓋が多い。大陸から渡った形式で，正倉院に多く所蔵されている。

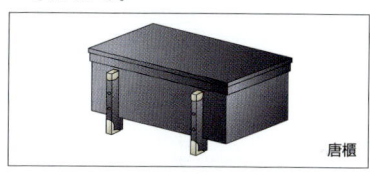

唐櫃

カラン［faucet］給水栓およびガスの供給口のこと。
カリン［花林，花梨木，花櫚］pradoo wood 広葉樹の一種。産地はタイ，マレーシア。辺材は白色，心材は紅褐色で重い（比重0.90）。材質はシタンより軽く軟らかく，家具材となる。
ガレージ［garage］⇒カーポート
側桁（がわげた）階段の段板を両側で支える板状の部材のこと。

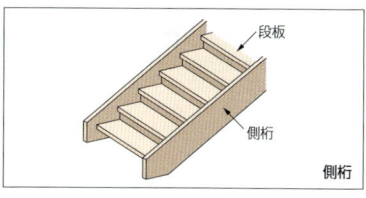

段板
側桁
側桁

側桁階段（がわげたかいだん）string staircase ⇒階段の分類
側根太（がわねだ）在来木造軸組の床面の構成材の一種。床板（とこいた）を受ける根太の取付けで，部屋の端で長手方向が接して取り付けられる根太をいう。
瓦（かわら）古くに中国から伝来した屋根葺き材料の一つ。粘土瓦，セメント瓦，金属瓦などがある。また生産地の名称から三州瓦，西京もの，近在産のものは地瓦と呼ぶ。その他，和瓦に対して洋瓦（スパニッシュ瓦，フランス瓦など）がある。

かわら

ガラスの種類

区分	名称（JIS規格）	製法	特徴	用途
透明な板ガラス	普通板ガラス（JIS R 3201）	主原料は珪酸ナトリウム、珪酸カルシウム、無水珪酸などを用い、溶融したガラス素地を帯状に引き上げて製板したもの。	・火造りの面をもつもので、光沢に富む。 ・薬品に対しては、あまり強くなく、やや青緑色を帯びている。 ・加工切断とも容易で、最も取り付けやすい。 ・比重2.5、熱伝導率0.8kcal/m²h℃。おもに使用される材の厚みは、2、3、5mmなどが多い。	住宅・店舗などの各種建物の建具などに利用
	磨き板ガラス（磨きガラス）（JIS R 3202）	素（もと）板ガラスの両面を研磨したもの。	・火造りの特に美しい光沢面と透視性をもっている。 ・切断加工とも容易である。 ・おもに使用される材の厚みは、5、6、8、10、12、15mmなどがある。	
	フロートガラス（JIS R 3202）	溶融金属の上にガラス素地を流し、表面張力と自重によって平行、平滑面に製板したもの。	・表面が平らで、透視像も反射像もゆがみがない。 ・火造りの美し光沢をもつ。	内・外装、ショールームウインドーなどの素板用
光を拡散し模様のある板ガラス	型板ガラス（JIS R 3203）	ガラス面に、ロールに彫刻した型模様を転写して製板したもの。	・表面に固有の凹凸があり、透視像を美しく変形させ装飾的効果をもつ。 ・光は通すが視線を遮るなど、適度な視線を得られる。	窓、間仕切り建具など
火災に耐える板ガラス	網入り板ガラス（JIS R 3204）線入り板ガラス	ガラス製板時に、金属線を直線状・平行かつ等間隔に入れたもの、角形、ひし形のワイヤーを入れたものなど。	・熱や火によりひびが入っても飛散せず延焼防止、盗難防止のもの。 ・防火設備に認定（材厚6.8mm）。	一般建築物等の延焼防止、防火用
熱を遮る板ガラス	復層ガラス（JIS R 3209）	2枚または数枚の板ガラスを一定間隔に置いて合わせ、内部に清浄な乾燥空気を封入し、そのまわりを金属で密封する。	・普通板ガラスの約2倍の断熱効果をもつ。 ・建物の軽量化のため壁面積を広くとれる。	空調設備をもつ建物、倉庫、寒冷地などの建物に使用
	熱線吸収板ガラス（JIS R 3208）	普通板ガラスに微量のニッケル、コバルト、鉄、セレンなどを加え着色透明にする。	・普通板ガラスの約6倍のふく射熱を吸収する。 ・紫外線により変色、変質しやすいものを保護する。	内・外装用

ガラスの種類（つづき）

区分	名称(JIS規格)		製法	特徴	用途
熱を遮る板ガラス	熱線反射ガラス		透明なフロートガラスに金属酸化膜を焼き付けたもの。	・板厚が増しても透過率は低下せず、日中、外部から内部がほとんど見通せない。 ・ガラス表面の反射、鏡面効果を高める。	外装用
	フロート発色ガラス		フロート板ガラス工程で金属イオンを片面に浸透させ、渋いブロンズ色に面発色させる。	・表面は両面とも平滑かつ表面発色させたもの。 ・太陽光線によりガラス面が美しく輝くもの。	外装用
安全かつ丈夫な板ガラス	強化ガラス (JIS R 3206)		板ガラスを軟化温度（約600℃）近くまで加熱したのち、表面を均一に風冷し製板する（部分的に強化した部分強化ガラスがある）。	・普通板ガラスの5〜6倍の衝撃強さをもち、温度変化約200℃でも耐えられる（普通板ガラスは約60℃の温度変化で割れる）。 ・万一破損しても、鋭い破片とならない。	各種ドア、スクリーン類や自動車、車両のフロントガラスなどに使用
	合せガラス (JIS R 3205)		板ガラス2枚の間に透明で接着力の強いプラスチックフィルムをはさみ、強い油圧によって完全に張り合わせる。	・高温（70℃以上）、低温でも性能低下せず、紫外線や湿気でも変色しない。 ・破壊による飛散を防止する。	貴重品の陳列窓、水槽用、外装用
	特殊な合せガラス	強化合せガラス	強化ガラスや強化していないガラス（生板）などを複数枚張り合わせる。	・衝撃や圧力に耐え、板ガラスの中では最大の強度をもつ。 ・衝撃性は、合せガラスの約6倍の強さをもつ。	展示室、水族館の水槽などに使用
		電導性ガラス	中間膜（ポリビニル、ブチラール）に発熱源として電導性物質を規則的な間隔で埋め込んだり、プリント焼付けしたり、表面に透明な電導性被膜をコーティングしたもの。	・ガラス表面の結露や凍結を防止する。	自動車、車両、船舶用の窓などに使用
加工された板ガラス	すりガラス (JIS R 3201、3202)		普通板ガラスの片面を金剛砂と金属ブラシでで均一に傷をつけ、不透明に加工する。	・表面で光を柔らかく拡散し、反射側からの視線を遮る。	住宅用
	曲げガラス		板ガラスを加熱しながら、所定の曲率に曲げたもの。	・ガラス面に変化に富んだ映像を写し出すもの。	内・外装用

ガラスの種類（つづき）

区分	名称（JIS規格）	製 法	特 徴	用 途
加工された板ガラス	鏡	フロートガラスに銀引きし、裏止めしたもの。銀幕の上に銅めっきを施し、さらに2層の焼付け塗装で銀幕を保護したもの。フロートガラスに、金色、金と赤などを組み合わせた大理石模様プリントし、特殊なめっき処理の上に塗装したもの。	・美しい鏡面効果と豪華な雰囲気を演出する。 ・室内空間を広く見せる効果をもつ。	内装用
	エッチングガラス	板ガラスに砂を吹き付け、所定の絵、文字を彫刻するもの。	・豊かな装飾性と優れた室内演出効果をもつ。	内装用
色のある不透明な板ガラス	色焼付け板ガラス	フロート板ガラスの片面に、セラミック質の塗装を高温・急冷処理により焼き付ける。	・急激な温度変化（約130℃）に耐え、普通板ガラス（同じ厚さ）の約2倍の風圧に耐える。 ・特有の光沢をもつもの。	内装、家具やスパンドレル（腰壁）用
溝型の大きなガラス	溝型ガラス	U字形の断面をもった細長い溝形状のもので、金属線入り、線なしなどがある。	・優れた防火性と大きな曲げ強度をもち、線入りは防火設備に認定。 ・耐候性、遮音性に優れる。	外装用、間仕切りなど
特殊に成形されたガラス	ガラスブロック（JIS A 5212）	2個の箱状ガラス片を合わせて高熱溶着して一体とし、内部に0.3気圧程度の乾燥空気を密封したもの。	・豊かな採光性（光線透過量平均8％）と優れた断熱性（約56.2％、普通板ガラスの約20％減）をもつ。 ・防火設備認定、特定防火設備認定（特定防火設備の区画部分）。	内・外装用

瓦座（かわらざ）軒先に敷き並べる平瓦，唐草瓦などを支持するために，軒先面に平行に広小舞（ひろこまい）の表面に打ち付ける細長い横木のこと。瓦になじみよく欠き取ったもので，「瓦桟」ともいう。

瓦桟（かわらざん）⇒瓦座

瓦棒（かわらぼう）金属板葺き屋根工事に用いられる部材。水勾配方向に角棒を野地板に打ち付けて金属板の取付けと雨仕舞（あまじまい）をよくする部材。四角形と三角形のものとがある。→吊子（つりこ）

瓦棒葺き（かわらぼうぶき）住宅の屋根用などの金属板（平板）葺きの一種。勾配屋根に沿って瓦棒を取り付け葺いてゆく手法で，雨仕舞（あまじまい）はよく大屋根葺きに適している。

感覚温度 ⇒有効温度

環形蛍光ランプ（かんがたけいこう―）ふつう「サークライン」などといわれる環状の蛍光ランプ。住宅照明によく使われているが，直管形に比べランプ寿命が短い。一般の直管形の32W，40Wは12,000時間の寿命だが，環形は同じワットタイプで6,000時間しかない。→蛍光ランプ

瓦

入母屋屋根の瓦:
掛瓦(左)、巴瓦、がんぶり瓦(冠瓦)、のし瓦、桟瓦、面瓦
隅瓦(回り隅)、丸瓦、平瓦、軒瓦(唐草瓦)

切妻屋根の瓦:
面戸瓦、鬼瓦、がんぶり瓦(冠瓦)、のし瓦、面戸瓦
袖瓦(左)、角瓦(左)、桟瓦、軒瓦(唐草瓦)

瓦座

野地板、瓦桟(瓦座)、瓦決り、鼻隠し、広小舞
瓦、防水紙、野地板、瓦桟、重木、広小舞
450、900

瓦棒

瓦棒、瓦棒の継手 突付け、釘打ち、野地板
つり子、瓦棒 45×40 @360〜450、三角瓦棒 50×50/2 @360〜450、防水紙、野地板

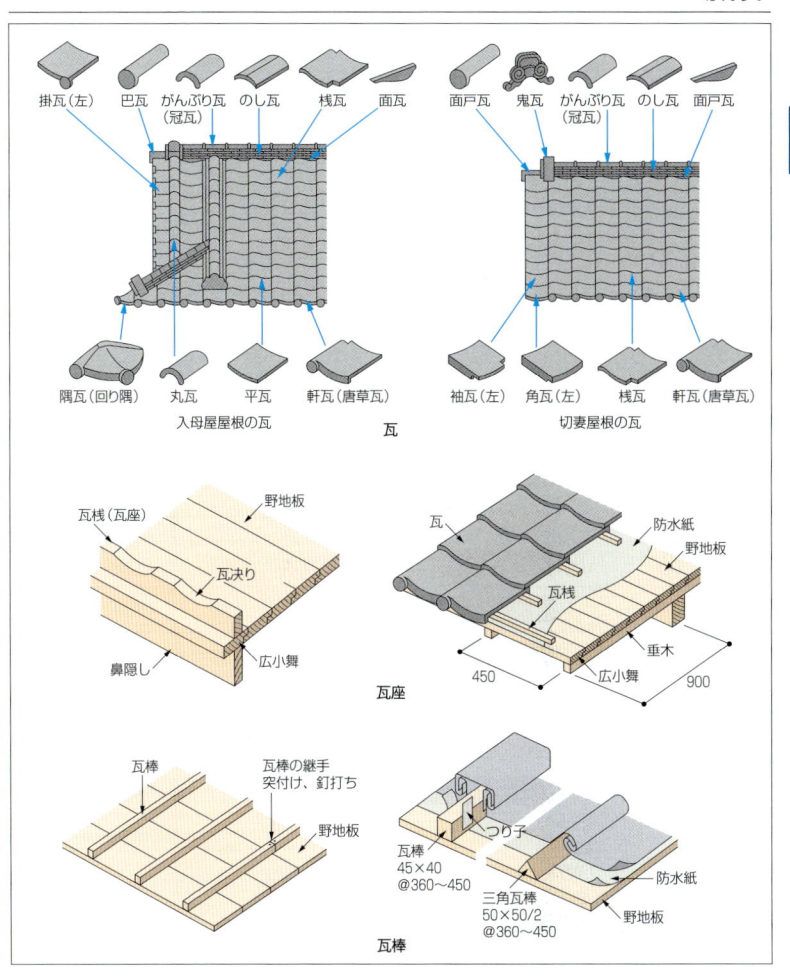

換気 室内の汚れた空気を，外気あるいは空気調和装置で浄化し調和された新鮮な空気で，薄めたり入れ換えたりすること。→強制(機械)換気，自然換気

換気回数 1時間当たりに室内に流入する空気量を「換気量」といい，換気量を室容積で割った値が換気回数。何回で示し，1時間当たりに部屋の空気が何回入れ替ったかを示す。→必要換気量

換気扇 壁に取り付けられる小型プロペラファンによる換気装置。排気型と給排気型とがあるが，一般に排気型が用いられる。プロペラファンは静圧がほとんどないので，ダクト(風道)には接続できない。ダクト用には遠心ファンを用いる。

還気ダクト ⇒リターンダクト

乾球温度 相対温度を求めるときなどの湿球温度に対する用語で，通常の温度計で測った温度。→湿球温度

間欠空調 (かんけつくうちょう) 一定の時間をおいて空気調和したり，しなかったりする運転状態のことで，連続して空調しないこと。

関西間 (かんさいま) ⇒京間

桿状体 (かんじょうたい) ⇒錐状体(すいじょうたい)

寒色 色の感情効果の一つで，青を中心に青緑，青紫など，冷たさの感情を与える色。→暖色

寒水石 (かんすいせき) 大理石の一種。白

地に灰色状の縞があり堅固な粒状のもの。細かい砕石は、人造石の種石（たねいし）などに用いられる。→種石

間接照明［indirect lighting］ランプの中心を横切る水平線より上方に90％以上の光束をもつ照明器具による照明。グレア光が生じにくく、影の柔らかい照明は目にやさしい反面、一般に照明効率が低いため、高照度を求めるには不適。

カンティレバー［cantilever］一方の端部が固定されており、他方の端部が自由になっている梁のこと。「片持ち梁」ともいう。

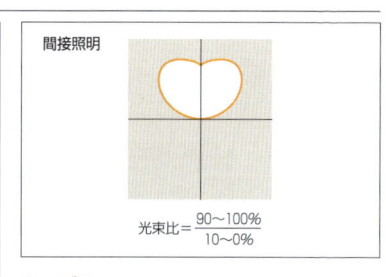

間接照明

光束比＝90〜100％／10〜0％

カンデラ［candela］光度の単位で、記号はcd。1cd＝1lm/sr（sr：ステラジアン）→光の単位

慣用色名

慣用色名		対応する系統色名による表示	色の三属性による表示
珊瑚（さんご）色		明るい赤	2.5R 7／11
桃色		くすんだ赤	2.5R 6.8／8
紅色		あざやかな赤	3R 4／14
蘇芳（すおう）色		くすんだ赤	4R 4／7
茜（あかね）色		濃い赤	4R 3.5／11
朱色		あざやかな黄みの赤	6R 5.5／14
鉛丹（えんたん）色		黄みの赤	7.5R 5／12
弁柄（べんがら）色		暗い黄みの赤	8R 3.5／7
山吹色		赤みの黄	10YR 7.5／13
鬱金（うこん）色		つよい赤みの黄	2Y 7.5／12
鶯（うぐいす）色		暗い灰黄緑	1GY 4.5／3.5
抹茶（まっちゃ）色		くすんだ黄緑	2GY 7.5／4
若草色		黄緑	3GY 7／10
萌黄・萌木（もえぎ）色		黄緑	4GY 6.5／9
緑青（ろくしょう）色		くすんだ緑	4G 5／4.5
浅葱（あさぎ）色		明るい青緑	2.5B 5／8
納戸（なんど）色		くすんだ緑みの青	4B 4／6
群青（ぐんじょう）色		紫みの青	7.5PB 3.5／11
江戸紫色		にぶい紫	3P 3.5／7
古代紫色		くすんだ紫	7.5P 4／6
利休鼠（りきゅうねずみ）色		灰緑	2.5G 5／1

関東間（かんとうま）関東地方の木造在来構法でとられる柱割りの寸法体系。いわゆるシングルグリッド心押さえで、ダブルグリッドの京間に比較して畳の寸法は壁厚分だけ小さくなる。「田舎間」「江戸間」ともいう。→京間、表畳の寸法（215頁）

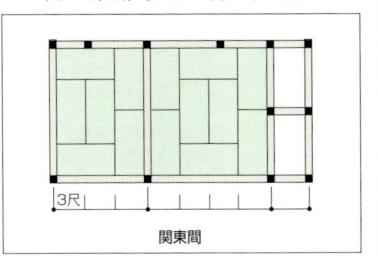

関東間

岩綿（がんめん）rock wool 岩石（安山岩、玄武岩など）を溶かし高圧空気を吹き付け、急冷して繊維状にしたもの。石綿の代用として用いられる。

慣用色名（かんようしきめい）系統的に分類・整備された「系統色名」に対し、一般に広く慣用的に使われてきた色名のこと（JIS Z 8102）。動物、植物、鉱物あるいは地名や染料、顔料に由来する名前もあり、日本で古くから伝わっている慣用的な色名を「伝統色名」という。おもな慣用色名をあげると表（132頁）の通りである。→色名

顔料（がんりょう）pigment 水、油、アルコールなどに溶けない有機物質を固体粉末状にした着色剤の総称。

き

キーボード［keyboard］①コンピューターの入力装置で、指先で打つ鍵盤状の機器。②ピアノやタイプライターなどの鍵盤部分。③ホテルの帳場などにある鍵を下げる板のこと。

木裏（きうら）木取りした面の名称の一つ。木表の反対側、製材した用材の樹心に近い側、年輪の内側をさす。→木表

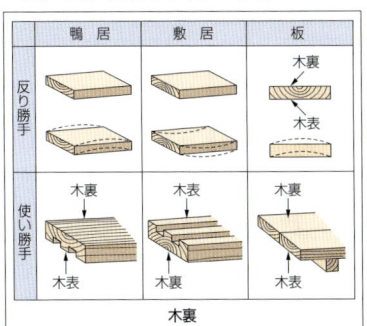

木裏

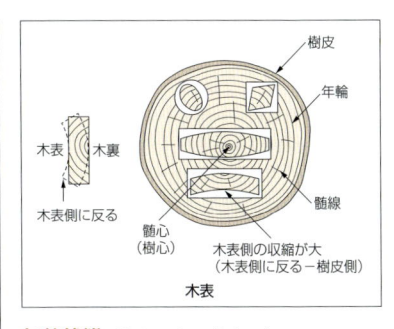

木表

気乾状態（きかんじょうたい）air dried condition 木材を通常の状態で大気中に放置したときの乾燥状態。

機器・器具リスト表 設計・計画対象の建築物に使用される機器や器具を一覧表としてまとめて書かれるもの。給排水衛生関係に用いられるものや照明機器・器具デザインを提示するものなどが含まれる。

起居様式（ききようしき）洋風の生活様式である椅子（座）式か、あるいは和風の畳の上での床座（平座）式のどちらかの生活を行ううえでの基本となる生活姿勢および生活のしかたにかかわる様式のこと。

気硬性（きこうせい）anhydraulicity 空気中においてのみ硬化する性質のことで、石灰、石膏などがその例。→水硬性

木鏝（きごて）塗り壁仕上げなどに使用する木製のこて。

記憶調光器 マイコンを内蔵した調光器。あらかじめ複数の照明シーンを記憶させておき、簡単なスイッチ操作で必要な照明シーンを再現させることができる。→調光装置

木表（きおもて）木取りした面の名称の一つで、木材の樹皮に近いほうを呼ぶ。一般に、板類は木表側の収縮が大きいため木表側に反る。→木裏（きうら）

きこてし

木鏝仕上げ（きごてしあげ）木ごてを使用して，タイル張りなどの平たんな下地面をつくること。

汽車式便器 ⇒和風両用便器

基準線 平面に投影された空間または構成材の基準線。特に住宅平面図では，位置決定のよりどころであることを明示するのに用いる。細いまたは太い一点鎖線が用いられる。→寸法線，表-線③（206頁）

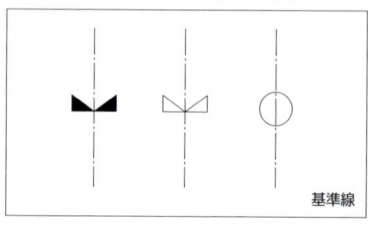

基準線

基準面積 ⇒規模計画

木摺（きずり）wooden lath 漆喰（しっくい）壁の下地に用いる小幅な板（幅3cm程度）のこと。また，メタルラス下地にも用いられる。

木摺下地（きずりしたじ）漆喰（しっくい）塗り壁の下地に使用される。木摺方向はできるだけ受け木に直角，通りよく目すかし（7mm内外）に打ち付ける。継手は木摺6枚以下ごとに乱継ぎとし，下げおは250mm間隔に千鳥打ちとする。

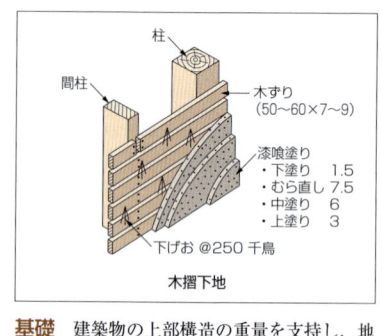

木摺下地

基礎 建築物の上部構造の重量を支持し，地盤まで伝える下部構造をさす。木造住宅では布基礎が用いられ形式上では独立基礎，布基礎，複合基礎，べた基礎などがある。→アンカーボルト，土台，布基礎，割栗

木曽檜（きそひのき）旧木曽御料林産のヒノキ（長野県）をいい，代表的な優良材。わが国木材の第一位。山地に生じる常緑高木で，材は良質で，木の皮（桧皮（ひわだ）という）は屋根を葺くのに使用された。

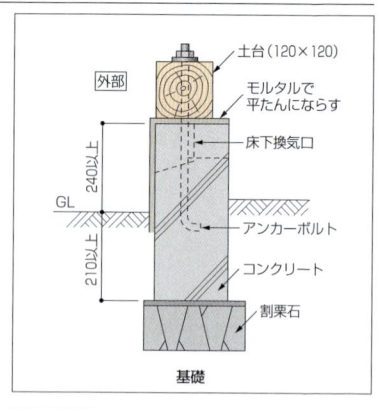

基礎

基礎伏図 建築物の基礎の形状や配置を平面的に表示したもの。住宅では，布基礎，独立基礎や土間コンクリート部分，床下換気口やアンカーボルト等の位置を明示してゆく。縮尺は1/100程度。

北山杉（きたやますぎ）京都市北区中川北山町付近に産出するスギをいう。特に茶室や数寄屋建築などの床の間の床柱に利用され，柱表面には天然絞り，人造絞りなどがある。

几帳（きちょう）平安時代の住宅に使用された障屏具（しょうびょうぐ）の一種。台の上に2本の柱を立て，その上に横木を設けてT字形にした木に布（帷，かたびら）をかけたもの。

几帳

基調色（きちょうしょく）⇒ベースカラー
キッチン［kitchen］⇒台所

キッチンユニット［kitchen unit］工場で壁パネルなどに流し台，調理台，吊り戸棚，レンジフードなどの調理用機器を取り付け，さらに配線配管まで施した構成材。現場では，搬入して配線配管をジョイントするだけで済む。

規定型住宅 ⇒順応型住宅

輝度（きど）⇒光の単位

輝度比（きどひ）視対象とその周辺との輝度の比をいう。室内の場合1：3〜1：5程度が良く，これをこえると対象物が見えにくくなるばかりか，目に疲労を与えることにもなる。→光の単位

木取り（きどり）丸太などの木材から加工のために必要な部材（角材，板材など）に分割すること。

機能図 各単位空間あるいは各室空間（部屋）ごとの結びつきの様子や，関連の強弱の程度を理解するための図。ゾーニングやプラン作成のための基本となる。このほかに，マトリックス，ベンダイヤグラム，デンドログラムなどの方法がある。

規模計画 空間や施設の大きさ，収容人数などを検討し決定すること。インテリアの規模計画の手順は，①動作空間を組み合わせて単位空間とし，さらにこれを全体の大きさまで積み上げる方式。②1人当たりの面積など原単位と呼ばれる数値に必要数量を乗じて，部分あるいは全体の規模を求める方式などがある。面積原単位とは，例えばレストランであれば，1人当たり所要面積は1.2〜1.5m²などと示す単位で，「基準面積（スペーススタンダード）」ともいう。

基本計画［master plan, general plan］設計者が依頼者から設計を依頼されると，まず設計のための各種条件の整理をすることから設計作業が行われる。設計のための条件は，依頼者がもっている設計のための要

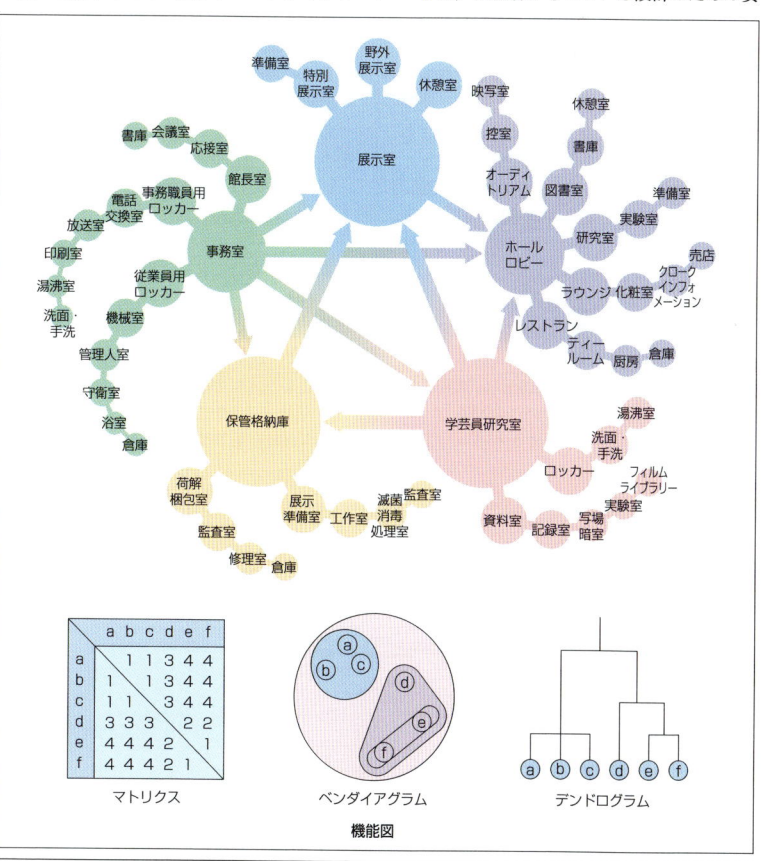

機能図

求条件（構造，設備，イメージ，予算など）のほかに，設計をとりまく周辺の環境条件（敷地条件，法規的条件，社会的条件など）の2つがある。さらに設計に対する基本的な方針（コンセプト）を決定する。これは空間の目的，用途，規模あるいは空間イメージ，スタイルのほかに工期，予算，設備条件，構造・材料などが含まれる。ここまでの作業を基本計画という。

基本色名（きほんしきめい）色を系統的に分類し名前をつけるようにした系統色名において，基本となる色名。マンセル表色系では，赤，黄，緑，青，紫の5つを基本として，さらにそれぞれの中間に，橙，黄緑，青緑，青紫，赤紫の10色を基本色としている。

基本設計［preliminary design］設計手順の中で基本計画に引き続いて行われる設計作業で，実施設計以前の段階を示す。これには大きく基本計画で練られた条件をもとに具体的な形態に移し変えていくエスキスからプランニングと呼ばれる段階と，作成された案を依頼主に承認を得るために，空間の概要が容易に把握できるように提示するプレゼンテーション作成の段階とがある。

基本設計図 建築物の場合，配置図，平面図，立面図，断面図，必要な詳細図，仕上表その他に設計デザインのための構想検討を示す図面などが含まれる。

気密性 サッシなどにおいて，気圧差によって生じる空気の透過に対する抵抗の度合いのことで，気密抵抗で示される単位はm^2h/m^2。これは圧力差$10kg/m^2$の時の単位面積当たりの通気抵抗のことである。

机面高（きめんこう）デスクやテーブルの甲板上面から床までの垂直距離。作業用デスクの場合は，機能的には椅子の高さ（座位基準点位置）に差尺マイナス1cm程度を加えたものとする。おおまかには身長の約5分の2。→差尺（さじゃく），作業台の高さ

CAD（キャド）computer aided design コンピューターを利用して設計図面を描くことで，「コンピューター援用設計」という。従来の手書き製図に比べての利点は，①図面の修正やあらたに作製したり図面データの部分的再利用，図面の管理が容易になったこと。②図面の拡大・縮小，移動・回転が瞬時にできること。③設計の生産性の飛躍的な拡大などがあげられる。

キャノピー［canopy］商店やホテルの出入口などに日除け，雨除けのために設ける屋根状の張出しテント。

キャビネット図 ⇒斜投影法

CAM（キャム）computer aided manufacturing「コンピューター援用生産」といい，従来，加工機械や工具の選択の工程設計は，長年の現場経験のノウハウで決められる部分が大きかったが，今日では人工知能などの手法の援用も試みられている。

ギャラリー［gallery］一般には，狭くて長い廊下または室とか画廊などの意。建築的には，柱で支持された屋根をもつ歩行のためのスペース（壁などがない状態であるが，部分的または全体的に閉鎖された状態）をもさす。

吸音 入射音に対し，音源側の反射音が小さいことで，その度合いは吸音率で表される。吸音率＝入射の音エネルギー－反射の音エネルギー／入射の音エネルギー，吸音率が大きければ吸音性能に優れている。

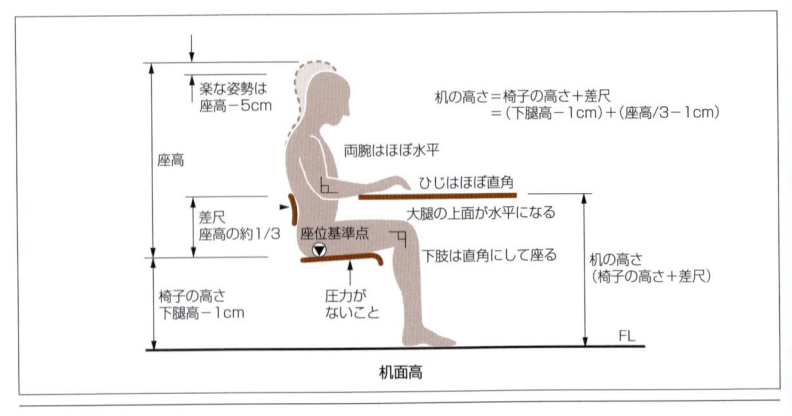

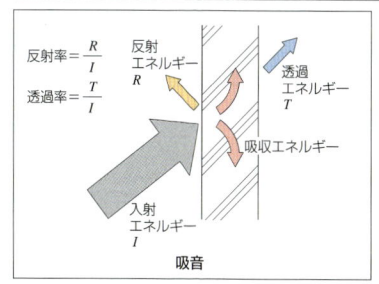

反射率 = $\dfrac{R}{I}$
透過率 = $\dfrac{T}{I}$

反射エネルギー R
透過エネルギー T
吸収エネルギー
入射エネルギー I

吸音

吸音材 吸音率の大きい材料をさす。種類は，①グラスウール，ロックウールやスポンジのような繊維質や多孔質のものなど通気性のある材料，②合板やボードなど比較的薄く，気密性のある板状の材料，③孔あきボードなど共鳴現象を起こす材料に大別される。→共鳴器吸音材，多孔質吸音材

吸音材

	製品材料例	使用例
多孔質材料	グラスウール ロックウール スポンジ	表面材 (壁紙)
多孔質成形板	ロックウール吸音板 グラスウール吸音板 吸音軟質繊維板	空気層
板状材料	合板 石膏ボード セメント板	空気層
有孔板	孔あき石膏ボード 吸音セメント板 穴あきアルミニウム板	空気層

吸音性 建築の部位，材料が，音を吸収する程度をいう。指定周波数（例えば150Hz，250Hz，500Hz…）における吸音率（入射音エネルギー－反射音エネルギー／入射音エネルギー）で，単位は％で表す。

吸音率〔sound absorption coefficent〕吸音の程度を示す数値で，材料表面の音の入射条件，周波数によって変化してゆく。

吸音力 材料の面積と吸音率の積をさす。

吸収（率） ⇒光の性質

給水設備 敷地や建物内において，用途に応じた水質および水量，水圧の水を供給する設備。管類，継手類，弁類，水槽（タンク）類，水栓金具，ポンプなどの機器から構成される。

給水栓 ⇒蛇口，水栓金具

給水方式 建物に水を供給する方式。種類としては，水道直結方式（おもに2～3階建以下），高置水槽方式，圧力水槽方式，蓄圧水槽方式，タンクレス（ポンプ圧送）方式などがある。

給水量 建物内で水を使用するために供給される水の量で，「使用水量」ともいう。

級数比 （きゅうすうひ）1：3：5：7…のような等差級数，1：2：4：8…のような等比級数など，級数関係でできている比例。1：2：3：5：8…のように，隣り合う2項の和が次の項になるような級数比を「フィボナッチ級数（相加級数）」といい，これは黄金比に収束する特徴をもつ。

休息椅子 ソファーや安楽椅子など，椅子に腰かけた際，休息度合いの強いものをさす。最終安定姿勢の状態で，およそ座面高28～34cm，座面角度10～15度，座面と背もたれとの間の角度110～115度，背もたれの支持面が大きいなどの特色をもつ。→椅子の支持面のプロトタイプ

宮殿張り ⇒緞子（どんす）張り

給湯方式 大規模なホテルなどでは中央方式，住宅などでは狭い範囲の給湯をする局所方式が採用される。加熱装置の形式としては，直接加熱式と間接加熱式の分類のほか，瞬間式と貯湯式に分類される。

給湯方式

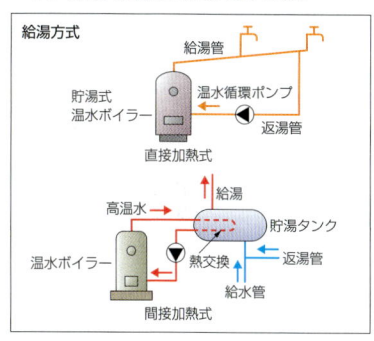

貯湯式温水ボイラー — 温水循環ポンプ — 給湯管 — 返湯管
直接加熱式

温水ボイラー — 高温水 — 熱交換 — 貯湯タンク — 給湯 — 返湯管 — 給水管
間接加熱式

給湯量 建物内で使用される湯の量。建物の種類や使用給湯機器の種類あるいは時間帯や季節によって異なる。住宅の場合，風呂用の負荷が最も大きく，平均的には1人1日当たり75～150ℓ（60℃換算）といわれている。

給排水・衛生設備図 建築物に設けられた給水栓，給湯栓，排水の位置，個数や洗面器，流し台，浴槽などが表示され，必要な配管の位置を表示する。また，設置されるガス栓の位置，個数と配管の位置，排水ますの位置や下水本管，浄化槽の設置場所などが表示された図。

キュービクルタイプ［cubicle type］浴室ユニットのうち，あらかじめ工場で部屋の形に組み立て現場へ輸送する工法のもの。ノックダウン（現場組立て）工法に対して，現場工数が少なく品質管理が容易だが，貯蔵，輸送，搬入面では問題が生じることもある。

キュービック［cubic］立方体の意。

京壁（きょうかべ）砂壁状の薄付け仕上げ塗材で，ざらざらした，きめの細かい表情をもたせた仕上げを「京壁仕上げ」という。

強制（機械）換気 送風機または換気扇によって強制的に換気を行うことで，自然換気に対し「人工換気」とも呼ばれる。送風機の位置によって次の3方式がある。

第1種換気設備：給気送風機と排気送風機の両者を有するタイプで最も完全な換気方法であり，室内の気流分布や圧力制御も容易。

第2種換気設備：給気送風機と排気口をもつタイプで，室内の圧力が室外に比べ高く（正圧）なっているため，汚染空気等が室内へ漏入するおそれがない。手術室，美術館などに適する。

第3種換気設備：給気口と排気送風機をもつタイプで，室内の圧力を室外よりも低く（負圧）して，室内で発生する汚染物質を効率よく排出するのに適している。便所や台所の換気に適する。

→自然換気

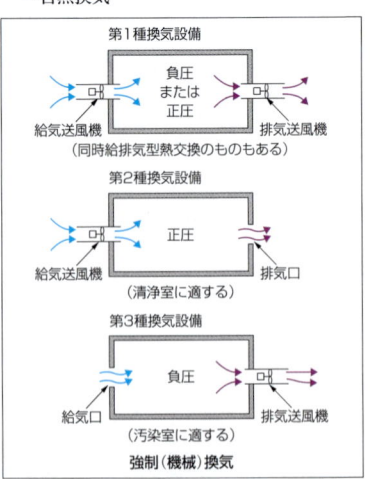

強制（機械）換気

強制循環式太陽熱温水器 集熱器，貯湯槽，ポンプ，搬送部，補助熱源，制御装置などから構成される太陽熱温水器。集熱可能になると，自動的にポンプを運転して貯湯槽に温水を効率よく集め放熱を防ぐ。集熱温度が低いときは，補助熱源を自動運転するものが多い。

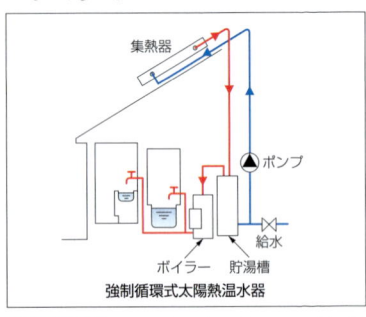

強制循環式太陽熱温水器

鏡像投影法（きょうぞうとうえいほう）投影の座標面を水平面に平行に置いて鏡に写る対象物の像を描く手法。建築図面では，天井伏図のように見えるままをそのまま平面として表現してゆく場合に用いる。

脇息（きょうそく）平座位の姿勢を安楽にさせる和家具。肘（ひじ）付きで，紫檀（シタン）地に木画（木象嵌（ぞうがん）の一種）で装飾したものが正倉院にある。長さ1,110mmあり，後世の使い方とは異なり，膝の前に置いて，それに肘をついて寄りかかるようにしたもの。

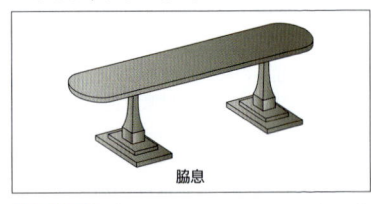

脇息

共同住宅 集合住宅の一つで，2戸以上の住戸を，縦・横に積み合わせて1棟にしたものをいい，横に連続して連ねた住戸形式を「連続住宅」という。共同住宅には階段室型，廊下型などがある。

京都御所（きょうとごしょ）京都上京区にある旧皇居。後小松天皇（100代）以来，明治天皇（122代）東京遷都までの内裏（だいり，天皇の住む御殿）。現今のものは天明（1781〜89）年間に松平定信（1758〜1829，老中，寛政の改革にあたる）が古式により造営。炎上後，1855（安政2）年再建のもの。紫宸殿（ししんでん），清涼殿など古式のままに現存。

京間（きょうま）関西地方でとられる木造在来構法の寸法体系。畳の寸法を短手3尺1寸5分，長手6尺3寸と定めて，部屋の寸法を内法（うちのり）で押さえ，この外側に柱や長押（なげし）などを配置する方法。このため畳，建具などの大きさがすべて標準化され互換性がある。今でいうダブルグリッドのシステムで，これに対して関東間はシングルグリッド。「関西間」ともいう。→関東間，表-畳の寸法（215頁）

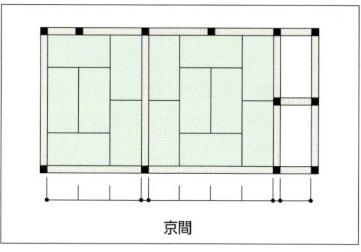

京間

共鳴 ⇒音の性質

共鳴器吸音材 孔あきボードなどの有孔板の貫通孔に音が入射すると，ある特定の周波数において共鳴振動が起こり，音エネルギーが減少し吸音が生じる。一般に孔の大きさが小さく，孔の数が多いほど吸音効果が高まる。→吸音材

局所式給湯 湯を使う場所近くに湯沸器を設置し，狭い範囲に給湯する方式。取付けが容易で，設備費は安いが，中央式に比べると燃料費は高い。住宅では，湯沸器は1個所で数個所に給湯する住戸内セントラル方式が採用されることが多いが，これは局所方式の一種。

局部照明［local lighting］局部的に明るくする方式。スタンド器具で作業面を明るくしたり，店舗などで重点商品をスポットライトするしかたなど。→照明方式

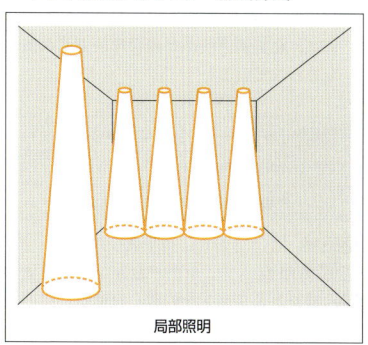

局部照明

居住性 住宅，その他の建物に要求される性能条件の一つで，一般に視覚，聴覚，触覚，嗅覚あるいは動作，行動など人間の感覚や身体的条件に基づいて評価される項目全体を含めた性能をさす。例えば，遮音性，吸音性など音に対する性能，断熱性，保温性など熱に対する性能，換気性，通風性など空気に対する性能，そのほか美観，汚れなどを含めた複合的性能のこと。

清張り（きよばり）壁装材を張る工法（壁・襖など）の一種。上張りと袋張りとの間にくる工法で，下張り紙を張ること。

許容騒音レベル 各種用途の室内で，人間が生活を営むうえで許容できる騒音レベルが定められている。一般に50デシベルの音に対し人間は騒音を感じ，55～60デシベルの音に対し騒音を無視できなくなる。→騒音，騒音レベル

切妻（きりづま）屋根形式の一つ。本を開いて伏せたような形で，最も一般的な住居建築に用いられている。→図-屋根の形状（300頁）

切り目縁（きりめえん）縁の長辺方向とは直角に縁板の木口（こぐち）を見せて張っている濡れ縁をさす。縁板の水垂れ勾配は，水流れのよいように敷居から外部に約1/100程度つける。→縁（えん）

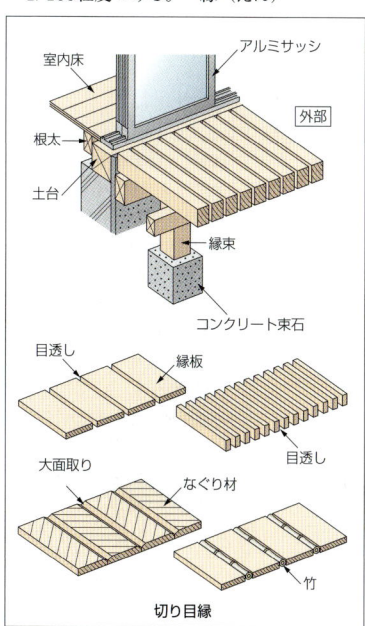

切り目縁

きりめえ

き

気流 空気の流れをいう。室内では対流による空気の流れや不快感を与えるドラフトがある。室内での気流の速さを表す単位はm/秒。最低限として人間の感じる風速は0.4～0.5m/秒である。居室の気流速度は0.5m/秒以下とされている。

亀裂 (きれつ) 材料に割れの入ることで，乾燥，収縮，膨張などによる変形をさしている。「クラック」「ひび割れ」ともいう。

木割り わが国の伝統的な建築において，各部分の大きさ寸法を決定する規範または原理のこと。中世の頃から大工職は小さな血縁集団をつくるようになり，世襲制のもとに「木割り書」がつくられ，大工の家系に伝えられるようになった。

均斉 (きんせい) ⇒シンメトリー

均斉度 (きんせいど) uniformity ratio of illuminance 明るさの一様性を表す数値。ある面上の(最低照度)／(最高照度)または(最低照度)／(平均照度)で表す。推奨値は，全般照明時の最低照度と平均照度の比：0.6以上，全般照明・局部照明併用時の全般照明による照度と局部照明による照度の比：1/10以上，採光時の最低照度と最高照度の比：1/10以上。

均斉度

条件	推奨照度
全般照明時の最低照度と平均照度の比	0.6以上
非作業域の平均照度と作業域の平均照度の比	1/3以上
隣接した室(通路)間の平均照度の比	1/5以上
全般照明・局部照明併用時の、全般照明による照度と局部照明による照度の比	1/10以上
採光時の最低照度と最高照度との比	1/10以上

金属板葺き (きんぞくばんぶき) 各種建築物の屋根仕上げをいう。金属板には，亜鉛鉄板，銅板，アルミニウム板，ステンレス板などがあり，葺き方には平板葺き，波板葺き，折板葺きなどがある。

筋電図 (きんでんず) 筋が収縮する際に生じる活動電位を増幅して記録したもの。筋の負担を人間工学的に評価するときに利用。筋活動が大きければ筋負担が大きく，不適切な状態にあると判断される。

銀もみ 銀紙を丸めてもんだような模様のあるもので，壁紙などにも利用される。

く

クィーン・アン様式 [Queen Anne style] ウィリアムアンドメリー様式(17世紀後期)の後，女王アン時代(18世紀初期)の影響でイギリス化したオランダ風のものをいう。軽快・優雅で曲線を多用し，脚はカブリオールで，彫刻を部分的に施している。→カブリオール，スプラットバックチェア 販

クイーン・アン様式

杭基礎 (くいきそ) 建物を支持するための堅い地盤が地中深い場合，建物の基礎の底部に接した杭(コンクリート製)を直接堅い地盤に突き刺して支持させた基礎形式の一種。木造建築以外の建物にはこの基礎形式が採用されることが多い。

空気圧縮機 ⇒エアーコンプレッサー

空気汚染の許容値 室内の空気汚染の許容値は，建築基準法やビル管理法で基準値が定められている。

空気汚染の許容値

浮遊粉じん	$0.15mg/m^3$
CO (一酸化炭素)	10ppm
CO_2 (炭酸ガス)	1,000ppm

空気音 (くうきおん) ⇒空気伝播音

空気清浄器 フィルターおよび静電式集じん機などとファンを内蔵した機器。室内空気を浄化させる役割を果たす。

空気線図 ⇒湿り空気線図

空気調和 室内空気の温湿度，気流，ほこり，臭気，有害ガス，細菌などを，人や物にとって適切な条件に保つこと。略して「空調」ともいわれる。

空気伝搬音 (くうきでんぱんおん)「空気音」ともいい，空気だけを媒体として伝わる音。あるいはその音が壁や床を振動させ，2次音源となって再び他方へ伝わる音をいう。
→固体伝搬音

空調 ⇒空気調和

空調設備図 空気調和設備に関連する図面。やや規模の大きい場合，それぞれの方式（ダクト，ユニット，パッケージ）に応じて吸気・排気の各ガラリ，風道，各送排気口，機器類の配置などを表示した図。

クーリングタワー [cooling tower] 空気冷却塔。温水と空気を接触させるなどして，温水がもつ熱を空気中に放出する塔状の空調用機器。

釘 [nail] 板材や角材を緊結するための先端がとがった細い棒状のもの。洋釘（断面が円形）と日本釘（和釘，断面が角形）とがある。材料には，金属，木，竹製のものなどがある。

釘打ち張り ⇒緞子（どんす）張り

釘隠し 伝統的な書院造りの室内を飾るもので，長押（なげし）類を打ち付けている大釘の頭を隠す化粧金具のこと。

くさび [楔] 木材の接合仕口の一つ。2つの部材どうしをかためるために，2つの部材間に打ち込む堅木のこと。使用法により，割り楔，地獄楔，上楔などがある。

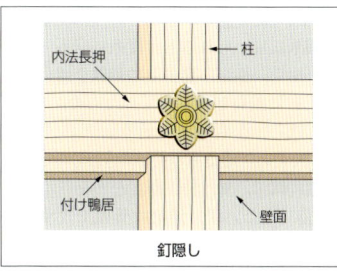

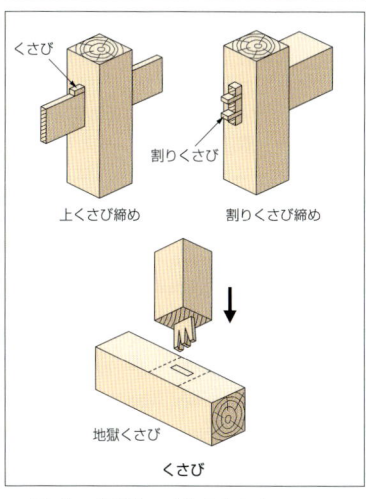

クス [楠，樟] 広葉樹の一種。心材は暗黄褐色，やや緻密で工作は容易，耐湿・耐久性は大，建築材，家具造作材，彫刻材などに用いられる。

空気調和（熱媒体による空気調和方式の分類）

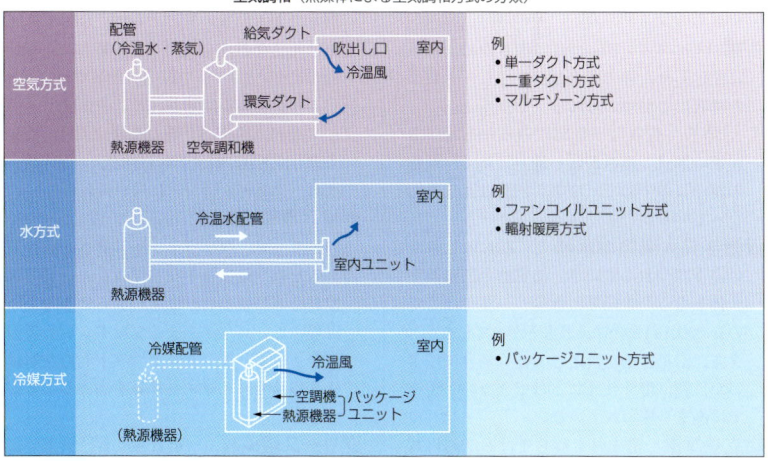

		例
空気方式	配管（冷温水・蒸気）／給気ダクト／吹出し口／冷温風／環気ダクト／熱源機器／空気調和機／室内	・単一ダクト方式 ・二重ダクト方式 ・マルチゾーン方式
水方式	冷温水配管／熱源機器／室内ユニット／室内	・ファンコイルユニット方式 ・輻射暖房方式
冷媒方式	冷媒配管／（熱源機器）／空調機／熱源機器／パッケージユニット／冷温風／室内	・パッケージユニット方式

葛布（くずふ）gross cloth 襖（ふすま）や壁張りに用いられるも。縦糸に麻糸・木綿糸を用い、横糸に葛の茎の繊維を用いて織った布に紙などで裏打ちしたもの。「芭蕉布（ばしょうふ）」ともいう。

躯体（くたい）建築物の主要構造部分のこと。一般には床、壁、柱、階段などをさす。

躯体図（くたいず）建築の骨組を表す図。造作（ぞうさく）、仕上げ、設備や建具類を除いた部分をさす。鉄筋コンクリート造の場合、基礎、柱、床版、梁、壁面などをさし、各部の大きさ、厚み、鉄筋の本数などを表現してゆく。

管柱（くだばしら）木造建築物の場合、1階の土台から胴差しまでとか、胴差しから軒げたまでのように、1階分または2階分のみの長さをもつ柱をさす。→図通し柱（239頁）

口金（くちがね）base ランプをソケットにはめ込んで点灯させる機能をもつもの。多くの場合、ねじ込み形で「エジソンベース」という。なかでもE-26と称して、直径26mmのエジソンベースが一般的。ねじ込み形のほかに、差込み口金（スワンベース、2-pin）などがある。

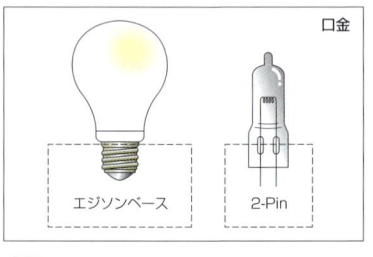

口金
エジソンベース／2-Pin

沓摺（くつずり）door sill 開き戸のまわりに設けられた枠の床面部分をさし、木質または石などが用いられる。

くど造り 佐賀県平野部にみられる草葺き民家の形式。地盤が弱い地方に多く、建物の棟がコの字形で、中央の凹部は瓦葺きとなっている。

汲置き式太陽熱温水器（くみおきしきたいようねつおんすいき）集熱器と貯湯部が一体となった太陽熱温水器。一体となっているため、日没後は湯温も下がってしまう。夕方、浴槽に湯を落として使う場合にはよいが、朝、湯を使うことはできない。現在ではあまり使われていない。

組立基準面 構成材を待ち受ける空間に対して設定される基準面で、組み立てられる構成材の空間における位置を指定したり、またはその空間に占める領域を設定する。設計時に構成材基準面と組立基準面を一致させるように寸法調整を行う。→構成材基準面

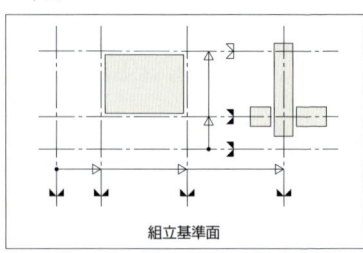

組立基準面

組み天井 天井面の支持方法の一つ。上階と天井面とに余裕をもたせて天井面を吊り下げる方式。仕上げには、竿縁（さおぶち）、格縁（ごうぶち）などがある。

曇りガラス ⇒すりガラス

クライアント［client］専門的なサービスを依頼する人。インテリアの分野ではインテリア設計やインテリアコーディネートを専門家に依頼する人をさす。

クラック［crack］⇒亀裂（きれつ）

蔵造り 木部をすべて土壁などで覆い、外壁は通常より倍以上厚く仕上げ、開口部も狭く観音扉（両開き扉）とした防火上効果的な造りで、店蔵にもっとも多く使用されている。

グラデーション［gradation］⇒リズム

クラフトデザイン［craft design］手工芸（ハンディ・クラフト）のデザインのこと。機械による大量生産によらず、手づくりまたは簡易な道具を使用して生産される製品のデザインをさす。1964年、世界クラフト・デザイン会議が開催された。→工芸

クリ［栗］広葉樹の一種。心材は褐色、堅硬で弾力性あり、耐水・耐湿性が大、土木材、枕木、建築の土台などに用いられる。

クリア電球［clear lamp］ガラスが透明の白熱ランプ。フィラメントの輝きが直接見えるため、低ワットランプはシャンデリア器具などに使われ、美しいきらめき効果を表現する。高ワットタイプはグレアの要因になりやすいが、グレアカットした反射鏡付き器具でハイライト効果を高めることができる。

グリース阻集器（―そしゅうき）排水中に

含まれる油脂分を除去するための阻集器。油脂は冷却固化して排水系統を詰まらせるので、油脂を分離収集して残りの液体だけを流す役割をもつ。建設省（現国土交通省）告示で営業用厨房には設備が義務づけられている。

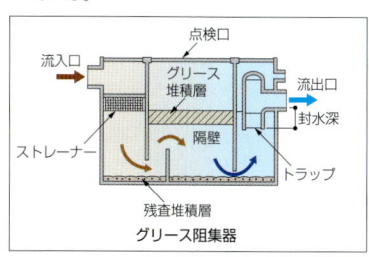

グリース阻集器

クリープ変形［creep］ある一定の荷重を加えながら時間の経過とともに起こるひずみが増大し変形してゆく現象。

クリスモス［klismos］古代ギリシアの女性用のサイドチェアの一種。湾曲した背板、ほとんど無装飾で軽快優美な形態をもつ。

グリッド［grid］格子または格子状の意味。MC（モデュラーコーディネーション）において、碁盤（ごばん）目のような一定の格子状の組立基準面の集合をグリッドという。これに基づいて設計を行うことを「グリッドプランニング」という。

クリモグラフ［climato graph］気候図。特定地域の各月平均気温と平均湿度の値を1年間にわたって表示したグラフ。その地域のおおよその気候状況が把握できる。

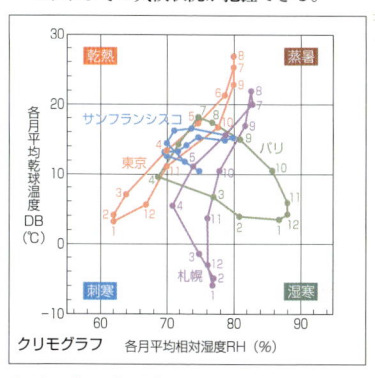

クリモグラフ　各月平均相対湿度RH（%）

クリンカータイル［clinker tile］高温で焼成した炻（せっ）器質タイル。床張り、陸（ろく）屋根の防水層押えなどに用いる。大きさは、108, 150, 180mmの正方形のもの。→表-陶磁器質タイル②（237頁）

クルミ［胡桃］広葉樹の一種。心材は暗赤紫色、緻密で光沢を有し、硬度をもち加工は容易。造作（ぞうさく）・家具材、かつては銃床に用いられた。

グレア［glare］まぶしさによって眼が完全な機能を果たすことのできない状態をいう。グレアには眼の感度を低下させる視力低下グレアと、不快感を生じる不快グレアとがある。日本人と白人とでは日本人のほうがグレアを感じにくく、約2倍の輝度の光源にも耐えることができるといわれる。

クレイモデル［clay model］クレイは粘土のことで、粘土で作られた模型のこと。建築設計に際しデザインされたもののボリューム感（量感）をつかむのに用いられる。

榑縁（くれえん）切り目縁の縁板を90度方向にかえたもので、縁の長手方向と平行に縁板を張った濡れ縁をさす。濡れ縁の幅は450〜600mm程度、縁板の厚さは18〜21mm程度を使用し、多様な意匠例がある。→縁（えん）

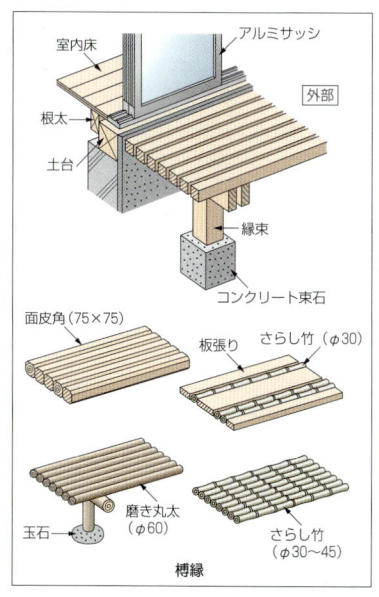

榑縁

クロー［clo］衣服の保温性能を示す単位。アンダーシャツとワイシャツの上に普通の冬用背広を着た場合が1クロー。夏期、上衣を脱いだ状態で0.6クロー程度。

グロースターター［glow starter］蛍光ランプを点灯させる方式の一つ。グローランプ（点灯管）と安定器の働きが重要。点灯

に若干の遅れがあるが，安価なので家庭照明用蛍光灯に普及している。最近はインバーターに替わりつつある。→ラピッドスタート

クローズド部品　特定の建物，またはシステムに用いられるために設計，生産された部品。これに対し不特定な建築に用いられることを前提として市販される部品を「オープン部品」という。→オープン部品

クロガキ　[黒柿] 広葉樹の一種。心材が黒色，緻密で堅硬，和家具用材，床柱，各種工芸用に用いられる。

クロス　[cloth] レーヨンなどを用いた織物の壁装材のこと。内装材として色柄が豊富で多用されている。

クロスコネクション　[cross connection] 飲料用配管とその他の配管が直接接続されること。水質汚染の原因となり，健康に重大な影響を及ぼすので絶対に避ける。

クロス張り　壁・天井面を壁装材にて張り付け化粧仕上げするもの。壁紙とは，紙，繊維類，プラスチック類，および鉱物類をおもな構成素材としてシート状に作られたものをさす。下地には，合板，石膏ボード，コンクリートなどが用いられ，下地に直接はる直(じか)張り工法が多用されている。

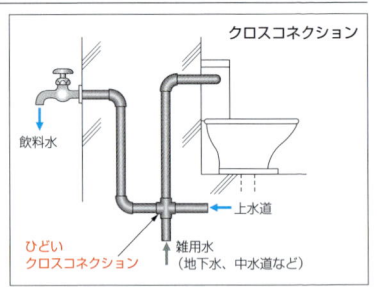

クロノサイクル　[chrono cycle graph] ⇒サイクルグラフ

群青色　(ぐんじょういろ) ⇒表慣用色名（132頁）

け

蹴上げ　(けあげ) 階段の一段の高さ。法規により寸法が規制されている。→図-階段（119頁），階段の寸法 販

軽休息椅子　(けいきゅうそくいす) 喫茶店やリラックスした会議などで用いられる椅子。最終安定姿勢時で，およそ座面高33〜36cm，座面角度5〜10度，座面と背もたれとの間の角度105〜110度。→椅子の支持面のプロトタイプ

蛍光ランプ　[fluorescent lamp] 発光原理は放電により発生する紫外線がガラス管内面に塗布してある蛍光物質を刺激して光となる。白熱ランプに比べランプ効率が高く，寿命が長いなどの特長をもつ反面，点灯に安定器が必要なこと，周囲温度によって特性が変化するなどの欠点もある。

経済性　ものや空間が造られる際には予算が伴うこととなり，またできあがった後も採算性が前提となる。このような経済的制約条件や効果にかかわる要件をいう。建物・インテリア空間の経済性は，建設費などのイニシャルコストのほかに，使用上生じるランニングコストの双方を考慮しなければならない。

軽作業椅子　食事の際や講習会，会議用などに用いられる椅子。作業椅子に比較し，わずかに安楽性の要素が加わる。最終安定姿勢時で，座面高35〜38cm，座面角度約5度，座面と背もたれとの間の角度100〜105度。→椅子の支持面のプロトタイプ

継時対比　(けいじたいひ) ⇒色の対比

系統色名　(けいとうしきめい) ⇒色名，慣用色名

契約アンペア　住宅用の一般的な電力契約である従量電灯の乙における契約電流。乙の契約電流は10A以上，60A以下。

契約図面　建築主と建築業者との間の契約に際し添付される図面。一般に工事請負契約書（または請負契約書という）と設計図書とがある。→工事請負契約書，設計図書

軽量衝撃音　床構造に対し，接地面が小さく，比較的軽いものが落下したり，歩行などの衝撃によって発生する音。これに対し，重いものの落下などによって生ずる音を「重量衝撃音」という。軽量衝撃音を防ぐには，カーペットなど弾力性のあるものを敷いて，床表面で衝撃を受けとめるようにすると効果的である。→重量衝撃音

契約アンペア（計算例）

A 常時または長時間使用する電気機器(A)		B 短時間使用の電気機器(A)	
冷蔵庫	2.0A	洗濯機	3.0A
熱帯魚水槽	0.8A	トースター	4.0A
エアコン	9.5A	電気こんろ	6.0A
テレビ	1.5A	炊飯器	6.0A
蛍光灯40W×2	1.0A	ミキサー	3.5A
蛍光灯30W×1	0.4A	掃除機	4.5A
蛍光灯10W×1	0.1A	アイロン	6.0A
白熱灯100W×1	1.0A	ストーブ	6.0A
白熱灯60W×2	1.2A	プレイヤー	0.6A
白熱灯20W×2	0.4A	電気かみそり	0.2A
A 全体の合計 17.9A…①		B のうちで最大のもの 6.0A…②	

注）17.9+6.0=23.9A（必要容量）
①，②若干余裕を加えて契約容量=30A

軽量鉄骨造 軽量形鋼を使用した鉄骨構造物のこと。最近では，住宅，工場などから建設現場小屋などに使用されている。軽量形鋼は，帯鋼（板厚1.6〜6.0mm）をロールで冷間成形して製造したものをいう。

軽量ブロック かさ比重が1.8未満の空胴コンクリートブロック。→図-コンクリートブロック（156頁）

KJ部品 1960年から，公団住宅のみならず，広く公営住宅を含めて，ステンレス流し台，台所換気ファン，スチールドア，アルミサッシなど開発，部品化された公共住宅用規格部品をいう。

ケースウェイ［caseway］電気配線を通すための箱状容器。プラスチックの成形品が多く，形状は幅木や回り縁などに似せている。スイッチやコンセントを，ケースのどこにでも取り付けられ，配線の変更も容易。

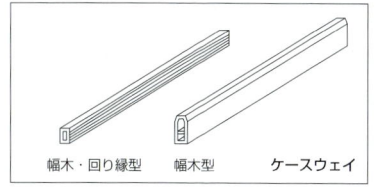

幅木・回り縁型　幅木型　ケースウェイ

蹴込み（けこみ）階段一段の立上り部分における段の先端から引っ込んでいるところをいう。

蹴込み板（けこみいた）階段の一段の立上り部分にある板。段板の先端より内側に取り付ける。同じく，蹴込み床で床板（とこいた）と畳寄せとの間にはめ込んでいる板や，玄関の上り框（あがりがまち）の下部にはめ込んでいる板もいう。→図-階段（119頁）

蹴込み寸法（けこみすんぽう）階段1段の立上り部分の先端から引っ込んで部分までの寸法をさす。この寸法が大きい場合は，昇る際に引っかかりやすい。

蹴込み床（けこみどこ）やや簡素化された行（ぎょう）という床の間形式の一つ。床框（とこがまち）の代わりに蹴込み板をはめ込んだもので，間口・奥行とも本床（ほんどこ）とほぼ同じ。→図-床の間（241頁）

ゲシュタルト心理学 第2次世界大戦前にドイツで提唱された視覚上の造形心理。「部分の性質は全体の構造によって規定される」という提言を行い，人間の知覚心理の解明に貢献した。「地と図」「ルビンの壺」などが有名。→地と図，ルビンの壺

化粧合板［fancy plywood］普通合板の表面に各種の手法により化粧したものの総称。プリント合板，ポリエステル合板，塗装合板，塩ビ合板などがある。→表-合板の種類（151頁）

化粧石膏ボード 石膏ボードの表面にあらかじめプリントしたもの（普通品）と表面に化粧加工紙やプラスチックシートを張り合わせたもの（特殊品）とがある。室内壁，天井仕上げなどに用いる。寸法は，455×910mm，910×1,820mm，厚さ9.0，12.0mmがある。

化粧張り合板 ⇒天然木化粧合板

桁高（けただか）建物では側柱の上にのる水平材で，上部の梁や小屋組を支える部材をいい，桁の上端と地盤面との距離を軒の高さとすることが建築基準法（令第2条第1項第七号）で決められている。

桁行（けたゆき）屋根面を支える小屋梁に直角の方向，または梁間（スパン）方向の小さい方向をさす。

桁行／柱／小屋梁／桁行／梁間

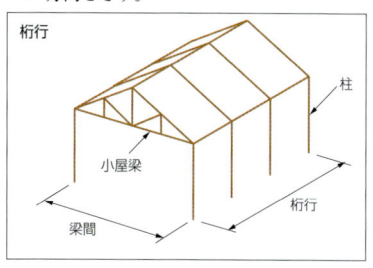

結露 ある湿度をもった空気の温度を下げていくと，空気中の水蒸気が飽和状態に達する。この温度を「露点」というが，さらに温度を下げると，あまった水蒸気が凝縮して水滴となる。この状態を結露という。→結露防止対策

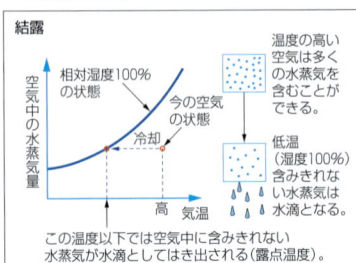

図：結露（相対湿度100%の状態、今の空気の状態、冷却、気温、空気中の水蒸気量、温度の高い空気は多くの水蒸気を含むことができる、低温（湿度100%）含みきれない水蒸気は水滴となる、この温度以下では空気中に含みきれない水蒸気が水滴としてはき出される（露点温度）。）

結露防止対策 表面結露を防ぐには，室内の相対湿度が上がらないようにすること，壁や窓など表面温度の低い場所を作らないこと，の2点である。このためには，①室内での水蒸気の発生を防ぐ，②換気を行う，③壁や屋根などを十分に断熱する，などである。また内部結露を防ぐには，壁体や天井裏に水蒸気が侵入しないように，室内側に断湿層を設け，また室外側に断熱層を設け壁体が冷えないように対処する。→内部結露，表面結露

煙感知器 火災発生の際に生じる煙を感知する機器。種類としては，イオン化式，光電式，イオン化と光電の複合式がある。

下屋（げや）⇒差掛け屋根

けらば［螻羽］切妻屋根の妻側の端部をさし，この部分に用いる瓦を「けらば瓦」という。

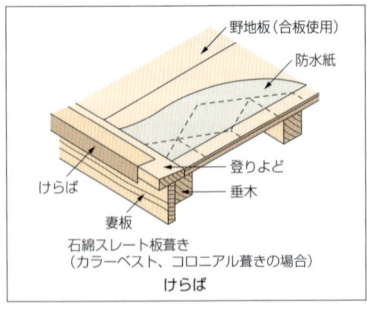

図：けらば（野地板（合板使用）、防水紙、登りよど、垂木、妻板、石綿スレート板葺き（カラーベスト，コロニアル葺きの場合）、けらば）

減圧弁 入口側の流体の高い圧力を，出口側では低圧に下げる自動弁。また，入口側の高い圧力が変動しても，出口側の低い圧力は一定に保てる。水用，蒸気用，ガス用などの種類がある。

玄関［main entrance］人やものの出入り，搬入，履物やコートの着脱，外来者との挨拶などが行われる場所。土間と床面とに分かれるところであり，防犯性，明るさや換気，演出性などが求められる。

原色 別の色に分解したり，ほかの色との混合によってつくることのできない色のこと。カラー印刷用のインキの場合は黄（イエロー），青緑（シアン），赤紫（マゼンタ）の3色が用いられ，これらを「減法混色（色材）の三原色」と呼ぶ。カラーテレビなどは赤，緑，青の3色を混合してさまざまな色をつくりあげ，これを「加法混色（色光）の三原色」という。また，原色以外の色を「中間色」と呼ぶ。→加法混色，減法混色，中間色

原図 鉛筆や墨入れして描かれたもので，複写（コピー）の原紙となる図または図面（JIS Z 8114）。

現寸図（げんすんず）現寸（実物大の寸法のこと）で書いた図，または図面のこと。一般に，家具関連図面や重要な詳細を検討するために用いられる。

建築化照明［architectural lighting］建築の躯体内に簡単な照明器具を内蔵し，できるだけ器具の存在を目立たせないで建築と一体化された照明方式。作業面の照度を得るために使われることもあるが，多くの場合，壁や天井面を明るくすることで建築デザインを強調する目的で採用される。種類としては，「光梁照明」「コーニス照明」「コーブ照明」「コファー照明」「ダウンライト照明」「バランス照明」「光天井」などがある。→照明方式

建築士 建築士法による「建築物の設計，工事監理等を行う技術者の資格を定め，その業務の適正をはかり，もって建築物の質の向上に寄与させることを目的」とした建築士試験に合格し，登録した者。一級，二級ほかに木造建築士があり，建築物の用途，構造および規模に応じ業務独占範囲が定められている。

建築製図通則 ものをつくるとき，そのものや大きさを示すのに図面を用い，図面を正確に適切に表し作成することを製図という。製図に用いられる線の種類，図形や記号，文字の用途と種類，図面上での長さ・位置・角度などについて指示する方法を決めている（JIS A 0150）。

建築モデュール①

875	175	35	7	14	28	56	112	(224)	(448)
125	25	5	―1―	2	4	8	16	32	64
385	75	15	3	6	12	24	48	96	192
(1125)	225	45	9	18	36	72	144	288	576
(3375)	675	135	27	54	108	216	432	864	(1278)

注)（　）内の数値は除外する。

建築モデュール② (JIS A 0001)

10	100	1,000	10,000
		1,080	
		1,120	
	122	1,200	
	125	1,250	
	135	1,350	
	140	1,400	
		1,440	
15	150	1,500	
	160	1,600	
	175	1,750	
	180	1,800	
		1,920	
20	200	2,000	
		2,160	
	225	2,250	
	240	2,400	
25	250	2,500	
	270	2,700	
	280	2,800	
		2,880	
30	300	3,000	
	320	3,200	
35	350	3,500	
	360	3,600	
	375	3,750	
40	400	4,000	
		4,320	
45	450	4,500	
	480	4,800	
50	500	5,000	
	540	5,400	
	560	5,600	
		5,760	
60	600	6,000	
	640	6,400	
	675	6,750	
70	700	7,000	
	720	7,200	
75	750	7,500	
80	800	8,000	
		8,640	
	875	8,750	
90	900	9,000	
	960	9,600	

注) 表は、上表の基礎数値の単位1mm、10mm、100mm、1,000mm、10,000mmを適用し、10～10,000mmの範囲で5mmの倍数のみを採用したものである。太字は、100mmの倍数を示したものである。

建築モデュール [architectural module] 1964年，JIS A 0001として制定。2, 3, 5倍系列の一部と7倍系列を加えて，通常建築で用いられそうな寸法をいくつか選んで採用しており，一連の数値で構成されている。単に「モデュール」ともいう。

現テラ ⇒現場テラゾー塗り

ケント紙 [Kentpaper] 白色の厚手の上質紙で，製図・絵画などに用いる。イングランドのケント州で製作されたため，この名がある。→スタディー模型

玄能 (げんのう) 石工事や木工事に用いられる道具の一種。石材を割ったり加工したりするときに用いる石工事用の槌（つち）のこと。

現場テラゾー塗り 所定の現場においてテラゾー塗り仕上げとするもので，「現テラ」ともいわれている。床仕上げに用い，下地コンクリートと密着させて仕上げる「密着工法」と下地と分離して仕上げる「絶縁工法」とがある。

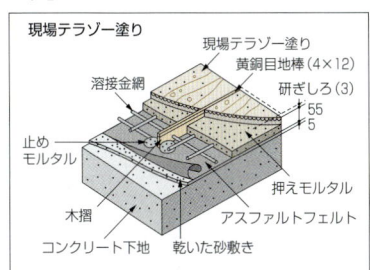

減法混色 (げんぽうこんしょく) 光を吸収するような物質としての色を混合し，別の色を生じさせることをいい，できた色はもとの色よりも暗くなる。減法混色の三原色は赤紫（マゼンタ），黄（イエロー），青緑（シアン）であるが，透明でない絵具などは減法混色の原理とはやや異なり，これよりもやや複雑な混色がなされる。→加法混色

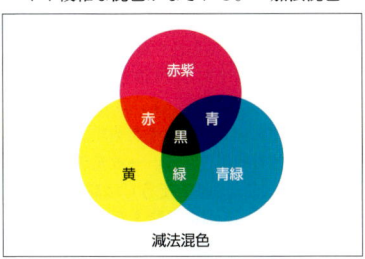

コア [core] 芯，核の意。建築物の計画の場合，中央部に共用施設，設備スペースなどを設けた部分をコアといい，「コアスペース」ともいう。

コアスペース [core space] ⇒コア

小穴加工 (こあなかこう) 柱，枠，床板 (とこいた) 類の表面に，板やガラス類を差し込むために切り込んだ細長い溝をいう。

高圧蛍光水銀ランプ [high pressure mercury fluorescent lamp] HIDランプの一種。演色性の悪い透明水銀ランプに対して，ガラス管壁に蛍光体を塗布することで演色性を改善。高ワットタイプは光束が大きく，ランプ寿命も長いのでおもに広い面積をもつ屋内外の全般照明用に適している。→HIDランプ

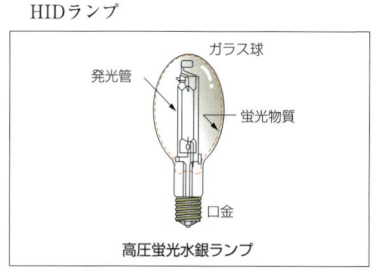

高圧蛍光水銀ランプ

高圧ナトリウムランプ [high pressure sodium lamp] 高圧のナトリウム蒸気中放電によって発光するランプ。オレンジ色の光色でランプ効率が高い特徴をもつ。霧やもやを透過しやすい光のため，道路照明に多く使われている。演色性は一般形でRa25程度。最近，演色改善形やランプ効率は低下するが，高演色形も開発されている。→HIDランプ

高演色形蛍光ランプ ガラス管内壁に塗布される蛍光体の組合せによってランプ効率は低下するが，演色性を高めた蛍光ランプ。JISの演色区分である，①演色A，②演色AA，③演色AAAのうち，②，③が高演色形になる。印刷物の色検査や美術館，病院の診察室などで利用される。→蛍光ランプ

高架水槽 (こうかすいそう) ⇒高置水槽

公共下水道 下水を排除または処理するために地方公共団体が設置する下水道。下水道法による規定があり，下水を排除する地域が一定の広さ以上で，終末処理場を有し，かつ排水施設の相当部分が暗きょであるものをいう。

公共住宅 大別すると，次のようなものがあげられる。

　公団住宅：かつての住宅公団 (現都市再生機構) の建設した住宅。賃貸・分譲の鉄筋コンクリート造の集合住宅が中心。

　公社住宅：各自治体の供給公社が手がける住宅。1戸建から集合住宅までさまざま。

　公営住宅：国庫補助を得て，県や市町村などの自治体が建設，管理する住宅。社会保障的な性格をもち，家賃は比較的安いなどがある。

工業デザイン [industrial design] ⇒インダストリアルデザイン

工芸 [industrial arts] たくみとわざによる造形的な技術をさし，日常的な実用品に美術的意匠を加えることをさす。人間生活を中心に考えれば，衣・食・住・労働・美容・家具・建築などを含めたり，木工，金工，漆工など幅広くとらえられる分野を対象としている。

光源色 [light source color] 光源から放射される光の色。白色光とカラーがあり，白色光の場合でも微妙な光色の違いがあり，それは色温度で数量化される。→色温度

鋼構造 [steel structure] ⇒鉄骨構造

公差 (こうさ) 構成材を生産 (製作)，施工 (組立て) する際には，それぞれ誤差が生じる。実測データや生産技術の精度を考慮してあらかじめ決められた誤差の標準をいう。

鋼材 (こうざい) 建築材料となる鋼鉄製の板，棒や管類のこと。鋼材は，高温500℃付近では，引張り強度は常温時の約1/2，1000℃でははとんど0になる。そのため鋼材の耐火被覆は必要になる。

工事請負契約書 工事名称，工期，請負代金額などを記載し，注文者と請負者との双方の権利義務を定めた文書。「請負契約書」ともいう。→契約図面

公室 [public room] 居間，食堂など住宅の中で家族で使われる部屋を呼ぶ。→私室

硬質塩化ビニルライニング鋼管
亜鉛めっき鋼管の内側に硬質塩化ビニル管を圧着したもの。内面の錆が発生しないので給水管に幅広く使われている。接合はねじ接合だが，管端が水に触れてさびないように管端コアを装着する。

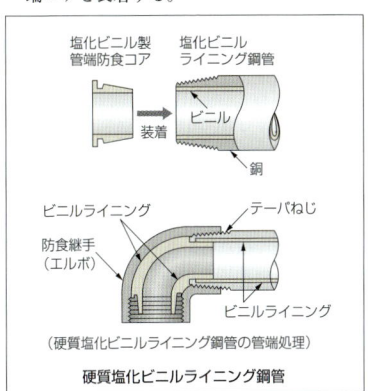

（硬質塩化ビニルライニング鋼管の管端処理）
硬質塩化ビニルライニング鋼管

硬質繊維板 [hard board, hard fiber board]
⇒ハードボード

公衆距離
⇒人間の距離

恒常視
（こうじょうし）長方形や円形テーブルを斜め上から見たとき，人間の網膜には物理的には台形や楕円形として映るはずである。しかしそれを台形や楕円形とは判定せずに，経験によって正しく長方形や円形として修正して判断する。こうした知覚の性質を「形の恒常視(性)」という。また，図(ハ)のように，物理的には違った大きさの人であっても，周囲に描かれた背景によって，同じ大きさの人と人間は判断する。こうした知覚を「大きさの恒常視(性)」という。

構成材 [component]
建築の部分を構成するすべてについていうが，通常は建築に組み込まれるように加工され一つにまとまった部材をさす。加工の大きさの程度によって，材料→部品→構成材→ユニットアンドシステムのように分けることもある。JISの用語では，組立ての際の寸法に変更を伴う加工がどのように予定されているかで，構成材を三方向（高さ，幅，奥行）ともに寸法の決まっているもの，面材・線材のそれぞれを区別している。また，「コンポーネント」ともいう。

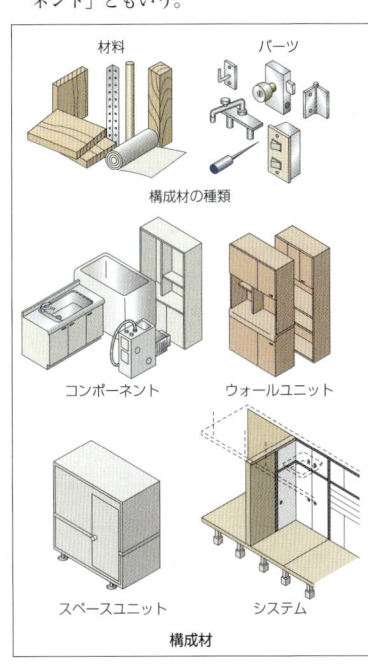

構成材の種類

コンポーネント　ウォールユニット

スペースユニット　システム

構成材

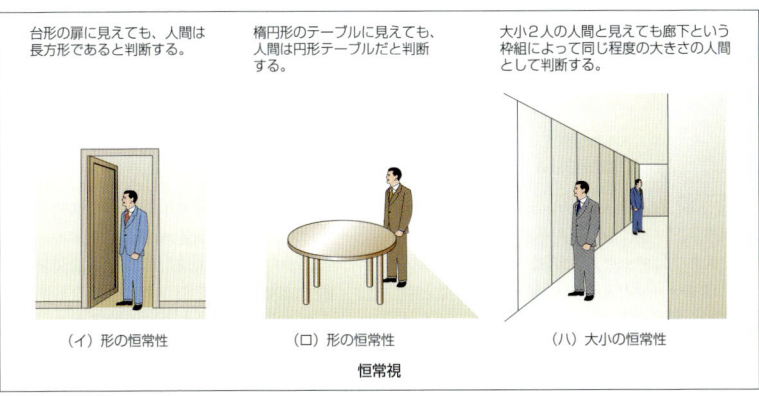

台形の扉に見えても，人間は長方形であると判断する。

楕円形のテーブルに見えても，人間は円形テーブルだと判断する。

大小2人の人間と見えても廊下という枠組によって同じ程度の大きさの人間として判断する。

（イ）形の恒常性　　（ロ）形の恒常性　　（ハ）大小の恒常性

恒常視

構成材基準面 構成材の位置や領域を指定するための基準となる面(線)をさす。これには，領域指定，片領域指定，位置の指定の3つの種類がある。MC（モデュラーコーディネーション）に関して重要となるのは領域指定を示す場合であり，この基準面によって，構成材の基本的寸法が規定される。→組立基準面

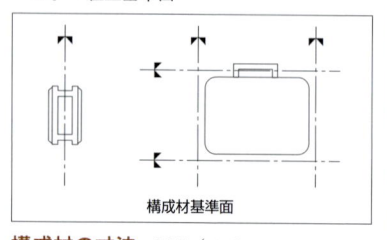

構成材基準面

構成材の寸法 MC（モデュラーコーディネーション）では，構成材の寸法について，呼び寸法，製作寸法，実寸法の3つを規定している。「呼び寸法」とは，構成材に割り当てられた領域の大きさを表す寸法で，構成材基準面間の距離をいう。通常，建築設計はこの寸法によって行われる。「製作寸法」とは，「もの」としての構成材の寸法のことで，対向する一組の製作面間の距離をさし，これは呼び寸法から納まりや誤差などを考慮して決められる。製作寸法は，製作の努力目標となる設計寸法で，実際にできあがった構成材の寸法を「実寸法」という。

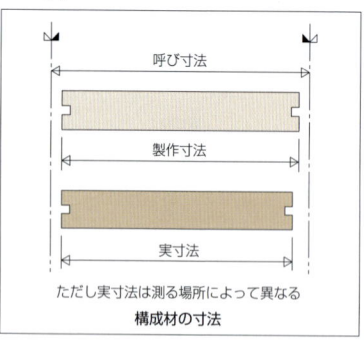

ただし実寸法は測る場所によって異なる
構成材の寸法

構成主義 [constructivism] 第一次世界大戦後，旧ソ連におこった革新的な芸術運動。モスクワにてナウム・ガボ，アントワーヌ・ペヴスナーの2人の彫刻家兄弟の作品と理論から始められた。基本理念には，「もはや絵も描かず彫刻も刻まない。ただ空間に構造体をつくりだすのみ」とし，ヨーロッパの近代造形運動（デ・スティール，バウハウス等）に大きな影響を与えた。

構成部材 木造住宅などの木造軸組（下地材や仕上材を取り付ける前の状態をいう）の各部材をさしていう。柱，軒桁（のきげた），筋かい，間柱，梁，母屋（もや），垂木（たるき）などの部材がある。

構造計算書 建築物に加わる自重，積載荷重，積雪，風圧，土圧，地震，各種の衝撃などの外力に対して安全であるかを各種基準で数値計算したもの。木造3階建や鉄筋コンクリート造等の場合には義務づけられている。

構造材 建築物を構成する部材のうち，建物の自重や積載物，風圧力や地震力に耐えることを目的に造られる部材をいう。建物の骨組と同じ意味をもつ。

高層住宅 1〜2階建の住宅を「低層住宅」といい，3〜5階程度の住宅を「中層住宅」，それよりも高いものを「高層住宅」と分類されることが多い。高層住宅は11〜14階建が多かったが，近年では20階以上の住宅も出現しており，これらを「超高層住宅」と呼び区別する。

構造図 建築設計の場合，構成材の骨組を示す図。住宅設計では基礎伏図，床伏図，軸組図，小屋伏図など。

構造用合板 建築物の構造的に耐えなければならない重要な部分に使用される合板。その品質は構造用合板の日本農林規格（JAS）で決められている。→表合板の種類（151頁）

光束（こうそく）⇒光の単位

光束発散度（こうそくはっさんど）⇒光の単位

高置水槽（こうちすいそう）屋上や中間層などの給水位置よりも高い場所に設置する水槽。高置水槽から水使用個所までは重力によって給水するため，最も高い給水位置よりも約10m程度高い位置に水槽を設置する。「高架水槽」ともいう。

高置水槽給水方式（こうちすいそうきゅうすいほうしき）中高層建物に用いられる給水方式の一種。水道本管から受水槽に水を受け，ポンプで高置水槽に揚水する。高置水槽からは重力給水なので，高層建物の下階では水圧が高くなりすぎる場合もある。そのような場合は中間階で減圧する。

光電式煙感知器（こうでんしきけむりかんちき）防災設備機器の一種。火災時の煙に

高置水槽給水方式

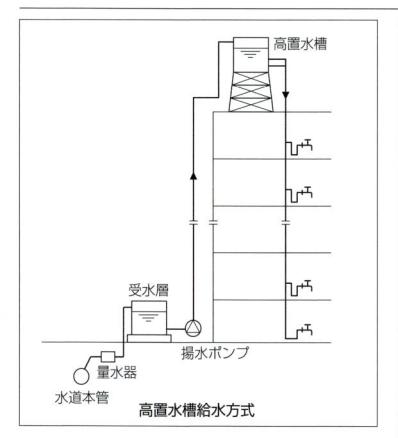

よって機器内部の発光ダイオードから出る赤外線が散乱し，光電素子の受光量が変化することによって火災信号を発する煙感知器。→イオン化式煙感知器

格天井（ごうてんじょう）格縁（ごうぶち）にて天井を仕上げたもので，重厚かつ格調高い室内や書院建築の大広間などに用いられる。→格縁

光度 ⇒光の単位

勾配天井 ⇒片流れ天井

合板［plywood］単板（厚さ1～3mm）を奇数枚積み重ねて接着剤で張り合わせて1枚の板としたもの。「ベニヤ板」「ベニヤ合板」ともいう。→表-合板の種類

格縁（ごうぶち）竿縁（さおぶち）天井の竿縁を縦横に組んで正方形の区画模様を構成する角材のこと。正方形の区画間隔は約450～900mm（1.5～3尺）で，書院造りの大広間の天井などに用いられる。→格天井

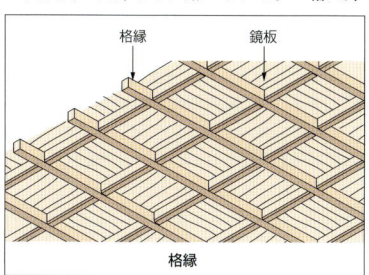

広葉樹 外長樹の一種。葉は幅が広く堅木といわれ，造作材，家具材に用いられる。ナラ，シオジ，ケヤキ，タモ，シナ，ブナ，チーク，ラワン，アピトンなど。→針葉樹

交流 正弦波のように一定の周期をもって，電圧の大きさと電流の方向を規則正しく変化させる電流。AC（alternating current）という記号で表す。→直流

合板の種類 (mm)

名 称	概　　要
普通合板	奇数枚の薄い単板で構成され，相隣接する単板の繊維方向を互いに直交するように接着した一般使用の合板。 　耐水性能：1類／2類／3類
コンクリート型枠用合板	コンクリート型枠に使用する合板。
構造用合板	建築の構造耐力上重要な部分に使用する合板。 　耐水性能：特類／1類 　強度性能：1級／2級
天然木化粧合板	普通合板の表面に美観を目的とした化粧単板（突板ともいう）を貼った合板。 　耐水性能：1類／2類
特殊加工化粧合板	普通合板の表面にプリントや塗装，合成樹脂オーバーレイ等（オーバーレイ合板ともいう）の加工を施した合板のことで，プリント合板，塗装合板，合成樹脂化粧合板，塩化ビニル樹脂化粧合板などがある。 　Fタイプ：テーブルトップやカウンター用 　FWタイプ：耐久壁，家具用 　Wタイプ：一般壁用 　SWタイプ：特殊壁用

注1）特類：建築物の構造用耐力材ので，常時湿潤状態の場所でも使用できる合板／1類：屋外および長期間湿潤状態の場所で使用できる合板／2類：屋内で水のかかりや湿度の高い場所で使用できる合板／3類：屋内で湿気のない場所で使用できる合板で，現在はほとんど製造されていない
2）上記のうちコンクリート型枠用合板および構造用合板以外の合板については，ホルムアルデヒド放散量に関する基準の標示が義務付けられている（例：F☆☆☆）。

合流式排水 ①建物内では，汚水と雑排水を同一配管で排除し雨水を別に流す方式。②下水道では，汚水および雨水を同一の管きょ類で排除する方式。

光梁照明 （こうりょうしょうめい）luminous beams「ビーム照明」とも呼ばれる建築化照明。半透過材と乳白カバー付き直付け器具，または半埋込み器具を天井面に出てくる梁のように配灯する方法。通路などで直線状に配灯することで誘導効果を高めることができる。→建築化照明

高力ボルト 高強度の鋼材で作られた，締め付けて使うボルトのこと。最近の鉄骨造では最も使用されている。「高張力ボルト」「ハイテンションボルト」ともいう。

高齢者 行政措置や統計上，65歳以上の人をさす。65歳以上の高齢者を75歳未満と75歳以上に分け，前者を前期高齢者，後者を後期高齢者とに分けることもある。

高炉セメント [portland blast furnace cement] 高炉鉱滓を混ぜて製造されたポルトランドセメントのこと。耐熱性が大きく，海水に対する抵抗性があるため，ダムや河川，湾岸工事などに用いられる。「スラグセメント」ともいう。→表-セメントの分類④（205頁）

コーキング [caulking] 建築物を構成する目地部分（外壁の仕上げ目地，窓回りなど）に雨などが浸透しないよう，水密性や気密性をもたせるために充てんする材料のこと。「シーリング材」ともいう。

コージェネレーション [cogeneration] 自家発電機によって発電を行うとともに，その排熱を利用して空調を行うシステム。送電ロスがないため高効率のエネルギー利用が期待できる。燃料としてはガスや灯油が用いられる。

コートハウス [court house] 都市型住宅に見られる形式で，周辺が比較的建て混んでいる場合などに中庭（コート）を設けて，その周辺に部屋を配置する住戸形式。外側を閉じて，中庭側をオープンにすることで，プライバシーが確保できる。

コードペンダント [code pendant] 綱でぶら下がったものの意。被覆されたコードにより天井から吊り下げられた照明器具をさす。

コーナービード [corner bead] 柱や塗り壁の出隅部分を保護するための金物などをいう。

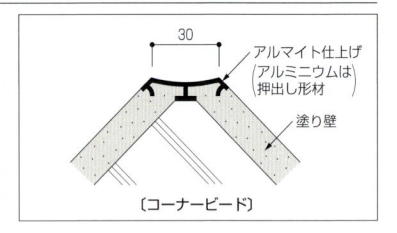

〔コーナービード〕

コーニス照明 [conices lighting] 天井と壁が接する近くに回り縁をつくり，そこに蛍光灯などの光源を隠して，おもにカーテンやブラインドを明るく照明する。→建築化照明

コーブ照明 [cove lighting] 折り上げ天井の隅や壁に光源を隠して，天井面を明るく間接照明する方式。天井があまり高くない広い空間に有効。柔らかい光は落ち着いた効果を発揮するが，きらめきやハイライト光がないと退屈するような雰囲気にもなりやすい。→建築化照明

コーポラティブハウジング [corporative housing] 新しく住宅を取得したいと考える人たちが組合を結成し，協同で建設計画を立案し，それを実施する集合住宅建設の手法。画一的・標準的な集合住宅の供給のされ方に対し，住まい手それぞれの個性的な住まい方や要求を満たすことが特徴となっている。

コーン形 コーンとは円錐形のことで，ダウンライトの反射鏡形状の一つ。ダウンライトの開口部が光ることによって生じる直射グレアを抑えるために有効といわれるが，そのためには反射曲面の正確な計算や表面の仕上げについて十分検討する必要がある。→ダウンライト

小壁 （こかべ）内法長押（うちのりなげし）から天井回り縁との間にある壁をさす。

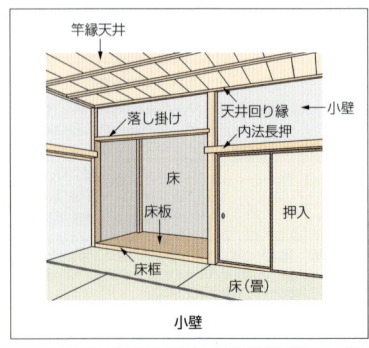

小壁

互換性［interchange ability］製品が組み立てられる際に、部品が自由に変更、取り替え交換のできること。

コクタン［黒檀］ebony (wood) 産地はおもに東南アジア、材色は黒で堅硬なもの（比重1.2）、材質は美しく精粗により色調は異なる（縞黒、青黒、斑入黒など）。家具、床柱、框（かまち）、工芸品など上等な内装材となる。→表-木材の分類②（295頁）

木口（こぐち）木材の切断面の一つで、幹や枝などの軸方向に直角に切った際の木材の断面をいう。→木口割れ

木口割れ（こぐちわれ）木材の傷に関する用語の一つで、丸太の木口などに乾燥により生じた割れのこと。

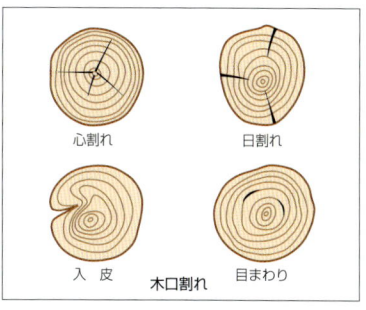

誤差［difference］建築構成材の製作あるいは組立てにおいて、設計の寸法や位置の指定に対して実際上生じるずれのこと。製作誤差あるいは組立（位置の）誤差は、生産・施工管理上、あらかじめ決められた誤差の最大値としての公差以下に抑えられる必要がある。公差の範囲内で許される誤差を「許容誤差」という。→位置誤差、製作誤差

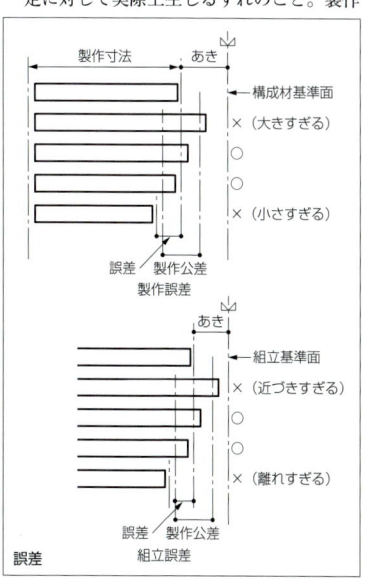

戸境壁（こざかいかべ）⇒界壁

腰折れ屋根　⇒マンサード屋根

腰掛け蟻継ぎ（こしかけありつぎ）木材の継手仕口の一種。一方の部材端部に逆台形の突出部をつけ、他方の部材に同形の孔を彫り乗せかけて接合するもの。「敷面あり継ぎ」「敷面あり柄（ほぞ）継ぎ」ともいう。→図-継手と仕口（228頁）

腰掛け鎌継ぎ　木材の継手仕口の一種。一方の部材端部に台形状の頭部を設け、他方の部材に同形の孔を彫り乗せかけて接合するもの。「敷面鎌継ぎ」ともいう。→図-継手と仕口（228頁）

腰壁　窓台の高さより下の壁面をさす。床よりの高さ1.2m程度をさし、上部の壁面仕上げと異なる場合に用いる。→図-鏡板（120頁）

腰高（こしだか）床面から1.2mくらいまでの壁面をさす。→図-階高（119頁）

個室　⇒私室

ゴシック様式［Gothic style］ロマネスクとルネッサンスの中間時期の様式。中世文化の最後に位置し、ゴシックとは、イタリア人が「野蛮なゴート人の建築」の意に用いた言葉。12世紀前半、パリを中心とするフランスに始まり、13、14世紀になるとより発達しヨーロッパ各国のキリスト教文化に影響を与え、16世紀まで続いた。建築の特徴は、肋骨穹窿（リブヴォールト）と尖頭アーチと飛梁（フライングバットレス）の構造部分にある。椅子はチェストから発展し、構造は框（かまち）組工法となった。家具意匠には、垂直を強調した対称形、豪華な彫刻装飾（アカンサス、唐草、渦巻き、S字模様）などが表現されている。ステンドグラスは、ゴシック建築の出現とともに大きく発展した。

ゴシックリバイバル［Gothic revival］⇒ネオ・ゴシック

腰貫（こしぬき）⇒胴貫（どうぬき）

越屋根（こしやね）切妻屋根の中央部に突き出して設けられた切妻状の小屋根をさしていう。従来の民家では，換気，採光，煙出しを目的とするもの。越屋根をもつものを「越屋根造り」と呼ぶ。→図-屋根の形状（300頁）

胡床（こしょう）「あぐら」ともいい，脚を左右X字形に組み，尻うけに革・布・縄ひもの類を張り，折りたたんで携帯に便にしたもので，「床几（しょうぎ）」ともいう。また，刳（くり）形のある2枚の板を足駄の歯のように甲の板につけて足としたものがある。

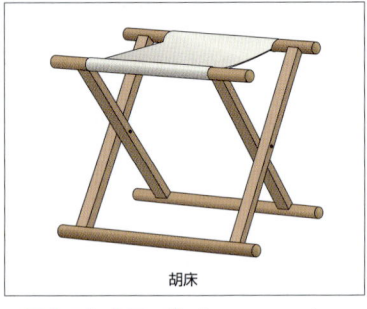

胡床

コストコントロール［cost control］⇒コストプランニング

コストプランニング［cost planning］インテリアや建築をつくりあげる際，企画，設計，施工あるいは使用までの各段階において，予算の目標や与条件に適合するよう，コストを推定し，見積ることをさす。これに対し「コストコントロール」とは，コストを配分したり，コストをおさえるなど，操作を行うことをいう。

固体音（こたいおん）⇒固体伝搬音

個体距離 ⇒人間の距離

固体伝搬音（こたいでんぱんおん）建物の床や壁などの構造体に直接振動や衝撃が加えられて，この振動が構造体（固体）を媒体として伝わり，さらに構造体に接する空気を振動させて音となったもの。「固体音」ともいう。→空気伝搬音

古代紫色（こだいむらさきいろ）⇒表-慣用色名（132頁）

小叩き（こたたき）dabbed finish ⇒表-石材の仕上げ①②（201頁）

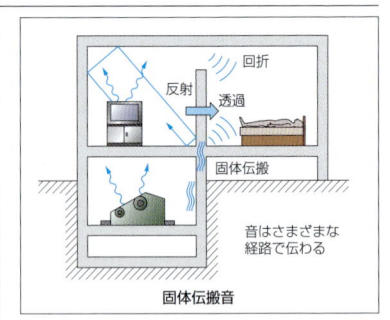

固体伝搬音

骨材（こつざい）コンクリート工事に関する用語の一つで，モルタルまたはコンクリートを作るために，セメントおよび水などとともに一体に固められる不活性な粒状の材料と定義され，次の2種に大別される。

骨　材

普通骨材	自然作用によって岩石からできた砂利，砂または砕石，砕砂などの骨材で，絶乾比重が2.5程度のもの。
軽量骨材	コンクリートの重量を軽減する目的で用いる普通骨材よりも比重の小さい骨材をいう。

兀子（ごっし）坐臥具（ざがぐ）の一種。方形四脚の木製腰掛けで，床子（しょうじ）に似ているが表に簀（す）の子はないもの。

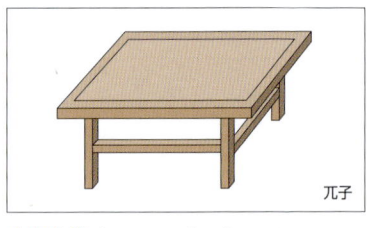

兀子

古典主義［classicism］一般に，ギリシア・ローマの古典芸術を範として進められた芸術傾向をいう。代表的な例は，イタリアを中心に広まったルネッサンス芸術に見られる。18世紀末から19世紀前半にバロック・ロココへの反動としておこった傾向を「新古典主義」と呼ぶ。

子供室［children's room］子供の就寝，勉学，更衣，趣味などが行われる部屋。勉強については就寝などと離して，共用の勉学スペースを設けることもある。

コの字型家具配置　団らんや食事，会議などを行う際にとられる家具配置の型の一つ。一方向を空けて壁や暖炉にあてて，3方向

よりそれぞれに向き合って人間が座席を占める型。

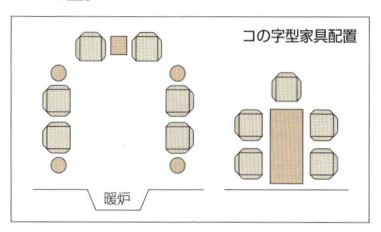

コの字型家具配置

小舞下地
- 間渡し竹φ20
- 壁散り
- 小舞竹
- 柱
- 通し貫
- 土壁
  - 裏返し　　15
  - むら直し　5～7.5
  - 中塗り　　5～7.5
  - 仕上げ塗り3

小端立て（こばだて）れんがや割栗石（わりぐりいし）などを敷き並べる際に，小口や小端を上または下にすること。

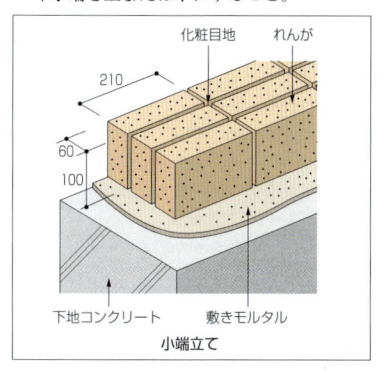

小端立て
- 化粧目地
- れんが
- 210
- 60
- 100
- 下地コンクリート
- 敷きモルタル

コファー照明［coffer lighting］建築化照明の一種。複数のドーム状天井に間接照明器具を吊り下げたり，拡散透過材を取り付けた上から照明する方法。広い空間で豪華なイメージを出したい所に適している。→建築化照明

こぶ出し［瘤出し］rock face, piched face⇒表-石材の仕上げ①②（201頁）

個別暖房方式　暖房の必要な個々の部屋に器具をおいて暖房する方式。中央式に対するもので，器具としては電気や石油，ガスによるストーブ類やふく射暖房器具，サーキュレーターが使われる。

小(木)舞（こまい）民家などの壁などの下地の一種。細い竹や割った竹，貫板などを3～4cmくらいの間隔で組んだものの総称。和風壁の下地をいう。

小(木)舞下地（こまいしたじ）民家の屋根や壁の下地に用いるもので，竹や貫を縦横に組んだもの。古来から日本壁として利用され，竹，縄，稲わら，土などその敷地内の材料を用いて仕上げる際の壁下地のこと。→下地窓

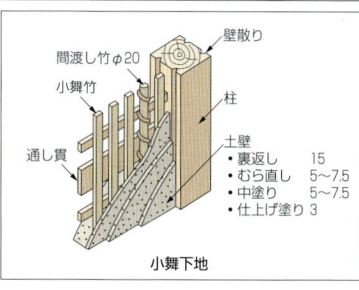

小(木)舞竹（こまいたけ）⇒竹小舞

小溝目地（こみぞめじ）⇒図-れんが積み（312頁）

コミュニティー［community］一般には基礎社会，共同社会，地域社会などをさす。正確にはある一定の地域性をもち，その中にいる人々が共同体意識を携えて，さらに具体的生活行動の面で共同性や協力関係が発揮されるような状態の社会をいう。

菰戸（こもど）板戸の代わりに用いられた莚（むしろ）の戸の意。間仕切りや出入りの戸として用いられた。

コモンスペース［common space］集合住宅における共用の庭をいう（共用庭）。これに対し各住戸それぞれ個別で使われる庭を「専用庭」という。

小屋組　屋根面を支持し構成する骨組で，軒桁（のきげた）から上部の部材で組み合わされているもの。屋根の重さや自重を確実に支持し，柱に伝達するもので，和小屋組と洋小屋組とがある。→洋小屋組，和小屋組

小屋筋違い（こやすじかい）小屋束（こやづか）の倒れるのを防ぐための部材。「振れ止め貫」「雲筋違い」「桁行筋違い」ともいい，桁行方向に貫を斜めに張り付けたもの。→図-和小屋組（314頁）

小屋束（こやづか）小屋組の部材の一つで，母屋（もや）から上部の重量を小屋梁に伝える垂直材。大きさ寸法は90角，間隔は900mm程度に取り付けられる。→図-和小屋組（314頁）

小屋貫（こやぬき）小屋束（こやづか）の倒れるのを防ぐために斜めに取り付けるもので，張り間方向に設けられるもの。→図-和小屋組（314頁）

小屋梁（こやばり）小屋組の部材の一つで，軒桁（のきげた）を結び，建物の外側を引っ張り合いながら屋根と天井の重さを支え

ている水平材。一般に，マツ丸太の樹皮をはいだ心持ち材が使われ，木の背（起（むく）りのあるほう）を上にし，取付け間隔は1.8m程度とする。→図-和小屋組（314頁）

小屋伏図（こやぶせず）屋根を支える構造部（小屋組）を平面的に表現したもので，木造住宅では小屋梁，軒桁（のきげた），母屋（もや），垂木（たるき）等の大きさ寸法や配置間隔を適宜に表示する。縮尺1/100程度が多用される。

固有色名（こゆうしきめい）⇒色名，慣用色名

コラージュ［collage 仏］造形に関する技法の一つ。絵具のかわりに着色紙や印刷紙を貼り付けた貼絵のこと。「パピエ・コレ（貼紙絵）」ともいい，キュービズム（立体派）の画家達が始め，広く抽象作家達に親しまれている。

コリント式［Corinthian order］ギリシア建築の3種類のオーダーの一つ。ローマ建築の5種類の一つでもあり，アカンサスの葉を装飾要素としているのが特徴。→オーダー

コレクター［collector］太陽エネルギーを吸収し，水や空気を加熱する機器。エネルギーを吸収して熱に変換する部分，熱の放散を防ぐ断熱部分と，それらを風雨などから守る部分より構成される。「集熱器」ともいう。

コロニアル様式［colonial style］今日では，特にアメリカの植民地時代の建築をさすが，17～18世紀にイギリス，スペイン，オランダなどの植民地での建築・工芸の様式をさしている。また「アーリー・アメリカン様式」ともいう。

転ばし根太（ころばしねだ）コンクリート床に木造床を構成する際，コンクリート面に直接敷き並べてゆく根太をさす。→根太

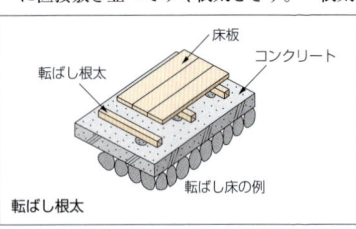

転ばし床の例

コンクリート［concrete］セメント，水，骨材および混和剤を調合し，混練して作られる代表的な建築材料。自由な形状がつくれ材質が均一，不燃性で耐久力に富み，圧縮強度が大きい。おもなコンクリートを表に示す。→表-コンクリートの種類

コンクリート束石（一つかいし）木造1階床組に用いられ，床束（ゆかづか）と地盤面との接する所に，床束下部の腐食を防止する目的をもつ。→根太（ねだ）掛け，床束

コンクリートブロック［concrete block］セメント，骨材をやや固めに練って，振動と圧力を加えながらブロック状に成形し，養生硬化させたもの。防火・断熱・遮音性

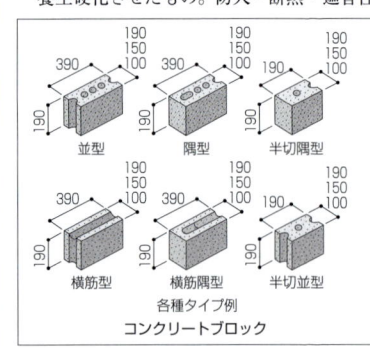

各種タイプ例
コンクリートブロック

コンクリートの種類

名　称	概　要			備　考
普通コンクリート	砂利コンクリートと砕石コンクリートとがある。			比重2.3内外のもの
		粗骨材	細骨材	
	砂利コンクリート	砂利	砂または砕砂	
	砕石コンクリート	砕石	砂または砕砂	
軽量コンクリート	大別すると，軽量骨材コンクリートと気泡コンクリート			比重2.0以下のもの
重量コンクリート（遮へい用コンクリート）	放射能など人体に障害を及ぼすのを防ぐためにつくられたコンクリートで，かさ比重は3.5～4.0程度である。			比重3.0以上のもの

に優れ，間仕切り壁や補強壁に用いる。→軽量ブロック

権現造り（ごんげんづくり）神社本殿形式の一種で，拝殿と本殿とを石の間で連結したもの。霊廟（れいびょう）建築に用いられ，日光東照宮本殿(1635)はその代表例。

混合構造［mixed structure］異なった構造方式が混ざり合って構成されているもの。例えば，ラーメン構造＋壁式構造など。「混構造」ともいう。

混合水栓 湯と水を混合して，一つの口から流す水栓金具。種類としては，シングルレバー式，ツーバルブ式，ミキシングバルブ式，サーモスタット式などがある。

混構造（こんこうぞう）⇒混合構造

混色（こんしょく）色と色を混ぜ合わすこと。絵の具や染料，あるいは色フィルターを重ねるなど，物質としての色（色料）を混合する場合を「減法混色」といい，色を混合する成分が増すほど暗くなる。一方，光としての色（色光）を混合する場合が「加法混色」で，混合する成分が多くなれば白くなる。また，2色以上の色を塗り分けたこまを回転させると混合現象が生じ，あるいはいくつかの小さな点を並列して配置すると混色して見える。これらは「中間混色」といい，混合された明るさは混ぜ合わせた成分の平均した明るさに見える。→加法混色，減法混色

コンセプト［concept］設計・計画に際しての目的，原則についての構想。どのような空間が造られるべきかといった設計・計画上の理念や方向性を示す概念で，初期段階で作成される。

コンセント［receptacle］屋内配線の末端と電気器具のコードとを接続する配線器具。100V用と200V用，抜け止め式，接地極付き，漏電遮断器付きなど，さまざまな種類がある。

コンテ［conté 仏］デッサンや素描用のクレヨン，またはテレビや映画などの台本を詳しく図示したものをさす。

コンデンサー［condenser］蓄電器のこと。照明では蛍光灯など，電力にならない電流の比率を高めるための力率改善にコンデンサーを内蔵したり，ランプ自体から発生する障害波を防ぐ雑音防止に用いられる。

コントラスト［contrast］対比。大と小，高と低，明と暗のように，反対にある対比要素を組み合わせて調和を図る造形手法。相互の違いを際立たせることによって，お互いを引き立たせて視覚上全体に強い印象の空間や形を与える。

コンパクト形蛍光ランプ 蛍光ランプの発光管をU字に曲げたり，H字（2本チューブ構造）にして小型化したもの。例えば，直管形20Wは58cmの長さをもつが，コンパクト形はほぼ同じ光束をもつH形18Wで22cm。なお点灯のためには，安定器を内蔵した専用器具が必要。

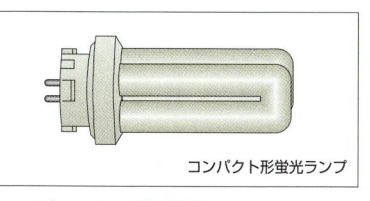

コンパクト形蛍光ランプ

コンピューター援用生産 ⇒CAM（キャム）
コンピューター援用設計 ⇒CAD（キャド）
コンベクター［convector］熱交換用のフィン付きコイルを内蔵した暖房専用自然対流放熱器。

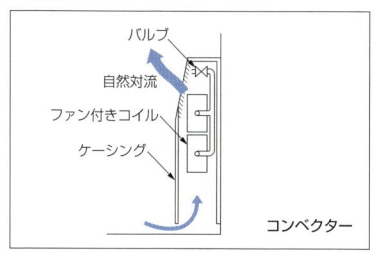

コンベクター

コンポーネント［component］⇒構成材，住宅部品

混和材料 コンクリート工事に関するもので，コンクリートの性質を改良するために用いられる。

住宅におけるコンセント数

部屋の大きさ	標準的な設置数	望ましい設置数
3 畳	1	2
4.5畳	2	2
6 畳	2	3
8 畳	3	4
10 畳	3	5
10 畳	3	5
台 所	2	4

注1）クーラーなどの大容量機器専用のコンセントは含まない。
　2）コンセントは2口以上のものが望ましい。
　3）台所には，換気扇用のコンセントを別に1個追加すること。
（電気技術基準調査委員会編『内線規定』日本電気協会）

さ

サーキュレーター［circulator］気体や液体を循環させる装置の総称。暖房装置として用いられるサーキュレーターは，室内の空気を強制的に循環させる個別暖房器具。

サービスヤード［service yard］勝手庭。住宅などにおける台所や家事室などと直結した外部の小庭。洗濯，物干し，物置など屋外における家事作業が行える場所。

サーモスタット［thermostat］温度調節器。もともとはメーカーの商品名が一般化した。

座位基準点（ざいきじゅんてん）椅子の機能的な寸法の原点となる点で，人間が腰かけたときの椅子の座面部と人間の座骨結節点が接する位置。椅子の機能上の座面高とは，床面から座位基準点までの垂直距離をさす。設計時には座位基準点を中心に前後・左右など椅子の機能寸法を決める。→背もたれ点

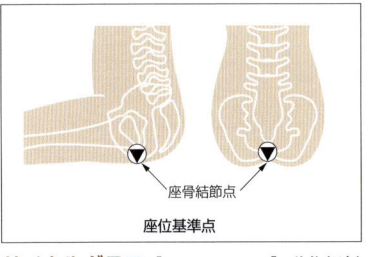

座位基準点

サイクルグラフ［cycle graph］動作解析手法の一つで，身体の一部に豆電球を装着し，暗くしてカメラシャッターを開放にしておくと，動作に伴って標点の移動軌跡が映し出される。これに豆電球を一定時間で点滅させると時間的要素を加えることができる。これを「クロノサイクルグラフ」という。

採光　窓から太陽光を採り入れて室内を明るくすること。太陽光には「直接光」と「天空光」とがあるが，採光には直接光を取り除いた空からの拡散光である天空光で計画される。→天空光

採光基準　建築基準法により，住宅・学校・病院などの居室には，採光のための窓その他の開口部を設け，その採光に有効な部分の面積は，その居室の床面積に対し，住宅では1/7以上でなければならないなどの規定が設けられている（法第28条）。

最終安定姿勢　クッション性のある椅子やベッドなどは人間が使用する場合，クッションが沈み込む。この沈んで落ち着いた安定した姿勢状態をいう。機能条件を判断する際の目安となる。→椅子の支持面のプロトタイプ

最小限住宅　第2次大戦後，日本では機能主義が提唱され，家事などの合理化追求の運動があった。そうした中で面積的にコンパクトで，工費的にも合理的な最小限住宅が一時期ブームになった。1950年に建てられた池辺陽設計の立体最小限住宅が有名。

採光基準

居室の種類	割合	摘要
(1) 住宅の居室 (2) 病院または診療所の病室 (3) 寄宿舎の寝室または下宿の宿泊室 (4) 児童福祉施設など（保育所を除く）の主たる用途に供する居室	>1/7	
(5) 幼稚園，小学校，中学校，高等学校または中等教育学校の教室 (6) 保育所の保育室	>1/5	建築基準法第28条および 建築基準法施行令第19条
(7) 学校，病院，診療所，寄宿舎，下宿または児童福祉施設などの(2)から(6)までに掲げる居室以外の居室 (8) 病院，診療所および児童福祉施設等の居室のうち入院患者または入所する者の談話，娯楽その他これらに類する目的のために使用されるものの居室	>1/10	

注1）ふすま・障子など常時開放できるもので仕切られた2室は1室とみなして，所定の開口面積があればよい。
　2）開口部における採光に有効な面積の算定方法については，建築基準法第28条，同施行令第20条を参照のこと。
　　なお，学校の視聴覚教室，病院の手術室など採光に有効な開口部のなくてよい室がある。

最終安定姿勢

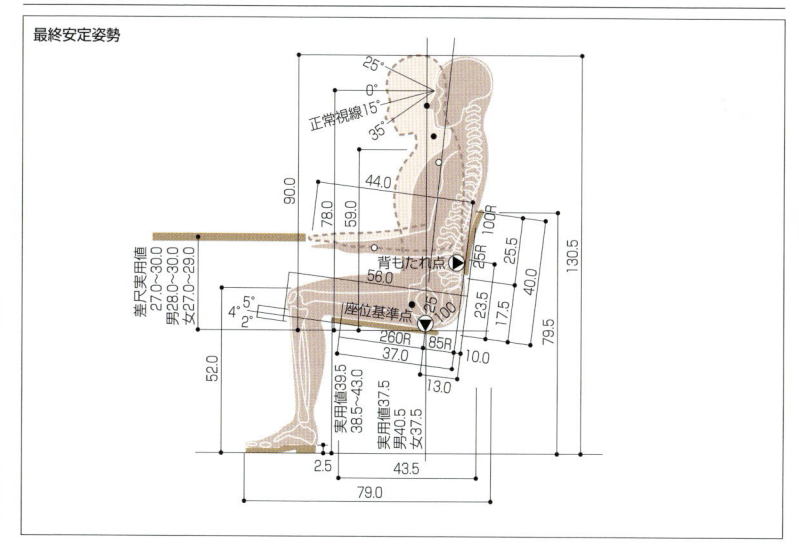

サイズ［size］形の大きさを示す寸法の総称。長さ，太さなどを絶対値として数値で示したもの。

最大作業域 ⇒作業域

サイディング［siding］建物の外壁に羽目板や下見板などを張る仕上げ板材をいう。今日では，製品化されたセメント系や金属製の外壁材をさして使用されている。→下見板

サイディング張り 建物の外壁仕上げに製品化されたセメント系や金属製の外壁張り仕上げをさす。製品には，石綿スレート系（厚6mm），石綿セメント珪酸カルシウム板系（厚11，12mm），木片セメント系（厚12mm）などがあり，防火・耐久性に富む。→下見板

最適残響時間 音楽が豊かに聞えるには，長い残響時間が必要である。逆に講演などが行われる部屋の残響時間は短く設定しなければならない。用途に応じて部屋に必要な残響時間が求められる。同一の目的の室では，室容積が大きいほど残響時間は長くとる。→残響時間

彩度［chroma］クロマ。色の鮮やかさを示す度合い。灰色を含まない鮮やかな色を彩度が高いといい，灰色を含んだ濁った色を彩度が低いという。各色相の中で最も彩度の高い色を「純色」という。彩度は有彩色のもつ性質で，無彩色には彩度はない。→色の三属性

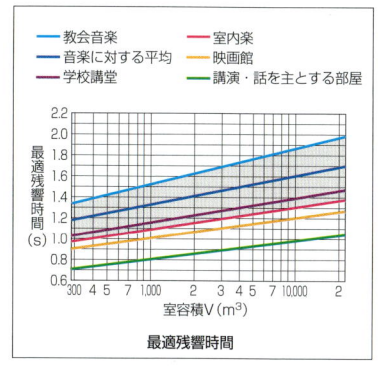

最適残響時間

彩度対比 色の鮮やかさや色味の強さにおいて生じる対比。彩度の異なる2色のものを並べて見た場合，彩度の高い色はより鮮やかに，彩度の低い色はより濁って感じる。

サイバネティックス［cybernetics］人間と機械における制御と通信の理論・技術を総合的に研究する学問領域をさし，「人工頭脳学」ともいう。1947年，ノーバート・ウィナーによって提唱された。

サイホン作用［siphonage］サイホンの原理によって，トラップの封水を流下したり，便器の洗浄などをすること。

サイホン式トラップ［siphon trap］管内を排水が満水状態で流れ，サイホン作用を起こす形状のトラップ。排水管内の自浄作用があり，形状によってSトラップ，Pトラップ，Uトラップなどに分類される。

S形　P形　U形（ランニング形）

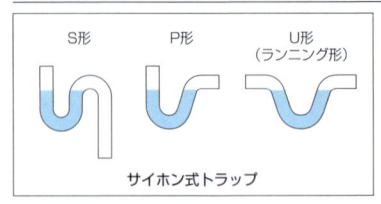

サイホン式トラップ

サイホン式便器〔siphon water closet〕水洗式大便器の洗浄方式の一種。排水管の形状を変化させることによって，洗浄時に溜水面の水位を上げることでサイホン作用を起こし，汚物を排除する方式。

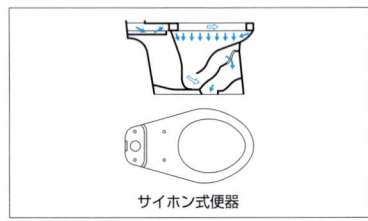

サイホン式便器

サイホンゼット式便器〔siphon-jet water closet〕水洗式大便器の洗浄方式の一種。排水管の形状を変化させてサイホン作用を起こさせるとともに，トラップ部にジェット噴流を加え，洗浄能力を高めた方式。溜水面積が大きいため，臭気が出にくく，清掃も容易。

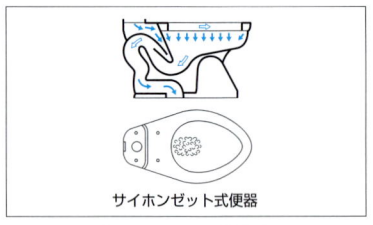

サイホンゼット式便器

サイホンボルテックス式便器〔siphon vortex water closet〕水洗式大便器の洗浄方式の一種。サイホン作用に加え，水洗時に渦を生じさせて洗浄力を高めた方式。ロータンクの高さが低いワンピース型便器に採用される。洗浄音が静か。

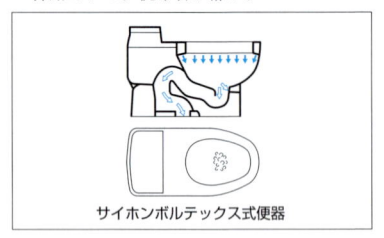

サイホンボルテックス式便器

在来構法　わが国の伝統的な建築施工方法をさし，柱，梁などによって軸組が構成されているもの。→軸組構法

在来木造軸組構法　わが国の伝統的な木造構法で，住宅建築工事に限定して使用される。→軸組構法

サイリスタ〔thyristor〕トランジスタと同じ半導体。サイリスタ調光器とはサイリスタによる位相制御の働きを利用し，照明光源の明るさを0〜100％連続的に変化させる装置。調光装置の主流であるが，最近，蛍光灯の場合などインバーターによる周波数制御が増加している。→調光装置

材料・構造表示記号　材料や構造材の表示記号は，その種類別や縮尺別にそれぞれの表し方が定められている（JIS A 0150）。木造の場合，①主要構造材（柱，土台・梁など），②補助構造材（間柱・根太（ねだ）など），③化粧材（敷居・鴨居（かもい）など）の記号に分類される。

竿（棹）縁　（さおぶち）和風室内の天井板を下部から支えるもので，天井板に直角に450mm間隔に並べた細い化粧材。竿縁の両端は天井回り縁に取り付ける。→竿縁天井

竿（棹）縁天井　（さおぶちてんじょう）間隔450mm程度の竿縁で天井板を支えた天井。天井板にはスギを用いて，柾（まさ）目板は一般的な和室に，杢（もく）目板などは数寄屋風を強調した和室に使用。天井板の幅は，厳正で高級な和室ほど幅広の板を張り上げる。→竿縁，図-本床（ほんどこ，285頁）

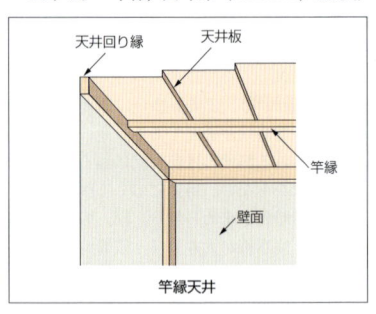

竿縁天井
（天井回り縁／天井板／竿縁／壁面）

左官仕上げ　モルタル壁，プラスター壁など，塗り壁仕上げの総称。床・壁・天井面などを仕上げる左官仕上げの特性や組成材料等を分類すると，163〜166頁の表のようになる。→表-左官仕上げ（163頁），表-左官仕上げの分類（164頁）

材料・構造表示記号（JIS A 0150）

表示事項 / 縮尺程度別による区分	縮尺 $\frac{1}{100}$ または $\frac{1}{200}$ 程度の場合	縮尺 $\frac{1}{20}$ または $\frac{1}{50}$ 程度の場合（縮尺 $\frac{1}{100}$ または $\frac{1}{200}$ 程度の場合でも用いてもよい）	現寸および縮尺 $\frac{1}{2}$ または $\frac{1}{5}$ 程度の場合（縮尺 $\frac{1}{20}$、$\frac{1}{50}$、$\frac{1}{100}$ または $\frac{1}{200}$ 程度の場合でも用いてもよい）
壁 一 般			
コンクリートおよび鉄筋コンクリート			
軽量壁一般			
普通ブロック壁 軽量ブロック壁			実形をかいて材料名を記入する
鉄 骨			
木材および木造壁	真壁造 管柱、片ふた柱、通し柱（左より）／真壁造 管柱、片ふた柱、通し柱（左より）／大壁造 管柱、間柱、通し柱（左より）／柱を区別しない場合	化粧材／構造材／補助構造材	化粧材（年輪または木目を記入する）／構造材／補助構造材／合板
地 盤			
割 栗			
砂 利・砂		材料名を記入する	材料名を記入する
石材または擬石		石材名または擬石名を記入する	石材名または擬石名を記入する

材料・構造表示記号（JIS A 0150）（つづき）

縮尺程度別による区分 / 表示事項	縮尺 $\frac{1}{100}$ または $\frac{1}{200}$ 程度の場合	縮尺 $\frac{1}{20}$ または $\frac{1}{50}$ 程度の場合（縮尺 $\frac{1}{100}$ または $\frac{1}{200}$ 程度の場合でも用いてもよい）	現寸および縮尺 $\frac{1}{2}$ または $\frac{1}{5}$ 程度の場合（縮尺 $\frac{1}{20}$、$\frac{1}{50}$、$\frac{1}{100}$ または $\frac{1}{200}$ 程度の場合でも用いてもよい）
左官仕上げ		材料名および仕上げの種類を記入する	材料名および仕上げの種類を記入する
畳			
保温吸音材		材料名を記入する	材料名を記入する
網		材料名を記入する	メタルラスの場合／ワイヤーラスの場合／リブラスの場合
板ガラス			
タイルまたはテラコッタ		材料名を記入する／材料名を記入する	材料名を記入する
その他の材料		輪郭をかいて材料名を記入する	輪郭をかき実形をかいて材料名を記入する

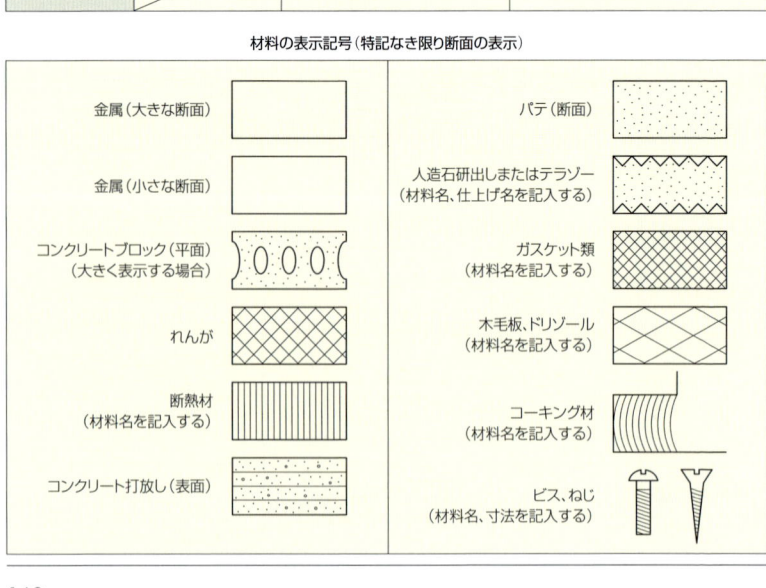

材料の表示記号（特記なき限り断面の表示）

金属（大きな断面）	パテ（断面）
金属（小さな断面）	人造石研出しまたはテラゾー（材料名、仕上げ名を記入する）
コンクリートブロック（平面）（大きく表示する場合）	ガスケット類（材料名を記入する）
れんが	木毛板、ドリゾール（材料名を記入する）
断熱材（材料名を記入する）	コーキング材（材料名を記入する）
コンクリート打放し（表面）	ビス、ねじ（材料名、寸法を記入する）

左官仕上げ①(床)

分類	区分	名称
無機系注)	モルタル塗り床	普通モルタル塗り床
		着色モルタル塗り床
		コンクリート直均し仕上げ塗り床
	特殊モルタル塗り床	表面処理塗り床
		硬質骨材入り塗り床
	セルフレベリング塗り床	
	人造石塗り床	現場テラゾー塗り床
		人造石研出し塗り床
		人造石洗出し塗り床
	その他の塗り床	マグネシアセメント塗り床
		三州たたき土塗り床

分類	区分	名称
有機系	アスファルト系塗り床	アスファルトモルタル塗り床
		着色アスファルトモルタル塗り床
		耐酸アスファルトモルタル塗り床
	合成樹脂系塗り床	酢酸ビニル系塗り床
		ポリエステル系塗り床
		エポキシ系塗り床
		フラン系塗り床
		ポリウレタン系塗り床
		ゴム系塗り床

注) セメントはポルトランドセメントを主とし、なるべく貧調合のものとする。また、上塗りになるほど貧調合とする。
一般に、床の仕上げ厚15〜30mm程度とする。表面仕上げには、金ごて、木ごて、刷毛引きなどがある。

左官仕上げ②(壁・天井)

	仕上げ名称	適用部位・下地など
1	セメントモルタル塗り	外・内部、コンクリート、リブラス、ワイヤーラスほか
2	コンクリート下地セメントモルタル塗り	外・内部、コンクリート
3	人造石およびテラゾー現場塗り	外・内部、セメントモルタル塗りに準じる
4	石膏プラスター塗り	内部(外部)、コンクリート、石膏ボード、ラスほか
5	ドロマイトプラスター塗り	内部、コンクリート、ラス、木ずりほか
6	漆喰塗り	内部、木ずり
7	小舞壁塗り	内部(外部)、小舞下地
8	色モルタル仕上塗り	外・内部、コンクリート、リブラスほか
9	掻き落し粗面仕上げ	外・内部、コンクリート、リブラスほか
10	セメントスタッコ塗り	外・内部、コンクリート、リブラスほか
11	ローラー模様仕上げ塗り	外・内部、コンクリート、リブラスほか
12	繊維壁塗り	内部、小舞、ラス、石膏ボードほか
13	軽量骨材仕上げ塗り	内部、コンクリート、リブラスほか
14	樹脂プラスター仕上げ塗り	外・内部、コンクリート、リブラスほか
15	骨材あらわし仕上げ	外・内部、コンクリートほか

さかんし

左官仕上げの分類①(特性比較)

種別名称	硬化性 (固まる速さ)	施工期間	強度および硬度	特徴	適用・用途
セメント モルタル 塗り	比較的早い	石膏よりは遅いが、ほかよりは早く完了する。	強さ、硬さとも大きい(ほかとは下地が異なる)。 比重、一般に2.0～2.3	早期乾燥は亀裂を生じやすい。 初期防火の役目を果たす。	各種仕上げ工法の下地塗りとして適する。
石膏 プラスター 塗り	水硬性 急激に固まる	短時日で完了する。	短期・長期とも強く、硬さは大きい。 気乾比重約1.6	湿度による強度低下が大きい。 アルカリ性が少なく、安定性が大きい。 耐火性に優れる。	一般居室の壁天井など(最も固い仕上がり面となる)。
ドロマイト プラスター 塗り	気硬性 やや遅い	やや長期にわたる。	長期硬度は大きいが、短期強度は弱い。 比重上塗り用2.35～2.45	左官材中最も粘度が高く、こて引きがよい。 安価で塗り作業が容易である。 耐水性に劣る。	一般居室の壁天井など(石膏プラスターより安価である)。
人造石塗り	遅い	長期	強さ、硬さとも大きい *セメントモルタル塗りに準じる。	*セメントモルタル塗りに準じる。	床や腰壁、流し甲板面などに適する(テラゾーより安価)。
現場 テラゾー塗	遅い	長期	強さ、硬さとも大きい *セメントモルタル塗りに準じる。	*セメントモルタル塗りに準じる。	床や腰壁、流し甲板面などに適する(高級な仕上がり)。
土壁(小舞)	単純乾燥 遅い	やや長期にわたる。	原材料によって異なるが、十分な強さ、硬さは得られる。 比重1.0～1.3程度(上塗りのみ)。	湿度調整作用が大きい。 耐久性、耐水性に難点がある。	日本古来の和風の壁に使用する。
漆喰塗り	気硬性 遅い	長期	長期硬度はのりを入れると大きい。 短期は弱い。	早期乾燥は亀裂を生じる。 アルカリ性が大きい。	一般居室の壁、天井など。
繊維壁	やや早い	短い。 施工法が簡易である。	亀裂、剥落のおそれは少ない。 付着性は高い。 比重0.3～1.0程度(上塗りのみ)	吸音・断熱性が大きい。 耐久性、耐水性が劣る。 変退色しやすい。	一般居室の壁(和風・洋風ともに適する)。

左官仕上の分類②（組成材料）

種別	組成材料名	成分・特性	概	要
モルタル塗り	セメント	普通ポルトランドセメント（最も多用される）	コンクリート磨き 防水モルタル塗り 金ごて 木ごて 刷毛引き 吹付け のろ引き 色モルタル塗り 掻き落し粗面仕上げ	外壁モルタル塗りの下地には、メタルラスよりワイヤーラスのほうが塗り層の厚みをつくるのに適している。
モルタル塗り	骨材 （砂、軽量砂）	モルタル用には、粗粒（2.5〜5.0mm以下）が用いられ、ほかには火山砂、抗火石の砂粒などを軽量化や表面仕上げのために用いる。		
モルタル塗り	そのほかに混和材（亀裂防止、断熱、防音効果を上げるため）などがある。			
プラスター塗り	ドロマイトプラスター	ドロマイト（白雲石）をか焼・水和・熟成させてつくるもの。		石膏プラスター塗りの代用として用いられる。
プラスター塗り	石膏プラスター	急速に硬化する焼石膏は無水石膏が用いられる。		
プラスター塗り	生石灰 消石灰	消石灰は、生石灰に比べ粘土も劣るため、亀裂、剥落の原因ともなりやすい。		
プラスター塗り	苆（すさ）	石膏プラスターの下塗り、むら直し、中塗りに用いられ、上塗りには用いられない。		
プラスター塗り	そのほかに、下げお、砂などがある。			
プラスター塗り	パーライト	真珠岩または黒曜石を粉砕して高温度で急速に膨張させたもの（原石により異なるが4〜20倍になる）。黒曜石は球状で、真珠岩は表面が多少溶融した状態となるもの。	パーライトモルタル ゾライトプラスター	一般に、断熱・吸音性に優れる。耐火性に富む。
プラスター塗り	ひる石	雲母の一種で、原料鉱石を高温度で膨張させたもの。混和材として、断熱・保温効果を高めるもの。	ひる石プラスター ひる石ドロマイトプラスター	
人造石塗りまたは現場テラゾー塗り	砕石	寒水石、蛇紋岩、大理石の砕石を用いる。砕石の粒度は、6〜8mm程度のもの。	［人造石塗りの場合］ 洗出し 研出し 小叩き仕上げ 艶出し仕上げ 豆砂利洗出し	種石の大きさが5mm未満のものを使用し、上塗り厚7.5mm程度のもの。
人造石塗りまたは現場テラゾー塗り	セメント	普通セメント、普通セメントと白色セメントを混ぜ合わせたものなど。		
人造石塗りまたは現場テラゾー塗り	砂利	錆砂利、大磯、那智、五色砂利などが用いられる。人造洗出しに使用し、砂利の大きさは、径3mm以上のものが用いられる。		

左官仕上の分類②(組成材料)(つづき)

種別	組成材料名	成分・特性	概　要	
人造石塗りまたは現場テラゾー塗り	色顔料	ベンガラ、群青、酸化鉄、耐アルカリ性レーキ顔料(有機質のもの)を用いる。		
	大理石	結晶粒の小さい緻密な粒形12mm以下のものが用いられる。現場テラゾー塗りに使用し、大粒のほうが亀裂の発生が少ない。	[現場テラゾー塗りの場合] 研出し仕上げ 艶出し仕上げ	種石の多くは大理石を用いる。種石の大きさは12mm未満のものを使用し、上塗り厚12mm程度のもの。
	そのほか、砂、目地棒(黄銅製足付き)、研磨砥石などがある。			
漆喰塗り	消石灰	主として石灰石をか焼・硝化したもの。ほかに貝灰またはかき灰と呼ばれるものがある。	*そのほか、川砂、顔料、すさ、下げおなどを使用する。	日光の直射などは、亀裂が入りやすいため注意。塗り作業中の通風は避け、5℃以下あるいは寒中工事(室温2℃以下)は中止する。
	のり	おもに海藻を煮沸してつくる海藻ののりが使用される。つのまた、ふのりなど。		
繊維壁	繊維類のり	主成分は綿状、糸状繊維繊維、有機粉状物や軽量無機質などを使用する。 鉱物繊維壁:主原料にロックウール、グラスファイバーなどを使用し、防音・防火・断熱に優れる。 そのほか、主原料にコルク、パルプ、雲母片、顔料ほかを配合したもの。	室内の温度調整や吸音性に優れるもの。雨季や湿度の高い室内では、カビが発生しやすく、変色しやすい(耐候性に劣る)。 [注意事項] 室内の通風換気が悪く、常に温度が高い居室などには使用しない。	
土壁(小舞壁)	荒壁土	下塗り用壁土を指し、粘土分と砂が適当に混ざり合った土が用いられる。 一般に、現場付近で採掘した土を用いる。荒木田土、京土など。	日本古来の壁仕上げ 土物壁:上塗りに色土を用いたもの。 大津壁:上塗り色土、消石灰を用いたもの。 砂　壁:上塗りに色砂を用いたもの。	
	中塗り土	荒木田に砂などを混ぜて用いるもの。		
	そのほか、すさ、のり、色土、色砂などが使用される。			

先止め式瞬間湯沸器　給湯配管の先端に設けた給湯栓の開閉により、着火または消火する瞬間湯沸器。比較的能力の大きいタイプで、何個所かに給湯できる。→元止め式瞬間湯沸器

先分岐配管方式（さきぶんきはいかんほうしき）給湯管や給水管を、メインの管から次第に枝分れさせて、水栓金具まで接続させる方式。瞬間湯沸器を利用した場合、湯待ち時間が長く、管内の水圧のバランスがくずれやすい欠点がある。

作業域　人間が一定の場所にあって、身体の各部、特に手足を動かしたときにできる空間領域をさし、「動作域」ともいう。車両の操縦席や機械のコントロールパネルの設計の際に利用される。作業域には次のよ

うな概念がある。

最大作業域：身体を曲げずに無理することなく、最大限、手や足をのばすことによって作業が行える空間領域。作業性はやや悪くなるため使用頻度の低い操作機器などをこの範囲内には配置する。

通常作業域：手であれば前腕の広がる範囲など、身体の身近な領域で作業の行える範囲。頻繁に使われるものなどはこの領域内に納めると便利。

水平作業域：水平面で手足がとどき作業が可能な範囲。キッチンの作業台の奥行などの設計時に用いられる。最大作業域と通常作業域が含まれる。

垂直作業域：手腕を上下垂直に動かした場合の作業域。棚、スイッチの高さ、コントロールパネルなどの設計に利用される。

立体作業域：垂直作業域の各々の高さごとに水平作業域を組み合わせ、作業のできる空間領域を3次元に表したもの。

垂直、立体作業域ともに最大、通常作業域の区分があり適宜使い分ける。

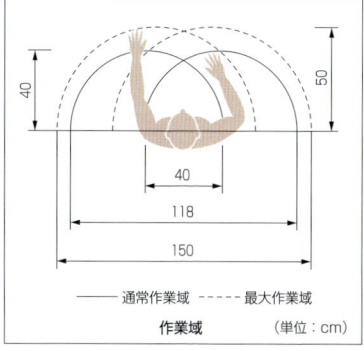

作業域　（単位：cm）

作業椅子　事務作業、学習時に用いられる椅子。椅子の中で最も作業性の強い要素をもつ。最終安定姿勢時で、およそ座面高37〜40cm、座面角度約0〜3度、座面と背もたれとの間の角度95〜100度。→椅子の支持面のプロトタイプ

作業台の高さ　日本人の成人の場合、ひじ高平均値は男子では104.7cm、女子では95.4cm（はきもの無し）で、一般にはこれよりもやや低目に設定される。細かな仕事、軽い作業、力のいる仕事にしたがい作業台推奨高さは次第に低くなる。また筋活動およびエネルギー代謝からみた立位作業台の高さは、成人男子で約90cm、女子については85cm程度となる。→机面高（きめんこう）

錯視（さくし）図形や色彩が一定の条件のもとでは、物理的事象とは異なって知覚される視覚上の現象。図形では特に幾何学的形態に現れる。

角度・方向の錯視：角度をもった交わる線や曲線によって直線が曲がったものと知覚されたり、平行線が平行に見えないなどの錯視。

分割の錯視：細かく分割されたものは、分割されないものより大きく知覚される。

対比の錯視：ある形態が周囲にあるほかの形態のかたちや大きさ、長さなどに影響されて実際とは異なって知覚される。

上方過大視・右方過大視：同じものであれば、視野の上方にあるものは、下方にあるものより大きく、また右側にあるもののほうが左側のものより大きく感じる。

垂直・水平の錯視：一般に垂直線の長さは、それと同じ長さの水平線よりも長く見える。

量の錯視：明るいものを大きく感じ、逆に暗いものを小さいと判断する錯覚。

錯視図形（さくしずけい）錯視を生じさせやすい図形。ミュラー・リヤー、ザンダーの図形などがある（168頁参照）。

座屈（ざくつ）柱のような細長い材が、垂直方向に外力（軸方向力）がある限度以上になると急に変形し破壊してゆく現象。

下げ苧（さげお）左官工事に用いられる材料名称の一つ。木摺（きずり）下地に仕上げる塗壁（しっくいやドロマイトプラスター）のはく落を防止するために打ち付ける繊維の束をさす。マニラ麻、しゅろ毛などを用いる。

座高　人間が椅子に腰かけたときの座骨結節点（座位基準点）から頭頂点までの垂直距

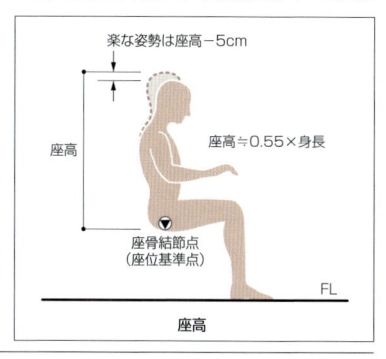

楽な姿勢は座高−5cm
座高≒0.55×身長
座骨結節点（座位基準点）
座高

さこつけ

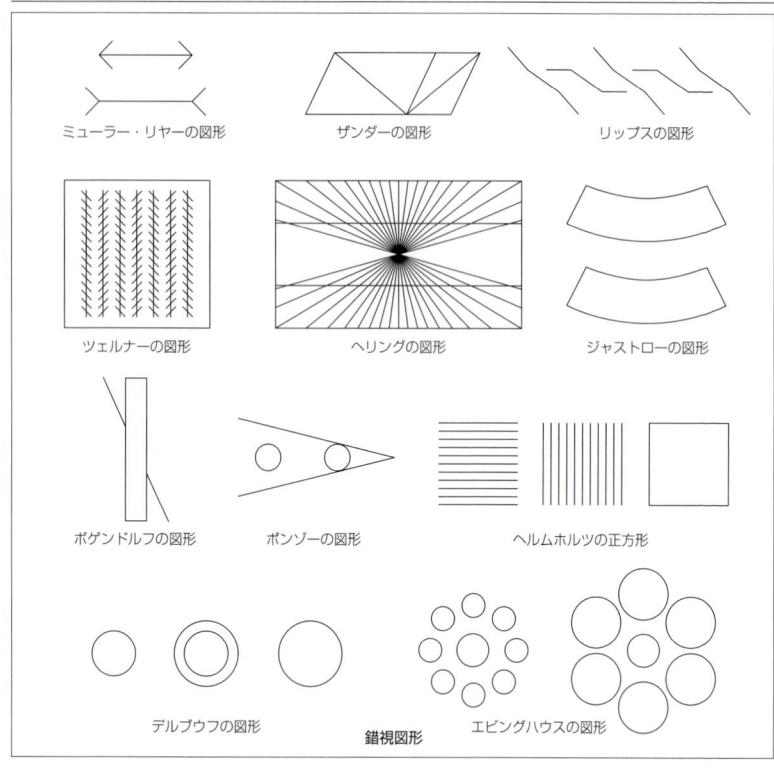

錯視図形
ミューラー・リヤーの図形／ザンダーの図形／リップスの図形／ツェルナーの図形／ヘリングの図形／ジャストローの図形／ポゲンドルフの図形／ポンゾーの図形／ヘルムホルツの正方形／デルブウフの図形／エビングハウスの図形

離。一般に成人の場合，背中を伸ばした状態で座る場合と楽に座った場合では，座高はマイナス5cmほど低くなる。おおよそ座高＝0.55×身長，に相当する。→差尺（さじゃく）

座骨結節点（ざこつけっせつてん）⇒座位基準点

ささら桁［簓桁］ささら桁階段の段板を下方から支える段状の登り桁のこと。

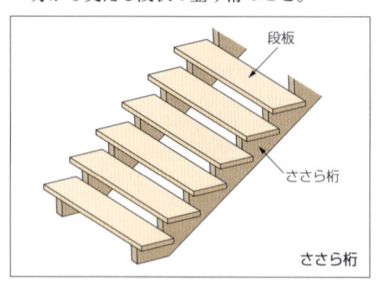

ささら桁／段板／ささら桁

ささら桁階段［簓桁階段］open string staircase, cut string staircase, bridge board staircase ⇒階段の分類

差掛け屋根（さしかけやね）屋根形式の一つ。1階部が2階部より広い場合，2階部の外壁に接して設けられた片流れの屋根をさす。「下屋（げや）」ともいう。→図-屋根の形状（300頁）

座敷飾り 室町時代以降，おもに書院造り風住宅の座敷における床，書院，棚などの道具の飾り付け・配置形式のこと。または飾り付けられるものをさす。各種道具には，掛軸，花瓶，燭台，香炉，文房具，茶道具などがある。

差尺（さじゃく）椅子の座面高（床面から座位基準点までの垂直距離）から机の甲板までの垂直距離。差尺は人間が椅子に腰かけたときの座骨結節点位置（座位基準点）からひじまでの距離で，おおよそ身長の3分の1に相当する。読書などの場合，差尺は座高の1/3，筆記作業などの場合の差尺は座高の1/3－（2～3）cmがよい。→机面高（きめんこう），座高，座位基準点

さすり ⇒面一（つらいち）

雑排水 水洗便所からの排水（汚水）と雨

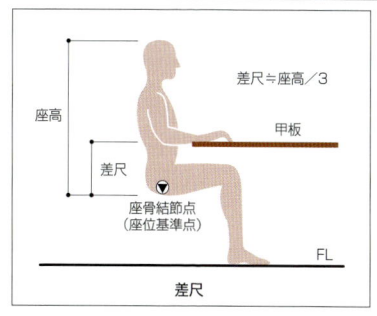

差尺

水排水以外の排水。具体的には洗面器，洗濯機，浴室，厨房機器などからの排水をさす。

雑用水 洗浄などの目的で使用される水。飲料用には使用できない水質だが，水洗便所や洗車，庭への散水に使われるもので，井戸水や雑排水を再処理した水を用いる。

茶道口 （さどうぐち）数寄屋における茶道出入口の略称。別に，「茶点口」「茶立口」「茶頭口」「勝手口」ともいい，内法高（うちのりだか）1.6m，幅60cmを標準とし，勝手側に片引き太鼓張り襖（ぶすま）を設ける。

差動式熱感知器 防災設備機器の一種。火災時に周囲の温度の上昇率が一定の率以上になると作動する火災報知器。感圧室を利用したスポット型と空気管を利用した分布型とがある。

サニタリー［sanitary space］洗面所，便所，浴室など，入浴，排せつなど生理・衛生のための空間。日本では水回りの意。西欧では生理・衛生の行為は個人的なものとしてバスユニットで各寝室に付属させる。日本では配管上の手間から，分散させずに上下階など2個所程度にまとめることも多い。

サニタリーユニット［sanitary unit］浴室，洗面室，便所などのサニタリー空間全体を工場生産のユニットとしたもの。各室を独立にユニット化したり，共通化したタイプがある。特に浴槽，便器，洗面器などを1室にまとめたものをサニタリーユニットと呼ぶ場合もある。

実矧ぎ （さねはぎ）板の接合法の一つ。一方の部材に凸形の突起をつけ，片方の部材に凹形の溝を彫り継ぎ合わせてゆくもので，「本実（ほんざね）」「本実矧ぎ」ともいう。

サブシステム［sub system］二次的組織のこと。システム全体において，ある独立した機能を受けもち，さらに「もの」としても，「工事」としても他のものと区別しやすいようにグルーピングされている。これをサブシステムという（170頁参照）。

三六 （さぶろく）従来の尺貫法による3尺×6尺（910mm×1,820mm）の板状寸法の定尺を呼ぶ慣用的な言い方の一つ。「三六パネル」「三六間」「三六ベニヤ」などという。

猿頬面 （さるぼおめん）天井の竿縁（さおぶち）や建具の桟に用いられる面の一つ。

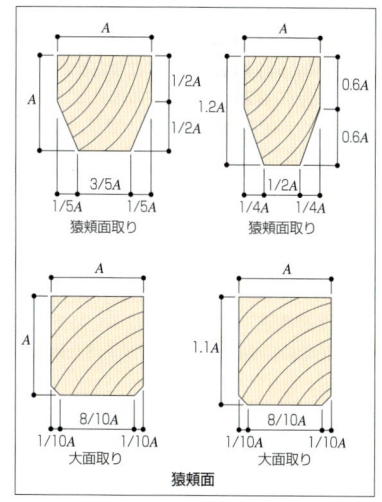

猿頬面

桟木 （さんぎ）コンクリート打込みの際，型枠工事のコンクリートに接する板を保持するために設ける部材をいう。

残響 室内で発した音が，吸収されずに鳴り響く現象。

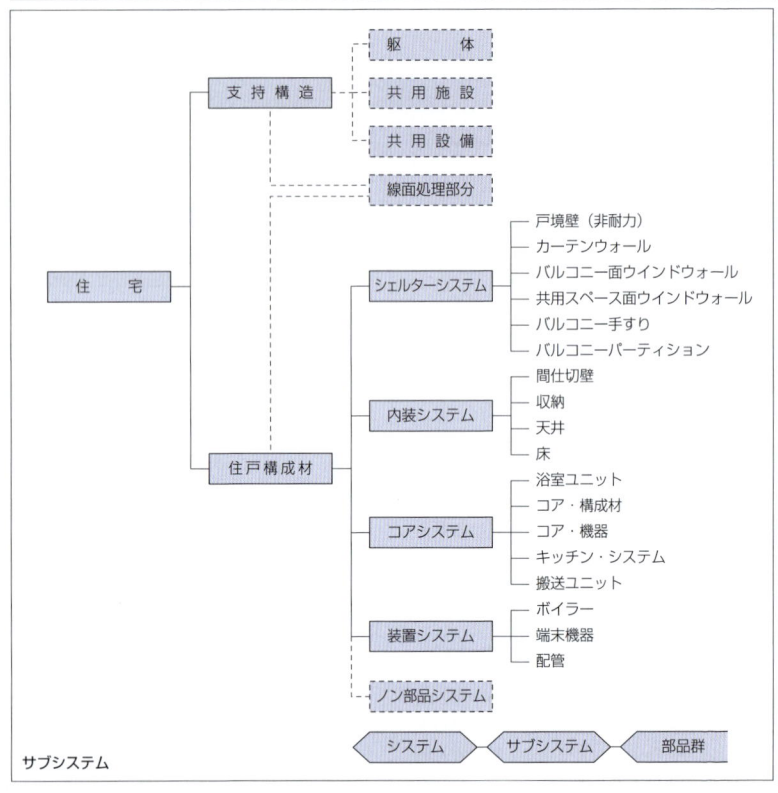

```
住宅 ─┬─ 支持構造 ─┬─ 躯体
      │            ├─ 共用施設
      │            ├─ 共用設備
      │            └─ 線面処理部分
      └─ 住戸構成材 ─┬─ シェルターシステム ─┬─ 戸境壁（非耐力）
                     │                      ├─ カーテンウォール
                     │                      ├─ バルコニー面ウインドウォール
                     │                      ├─ 共用スペース面ウインドウォール
                     │                      ├─ バルコニー手すり
                     │                      └─ バルコニーパーティション
                     ├─ 内装システム ─┬─ 間仕切壁
                     │                ├─ 収納
                     │                ├─ 天井
                     │                └─ 床
                     ├─ コアシステム ─┬─ 浴室ユニット
                     │                ├─ コア・構成材
                     │                ├─ コア・機器
                     │                ├─ キッチン・システム
                     │                └─ 搬送ユニット
                     ├─ 装置システム ─┬─ ボイラー
                     │                ├─ 端末機器
                     │                └─ 配管
                     └─ ノン部品システム
```

サブシステム　　　　　　システム ＞ サブシステム ＞ 部品群

残響時間　室内での音の響き具合を示す単位。ある音が60デシベル下がるのに要する時間（秒）で表す。室内の吸音，容積，音波の種類などによって影響を受ける。→最適残響時間

三原色　色を混合することにより多種多様な色を作り出すことができる3つの色のこと。→加法混色，減法混色

珊瑚色　（さんごいろ）⇒表慣用色名（132頁）

3消点透視法　建築物を上空から見た感じに表現する図法。「バードアイ」または「鳥瞰図」ともいう。

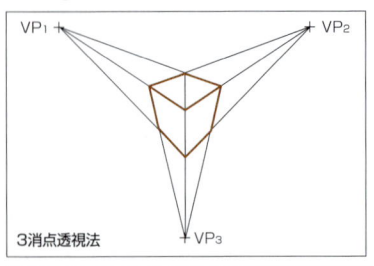

3消点透視法

残像　ある強い色を見た後に白い面などに目を移すと，その上に色を感じることがある。このように直前に受けた視刺激が網膜に残り，形や色を感じること。残像には，その直後に刺激と同じ色に見える「正の残像」と，その後に補色の関係に知覚される「負の残像」とがある。負の残像を「補色残像」ともいう。

三層構造　マットレスのクッション構造の一つ。人体に接する部分は柔らかい層（A層）とし，これに正しい寝姿勢を確保するためのかたい層（B層）を加える。さらに，衝撃性を和らげるための柔らかい層（C層）の3層で構成されたもの。

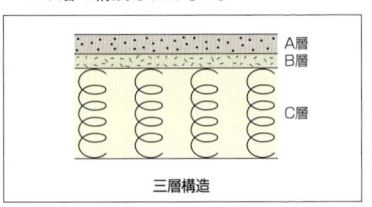

三層構造

桟戸（さんど）縦横の桟を用いて構成された建具のことで、広義には舞良（まいら）戸、格子戸、障子、襖（ふすま）、板戸などが含まれる。

サンドブラスト仕上げ　石材表面仕上げの一種。石の表面に鉄砂またはカーボンを高圧で吹き付け、石表面の色彩と肌ざわりをよく仕上げる方法。→表-石材の仕上げ（201頁）

三波長域発光形ランプ（さんはちょういきはっこうがた―）three band radiation type lamp　「三波長蛍光ランプ」といわれる。おもにガラス管内壁に塗布される蛍光体の組合せにより、従来形よりランプ効率と演色性を改善。一般白色蛍光ランプのRaが61～64に対し、三波長形はRa84～88ある。→蛍光ランプ

三波長蛍光ランプ（さんはちょうけいこう―）⇒三波長域発光形ランプ

3面図　家具の設計・製作に当たって作成される図。平面図（左上に描く）、正面図（左下）、側面図（右下）とがある。

三路スイッチ（さんろ―）一つの照明器具を2個所のスイッチから点滅できるスイッチの系統。階段の上階と下階や、寝室の入口とベッドのそばなどに設置されることが多い。電路が3本必要なので三路という。

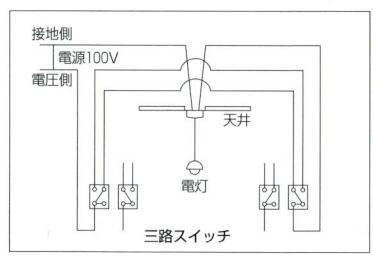

三路スイッチ

し

仕上材　建物の表面を所定・所要の状態に仕上げた材料をいう。視覚的に見える部分をさし、材料を含む構法や設備機器などを含む場合もある。→造作材

仕上げ天井　室内の上部・天井を下から見上げた際に、目に見える材料を含めた天井の状態をいう。

仕上表　建築・インテリア各部の仕上げを一覧表としてまとめたもの。左から床、幅木、腰壁、壁、天井、備考（その室内に付帯する装備類）の順に記入され、建築・インテリアの仕上げ程度を把握することができる。また、下地と仕上げとを分けて表示する場合もある。

シアム［CIAM］Congrès Internationaux d'Architecture Moderne（仏）近代建築国際会議。建築を社会的・経済的局面からとらえ、新しい建築の意図ならびに様式の国際的な姿勢を確認したもの。1928年、第1回から第10回（1956年）まで続き、グロピウス、コルビュジエなど近代建築の開拓者達が集まり研究と討論が繰り返された。

シアン［cyan 蘭］色料（物体色）の三原色の一つ。緑がかった青で、記号はC。化学的には特有の臭気をもつ有毒気体。→三原色

仕上表（例）

室名 \ 個所	床	壁	天井	備考
玄関ホール	土間、クリンカータイル張り、ブナ、フローリング張り	天然木化粧合板張り	ロックウール吸音板張り	造付け下足入れ
和室4.5畳	畳	ラスボード下地聚楽	杉柾合板敷目板張り	押入付き
居間	合板下地クッションフロア	合板下地クロス張り	ロックウール吸音板張り	

CRT［cathoderay tube］コンピューターの構成機器の一種。プログラムによる出力やメモリーの内容を表示する装置で,ふつうはブラウン管が使われるのでCRTと呼ぶ。しかし,最近では偏光特性を利用した液晶ディスプレーも使われている。

CIE［Commission Internationale de l'Éclairage 仏］国際照明委員会。測光や測色,照明関係の国際的な標準化をはかる審議機関。

CIE表色系 CIE（国際照明委員会）で制定された表色系の総称。これには光の三原色,赤,緑,青の量で色を表示しようとした「XYZ表色系」,それを比較的簡単な変換式でその座標が計算できるような「Lab表色系」と「Luv表色系」がある。

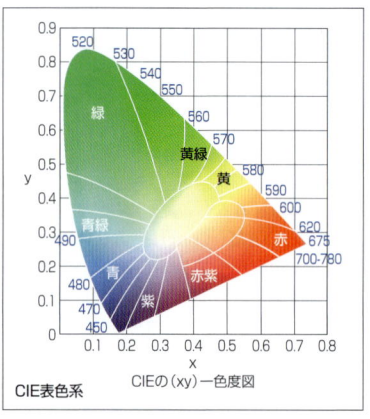

CIE表色系　CIEの(xy)一色度図

CATV［cable television service, community antenna television system］電波障害地域の有線によるTV地域共聴のほか,空きチャンネル利用の自主番組放映をする大規模TV共聴システム。また,都市型CATVは数10チャンネルの番組を放映する有線TVで,双方向通信も可能。

CHS［Century Housing System］ストック（貯え）としての住居を生み出すために,外部の建物の構造躯体は長持ちさせるように造り,内部は部位の耐久性や住まい手の,時代の要求に柔軟な対応ができるよう,取り替えや造り替えができる住宅の構法システム。建設省（現国土交通省）によって推進された。

GL［ground line］基線。建築図面などでは地盤面をさす。

CG［computer graphics］図形の生成,記憶,編集,表示,図形を利用する対話技術に関するハードウエア（コンピューターの機械そのもの,またはコンピューターの利用技術に対してのこと）とソフトウエア（コンピューターの利用技術,仕事の進め方や判断のためにコンピューターに与える必要な知識を広く含めている）の総称。近来,建築物の設計や外観デザインなどに利用されている。

シージング石膏ボード 石膏ボードの両面のボード用厚紙と石膏の芯に防水処理をしたもの。湿気の多い場所や水回りの下地などに用い,「防水石膏ボード」ともいう。

シーズヒーター［sheath heater］調理用などに使われる電気ヒーターの一種。ニクロム線ヒーターを高ニッケル鋼パイプで保護し,内部に酸化マグネシウムなどの絶縁材料を充てんした棒状ヒーターで,これを偏平な渦巻き状にして,鍋底との接触面積を増やし,クッキングヒーターとする。

地板（じいた）⇒床板（とこいた）

GP［ground plane］透視図法の基本的な描き方の基準となる面・基盤面をいう。

CV［center vanishing point］透視図を描く際の中央消失点のことで,「中央消点」「視心」ともいう。

シーリング材 ⇒コーキング

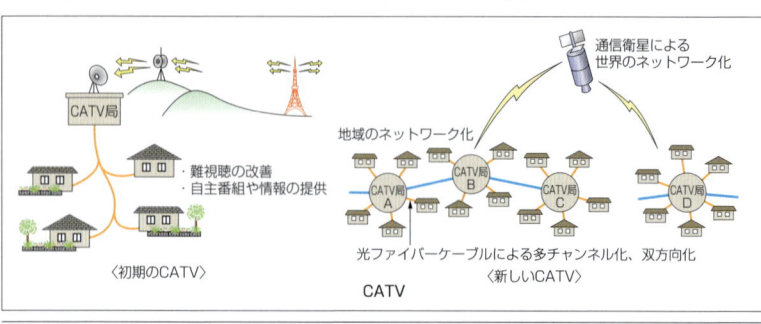

CATV

しかいせ

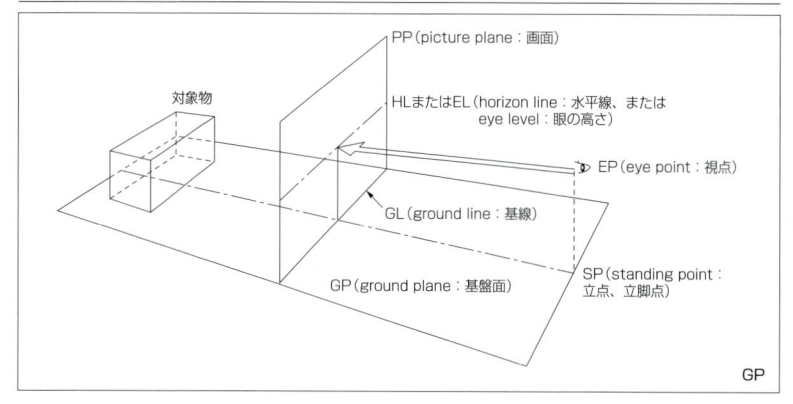

(図: 透視図法の基本要素)
- PP (picture plane：画面)
- 対象物
- HLまたはEL (horizon line：水平線、または eye level：眼の高さ)
- EP (eye point：視点)
- GL (ground line：基線)
- GP (ground plane：基盤面)
- SP (standing point：立点、立脚点)

シーリングライト [ceiling light] 天井面に直接取り付けられた照明器具。

シールドビーム電球 硬質ガラスの前面レンズと反射鏡を一体にした白熱ランプ。ランプ形状から「PAR形電球」ともいわれる。簡単な器具でビームの狭いスポット光が得られるため、屋内だけではなく屋外照明用としても広く使われている。

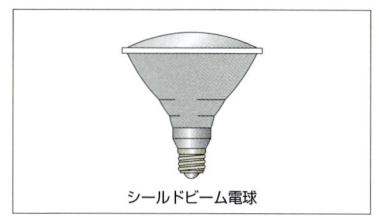

シールドビーム電球

シェーカー様式 [Shaker style] 18世紀末から19世紀前期にかけてアメリカ、シェーカー教徒（清教徒の一派、お祈りの際にシェーカーのように身体を動かすことが特徴）によって作られた家具・建築の様式。構造が単純で直線的な構成をもち、実用的な機能性を重視した形態をもつ。構造と形態の単純化は、20世紀の機能主義のデザインと共通する要素が認められる。

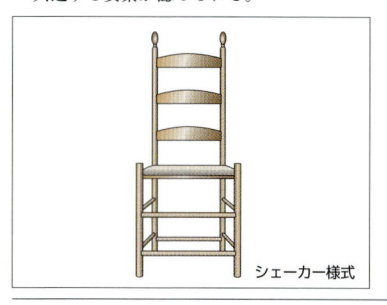

シェーカー様式

ジェットバーナー仕上げ 石材表面仕上げの一種で、冷却水を散布しながら加熱用バーナーで石の表面を焼いて凹凸に仕上げるもの。最近、特に使用されている。→表-石材の仕上げ①（201頁）

シェラトン様式 [Sheraton style] 18世紀末のイギリスの家具作家トーマス・シェラトン（1751～1806）に代表される家具様式。安価で機能性を重視し、意匠は直線的で古典的な優雅さをもっている。→トーマス・シェラトン 人

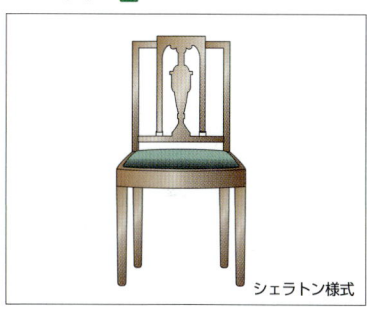

シェラトン様式

シェル構造 [shell structure] シェル（貝殻、（木の実・卵などの）殻、（亀の）甲羅などの意）の形状をもつ曲面構造をさす。各種講堂、体育館などの大きな空間を構成するのに用いる。

シェルター系家具 ⇒建物系家具

紫外線 電磁波のうち、可視光線よりも短波長のもので、波長範囲は170～380nm（ナノメーター）。地球に達する太陽光線の中に約1％のエネルギーで存在する。280～310nmはビタミンDを作る効果をもつ。275.7nmの紫外線は殺菌効果があり、水や空気の浄化にも利用される。→赤外線

視覚 人間の感覚器官の中では最も多くの情報を，しかも素早く得ることができる。視力・視野・光覚・色覚の4つの要素で成り立っている。「視力」とは目の解像力のことで，どのくらい物を細かく見分けることができるかという能力のことである。明るさ，対象のコントラスト，露出時間などに左右される。「視野」は物の見える範囲で，動視野・静視野・注視野がある。動視野とは頭を固定して，眼球を自由に動かしたときに見える範囲で，およそ左右それぞれ200度，上下130度ほどである。静視野は眼球を固定してくつろいだ状態で見える範囲。「光覚・色覚」とは光や色を感知する能力で，人間が光として知覚できる範囲は電磁波のうちでもごく一部の領域で，380～780nm（nm：10億分の1m）の範囲である。

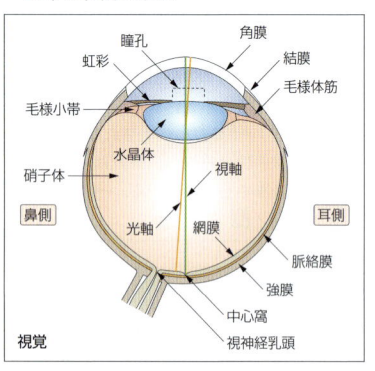

直天井（じかてんじょう）天井面の支持方法の一種。上階の床裏に直接仕上材を取り付け天井とするもの。仕上げには，塗り，吹付け，打込みとしたり，化粧裏天井などがある。

磁器 素地は白色半透明で，堅硬かつ非吸水性，たたくと金属製の音を発する。一般に，タイルや高級な食器，工芸品などに利用されている。→表陶磁器質タイル①（236頁）

敷居（しきい）sill，threshold 引戸，引違い戸の下部に取り付けた溝を設けた横材で，鴨居（かもい）と対になる。和風建築の縁側の外部に設けられた雨戸などに使用する「一筋（ひとすじ）敷居」，最上級の住宅には足固めを兼ねた「差し（指し）敷居」，溝を設けない「無目（むめ）敷居」，また溝には摩耗を防ぐため堅木を埋めたり溝鉄を用いたりした。今日ではプラスチック製の敷居すべりを接着する例が多い。

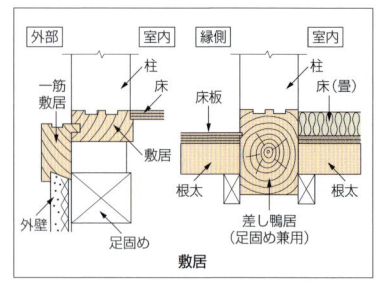

色材（しきざい）水などに溶ける染料（天然染料，合成塗料），不溶性である顔料（絵具，塗料，インキなど）など着色材料を総称して色材という。

色彩計画［color planning］建物やインテリア，エレメントなどの企画・設計・生産・施工などに際して，色彩決定を進めていくうえでの計画手法。イメージを固めていく企画段階，基本的な寸法や形を検討する基本設計段階，また具体的に図面を作成する実施設計段階，さらには実際に具体的な材料，仕上げなどを決定する最終的施工・生産段階の設計過程において，それぞれの段階で一貫した作業として設計される。最近はコンピューターなどを用いたカラーシミュレーションによって事前評価が加えられながら進められることが多い。

色彩調節「カラーコンディショニング」ともいう。色彩のもつ心理的，生理的，物理的な性質を考慮し，生活環境を快適，安全，効率的にするための環境調節としての配色計画。これに対しカラーコーディネーションは，インテリア空間構成での色彩を調整し，組合せの効果をねらうことをいう。

色彩調和「カラーハーモニー」ともいい，人に快い感じを与える色彩の組合せのこと。これは色の三属性や色調（トーン）について，使用される色と色の関係で考えられることが多く，同一の調和，類似の調和，対立の調和のそれぞれがある。

色相［hue］有彩色には紫，青，緑，黄，赤のようにいろいろな色合いの違いがある。この色合い，色味の違いをいう。→色の三属性

色相環（しきそうかん）色相を順序づけると長波長の赤から順次短波長の青紫まで，赤→橙→黄→緑→青→紫のように配列される。紫から赤紫に至ると再び赤に戻り，循環させることができる。このように色相の

変化を円周上に表したものをいう。

色相対比 おもに色相の異なる色どうしの間で生じる対比で，2色の場合，お互いが影響し合って，2色間の色相差がより大きく見える現象。つまり色相環の中では，実際の色よりもより反発した位置として感じる。

式台（しきだい）住宅における最も主たる出入口に設けられた板敷きの部分をさす。客の送迎の際，礼をするところの色代に由来し，17世紀末から18世紀初頭より式台と呼ばれるようになった。

敷畳（しきだたみ）⇒畳

色調 ⇒トーン

敷梁（しきばり）和小屋組の水平部材の一つで，小屋梁の長さが大き過ぎるとき，その中間で小屋梁を受ける材をさす。古来，大規模な民家などに用いられた。→二重梁

色標（しきひょう）color chip 色を表示するためにつくられた，色紙などによる色彩の標準資料。色の指示・伝達などに便利。特定の基準によってつくられたものを「標準色標」という。また色標をあるルールに基づいて配列したものを「カラーチャート」と呼ぶ。

色名（しきめい）色の名前。動物，植物，鉱物などの名前や地名などを使った色名，すなわち色と色名とが固有に対応するものを「固有色名」という。これは慣用的な呼び方を表しているため「慣用色名」とも呼ぶ。あらゆる色を系統的に分類した上で名前をつけたものは「系統色名」といい，これにはISCC（全米色彩協議会）とNBS（米国国家標準局）によるISCC・NBS系統色名，JIS系統色名，日本色彩研究所によるPCCS系統色名などがある。→慣用色名

敷目板張り（しきめいたばり）板の継目に敷目板を用いて板を張ること。おもに天井仕上げに用いられる。→目板張り，大和張り

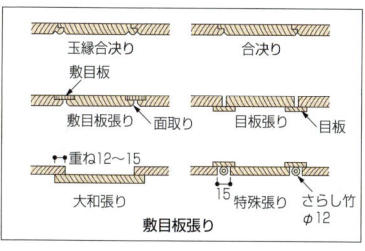

敷面（蟻）継ぎ（しきめんありつぎ）⇒腰掛け蟻継ぎ

敷面（蟻）枘継ぎ（しきめんありほぞつぎ）⇒腰掛け蟻継ぎ

敷面鎌継ぎ ⇒腰掛け鎌継ぎ

指極（しきょく）人間が両手を左右に広げたときの全寸法。ほぼ身長と同じ寸法にある。→人体寸法の略算値

軸組［frame work］土台，柱，胴差し，梁，桁（けた），筋かいなどから構成されている壁体の骨組のこと。→通し柱

軸組構法 建築物の構成が柱や梁などの軸組によってなされているものをさす。従来からの木造住宅は，軸組で構成されている。→在来構法

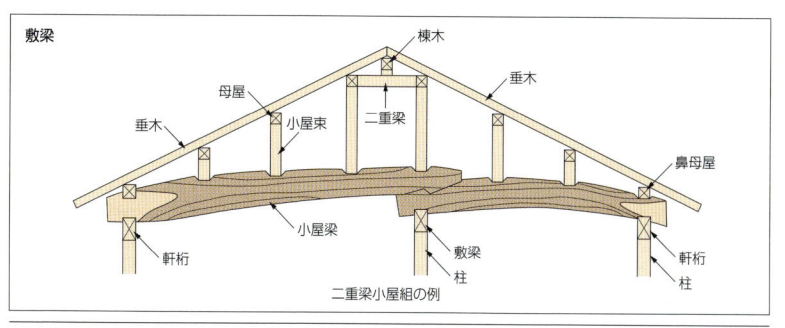

しくみ

軸組図 建築物の構造骨組を立面として表示した図面。木造住宅では，内外の壁部分の仕上げ下地（胴縁まで）を除いた構造部を表示してゆく。

軸測投影法 （じくそくとうえいほう）axonometric「アクソノメトリック」ともいい，対象物の一面を基線に対してそれぞれ等しい角度または不等角に傾けて立体を投影して表す手法。前者は等角投影法，後者は不等角投影法（「アクソノ」と呼ぶ場合もある）。→等角投影法，不等角投影法

軸流ファン 気体が，羽根車内で軸方向に流れる形式のファン。静圧が小さいが，大風量である。換気扇に使用されるプロペラファンは軸流ファンの一種。

錣庇 （しころびさし）⇒錣屋根

錣屋根 （しころやね）屋根形式の一つ。寄棟（よせむね）の中央上部に切妻屋根を組み合わせたものをさす。「錣庇（しころびさし）」ともいう。→図屋根の形状（300頁）

自在水栓 左右に自由回転する先端部分を接続した横水栓。

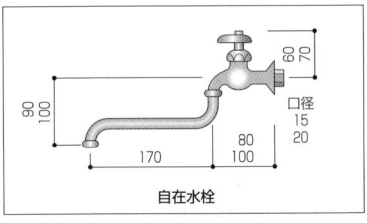

自在水栓

私室 [private room] 就寝をはじめ，更衣・化粧・休息・仕事などを行うための家族成員の個人的な部屋。「個室」ともいわれ，夫婦の寝室，子供室，老人室などがあげられる。わが国では住宅に個室が設けられるようになったのは1950年代からと考えられている。それは戦後平等の思想によって，個人を尊重する新しい家族像がつくられたことと，住宅が近代化されて食寝分離，性別就寝が取り入れられるようになったためである。→公室

慈照寺東求堂 （じしょうじとうぐどう）京都の慈照寺境内に建てられている持仏堂。足利義政（8代将軍）の山荘として1485年に建てられる。屋根は桧皮（ひわだ）葺きの一重（1階）で簡素な造り。国宝指定建築物で，ほかに楼閣建築の観音殿（銀閣）がある。

止水栓 給水管の途中に設置して，給水を制限したり，止める栓（バルブ）。

シスタン [cistern] 水洗便器の洗浄水を一時的に溜めておく水槽で，「水栓タンク」ともいう。水槽内部には，洗浄用器具が納められている。高い位置に設置するものを「ハイタンク」，低い位置に設置するものを「ロータンク」という。

システムズビルディング [system's building] 建物の生産を工業化手法などによって，建物全体を一つのシステムとしてとらえ，さらにそれをいくつかのサブシステムとして分け，サブシステムはいくつかの部品で構成されるというように，段階的にシステムだって構築される方法とその建物をいう。

姿勢 人間の身体全体が示す形態。生活空間における人間の姿勢は基本的に，立位姿勢，椅子座位姿勢，平座位姿勢，臥位（がい）姿勢の4つに分けられ，それぞれに細かなバリエーションがある。

自然換気 換気のうち，窓などの開口部を通して，自然に発生するもの。風による室内外の気圧差，温度差による浮力が作用する。風によるものを「風力換気」，温度差によるものを「重力換気」と呼ぶ。→強制（機械）換気，重力換気，風力換気

自然循環式太陽熱温水器 集熱器上部に断熱された貯湯槽を有し，温水を自然循環によって蓄える方式の温水器。夜間でも，昼間につくった温水が利用可能。また，補助熱源を接続することもできる。

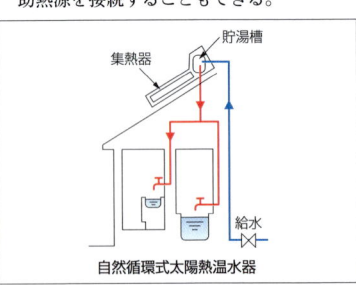

自然循環式太陽熱温水器

視線の計画 インテリア空間を設計，計画するうえで，あらかじめそこでの人間の視覚の働きや視線の動きなどを予測し，操作・コントロールするよう開口部，インテリアエレメントの位置や形，色彩について検討すること。これは外部への眺望，開口部の開放感など含めて，人間の視野の範囲や視点位置，視点高（アイレベル）あるいはフォーカルポイント（焦点），アイコリドー

しつくい

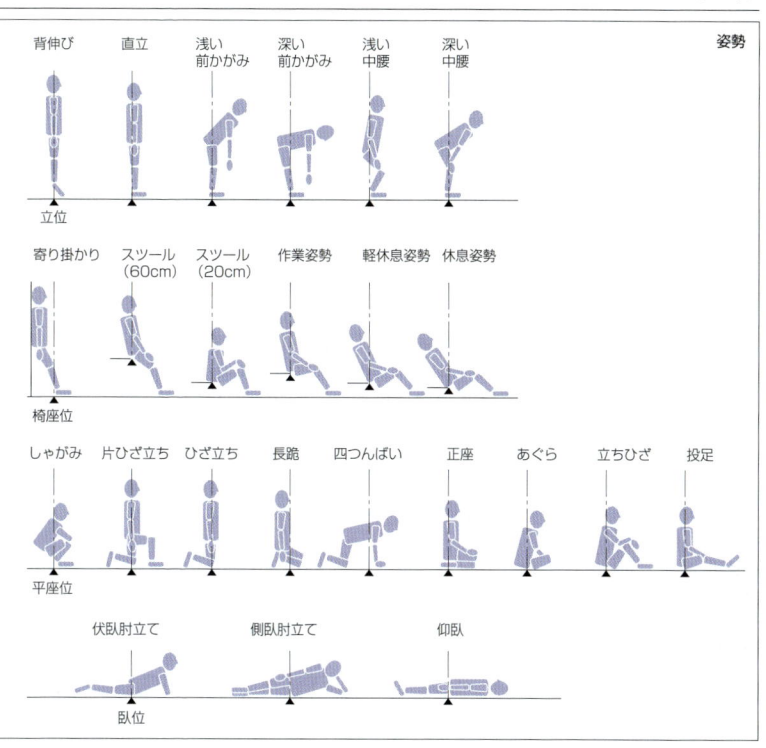

姿勢

立位: 背伸び／直立／浅い前かがみ／深い前かがみ／浅い中腰／深い中腰

椅座位: 寄り掛かり／スツール（60cm）／スツール（20cm）／作業姿勢／軽休息姿勢／休息姿勢

平座位: しゃがみ／片ひざ立ち／ひざ立ち／長跪／四つんばい／正座／あぐら／立ちひざ／投足

臥位: 伏臥肘立て／側臥肘立て／仰臥

ル（視点の動き）などの点で，見え方からの空間の演出性を考慮することである。

下地窓 従来は民家などで用いられていた。今日では床の間のそで壁などに用いられている。土壁の一部を塗り残して壁下地をあらわしに仕上げたもの。数寄屋造りに使用されることが多い。

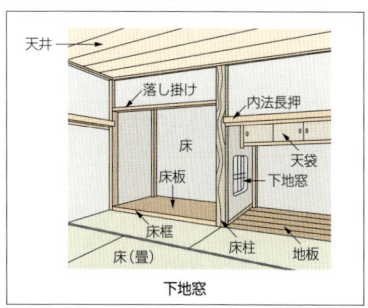

（図：下地窓 — 天井／落し掛け／内法長押／床／天袋／床板／下地窓／床框／床柱／地板／床（畳））

下塗り 左官工事や塗装工事によって，塗り層が2以上にわたる場合，初めに塗る層のこと。例えばプラスター塗り（コンクリート下地の場合）では，①下地の処理→②下塗り（下地面を十分に水湿しした後，入念に塗る）→③中塗り→④上塗り。

下端（したば）部材あるいは部品の最下面をさす。反対を「上端（うわば）」という。

下見板（したみいた）建物の外壁仕上げの横板張りに使用した材。横板を下部から数センチずつ重なり合うように取り付けた板をいう。今日では，「サイディング張り」がこれにあたる。

シタン［紫檀］red sandal wood　産地は東南アジア，辺材は白色，心材は朱黒色，材質は堅硬なもの（比重1.1）で美しく，家具・器具・装飾材に用いる。→表-木材の分類②（295頁）

質感 材料のもつ物質感のこと。「テクスチャー」ともいう。→テクスチャー

湿球温度（しっきゅうおんど）ガラス温度計の下方を湿球とした湿球温度計で示した温度をさす。湿球に含んだ水は蒸発することで周囲から気化熱を奪い，空気中の湿度に影響された湿球温度を示す。→乾球温度

漆喰（しっくい）壁の左官仕上げの一種。消石灰に砂，のり，すさなどを水で混ぜて練ったもの。→すさ

177

漆喰塗り（しっくいぬり）plaster finish 左官工事の一種。消石灰，貝灰，すさ，または砂（下，中塗り）も加え，のり液で仕上げる。下地には木摺（きずり），ラスボード，コンクリートなどと広く利用されている。→漆喰

室空間 具体的な壁，天井などで仕切られた部屋をさす。通常，部屋を構成する空間単位は，いくつかの動作空間が集合し組み合わされて，あるまとまった生活行動が行える場である単位空間となる。

実施設計 設計プロセスの中で，基本計画，基本設計に続いて行われる設計作業で，具体的な施工，生産に移行できるのに可能な図面を作成する段階。図面の作成は施工・生産が可能となると同時に，正確に見積ができるようなものを作ることが目的となる。基本設計で決まった空間や設備に対し，具体的な寸法，材質，工法，納まりなどの仕様を定め，図面として表現することが作業の内容になる。インテリア設計では通常，次のような図面が作られる。①平面詳細図（S：1/50），②室内展開図，天井伏図（S：1/50），③部分詳細図（S：1/1〜1/20），④家具詳細図（S：1/5〜1/10），⑤仕上表，員数表，⑥仕様書，⑦その他予算書など。

実施設計図 実際に建築工事を進めるために必要な設計図面をいう。工事契約時に添付されるものと工事の進渉に伴い設計される図面をさす。

実線 太い，細いの2種があり，外形線，寸法線，寸法補助線，引出し線等に用いられる。→表-線②③（205〜206頁）

湿度 空気中に含まれる水分の分量を示す単位。相対湿度と絶対湿度の2つが一般に用いられている。→絶対湿度，相対湿度

室礼，舗設（しつらい）接客饗宴，その他ハレの儀式の日に，寝殿造り住宅の母屋（もや）や庇（ひさし），御簾（みす），障子，几帳，畳調度などを飾り立てて配置してゆくことをいう。平安初期10世紀頃から室内での行動様式も含めこれらの慣習が成立したといわれる。後に，室町前期の武将，小笠原長秀（?〜1425）は，3代将軍足利義満（1358〜1408）の師範となり命を奉じて武家の礼法を定め，その7世孫貞宗が大成し今日の小笠原流が誕生した。

地と図（じとず）ものの形を認知するうえでは，必ず知覚の対象物となるものと，またその背景になるものとの対比の中で行われる。背景となるものを「地」，背景の中から浮かび上がるものを「図」と呼ぶ。ゲシュタルト心理学の一つ。→ゲシュタルト心理学，ルビンの壺

茵（しとね）古代における坐臥具（ざがぐ）の一種。わらやい草を編んだ莫蓙（ござ），または薄畳を芯とし，布の縁を付けたもの。形は正方形で一辺3尺（900mm）から3尺5寸（1,050mm）程度のもの。

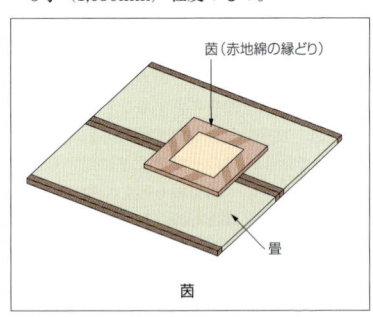

茵（赤地綿の縁どり）
畳
茵

漆喰塗り（調合）

塗り層	下塗り用消石灰	川砂	つのまた，またはぎんなん草（消石灰20kgにつき）	白毛すさ	上浜または生浜すさ	塗り厚
下塗り	1	0.1	1,000g	900g		15
中塗りむら直し	1	0.1	900g	800g		
上塗り	1	0.5	700g	700g		12
	1		500g		400g	

注1）上塗りは中塗りの半乾燥のとき，水引き加減をみてこて仕上げとする。
2）つけ送りモルタルは，セメント1：砂3（容積比）とし，1回の塗り厚9mm以上の塗付けをしない。
3）下げお（青麻）の取付け間隔は，250mmに千鳥に配置する。
4）木ずりの取付けは，幅7mm内外に目すかしとする。

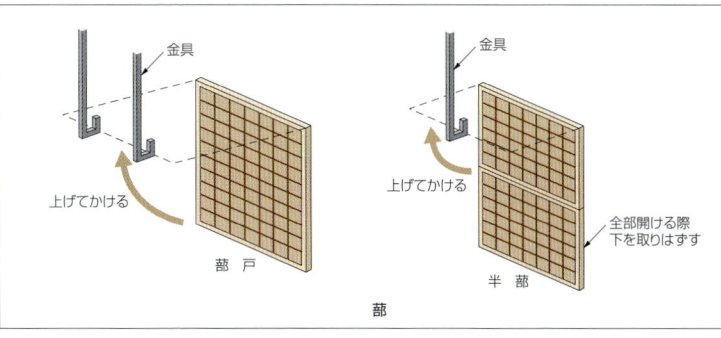

蔀（しとみ）寝殿造りの外周に用いられた建具の一種。細かく格子を組み，裏に板を張った板戸で，外部または内部に押し上げて開き，上から下がっている金具に引っかけて止めていたもの。「蔀戸（しとみど）」ともいう。

蔀戸（しとみど）⇒蔀（しとみ）

死節（しにぶし）木材の欠点の一つで，節の周囲は樹皮で囲まれているが，節の組織と周囲の材の組織との連結がないもの。欠落して穴を見せる場合もある。

屎尿浄化槽（しにょうじょうかそう）公共下水道のない地域などで水洗便所を使用する場合，汚水を衛生上支障のないように処理する設備。バクテリアによる生物処理をするが，腐敗タンク方式と長時間ばっ気方式とがある。処理能力は建築基準法に定められ，建物の床面積により算定する。→単独処理層

四半目地（しはんめじ）タイル・れんが床張りの模様（パターン）の一種。床面に対して対角線状に張り付けてゆくもの。

地袋（じぶくろ）床脇の床面に接して設けられる袋戸棚のことで，床脇の意匠によっては省略されることもある。→図-本床（ほんどこ，285頁）

ジベル［dowel］木材の接合具の一つ。2つの部材の間に埋め込み，めり込み抵抗によってずれを防ぐもの。

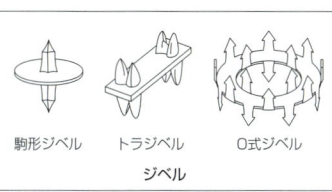

支保工（しほこう）コンクリート工事に関する用語の一つで，型枠を構成する堰板（せきいた）を支持し組み立てている縦横の組木，パイプ類や締付け金物等の総称。→型枠，堰板

シミュレーション［simulation］建築・インテリアの設計・計画において，それが実際にできあがった際のさまざまな状況を事前に模擬的に再現を試みること。これによってあらかじめ予測・評価することで設計・計画上の知見を得ようとする。例えば模型などを作って空間の状態を検討したり，コンピューターを用いて数量的に利用状況を把握したり，あるいはコンピューターグラフィックスなどで見え方の効果を確かめるなど。

シミラリティー［similarity］類似性。造形上，同質の要素を組み合わせて，共通性の高いことによって生じる調和（ハーモニー）を示す。温и和で女性的，安定感をもたらす構成といわれる。

湿り空気線図　室温と湿度の関係を中心に，各種空気の状態を示すグラフをさす。「空気線図」ともいう（180頁参照）。

視野　人間の視覚の機能の一つ。目で見える範囲のことをいう。頭を固定して視線を一方向に向けたとき，両眼によって同時に見える視野の範囲は左右200度，上下約130度に限られる。これを「静視野」という。また，眼球を動かすことによってさらに多くの視野が限られるが，これを「動視野」という（180頁参照）。

しやおん

湿り空気線図

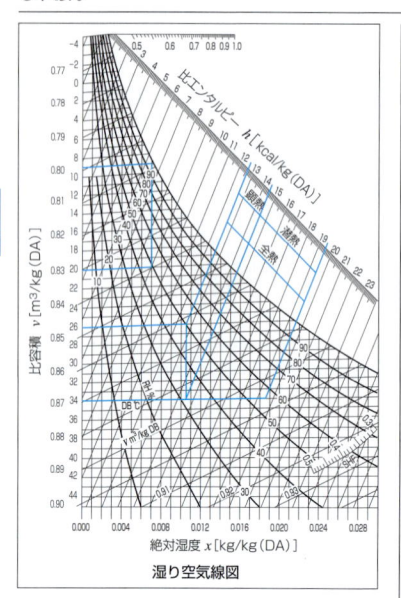

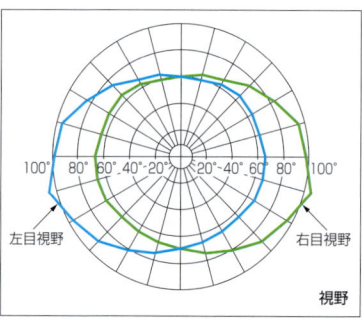

視野

遮音 音の振動が伝わることをさえぎること。実際には，空気伝搬音の経路に遮音材料層の隔壁を設け，音の透過を少なくすること。遮音の程度を表すには透過損失量（dB）が用いられ，音の周波数が高いほど，また物体の単位面積当たりの質量が大きいほど透過損失量は大きく，遮音ができる。→透過損失

遮音材料 遮音に適した材料で，透過損失の値の大きいものをいう。単位面積当たりの質量が大きいこと，同じ材料であれば厚くすること，すき間や通気性のない材料であることなどがあげられる。

遮音性 空気を伝わる音，空気伝播音を壁，床，建具など建物部位がさえぎる程度をいう。透過損失で表され，その単位はdB（デシベル）。

遮音等級L値 床衝撃音レベルに関する遮音等級の基準周波特性を定めて基準曲線とし，その基準曲線が定められた周波数で示す床衝撃音レベル（dB）の数値と定義され，床構造の遮音等級の尺度に用いられる。数値が小さいほど遮音性能が高いことを表している。

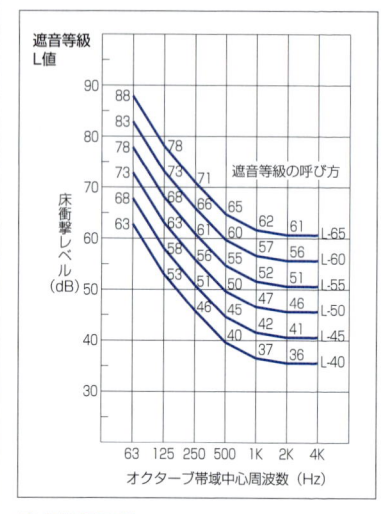

遮音等級D値 室間平均音圧レベル差に関する遮音等級の基準周波数特性（周波数間の相互関係）を定めて基準線とし，その基準曲線が定められた周波数で示す音圧レベル差（dB）の数値と定義され，隣室間に音が伝わるかどうかの尺度となっている。数値が大きいほど遮音性能が高い。

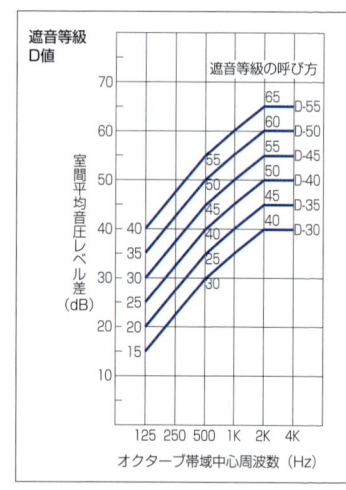

社会距離 ⇒人間の距離

蛇口（じゃぐち）給水・給湯管の末端に取り付けられ，開閉することによって水や湯を供給する器具の総称。

尺度 実物に対する図の大きさの割合。実物に対して現尺（または現寸），倍尺，縮尺など，図示するのに適当な大きさで表示する。尺という言葉は，古来用いられた尺貫法における長さの単位で，明治以後，1尺は1mの10/33と定義された。→縮尺

決り（しゃくり）さくりの意をもち，接する2種の材料の接合のしやすさをはかるために付けられる突起や溝をさす。例えば，板と枠との接合のための「板決り」，塗り壁と枠との接合のための「塗り決り」，枠に戸当り部材をつけるための「戸当り決り」などがある。また，決ってできた面を「決り面」という。

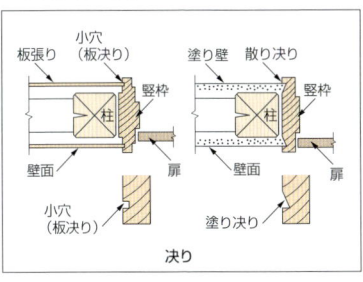

決り

ジャコビアン様式［Jacobean style］イギリス，ジェームズ1世（在位1603〜25年，スチュアート朝）時代の様式。イギリスの後期ゴシックは高度に発達していたため，初期ルネッサンス様式には，垂直式ゴシックの大きな格子窓が残ったり，れんが造りの普及などがみられた。ゴシックからルネッサンスに至る過渡期の建築をチューダー式と呼び，エリザベス1世（在位1558〜1603）時代のものをエリザベス式，ジェームズ1世時代のものをジャコビアン式（様式）という。意匠は，垂直式の大窓から十字格子の小窓になり，オランダ風の破風（はふ）窓，家具では直線的で力強く，ねじり棒などの挽（ひ）き物が用いられた。

ジャコビアン様式

尺貫法（しゃっかんほう）日本古来の度量衡法。長さでは尺，量では升，重さでは貫を基本単位とする。一度廃止されたが，土地建物など特定のものに限り，使用が認められている。1m＝3.3尺，1kg＝0.2667貫，1m²＝0.3025坪，1㎡＝55.435斗。

斜投影法（しゃとうえいほう）oblique 等角投影法（アイソメトリック）よりも簡便な手法で，平面図を基線に平行とし，他の一面をある角度（45度）にて表現してゆく。高さ方向は平面と同一縮尺か，より縮尺した表現とする場合がある。一つの図で立方体の3面のうち1面だけを強調して表すことができ，「キャビネット図」ともいう。

斜投影法

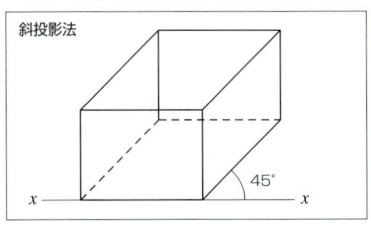

蛇紋岩（じゃもんがん）serpentine rock 変成岩の一種。硬度は高く暗緑色系で，蛇皮の文様のように見えるためこの名がある。張り石や甲板に用いられる。→表・石材の分類（200〜201頁）

シャワーカーテン［shower curtain］洋風浴槽内やシャワー室でシャワーを使用する際に，水が浴槽やシャワー用防水パンの外に飛び散らないように設けるカーテン。おもにナイロン製の生地が使用される。

シャワーヘッド［shower head］シャワーの末端に設けられ，水を分散して噴射する器具。単純なじょうろ型ばかりでなく，マッサージ型，打たせ湯型，ミスト型などの種類がある。

ジャンカ ⇒豆板（まめいた）

ジャンクションボックス［junction box］接続箱の意。①電気配線の接続個所に設置するボックス。②フロアダクトの構成部品。ダクトが交差したり曲がる場所に設置するボックス。③電線管の途中で電線接続個所に設置するボックス。

シャンデリア [chandelia] 天井吊下げ型多灯用器具。クラシックからモダンまでさまざまなデザインがある。重量のある器具は取付けに補強が必要で，一般に30kg以下でも簡易取付けボルトで落下防止を考えねばならない。

朱色（しゅいろ）⇒表・慣用色名（132頁）

修学院離宮（しゅうがくいんりきゅう）京都市左京区比叡山雲母（きらら）坂の西麓にある下，中，上の各茶屋の3区間からなる離宮。全域の広さは約45,000m²（約14万坪）。平安時代に僧勝算の営んだ寺で，江戸時代になって3代将軍徳川家光（1604～1651）が第108代後水尾天皇（在位1611～1629）のためにこの地に別荘を造営。回遊式庭園で，庭園の自然美で有名。

集合住宅の分類 集合住宅は2戸以上を一つにまとめた住宅で，それは住棟形式，通路形式，住戸形式の違いによって下表のように分類できる。→表・集合住宅の分類

重心線 断面などの重心を連ねた線で，細い二点鎖線が用いられる。→表・線③（206頁）

集成材 [laminated wood] 木材の板（厚さ25～50mm程度）を使用し，繊維方向を長手にして平行に接着したもので，枚数によって大きさは自由に作られる。軽量で節，割れなどがなく，長い材料が得られる。構造用や造作用がある。

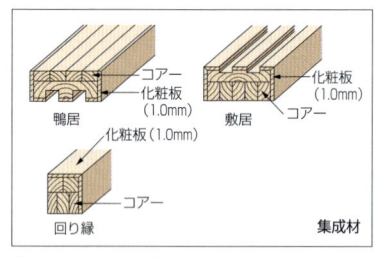

修正マンセル表色系 マンセル表色系は20世紀の始めに考案されたもので，その後，測色学の発達に伴って測色の数値を多少修正したもの。JIS（日本工業規格）で採用されている。→マンセル表色系

修正有効温度 ⇒有効温度

住宅部品 住宅生産の工業化を進める方法の一つとして，あらかじめあるまとまった機能をもつ部品として工場で生産を行い流通単位とした部材のこと。「構成材（コンポーネント）」ともいう。設備機器から，床，壁，天井を構成するもの，あるいは部屋の大きさに相当する「ユニット」と呼ばれるものまでも含める。

集中型集合住宅 「中央ホール型」ともいい，集合住宅の集合形式の一つ。エレベーターのある中央ホールから，直接各住戸へ入ることができる形式。通路面積がなくてすみ，高層集合住宅も可能だが，各住戸間の採光，眺望など居住条件の差が大きい。

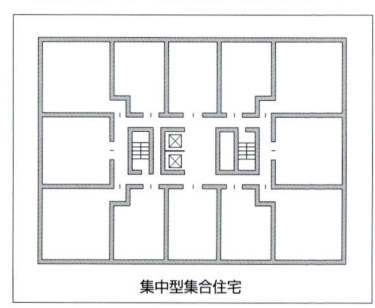

集中型集合住宅

集熱器 ⇒コレクター

収納 [storage] 物の保存・管理のこと。家族のライフスタイル，ライフステージの違いによって，物の量や種類はそれぞれ異なる。日常的によく使われる物と，時々しか使わない物を区別し，分散と集中のしかたを工夫した保管方法を計画する。収納物は大きさ，形状，重量，収納のしかた（たたむ，重ねる，吊るす，丸める，立てるなど）を考えて収納スペースの計画を行う。

集合住宅の分類

住棟形式		通路形式		住戸形式
		平面的	断面的	
低層 (1～2階)	連続住宅 2戸建住宅	コート， テラスハウス他	フラット， メゾネット	フラット，テラスハウス， メゾネット，コートハウス，2階建
中層 (3～5階) 高層 (6階以上)	共同住宅	階段室型 中廊下型 片廊下型 集中型	多階通路 スキップフロアー	フラット メゾネット セミメゾネット トリプレット

周波数 音の波が1秒間に振動する回数が周波数で，単位はヘルツ（Hz）で表す。周波数が大きい音は，人間の耳には高い音として聞え，小さい音は低く聞える。

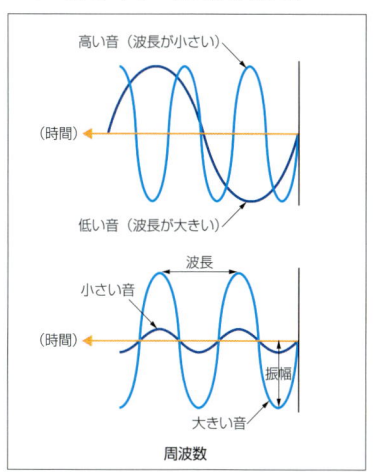

重量衝撃音 床に対し，重く接地面が大きいものの落下によって生じる音。スラブの質量と剛性に左右されるため，床の表面仕上材の弾力性に関係なく，対策はスラブ厚などを増すことで対処する。→軽量衝撃音

重力換気 自然換気の一つ。室内外の温度差による空気の膨張と対流を利用し，自然に空気の流れを発生させる方式。暖房時には，室内の空気は開口部の上方から室外に出て，下方より低温の外気が吸い込まれる。冷房時にはこの逆の原理が働く。この場合，換気量は室内外の温度差，上下の開口部の高さおよび開口部の面積が大きいほど多い。→自然換気，風力換気

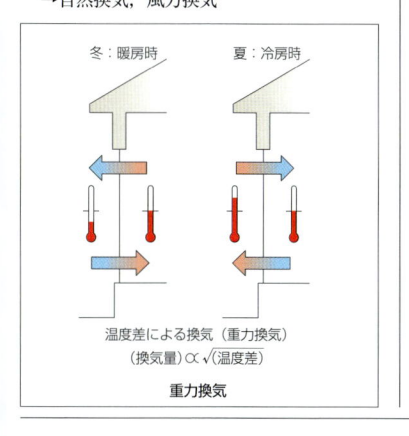

縮尺 現物より小さく表すことで，JIS規格ではA：Bと「比」の形で表すように規定されている。例えば，Aは描いた図形での対応する長さ，Bは対象物の実際の長さとすると，現尺ではA：B＝1：1，縮尺1/20ではA：B＝1：20として表す。→尺度

主寝室 ［master bed room］住宅における夫婦の寝室。高いプライバシーが要求される。就寝，更衣，化粧などが行われるほか，書斎を兼ねたり，休息，娯楽のためのスペースや欧米のように専用のバスルーム（浴室）を設けることもある。近年，夫婦別々に仕事や趣味などの用途も含めて，それぞれ個室を設けるなどの例もみられる。

受水槽 （じゅすいそう）水道本管の水圧だけでは不足する場合，ポンプで加圧するために本管からの水を貯留する水槽。地上設置式と地下設置式とがあるが，いずれも水槽の周囲に保守点検のスペースを確保しなければならない。容量は，1日当たりの使用水量の1/3〜1程度。

主体構造 建物全体を支える構造で，軸組，躯体，骨組などをいう。木造では，土台，柱，梁，桁（けた）などの下地や仕上材を除いた部材をいう。

主殿造り （しゅでんづくり）初期書院造りの形式の一種。主殿を中心に，台所，厩（うまや），遠侍（とおざむらい）などを配した。中世の武士の住宅に見られるような様式で，天井が張られ，間仕切りが自由に設けられるようになったもの。

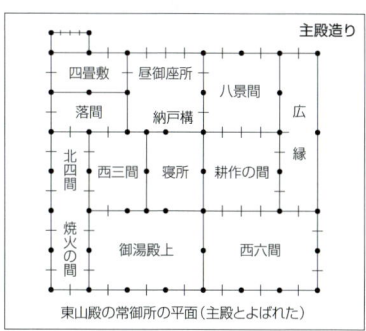

受電電圧 電力会社の配電線から受電する電圧。各電力会社の供給規定に用途に応じた標準電圧が定められている。住宅などの小容量の場合は，100Vまたは200V。

受電方式 電力会社の配電線から電路を引き込む方式。①架空引込み方式，②地中引

込み方式、③架空地中併用引込み方式の3種がある。戸建住宅では①が多いが、安全性や体裁の良さから③の採用も増えている。②は工費もかかり、官公庁の許可が必要なため、大規模な建物に採用される。

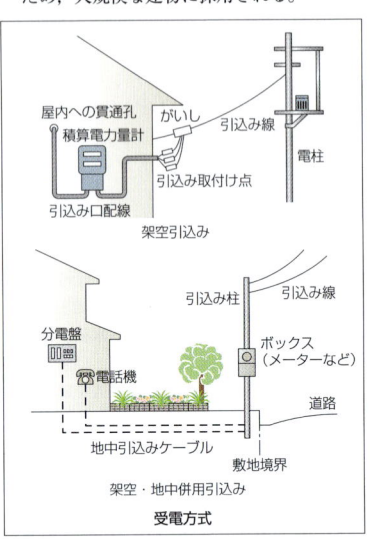

受電方式

聚楽壁（じゅらくかべ）聚楽土、川砂、わらすさを混ぜ水でこねて仕上げる。土壁の上級仕上げの一種。→京壁

シュレッダー［shredder］不要になった機密文書などを、細かく切り刻んで処分する事務用機器。

瞬間湯沸器 給湯栓を開くと水圧変化により着火し、水を連続加熱しながら給湯する湯沸器。一度に大量給湯するには不向きだが、随時必要量を給湯できるので、局所式給湯によく使われる。マイコン制御によりさまざまな付加機能をもつ製品がある。

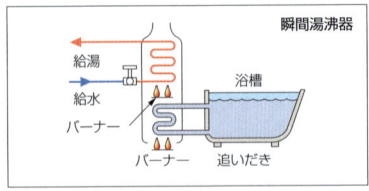

瞬間湯沸器

純色（じゅんしょく）⇒彩度、清色（せいしょく）

準人体系家具 家具の機能上の分類の一つ。テーブルやデスク、カウンターなど、物を載せて人間がそこで作業をするための家具の総称。人体寸法の要素が加味されるばかりでなく、甲板などに載せられる物の寸法や、家具が置かれる空間の寸法の双方の要素が組み入れられて造られる必要がある。「セミアーゴノミー系家具」ともいう。→人体系家具、建物系家具

順応 人間の網膜は明暗に応じて感度を調節する機能をもつ。暗い所では光の量がきわめて少ないため感度が高くなることを「暗順応」、明るい場所で感度が低くなることを「明順応」という。順応時間は、暗順応では約30分、明順応では1分程度。

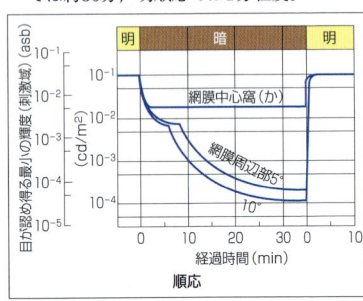

順応

順応型住宅 1970年代に東京大学建築学科教授、鈴木成文氏によって提案された住宅のプランニングの考え方。住まい手の個性に十分に対応できるよう、入居時の計画の自由度を保証し、かつ入居後の生活の変化に伴う模様替えなどを可能にするため、住戸内部の一部を家具による間仕切りや可動パネルを用いて、柔軟性をもたせた間取りとしている。順応型に対し大量建設時代の画一的・標準設計の住戸を「規定型住宅」としている。

ジョイナー［joiner］接合材、目地材のこと。ボード材仕上げの接合目地部分に用いられる。木製、金属製、プラスチック製などがある。

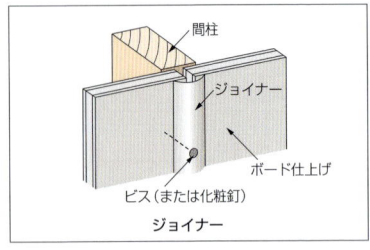

ジョイナー

書院 格調高い書院造りの和室の重要な構成要素の一種で、「出書院」（付け書院）と「平（ひら）書院」（略式）とがある。元来は禅

書院

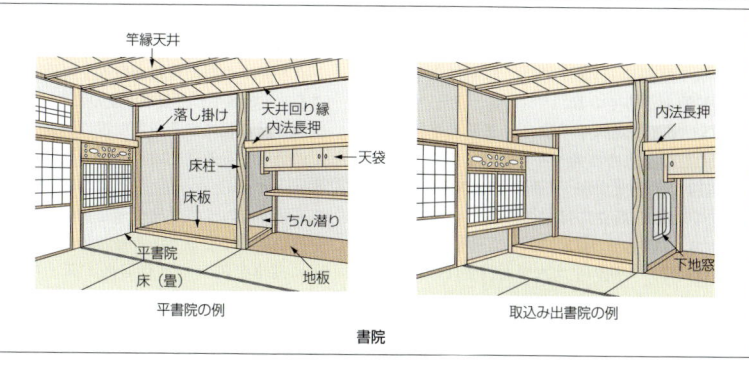

平書院の例 / 取込み出書院の例

家における書斎ともなり、鎌倉時代（1192〜1333）末期には造付けの机の一種、出窓形式、書見のための棚板をつけたもので、現存最古のものは慈照寺東求堂（1489）の書院。

書院造り 寝殿造りを原形として、室町時代を経て桃山時代に完成した建築様式の一種。柱は角柱、畳は室内に敷き詰め、障子、杉戸、襖（ふすま）、舞良（まいら）戸を設け、主室には床、違い棚、付け書院、帳台構えを配している。園城寺光浄院客殿・同勧学院客殿は、桃山時代の代表例。

消音ボックス 内側に吸音材を張り付けた箱状容器。ダクトの途中や吹出し口の直前に挿入して、消音するために用いられる。

消火器 消火薬剤を容器に蓄え、噴射機能をもたせたもの。初期消火に使用する消火設備。

床几（しょうぎ）⇒胡床（こしょう）

昇降機設備図 建築物に設けられるエレベーター、リフト類の配置を表示した図。

詳細図［detail drawing］建物や室内の全体を表示する図面に対して、ある特定部分（例えば、幅木まわりや棚板部分など）を詳しく表示した図面のこと。縮尺は通常1/20、または1/10、1/2など。名称には、矩計図、部分詳細図、特殊詳細図などが用いられる。→ディテール

床子（しょうじ）机のような形をした四脚の腰掛けで、上面が簀子（すのこ）になっているもの。大床子（天皇使用、長さ3尺（約900mm）、脚の高さ約2尺（約600mm）、小床子、檜（ヒノキ）床子などがある。清涼殿では、大床子を二脚並べ、その上に高麗端（こうらいべり）、菅円座（すげえんざ）を敷くことが説明されている。

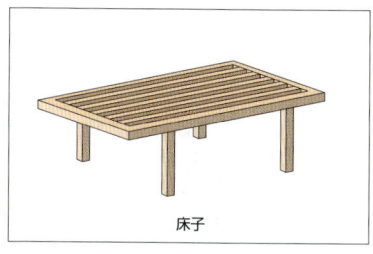

床子

仕様書（しようしょ）設計した工事内容のうち、図面では表現できない事項を文章・数値などで表示してゆくもの。一般的な事項としては、成分、性能、品質、精度、製造や施工方法、部材や材料の製造会社名称、業者などを指定したもの。

承塵（しょうじん）天井の始まりといわれ、屋根裏から落ちるちりを防ぐために、貴人などの御座の上に設けられる格子・板・布・筵（むしろ）のこと。→天井の形

使用水量 ⇒給水量

上段（じょうだん）一段と高い床のこと。寝殿造りでは畳（大きさ、厚さ、縁）により身分の上下を表し、室町時代には、床の高さで身分の上下を表した。二条城二の丸御殿では、奥の主室を上段とし、床、違い棚、付け書院、帳台構えを配置し、金地の障壁画、正面の床には大きな松を描いている。「上段の間」ともいう。

上段の間 ⇒上段（じょうだん）

省電力形蛍光ランプ ガラス管内の封入ガスをクリプトン混合ガスにするなどして、ランプ効率を低下させず5〜10％の消費電力の低減を図った蛍光ランプ。欠点として低温始動時の特性があまり良くないので、使用上若干の留意が必要。→蛍光ランプ

照度 ⇒光の単位

しようと

照度基準 それぞれの空間における作業や生活に対する適当な明るさ（照度）の基準。日本工業規格（JIS）では，照明による照度基準を定めている。

照度計算 代表的な手法は，部屋の平均水平面照度を求める光束法。これはランプから放射される光束が，床面または作業面（床より0.8mの高さ）にどのくらい照射するかという照明率の算出によって計算できる。計算式は，初期の平均水平面照度(lx)＝ランプ光束×器具灯数×照明率／室面積(m^2)。なお，照明率の算出には使用器具の照明率表が必要。

小便器 小便を受ける水受け容器。設置方法別に，壁掛け型と床置き（ストール）型に分類される。

照明計画 [lighting planning] 各種空間の照明を考えるに当たり，空間機能を理解したうえで照明効果を具現化するために照度や照度分布，グレアの防止，光色，演色性，器具デザイン，照明上の経済性などの基本的事項について検討・計画すること。

照明方式 [lighting system] 大別すると次の3つがあげられる。①全般照明，②局部照明，③局部照明が空間全体の照明を兼ねる局部的全般照明。このほかに建築化照明方式がある。

初期強度 コンクリートの強度のこと。コンクリートの凝結開始から養生温度（コンクリートの養生に必要な温度のこと）20℃，材齢3日に相当する積算温度に到達するまでに発現する強度をいう。

食事室 [dining room] 住宅における食事をする部屋や，一般建物や乗り物の中での食事専用室などをさす。今日，居間のコーナーに食卓を置いたリビング・ダイニング（LD），台所に食卓を設けるダイニング・キッチン（DK），居間に食事の場所も台所も一緒にしたリビング・キッチン（LK）など複合空間となっていることが多い。食事をする際の座席の配列のしかたで対向型，囲み型，カウンター式でのL型，直列型などがある。こうした座席の型や家族人数，来客者の人数，さらにサービスのための通路幅などを考慮して必要なスペースを確保する。このほか，換気，照明など室内環境にも注意を要する空間である。

食寝分離 （しょくしんぶんり）戦後，わが国において合理的な住宅づくりに際して提唱された概念と平面計画の手法。食事と就寝との場をそれぞれに使い分けて生活するとした京都大学の西山卯三博士の住まい方

照度基準

照度	1,500	1,000	750	500	300	200	150	100	75	50	30	10
居間	2,000〜750lx 手芸・裁縫		読書・化粧・電話[3]		団らん・娯楽[2]			全般				
書斎	—		勉強・読書				全般			—		
子供室・勉強室	—		勉強・読書		遊び	全般						
応接間（洋間）	—				テーブル[1]・ソファー・飾り棚			全般				
座敷	—				座卓[1]・床の間			全般				
食堂・台所	—				食卓・調理台・流し台		全般					
寝室	—		読書・化粧							全般（2〜1lx：深夜）		
浴室・脱衣室	—				ひげそり・化粧・洗面		全般					

注1) 全般照明の照度に対して局部的に数倍明るい場所をつくることにより，室内に明暗の変化をつくり平たんな照明にならないことを目的とする。
2) 軽い読書は，娯楽とみなす。
3) 他の場所でもこれに準じる。
　イ　それぞれの場所の用途に応じて全般照明に局部照明を使用することが望ましい。
　ロ　居間・応接室・寝室ついては調光を可能にすることが望ましい。

調査によって食寝分離論が唱えられた。これによって，公団住宅がDK型のプランを採用するに至った。

除湿機 除湿のための機械が一体に収納された装置のこと。除湿の原理はさまざまだが，空気を一時的に冷却して除湿するタイプが多い。

食器洗浄機 食器の洗浄，すすぎ，乾燥を自動的に行う機器。洗浄方式には，回転ノズル噴射式と超音波洗浄式とがある。設置方式には，給排水工事不要（シンク給排水部を利用）の設置フリータイプ，ワークトップ付き据置きタイプ，システムキッチンに組み込むビルトインタイプとがある。

ジョブコーディネーション [job-coordination] インテリアの設計・施工等で，異業種によって設計され，または施工される異なったエレメント間の取合いの関係をインターフェイスといい，こうしたインターフェイスを考慮に入れて，責任分担や工程を適切に調整することをいう。

ジョンコン [jongkong] 広葉樹の一種。ボルネオ産，材色は赤褐色系で木理通直，軽軟で仕上げは容易，家具やたんすの枠心材などに用いる。

白太 （しらた）木材組織の部分名称の一つ。樹皮に近い木質部。水分が多く，腐りやすく，心材に比べて収縮が大きい。「辺材」ともいう。→赤身

シルクスクリーン [silk screen] ⇒ステンシルセリグラフィー

白ガス管 表面に亜鉛めっきを施した配管用炭素鋼鋼管。給水管などに使用されるが，水道水によって錆が発生しやすく，赤水の原因となる。めっきの規格が厳しい水道用亜鉛めっき鋼管もあるが，現在では硬質塩化ビニルライニング鋼管やプラスチック管が多用されている。

シロッコファン [sirrocco fan] 前方に曲がった小さい羽根がたくさんついた遠心ファンの一種で，「多翼ファン」ともいう。小型のわりに大風量だが，静圧はあまり大きくできない。空調機器に多く使われている。もともとは商品名。

白ラワン [white lauan] ⇒表-木材の分類②（295頁）

心押え （しんおさえ）押さえるとは，構成材の位置や領域を定めること。MC（モデュラーコーディネーション）で具体的には基準面と構成材とを関係付けることで，心押えとはグリッド（組立基準面）に対し柱や壁などの中心線を合わせることをいう。→面押え

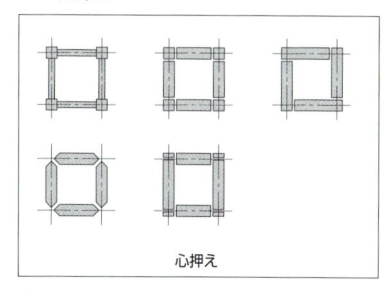

心押え

真壁 （しんかべ）木造建築の和室を構成する伝統的構法の壁をさし，柱を化粧として室内に見せて仕上げているもの。→大壁

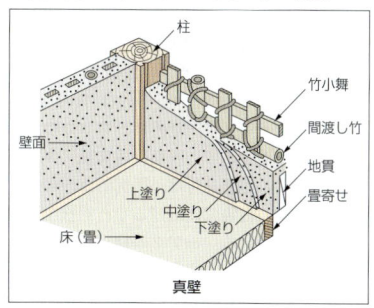

真壁

ジンククロメート防錆塗料 （―ぼうせいとそう）[zinc chromate rust preventive paint] 錆止め顔料として亜鉛黄（黄色の錆止め顔料で，日光に強く硫化水素（H_2S）にも変色しないもの）を用いた塗料をさす（JIS K 5627）。

シングルグリッド [single grid] 均一な間隔で一様に引かれた，碁盤（ごばん）目のようなグリッド（格子）をいう。このシングルグリッドに構成材の中心線を合わせて配置していく方法を「シングルグリッド心押え」という。関東間での在来構法はその代表例。→ダブルグリッド

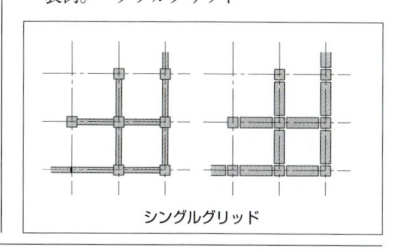

シングルグリッド

シングルダクト方式 ⇒単一ダクト方式

シングルレバー式混合水栓 1本のレバーを上下することで栓の開閉を行い，左右に回すことで温度調節のできる水栓金具。操作性が良いため，厨房用や洗面用に広く使われている。

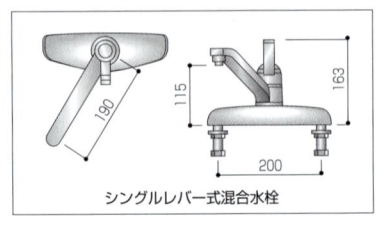

シングルレバー式混合水栓

人工頭脳学 ⇒サイバネティックス

新古典主義 ［Neo-Classicism］ネオ・クラシシズム。18世紀末から19世紀中期にかけて，古代ローマやルネッサンスの古典様式を積極的に取り入れた様式。ロバート・アダム（スコットランド建築家，1728～1792）によるオスタレー邸（1770年完成）はその代表例。室内意匠は，ロココの装飾形式はなく簡素で，壁面は古典風にギリシアの雷文の蛇腹を付け，平面的な浮彫り，おもに淡い白色で仕上げるなど明快な形式を重視している。→アダム様式，ネオ・クラシシズム

心材（しんざい）⇒赤身，表-心材と辺材

心材星割れ（しんざいほしわれ）⇒心割れ

心去り材（しんさりざい）木材丸太の樹心を含んでいない材。樹皮に近い木質部で，水分が多く腐りやすい。心持ち材より収縮が大きいため，造作材（仕上材）に使用される。→心持ち材

真珠庵（しんじゅあん）京都紫野大徳寺（臨済宗大本山，1324年，妙超（1282～1337）の開山）の塔頭（たっちゅう，高僧の死後，その弟子が師徳を慕って塔の頭（ほとり）に構えた房舎）。一休禅師（1394～1481）の開基で，現在の方丈（禅宗寺院にての長老，住持の私室またはそれを含む住屋のこと）は，1638（寛永15）年の再建。茶人村田珠光（1422～1502）作庭と伝える七五三の庭が付属している。

身障者用キッチン 車椅子利用者用のキッチンは，ワークトップの高さが75cmほどで，その下部には下肢（かし）を入れるため高さ60cmのあき空間が必要。また，収納可能な高さ範囲は，床面から30～40cm以上，120～130cm以下。

身障者用トイレ 車椅子使用者のためには，便器の側面にアプローチするスペースが必要。便所の内法（うちのり）寸法は150cm×170cm程度必要で，出入口は引戸のほうがよい。また，車椅子と便器の移乗のために，手すりを設ける。障害の程度によっては，介護のためのスペースも必要となる。

身障者用浴槽 洗い場から浴槽の縁（ふち）の立上り寸法は，車椅子座面の高さと等しく40cm程度にし，壁面に身体を支える手すりが必要。洗い場には縁と同じ高さの腰掛け台があると入浴動作が楽になる。また，床面や浴槽の底面は滑りにくい仕上げがよい。

心々（しんしん）「真々」ともいい，一部材の中心線から一方の部材の中心線までのこと。またはその長さのことをさす（心々寸法）。基準尺の格子に柱心を合わせるのを「心々制」という。

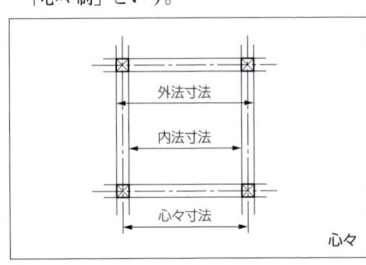

心々

心材と辺材

	針 葉 樹	広 葉 樹
心材と辺材との区別がはっきりしたもの	スギ，カラマツ，ヒメコマツ，サワラ，コウヤマキ，ネズコ	ケヤキ，クリ，カラマツ，アオギリ，ヤチダモ，ウルシノキ
心材と辺材との区分はあるが，その境界がはっきりしないもの	ヒノキ，アカマツ，クロマツ，ヒバ，マキ，トガサワラ，ベイヒ	アカガシ，イチイガシ，シイノキ，ハンノキ
心材と辺材との区別がないもの（心材のないもの）	ツガ，モミ，トウヒ，イヌガヤ	キリ，エノキ，エゴノキ，サワグルミ

しんたい

靭性（じんせい）粘り強さのことで，破壊するまでに大きく変形してゆく材料の性質のこと。鋼材などは靭性があるといい，この反対は脆性（ぜいせい）。

人造石（じんぞうせき）自然石に模して造られたもので，セメント（おもに白色セメント），砂，水で練り，種石を入れて成形したもの。大別すると，テラゾーと擬石とに分けられる。→表石材の分類①（200頁）

人造石塗り（じんぞうせきぬり）左官工事の一種で，セメント，色顔料，砂利，種石などを混合して天然の石材のように仕上げたもの。種石は花崗岩（かこうがん），蛇紋岩などの砕石などで，大きさは5mm未満のもの。「人研（じんとぎ）」「研出し（とぎだし）」とも呼ぶが，近来はあまり用いられない。→種石（たねいし）

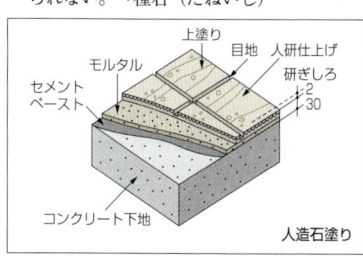

人造石塗り

人造大理石 合成樹脂と無機微粒子を複合化した大理石風の成形材料。システムキッチンのワークトップには，高価だが性能の優れたアクリル系樹脂と水酸化アルミニウム，マグネシウムなどの微粒子が使われ，浴槽などには，安価だが若干性能の劣るポリエステル系樹脂を用いることが多い。

迅速継手（じんそくつぎて）⇒ガスコンセント

人体各部の質量比 人体各部の重量比。椅子に腰かけたときの座面にかかる重量などを算定できる。

人体系家具 機能上の家具の分類で「アー

人体系家具

分類	家具の機能	人とものの かかわり方	例	従来の分類
人体系家具	人体を支える	ひと	椅子 ベッド	脚もの
準人体系家具	ものを支える		机 調理台 カウンター	脚もの 箱もの
建物系家具	収納や遮断をする	もの	棚 戸 たんす 衝立	箱もの

ゴノミー系家具」ともいい，椅子やベッドなど人体を支える家具をさす。人体とのかかわり合いが深く，人体要素を考えて造られる必要があることからこう呼ばれる。→準人体系家具，建物系家具

人体寸法の略算値 人間の身長と人体各部の寸法との間には，ほぼ比例的な関係がある。身長を基準として，人体の主要な部位の略算値を求めると次の図のようになる。人体にあてはめてみると，およそ縦方向の各部寸法については身長に，幅方向の寸法については体重に比例する。

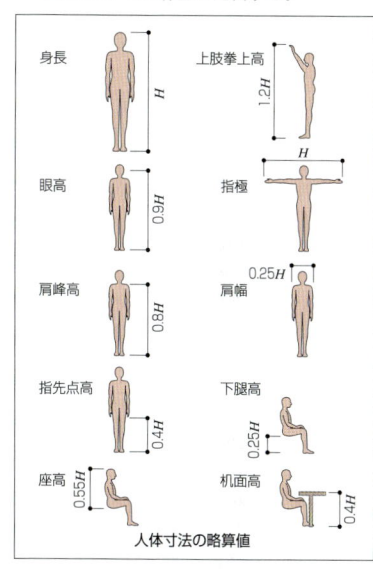

人体寸法の略算値

身長 H、上肢拳上高 $1.2H$、眼高 $0.9H$、指極 H、肩峰高 $0.8H$、肩幅 $0.25H$、指先点高 $0.4H$、下腿高 $0.25H$、座高 $0.55H$、机面高 $0.4H$

人体のプロポーション 人体の均整のこと。人間の身体は，成長に伴って次第に大きくなると同時に，プロポーション（身長と各部寸法等の形態比例）も異なってくる。新生児では4分の1頭身であったものが，成人になるにしたがい日本人では7頭身に近づく。これにより重心位置も異なってくる。

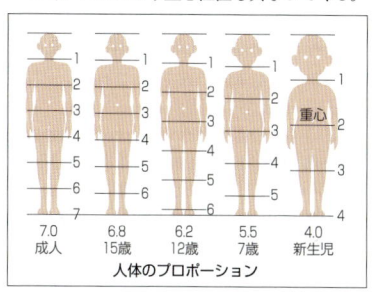

人体のプロポーション

7.0 成人　6.8 15歳　6.2 12歳　5.5 7歳　4.0 新生児

真束（しんづか）洋小屋組の中央に設けられた垂直の束（つか）をさし，引張応力を受け陸梁（ろくばり）を吊っているもの。→図・洋小屋組（314頁）

寝殿造り（しんでんづくり）平安時代の貴族の住居様式。屋敷の中心に寝殿（主人の住まい）があり，その左右や後には対屋（たいのや）が配され，互いに渡り廊下（渡廊・わたろう，渡殿・わたどの）によって結ばれた。柱は丸柱，柱間に蔀戸（しとみど），間仕切りはなく，几帳（きちょう），軟障（ぜじょう），屏風（びょうぶ）で区切る。置畳（おきだたみ），円座などで座をつくり，厨子（ずし）棚などに手回り品を納めて生活した。

人研ぎ（じんとぎ）⇒人造石塗り

神明造り（しんめいづくり）神社本殿形式の最も古いものの一種。平入りの平面で，妻側の壁から離れた棟（むな）持ち柱を立て，伊勢神宮内宮（ないぐう）正殿はその典型的な例。

シンメトリー［symmetry］形や位置などが軸線や点を境にして均等に対置する状態。「相称」，「均斉」ともいう。特に左右対称は，静的安定感や威厳性があるため，宗教建築や記念碑的造形物に用いられた。シンメトリーはルネサンス期には美の規範とされる要素であった。→アシンメトリー

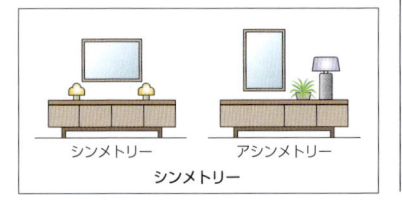

心持ち材（しんもちざい）木材丸太の樹心を含んでいる材。樹心に近い木質部は水分が少なく，強固で腐りにくい。土台，柱，梁などに使用される。→心去り材（しんさりざい）

真物（しんもの）⇒真物（まもの）

深夜電力　電力契約の一種。需要の少ない夜間の8時間に限って電力を使用できるもので，割引料金となる。昼間の電力使用のピークを軽減するための制度で，住宅では電気温水器にこの契約が多い。

深夜電力利用湯沸器　割引料金の深夜電力を利用する貯湯式温水器。通電時間や通電制御方式により数種類に分類されるが，いずれも夜間加熱して翌日給湯して使う。1日の使用量以上の貯湯量をもつタイプを選ぶ。

新有効温度　⇒有効温度

針葉樹　木材の分類名称の一つ。外長樹（針葉樹と広葉樹）と内長樹とに分けられる。外長樹は，長さに伸びるとともに，太さも肥大生長する樹種のこと。葉は針のように細いか小さくて細長く，軟木といわれ，まっすぐな材が得やすく，軽量で加工が容易。→広葉樹

心割れ（しんわれ）木材組織の欠点の一つ。髄心から外側に放射状に生じている心材の割れをさす。「心材星割れ」ともいう。→赤身

す

水圧　水の圧力のことで，静水圧と水撃圧とに分けられる。静水圧は静止した水に働く圧力のことで，水撃圧は管内の流水が急に止められたときに生じる圧力。水圧はkgf/cm^{2}の単位で表され，1kgf/cm^{2}は水柱10mの高さに相当する。

水銀灯（すいぎんとう）mercury vapour lamp　水銀蒸気中の放電により水銀原子の発光を利用したランプ。種類には，高圧水銀灯（強い青白色の光を出し，道路照明に利用）と低圧水銀灯（殺菌灯として医療用など）とがある。寿命も長く効率が良い。

水硬性（すいこうせい）hydraulicity　水と反応して硬化する性質のこと。セメントなどがその例。→気硬性（きこうせい）

錐状体（すいじょうたい）網膜には錐状体，桿（かん）状体の2種類の視細胞がある。錐状体は主として色に，桿状体は明るさに対して機能する。よって錐状体が機能し得ないような暗い所では色覚は生じない。

水性絵具　水を媒体として顔料を溶かして着彩する材料。透明と不透明の2種があり，透視図（パース）表現に用いられる。

水性エマルションペイント　通常の外部

仕上げに使用され，美装性をもつ着色材。合成樹脂製のものもある。

髄線（ずいせん）木材組織の名称の一つ。樹液の水平的輸送および養分の配分や貯蔵を負担している。「髄線柔細胞」という。

水栓金具　水や湯を供給するための器具の総称。形状や機能により，横水栓，縦型水栓，混合水栓，ツーバルブ式，シングルレバー式，サーモスタット式，定量止水式などに分類される。

髄線柔細胞（ずいせんじゅうさいぼう）⇒髄線

水洗タンク　⇒シスタン

垂直作業域　⇒作業域

スイッチ［switch］電気回路を開閉する器具のこと。照明の点滅に多く使われることから「点滅器」ともいわれる。片切りスイッチ，両切りスイッチ，3路スイッチなどの開閉方式の分類のほか，タイマー付き，漏電遮断器付き，表示灯付きなどの機能を合わせもつスイッチもある。

水道直結給水方式　水道本管に給水管を直結し，本管の水圧によって端末器具に直接給水する方式。ふつうは2階までしか給水できないため，戸建住宅などに採用されるが，最近では，本管の水圧を高めて中層建築にこの方式を採用できる地域もある。

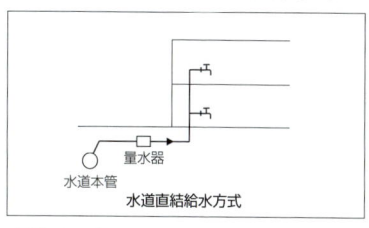

水道メーター　水道の水使用量を測定する計器。構造で分類すると，流速式と実測式，接線流羽根車式と軸流羽根車式，湿式と乾式，円読式と直読式に分かれる。現在，住宅用の小型水道メーターはほとんどが接線流羽根車式。

水平作業域　⇒作業域

末（すえ）立木の状況から呼ばれる名称で，樹幹の頂部方向をさす。その木口（こぐち）を「末口」という。→元

末口（すえくち）tip end　製材した用材の部分をさす名称で，樹幹の頂部方向（用材の細いほうの大きさ）をさす。例えば，小屋梁などの丸太材を使用する際の寸法は，「末口150φ」などと表す。→元口（もとくち）

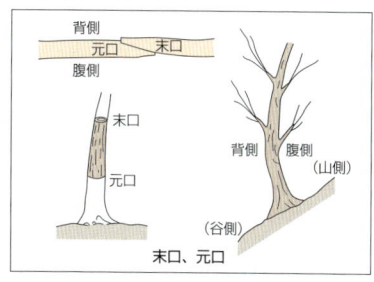

蘇芳色（すおういろ）⇒表慣用色名（132頁）

スカーフジョイント［scarf joint］⇒滑り刃矧ぎ（すべりはぎ）

スカイライト［skylight］明かり取りのこと。天井や屋根面に設けられた採光窓をさす。→天窓

姿図（すがたず）対象物をわかりやすく表現したもので，アイソメトリック，アクソメトリックなどの図法が用いられる。

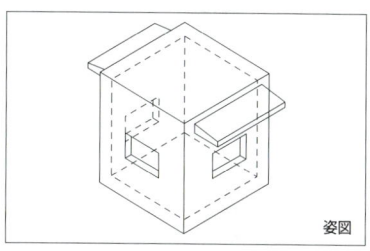

スカンジナビアモダン［Scandinavia modern］20世紀，スウェーデン，デンマーク，ノルウェー諸国におけるデザインの傾向をいう。人間的な暖かさをもち，機能的で使いやすく，木製の家具に有名なもの多い。

スカンス　⇒ブラケット

スキップフロア［skip floor］上下の階を分割・結合するのに半階ずつずらせた床を設けたもの。集合住宅などでは，1階または2階おきに入口を設けるなどの住戸形式が計画できる。

スキップフロア型住戸　1住戸内で，階段などでつながって，床レベルにずれをもたせた間取りの住戸タイプ。集合住宅の場合は一層だけでつくられたフラットのものより，変化をもたせて多様な間取りをつくることができる。また，これに2層以上の床をもつメゾネット方式を併用させた住戸形式を「スキップメゾネット」と呼ぶ。

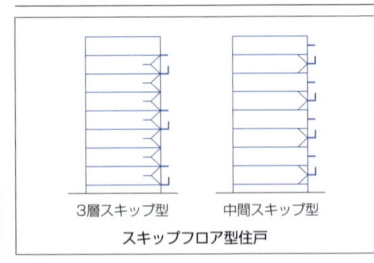

スキップフロア型住戸（3層スキップ型／中間スキップ型）

数寄屋造り（すきやづくり）数寄屋は草庵茶室や別棟になった茶室をさす同義語であった。数寄屋風の造りは面皮（めんかわ）柱や土壁を用い，長押（なげし）をつけず無装飾，正式の書院に比べて意匠上自由な造り，16世紀末期頃登場し流行したもの。通常，草庵茶室の意匠を取り入れた住宅の意匠をさし厳密な定義とはなっていない。

スキャニング［scanning］スキャナーを使用して画像情報を走査してゆくこと。→スキャナー 販

スクール型 ⇒同向型家具配置

スクリーントーン［screen tone］おもにフィルム状のもの（裏面に弱粘着処理が施してある）で，各種の模様を印刷してあり，こすって切り貼りして用いる。

スケール［scale］①空間の物体の相対的大きさや規模を表すことば。人間の諸特性に対応させた尺度で造られたものを「ヒューマンスケール」などという。②目盛り，物差し，尺度，その他に製図用にいくつかの縮尺のついた三角状の「三角スケール」と呼ばれるものがある。③金属の錆などの腐食生成物。④給水中の硬度分がボイラー内の加熱面に付着したもの。局部的にボイラー内面の温度が上昇し，破裂する原因になることもある。

すさ［苆］左官工事に用いられる材料名称。塗り壁の補強・亀裂防止などのために左官材料に混入される材料を総称する。麻，わら，紙，ガラス繊維などを用いる。

厨子（ずし）家具・什器（じゅうき）類の一種。仏像を安置するものだが，古くは今日の本箱や置戸棚のように用いられ，冊子や巻物を収納したもの。正倉院には柿厨子（幅880mm，奥行360mm，高さ1,600mm），棚厨子（幅2,660mm，奥行550mm，高さ1,600mm）がある。この厨子と棚厨子から二階厨子（平安時代）が生まれ，棚厨子が二階棚となったと考えられている。

厨子

筋違い（すじかい）四辺形の壁軸組に対角線状に取り付けられた補強材。地震や暴風など横からの力（水平力）に対して抵抗する重要な部材。太筋違い（ふとすじかい，圧縮力を負担）の場合，柱の3つ割以上のもの（厚40mm以上），細筋違い（引張力を負担）では，小幅板（厚15〜30mm）や丸鋼（9φ以上）を使用。配置は原則として左右対称に取り付ける。→図-通し柱（239頁）

厨子棚（ずしだな）平安時代の二階厨子を原形とし，室町時代に登場した武家の日常使用する道具をいれる調度の一種。天板と3段の棚板からなり，一部を厨子とするもの。

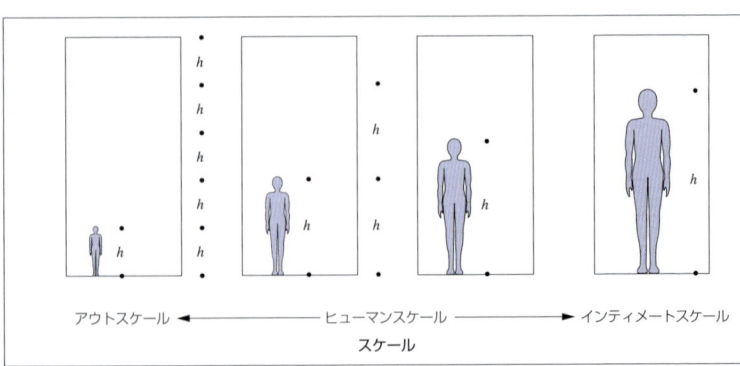

アウトスケール ← ヒューマンスケール → インティメートスケール

スケール

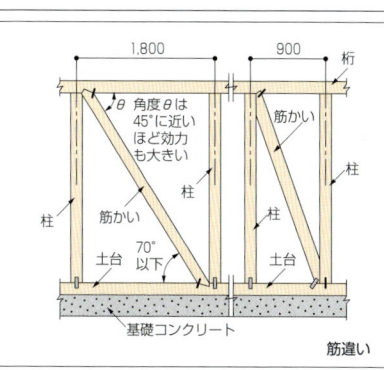

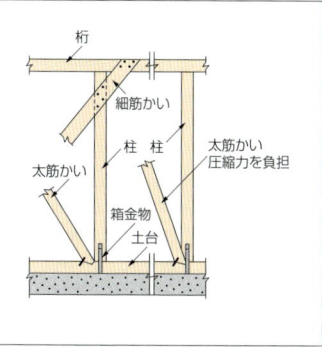

筋違い図:
1,800 / 900 / 桁 / 角度θは45°に近いほど効力も大きい / 筋かい / 柱 / 土台 / 70°以下 / 基礎コンクリート / 細筋かい / 太筋かい / 太筋かい 圧縮力を負担 / 箱金物

筋違い

厨子棚

スタッコ［stucco］大理石のような表面仕上げとするための塗り壁の材料。

スタッド［stud］間柱のことで，おもに鉄骨製の間柱の際に呼ばれる名称。一般に木製の場合には使用されない。

スタディー模型 設計・デザインの過程におけるアイデアを検討するために，立体的かつ略式に作る模型。おもにケント紙，ダンボールや粘土（クレイ）などで作られることが多く，「スタディーモデル」ともいう。→ケント紙

スタディーモデル［study model］⇒スタディー模型

スチレンボード［styrene board］ベンゾールとエチレンからつくられた合成樹脂，スチロールを薄い白色のボード紙で両面から圧着したもので，模型製作に使用される。

捨床（すてどこ）⇒荒床

捨張り（すてばり）床，壁，天井などを仕上げる際に，仕上材をなじみよく張り付けるために，あらかじめ下地として仕上材と同じような材料（おもに合板など）を張り付けること。

捨枠（すてわく）⇒窓台

ステンシルセリグラフィー［stencil serigraphy］着物地に型紙（ステンシル）を使って模様を染める型染めの手法と同じもので，抽象絵画の盛行に伴い抽象版画制作の有力な手段として復活し多用されている。「シルクスクリーン」ともいう。

ステンドガラス［stained glass］各種の色ガラスを鉛の細い枠で接合したもので，中世ゴシック教会の窓に用いられた。

ステンレス釘［stainless nail］クロム，ニッケルを含み，炭素量の少ない耐食性の大きい特殊鋼製の釘。クロス張りの下地板張りなどに使用する。

ステンレス鋼 炭素量が少なく，クロムやニッケルを多く含み，炭素量が少ないほど耐食性の大きい特殊鋼。さびにくいので，流し台，浴槽，配管などに使用される。一般的な種類は，18Cr-8Ni（SUS304，18-8ステンレス）と18Cr（SUS430）などだが，最近はさらに耐食性の優れるものもある。「ステンレススチール」ともいう。

ステンレス鋼鋼管 ステンレス鋼で作られた鋼管。耐食性，硬さ，強度などに優れ，各種設備製品などに使用されている。

ステンレススチール［stainless steel］⇒ステンレス鋼

ストール型小便器 床置き型の小便器。トラップと一体になったタイプと別々のタイプがある。

スネークワイヤー［snake wire］特殊なピアノ線をコイル状に巻いたもの。比較的細く排水管が詰まった場合の清掃に用いる。

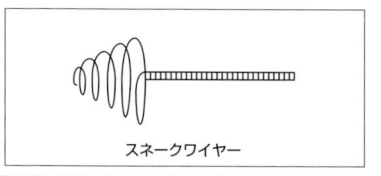

スネークワイヤー

スパン［span］梁などを支持している両端間の距離。「梁間」「張り間」ともいう。

スピーカー［speaker］①拡声器のことで、電気エネルギーを音響エネルギーに変換して、音を人間の耳に伝える。②話し手、演説者のこと。

スプリンクラー［sprinkler］天井裏などに給水配管し、スプリンクラーヘッド（散水装置）を配置し、火災時、熱によってヘッドが自動的に開放され、室内の広範囲に散水して消火もしくは火勢を抑圧する防災設備。

スプルース［spruce］⇒トウヒ

スペースユニット［space unit］人間の動作を行うことができる空間を含んだ大きさの構成材で、具体的には一つの部屋になった状態のものを工場で造り上げ、流通単位（商品）にしたもの。浴室ユニットなどがこれに当たる。それに対し壁形に組み立てた状態のものを「ウォールユニット」という。→ウォールユニット

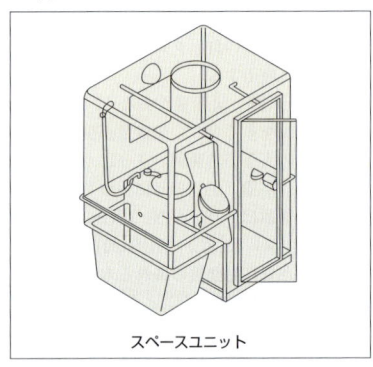

スペースユニット

滑り出し窓　たて枠に設けた溝を、戸の上部に取り付けた水平回転軸の開閉により上下する方式の窓。

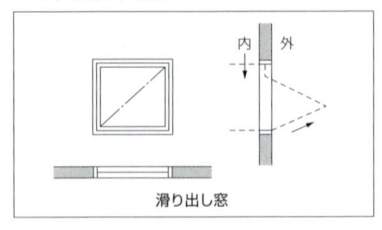

滑り出し窓

滑り刃矧ぎ（すべりはばぎ）板を張り合わせるとき、板の側面や端部を斜めに削って刃の形として張り合わせることで、角材を継いだり、天井板などの納まりにも用いられる。「スカーフジョイント」「殺（そ）ぎ継ぎ」ともいう。

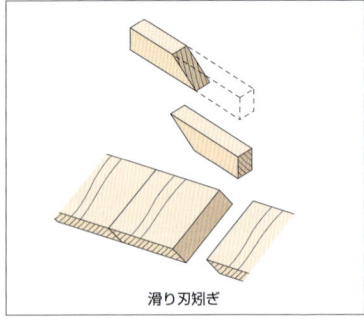

滑り刃矧ぎ

スポットライト［spot light］集光性の高い照明器具によって、対象を効果的に空間から引きたたせる照明。店舗や博物館などでは欠かせない照明。最近では、高い反射鏡設計技術によって、光の開きがまるで平行光線に近い制限されたスポット光が得られている。

スマートビル［smart building］⇒インテリジェントビル

住まい方調査　住宅とそこで実際に展開される人間の生活との対応関係をみるために行われる調査。通常は居住者の住宅に対する意識と、実際の生活の実態からの双方の調査が行われる。意識調査は、アンケートやヒヤリング（聞き取り）などによって居住者の住宅に対する評価を引き出し分析を行う。調査を実施することにより、問題点の抽出、要求事項の把握、住まい方の原理を導き出し、設計・計画への資料とすることができる。住宅以外の建物でのこうした調査を「使われ方調査」ともいう。

住まい手　住宅の中で実際に生活を営む居住者。

隅切（すみきり）⇒袴腰（はかまごし）屋根

住吉造り（すみよしづくり）神社本殿形式で最も古いもの。切妻造り、妻入りの前後に長い矩形の平面で、内部は内陣と外陣（げじん）に分かれ、住吉神社はその代表例。

図面　インテリア設計のために、所要の必要事項を決められた書式で図として仕上げているもの。単に「図」という。

図面の大きさ　製図表現に用いられる図面の大きさは、A列（おもにA0～A4判）が多用されている。→紙のサイズ

図面表示記号　図面を表示していくために

取り決められている。図面の種類には，平面表示記号（JIS A 0150），開閉方法別記号（JIS A 0151），屋内配線用図示記号，給水・給湯・排水設備用記号，通信信号用図示記号などがある。

スラグセメント［slag cement］⇒高炉セメント

スラブ［slab］⇒床（ゆか）スラブ

スラブ厚　スラブとは，一般には鉄筋コンクリート造の床版のことで，その厚さをさす。また「床スラブ」ともいう。

スランプ［slump］コンクリートの軟らかさを表す用語。スランプ値が大きいほど軟らかいコンクリートをさす（JIS A 1101）。

スリーインワン［three in one］洋風浴槽，洗面器，便器の3点がワンルームにセットされた浴室ユニット。おもにホテルで使用されるが，住宅でも寝室に付属したプライベート用に使われる場合もある。

すりガラス　「曇りガラス」ともいい，厚さによる区分では2mm，3mmがある。→表-ガラスの種類（129頁）

スロープ［slope］傾斜路。傾斜は1/8をこえないこととし，スロープの床は滑りにくい材料や仕上げとし，手すりを設けるなど

の注意が必要。車椅子を利用するためには1/12以下の傾斜が望ましい。

スロット型吹出し口　細長い長方形状の吹出し口。長手方向に羽根を取り付け，細隙から吹き出すので，多量の空気を誘導する。窓側の天井に取り付けられることが多い。

寸法線　対象物の寸法そのものを表示する線で，細い実線を用いる。→基準線，寸法補助線，表-線（206頁）

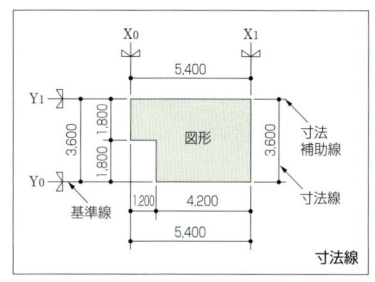

寸法補助記号　床柱の直径や板の厚さ，部材の間隔などを表示するのに用いる記号。

寸法補助線　寸法を記入するために図形（対象物）から引き出すのに用いる線で，寸法線と同じく細線を用いる。→寸法線，表-線③（206頁）

寸法補助記号

区分	記号	呼び方	用法	備考
直径	φ	まる	直径の寸法数値の前につける	φ120は床柱などを表す
半径	R	あーる	半径の寸法数値の前につける	
球の直径*	Sφ	えすまる	球の直径の寸法数値の前につける	
球の半径*	SR	えすあーる	球の半径の寸法数値の前につける	
正方形の辺	□	かく	正方形の一辺の寸法数値の前につける	T18板は厚18を示す（大文字を用いる）
板の厚さ*	t	てぃー	板の厚さの寸法数値の前につける	
円弧の長さ	⌒	えんこ	円弧の長さの寸法数値の前につける	
45°の面取り*	C	しー	45°面取りの寸法数値の前につける	
理論的に正確な寸法	▢	わく	理論的に正確な寸法数値を囲む	
参考寸法	( )	かっこ	参考寸法数値（寸法補助記号を含む）を囲む	
部材の間隔	@	えりあ	部材の間隔を示す	@450 間隔450を示す

注）＊印はISO/R 129（Engineering drawing-Dimensioning）には規定していない。

成（せい）桁（けた），梁や化粧材の幅や長さに対して，上端から下端までの垂直距離をいう。例えば，梁成とか化粧材の成などという。

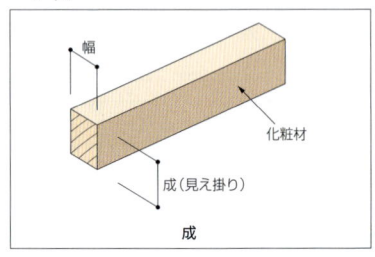

成

静圧（せいあつ）ダクト内を流れる空気において，空気の流れる方向と平行な面に直角に開けられた穴付近の圧力（図参照）。全圧をPt，静圧Ps，動圧（速度圧）をPvとすると，$Pt = Ps + Pv$という関係がある。

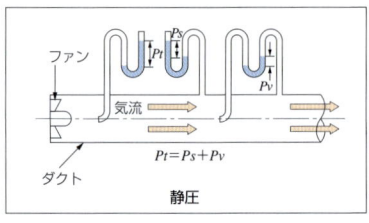

静圧

生活行為　生活を行うのにとられるところの，いくつかの動作がまとまってできた人間の一連の動き。作業的なものから休息的なもの，個人的なものから家族や他人との共同的なもの，プライバシーを必要とするものから，社会的なつながりを必要とするものなどさまざまである（197頁参照）。

生活像　インテリア空間を設計・計画するには，あらかじめそこで行われる人間の生活行為を想定し，それらを一つのまとまりとしてとらえ，それらに応じた道具や空間を考えていく。そうした一連の人間の生活行為を生活のイメージ，すなわち生活像という。生活像は，主として空間の配置や形態など平面計画にかかわるもので，インテリアの設計・計画には，もう一つ人々の描く空間像が必要。

正規分布　統計用語の一つ。通常，身長や体重あるいは試験の結果などは，平均値付近の度数（出現率）が最も多く，その上下になるにしたがい次第に度数は少なくなって，グラフに表すと平均値を中央に左右対称の山型の形状となる。こうした状態の分布を正規分布という。このデータのばらつき具合を示す値を「標準偏差値」といい，平均値との関係では次のようになる。→標準偏差値

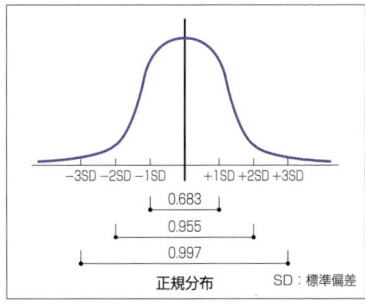

正規分布　SD：標準偏差

製作誤差　構成材の製作において，設計寸法である製作寸法と，実際に製作された構成材の実寸法との差をいう。→誤差

製作寸法　構成材の寸法を表す際，大きさの領域を示す寸法は「呼び寸法」と呼ばれるが，実際にはこの寸法よりも，わずかに「あき」を取って小さめの寸法として設計される。納まりや誤差などを見込んで規定された寸法をいう。製作寸法を規定する線を「製作面」という。→構成材の寸法

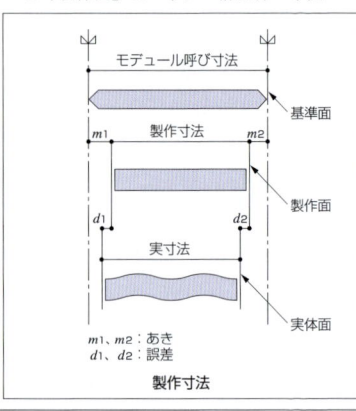

製作寸法
m_1、m_2：あき
d_1、d_2：誤差

生活行為

	行 為	内 容	行為に必要なもの
1	用便	大便・小便	洋式便器・和式便器・小便器
2	入浴	浴槽に入る・体を洗う	洋風浴槽・和風浴槽・和洋折衷浴槽
3	洗面	洗面・手洗い・歯磨き・ひげそり	洗面器・鏡
4	化粧	化粧・身づくろい	鏡・三面鏡・姿見・スツール
5	更衣	衣装の着脱・くつ下の着脱	衣こう・衣裳盆・姿見・衣服収納
6	就寝	寝る・ベッドメーキング・ふとんを敷く	ベッド・ふとん他寝具・ナイトテーブル
7	食事	給仕する・食べる・飲む	食卓・座卓・椅子
8	調理	調理・食器洗い	厨房機器・冷蔵庫・食器棚
9	掃除	はく・はたく・ふく・吸い込む	ほうき・はたき・モップ・掃除機
10	洗濯	洗濯・物干し・アイロン掛け	たらい・洗濯機・乾燥機・アイロン台
11	裁縫	裁断・ミシン掛け・手縫い	作業台・ミシンおよび台
12	整理収納	そろえる・仕分ける・しまう	ロッカー・戸棚・押入・たんす・引出し・はきもの
13	団らん	会話・ゲーム遊び・歌う・飲む・食べる	テーブル(座卓)・安楽椅子・椅子
14	接客	接待・あいさつ	テーブル・椅子・衣服掛け
15	保健・保育	調髪・看病・育児	ベビーベッド
16	学習	読む・書く・考える・話す・聴く	机・椅子・書棚
17	出入り・通行	廊下の通行・戸の開閉・荷物の運搬	手すり
18	昇降	階段・はしご・斜路の通行、エレベーターに乗る	手すり
19	趣味	観賞・創作・演奏	テレビ・ステレオ・楽器
20	壁面作業	壁のスイッチ操作、カーテン・ブラインドの開閉	

製作面 ⇒製作寸法

清色（せいしょく）各色相の中で最も彩度の高い色を「純色」というが、純色に黒、もしくは白だけを加えた色は濁りのない澄んだ色で、これを清色という。白だけを加えた清色を「明清色」、黒だけを加えた色を「暗清色」という。また白も黒も同時に加えた場合は濁っているため「濁色」と呼ばれる。

整数比 1：2：3…，あるいは2：3などのように、整数で構成された比率。単純で明快、わかりやすいことから、標準化・規格化などの工業生産に際してよく用いられる実用的価値の高い比率。

製図総則 図面に表現される内容は、共通の約束を決めて製図表現されている。これらを標準化したもので、製図総則（JIS Z 8310〜18）、建築製図通則（JIS A 0150）がある。おもな項目をあげると、①図面と文字、②尺度と寸法の単位、③線の種類と用法、④図形と寸法線、寸法補助線、寸法数字の書き方、⑤表示記号その他。

製図に用いる文字 今日では、レタリングガイド（プラスチック製の型板）が多用されているが、漢字は楷書、専門用語に用いるかな書きは原則としてカタカナ、文字の大きさは、その高さが11種類（20，16，12.5，10，8，6.3，5，4，3.2，2.5，2mm）に決められている。

製図用具 製図表現に使用されるもので，仕事の内容などによって使用方法に違いが見られる。おもなものとして，①製図板（図板）。②定規類：T定規（T型の定規のこと）類と三角定規，ほかに雲形定規（各種の曲線を書く），自由曲線定規等。③物差し：三角スケール（各面に1/100〜1/600までの6段階の尺度の目盛が刻まれている）が多用され，ほかに平スケール，両面スケール等。④製図器。⑤その他：製図台，製図用テープ，消し板，羽ぼうき，鉛筆またはシャープペンシル，ウェイト（文鎮），各種型板（円形や四角形などが型取りされたプラスチック製のもの）など。

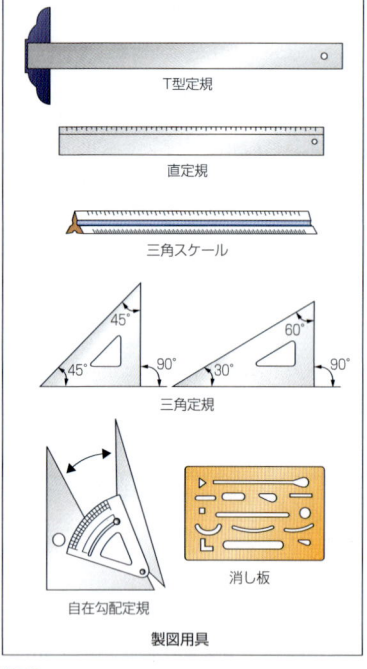

製図用具

脆性（ぜいせい）もろさを表すもので，外力により破壊されるまでの変形が少ない材料の性質のこと。ガラス，れんが，鋳鉄などで，この反対は靭性（じんせい）。

正投影法（せいとうえいほう）第三角法，第一角法を用い，形状を正確に表すもので，一般の図面に使用される。JISによる製図通則では，機械の図面は第三角法を標準とするとあるが，建築物の場合は必ずしも適合しない例が多い。→第一角法，第三角法

性能 建物や道具には，それらの用途に応じてさまざまな機能を果たすことが要求される。予想される使用条件のもとで，そうした要求が満たされているかどうかを知るための目安としてつくられた物理的な尺度をいう。断熱性，吸音性，遮音性，防水性，耐火性，耐摩耗性などがある。

生物学的処理 排水中の有機物を微生物などの代謝作用を利用してガス化，無機化し，一部を生物体（汚泥，生物膜）に変換させること。生物の培養方法（酸素の有無）により，好気性処理と嫌気性処理に分類されるほか，生物の流動状態によって，浮遊汚泥法と生物膜法に分類される。

西洋風庭園 一般に，「整形式・幾何学的・建築式の庭園」ともいう。フランス式庭園は，「平面幾何学式庭園」と呼ばれ，「ルノトール(創始者)式」ともいう。ヴェルサイユ宮殿は西洋庭園の基調・集大成といわれ，17世紀のフランスから全ヨーロッパに模倣された。イギリス式庭園は，18世紀初期より始まった自然風景式で，近代以降の公園設計に多大な影響を与えている。

セイラー タイル・れんが床張りの模様（パターン）の一つ。

セイラー

ゼーゲルコーン［seger's cone］温度判定（粘土焼成品などの）に利用される三角錐形の鉱物製品。

堰板（せきいた）コンクリート工事の型枠の一部。型枠を構成するコンクリートに接する板類（合板，金属板，プラスチック等）をさす。→型枠，支保工（しほこう）

赤外線 電磁波のうち可視光線よりも長波長のもので，波長範囲は780〜4,000nm(ナノメーター)。地球に達する太陽光線の中の約59％を占め，物質の温度を高める熱作用があり，「熱線」とも呼ばれている。→紫外線

赤外線吸収ガラス ⇒熱線吸収ガラス

赤外線反射膜ハロゲンランプ［infrared reffective film tungsten halogen lamp］ガラス球内面に赤外線反射膜を塗布したハロゲンランプ。フィラメントから放射される光と熱のうち，熱エネルギーを反射膜に

よってフィラメントに戻し、再び光と熱にする。したがって、一般のハロゲンランプよりランプ効率が高く、熱線の約40％がカットされている。→ハロゲンランプ

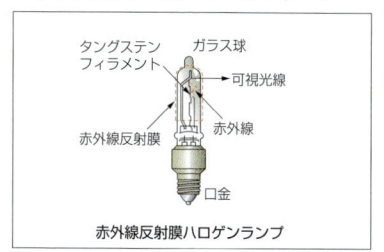

赤外線反射膜ハロゲンランプ
（タングステンフィラメント、ガラス球、可視光線、赤外線反射膜、赤外線、口金）

石材 天然もの（自然石）と2次加工品（人造石）とがある。種類によっては、外部に露出すると雨水に侵されたり、火に弱いもの、凍害を受けやすいものもある。石材は、岩石の硬さや形状基準（JIS A 5003-63）などから分類されている。→表-石材の分類（200頁）

石材の仕上げ 床面や壁面を石で仕上げること。→表-石材の仕上げ（201頁）

石綿 ⇒アスベスト

石綿スレート板 セメントと石綿を混練し、強圧して成形したもの。平板とフレキシブル板とがあり、大きさは910×1,820mm、厚さ3、4、5、6mmなどがある。「石綿セメント板」ともいう。→表-セメント製品の分類（204頁）

石綿スレート板張り 石綿スレート板を壁や天井の仕上げに張り付けたもの。木造下地に接着張り、釘打ち、押縁（おしぶち）などで取り付ける。目地仕上げには、突付け、目すかしとがあり、ペンキ塗り、壁紙張り、クロス（布）張りなどの下地にも用いられる。石綿スレート板は、「石綿板」「石綿セメント板」とも呼ばれる。

石綿セメントパーライト板 セメント、石綿、パーライト（真珠岩・黒曜石を粉砕して焼成したもので、白色または灰色の軽量な骨材のこと）とを加工したもので、軽量、耐火、断熱、加工性に優れる。伸縮や反り、変形が少なく、内壁や天井材に使用される（JIS A 5413）。→表-セメント製品の分類①②（204頁）

石綿セメント板 ⇒石綿スレート板

セキュリティシステム［security system］安全保障のためのシステム。建物内の窓の開閉やドアロック、来訪者の監視などの安全管理をコンピューターおよび各種センサーを用いて自動的に行うシステム。

セクション［section］⇒断面図

セクションパース［section pers.］断面透視図のことで、断面図と1消点透視図法を併用して、建築物の外観と内観（インテリア）をわかりやすく、着彩するなどして表現されたもの。

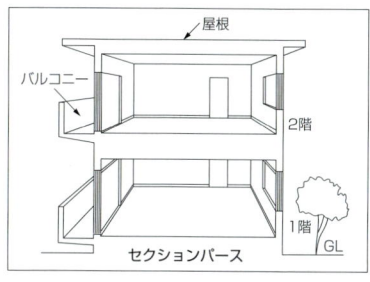

セクションパース（屋根、バルコニー、2階、1階、GL）

施工図（せこうず）現場施工のために書かれる施工用の図面。そのため仕上げの詳細を検討したり指示するため、現寸図などを使用する。

施工軟度（せこうなんど）⇒ワーカビリティ

軟障（ぜじょう、ぜんじょう）障屏具（しょうびょうぐ）の一種。壁代（かべしろ）の一種。御簾（みす）の内側にかけるもので、縦3尺7寸（約1,120mm）、横六幅、四方に幅6寸8分（約200mm）の紫綾の縁をまわし、上部は耳をかけ、紫の平絹（へいけん、今日の羽二重のようなもの）をたたんで紐としたものを耳に通して釣ったもの。

ゼツェッシオン［Sezession 独］分離派、分離という意で、英語では「セセッション」。1897年、ウィーンで結成した団体ゼツェッシオンの新芸術の達成を目ざす革新運動。過去の様式からの離脱を図る目的にちなんで名づけられた。活動領域は、建築と工芸で、近代デザイン誕生への重要な運動の一つ。→オットー・ワーグナー 人

炻器（せっき）素地は不透明で有色、吸水性が少なく堅硬なもの。磁器よりは低品位な粘土製品で、備前（びぜん）焼や常滑（とこなめ）焼などがある。→表-陶磁器質タイル①（236頁）

設計図書 建築法規では、建築物その他の工作物ないし敷地の工事実施のために必要な図面（現寸図の類を除く）および仕様書（建築士法第2条第5項）と規定している。おもに基本設計図が相当する。→契約図面

せっけい

石材の分類①

分類			組成	特性	用途
自然石	変成岩：地殻の変動で熱や圧力を受けて変質したもの。物理的な性質は硬度の大きいほうが優れる。	大理石（水成岩系）	一般に石灰岩や白雲石（ドロマイト）が変成作用を受けて結晶質（方解石）となったもの。トラバーチンは、地熱湯の中の成分が沈殿してできた石灰質岩の一種である。	石質は緻密で固く、磨けば美しい模様と光沢を表す。純白なものの色調は白色を呈して美しい。	外気にさらすと風化しやすいため、雨がかり部は適さない。内部塗装用、張り石や床舗装など。白大理石、霰、縞サラサ、トラバーチン、オニックス、淡雪ほか。
		蛇紋岩（火成岩系）		一般に黒緑色で、紋様が蛇皮に似ており硬質である。	貴蛇紋、蛇紋、青葉。
	火成岩：火山作用によって地中より噴出して固まったもの。物理的な性質は硬度の大きいほうが優れる。	花崗岩（深成岩）＊御影石ともいう	結晶火成岩で、組成の大部分は石英と長石、これに少量の雲母と角閃石が入っているもの。	石質は緻密で固く、耐磨耗性、耐久性に富み吸水率は小さい。大きな材が得られやすく、加工にやや難点がある。有用色材の代表的なもので磨けば光沢を発し色調も美しい。	外装用張り石、柱、彫刻や階段石など。稲田、万成、浮金ほか。
		安山岩（火山岩）	細かい結晶質またはガラス質で、主成分は斜長石で雲母、角閃石、輝石を含む。	石質は緻密なものから粗なものまであって、花崗岩のような大塊は得られない。	外装用張り石、床舗装材に適する。鉄平石、新小松石、白河石、月出石、間知石。
		石英粗面岩（流紋岩）	噴出岩の一つで、花崗岩と同じような化学成分をもつ。	石質は粗く、堅硬・耐久性がある。	抗火石、竜山石、鬼御影。土木・建築用。
	水成岩（堆積岩）：地層の崩壊により岩石や貝殻、珊瑚などが水に沈んで堆積したもの。	粘板岩泥板岩	地殻変動によってできたもの。	堅硬・緻密なもの。	雄勝スレート、赤間石。屋根瓦・石碑・硯石など。
		砂岩	砂、砂利や粘度などが堆積して圧力によって固まったもの。	耐磨耗・耐久性に劣る。磨いてもつやがでない。	多胡石、日の出石、高島石。建築用石材として多用。
		凝灰岩	火山噴出物や安山岩の破片が堆積してできたもの。	耐火性に優れるが、耐久性や吸水時の強度に劣る。	大谷石、院内石、沢田石、鹿沼石、建築用材として多用。
人造石	大理石を種石とした人造石	テラゾー	種石の粒度は、6～12mm目ふるいを通過したもの（種石は粒度6mm以下のものは、人造研出しという）。	色調は大理石を模して美しく、加工性に富み、自由な形状のものが得られる。仕上がりは自然石より劣り安価である。	テラゾーブロックでは、平物、甲板、大スクリーン、階段ボーダーほか。テラゾータイルではテラタイル、トーテラなど。大理石に準じて内装用、床舗装用など。
	大理石以外の花崗岩や安山岩を種石とした人造石	擬石	セメント製品中の人造石の一種で、製法はテラゾーに準じる。	色調は大理石よりも劣り、自然石の色合いをもっている。加工性に富み、自由な形や寸法が得られる。	自然石と同じく、内・外装用の壁面や床舗装用など。

石材の分類②

岩石の種類	花崗岩類、安山岩類、砂岩類、粘板岩類、凝灰岩類、大理石、蛇紋岩類				
形状別分類	角石、板石、間知石、割石				
物理的性質による分類	種類	圧縮強さ (kg/cm²)	吸水率 (%)	見かけ比重 (g/cm²)	例
	硬石	500以上	5未満	約2.5〜2.7	花崗岩、安山岩
	準硬石	100以上500未満	5以上15未満	約2.0〜2.5	軟質安山岩、軟質砂岩
	軟石	100未満	15以上	約2.0未満	凝灰岩、火山礫（れき）
呼び方	産地または固有名称、岩石の種類、物理的性質による種類、形状による種類、等級、寸法＝厚さ×幅×長さ、または寸法区分の種類 例）〇〇花崗岩、硬石、板石、1等品、20×400×400、ただし必要ない部分を除くことがある。				

石材の仕上げ①（加工方法）

仕上げの種類		硬石	軟石	擬石	大理石	花崗岩	テラゾー
磨き仕上げ	粗磨き仕上げ	○		○	○	○	○
	水磨き仕上げ	○		○	○	○	○
	本磨き仕上げ	○			○	○	○
	艶出し本磨き仕上げ	○			○	○	○
粗面仕上げ	割肌仕上げ	○	○				
	こぶ出し仕上げ	○	○				
	のみ切り仕上げ	○					
	びしゃん仕上げ	○					
	小叩き仕上げ	○	○	○			
	挽き肌仕上げ	○	○				
	ジェットバーナー仕上げ	○					
	ジェットポリッシュ（J＆P）仕上げ	○					
	サンドブラスト仕上げ	○					

石材の仕上げ②（床面と壁面）

床面	石敷き床	①大理石、御影石、大谷石など ②仕上げ：こぶ出し、のみ切り、小叩き、削り、磨きなど
	石張り床	①鉄平石、丹波石、大理石など ②張り方：整形張り、乱張り、方形張り
壁面	石張り壁	①鉄平石、大谷石、大理石など ②張り方：整形張り、乱張り、小口張り、平張りなど
	石積み壁	①大谷石、大理石など ②目地と仕上げ………目地：平、眠り、斜め、引込み、覆輪 　　　　　　　　………江戸切り、亀甲切り、二面切り、谷切り

設計プロセス［planning process］建築・インテリア空間ができあがるまでの過程を整理すると，企画→計画→設計→見積・発注→施工・生産の段階に分けられる。この中で一般に，設計・計画の部分は，基本計画→基本設計→実施設計という過程で進められる。こうした一連の設計の流れをいう。

石膏プラスター塗り「プラスター塗り」という場合，石膏プラスター塗りとドロマイトプラスター塗りをさす。石膏プラスター塗りは，左官材料の中でモルタル程度の堅固な表面となり，各種の仕上げ下地に用いられる。塗り仕上げには，石膏プラスター，セメント，砂，水，顔料，すさ類，生石灰，消石灰などを調合し，下地にはコンクリート，ラスボート，木摺(きずり)などが用いられる。→表-左官仕上げの分類①（164頁）

石膏ボード 内装材に最も多用されているもので，石膏を芯材として両面をボード用厚紙で被覆し，板状に成形したもの（JIS A 6901，不燃，準不燃認定）。遮音・防火性に優れ，加工しやすい。大きさ寸法は，910，1,820mmを基本に，厚さ4.5，6.0，9.0，12.0mmなどがある。

石膏ボード張り 石膏ボード張りという場合，内装制限の対象となる居室の壁・天井面の下地または仕上材として用いられる。加工しやすく，取付けには接着併用の釘打ちとし，塗装，壁紙張り，吹付け仕上げなどに用いられる。

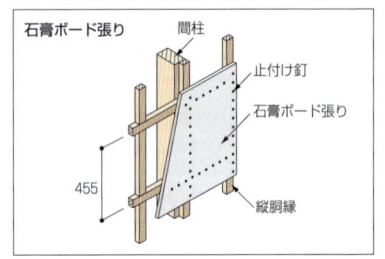

石膏ボード張り / 間柱 / 止付け釘 / 石膏ボード張り / 455 / 縦胴縁

石膏モデル 石膏で作られた模型で，設計された建築物の完成模型に用いる。石膏は硫酸カルシウムからなる鉱物で，無色または白色透明のものが多いが，モデルの色調は白色を主とする。

石膏ラスボード 石膏ボードの平ボードをそのまま使用するものと，凹みなどの型押しを付けたボードとがある。前者は仕上げ用石膏プラスター塗り壁下地に（砂壁，繊維壁など），後者は石膏プラスター塗り壁下地などに用いる。「ラスボード」ともいう。

接触曝気装置（せっしょくばっきそう）汚水の生物学的処理装置の一種。水槽内にろ材を充てんし，ばっ気によって十分な酸素を供給しながらかくはんして，排水とろ材に付着した生物膜とを繰り返し接触させて生物処理する。ばっ気槽本体と内部に充てんされるろ材，肥厚した生物膜を強制はく離する逆洗装置などから構成される。

絶対湿度 気温に関係なく一定量の空気中に含まれる水蒸気の量を示す値。1kgの乾燥空気に含まれる蒸気の質量を表す質量絶対湿度と，1m^{3}の空気中に含まれる水蒸気の質量を表す容積絶対湿度がある。→相対湿度

切断線 ⇒表-線③（206頁）

接地 安全のため，電路や電気機器などを大地に接続すること。大地に接続するには，接地線と地中に埋設した導体を接続する。「アース」ともいう。

接地型住宅 ⇒独立住宅

接着材料 従来からの天然系のものと新しく登場した合成樹脂系，エラストマー系（弾性の顕著な高分子物質の総称），その他に分けられる。
　天然系：にかわ，でんぷん，カゼイングルー，シェラック，ロジン(マツやに)，漆などがある。

石膏プラスター塗り（標準調合および塗り厚） (mm)

下地の種類	塗り厚	プラスター	砂	白毛すさ	標準塗り厚 壁の場合
コンクリート れんが メタルラス 木毛セメント板 石膏ラスボード 木ずり	下塗り	1	2.5	プラスター25kgにつき250kg混入する。	5.5 ⎫ 6.0 ⎭ 11.5
	中塗り	1	2.0	中塗りのみの場合は使用しない。	ただし，中塗り，下塗りのみの場合は6.0。

注）上塗り材料は，特記事項による。

接着材料の種類（壁張り用接着剤の種類と特性）

種別		特性
天然系	でん粉系	作業性、経済性が良い。合成樹脂系と混入して使用される。
	メチルセルロース系	おもに輸入品で、欧米では主流である。
合成樹脂系	酢ビ系	耐水・耐アルカリ性に劣る。水気のある所は不可。
	エチレン酢ビ系	耐水・耐アルカリ性あり。高温に強く、低温接着性に優れる。
	アクリル系	ビニルクロスの重ね張りなどに用いる。
	合成ゴム系	コンクリートのあくに弱い。木質シートを張るときに用いる。

合成樹脂系：ユリア樹脂，エポキシ樹脂，酢酸ビニル樹脂，その他エラストマー系（再生ゴム，ニトリルゴム，ネオプレン，ブタジエンスチレン）などがある。壁張り用には，防かび，耐水，耐薬品，施工性などを検討する。
→表-接着材料の種類

折衷浴槽（せっちゅうよくそう）浴槽の形態分類の一種。和洋折衷のことで，浴槽短辺方向の立上り部分が背もたれ用に傾斜したタイプをいう。

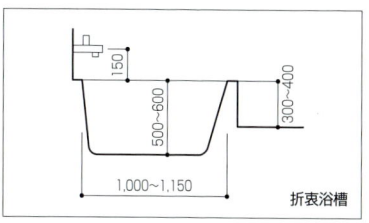

折衷浴槽

設備図 一般住宅では，電気，給排水，衛生，ガス，電話・TVのための配管・配線図をさす。その他，やや規模の大きい建築物では，空気調和設備，一般警報装置，火災報知装置，電話・拡声・TVのための装置などの図面が含まれる。

セパレーション［separation］分離・分割の意味。配色の場合，不調和の2色の間に別の色を加えて分離することなどをいう。

セミアーゴノミー系家具 ⇒準人体家具

セメント［cement］触媒を用いて練り上げ硬化した後にある程度接着性をもつ材料の総称。水硬性セメントのように，水と反応して硬化する鉱物質の粉末のこと。→表-セメント製品の分類（204頁）

セメント製品 セメントを主材料として作られた製品類のこと。セメント，石綿を主原料とし，ほかに着色剤などで作られたものに，「石綿―セメント系製品」がある。次に，セメント，石綿，パルプを混合したものに，「木質―セメント系製品」がある。
→表-セメント製品の分類（204頁）

セメントペースト［cement paste］人造石塗り床などに用いられるもので，セメントと水を練り混ぜたもの。「とろ」「あま」ともいう。→人造石塗り

セメントモルタル［cement mortar］⇒モルタル塗り

背もたれ点 椅子の機能で重要なものは，座面よりもむしろ背もたれで，背もたれは人間の第2～3腰椎部をしっかりと支持することが大切。椅子の背もたれの中心となる点が，JISで背もたれ点として，座位基準点より21～25cm上方に規定されている。
→座位基準点，図-最終安定姿勢（159頁）

セラミックヒーター［ceramic heater］セラミックの発熱体を使用した暖房器具。

背割り（せわり）木材の乾燥による割れの拡大を防止する方法。柱材などの心材に，あらかじめ一辺に割れ目をつけておくこと。

背割り

セメント製品の分類①

名　　称	種　　　　類
セメントモルタル系製品	厚形スレート（JIS A 5402）
石綿—セメント系製品	石綿スレート、石綿セメントパーライト板
パルプ—セメント系製品	パルプセメント板、化粧パルプセメント板
木質—セメント系製品	木毛セメント板、木片セメント板
人造石	テラゾーブロック、テラゾータイル

セメント製品の分類②（石綿—セメント系製品）

板状製品	平板	石綿スレート板（JIS A 5403）	・防火性能は高く、耐水性に優れる（乾湿による伸縮は木材の1/10〜1/20）。 ・耐火性、耐候性、加工性に優れている。 ・衝撃には弱く、急激な加熱でひび割れや爆裂を起こす。 ・おもな種類には、平板、フレキシブル板、軟質板などがある。
		特殊石綿板	・防火・断熱性に優れ、通常の石綿スレート板の1/4〜1/2の軽量である。 ・加工性に富むが吸水率が大きく、通常の石綿スレート板の約2倍ある。 ・おもな種類には、石綿セメントパーライト板（法定不燃材）、パルプセメント板（準不燃第2041号）、炭酸マグネシウム板（不燃第1081号）などがある。 ・おもな用途には、一般居室の内・外装材、またプレハブ部材の構成材料に用いられる。
	波型	波型石綿スレート板	・防火性能が高く、耐食・耐候・耐水性に優れ、加工性にやや劣る。 ・衝撃に弱く断熱性に乏しいが、屋根材（粘度瓦、セメント瓦の約1/5〜1/3）などに適している。 ・おもな種類には、小波（63波）、中波（100波）、大波（130波）、リブ板などがある。 ・用途には、屋根や外装材、また他材と組み合わせて複合材料を形成する。
		2次加工品	・おもなものには、有孔板（吸音性に富む）、化粧版（色調などに優れる）、複合材（サンドイッチ板：防火・断熱・耐久性に優れる）などがある。
管状製品			・水道用石綿セメント管（JIS A 5301）があり、おもな形状・寸法には内径50〜400mm、厚さ10〜40mm、長さ3〜4mのものがある。

セメント製品の分類③（木質—セメント系製品）

	木毛製品（木毛セメント板）	木片製品（木片セメント板）
組成	マツ丸太を薄くひも状に削り、セメントと圧縮成形したもの（重量比：セメント55%以下、木毛45%以下）	木削片を薬品で化学処理し、セメントと水を加えて加圧・成形したもの。
特性	吸音・断熱・防火性に優れ、軽量で腐食しにくい。釘打ち、切断が容易で、モルタルとの付着もよい。	断熱・遮音性に優れ、加工しやすい。腐食や虫害を受けない耐久性の強いもの。
種類	普通と難燃に大別される（JIS A 5404）。木毛の太さから細、中、太、かさ比重から普通、半硬質、硬質に分けられる。	普通木片セメント板（ドリゾール）、普通板、畳下パネル、ブロック、複合パネルほか（JIS A 5417）。
用途	工場、学校、劇場などの内・外壁の下地材や屋根下地の断熱材として使用。特に、木造や鉄骨造の骨組などを被覆して防火・耐火構造を構成する。	断熱材や遮音材などの間仕切り構成材や、内・外装材の下地としても使用される。

セメント製品の分類④（ポルトランドセメント）

名　　称	成　分・製　法・そ　の　他
普通ポルトランドセメント (JIS R 5210)	主成分は、CaO、SiO_2、Al_2O_3、Fe_2O_3などで、おもな原料は、石灰石、粘土、珪石、鉄さいなどで、最も多く使用されている。
早強ポルトランドセメント (JIS R 5210)	強度を早めに発揮するセメントで、型枠存置期間を早めたり、低温時の工事やプレキャストコンクリート製造の型枠使用などに適する。
中庸熱ポルトランドセメント (JIS R 5210)	セメントの発熱量を低く抑えるようにつくられたもので、収縮も小さく化学抵抗性はやや大きい。マスコンクリート（1個所に大量に打設されるもの）用として使われる。
高炉セメント (スラグセメントともいう)	高炉水さいをポルトランドセメントクリンカーと混合し、同時に分離粉砕してつくられる。長期強度の増進性が大きく、耐海水性、化学抵抗性に優れる。ダム、海岸工事に用いる。
シリカセメント (珪酸セメントともいう) (JIS R 5212)	シリカ質混合材をポルトランドセメントクリンカーに適量の石膏と混砕したものの、初期強度はやや低く、長期強度は大きい。化学抵抗性や耐水・耐海水性が大きい。海水、工事廃水、下水に接する個所の工事などに用いられる。
フライアッシュセメント (JIS A 5213)	フライアッシュ（微粉炭燃焼ボイラーの煙道から採取された粉じんをいう）を混入した混合セメントの一種。長期強度は普通セメントより優れ、モルタル、コンクリートなどの化学抵抗性も強く、水密性にも優れる。

栓（せん）木材の接合継手や仕口をかためるために、2つの部材を貫通する孔に打ち込む細い堅木のこと。使用法により大栓、こみ栓、車知（しゃち）栓、鼻栓、横栓などがある。→図-継手と仕口（228頁）

線 製図に用いられる線は、見やすく、わかりやすくするため4種類の線（実線、破線、一点鎖線、二点鎖線）を用い、それぞれの線の太さを変えて製図されてゆく。線の太さの比率、種類による呼び方、用法を表に示す。

線①（太さの比率）

線の太さの比率による種類	太さの比率
細　　線	1
太　　線	2
極 太 線	4

繊維壁塗り 繊維質材料やのり材を水で練り、こてを用いて塗りつけて仕上げる塗り壁仕上げの一つ。品質に富み、亀裂の心配が少なく、吸音・断熱性が大きい。また、現場作業が簡易であり、洋風・和風を問わず利用される。下地には、コンクリート、モルタル、ラス、石膏ボードなどに可能。塗付けは、こて塗りを主とし、吹き付けて施工する場合もある。

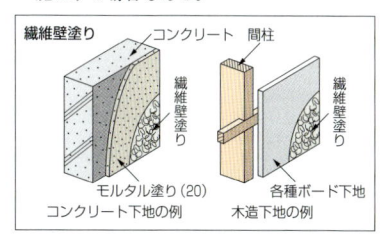

線②（種類による呼び名）

断続形式＼太さ	細　　線	太　　線	極太線[*]
実　　　　線	細い実線	太い実線	（極太の実線）
破　　　　線	細い破線	太い破線	―
一 点 鎖 線	細い一点鎖線	太い一点鎖線	（極太の一点鎖線）
二 点 鎖 線	細い二点鎖線	（太い二点鎖線）	―

注）＊印はISO 128（Technical drawing-General principles of presentation）には規定していない。
なお、この表の中でかっこをつけたものは、複雑な図版などで特に区別が必要な場合のほかはなるべく用いない。

せんいか

線③（種類による用法）

線の種類	用途による名称	線の用途
太い実線	外形線	対象物の見える部分の形状を表すのに用いる。
細い実線	寸法線 寸法補助線 引出し線 回転断面線 中心線 水準面線 [1]	寸法を記入するのに用いる。 寸法を記入するために図形から引き出すのに用いる。 記述・記号などを示すために引き出すのに用いる。 図形内にその部分の切り口を90°回転して表すのに用いる。 図形の中心線を簡略に表すのに用いる。 水面、液面など位置を表すのに用いる。
細い破線 または太い破線	隠れ線	対象物の見えない部分の形状を表すのに用いる。
細い一点鎖線	中心線 基準線 ピッチ線	①図形の中心を表すのに用いる。 ②中心が移動した中心軌跡を現すのに用いる 特に位置決定のよりどころであることを明示するのに用いる。 繰返し図形のピッチをとる基準になる線
太い一点鎖線	基準線 特殊指定線	基準線のうち、特に強調したいものに用いる。 特殊な加工を施す部分など、特別な要求事項を適用すべき範囲を表すのに用いる。
細い二点鎖線	想像線 [1] 重心線	①隣接する部分または工具、ジグなどを参考に表すのに用いる。 ②可動部分を、移動中の特定の位置または移動の限界の位置で表すのに用いる。 断面の重心を連ねた線。
波形の細い実線 [2] またはジグザグ線	破断線	対象物の一部を破った境界、または一部を取り去った境界を表す線。
細い一点鎖線で、端部および方向の変わる部分を太くしたもの [3]	切断線	断面を描く場合、その切断位置を対応する図に表すのに用いる。
細い実線で、規則的に並べたもの	ハッチング	図形に限定された特定の部分を他の部分と区別するのに用いる。 例えば、断面図の切り口を示す。

注1) 想像図は、投影法上では図形に現われないが、便宜上必要な形状を示すのに用いる。また、機能上・工作上の理解を助けるために、図形を補助的に示すためにも用いる。
2) 波形細い実線はフリーハンドで描く。また、ジグザグ線のジグザグ部分は、フリーハンドで描いてもよい。
3) 他の用途と混用のおそれがないときは、端部および方向の変わる部分を太くする必要はない。

膳板（ぜんいた）窓・出窓などの下枠の室内側に設けられた額縁のやや幅広い水平な板材をさす。また，食器戸棚の場合，奥行の大きい戸棚上部の幅広板の部分（床よりの高さ約700mm）をいう。

窓開口部分の膳板例

食器戸棚の例
膳板

繊維板［fiber board］植物繊維を主原料として作られた板材をさす。製造過程により分類される。

前傾椅子　VDT作業などでは，一般の作業椅子を用いると，前かがみの作業姿勢のとられることが多く，背が曲がる。このため椅子の座面部を2～5度程度，前傾させると，骨盤があまり回転せず，背すじをまっすぐに伸ばして作業ができ，腰痛などを防ぐことができる。そうした座面部が前傾した作業椅子のことをいう。

洗浄弁　⇒フラッシュバルブ

全天空照度（ぜんてんくうしょうど）直射光を除いた空からの光（天空光）による地上の水平面照度で，太陽の位置や天空透過率にもよるが，一般に快晴時より薄曇り時のほうが明るい。設計用としては15,000lxが使用される。→昼光率（ちゅうこうりつ）

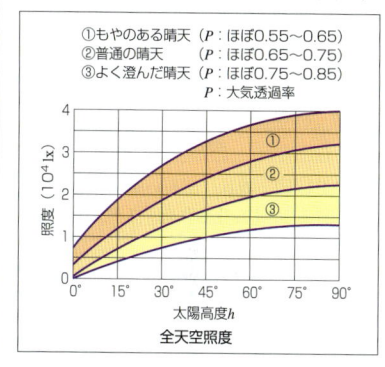

①もやのある晴天（P：ほぼ0.55～0.65）
②普通の晴天（P：ほぼ0.65～0.75）
③よく澄んだ晴天（P：ほぼ0.75～0.85）
P：大気透過率

全天空照度

全般拡散照明［general diffuse lighting］乳白グローブや提灯器具のように，光が四方八方へ満べんなく放射される灯具による照明。このような照明は器具の存在が目立ちやすいので，インテリアと調和した器具デザインの選定と配灯位置を十分に考慮する。

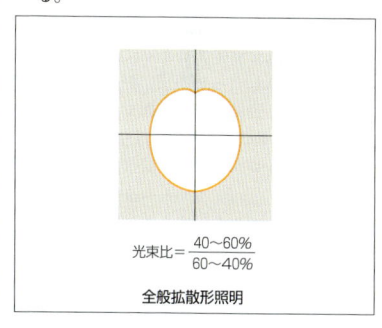

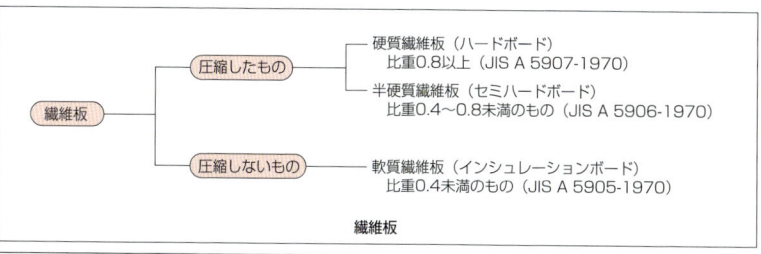

光束比 = $\frac{40～60\%}{60～40\%}$

全般拡散形照明

繊維板 ─ 圧縮したもの ─ 硬質繊維板（ハードボード）比重0.8以上（JIS A 5907-1970）
　　　　　　　　　　　　 半硬質繊維板（セミハードボード）比重0.4～0.8未満のもの（JIS A 5906-1970）
　　　　 圧縮しないもの ─ 軟質繊維板（インシュレーションボード）比重0.4未満のもの（JIS A 5905-1970）

繊維板

全般照明［general lighting］事務室や学校の教室などに多い照明方式。複数の同一器具を規則的に配灯することで、床面や作業面により均一な水平面照度を得る手法をいう。→照明方式

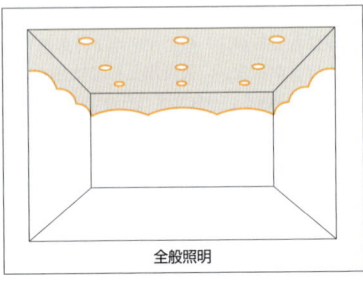

全般照明

線吹出し口 線状に細長い開口部をもつ吹出し口。パネル化されたシステム天井などに用いることが多い。照明器具と一体化できるが、風量はあまり多くできない。

洗面所［lavatory］洗面、化粧、更衣などのほか、浴室の前室を兼ねる場合には脱衣、あるいは洗濯の場として用いられる部屋。湿気や空気がこもりがちになるため換気が必要。床や壁は耐水・耐薬品性をもつ材料で、掃除のしやすい仕上げとする。照明は顔面に影をつくらないよう考慮し、コンセントも適切に配置する。

洗面ボール 洗面、手洗いをするための水受け容器。材質は、陶器製、ほうろう製、ステンレス製、プラスチック製など。取付け方法別には、壁掛けタイプ、カウンターに落とし込むドロップインタイプ、自立するペデスタルタイプに分類される。

専用庭 ⇒コモンスペース

そ

草庵茶室（そうあんちゃしつ）華麗な書院に対して、山林幽居や田園の簡素な草葺き屋根の形式を茶室に取り入れた草庵が完成された。千利休（せんのりきゅう、1522〜91）は、草庵の小座敷で完全に自然と一体化して、簡素でおごらぬ美の創造を主張し侘茶（わびちゃ）を大成した。「茶の神髄は草庵の一境にある」ともいわれ、茶室といえば草庵を意味するまでに流布された。

騒音 聞く人にとって不快、好ましくないとみなされる音。人間の心理や感覚の働きに影響され、物理的な性質には左右されない。→許容騒音レベル、騒音レベル

騒音レベル［noise level, sound level］騒音の音圧レベルを示すもので、わが国では指示騒音計を用い、単位はホン、アメリカではdB（デシベル）を用いる。

象嵌（ぞうがん）工芸手法の一種。銅、鉄の地金に金、銀、赤銅、素銅などを文様状にはめ込むことで、そのほかでは木材、磁器などでも用いられる。その手法により平象嵌、高肉（たかじし）象嵌、布目象嵌、切嵌め象嵌などがある。

雑巾摺（ぞうきんずり）板の間の床面と壁面との接合部の見切りに打たれる細い横木。また床の間の地板と壁面との接合部にも使用される。→幅木

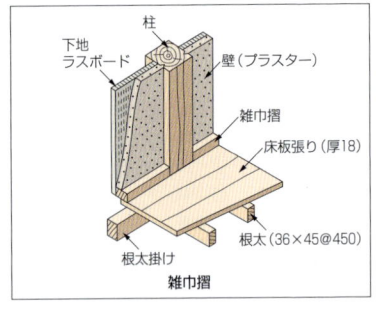

雑巾摺

造作（ぞうさく）木造建築の木工事のうち、天井や床板（とこいた）、敷居や鴨居（かもい）、戸棚や階段などの仕上げ工事をしていう。仕上げ工事は構造体が完成してから取りかかるもので、造作工事を略して「造作」という。

造作材（ぞうさくざい）造作工事に使用される木材のこと。総称して「仕上材」ということもある。

造作図（ぞうさくず）造作工事に関する図面の総称。平面図、断面図、詳細図や詳しい仕上材料などが表示される。

障子（そうじ）障屏具（しょうびょうぐ）の一種で、室の間を隔てるもの。表や裏を、紙、布で張り、その上に絵を書いた襖障子、文様のある紙で張ってある唐紙（からかみ）

障子，薄い紙や生絹（すずし）で張った明り障子，中央に簾のかかる通（づ）障子がある。衝立を衝立（ついたて）障子という。平安時代には，布障子，明り障子，衝立障子の名称が使われた。「しょうじ」ともいう。

相称（そうしょう）⇒シンメトリー

装飾　「オーナメント」あるいは「デコレーション」ともいわれ，建物，空間などに人為的に付加されて，より美的効果を高めたり，宗教性や権威の象徴性や演出性をもたらすもの。人間は何もない空間の中では不安や恐怖を感ずるため，何かを描いて空白を埋めたくなる。それが「白の空間の恐怖」といわれる。

想像線　⇒表・線③（206頁）

相対湿度　ある温度の空気中の水蒸気量と，その温度における飽和水蒸気量（最大に含み得る水蒸気量）との比を％で示した値。空気の湿り具合に対する人間の感じ方は相対湿度にほぼ比例しており，日常生活で湿度といっているのは，この相対湿度をさす。
→絶対湿度

草墩（そうとん）坐臥具（ざがぐ）の一種。藁（わら）を芯として，綿などで包んで円筒形にした腰掛けをさしたもので，高さに違いがある。

送風機　空気などの気体に圧力を与えて送入する機器。圧力の低いものを「ファン」，高いものを「ブロアー」という。種類は，軸流式と遠心式に大きく分けられる。

添え柱　補強のために柱に添え付けた柱のこと。

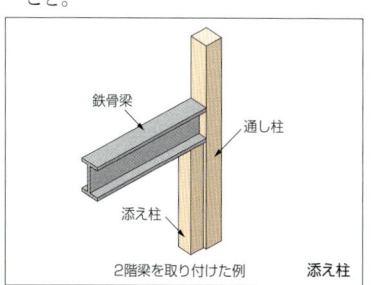

割付けしていくことを「バーティカルゾーニング」といい，一つのフロア（床）を対象に水平的に空間の分配・配置を行うことを「フロアゾーニング」または「ブロッキング」という。

ソーラーシステム［solar system］太陽エネルギーを給湯，冷暖房などに上手に利用すること。人工的な機械やエネルギーを用いずに，蓄熱や空気の自然循環によって室内環境を快適にする方法を「パッシブソーラーシステム」といい，太陽熱温水器などの機械を利用する方法を「アクティブソーラーシステム」という。

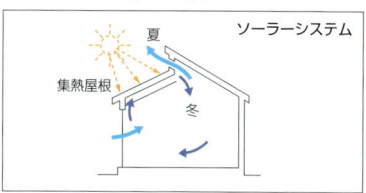

ソシオフーガル［socio-fugal］他人とのかかわり合いをもちたくないような場合などプライバシーを確保したいときには，人間どうしの位置を遠く離したり，体の向きを反対方向にして，コミュニケーションを取りにくくするような遠心的な人間の集まりの型をいう。→ソシオペタル

ソシオペタル［socio-petal］人間どうしが相互に向き合ってコミュニケーションがとりやすいような集合の型をさす。会話や団らんなどコミュニケーションが必要な場合には，なるべくこうした求心的な人間関係の型をつくりあげるような家具配置を行う。
→ソシオフーガル

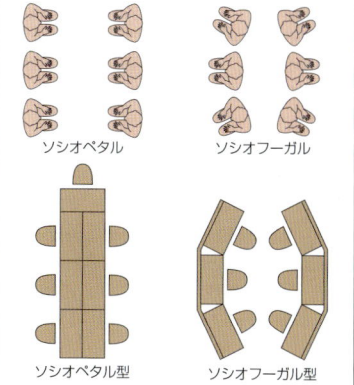

ゾーニング［zoning］建築・インテリア計画において，関連ある機能や用途をまとめていくつかの小部分に分け，それぞれに必要な空間の大きさを設定（算定）し，相互の関係を見たうえで空間の中での位置関係を決定する設計計画上の作業をいう。建物の上下階にわたって垂直的に空間を分配・

そせい

塑性（そせい）plasticity　外力によって変形し、外力を去っても元に戻らずその形を保つ性質。プラスチックやセルロイドなどで、この反対の性質を「弾性」という。

組積造（そせきぞう）masonry construction　建物の主要構造部を石、れんが、コンクリートブロックなどの材料を積み上げて造ったもので、耐震性には乏しい。

外倒し窓　戸の下端に水平回転軸を設け、室外に向かって戸の上部を倒して開閉する窓。

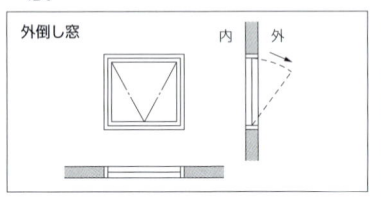

外倒し窓　内　外

反り（そり）warping, camber　反り屋根、反り破風(はふ)などと使われ、上方に対し凹面に湾曲している曲線をさす。反対の場合は「起り(むくり)」という。

ソリッド［solid］家具や彫刻面などは2次元の絵画などと違って、3次元の立体物である。こうした立体物は、通常は外側から形や大きさを判断できる。このような3次元の対象物をソリッド（固体）なものと呼ぶ。これに対し同じ3次元の立体でもインテリア空間など人間を包み込む立体はヴォイド（空）という。→ヴォイド

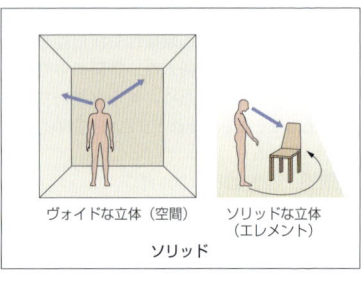

ヴォイドな立体（空間）　ソリッドな立体（エレメント）
ソリッド

ソリッドモデル［solid model］粘土などで作られた固体のがっちりした模型。形態を検討するために利用される。

揃（ぞろ）⇒面一（つらいち）

た

ターボファン［turbo fan, backward-curved blade fan］板状の羽根が後方に曲がった遠心ファンの一種。静圧が大きくて、効率が良い。

ダイアグラム［diagram］図式・図表や図解のこと。

体圧分布　椅子やベッドを使用する際、主として自重によって人間の体の各部分に圧力が加わる。これを体圧といい、圧力のかかり具合の分布を体圧分布という。椅子の座り心地や、ベッドの寝ごこちの良し悪しを評価する因子の一つで、体圧が加わって良い部分には相応の圧力が、逆に加圧されてはいけない部分は、体圧が加わらないよう調節する。

待庵（たいあん）1582(天正10)年につくられ、千利休好みの数寄屋として創建当初の形式をもつ唯一の遺構。現存最古の草庵茶室。国宝。外観は、南面切妻、出廂(でびさし)、杮(こけら)葺き、間口1間半、奥行1間半、南面に躙口(にじりぐち、幅2尺4寸4合、高さ2尺6寸と、やや大きめ)を

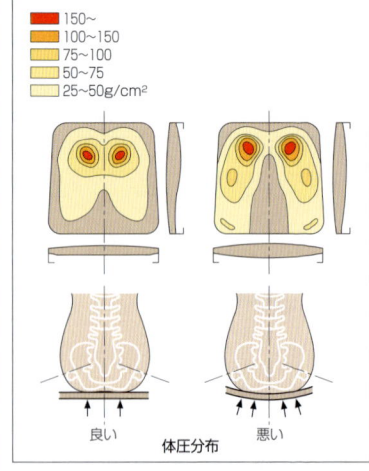

150〜
100〜150
75〜100
50〜75
25〜50g/cm^2

良い　悪い
体圧分布

設け、その上は竹連子(れんじ)窓、東側には下地窓2個所がある。

第一角法　空間にある対象物を投影する手法として、第1象限(直交する2つの平面で空間を区切る部分をさす)の空間に対象物

をおいて投影した場合をいう。→正投影法

耐火性 建物部位,あるいは材料などが,火災に対して耐える程度をいう。耐熱時間(分)で示される。

ダイキャスト [die-casting] 鋳造法の一つ。金属の鋳型にアルミニウムなどを圧入して目的の形(鋳物)をつくること。

耐久性 長期間にわたる外的作用に抵抗する物質や空間の働き。一般に耐用年数(年)で表示されるが,次のような種類がある。①物理的耐用年数:老朽,腐食によって構造上,使用に耐えられなくなる。②機能的耐用年数:物理的には問題がないが,使用目的の変更や陳腐化によって機能上の価値を失う。③経済的耐用年数:経営上,使用や運営を続けられなくなる。④社会的耐用年数:道路の拡張などによって取り壊されるなど社会的な条件による耐用年数。⑤法定耐用年数:税法上の減価償却額を算定するために定められたもの。

ダイクロイックミラー ガラスやアルミニウム,耐熱プラスチックを基板とした反射鏡に多層膜コーティングを施したもの。おもにハロゲンランプ用スポットライト器具に使われ,ランプの波長のうち赤外線の80%以上をミラーの後方に放射させ,必要な波長のみ反射させるため良質な局部照明が得られる。→ハロゲンランプ

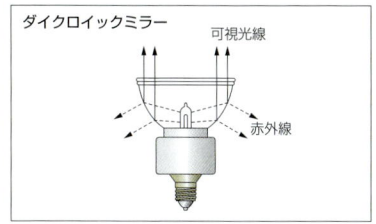

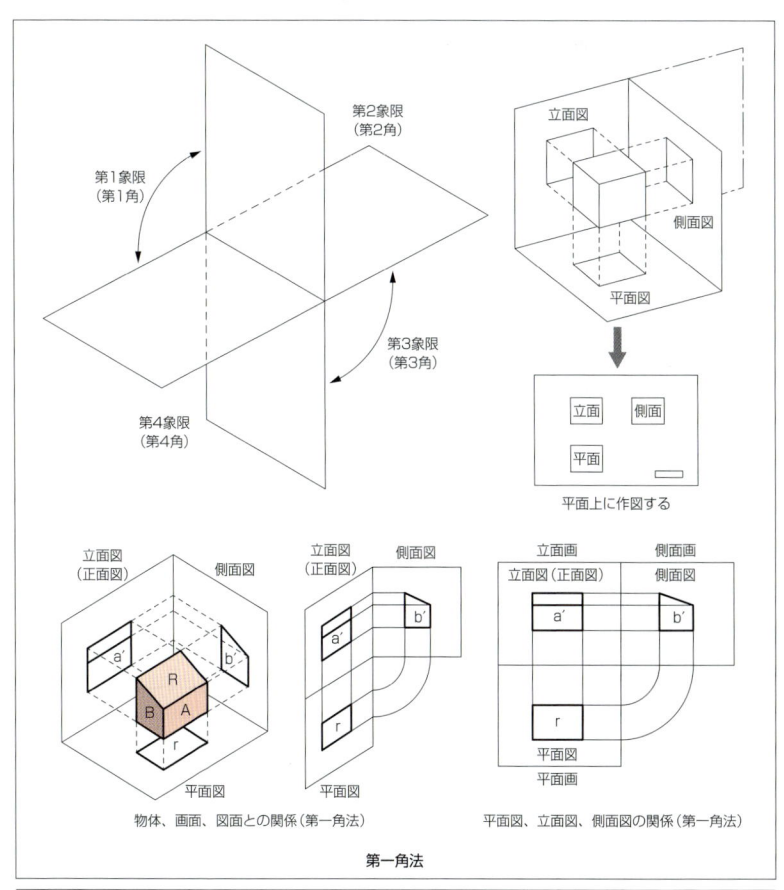

第一角法

対向型家具配置 テーブルを中心にはさんで相互に向かい合った型で，人間が座席を占めるように並べられた家具配置。コミュニケーションがとりやすい型であるが，応接や食事ではやや形式ばったレイアウト。オフィス空間での机の配置でとられる場合には，各部署でコミュニケーションが図りやすいが，各人のプライバシーは少ない形式となる。

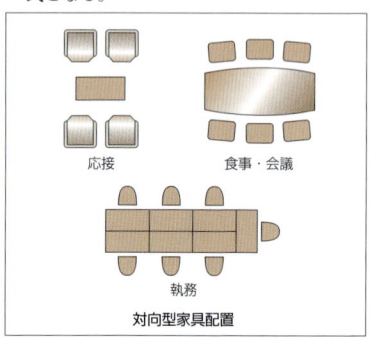

応接　食事・会議　執務
対向型家具配置

大黒柱（だいこくばしら）出雲大社などの大社造りの神殿の平面中央にある柱で，「心の御柱（しんのみはしら）」ともいう。また，民家などの平面の中央付近にある太い柱をさす。大黒様を祀ったとか宿っているとの説もある。→大社造り

太鼓張り（たいこばり）襖（ふすま）などの力骨の両面から太鼓のように板や紙を張りつけて作ること。

第三角法 第一角法と同じく，第3象限の空間に対象物をおいて投影した場合をいう。→正投影法

大社造り（たいしゃづくり）神社本殿形式の最も古いものの一種。2間四方の平面で，妻入り非対称の形式をもった素木造り（そのままの木を使用）。出雲大社はその典型的な一例。

耐震対策 地震時における安全対策。インテリア空間にあっては家具・設備機器の転倒，落下，崩壊などによる傷害や，避難口がふさがれて逃げ遅れるなどの2次的災害を受ける。背の高い家具などは耐震金物で固定し，扉はラッチなど取り付けて，収納物が散乱，落下しないなどの工夫をする。

台所［kitchen］平安時代の貴族住宅の台盤所に由来するといわれる。住宅において食物の調理・炊事を行うための部屋。「厨房」「キッチン」ともいう。住宅の中では最も作業性の高い所で，ガス，水道，電気などエネルギーの供給と各種設備機器が設置される所でもある。このため内装材も耐火・耐熱・耐水・メンテナンス性などの性能が要求される。

ダイニング［dining room］⇒食事室

台盤（だいばん）貴族住宅に用いられた食卓の一種。長さにより8尺台盤（約2.4m），4尺台盤（約1.2m）があり，幅は2.5尺（約750mm）で，胡床（こしょう）に腰掛けて使用した。

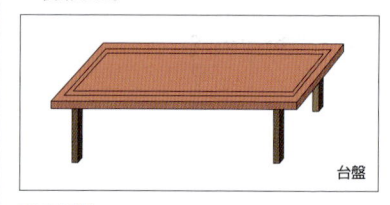

台盤

耐摩耗性 床材などが人間の歩行に対して，摩耗（すりきれ，へる）に耐える程度。どの程度摩耗したかは，摩耗量（mm）で示され，これは人が通常のはきもので12万回歩行接触したときの摩耗量が基準となる。

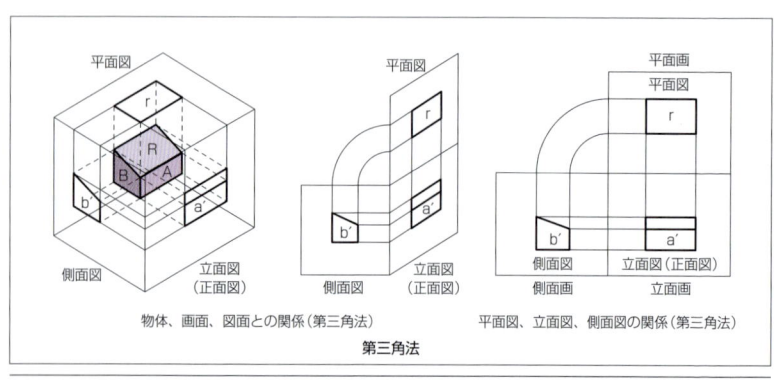

物体、画面、図面との関係（第三角法）　平面図、立面図、側面図の関係（第三角法）
第三角法

台目畳（だいめだたみ）一畳の約3/4の長さの畳をいう。京間畳ならば6尺3寸から1尺5寸を除いた4尺8寸の長さとなる。台目畳のある席では、本畳の数に何畳台目といい、「三畳台目」は本畳3枚と台目畳1枚をさす。

対面型キッチン ⇒ペニンシュラ形配列

太陽熱温水器 太陽の日射や周囲の空気温度の上昇を利用して温水をつくる装置。集熱・貯湯方法により、くみ置き型、自然循環型、強制循環型に分類される。

大理石［marble］古来から最も優れた装飾用の石材として用いられ、色調や模様により産地の各種名称がある。→表-石材の分類（200頁）

大理石張り 結晶質の石灰岩で、最高級のものは外国産のトラバーチン系、オニックス系など。床張りの工程は、①据付け→②化粧目地の仕上げ（標準は3mm程度）→③養生（表面の汚染・破損防止などのこと）。壁張りの場合、形状・寸法は石割り図に従う。標準寸法は900×600mm、厚22mm程度、仕上げは水磨き、本磨きとする。取付け工法は、下ごしらえ→取付け→目地仕上げ（一般に眠り目地、糸面をとる）→養生（取付け完了部分には、紙張り、ビニールシートなどにて）となる。

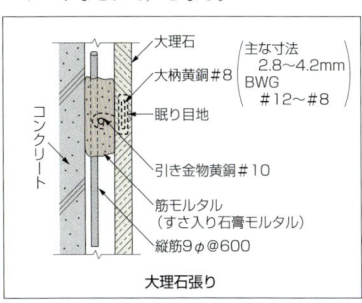

大理石張り

大理石張り（形状・寸法） (mm)

標準寸法	400×450、500×500 600×600
石の厚さ	24、30程度
仕上げの程度	粗磨き、水磨き、本磨き

対立の調和 色相環の中で相対する位置にある色との配色や、明度差、彩度差の激しい色調の配色の調和をいう。

対流 液体や空気などの流体が熱をもって移動することで、熱せられた部分は上方へ、冷やされた部分は下方へと移動する。

タイル［tile］一般に床、壁などに張り付けて使用する薄板の総称。おもな名称には、陶磁器タイル、アスファルトタイル、プラスチックタイル、ルーフタイルなどがある。わが国では、陶磁器質の製品が用いられることが多い。

台輪（だいわ）たんすなどの箱物家具の床に接する部分に取り付けられ、家具の下部の汚れ防止のために設けられる部材。→簞笥

ダウンライト［down light］一般的にはコンパクトな天井埋込み器具のこと。天井裏に埋込みスペースのない場合、浅型や半埋込みが選ばれる。また断熱材使用の天井に取り付ける場合は、断熱材を覆って施工してよいS形ダウンライトが便利。→アイボール、コーン形

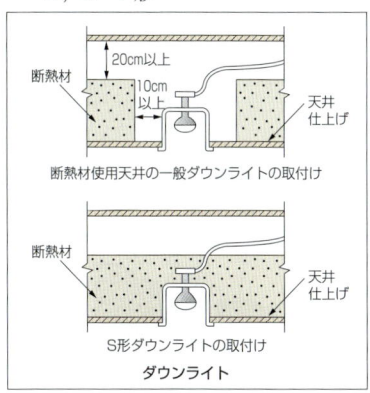

断熱材使用天井の一般ダウンライトの取付け

S形ダウンライトの取付け

ダウンライト

ダウンライト照明 天井にダウンライト器具を埋め込んで建築と一体化した照明。器具の存在が目立たないので、天井をすっきり見せながら必要な照度が得られる。オフィスやホテルのパブリック空間、および店舗の全般照明などに適している手法。→建築化照明

高坏（たかつき）飲食具の一種で、食物を盛る一本足の台。円形と角形があり、ヒノキ造りで、土器製のものは「土高坏」という。今日では、神社の供饌（きょうせん）用として使われている。

高坏

タガヤサン［鉄刀木］djohar 産地は東南アジア。辺材は白色または帯黄色，心材は褐色～黒色を帯びている。材質は堅硬（比重1.0）で強さはきわめて大きい。伸縮や反り，割裂が少ないが，工作はきわめて難，耐久性は大きく，室内装飾用（床の間用材），家具材など上等な装飾材に用いる。→表-木材の分類②（295頁）

高床住居 銅鐸に描かれたものは，切妻造り。棟（むな）持ち柱をもち，草葺き，弥生時代に現れた住居形式の一種。

抱き（だき）建築の現場用語の一つ。窓などの開口部左右の壁の側面に建具枠を取り付け，枠と壁下地との間に取り付けた小角材などの部材をいう。

多義図形 一つの図形でありながら，見る人の心理や見方によって，いくつもの解釈ができる「あいまい図形」をいう。「妻と義母」の図形などがある。→矛盾図形

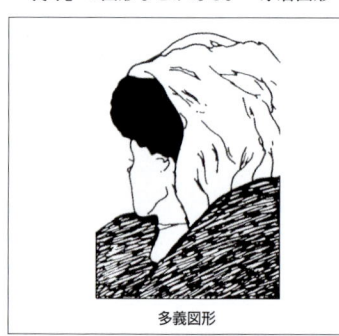

多義図形

濁色（だくしょく）⇒清色（せいしょく）

ダクト［duct］給排気を行うために区画された空気の流路。断面形状は四角形か丸形で，亜鉛鉄板やプラスチックでつくられる。

ダクトファン［duct fan］丸形ダクトに直接接続できる送風機（ファン）。ダクトの中に挿入される小型軸流ファンや，天井吸込み口と一体化した遠心ファンなどの種類がある。

竹小(木)舞（たけこまい）日本古来からの土壁の下地に用いられるもので，細割りした竹をさす。「小舞竹」ともいう。→荒壁，図-真壁（しんかべ，187頁）

竹の子面（たけのこづら，たけのこめん）丸い床柱の床畳面に接した部分を削り取り，タケノコの面のように作り出した部分をさす。→図-床框（とこがまち，240頁）

多孔質吸音材（たこうしつきゅうおんざい）空気の粘性摩擦や繊維の振動損失による吸音効果を示す材料のこと。繊維質や多孔質の材に音が入射すると，音はその孔の中で乱反射を起こし，摩擦や抵抗，材料の振動などによって，音エネルギーの一部が熱エネルギーとして消費され吸音される。一般に高音（高周波）で効果があり，材料の厚みが厚いほど，背後の空気層が大きいほど高くなる。→吸音材

タスク・アンビエント照明［task-ambient lighting］局部的全般照明の一種。個々の作業面を局部照明するタスクライトと，それだけでは空間の照度対比が大きすぎて目の疲労が起こりやすくなるので，タスクライトによる照度の1/2～1/3の全般照度を得る照明方式をいう。事務室空間に検討できる照明。→照明方式

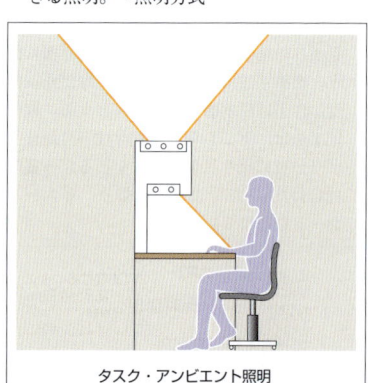

タスク・アンビエント照明

畳 坐臥具（ざがぐ）の一種。稲のわら，藺草（いぐさ）などによる莫蓙（ござ）の類から次第に厚みを増してきたもの。寝殿造りでは，板床の上に「置畳（おきだたみ）」として人の座る所にのみ使われたが，鎌倉時代以降は敷詰めが始まり，室町時代の文明（1469～1486）以降は，敷詰めが一般化した。これらを「敷畳（しきだたみ）」ともいう。畳の大きさは，大別して京間，三六間（さぶろくま），五八間（ごはちま）の3種。形状は，普通のものを長畳，半分のものを半畳または半ます（切炉の部分に用いる），かね折りのものを「矩畳（かねだたみ）」と呼ぶ。今日の一般の畳は「厚畳（あつだたみ）」といい，機械加工のもの（スタイロ畳など）が多用されている。→畳の寸法

たてしく

畳の仕上り寸法（JIS） (mm)

区分	長さ	幅	厚さ	備考
メートル間	1,920	960	53	おもに1種畳床を用いる
京間	1,910	955	53	おもに2種畳床を用いる
中京間（中間）	1,820	910	53	おもに2種畳床を用いる
田舎間	1,760	880	53	おもに2種畳床を用いる

畳床（たたみどこ）①稲わら，麻糸とを縦横に縫い固めて作った畳の台のこと。今日では，インシュレーションボードなどを積層した化学畳床がある。②床の間の一形式。床框（とこがまち）を入れ，畳を敷き込んであるもの。畳には，本畳を敷く場合と畳表だけの茣蓙（ござ）を敷く場合とがある。畳の縁（へり）は，紋縁または紺縁を用いる。

畳床の寸法（JIS A 5901） (mm)

	長さ	幅	厚さ	備考
1種	2,060	1,030	50	柱心々1mのものに用いる
2種	2,000	1,000	50	柱の内法900または910のものに用いる
3種	1,840	920	50	柱心々900または910のものに用いる

畳の寸法 京間，田舎間，中京間などがあり，表のような寸法となる。

畳の寸法

京間	畳6.3×3.15(尺)	近畿，中国，九州
中京間（中間）	畳6.0×3.0(尺)	濃尾平野一帯
江戸間田舎間	柱心々6.0(尺)（畳標準5.8×2.9(尺)）	江戸を中心に甲信越地方

畳寄せ 壁面の下部と畳面との接合部を納める細い横木。和室の床面・壁面仕上げの定規の役割を果たしている。

畳割り 平面計画手法の一種で，畳の大きさを基準とし，各室の大きさや柱の位置を決めてゆくもの。「内法柱間制（うちのりはしらませい）」ともいう。

タッピングねじ［一捻子］あらかじめ穴があいていれば，ねじ自身でねじ溝を切ることができるねじのこと。

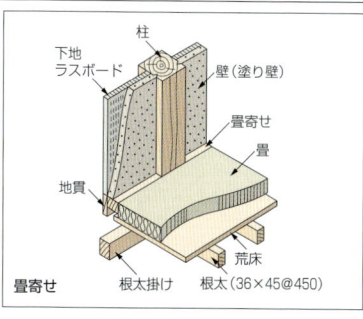

タッピングビス ビスは，特に小さい雄ねじで，タッピングねじと同じ性能をもつ。

竪穴住居 わが国では縄文時代に現れ，江戸初期まで残っていた住居形式の一種。地表を浅く掘り屋根を伏せたもので，外国では旧石器時代後期（洪積世，氷河時代，BC3万年頃）の住居形式。

縦型水栓 水が下から上へ，たて方向へ流れる水栓金具。洗面器やワークトップの上面へ取り付けられる。

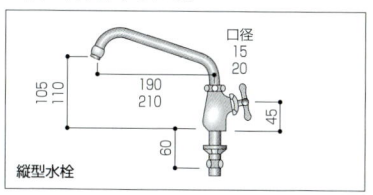

建具表 建築物に取り付けられる建具類について取付け個所，枚数や個数，仕様内容（仕上げ）を表示してゆく図面で，建具配置図（キープラン）と建具の内容を表示したものを用いる。特に既製品か特注品となるかも十分に表現する（216頁参照）。

建具表示記号 表示記号は，平面・断面・立面と開閉方法別記号（JIS A 0151）などがある。図面上の建具表示は，室内の広がりを規制し，使い方の適否は開閉記号によって規定されるなど重要な役割をもっている（216～217頁参照）。→表示記号

縦軸回転窓 戸の縦軸の中央または右・左の端部に回転軸を設け回転させて開閉する窓。

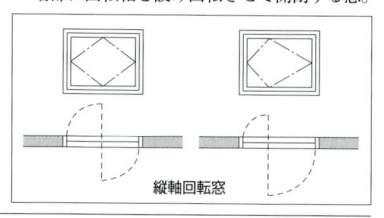

たてしく

建具表

	AW 1	F 1	WD 1
形状	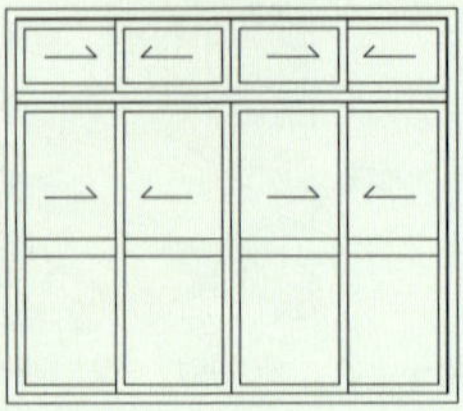	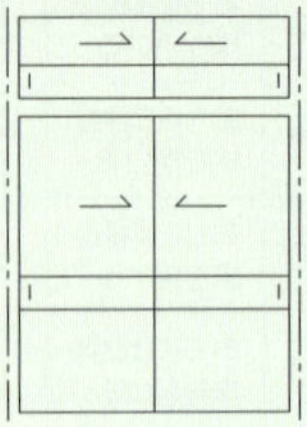	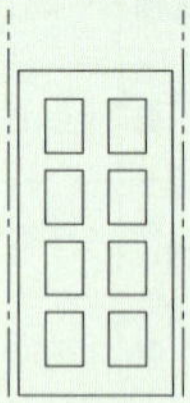
幅	2,605（9尺間）	1,800（心々寸法）	900（心々寸法）
高さ	2,211（ランマ付き）	2,740（ランマ付き）	1,800（内法寸法）
仕様	○住宅建材○○製または同等品（アルミ網戸付とする）	黒漆枠 上新鳥の子程度	スプルースVP仕上げ（厚40 ムク材）ガラス6mm面取透明
建具金物その他	付属金物類一式	引手付き（木製桑）	空錠（亜鉛ダイキャスト製ブロンズ仕上げ） 丁番真鍮製（3枚付き）
取付け室または個所	居間	押入	居間 DK室
個数	1	2	3

建具表示記号①（平面表示記号）（JIS A 0150）

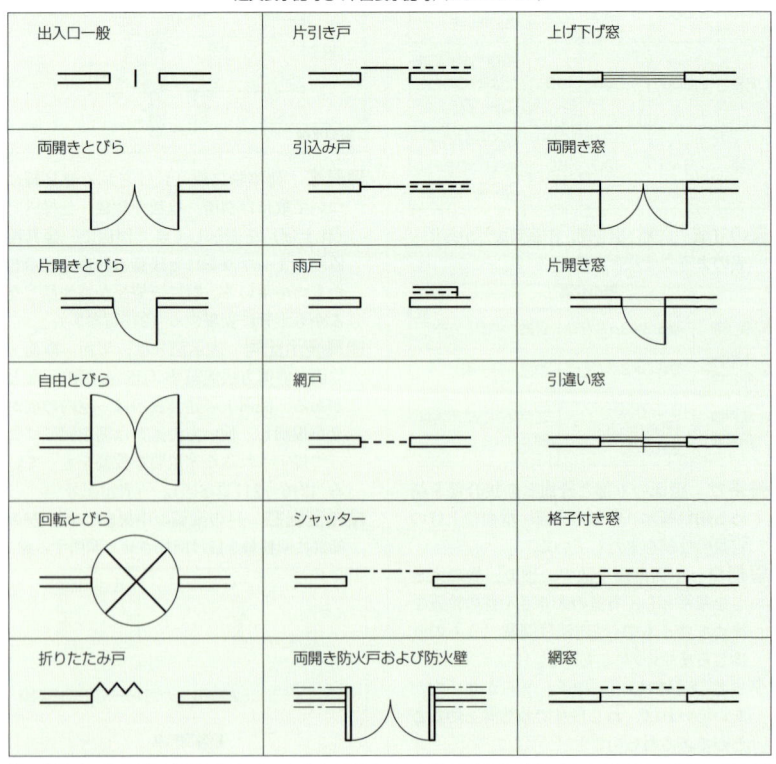

出入口一般	片引き戸	上げ下げ窓
両開きとびら	引込み戸	両開き窓
片開きとびら	雨戸	片開き窓
自由とびら	網戸	引違い窓
回転とびら	シャッター	格子付き窓
折りたたみ戸	両開き防火戸および防火壁	網窓

たてしく

建具表示記号①（平面表示記号）（JIS A 0150）（つづき）

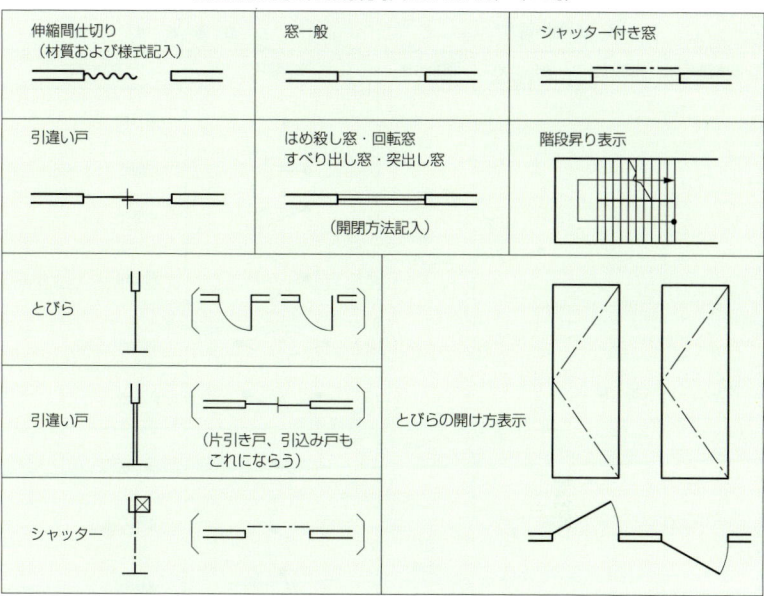

伸縮間仕切り（材質および様式記入）	窓一般	シャッター付き窓
引違い戸	はめ殺し窓・回転窓 すべり出し窓・突出し窓（開閉方法記入）	階段昇り表示
とびら		とびらの開け方表示
引違い戸	（片引き戸、引込み戸もこれにならう）	
シャッター		

注）開き戸の立面表示記号について：開き戸の斜線の方向については、組織内の規格として検討され、表示方法を決定してよい。そのため、図の三角部を丁番側に表示する例が多い。

建具表示記号②（開閉方法別記号）（JIS A 0151）

基本記号		基本記号		表示記号	
基本記号	開閉方法	記　号	開閉方法	表示記号	開閉方法
●—●	固　定	●—●	固　定	●—● / I	はめごろし けんどん 取りはずし
→	引　き	→	横	→	片引き
				⇄	引違い
				←→	引分け
				→-----	引込み
		↑	縦	↑↓	上げ下げ
				↑↓	バランス上げ下げ
				↑	引上げ
				↓	引下げ
		→」	水　平	→」	水　平

たてしく

建具表示記号②(開閉方法別記号)(JIS A 0151) (つづき)

基 本 記 号				表 示 記 号	
基本記号	開閉方法	記　　号	開閉方法	表示記号	開閉方法
●＼	開 き	●＼	横 (縦軸)	─●	回 転
				●─┘	片開き
				●＜	片自由
				＜	両自由
				＜▷◁＞	両開き両自由
				＞∧＜	両開き
		●┘	縦 (横軸)	╱●	回 転
				╱	すべり出し
				●╱	突出し
				╲●	引倒し
		●─┘	水 平	●─┘	水 平
～～～	伸縮	～～～	横	～～～	横伸縮
		⌇	縦	⌇	縦伸縮
		～～～┘	水 平	～～～┘	水平伸縮
∧	折りたたみ	∧	横	╱╲	片そで折りたたみ
				∧∧	中軸折りたたみ
------	巻き込み	---▶	横	---▶	横巻き込み
		↑	縦	↑	縦巻き込み
		---▶┘	水 平	---▶┘	水平下巻き込み

備考) 開閉方法不定の場合の記号は、──をもって表す。

縦（竪）繁（たてしげ）障子や格子などの垂直方向の縦の組子（格子などを構成している細い部材のこと）を通常の間隔よりせばめて組んだ形式をいう。水平方向の横の組子の場合は，「横繁（よこしげ）」という。

縦羽目張り（たてばめはり）建物の内外装に使用される壁面仕上げの名称。壁面の板張りを垂直方向に打ち付ける工法で，板の縦継目仕上げには各種の手法がある。「縦羽目板張り」ともいう。→押縁（おしぶち）

建物系家具　機能上の家具の分類で，「シェルター系家具」ともいう。たんすや食器棚，間仕切りなど，建物の内法（うちのり）寸法や収納される物の寸法などと関連の深い家具の総称。→人体系家具，準人体系家具

竪枠（たてわく）洋風室内の壁面のように，柱型が見えない壁（大壁という）に仕上げる出入口枠，窓枠に上枠（かみわく）と下枠（しもわく）とをつなぐ左右の垂直の枠をいう。→図-決り（181頁）

谷（たに）屋根の部分名称の一つ。屋根面が直角に接する部分をさす。→図-棟（290頁）

谷樋（たにどい）木造住宅の勾配屋根どうしが接する部分に設けられる樋。

種石（たねいし）人造石塗りやテラゾー（人造大理石）を作るときに用いる大理石，花崗岩（かこうがん）などの砕石の粒のこと。→人造石塗り

田の字型住宅　襖（ふすま）や障子によって寝間，台所，座敷などに4分割されて，ちょうど田の字のような間取りになった民家や町屋にとられた住居の形式。「四つ間型」ともいう。間仕切りを取り払えば連続した一つの空間になる柔軟性の高い空間がつくられていた。

田の字型住宅

ダブルグリッド［double grid］あらかじめ壁やパネルの厚さを想定し，二重線でグリッド（格子）を設けておく方法。こうすればグリッド間は必ず内法（うちのり）寸法として確保できるという利点がある。関西間でつくられる木造在来構法がこの代表例。→シングルグリッド

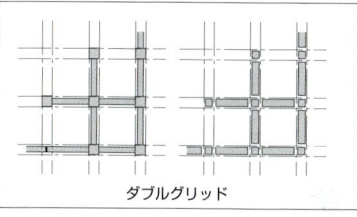

ダブルグリッド

太枘（だぼ）木工事や石工事に使用される部材の一つで，2つの部材接合部の相互のずれを防ぐもの。両方の部材に差し入れる小片のことで，木材や金属などが用いられる。→図-引き金物（267頁）

玉石洗い出し床（たまいしあらいだしゆか）左官仕上げ工事の一種。和室の踏込みや廊下などの床面仕上げに用いられ，玉石の大小によって室内の雰囲気を演出してゆく。工法は，下地モルタルを平たんに仕上げ，洗い玉石を埋め込むようにして張り付け，はけ類で目地を調整しながら仕上げてゆく。

玉石洗い出し床（玉石の種類と粒度）　　（mm）

那 智 石	20〜90
大磯砂利	20〜45
土佐五色石	20〜60
土佐白石	20〜25
土佐赤石	25〜30
黒 曜 石	20〜30
めのう石	20〜30

注）ほかに御影石，大理石，蛇紋岩なども用いられる。

玉石積み（たまいしづみ）⇒石積み

玉石張り（たまいしばり）自然石そのままの玉石や，花崗岩（かこうがん），安山岩などの雑割石を，石目を見て積み上げ，素朴な仕上げ面をつくる工法（220頁参照）。

ダミーモデル［dummy model］各種の実験に使用される人体に代わる模型のこと。

ダムウエイター［dumbwaiter］エレベーターと同じく上下階への搬送機械だが，人を乗せるのではなく，荷物のみを搬送する小型のものをいう。

多翼ファン（たよく―）⇒シロッコファン

垂木（たるき）屋根版を支える角材で，水勾配に沿って棟木（むなぎ），母屋（もや），軒桁（または妻桁）に架け渡す部材のこと。一般住宅では，間隔450mm，40×45mm

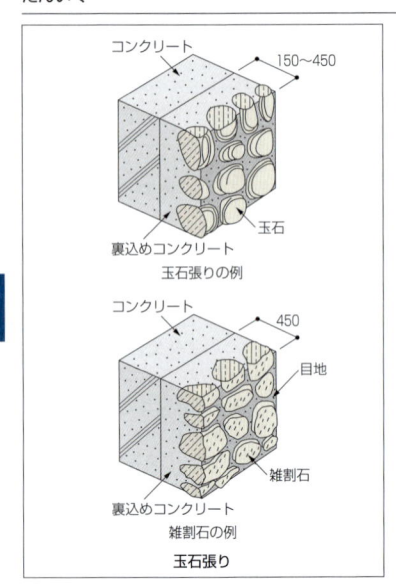

程度のものを使用する。→野地板，鼻隠し，広小舞（ひろこまい），図和小屋組（314頁）

単位空間　いくつかの動作空間が連続して集合し，組み合わされてある一連の生活行為が行えるのに必要な空間領域として算出された空間の単位のこと。一般にはこの空間の外側に壁や天井が取り付いて部屋となるが，DK（ダイニングキッチン），LD（リビングダイニング）のように2つの単位空間が含まれて，一つの部屋となることもある。このため，単位空間と部屋とを区別するために部屋を「室空間」と呼ぶこともある。

段板（だんいた）階段の踏板のこと。→側桁（がわげた），ささら桁

単一ダクト方式　一つのダクト系統で，建物全体に冷温風を送り空調する方式。熱負荷の異なる部屋も均一に空調するため，冷やしすぎや暖めすぎが起きやすい。「シングルダクト方式」ともいう。

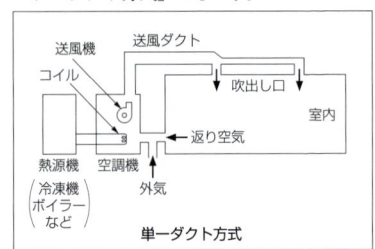

タンクレス給水方式　受水槽に受けた水を給水ポンプで加圧して各所に直接給水する方式。給水の圧力や流量を自動的に検出し，ポンプの回転数あるいは台数を制御して給水圧力を安定させる。

団子張り（だんごばり）⇒壁タイル張り

短冊金物（たんざくかなもの）木材の接合金具の一つで，長方形の細長い平板状の金物をさす。

暖色　色の感情効果の一つで，赤，橙など暖かみのある感情を与える色。→寒色

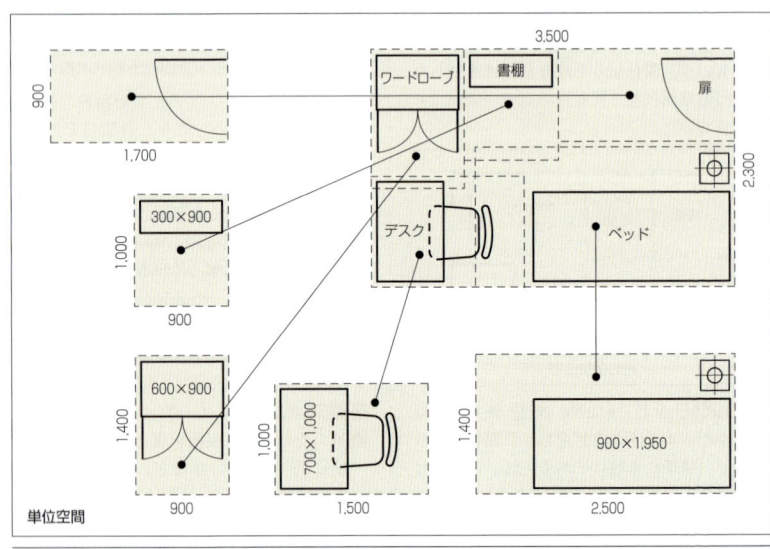

たんめん

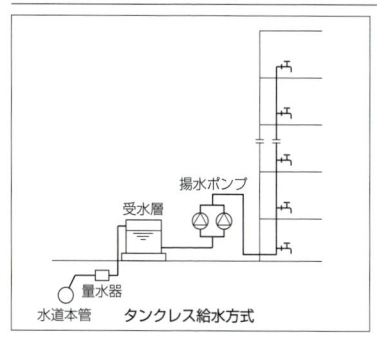

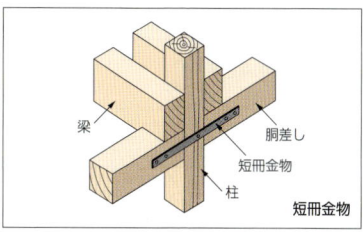

タンクレス給水方式（図）
受水層／揚水ポンプ／量水器／水道本管

短冊金物（図）
梁／胴差し／柱／短冊金物

箪笥（たんす）chest of drawers　箱の内部を水平に分割し，出し入れして使用し，分類と収納とが効率よく利用できるもの。戸棚と引出しとからなる。わが国では，1679（延宝7）年の文献に初めて衣装箪笥の記載が現れる。収納する物により小袖・衣装・刀・茶など各箪笥，使用者別には，男・女，使用形態では船・旅，材料別には，キリ（桐）・ケヤキ（欅）・硬木などがある。

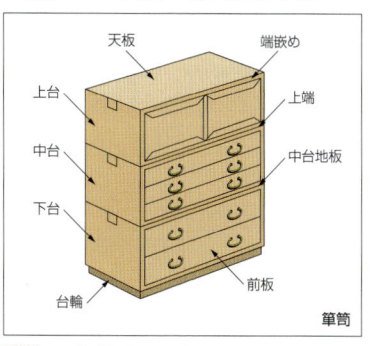

箪笥（図）
天板／端嵌め／上台／上端／中台／中台地板／下台／台輪／前板

弾性　⇒塑性（そせい）

単相3線式　単相変圧器（電信柱上の変圧器など）の中性点を接地して中性線をとり，両側の2本の電圧線とともに3本の電路で単相交流電力を配電する方式。電圧線間は200V，電圧線と中性線間は100Vで，2つの電圧を利用することができる。ビルをはじめ住宅に採用される配電方式。

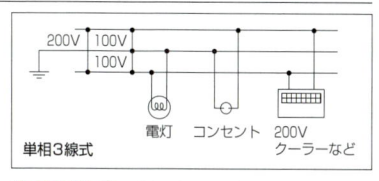

単相3線式（図）
200V／100V／100V／電灯／コンセント／200Vクーラーなど

単相2線式　単相交流電力を，2本の電路で送る配電方式。電灯，コンセントなどの電灯回路の100V電源として利用される。

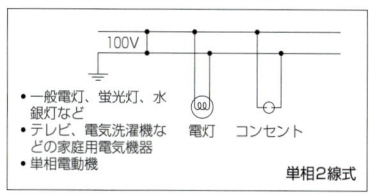

単相2線式（図）
100V／一般電灯、蛍光灯、水銀灯など／テレビ、電気洗濯機などの家庭用電気機器／単相電動機／電灯／コンセント

単独処理槽　し尿浄化槽の処理方式の一つ。水洗便所からの汚水のみを処理する方式。→し尿浄化槽

断熱材　熱を通しにくく（熱伝導抵抗の大きい），一般にロックウールやガラス繊維のように静止した空気層を多く含む材料。同じ材料ならば，材料の厚さに比例して断熱性能も大きくなる。建物に使われるものは，マット状，ブランケット状，板状になっており，防湿のためアルミ箔やアスファルト紙で表面が覆われた状態で市販されることが多い。

断熱性　床，壁，天井，建具など建物部品の常温における熱の貫流に対する抵抗の度合いをいう。熱貫流抵抗，$m^2 \cdot h \cdot deg/kcal$ で示す。

ダンパー［damper］ダクトの中に設置される抵抗可変装置。流量の調節，遮断および逆流防止などの目的のために用いられる。

段鼻（だんばな）階段1段の段の先端のこと。ここに，滑り止めなどを取り付ける。→図-階段（119頁）

暖房負荷　暖房するために必要な熱量のことで，室内外温度差，建物の断熱性，日射などの要因を考慮した計算によって求められる。

断面詳細図　⇒矩計図（かなばかりず）

断面図　建築物の全体的な垂直断面のことで，おもな室内部分を切断し，主要部分の高さ寸法（住宅の場合，1階床高，天井高，天井裏，段高，軒の出，庇（ひさし）の出など）や屋根の勾配を表示してゆく。略して「セクション」ともいう。

221

ち

地域暖房 建物ごとに熱源を用意するのではなく、地域的に熱源をまとめて設置し、地域内の建物に熱を供給する方式。まとめることによって、経済性や安全性を向上させることができる。暖房以外に、冷房、給湯などの組合せが可能。

チーク［teak］産地は東南アジ。材色は淡紅褐色、材質の強さもよく（比重0.80），伸縮も比較的少ないため狂いも少ない。耐久性は大きく、室内装飾用、高級家具材に用いる。→表-木材の分類②（295頁）

違い棚（ちがいだな）床脇のやや中央に配置し、2枚の棚板を段違いに左右から張り出す形式で、中間に海老束（えびづか）を設けてつなぐ。この場合、床のあるほうを上段とするのが一般的な納め方で、棚の基本型には、違い棚、箱棚、束（つか）棚、吊（つり）棚、隅取り棚、仕切り棚がある。→図-本床（ほんどこ、285頁）

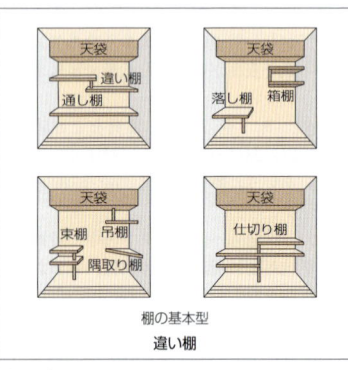

棚の基本型
違い棚

地下室 地盤面より下にある室。建築基準法では、床面が地盤面より下にある階で、かつ、その床面から地盤面までの高さがその階の天井の高さの1/3以上ある場合に地下室となる。

力桁（ちからげた）階段の段板を下方から支持する桁（斜め材）のこと。

力桁階段（ちからげたかいだん）⇒階段の分類

千切（ちぎり）造作工事で板のはぎ合せなどに使用される糸巻形やこれに類する形のものの総称。

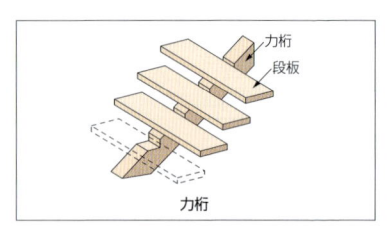

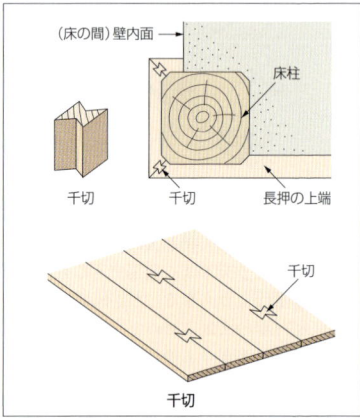

力桁

千切

蓄圧水槽給水方式 ゴム膜に内封された空気層をもつ蓄圧水槽を屋上に置き、高置水槽の架台高さに相当する水圧を空気圧により確保する給水方式。水槽が突出しないので美観がよく、水槽内の水が外気と接触しないので衛生的である。

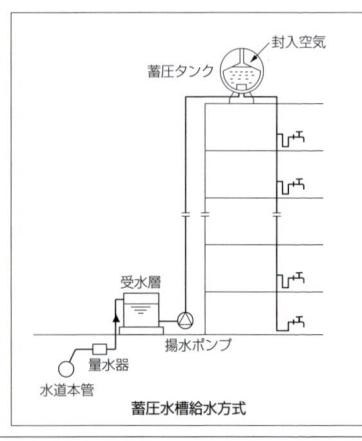

蓄圧水槽給水方式

蓄熱槽 熱を一時的に蓄えておく装置。熱源側の発生熱量に対して，消費側の使用熱量が時間的に等しくならない場合，蓄熱槽によってずれを吸収する。また，熱源機器の容量を小さくしても，長時間運転すれば負荷に耐える場合もある。蓄熱材には水が使われることが多い。

窒素酸化物 （ちっそさんかぶつ）NOx。酸素と結合して二酸化窒素（NO$_2$）になり，NO$_2$は気管や肺に刺激を与え，大きな害となる。

チッペンデール様式 [Chippendale style] 18世紀中頃から中国の装飾美術の様式をインテリアや家具の装飾に取り入れたイギリスの家具様式。ロンドンの著名な家具作家トーマス・チッペンデール（1718～79）は，1740年頃からフランスのロココ様式を主流とし，マホガニーを多用して中国の寺院をかたどった寝台や中国風の椅子，テーブル，飾り棚などを製作し，軽快で単純な形を表したものが特徴。→ロココ様式

チッペンデール様式

千鳥 （ちどり）互い違いに配置されることで，ジグザグ状をいう。特に，漆喰（しっくい）塗りなどでは，下げおを間隔300mm以下，千鳥打ちに亜鉛めっき釘で取り付ける。

着彩材料 顔料・染料などに固着剤や展色剤を加えたもので，一般に絵具と総称する。展色剤の種類によって，「絵具」の名称が異なってくる。油絵具には乾性油を，今日では豊かな発色性をもつアクリル絵具もある。水彩絵具には水を，特に固着剤にアラビアゴムを使用した一般に使用されている透明水彩絵具，石膏でつくられたパステル，粘土を加えた色鉛筆（湿式と併用して水彩絵具のように表現できるものもある），クレヨン，マーカーには揮発油など，ポスターカラーにはごふん，にかわが用いられ，平たんに同一の濃さで表現できる。着彩技法には，乾式（パステル，色鉛筆，クレヨン）と湿式とがある。

着色亜鉛鉄板 屋根材料の一種。屋根，樋（とい），塀（へい）などに使用される亜鉛鉄板に着色塗料を焼き付けた材料で，平板と波板とがある。耐食性に優れ，豊富な着色をもち見た目もよく，外壁などにも使用される。「カラートタン」ともいう。

茶室 茶の湯における喫茶，点茶（てんちゃ）のために造られた畳敷きの室のこと。広さでは，四畳半以下一畳台目（だいめ）にいたる「小間（こま）」と四畳半以上の「広間（ひろま）」に大別され，茶室の中心は小間にある。平面構成は，客座に対する点前座（てまえざ）の配置のしかた，床，出入口，炉の配置の工夫によって計画される。点前座は，一畳または台目畳に限定され，炉の切り方は八通り，躙口（にじりぐち）を客の出入口とする閉鎖的構造，窓（下地窓，連子（れんじ）窓，突上げ窓）への細心の工夫により，明暗の構成など狭く小さな空間に落ち着きとゆとりを創出している。外観は簡素で穏和な造形感，古風なひなびたデザインが求められている。

チャンバー [chamber] 気流の混合や分岐または方向変更などのために，ダクトの途中や端部に設置される箱状の容器。

中央式給湯 機械室に給湯設備を設け，給湯管によって広範囲に給湯する方式。ホテルなど大規模な建物に採用され，給湯管は複管式なので，水栓金具をひねるとすぐ適温の湯が供給される。大量の湯を安い燃料コストでつくれるが，設備費が高く配管の熱損失も大きい。

中央ホール型 ⇒集中型集合住宅

中間色 混ぜ合わせることにより，さまざまな色を作り出せるもととなる色を「原色」というが，これには加法混色，減法混色，心理四原色などがあり，原色以外の色を中間色という。→原色

昼光率 （ちゅうこうりつ）採光による部屋の明るさの度合いを示す単位。全天空照度と室内のある点の照度の比（%）で表される。住宅の昼間における昼光率の目安は1%。また，室内の昼光率の分布状態を表したものが昼光率分布。→全天空照度

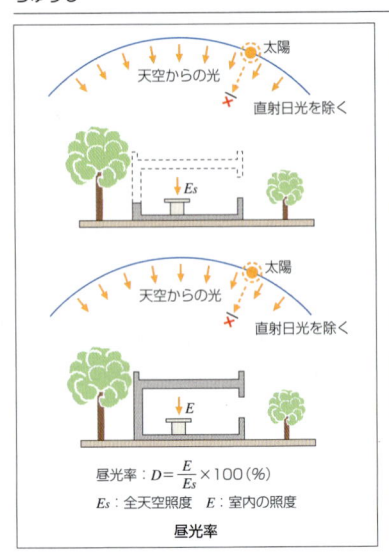

昼光率：$D = \dfrac{E}{Es} \times 100\,(\%)$

Es：全天空照度　E：室内の照度

昼光率

中心線　図形や物の大きさ（壁厚，柱の太さ等）の中心を表し，一点鎖線が用いられる。

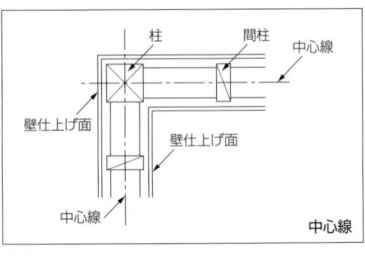

中心線

中性色　色の温度感覚の中で，暖色でもなく寒色でもない，黄系統と紫系統の色をいう。→色の感情効果

チューダー・ゴシック様式〔Tudor gothic style〕イギリスのチューダー朝時代（1485〜1603）の建築様式。ゴシック式の後期様式に属し，垂直性を特に強調している。イギリスの国会議事堂はその代表例。

鋳鉄放熱器（ちゅうてつほうねつき）⇒ラジエーター

厨房（ちゅうぼう）⇒台所

中明色（ちゅうめいしょく）色の明度を表示するうえで，暗くもなく明るくもない中間の明るさの色をいう。マンセル表色系では，明度4〜6の段階の明るさの色。

聴覚　音刺激に対して反応する感覚で，具体的には人間は一般に20〜20,000Hz（ヘルツ）の音エネルギーに対し，耳を通じて音として知覚できる。この範囲を「可聴音域」とい

う。聴覚機能は年齢とともに低下し，聞き取れる周波数の範囲も狭くなる。特に10,000Hz以上の高周波から順に聞き取りにくくなっていく。

鳥瞰図（ちょうかんず）⇒3消点透視法

調光装置〔light control equipment〕複数の照明回路を個別に操作し，照度を変化させながら空間の使用目的に応じた照明シーンを作る装置。舞台やスタジオに使われる大規模なものから住宅用の小規模タイプである。→記憶調光器，サイリスタ

長尺シート床材（ちょうしゃく—ゆかざい）プラスチック系床材の一種。プラスチック系床材には，タイル・シート・塗床の各種がある。このうちシート床材に含まれる。

調節　奥行知覚（物や空間を立体として把握する現象）を生じさせる生理的理由の一つ。人間の眼はものの遠近の違いによって焦点を合わせるために水晶体の厚薄を調節する。このときの眼筋の緊張，弛緩（しかん）状態で奥行差を知覚する。

帳台（ちょうだい）寝殿の母屋（もや）に据える座で，貴人の坐臥（ざが）に用い「帳（とばり）」ともいった。配置構造は，長さ8尺3寸（約2,500mm），広さ4尺1寸4分（約1,250mm）の畳2帖を南北に敷いた上に，L字形の土台（土居（つちい）という）を四隅に置き，それに各々6尺7寸（約2,000mm）の柱を3本ずつ立て，横木を渡し，上に明り障子，四方の中央に別々の帳の幃（かたびら）をたらすもの。なお，皇后の場合は，帳台のことを「浜床（はまゆか）」という。

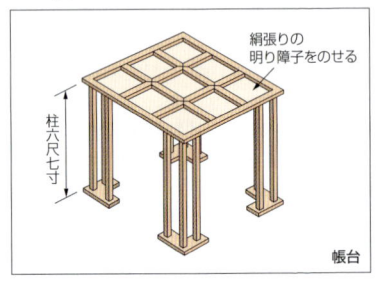

帳台

帳台構え（ちょうだいかまえ）書院造り上段の間の床の間，違い棚に向かって右側に設けられたもの。寝殿造りにおける寝室の入口を原形にしたものがしだいに装飾化されていった。

帳壁（ちょうへき）⇒カーテンウォール

帳台構え

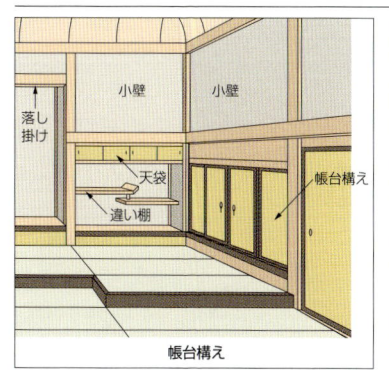

直接照明［direct lighting］ランプの中心を横切る水平線より下方に，90％以上の光束をもつ照明器具による照明。同様に60～90％以上の光束をもつ器具による照明を「半直接照明」という。直接照明は器具から放射された光の多くが，直接作業面を照らすので照明率が高い特長をもつ。

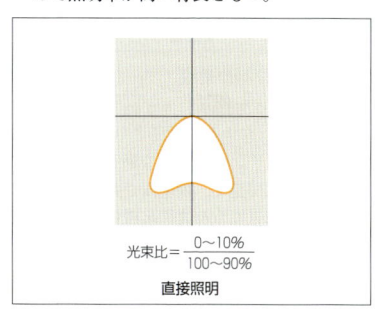

光束比 = $\dfrac{0～10\%}{100～90\%}$

直接照明

直通階段［direct stairs］⇒階段の分類

直流 直流電流のことで，回路の中を電流の強さと方向を一定に保って流れる電流。エレベーター用電源などに利用されている。DC（direct current）という記号で表す。→交流

直列型家具配置 空間が狭い場合，あるいは一方向だけを向かせて人間を位置させたい場合にとられる家具配置。一方向だけに向かって人間が座席を占める配列。

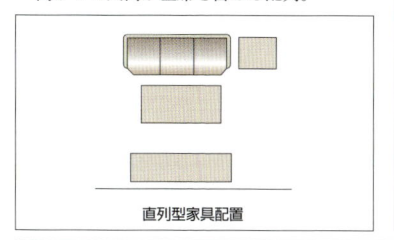

直列型家具配置

直管形蛍光ランプ 直管状の蛍光ランプ。最も広く普及しているタイプなのでワット数の種類が豊富で，さらに光色や演色性の種類も多い。特に20Wと40Wが使いやすく，建築化照明光源としても欠かせない。→コンパクト形蛍光ランプ

貯湯式湯沸器（ちょとうしきゆわかしき）貯湯槽に沸した湯を蓄えておく湯沸器。一度に大量の湯を使いたい場合に適し，湯の温度が安定している。機器が重く，広い設置場所が必要なことが欠点。住宅では，深夜電力を利用したタイプがよく使われるが，ガスや石油を熱源とするものもある。

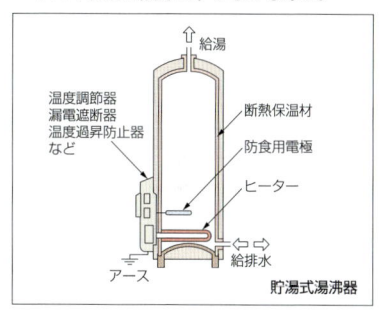

貯湯式湯沸器

貯湯槽（ちょとうそう）沸した湯を一時的に蓄えておくタンク。おもに中央式給湯に用いられる。

散り（ちり）壁面や柱面，壁面と枠見付け面のように，2つの面の差のこと。例えば，部材の縁がものに当たって欠け落ちないだけの大きさが必要となる。→見付け

散り決り（ちりじゃくり）塗り壁と接する額縁，回り縁，畳寄せ，柱などに設けられる溝をさす。乾燥により木部との接触部にすき間ができるのを防止するために設けられるもの。→図-決り（181頁）

狆潜り（ちんくぐり）床と床脇とを仕切るそで壁の下方に設けられた開口部をさす。

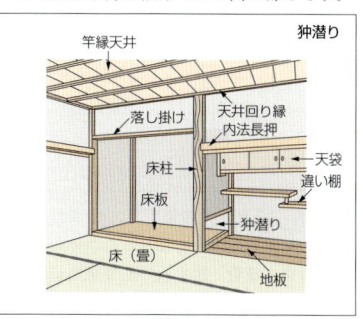

狆潜り

つ

衝重ね（ついがさね）飲食具の一種。方形の折敷（おしき）の下にヒノキの枌板（へぎいた）を折り曲げて四角または三角の筒をつけ，繰形（くりがた）の孔をつけたもの。今日の三方（さんぽう）の原形で（三方より台は低く穴も大きい），貴人の食器をのせたり神供を盛るのに用いた。

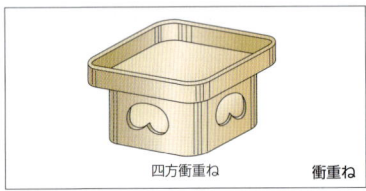

四方衝重ね　衝重ね

追跡調査　建物や建物の使われ方などは，経年によって変化する。こうした建物の経年による物理的変化，使用上の変化，あるいは改修，増改築などの実態，社会的な価値変化などについて年代を追って調べ，変化の経過や要因などを分析し・調査すること。

衝立（ついたて）寝殿造りの室内で使用された，目隠しや風除けのための建具の一種。枠（黒漆）と台脚からなり，枠内には絵画・書などが書かれ，今日でも同様のものが玄関・座敷などで使用されている。「衝立障子」ともいう。

衝立障子（ついたてしょうじ）⇒衝立

ツインコリダー型[twin corridor type] 集合住宅における住棟の平面形式から見た分類の一つで，中央に吹き抜けを設け，ここに面して2列の廊下によってそれぞれの住戸が配置された形式。大規模な集合住宅に採用される。

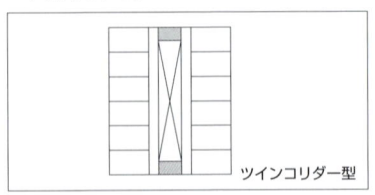

ツインコリダー型

通気管　排水管内の気圧と，室内および大気の気圧との差をあまり生じさせないように調整する管。排水管の必要個所に取り付けられ，トラップの破封を防ぎ，排水を円滑に流す役割をもつ。「ベントパイプ」ともいう。

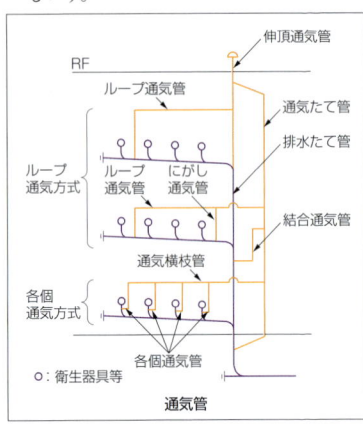

通気管

通常作業域　⇒作業域

ツーバイフォー構法[two by four method] アメリカ，カナダで開発されたもので，2インチ×4インチをおもな断面とする木材を釘打ちにて建て，壁全体で支持する構法。「枠組壁構法」「木造枠組壁構法」とも呼ばれる。

ツーバルブ式水栓　水と湯の流量を別々の弁（バルブ）を操作することによって，その開閉や温度調節をする混合水栓。温度調節に手間取ることが欠点。

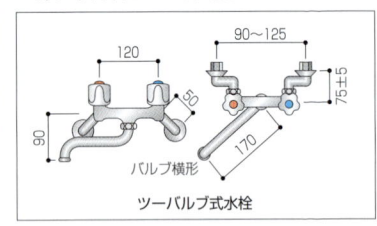

ツーバルブ式水栓

通風　建物に自然の風が当たって部屋などを空気が通り抜ける現象。風上側と風下側に開口部があり，部屋の中に風の通り抜けを妨げる物のないことが必要。

束（つか）木造建物の構造部材の一種。短い垂直の部材をいう。おもな部材には，床束（ゆかづか），釣束（つりづか），海老束（えびづか）などがある。

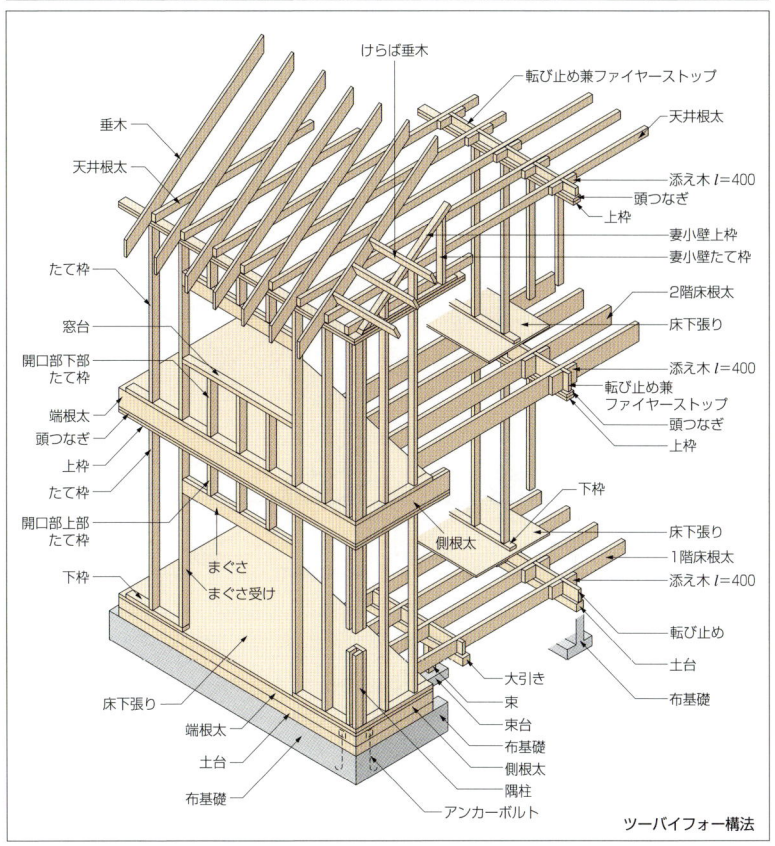

つきてと

図の部材名称（ツーバイフォー構法）:
- 垂木
- けらば垂木
- 転び止め兼ファイヤーストップ
- 天井根太
- 添え木 l=400
- 頭つなぎ
- 上枠
- 妻小壁上枠
- 妻小壁たて枠
- 2階床根太
- 床下張り
- 添え木 l=400
- 転び止め兼ファイヤーストップ
- 頭つなぎ
- 上枠
- 下枠
- 床下張り
- 1階床根太
- 添え木 l=400
- 転び止め
- 土台
- 布基礎
- たて枠
- 窓台
- 開口部下部たて枠
- 端根太
- 頭つなぎ
- 上枠
- たて枠
- 開口部上部たて枠
- 下枠
- まぐさ
- まぐさ受け
- 側根太
- 床下張り
- 端根太
- 土台
- 隅柱
- 布基礎
- 大引き
- 束
- 束台
- 布基礎
- 側根太
- アンカーボルト

ツーバイフォー構法

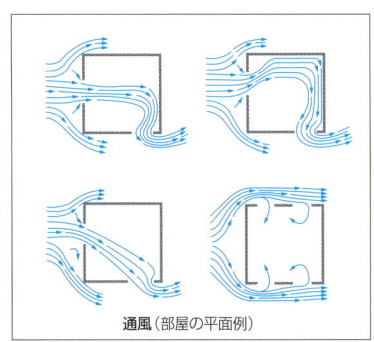

通風（部屋の平面例）

使われ方調査 ⇒住まい方調査

突出し窓 戸の上端に水平回転軸を取り付け，戸の下端を突き出したりして開閉する窓。

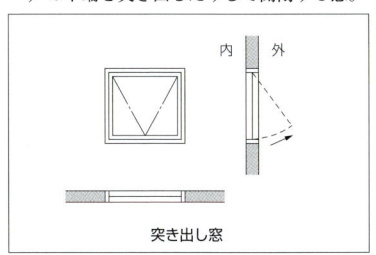

内　外

突き出し窓

束石（つかいし）木造建築での1階床組を支える床束（ゆかづか）と地盤面との接点におく玉石またはコンクリートブロックのこと。床束の下部の腐食を防ぐ目的をもつ。
→荒床

束柱（つかばしら）束（つか）の古い呼び方の一つ。

突付け（つきつけ）2つの部材を直接突き合わせて接合してゆくもの。接合部に補強金物などを併用することもある（229頁参照）。

継手と仕口（つぎてとしぐち）木材の接合のしかたで，継手は材の長さの方向に一直線に接合することで，仕口は材と材がある角度をなして接合されること。

227

つきてと

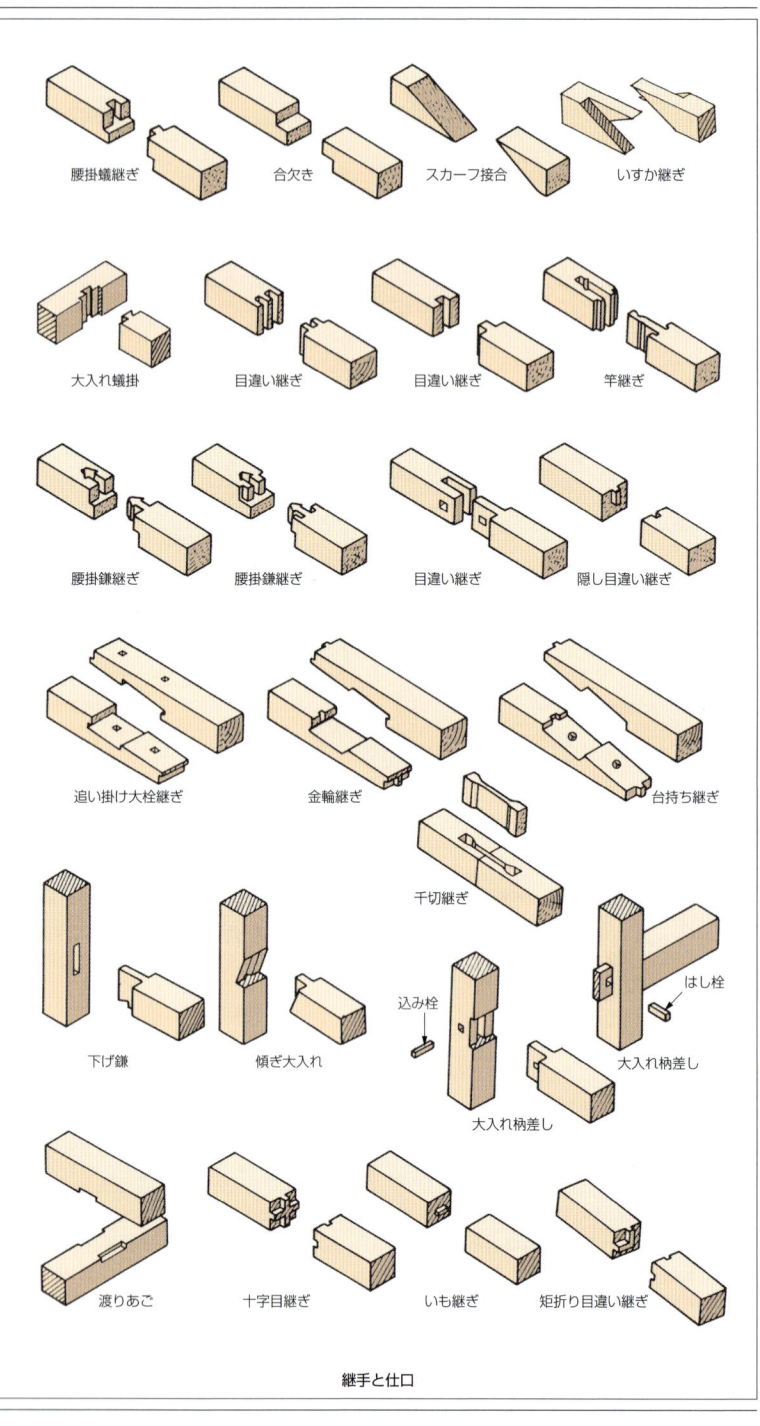

腰掛蟻継ぎ	合欠き	スカーフ接合	いすか継ぎ
大入れ蟻掛	目違い継ぎ	目違い継ぎ	竿継ぎ
腰掛鎌継ぎ	腰掛鎌継ぎ	目違い継ぎ	隠し目違い継ぎ
追い掛け大栓継ぎ	金輪継ぎ		台持ち継ぎ
	千切継ぎ		
下げ鎌	傾ぎ大入れ	込み栓 / 大入れ柄差し	はし栓 / 大入れ柄差し
渡りあご	十字目継ぎ	いも継ぎ	矩折り目違い継ぎ

継手と仕口

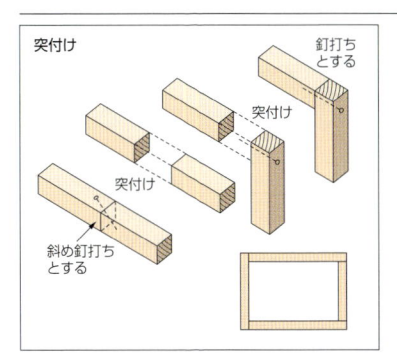

蹲踞（つくばい）茶席の前に設ける手水鉢（ちょうずばち）の一形式。客は，蹲踞の手水鉢で手を洗い，口をすすいで席に入る。一般に蹲踞の石組には，手水鉢を中心に前石などで組み，水門を造り，筧（かけい）によって給水する。

付け 接頭語の一つで，新たに取り付けること。付け柱，付け土台，付け鴨居（がもい），付け書院などのように使う。

付け鴨居（つけがもい）和室などの塗り壁面の内法長押（うちのりなげし）に接して取り付けた化粧鴨居のこと。高さ・大きさ寸法は鴨居と同じものを用いる。→鴨居

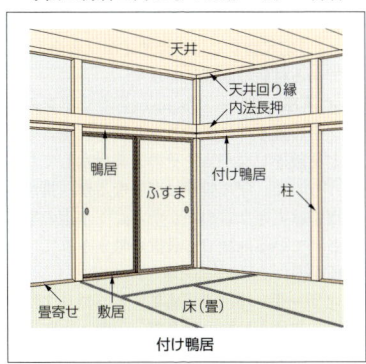

つけとろ張り ⇒壁タイル張り

付け柱 化粧柱として，あたかも柱があるように取り付けられるもので，コンクリート造建物に和室を設けるときなど壁面に取り付ける。

続き間型住宅 現代日本の住宅形式に見られるものの一つで，和室が2部屋以上の続き間をもつ平面形式。こうした伝統的な間取りが東北，信越，山陰，九州南部などで根強く残っている。

角柄（つのがら）窓・出入口などの枠の水平・垂直方向のはみ出た部分をさす。→欄間（らんま）

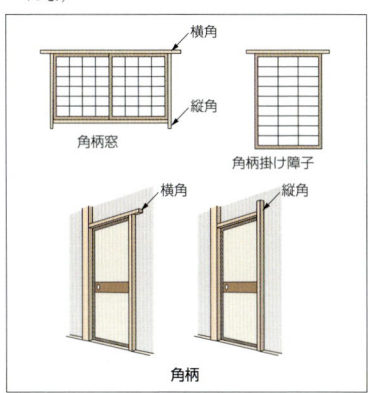

妻（つま）⇒妻側

妻入り（つまいり）⇒平入り

妻側（つまがわ）矩形における長辺を平側とすれば，短辺を妻側という。単に「妻」ともいう。→平側（ひらがわ）

積上げ張り ⇒図-壁タイル張り（126頁）

艶出し本磨き（つやだしほんみがき）⇒表-石材の仕上げ①（201頁）

面（つら）建築・室内の目に見える仕上材の表面をさす。柱の面，棚板の面など。

面一（つらいち）2つの部材を同じ平たんな面としてそろえること。壁面と幅木の面を「面一にする」，また「揃（ぞろ）」「さすり」，ともいう。

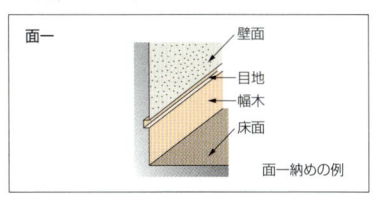

吊（釣）木（つりぎ）天井仕上げの構成面を所定の高さに上部構造の支持材と連結している部材をさす。→図野縁（のぶち，256頁）

吊（釣）木受け（つりぎうけ）天井の吊木を受ける横材のこと。あらかじめ小屋梁に架け渡しておく。簡略な場合は，2階根太（ねだ）や梁に吊木を直接取り付け，吊木受けを省略する。→図野縁（のぶち，256頁）

吊（釣）子（つりこ）金属板屋根工事に用いられる金物で，瓦棒に短冊形の薄い平板を取り付けて屋根葺き材とともに折り返して固定させる部材。→図-瓦棒（131頁）

つりつか

吊(釣)束（つりづか）和室の鴨居（かもい）の垂れ下がりを防ぐもので，補強材と同時に化粧材ともなり，柱と同材が用いられる。

吊(釣)床（つりどこ）簡略な床の間形式の一種。床柱，床框（とこがまち），床板（とこいた）を設けず，壁面を床に見立て天井から吊束（つりづか）を下げて小壁，落し掛けを取り付けたもの。別に「壁床」ともいう。→図-床の間（241頁）

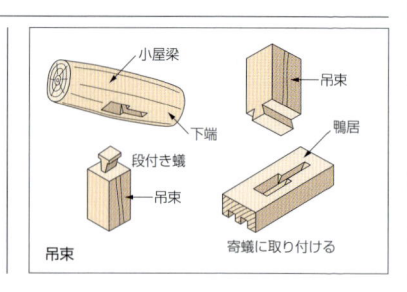

て

DIY［do-it-yourself］「住まいと暮らしをより良いものにするために，自らの手で修理，補修，改善を行うこと」がDIYの一般的な定義となっている。DIY産業とは，人々がDIYを容易に行えるのに必要な材料や道具およびサービスを提供するための産業で，ホームインプルーブメント，ホームソーイング，ホームクッキング，カーインプルーブメント，ホビーなどが含まれる。

DK型住宅　戦後，公団住宅を中心に採用されたダイニングキッチンを中心とした間取りの住宅。食寝分離論がうたわれ，合理的な住宅づくりを目ざして，1DK，2DKなどがつくられた。

TPO（和）time（時），place（場所），occasion（場合）に応じた振舞いや，服装などや言葉を使い分ける必要があるという考え方。

Tライン手法　2本のTバーに蛍光灯器具や空調，スピーカーなどを一括施工することで作業の省力化を図った手法。→複合天井システム

定温式スポット型熱感知器　防災設備機器の一種。狭い範囲の周囲温度が一定の温度以上になったとき作動する熱感知器のこと。円形のバイメタル板が熱によって反転し，接点を閉じることによって火災を感知する。

ディグリーデイ［degree day］各地の寒さの目安となる数値。暖房燃料費に比例するので年間暖房費の概算も可能。外気温の日平均が暖房限界温度（住宅の場合16℃程度）より低くなった日について，暖房設定温度（室温：住宅の場合18℃程度）と外気温との差を求め，これを冬季全期間にわたって積算したもの。

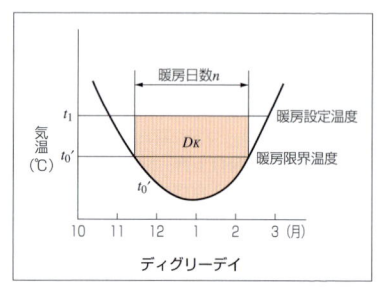

定尺（ていじゃく）standard size　一般に材料の構準寸法または規格された寸法のこと。「定尺物」とは，標準寸法（規格寸法）である材料の既製品をさす。

ディスポーザー［disposer］キッチンのシンクの排水部に設置される機器。生ゴミなどを破砕しながら，そのまま排水してしまうもので，ゴミ処理は楽になるが，排水処理には大きな負担がかかる。下水道の整備されている地域でも設置が禁止されている所が多い。

ディテール［detail］建築・インテリアにおける部位や材料の接合部，入隅，出隅，凹凸，ちりなど詳細部分，「納まり」ともいう。デザインの最後の仕上げの部分であり，特にインテリア空間では，多種多様の材料が使われ，いくつかのエレメントどうしが接合する個所が多く人の目や手に触れやすい。ディテールの扱いが空間の良し悪しを決める大きな要素となる。意匠，性能，構法上の点から都合のよい納まりを検討する必要がある。→詳細図

ディフューザー［diffuser］①吹出し口のこと。②流体の通る部分のうち，断面積が徐々に拡大する変形部分。

ディメンション［dimension］寸法（長さ・幅・厚さ），次元を表す。例えば，通常，立体は幅，奥行，高さの3つのディメンション（3次元）から構成されている。

出入口 人間や物などが通過するための開口部。出入幅は人間1人が通過するには60cmあればよい。車椅子の通過を見込めば80cmは必要である。このほか家具の搬入なども考えておく。扉の内外への開閉方向，左右の開き勝手などについても部屋の使い勝手を想定し，一つ一つきめ細かく検討する。また，施錠のタイプ，戸当り，取手，さらに扉周辺に取り付くスイッチ，コンセントの位置についてもあらかじめ検討する。

ディレクトワール様式［Directoire style 仏］1795～99年のフランス革命政府の執政内閣（ディレクトワール）時代の建築・工芸の様式。ルイ16世様式からアンピール様式への過渡期の様式で，ギリシア・ローマの造形に忠実かつ厳格な装飾性をもつ。

ディンクス［DINKS］double income no kids ⇒ライフサイクル

テーブルコンロ ⇒ガステーブル

テクスチャー［texture］「ざらざら，つるつる」など物の表面の様態。広くものの材質感をさす。こうした材質感は手で直接感じる感触感のみならず，眼を通しても感ずることができる。表面の凹凸，粗骨，硬度，光の吸収・反射などに影響する。

デコレーション［decoration］⇒装飾

デザイン［design］設計，計画，考案，意匠，図案，造形の意。人間の生活にとって必要な空間やものについて，機能や構造，あるいは美的要素を考慮しながら形態を総合的に整え，計画，設計すること。視覚伝達にかかわるビジュアルデザインあるいはグラフィックデザイン，ものの設計・生産に携わるプロダクトデザイン，あるいはインダストリアルデザイン，インテリア空間を対象としたインテリアデザイン，さらには環境・建築デザインなどの分野がある。

デザインサーベイ［design survey］計画・設計の立場から行われる調査。現象や実態，人々の意識などに関する調査には，社会学，心理学，文化人類学などさまざまな面からの調査がある。ここではデザイン計画を行うための資料，根拠，方針などを得るために実施されるもので，調査を通じ形態を形成させている諸条件や要因，その構造などを分析することが目的となる。

デザインプロセス［design process］デザインを進めていく過程。対象の違い，各デザイナーやチーム，その課題を取り巻く状況の違いなどで，過程はそれぞれに異なるが，一般的には目標の設定→調査・分析→総合化・展開→評価などの過程を経ながら抽象的な段階から，次第に具体的形態へとまとめられていく。

デシベル［decibel］音の強さまたは音圧を表す単位として用いられる。単位記号はdBで示す。

デ・スティール派［De Stijl］1917年，オランダのライデンで結成され，雑誌「デ・スティール」（1917～32）を中心とした芸術運動（新造形主義ともいう）。立体派からさらに発展した抽象主義によって，直線と直角，赤・青・黄の三原色と無彩色とに限定し，普遍的な調和の法則や宇宙的な美の表現を指向した。バウハウスやヨーロッパの近代デザイン運動への影響は大きい。P.モンドリアン，G.T.リートフェルトらが造形運動のメンバー。→バウハウス

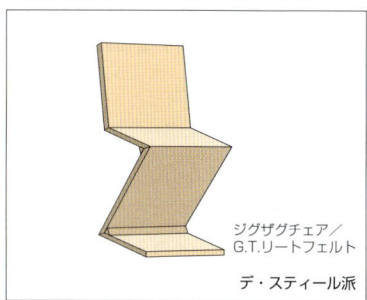

ジグザグチェア／G.T.リートフェルト

デ・スティール派

手摺子（てすりこ）階段に設ける手すりの笠木を支持する垂直の角材。

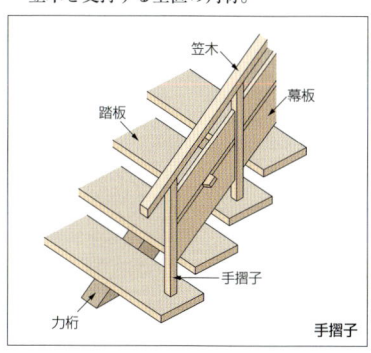

手摺子

デッキプレート［steel deck］建物の床板（とこいた）や陸屋根（ろくやね）などに使用される部材。波型などの形状を付けた広幅の帯状の鋼材のこと。

鉄筋コンクリート構造［reinforced concrete construction］主要な構造部分は，鉄筋を敷き並べたり立てたりし，同じく鉄筋で直角方向などに一定間隔で緊結する。それらを型枠で仕切り，コンクリートを打ち込み仕上げ，のちに型枠を取り外してゆくもの。「RC造」ともいう。

鉄骨構造［steel structure］柱，梁などの主要な構造部に，形鋼，鋼管，鋼板などの鋼材を用いて組み立てた構造をいう。軽量かつ靭性（じんせい）に富み，高層建築などに用いられる。「鋼構造」「S造」ともいう。

鉄骨鉄筋コンクリート構造［steel framed reinforced concrete structure］鉄骨で主要な骨組を組み立て，それらのまわりに鉄筋を配してコンクリートを打ち込んだ構造をいう。「SRC構造」とも呼ばれる。

テッセラタイル［tessera tile］素地は磁器質，炻（せっ）器質のもので，無釉の石割り面をもつ。おもに外壁用タイルに用いる。→表-陶磁器質タイル②（237頁）

鉄平石（てっぺいせき）安山岩の一種。薄板状に採石しやすく，床張り，腰壁張りなどに使用される。産地は広く全国各地にわたっている。→表-石材の分類①（200頁）

テナント［tenant］借地人，借家人のこと。土地・建物などの不動産を借りている人をさす。

出幅木（ではばき）床面と壁面との取合い部に取り付ける横木のことで，壁面より出っ張っている最も簡易な納まり。→入り幅木（いりはばき），幅木

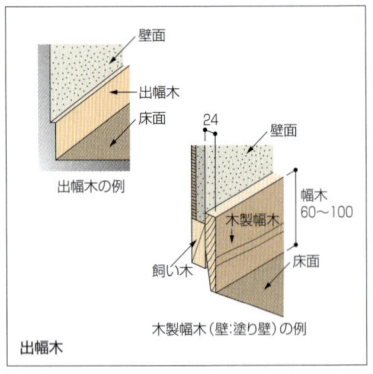

点前畳（てまえだたみ）tea service mat 茶席において亭主が点茶（てんちゃ）所作を行う場所の畳のこと。また，茶道具を置く場所を「道具畳」という。

出目地（でめじ）⇒図-れんが積み（312頁）

デュアルダクト方式 ⇒二重ダクト方式

テラコッタ［terracotta］素焼（土器）の意。建築物の外装用などに使用される大型の粘土製品をいう。色名として，深みのある赤褐色（マンセル7.5R4/8）をさす。

テラスハウス［terrace house］2，3階建の集合住宅で，住戸を横に連続して配置したタイプ。各住戸がそれぞれ土地に接し，庭をもつ。「連続住宅」ともいう。

テラゾー［terrazzo 伊］大理石を模した人造石の一種。メッシュ（金網）を軸にしてモルタル，種石などを練り混ぜ研磨，つや出し仕上げしたもの。種類には，ブロック状，タイル状，現場塗りなどがある。→表-石材の分類①（200頁）

テラゾータイル［terrazo tile］タイルの大きさは，300mm，400mm（厚30）の正方形のもの，床張り用など（JIS A 5415）。→表-石材の分類①（200頁）

テラゾーブロック［terrazo block］工場で任意の大きさに成形され生産されるもの（平物900×600mm，厚25, 30mm）。床・壁張り，甲板，棚板，便所スクリーンなどに用いる。→表-石材の分類①（200頁）

照り［concave, upward］上方に対して凹形に湾曲している曲線，曲面をさす。「照り破風（てりはふ）」などがこの例。→反り

テレコントロールシステム［telecontrol system］HAの機能の一つ。遠く離れた場所から通信回線により遠隔操作するシステム。例えば，外出先から自宅へプッシュホンで電話をかけて自宅のHAに命令し，エアコンのスイッチを入れておいたり，風呂に自動給湯することなどをいう。

展開図 室内展開図の略称。一室の中央に立って，東西南北の壁面を見たままに表現してゆくもの。縮尺は1/50程度が多く用いられる。

電気設備図 一般住宅の場合，外部の引込み線，積算電力計（メーター）から分電盤の位置，各室の照明器具の個数やデザイン，点滅のためのスイッチやコンセントの位置，その他，TVや電話，冷暖房設備についての配線を表示してゆく図面。

てんしょ

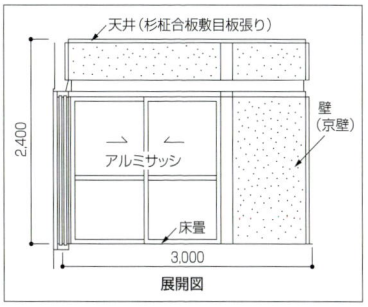

展開図（天井：杉柾合板敷目板張り、壁：京壁、アルミサッシ、床畳、2,400、3,000）

電球口金形蛍光ランプ コンパクト形同様，小型変形蛍光ランプの一種。ボール（G）形や円筒（T）形があり，ランプに安定器を内蔵してあることと，口金がE26のため電球用器具に代替が可能。その場合，使用上のおもな注意として，①放熱の悪い器具には使わない。②連続調光不可。③ランプ分の加重を考慮。→コンパクト形蛍光ランプ

電球口金形蛍光ランプ

天空光（てんくうこう）直接光以外の拡散された空からの光。直接光に比べ，明るさの変化も小さく，採光の計画に際して用いられる。→採光

電子ダウントランス 電子回路を使った変圧器。従来型変圧器に比べ小型軽量のため，低電圧用照明器具に内蔵が可能。最近では12V用ハロゲンランプ器具に多用されている。

電磁波 一般に光，電波，X線などと呼ばれているものの総称。横波の一種で，光速と等しい速度で真空中も伝わる。その波長によってさまざまな呼び方がなされ，単位はnm（ナノメーター）で示される。1nm＝10^{-9}m

電子メール コンピューター，ワープロ，ファクシミリなどの間で，文字や図形によってメッセージを交換する機能。ふつうの郵便と違って即時性があり，またメールボックスに蓄積していつでも取出し可能な蓄積性や，同時に複数の相手に伝送する同報性もある。

天井直付け器具（てんじょうじかづけきぐ）天井高が十分でなかったり，天井裏に埋め込むスペースがない場合，天井面に直接取り付けられる器具。住宅用として天井に引掛けシーリングや引掛け埋込みローゼットがあれば配線工事を必要としないで取り付けられる。軽量の簡易取付け型もある。

天井台輪（てんじょうだいわ）⇒二重回り縁

天井高（てんじょうだか）床仕上げ面から天井仕上げ面の下面までの垂直距離のこと。住宅などの一般居室では2.1m以上（令第21条）。→階高

天井長押（てんじょうなげし）天井回り縁に接して下部に取り付けられる部材をさし，格調高い和室に用いられる。→長押，二重回り縁

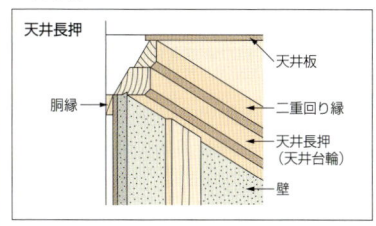

天井長押（胴縁、天井板、二重回り縁、天井長押（天井台輪）、壁）

天井の形 インテリア空間の上部を構成する面で，屋根を支える小屋組や上階の床組などを隠すもの。古代では「承塵（しょうじん）」ともいった。おもな天井の形は次の通り。→承塵

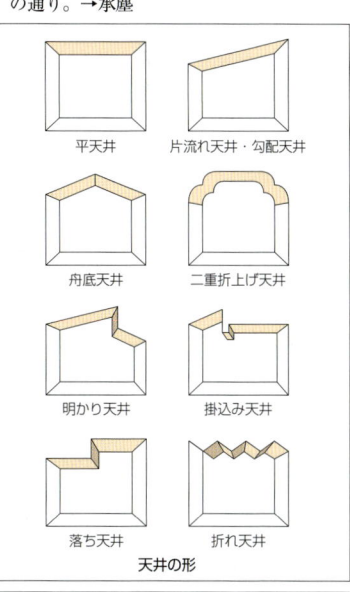

平天井／片流れ天井・勾配天井／舟底天井／二重折上げ天井／明かり天井／掛込み天井／落ち天井／折れ天井

天井の形

て

天井伏図（てんじょうぶせず）天井の上方から見通した平面図として，天井の形状・デザインや天井に取り付けられた装備類（照明器具の位置，空調機器類等）を表示する。縮尺は1/100程度。

天井回り縁（てんじょうまわりぶち）天井と壁の接する部分の部屋の四周に取り付けた見切り縁のこと。回り縁の成(せい)は，柱の0.4〜0.5程度。

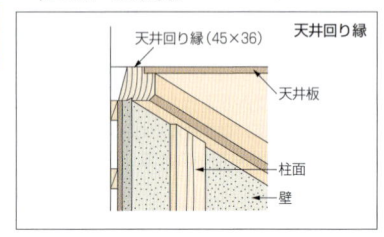

天井回り縁（標準木割り例）

部材	種別		寸法例	
			成（せい）	下端
竿縁	角縁		柱×(0.25〜0.3)	柱×(0.25〜0.3)
	平縁		柱×0.25	成×(1.1〜1.2)
回り縁	一重回り縁		柱×(0.4〜0.5)	柱からの出 柱×0.3
	二重回り縁	上	一重回り縁と同じ	
		下	柱×(0.6〜0.7)	柱からの出 柱×0.18

注）和室の天井に用いられるものである。

伝導 同じ物質内や接触した物質間における熱の移動をいう。

伝熱 熱が一般に高温部から低温部へと移動することをいい，伝熱は固体中で分子から分子に熱が伝わる「伝導」，液体や気体が熱をもって移動する「対流」，電磁波によって熱が伝わる「放射（ふく射）」の3つの作用によって行われる。

天然木化粧合板（てんねんもくけしょうごうはん）合板を下地にして，その表面に突板（つきいた：木材を薄くそいだ板）を張り合わせたもので，樹種，木目，材質，色などにより多様な種類がある。「化粧張り合板」ともいう。→表-合板の種類（151頁）

天端（てんば）建築部品や工芸品などの頂上部の面を示す用語で，幅広く用いられる。→上端（うわば）

天袋（てんぶくろ）床脇の最上部に設けられる袋戸棚のこと。床脇の意匠によっては省略されることもある。また，台所などの天井面に接して造り付けられた戸棚などもいう。→図-本床（ほんどこ，285頁）

澱粉（でんぷん）天然系接着材料の一つ。馬鈴薯（ばれいしょ）などのでん粉で作ったもの。水分で軟化し，耐水性に乏しく，壁装工事などに用いる。→表-接着材料の種類（203頁）

テンペラ［tempera］にかわ・卵白などの顔料で練り合わせた不透明の絵具，またはそれで描いた作品。

天窓 屋根や屋上に設けられた採光のための開口部。採光のためには有利な窓で，建築基準法では側窓の3倍の面積をもつとみなされる。「トップライト」ともいう。

点滅器 照明器具を点滅させる場合，手動式のスイッチ以外に，遠隔操作できるリモコンスイッチ，人が近づくと自動的に点灯し，離れると消灯する赤外線スイッチ，昼光センサーによって自然光の変化で点滅する自動点滅器などがある。

と

ドイツ工作連盟［Deutscher Werkbund］1907年，ミュンヘンにてドイツ建築家ヘルマン・ムテジウスを中心に建築家，工芸家，実業家を集めて結成された。目的は，工業・美術における最高品質の確保，質の高い仕事を志す人々の養成など。技術文明の中でのデザインの位置づけについて積極的に推進。1927年，シュトゥットガルト郊外での共同住宅展覧会は，それ以後の近代建築の発展に多大の影響を与えた。

ドイツ下見張り（—したみばり）外壁の仕上げ工法の一種。下見板（水平方向に張る板，幅250mm程度，厚さ約20mm）の重ね目をかき取り，幅15〜20mmの筋目を通すように張って仕上げる。「箱目地下見板張り」「ドイツ下見」ともいう。

トイレユニット［toilet unit］インテリア構成材のうち，便所を構成するスペースユ

ニット。室空間を構成するもので，工場で箱型に組み立てるキュービックタイプと，現場で組み立てるノックダウンタイプとがある。また，便器と手洗い器および配管などを一体に組み込んだウォールユニットをさす場合もある。

投影法（とうえいほう）3次元の立体を2次元の平面図，立面図，断面図などによって，形態や大きさを正しく表し伝えるための図法。平行投影法と中心投影法（透視図法）とがある。→1消点透視法，軸測投影法，等角投影法，透視図法，2消点透視法

等角投影法（とうかくとうえいほう）isometric「アイソメトリック」ともいい，一つの図で対象物の3面を同じ程度に表すことのできる手法。対象物の一面を基線に対してそれぞれ30度傾けて表すもので，寸法の比率は，a：b：c＝1：1：1となり，一般説明図面等に用いられる。→軸測投影法

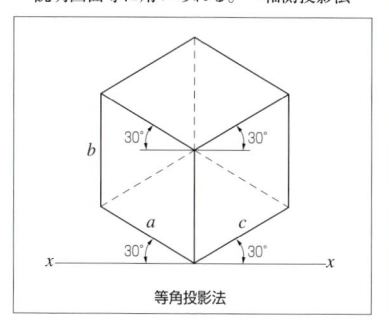

透過損失（とうかそんしつ）音の遮音効果を示す値で，壁などへの入射音と透過音の音圧レベルの差をいい，単位記号にdB（デシベル）を用いる。例えば入射音に対し，透過音が1/10のときは，透過損失は10dB，1/100のときは20dB，1/1,000のときは30dBとなる。→遮音

透過（率）⇒光の性質

陶器 磁器より低品位で土器より高品位なもの。素地は不透明で，打った音は濁音で吸水性が大きい。→表陶磁器質タイル①（236頁）

道具畳（どうぐだたみ）⇒点前（てまえ）畳

同向型家具配置 一方向の同じ向きに会議テーブルや椅子，ソファーなどの家具を配置する型。講習会，講演会，講義，大会議，あるいは待合いにおけるロビーなどにおいて，一方向に注目させるような場合に適用される。オフィス空間のデスク配置でも行われ，「スクール型」ともいう。

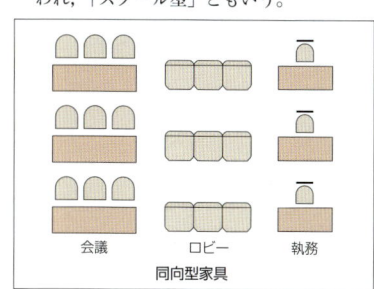

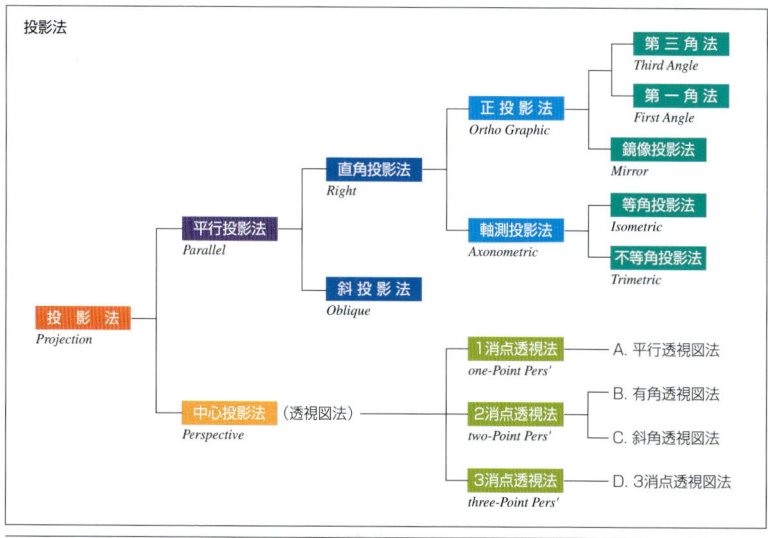

等角投影法

同向型家具

投影法

動作 人間が一定の場所にあって，身体の各部位あるいは全体を動かすこと。姿勢が身体の静的な状態を示すものであれば，動作とはこれに動的な要素が加わり，いくつかの連続した姿勢が組み合わされた状態となること。

動作域 ある動作を行うのに要される身体の占める空間領域。「作業域」ともいう。動作域を寸法的に示したものが動作寸法。
→作業域

動作空間 作業域に家具や道具などの物の寸法・領域を加え，これにゆとり量を見込んで，ある一定の動作を行うのに必要な空間量を直交座標軸系にして表したもの。インテリア空間の大きさを機能的に求めるための基本的な空間領域の概念。

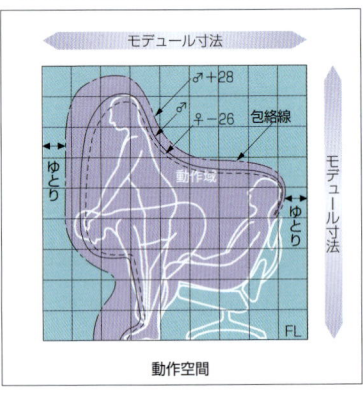

動作空間

胴差し（どうさし）木構造の外壁まわりの水平部材の一つで，2階床の位置で柱を相互につないでいるもの。また，室内まわりの1階管柱（くだばしら）の上部をつなぐ同じような部材は「頭つなぎ」と呼ばれる。
→頭つなぎ，図-通し柱（239頁）

動作分析 作業の手順や動作の方法が適正かどうかを調べるための方法。無理な姿勢，無駄な作業，動作にむらがないかなどをチェックする。VDT（ビデオテープレコーダー）や16mmカメラ，あるいは記号による記録などによって解析する。

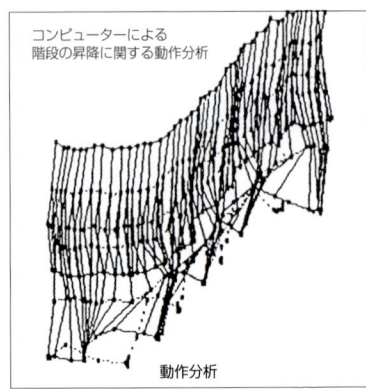

コンピューターによる階段の昇降に関する動作分析

動作分析

陶磁器質タイル（とうじきしつ―）陶石，長石，珪石，ろう石，粘土，水とを粉砕調合し，成形・焼成したもの。おもな特性は，表面が固く色調や模様が豊富で，耐水・耐火・耐薬品性に優れている。冷たい質感をもち，音の反射も大きい。おもな種別と特性を表に示す（JIS A 5200ほか）。→表-陶磁器質タイル

等色相面（とうしきそうめん）色相が一定で，明度，彩度が規則的に配列された面。色立体に明度軸を含んで垂直に切ると，補色どうしの等色相面が現れる。→色立体

陶磁器質タイル①

種類	素地の原料	吸水率(%)	焼成温度	素地の特性
土器	アルミナ（少）低級粘土（酸化鉄多い），長石，珪石，石灰	大	850～950℃	有色で不透明，多孔質で吸水性大，強度・硬さやや弱い
陶器	粘土，石英，陶石，ろう石ほか	10以下	1,200～1,300℃	白色，不透明，密実で吸水性あり（ほかに有色あり）。
炻器	低級粘土（石英，アルカリ土類ほかを含む）	1以上5未満	1,200～1,300℃	有色，不透明，吸水性少，たたけば清音がする（精炻器は吸水性少ない）。
磁器	良質粘土，石英，長石，陶石	1未満	1,300～1,450℃	白色，透光性，吸水性なし。強度は大きく，たたけば金属製の音を発する。

陶磁器質タイル②

区　　分	名　　称	素　地	概　　要
外壁用タイル	外装タイル	磁、炻	耐寒性、汚れにくさ、吸水性のないものが適する。
	擬石タイル	磁	
	テッセラタイル	磁、炻	
内壁用タイル	内装タイル	陶	汚れにくく、やや吸水性のあるものでも適する。
	模様タイル	陶	
	原色タイル	陶	
	レリーフタイル	磁、炻	
床壁用タイル	床タイル	磁、炻	耐磨耗性、耐寒性があり、吸水性の少ないものが適している。
	階段タイル	磁	
	クリンカータイル	炻	
モザイクタイル	モザイクタイル	磁	耐磨耗性があり、汚れにくいもの。
	磨きモザイク	磁	
	窯変モザイク	磁	
	ガラスモザイク	ガラス質	

透視図法［perspective drawing method］透視図（中心投影法ともいう）を図学的な手法で表現する技法。平面上で物体と人間の視点とを結ぶ放射線を、投影面と交差せながら、その支点の軌跡により立体を表現していく。「パース」または「パースペクティブ」ともいい、1消点、2消点、3消点の図法がある。→投影法

同時対比 ⇒色の対比

動線　室内や部屋相互、あるいは建築、都市などにおける人間や物などの運動、移動の軌跡あるいは運動量、方向、時間的変化などを表した線。各種の計画に利用される。

動線計画　室内や部屋相互における人、物の動線を分析、検討し、合理的な動線が得られるよう、家具や設備、部屋の位置を計画すること。計画の要点としては、動線長さを短縮する、通ってはいけない所の動線をなくす、異質の動線を交錯させない、分離すべき動線を分離する、迷路を防ぐなどの評価が目安となる。

胴トラップ　⇒ドラム型トラップ

胴貫（どうぬき）木造建築の真壁（しんかべ）造りの壁面に設けられる矩形状の板。4通り貫の場合は下から2番目のもの、5通り貫では下から2、3番目のものをさす。ほかに、門や垣の腰の部分に取り付けられるもので、「腰貫」という。→図-貫（252頁）

トウヒ［唐桧］spruce　針葉樹の一種。木理は通直で軽軟で弾力があり、工作が容易、建築造作材、建具材に用いられる。「スプルース」ともいう。

胴縁（どうぶち）furring strips　壁面にボードなどを取り付けるための水平または垂直の小角材。間隔は360,450mm程度に取り付ける。大壁（おおかべ）の場合は柱、間柱に横胴縁を張り付け、真壁（しんかべ）の場合は縦横方向の胴縁などが用いられる。天井面の場合、仕上材を取り付ける際の胴縁と同じような役割をもたせるものは「野縁（のぶち）」と呼ぶ（238頁参照）。

胴縁下地（どうぶちしたじ）壁仕上げ工事の一つで、合板、ボードや羽目板などを取り付けるための下地のこと。コンクリート造などでは、あらかじめ木れんがを埋め込んで胴縁下地とする（238頁参照）。→木（もく）れんが

等ラウドネス曲線　人間の耳は音の強さを音の大小として感じるが、その感覚は音の周波数によってかなり異なる。同じ大きさに聞こえる1,000ヘルツの純音の音圧レベルを周波数との関係で示した曲線をいう。

とうしは

胴縁

大壁形式の例／真壁形式の例1／真壁形式の例2

片面真壁／片面大壁／縦胴縁／塗り壁／合板張り／柱／壁面仕上げ／縦胴縁

平面例

胴縁下地

木造胴縁下地の取付け例（450、300～450、柱、間柱、胴縁(54×42)@300～450内外、仕上材、飼い木(胴縁と同材)）

木れんがに胴縁を取り付けた例（木れんがが接着の例）（コンクリート、くさび、横胴縁、化粧合板張り、360～455）

木れんがを埋め込んだ断面例（コンクリート、横胴縁、木れんが、くさび）

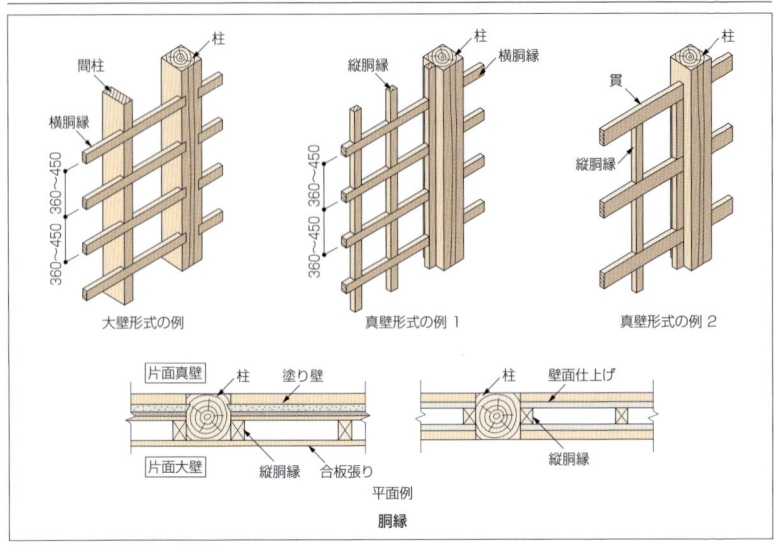

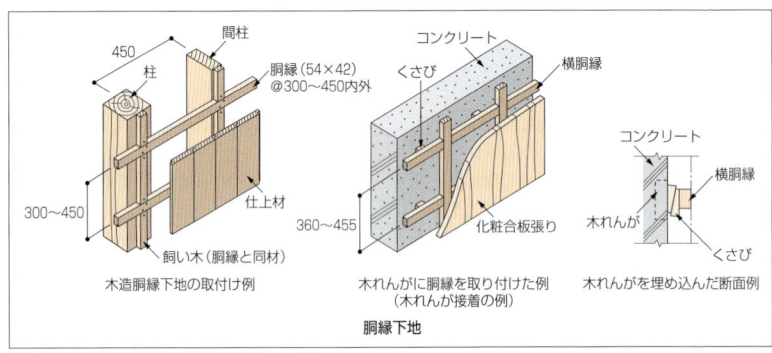

例えば，1,000ヘルツの音圧レベル30dBの音と3,500ヘルツの音圧レベル22dBの音とは同じに聞える。人間の耳は3,500～4,000ヘルツ付近が最も感度がよい。

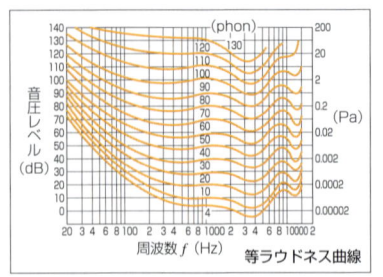

等ラウドネス曲線（音圧レベル(dB)、周波数 f (Hz)、(phon)、(Pa)）

通し柱（とおしばしら）木造建築物で2階以上の場合，土台から軒桁（のきげた）までを1本の柱で通したもの。建物の耐震性の面から，隅角部には設ける必要がある（大きさは120角，150角などを使用）。→軸組

トータルインテリア［total interior］室内（インテリア）が総合的にまとめられることをいう。単に家具や照明器具類のみでなく，室内全体の暮らし方や住まい方を考えて住みやすくしようとする考え方や構想で，計画された室内（インテリア）をさす。

ドーム［dome］円天井，半球状の天井。

トーン［tone］各々の色相ではそれぞれに，明るい，暗いなど共通した色の調子やイメージをもっている。これらの色の調子をトーンというが，具体的には明度と彩度の2つをまとめて1つの要素とし，さえた色（ビビッド），にぶい色（ダル）などという言い方で性質が表される。またトーンは「色調」あるいは「明彩調」ともいう。

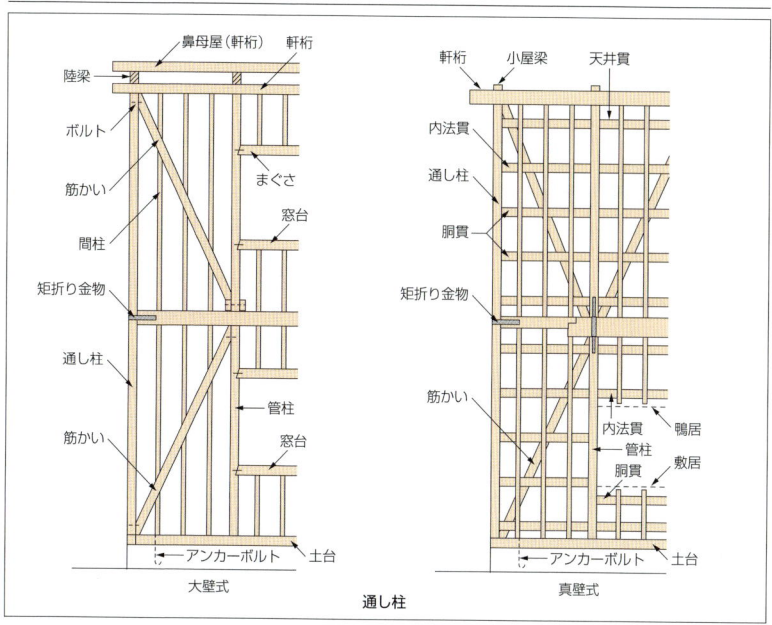

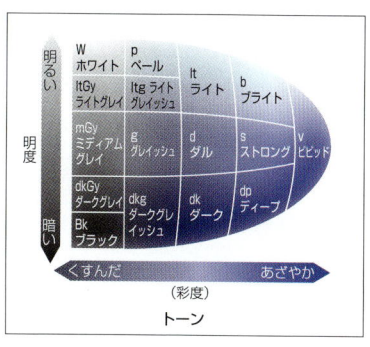

[図:大壁式と真壁式の通し柱構造図。ラベル:鼻母屋(軒桁)、軒桁、陸梁、ボルト、筋かい、間柱、矩折り金物、通し柱、筋かい、まぐさ、窓台、管柱、アンカーボルト、土台、小屋梁、天井貫、内法貫、胴貫、鴨居、敷居]

[図:色のトーン表。明度(明るい・暗い)、彩度(くすんだ・あざやか)。W ホワイト、p ペール、lt ライト、b ブライト、ltGy ライトグレイ、ltg ライトグレイッシュ、mGy ミディアムグレイ、g グレイッシュ、d ダル、s ストロング、v ビビッド、dkGy ダークグレイ、dkg ダークグレイッシュ、dk ダーク、dp ディープ、Bk ブラック]

尖りアーチ(とがり―)⇒ポインテッドアーチ

土器 多孔質で吸水率が大きく,低品位の粘土製品。植木鉢やれんがに用いる。→表-陶磁器質タイル①(236頁)

研出し(とぎだし)人造石塗りの仕上げの一つで,表面を平滑に仕上げるもの。→人造石塗り

特殊石綿板 ⇒表-セメント製品の分類②(204頁)

特殊排水 下水道や一般の排水系統に直接放流できない有害な物質を含む排水。化学薬品や病原菌,放射性物質などを含む排水のことで,これらは特殊な処理が必要なので専用の排水系統とする。

独立型住居 現代日本でとられている住宅形式の間取りの一つ。比較的独立性の高い部屋が廊下によって連結された平面型。

独立基礎 木造建築の1階床組を支える床束(ゆかづか)の下部に設けられるもの。その他に,1本の独立柱の下に設けられたものなどをさす。

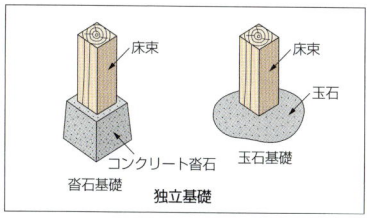

[図:独立基礎。沓石基礎(床束、コンクリート沓石)と独立基礎(床束、玉石、玉石基礎)]

独立住宅 1戸ごとに別々の敷地にそれぞれ建てられる住宅。各戸が大地に接しているため「接地型住宅」とも呼ばれる。これに対し2戸以上を一つにまとめた住宅を「集合住宅」という。

床板(とこいた)床の間の床面に仕上げる板のこと。正式には畳敷きが最上等,次に薄べり敷き。板には,マツ,ケヤキ,クスなどの杢(もく)板(厚24mm内外)を使用する。「地板(じいた)」ともいう。

床框(とこがまち)床板(とこいた)または床畳の前端に設ける部材をさし,蝋(ろう)

色漆塗りが最高で，角・丸材いずれも使用する。→図-本床（ほんどこ，285頁）

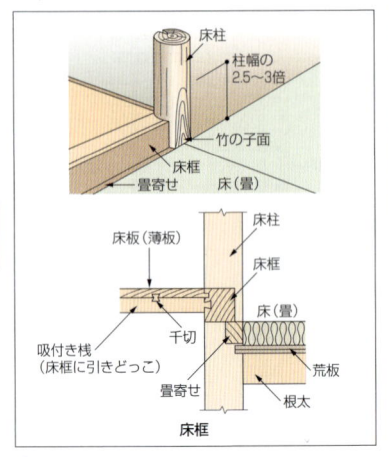

床框

床の間（とこのま）鎌倉時代の釈家住宅（僧侶の家）から発生したといわれている。僧侶が独り経巻を読経するとき，壁に仏画を掛け，前に足付きの板をおいて，燭台，香炉，花びんの三具足を据え，掛字（主として文字を書いた掛物）の礼拝を行った。そして，中世において中国から絵画，工芸品が輸入されこれを飾っておく場として「押し板」と呼ばれた。武家は，甲胄，刀剣などの武器を安置したりして尊厳高き場としての格式が形成されていった。床の間は，南向き（北床），東向き（西床）に設けるのが正式。書院を床の間の左側に設け，右に床脇を設けたのが正式で「本床（ほんどこ）」（本勝手，左勝手）といい，その逆を「逆床」（右勝手）という。床の間の形式には，本床，蹴込み床，踏込み床，その他特殊なものに袋床，織部床，つり床，洞床（ほらどこ），琵琶床，簡易なものに置床などがある。

床柱（とこばしら）床と床脇の中央に立つ化粧柱のこと。シタン（紫檀）などの角柱，さび丸太，皮付き丸太など銘木が使われ，今日ではスギ絞り丸太などが使われている。
→図-本床（ほんどこ，285頁）

床脇（とこわき）床と床脇との組合せで「床の間」と呼ばれる。床脇の構成には，最も基本的な天袋，地袋，違い棚の形のほか，組合せにより多様な意匠例がある。→図-本床（ほんどこ，285頁）

都市ガス　天然ガスや石油ガスを所定のウォッベ指数および燃焼速度に工場で混合，調整して地中配管により供給されるガス。地域によりさまざまな種類がある。

床脇（標準木割り） (mm)

部　材	木　割　り　寸　法	備　　　考
天　袋	底板厚さ＝柱×0.2～0.3	天袋内法の成（せい）＝270
地　袋	天板厚さ＝柱×0.2～0.3	地袋高さ＝360
違い棚	棚板厚さ＝柱×0.2～0.25	上・下棚のあきは，柱1本分とする。
海老束	大きさ＝板厚×1.5角	几（き）帳面または銀杏（ぎんなん）面加工，面幅＝束×1/7
筆返し	高さ＝板厚×1.2～1.5 胸の出＝板木口より板厚だけ	

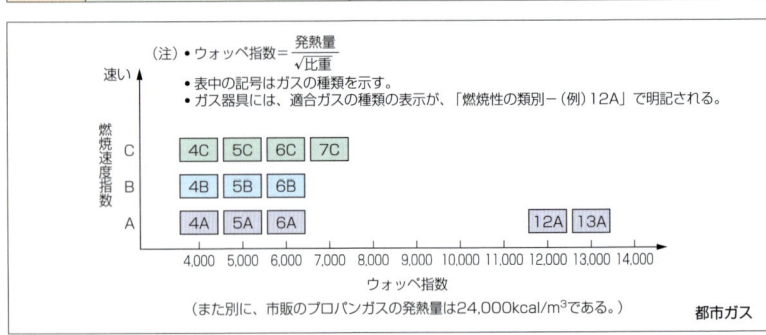

（注）・ウォッベ指数＝$\dfrac{発熱量}{\sqrt{比重}}$
・表中の記号はガスの種類を示す。
・ガス器具には，適合ガスの種類の表示が，「燃焼性の類別－（例）12A」で明記される。

（また別に，市販のプロパンガスの発熱量は24,000kcal/m³である。）

都市ガス

本床（取込み出書院付き、真の形式）

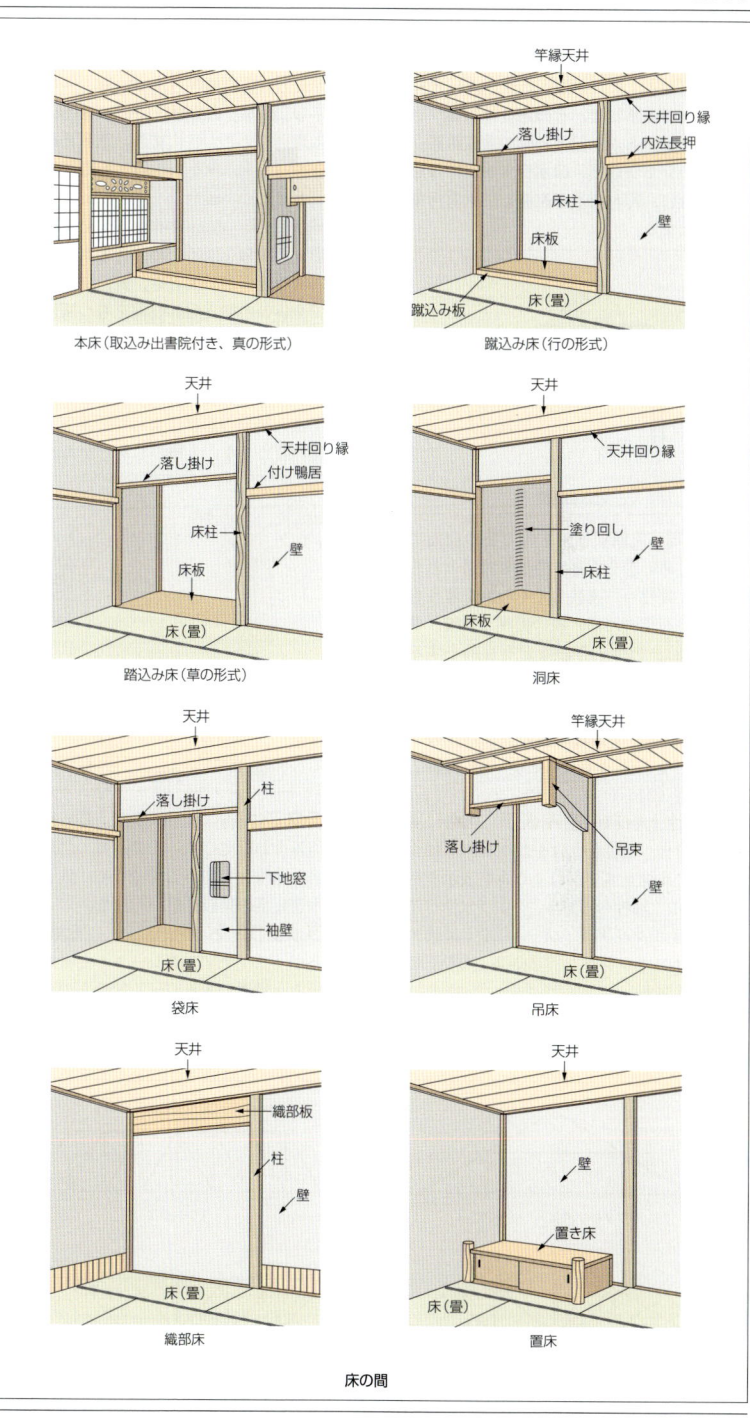

蹴込み床（行の形式）
- 竿縁天井
- 天井回り縁
- 落し掛け
- 内法長押
- 床柱
- 床板
- 壁
- 蹴込み板
- 床（畳）

踏込み床（草の形式）
- 天井
- 落し掛け
- 天井回り縁
- 付け鴨居
- 床柱
- 床板
- 壁
- 床（畳）

洞床
- 天井
- 天井回り縁
- 塗り回し
- 床柱
- 壁
- 床板
- 床（畳）

袋床
- 天井
- 落し掛け
- 柱
- 下地窓
- 袖壁
- 床（畳）

吊床
- 竿縁天井
- 落し掛け
- 吊束
- 壁
- 床（畳）

織部床
- 天井
- 織部板
- 柱
- 壁
- 床（畳）

置床
- 天井
- 壁
- 置き床
- 床（畳）

床の間

吐水口（とすいこう）水栓金具などの水の出口の筒先（つつさき）。

吐水口空間（とすいこうくうかん）水栓金具などの吐水口と，その水受け容器（シンクなど）のあふれ縁との間の垂直距離。これが十分でないと，給水管内が負圧になった場合に，汚れた水が逆流して水質汚染の原因となる。

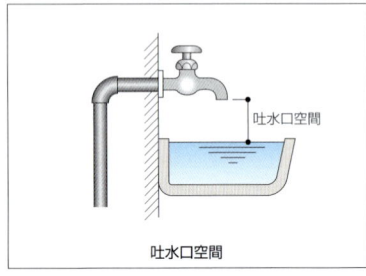

吐水口空間

塗装材料 流動状態のもので物の表面に広げると薄い層を作り，時間の経過とともに乾燥・硬化し，連続してその面を覆うものである。そのため，物の保護（防湿，さび止め他），外観の保護などを目的とする。おもなものを表にあげる。→表-塗装材料の分類（244頁）

塗装仕上げ 塗装対象物の表面の保護，化粧などを目的とすること。→表-塗装工法の種類（246頁）

塗装・仕上材料の省略表示 図面に表示する場合，塗装仕上げや仕上材料等について，アルファベットにより省略表示する手法。OP：油性ペイント，WP：水性ペイント，CL：クリアラッカー，EP：エナメルまたはエマルジョンペイント，VP：ビニルペイント。

土台（どだい）木造建築の柱脚部に設けられた横材のことで，柱から上の構造物の重量を受けて基礎コンクリートに伝達してゆく役目をもつ。布基礎にはアンカーボルトで緊結され防腐処理されている。→基礎

トネリコ［梣］広葉樹の一種。心材は淡褐色，木理通直でじん性に富む。運動用具材，野球のバット，ラケット用として有名。

帳（とばり）⇒帳台

ドミナンス［dominance］支配性の意。造形上の調和を図るため，各要素のうちある一つの要素が，大きさ，質，位置などの点で全体の中で支配的役割をもつ関係のことをいう。

留め 2つの部材の接合に際し，小口を見せずに45度または必要な角度に組み合わせる工法。接合の形状によって「平留め」，「目違い留め」など各種のしかたがある。

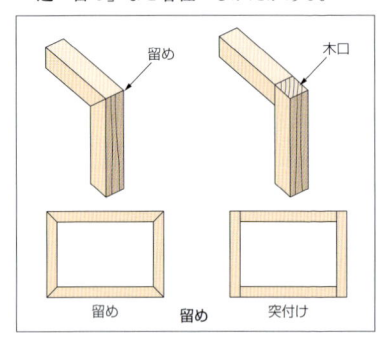

留め　木口

留め　留め　突付け

トラス［truss］水平，垂直，斜め材などを組み合わせてつくった鉄骨造の名称。三角形を単位としている構造骨組。鉄骨屋根や木造屋根の架設に用いられる。

トラックライト［track light］「配線ダクト」とか「ライティングレール」ともいわれている。通電できるレール状のものを天井に埋め込んだり直付けする。レールに装着できるアダプター付き器具であれば，器具の

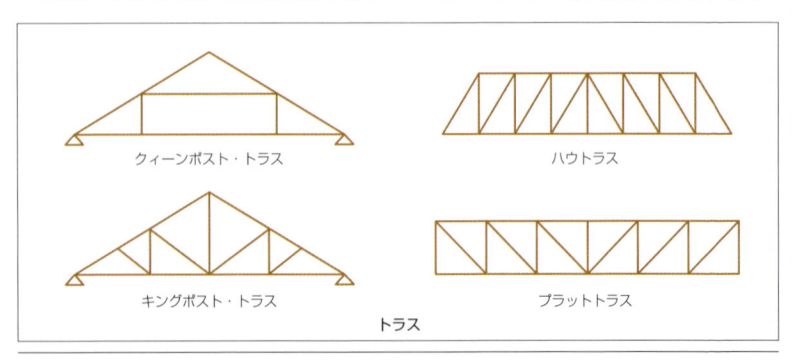

クィーンポスト・トラス　　ハウトラス

キングポスト・トラス　　プラットトラス

トラス

脱着，移動が容易。スポットライト主体の店舗照明に欠かせない。100V用のほかに12V用もある。

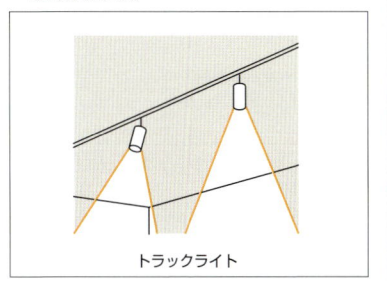

トラックライト

トラップ［trap］流し，洗面器などの配管の途中に取り付け，下水管や排水管からの臭気が室内に逆流するのをトラップ内の封水（管の途中に水をためる）によって防ぐもの。S，P，U，ドラム，わん各型のトラップがある。→洗い落し式便器

ドラフト［draft］人体に対して不快な冷感を与える気流。室温より冷たい気流や，室平均よりも速い気流が身体に当たると不快感を感じる。冷暖房機器の適切な配置や，空調吹出し口・吸込み口の風量調節や位置の工夫によって防止できる。

ドラム型トラップ　非サイホン式トラップの一種。円筒型の胴の中に排水が一度溜まり，ゴミなどの異物を下部に沈めた後に，上部よりオーバーフローによって排水する。「胴トラップ」ともいう。

トランジッション［transition］⇒リズム

取合い（とりあい）建物の構造や仕上げの部材どうしの接合部分，接触などの状態をさしていう。現場用語の一つ。

ドリス式［Doric order］ギリシア建築の3種類のオーダーの一つで，最も古い形式（前7世紀）。柱頭は単純な構成で，簡素で力強い印象を与えている。→オーダー

ドリゾール［Duriso］商品名の一つで，木材削片とセメントを用いて成形したもの。軽量で断熱性に富んだ準不燃材料。

ドリフトピン［drift pin］鉄骨工事に使用される栓の一種。鉄骨の2つの部材の穴がずれている場合，両部材を引き寄せたたき込むのに用いられる。

トリプレット［triplet］集合住宅の住戸形式の一つで，1住戸が3層にわたる断面形式のもの。これに対して1層だけのものを「フラット」，2層以上のものを「メゾネット」

という。音楽では「3連音符」の意。

トリメトリック［trimetric］⇒不等角投影法

トルソ［torso 伊］本来は茎，軸の意。肩，胸，腰を含む彫像の胴部。

トレーシングペーパー［tracing paper］透写紙のこと。製図を写し取るのに使う透光性の薄い用紙で，紙の厚さで厚口，薄口があり，つや消し（鉛筆でもインクでも書くことができる）とつや有り（インク使用が主となる）がある。今日では，耐水性，耐久性に優れたフィルム状のものもある。

トレース［trace］跡，足跡，形跡の意。一般には，図面を引くこと，輪郭をたどることをさす。

ドレン［drain］配管から流れ出す水，あるいは水を流出させること。エアコンなどの冷却コイルで発生する結露水や，配管系統の清掃時に抜く水などの総称。

ドレンチャーヘッド［drencher head］建物外部よりの延焼を防ぐため，屋外に設置される散水装置。手動によって外壁面に水幕をつくるもので，軒用，開口部用，むね用などの種類がある。

とろ　⇒セメントペースト

ドロマイトプラスター塗り　漆喰（しっくい）塗りの1.5〜2.0倍程度の表面硬度をもち，石膏プラスター塗りよりは小さく，やや安価なもの。ドロマイト（白雲石）を煆（か）焼・水和熟成したもので，気硬性に富み，施工しやすい。下地にはラスボード，木摺（きずり），コンクリートなどがあり，各種仕上げの下地に用いられる（246頁参照）。

トロンプルイユ［trompe-l'œil 仏］眼だまし法の意。細密描写によって対象の物質性（色，質，触感，浮き出し）の完全に近いイリュージョン（幻覚，幻想）を喚起することを目的とする絵画技法の一つ。今日では，シュールレアリズム（超現実主義）の分野で非合理的世界の表現のために，逆説的な効果をあげるために利用している。

緞子張り（どんすばり）壁装仕上げの一つ。高級な織物そのままを活用して張るもの。一般に合板下地が用いられ，入念な下張りをする。工程の順序は，目張り→べた張り→袋張り→清張りなどを施し，平滑な下張りに張り付ける。ふくよかな仕上がりに特徴があり，「釘打ち張り」「宮廻張り」「ミシン張り」などともいう。

とんすは

塗装材料の分類

塗装目的	名称	特性	備考
木材の表面などを保護する不透明塗料	油性調合ペイント	刷毛塗り作業がよく、高温低湿時には20時間以内で乾燥する。 塗装のつや、硬さはラッカーや合成樹脂系よりも劣るが、肉持ちはよく、耐候性に優れる。	
	合成樹脂調合ペイント (JIS K 5516)	アルキド樹脂を主原料としたもので、塗り面が平滑かつつやがあり、耐候性に富む。 油性系より乾燥時間が短く、刷毛目が残らず、最も一般的に使用される。	常時、水に浸される所やコンクリートモルタルなどには用いない。
	アルミニウムペイント (JIS K 5492)	アルミ粉を主原料とし、展色剤(ビヒクル)にスーパークンスを用いたもの。 塗り面は熱線吸収率が高く、屋外タンクの防熱などに用いられる。	
木材の素地などを美しく見せる透明塗料	油性ワニス (JIS K 5411)	天然樹脂または合成樹脂と乾性油とを加熱融合し、テレピン油で薄めたもの。 塗装工程では、2～4回塗りがよく、短油性と長油性とがある。天然樹脂または合成樹脂と乾性油との加熱融合。	
	クリアラッカー	ニトロセルロース、樹脂、可塑剤を溶剤に溶かしたもの。 塗膜は粘着性が少なく、つや、硬さ、耐磨耗・耐油性に優れ、乾燥は早い(30分～1時間)。	柱・造作材・建具・家具・壁面など
	アミノアルキドワニス	メラミン、尿素、フタル酸各樹脂ワニスを混合したもので、耐水・耐油・耐溶剤性のもの。 塗膜は硬く、つやがある。	常温乾燥性のもの
	ポリエステルワニス	不飽和塩基性酸と多面アルコールとを縮合させ、硬化剤を加えてもので、耐水・耐油・耐薬品・耐アルコール性に優れる。 塗膜は硬く、1mm以上の厚塗りができる。	
	ポリウレタンワニス	耐水・耐アルカリ・耐磨耗・耐衝撃・耐候性に優れ、木材にも金属にもよく付着する。 塗膜は黄変しやすいが、競技場の床に適する。	柱・造作材・建具・家具・壁面など
各種の素地につや出しする塗料	オイルステイン	着色剤(油溶性)に揮発油を溶かしたもの。 塗装自身では、木材保護の役目を果たさない。	造作材・建具・壁面など
	ラッカーエナメル (JIS K 5532)	クリアラッカーに顔料を分散させ着色したもので、塗膜は粘着性が少なく、つや、硬さに優れる。 耐磨耗・耐水・耐油性に優れ、乾燥は早い(30分～1時間で塗膜が得られる)。	色彩が豊富
	フタル酸樹脂エナメル	脂肪酸成分のアルキド樹脂を用いたもので、塗膜は平滑で耐久性に優れる。 刷毛塗りが容易である。	合成樹脂調合ペイント塗りより高級。鋼製建具、設備機器
	アクリル樹脂エナメル	アクリル樹脂の加熱硬化形エナメルのもので、耐候性に優れる。 塗装鋼板、アルミサイディングなどに用いる。	

塗装材料の分類 （つづき）

塗装目的	名称	特性	備考
壁・天井などに使用される塗料	エポキシ樹脂エナメル	塗膜の硬度は大きく、耐磨耗・耐薬品・付着性に優れる。 高級な耐薬品塗装仕上げに適する。	高防食性
	合成樹脂エマルションペイント （JIS K 5663）	合成樹脂の微粒子が水中に分散してできた乳濁液を展色剤とし、これに顔料を結合させてつくる。塗膜はつやのない安定した強い塗り面ができ、アクリル系は、品質は高級でかつ高価である。	一般的な不透明塗装
	塩化ビニル樹脂エナメル	塩化ビニル樹脂を溶剤に溶かし、ワニス・顔料を練り合わせたもの。 耐水・耐油・耐アルコール・耐薬品性に優れる。	
	多彩模様塗料	粘土の低い透明塗料の中に、この塗料と混ざり合わない塗料を数色混合して分散させたもの。 長期の湿気に弱く、吹き付けると安定した多彩模様が得られる。	意匠性に優れる
	粗面仕上げ塗料	合成樹脂エマルションペイントの中に、粒状（0.1～0.2mm）のものを混合させたもの。 塗膜は塗りまたは吹付けにて、粗粒状の色彩塗膜が形成される。	
	その他	粗粒状で陶磁器状の吹付材や有機質系の伸縮性をもつ塗面のものなど。	
防食用の塗料 め・錆止	鉛丹防錆塗料 ジンククロメート防錆塗料ほか	おもなものは、合成樹脂系（防食用と錆止め用とがある）、油性系（錆止め用）。	
防火のための塗料	遮熱塗料 （弱溶剤型シリコン系） 耐熱・防火塗料 （ノンハロゲン系、変性けい素樹脂）	おもに使用されているものは、合成樹脂系（シリコンアルキド系）、変性けい素樹脂。 塗膜の性質は、難燃性のもの、火災で加熱されたときに分解し、泡立って厚さを増すもの（10～20mm）などである。	発泡性と非発泡性とがある。
家庭用塗料	フタル酸樹脂エナメル 水性防かび塗料 クリアラッカー他	合成樹脂系、水性など、建物の内外装・建具・家具等に塗りやすく、あらかじめ調合されたものである。木部、鉄部など対象種別は多い。	

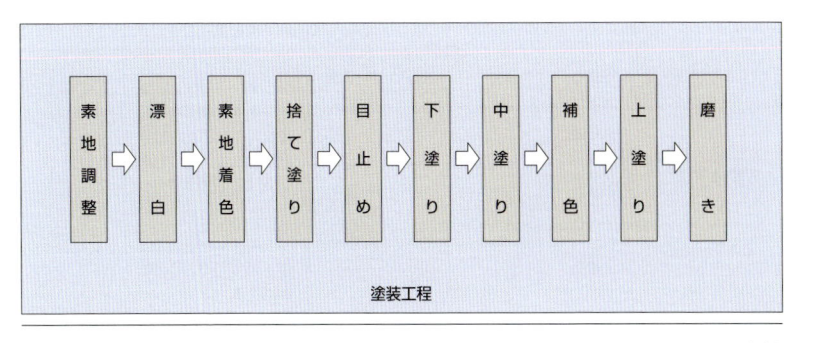

素地調整 ⇒ 漂白 ⇒ 素地着色 ⇒ 捨て塗り ⇒ 目止め ⇒ 下塗り ⇒ 中塗り ⇒ 補色 ⇒ 上塗り ⇒ 磨き

塗装工程

とんすは

塗装工法の種類

工法名称	概　　要
刷毛塗り	刷毛を用いるもので、最も一般的。
へら塗り	へらをしごいて塗るもので、厚く塗るときに用いる。
吹付け塗り	スプレーガンにより作業能率は高く、ラッカー、合成樹脂エナメルに用いる。
加熱吹付け塗り	塗料を加熱しながら吹き付けて塗るもので、ホットラッカーなどに用いる。
ローラー塗り	スポンジ製のローラーに塗料を付けて塗るもので、均等な厚さが得られ、作業能率も高い。
タンポ摺り	タンポをこすりながら平滑にするもので、セラックニス、クリアラッカーなどに用いる。
浸漬塗り	非塗装物を完全に沈めながら適度な速度で持ち上げて塗膜をつくる。塗料の無駄がなく、塗装の手間がかからない（現場施工は不可）。
流し塗り	フローコーターとカーテンフローコーターの2つの方法がある。おもに曲面の多いもの、中空物などの塗装に適している。
静電吹付け塗り	高圧静電場内に、塗装しようとするものをコンベヤーで送り、塗装吹付け機で霧状にして電場内に吹き出すと、霧は静電して付着してゆく。塗料の損失が少なく、作業効率が高く、複雑な形のものでも容易である。
粉体塗装	流動浸漬と静電粉体吹付けとがあり、工場塗装に適する工法。

ドロマイトプラスター塗り（標準調合および塗り厚） (mm)

下地の種類	塗り厚	ドロマイトプラスター	セメント	砂	すさ（麻の繊維の強靭なもの）	塗り厚壁の場合
コンクリートれんがメタルラス木毛セメント板	下塗り	0.8	0.2	2	プラスター25kgにつき白毛すさ（マニラ麻の繊維）を900g（下塗り）、1,100g（上塗り）を混用する。プラスター25kgにつき上浜すさ（麻の繊維）200gを混用する。	7.5 9.0 }18 1.5
	中塗り	0.9	0.1	2		
	上塗り	1.0	——	——		
木摺（きずり）	下塗り	1	1	1.5	プラスター25kgにつき白毛すさ900g（下塗り）、1,000g（むら直し）、1,100g（中塗り）などと混用する。	3.0 6.0 }18 7.5 1.5
	むら直し	1	1	2.0		
	中塗り	1	1	2.0		
	上塗り	1	——	——	プラスター25kgにつき上浜すさ300gを混用する。	

な

内装材［interior finish material］室内の床・壁・天井・開口部との取合いなどの仕上げに使用される材料。カーテン，カーペットなどを含む場合もある。内装材の納まりなどは，建築工事において「造作（ぞうさく）」と呼んでいる。

内装システム 居住者の家族構成やライフスタイルの違い，あるいは経年による住まい方の変化などに対応し，かつ内装工事の合理化などを目的として，床，壁，天井，収納，間仕切りあるいは設備までをトータルに設計・施工まで含めて標準化・工業化のシステム化を図ったもの。

内部結露 壁体の内部あるいは天井裏など，目に触れない部分で発生する結露。木材の腐朽，金属の錆，凍害などの原因となる。→結露防止対策，表面結露

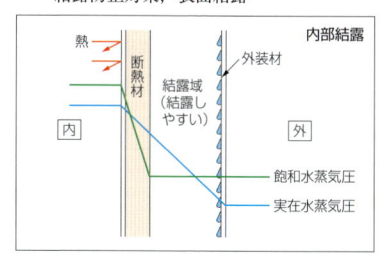

内部結露

長手積み（ながてづみ）⇒図-れんが積み（312頁）

中塗り 左官工事や塗装工事において，下塗りと仕上げとの中間に塗る層のこと。例えばプラスター塗り（コンクリート下地の場合）では，下地の処理→下塗り→中塗り（下塗りと同じ材料を使い，入念に平たんに仕上げる）→上塗りとなる。

中間（なかま）⇒表-畳の仕上り寸法（215頁）

長持（ながもち）衣類や調度を入れる長方形の蓋付きの箱で，底に車輪を付けたものもある。元来は「長持唐櫃（からびつ）」の略称といわれている。

流れ造り 平安初期に成立したと考えられている神社本殿形式の一種。切妻造り。平入りの屋根は緩やかな反りをもつ最も流布した形式。加茂御祖（下賀茂）神社の本殿（1863）はこの一例。

中廊下型集合住宅 集合住宅の住棟の平面形式による分類の一つ。1つの廊下を中にはさんで，左右に各住戸が配置される形式。通路面積は節約できるが，左右の住戸間で採光などでの居住性に差が少じ，また通路部分や通路に面する部屋の環境条件が悪く，プライバシーも損なわれやすい。

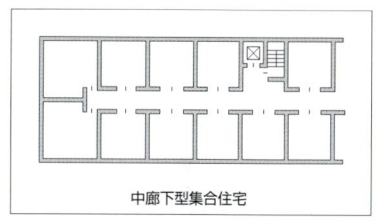

中廊下型集合住宅

中廊下型住宅 明治以後，都市部に出現した新しい階層であるサラリーマン層の家でとられた住宅形式。家族室としての茶の間・居間，客間・座敷などの各室が独立して使えるように，中央に廊下をもつ間取り。部屋を仕切る間仕切りは，襖（ふすま），障子などの建具が用いられた（248頁参照）。

長押（なげし）和風室内の柱の片面または両面から打ち付けた，柱より細目の固定された横材のこと。一般には内法長押（うちのりなげし）をさすが，その他に地長押（土台に接するもの），切目長押，足元長押，腰長押（窓下の位置にあるもの），内法長押，上長押（かみなげし），あり壁長押，天井長押などがある。→図-本床（ほんどこ，285頁）

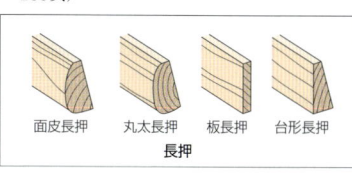

面皮長押　丸太長押　板長押　台形長押
長押

ナトリウムランプ［sodium vapour lamp］ナトリウムとアルゴンがU字形の放電管に封入された黄色の単色光源のもの。道路照明に使用される。

斜目地（ななめじ）⇒図-れんが積み（312頁）

生コン ⇒レディミクストコンクリート

な

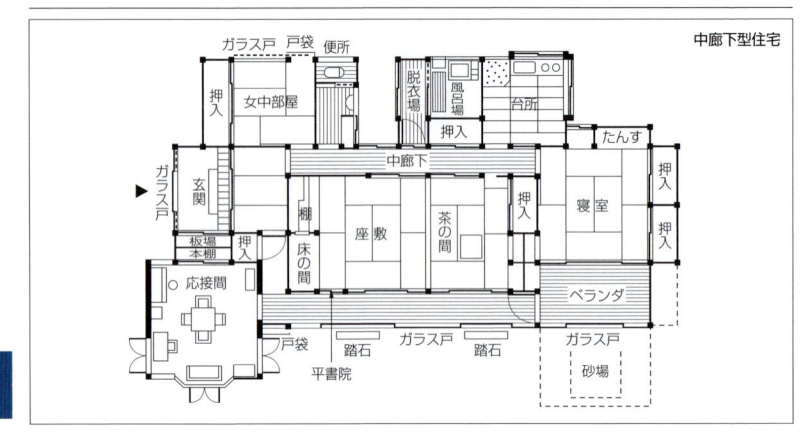

並焼（なみやき）れんがの焼度は普通で，吸水率23％以下，圧縮強度100kg/cm²以上のもの。上焼は，焼度良好で金属性の清音を発する。吸水率20％以下，圧縮強度150kg/cm²以上のものをさす。

均しモルタル（ならし—）床，壁などのタイル張りの際，下地にあらかじめ平らにモルタルを下塗りすること。

軟質繊維板［fiber insulation board, soft board］⇒インシュレーションボード

納戸（なんど）trank room, closet 衣服や調度品を収納するための部屋。季節のものや行事などに用いる使用頻度の低いものを集中して納める空間。古くは民家において家長夫婦の寝室としても使われていた部屋をいう。

納戸色（なんどいろ）⇒表-慣用色名（132頁）

難燃性 建物の部位，材料などにおける燃えにくさの程度，および燃焼によって起こる煙や有毒ガスを発生させない程度をいう。

に

二階 ⇒二階棚

二階厨子（にかいずし）寝殿造りの母屋（もや）に置かれた調度の一種。下段に扉のある棚で，上段には櫛笥（くしげばこ）一双，下段には香壺笥（こうごばこ）一双を置いたもの。二基一組で置かれる。幅2尺8寸5分（約860mm），奥行1尺3寸7分（約410mm），高さ2尺（約600mm）（『類聚雑要抄』より）。

二階棚（にかいだな）寝殿造りの庇（ひさし）に置かれる調度の一種。上段に唾壺（だこ）と打乱笥（うちみだればこ）を置き，棚板には綿の敷物を敷いた。高さ1.4尺（約420mm），横2.8尺（約840mm），奥行1.3尺（約390mm）のもので，単に「二階」ともいう。

二階床高（にかいゆかだか）階段などの高さ表示で，1階仕上げ床面から2階仕上げ床面までの高さとして使用される。

膠（にかわ）天然系接着材料の一種。動物の骨，軟骨などを水と長時間煮沸し抽出するもので，硬質ゼラチンのこと。耐水性・柔軟性に乏しく，腐敗することもある。→表-接着材料の種類（203頁）

二級建築士 建築士法に基づいて都道府県知事が行う二級建築士試験に合格し，免許を受けて建築物の設計・工事監理等の業務を行うもの（建築士法第3条，第3条の2）。

逃げ おもに木工事などに使用される現場用語。部材相互の取付けに際し，部材の変形・ゆがみなどで見え方がずれたり誤差が出ないようにする。あらかじめ重なりやすき間を計算して部材を加工して取り付けてゆくこと。「逃げをとる」などという。

二酸化炭素 炭酸ガスは高濃度でない限り人体には害はないものの，濃度が高くなることで他の有害な物質も含まれているものと見なされて，室内の空気汚染を示す目安

とされている。室内の二酸化炭素（CO_2）の含有率は0.1％（＝1,000ppm）以下。

錦板（にしきいた）⇒図-織部床（118頁）

二重ダクト方式 冷風と温風を別系統のダクトで送り，吹出し口近くで，その場所の熱負荷に応じて冷温風を混合して吹き出す空調方式。室温の細かい制御が可能だが，設置費が高く，エネルギー使用量が多いのであまり採用されない。

二重梁（にじゅうばり）和小屋組の水平部材の一つ。大小の梁が上下二重に架け渡してある梁組のこと。張り間の大きい小屋組に用いられる。→敷梁（しきばり）

二重回り縁（にじゅうまわりぶち）天井回り縁を二重に設けた場合，天井部に接して設けたものを天井回り縁，下部に設けたものを二重回り縁，「天井長押（なげし）」または「天井台輪」ともいう。→天井長押

二重床（にじゅうゆか）床板（とこいた）を二重に張った床。防音，防寒，配線や配管のしやすさから用いられる。特に，各種パソコン機器類の配線変更などを考慮して使用される。

二条城 京都二条堀川の地に営まれた城館。1602年，徳川家康（1542〜1616）が禁裏の鎮営ならびに上洛の際の駐在所として着工。翌年竣工。1626年，後水尾天皇（108代）の行幸を迎えるため，大広間，白書院，黒書院などが設けられた。

2消点透視法 対象物を斜めの方向から見たり，室内のコーナーを見た場合の表現で，「正角」または「有角透視図法」ともいう。おもな図法には，「直接法」「足線法」「基線法」「測点法」などがある。

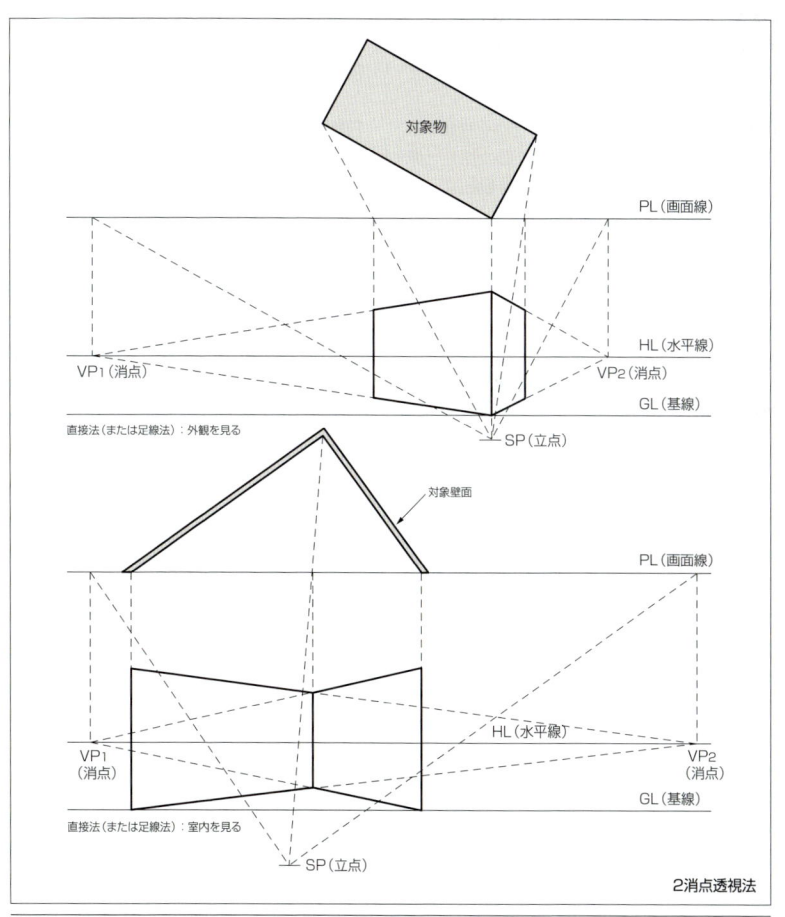

2消点透視法

躙口（にじりぐち）草庵数寄屋での客が出入りするところで，特ににじり上る入口のこと。内法（うちのり）高さは約65cm，幅60cmを標準とし，外付け片引戸とする。

ニス［vernish］塗料の一種。樹脂などを液体に溶解し，塗布後，溶剤の蒸発・硬化によって皮膜をつくるもの。「ワニス」ともいい，油ワニスと揮発性ワニスとがある。

二段階供給方式 集合住宅にあっても，住まい手の多様なニーズに応えるために居住者に自由な間取りや仕上げなどができるよう，躯体と内装とを分けて供給しようとする住宅供給制度の方法。1980年代，京都大学建築学科巽研究室で提案された。この場合，躯体側を「スケルトン」，内装側を「インフィル」と呼ぶ。

日影曲線（にちえいきょくせん）建物の日影図を作成するためのもので，水平面に鉛直に立ったある長さの棒の先端の影が動く軌跡をさす。日影曲線は春分・秋分の日には一直線になるという特徴がある。

日影図（にちえいず）建物の日影を検討するため，太陽高度，方位角，日影の長さ（緯度による）などをまとめて表示した図。

日常災害 設計・施工などのミス，また使用者の不注意や使用上の誤りによって，日常生活の中で生じる災害。ベランダからの墜落，階段での転落，床・スロープにおける転倒，照明器具の落下，ガラスなど鋭利物による傷害，ドアや窓にぶつかったり，はさまれたり，あるいは，火傷，感電，中毒・酸欠，溺れなどの事故。→非常災害

日射 一般に太陽光線が地上を照らすことをさすが，特にふく射による熱エネルギーを表すときに用いられる。これには晴天時に直接に到達する直達日射と，大気中の空気分子や浮遊粉じんで散乱して間接的に到達する天空日射とがある。

日射量 単位面積当たり，単位時間当たりに建物が受ける日射による熱量のこと。$Cal/cm^2 \cdot min$，$kcal/m^2 \cdot h$などの単位が用いられる。1日の直達日射量を積算した数値を「終日（全日）日射量」という。

日照 建物の外部・内部に直接日光が入射すること。

日照時間 1日のうちで，建物の重要な部分に実際に直射日光の当たる時間のこと。冬至の日の日照時間が最も短く，晴天の冬至

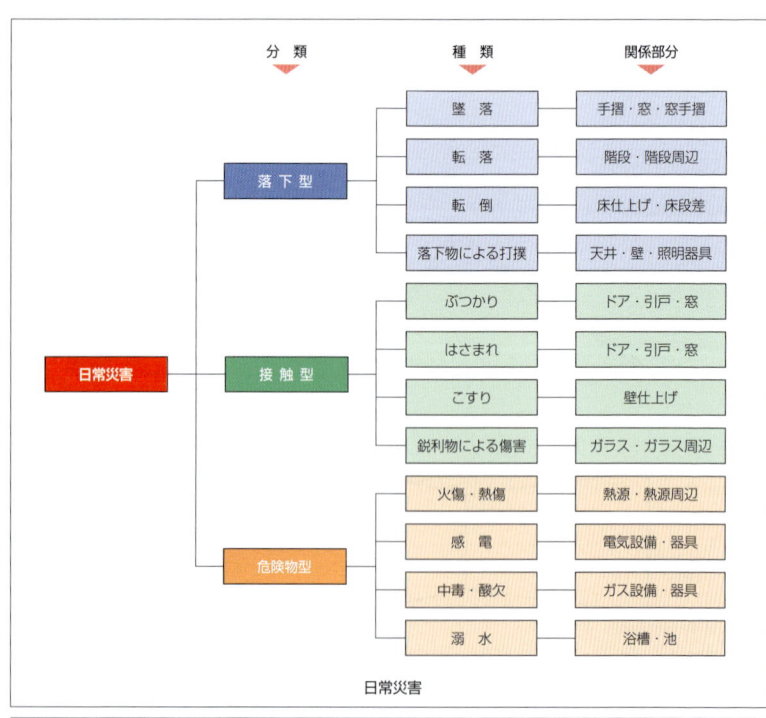

分類	種類	関係部分
落下型	墜落	手摺・窓・窓手摺
落下型	転落	階段・階段周辺
落下型	転倒	床仕上げ・床段差
落下型	落下物による打撲	天井・壁・照明器具
接触型	ぶつかり	ドア・引戸・窓
接触型	はさまれ	ドア・引戸・窓
接触型	こすり	壁仕上げ
接触型	鋭利物による傷害	ガラス・ガラス周辺
危険物型	火傷・熱傷	熱源・熱源周辺
危険物型	感電	電気設備・器具
危険物型	中毒・酸欠	ガス設備・器具
危険物型	溺水	浴槽・池

日常災害

にんけん

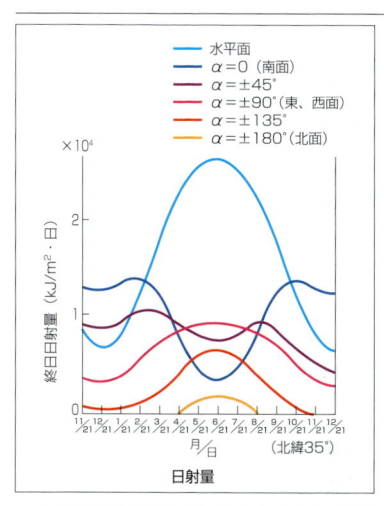

図:日射量（北緯35°）
凡例: 水平面, α=0（南面）, α=±45°, α=±90°（東，西面）, α=±135°, α=±180°（北面）
縦軸: 終日日射量（kJ/m²・日） ×10⁴
横軸: 月/日

の日に建物の開口部にもたらされる4時間の日照を基準とすることが多い。

日照率 日照時間を可照時間で割った数値。

ニッチ ［niche］壁を凹状にへこませた部分で，花びんや彫像などが置かれる所をいう。または，トンネル，橋などの脇に設けられた非常用の避難スペースをさす。

ニュートレンドハウジング ［new trend housing］集合住宅においても居住者の個性的な住まい方に対応すべく，都市再生機構（旧住宅・都市整備公団）で実施されている個性をもたせたインテリア設計がなされた住宅。女性に親切なプラン，打放しのインテリア，ウッディー感覚の住戸などが供給されている。

二列形配列 厨房機器の配列形式の一つ。部屋の中央に細長い作業スペースをとり，両側にシンクのあるワークトップと，加熱調理機器のあるワークトップを2列に並べるタイプ。ワークトップ間の距離は1,200mm程度必要で，シンクと加熱調理機器は位置を正対させないほうがよい。

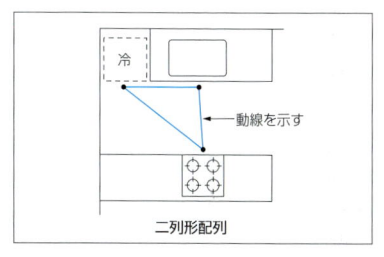

図:二列形配列（動線を示す，冷）

人間工学 ［human engineering］人間の身体や心理の特性に合わせて，機械，道具，施設などを作製・改善することを研究してゆく科学をいう。「エルゴノミクス」ともいう。

人間の距離 社会人類学者，エドワード・T・ホールによって提唱された人間のコミュニケーションにかかわる距離で，次の4つに分類されている。

密接距離：きわめて親密な間柄の人間どうしにとられる距離。身体と接するか，あるいは手の触れ合える距離。

個体距離：親しい間柄の友人らとの関係でとられる距離。相手の表情を詳しく読み取ることができ，においも感じとれる。

社会距離：個人的な関連のない人間どうしの間でとられる距離。近くはないが，普通の声でコミュニケーションが可能。

公衆距離：かかわり合いの範囲の外にいて，一方的伝達に用いられる距離。この距離では声も大きくなり，語句に変化が生じる。

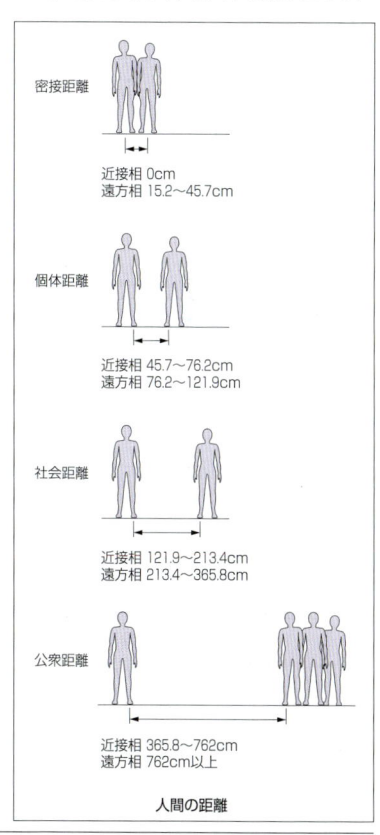

図:人間の距離

密接距離
近接相 0cm
遠方相 15.2～45.7cm

個体距離
近接相 45.7～76.2cm
遠方相 76.2～121.9cm

社会距離
近接相 121.9～213.4cm
遠方相 213.4～365.8cm

公衆距離
近接相 365.8～762cm
遠方相 762cm以上

ぬ

貫（ぬき）木造建築の真壁（しんかべ）造りの壁面に設けられるもので，柱を貫いてつないでゆく薄くて幅の狭い横板のこと。寸法は100×15mm，90×18mmなどを用いる。取付け位置によって，地貫（じぬき），胴貫，内法貫（うちのりぬき），天井貫などがある。→胴貫，根がらみ貫

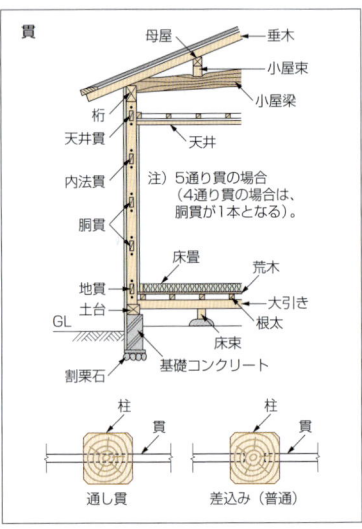

布基礎（ぬのぎそ）壁の下部に設けられる連続した同一断面をもつ基礎。木造住宅などに用いられ，「布」は水平，連続などの意をもつ。→基礎

布目地（ぬのめじ）⇒図-床タイル張り（303頁）

塗籠（ぬりごめ）寝殿造りの寝殿に設けられたもので，周囲を壁にして扉をつけたもの。殿内の一室を塗り籠めたところから由来している。もとは寝室にあてられていたが，平安時代の中期頃から納戸のように多くの器物が納められた。

塗代（ぬりしろ）depth of plastering　塗厚の意味で，塗ろうとしている厚さをいう。日常的には，紙を張るときののり代と同じ意味をもつ。

塗り回し　左官仕上げの一種。小壁の下端を塗り仕上げとすること。床の間の小壁などに用いられ，高級な仕上げとなる。→幕板（まくいた）

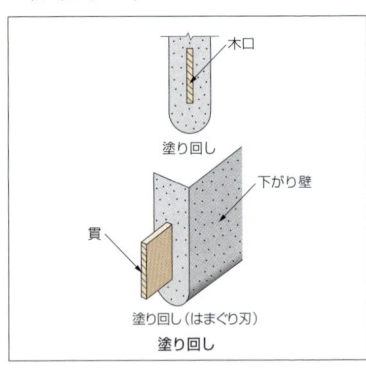

濡れ縁（ぬれえん）⇒縁（えん）

ね

音色（ねいろ）音は通常，いろいろな周波数の音が混合していて，その混合状態の違いによって，人間の耳にはさまざまな音の感覚を呼び起こす。これを音色といい，主として音の周波数成分によって決まる。→音の性質

ネオ・クラシシズム［neo-classicism］「新古典主義」ともいう。18世紀末から19世紀中頃にかけて，バロック・ロココに対する反動として古典古代の再評価を基盤とした厳格な様式。意匠は厳格な比例に基づく直線構成となり，室内の装飾様式は建築的構成をとるようになった。代表的な建築家には，スフロ（仏），チェンバーズ（英），絵画では，ダビッド，アングルなど。

ネオ・ゴシック［neo-gothic］新ゴシックの意。中世ゴシック建築の復興を目指す動きで，イギリスに始まり，建築様式として

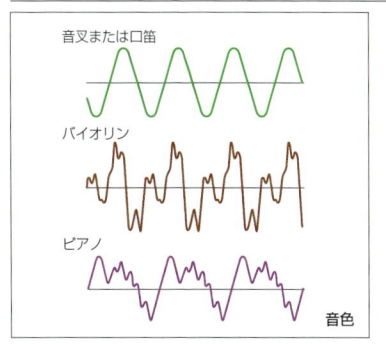

はピクチャレスク（絵画趣味）の思想を反映している。19世紀初頭には、ヨーロッパ、アメリカへと広まり、「ゴシックリバイバル」ともいう。

ネオ・バロック [neo-baroque] 19世紀後半ヨーロッパにおこった芸術様式の傾向。ルーブル新宮殿（1852～57、パリ、ヴィスコンティ・ルフュエル）は、大きなマンサード屋根、彫塑的な構成、バロック的な豊かな表現をもつなど、国家の権威を高め、それらを内外に誇示しようとした動向を表す。これが絵画・彫刻・工芸などの各分野に見られたものをさす。

ネオ・ルネッサンス [neo-renaissance] 19世紀における歴史主義的傾向のなかで、ルネッサンス建築の再興を目標としたもので、ドイツのF.V.ゲルトナーは代表的な建築家の一人。

ネオン管 ネオンサインでなじみ深い光源で、ガラス管内に封入されているネオンガスのグロー放電でおもに発光する。蛍光ランプにいくぶん特性が似ているが、それより色光が豊富で、管も細く曲げ加工ができる。光束より輝度を生かしたサインや装飾用照明としての利用が多い。

根搦み貫（ねがらみぬき）1階床組の床下に設けられるもので、床束（ゆかづか）などを相互に連結させて堅固にするために取り付けられた横木のこと。→貫

ねこ ［猫，根子］小さい形のものの意。板塀などの土台下と基礎との間にかい込むものをいう。

ねじコック ［捻子—］ガス栓の一種。ヒューズコックで対応できないガス消費量の大きい器具を使用する場合、金属管などで配管し、ねじコックを使用する。形状別に、I形とL形がある。

根太（ねだ）木造床工事に関する水平部材名称の一つ。床板（とこいた）を支える横材のこと。大きさ寸法（mm）には、36×45、45×55、30×40など、間隔には360、450mm程度に取り付ける。→転ばし根太

根太掛け（ねだかけ）木造床組の部材の一つ。根太の端部を支持する横木で、柱や間柱の横に取り付けられるもの。→大引き受け、コンクリート束石（つかいし）

根太間隔（ねだかんかく）根太の取付け相互の間隔のこと。洋室の床面では360mm間隔、和室では450mm間隔で取り付けてゆく。→図-床組の種類（302頁）

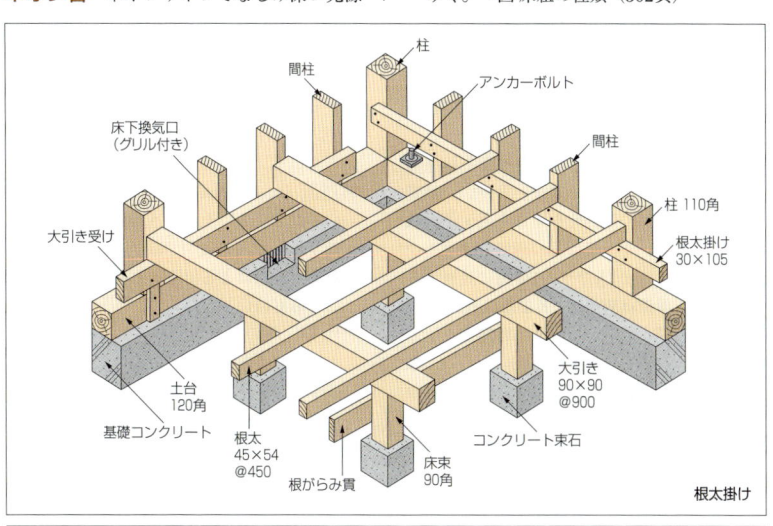

熱［heat］一般に熱は水と同様に、温度の高い物体と温度の低い物体とが近接・接触すると高いほうから低いほうへと移行するエネルギーであり、その伝わり方には、伝導、対流、ふく射とがある。

熱可塑性（ねつかそせい）thermoplasticity 加熱することにより自由に変形し、冷えると元の状態に戻る性質のこと。セルロイド、ポリスチロールなどにこの性質がみられる。→熱硬化性

熱感知器 火災などによる熱を感知するセンサー。感知範囲によりスポット型と分布型に分けられ、動作原理により定温式、差動式、補償式に分類される。

1種定温式スポット型	1、2種差動式スポット型（露出形）

スポット型	感知器の中に感知素子が入っており、感知器の設置点の熱を感知する。
分布型	感知素子を対象室に広く分布させ、感知器はその感知端の信号を受け感知する。
定温式	感知温度が一定温度に設定されている。1、2種の区別は感度の差。ボイラー室・厨房など熱を使う部屋に適用。
差動式	周囲温度が一定温度上昇率以上で作動するように設定されている。1、2種は感度の差。一般居室に適用。

熱感知器

熱貫流［over-all heat transmission］熱が壁体を通じて片方の空気から一方の空気へ伝わる全体の伝達過程をさす。熱の伝わり方は、高温側の空気から壁体へ熱伝達され、壁体の内部を熱伝導し、また空気層のある場合は熱対流して壁体に熱伝達される。そして壁体から低温側の空気に熱伝達されてゆく全体の組合せをいう。

熱貫流率 壁や床などの建物の構造体を熱が通過することを「熱貫流」といい、熱貫流における熱の伝わりやすさを表す指標を熱貫流率という。構造体の両側の温度差が1℃のとき、1m²当たりの1時間に通過する熱量で、単位はW/m²・Kまたはkcal/m²・h・℃。数値が大きいほど多くの熱量を伝える。この逆数を「熱貫流抵抗」といい、数値が大きいほど熱を伝えにくい構造体となる。

熱源 冷暖房や給湯などのために熱を供給するみなもと。熱源の種類は、各種ボイラーなどの温熱源と各種冷凍機などの冷熱源および温冷兼用熱源（ヒートポンプ）。

熱源プラント 地域冷暖房のために集中的に熱を供給する熱源施設。ここで製造した蒸気、温水、冷水などの熱媒を一定地域の建物や施設に供給する。

熱硬化性［thermosetting］加熱することにより化学的変化を起こして硬化する性質のこと。尿素樹脂、珪素樹脂などにこの性質がみられる。この反対の性質は「熱可塑性」。→熱可塑性

熱交換型換気扇 強制給排気型換気扇に熱交換の機能をもたせたもの。室内外の空気が入れ替わる際に、熱交換フィンを通じて熱を交換する。冷暖房時に換気しても、室温は大きく変動しない。

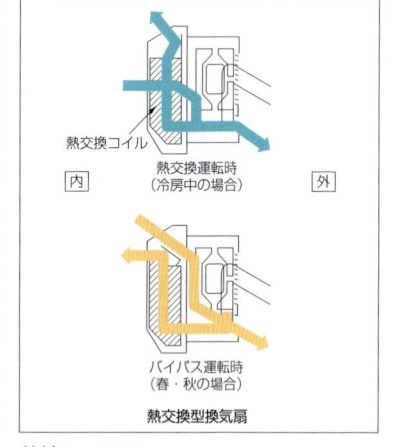

熱交換コイル
熱交換運転時（冷房中の場合）
内　外
バイパス運転時（春・秋の場合）

熱交換型換気扇

熱線 ⇒赤外線

熱線吸収板ガラス 熱線である赤外線を吸収するガラスで、色調にはブルー、グレー、ブロンズ、厚みは3、5、6、8、10、12、15mmなどがある。「赤外線吸収ガラス」ともいう。→表-ガラスの種類（128頁）

熱対流［heat convection］流体内での温度の異なる部分の上昇と下降によって熱が移動すること。空気中では、自然対流（自由対流、浮力による対流）と強制対流（風力によるもの）とがある。

熱伝達 熱の移動現象を表す総称で、伝熱と同じ意であるが、特に固体表面とそれに接する空気や液体との間の熱の移動をさすことが多い。高温部から低温部へ、伝導、対流、ふく射が組み合わされた状態で行われる。熱伝達のしやすさを表す指標を「熱伝達率」という。

熱伝導［heat conduction］熱伝達過程の一つで，固体内部での熱の移動をいう。

熱伝導率 ある物質が伝導によってどの程度熱を伝えるかを表す指標となる値。単位はW/m・Kまたはkcal/m・h・℃。数値が大きいほど熱を伝えやすい物質で，この逆数を「熱伝導抵抗」といい，数値が大きいほど熱は伝わりにくい物質である。

熱負荷 室内を適度な室温に保つ場合，暖房時には建物から熱量が失われる。逆に冷房時には屋外から熱量が室内に貫流することになる。こうした建物への熱の損失・流入の量を熱負荷という。

熱輻射（ねつふくしゃ）thermal radiation, heat radiation 熱の伝達過程の一つで，高温物体から低温物体へ空間（空気中）を透過して熱が移動してゆくことをさす。「熱放射」ともいう。

熱放射 ⇒熱輻射（ねつふくしゃ）

熱容量 物体の温度を1℃上昇させるのに必要な熱量をいい，単位はkcal/℃。熱容量の大きな物体は暖めにくく，冷めにくい。逆に小さな物体は暖めやすく，冷めやすい。鉄骨などに比べ石造やコンクリート造の建物は通常，熱容量が大きい。

眠り目地 2つの部材を密着させてすき間なく仕上げる工法。「めくら目地」ともいう。

燃焼器具 ガスストーブ，石油ストーブ，小型のガス湯沸器，炊事用レンジなど，燃料を燃焼することで成り立つ器具。排ガスの処理等によって次のように分類される。

密閉型燃焼器具：燃焼用の空気を屋外から取り込み，排ガスを屋外に出し熱だけを取り入れる器具。室内空気を汚染させないが，熱損失はやや多い。BF型，FF型などの燃焼形式がある。

半密閉型燃焼器具：室内の空気を用いて燃焼するが，排ガスは煙突等で屋外へ排出する器具。排ガスによる室内の汚染はやや少ないが，効率は悪い。

開放型燃焼器具：室内の空気を用いて燃焼し，排ガスも室内へ放出する器具。室内の空気の汚染度も高い。ガスコンロ，ストーブ，ファンヒーターなどがこの形式で，室内空気汚染に注意する。

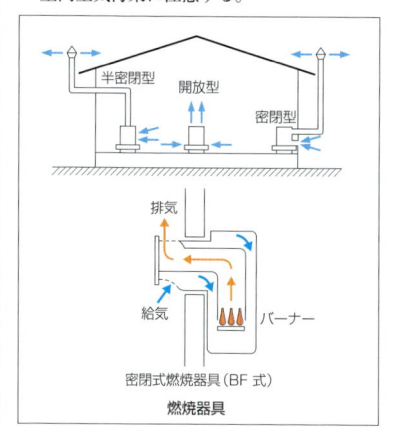

燃焼器具

の

ノウハウ［know-how］産業上有用な技術，またはそれに関する総合的な知識・経験・情報などをいう。

ノーヒューズブレーカー［no fuse breaker］⇒配線用遮断器

軒桁（のきげた）外壁の頂部に架け渡される水平部材で，小屋梁や垂木（たるき）などを支えるもの。→図-和小屋組（314頁）

軒高（のきだか）外部の基準とする地盤面より軒桁（外壁の最上部の水平材で屋根を支持する垂木（たるき）を受けているもの）の上端までの水平距離をさす。→図-階高（119頁）

野地板（のじいた）sheathing roof board 屋根葺き材を取り付ける際の下地板のこと。垂木（たるき）の上に直接張り付けるもので，軒先や縁側などでは野地板の裏面を化粧として現わし仕上げとすることもある。→垂木

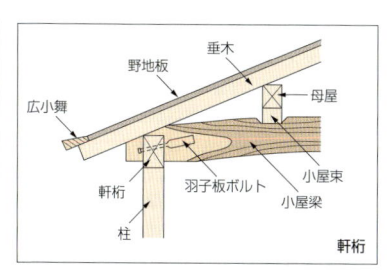

熨斗瓦（のしがわら）瓦の一種。棟（むね）積みに用いられる短冊形の平たい瓦のこと。

ノズル型吹出し口　小さな円形の点状の吹出し口。吹出し口内部の空気の流路の断面積を絞り込み，早い速度で吹き出す。吹き出した空気の到達距離が長いため，大空間に適し，騒音の発生も少ない。→パンカールーバー型吹出し口

ノックダウンタイプ〔knockdown type〕構成材のうち，ユニットなどの部品を工場で生産し，ばらばらの状態で効率よく輸送し，現場で完成品に組み立てる方式。

野縁（のぶち）天井仕上げ工事の水平部材の一つ。天井仕上材を張り付けるための下地材をさす。木製，金属製があり，ほかに「板野縁」と呼ばれるものもある。→吊木，吊木受け，野縁受け

野縁受け（のぶちうけ）天井野縁を受ける細長い角材のことで，天井面と上部支持材とを連絡するもの。→野縁

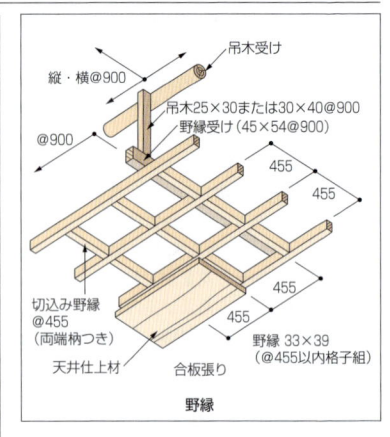

野縁

法（のり）inclination, slope　傾斜の度合いを表す意。その傾斜面を「法面」と呼ぶ。また，長さの意もあり，内法（うちのり），外法（そとのり）のように用いる。

法面（のりめん）⇒法（のり）

は

PAR形電球（パーがたでんきゅう）⇒シールドビーム電球

パース〔pers.〕⇒透視図法

パースペクティヴ〔perspective drawing〕⇒透視図法

パーセンタイル値　統計で百分した順位，百分位数。人間の身長，体重などのデータは，通常平均値付近に相当する数が最も多く，次第にその上下になるにしたがい人数が減って正規分布を示す。こうした場合，平均値付近の中央値に位置する値を50パーセンタイル値といい，身長の85パーセンタイル値とは，対象となる集団の人々の15%がこれより高く，85%はこれと同じか，それより低い身長の人々ということができる。

パーソナルスペース〔personal space〕環境心理学者R・ソマーによって提唱された空間概念で，人間ひとりひとりの周辺に存在する「他人が侵すことのできない，各人の身体をとり囲む見えない空間領域」。パーソナルスペースを侵害されると人間はストレスやプライバシーを侵されたと感じる。人種，民族，性別，文化などによって領域の大きさはそれぞれに異なってくる。

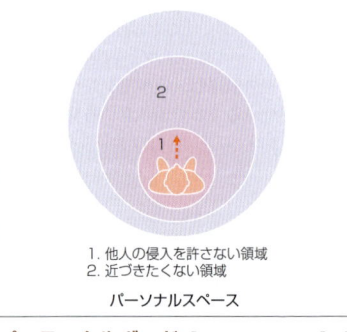

1. 他人の侵入を許さない領域
2. 近づきたくない領域

パーソナルスペース

パーティクルボード〔particle board〕木材削片を接着・熱圧・成形した比較的厚い板状のもの（JIS A 5908）。接着剤別に，家具・キャビネット用，床・屋根下地用，床・外壁・屋根下地用がある。大きさ寸法は，910×1,820mm，厚さは，10，12，15，20mmなど。

パーティション〔partition〕建築物の内部空間を仕切る壁や，同じ役割・目的をもたせたものをさす。また，移動できるか否かにより可動間仕切り，固定間仕切りとに分けられる。内部空間を仕切るものとして，

家具・カーテンなどをさす場合もある。「間仕切り」ともいう。

バードアイ［bird's eye］⇒3消点透視法

ハードボード［hard board］「硬質繊維板」のことで，断熱・遮音・加工性に富む。標準板（S）は，茶褐色，表面が平滑で裏面が網目のものと両面平滑のものとがある（壁・壁下地，天井用）。油脂処理板（T）は，標準板に油脂を含浸させ耐水性と強度を高めたもの（床・床下地，壁・壁下地用）。ほかに化粧板がある。寸法は，910×1,820mmほか，厚さ3.5，5.0mmなど。

ハーフユニット［half unit］ユニット化した浴室構成部品のうち浴槽，洗い場の床，腰壁を一体にFRP成形したもの。水漏れを起こしやすい部分を一体成形して品質を確保する一方，腰から上の部分は自由に仕上げることができ，個性的で多様化が図れる。

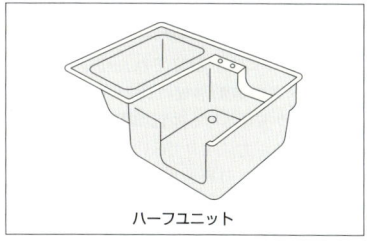

ハーフユニット

ハーモニー［harmony］調和。空間や形の構成要素が視覚上好ましい状態で均衡し，美的な秩序をかたちづくって人々に快い感じを与える状態を調和がとれているという。この反対の言葉が不調和（ディスハーモニー）である。調和を形成する造形要素にはシミラリティー（類似性），コントラスト（対比性），ドミナンス（支配性），ユニティー（統一性）などがある。

φ（パイ）丸いもの（鉄筋，ボールトなど）の直径を示す。φ13とは，直径13mmを表す。→アンカーボルト

排煙口　火災時の煙を排出するための天井あるいは壁面の開口部分。煙をじん速に屋外に出すことによって，避難路を確保することを目的とする。

排煙設備　火災時に強制排煙するための設備。防煙壁，排煙口，排煙ダクト，送風機，排煙ダンパーなどから構成される。

配管　給排水管やガス管，通気管などの各種管の配置状態，または各種管を配置すること。

配管図　各種の管の配置状況を示す図面のこと。給排水関係の管の種別，直径，敷設の位置などを表示する（JIS Z 8205）。その他，上階との配置寸法関係については，立体的に表現した配管図が作成される。

配光曲線　光源や照明器具がランプのフィラメントを中心に空間に拡がる光の強さ（光度）分布をいう。配光曲線図から直射照度や平均照度の算出ができるため，特にダウンライトやスポットライトの照明効果予測に欠かせない。立体の配光形状を真ん中からたてに切った側面を「鉛直面配光曲線図」という。

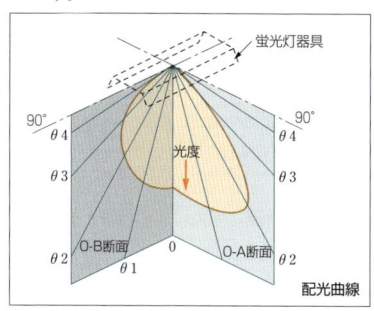

配光曲線

配合色　⇒アソートーカラー

配色　色と色を組み合わせること，あるいはその組合せの結果をいう。例えば，赤とピンクの配色は「1色相2色配色」，無彩色のみの配色を「モノ・クローム配色」，3色の異なった色相の配色を「分岐配色」などと呼ぶ。

排水管　建物や敷地内の排水（汚水，雑排水，雨水など）を排除する管。排除の方法は，単独に排除する分流式，まとめて排除する合流式などがある。

排水勾配　排水をスムーズにし，詰まりを防ぐために，横走りの排水管につける勾配。屋内では，一般に管径65mm以下の場合は1/50以上，管径75mm，100mmでは1/100以上が必要。

排水設備　建物や敷地内の排水（汚水，雑排水，雨水など）を排除するための設備。また，排水を円滑に進めるための通気管を含む場合もある。

配線　電気を使用する場所に，固定して設置される電線（258頁参照）。

配線図　配線の状況を示す図面のことで，電気器具類の配置や電線の種別，太さ，敷設の位置などを表示する（JIS Z 8114）。

配線ダクト　⇒トラックライト

はいせん

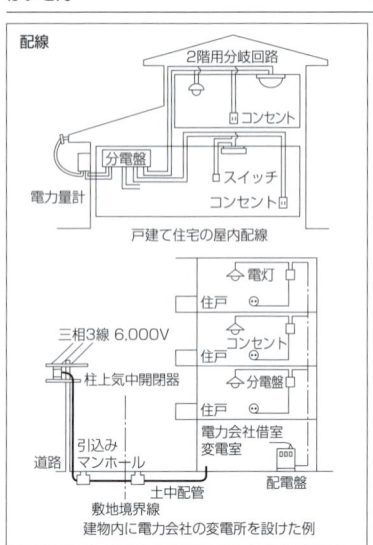

配線用遮断器 電力の開閉機構と過電流防止装置などを組み込み，プラスチックで一体成形した気中遮断器。「ノーヒューズブレーカー」ともいう。

ハイタンク［high tank］天井近くの高い位置に取り付けられた便器の洗浄用水槽。水の位置エネルギーにより便器を洗浄するが，騒音が大きく，故障時の修理がしにくい。
→シスタン

配置図 建物と敷地の位置関係を示す図で，道路，庭，車庫，植栽等が表示される。

配電盤 遮断器，開閉器，計器などを1個所にまとめた盤。電力の分配や電気回路の制御などを行うために設置される。

配電方式 変電設備から電力負荷へ供給される電気方式。住宅の場合，ほとんど単相3線式100/200Vあるいは単相2線式100V。

ハウジング［housing］住宅供給の意。今日では，住宅や土地造成などを含めた広い意味での住宅産業をさして用いられる。

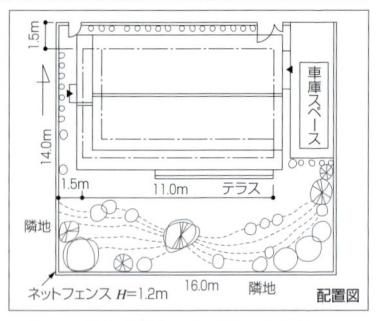

ハウス55計画 建設省（現国土交通省），通産省（現経産省）が合同で1976～80年度にかけて進めた低価格（550万円程度）の高性能住宅供給の開発プロジェクト。新素材や新構法・間取りの合理化などが特色となっている。

バウハウス［Bauhaus 独］1919年，ドイツのワイマールにウォルター・グロピウス（1883～1969）により設立された建築とデザインの国立の造形学校。1924年閉鎖。翌年デッサウ市立として再生，再起をはかるが，ナチスの圧力により1933年最終的に解散。教育理念は，芸術と生活を融合するため建築を中軸に，諸芸術の総合や芸術と技術の新しい統一をうたう。20世紀の建築文化に対する貢献の範囲とその影響の深さは，ほかに類を見ないほど大きなものがある。
→ウォルター・グロピウス 人

袴腰屋根（はかまごしやね）屋根形式の一つ。寄棟（よせむね）の妻側を切断したような形のもので，「隅切（すみきり）」「半切妻」ともいう。→図-屋根の形状（300頁）

バキュームブレーカー［vacuum breaker］使用済みの汚れた水が，逆サイホン現象によって給水管に逆流するのを防ぐ機器。給水管中に負圧が生じた場合，自動的に空気を補充するもので，大気圧式と圧力式に分けられる。吐水口空間のとれないフラッシュバルブ式大便器には必ず設置される。

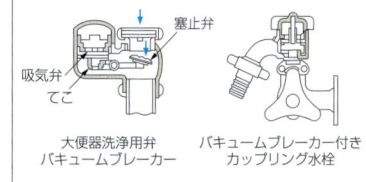

白色蛍光ランプ　JISでは蛍光ランプの光色を規定しており，相関色温度が約4,200K（ケルビン）のランプを白色という。このほか約6,500Kの昼光色，約5,000Kの昼白色，約3,500Kの温白色，約2,800Kの電球色がある。→蛍光ランプ

白色塗装電球　一般照明用電球で，ガラス内面を白色微粉末塗装することによりグレアを和らげたもの。安価で購入しやすいことから家庭照明用に適したランプでもある。→白熱ランプ

白熱電球　⇒白熱ランプ

白熱ランプ　[incandescent lamp]「白熱電球」ともいう。発光原理は太陽やろうそくの光と同様，フィラメントが高温で熱せられて光る温度放射による。蛍光ランプに比べると小型軽量，点灯に安定器が不要，容易な調光という特長をもつ反面，ランプ効率が低く，ランプ寿命も短い。→フィラメント

刷毛引き仕上げ（はけびきしあげ）左官仕上げの一つで，刷毛をかけて塗り面を仕上げる手法。

羽子板金物（はごいたかなもの）⇒羽子板ボルト

羽子板ボルト（はごいた―）木工事の接続用金物の一つで，平板の金物にボルトを溶接したもの。「羽子板金物」ともいう。

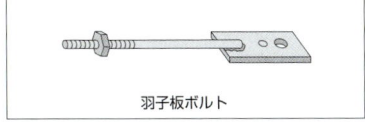

羽子板ボルト

箱階段　近世の町屋などに見られるもので，箱を積み重ねたような形式をした階段。下部は側面から収納などに使用できる。

箱金物　木工事の接続用金物の一つで，コの字形でボルト孔をもつもの。柱と土台，陸梁（ろくばり）と真束（しんづか）などの取付け部に併用される。→図-洋小屋組（303頁）

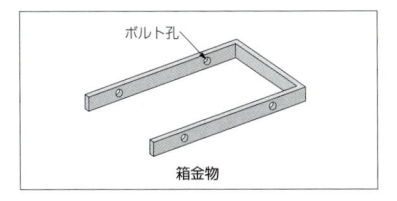

箱金物

挟み吊（釣）束（はさみつりづか）洋小屋組の垂直部材の一つ。合掌と陸梁（ろくばり）を両面からはさんでボルト締めしたもの。→図-洋小屋組（303頁）

芭蕉布（ばしょうふ）⇒葛布（くずふ）

バスケット　タイル・れんが床張りの模様（パターン）の一つ。

バスケット

バスタブ　[bath tub]⇒浴槽

パステル　[pastel]粉末顔料と各種の原料（滑石，粘土，白墨その他）を特殊なゴムで練り固め棒状にしたもの。油彩にせまる豊かな色感が得られ，16世紀以来，各国に広まった。シャルダン（仏，画家，1699～1779，印象派の先駆），ドガ（仏，画家，1834～1917，時代風俗を鋭く観察した），ベナール（仏，画家，1849～1934，古典派の技法に印象派の色彩を摂取し装飾的な壁画を描く）なども愛用した。

破線（はせん）建築図面では，かくれ線として対象物の見えない部分の形状を表すのに用いられ，点線として用いられている。→表-線②③（205～206頁）

パソコン　個人ベースで使用するコンピューター。1970年代の初めにIBM社などが発売した機種につけられた名称が一般化した。パソコン専用のOSやハードが発達し，事務処理やワープロその他の応用ソフトが充実して普及が著しい。

パターン　[pattern]造形上は模様，図案，柄などの反復，連続の基本単位をさす。一般に基本図形，模様柄の意味ももつ。

パターンランゲージ　[pattern language]使う人とつくる人とが建築・デザインなどについて共通に話すことができるように工夫された空間的な言葉。C.アレグザンダーによって提唱された設計方法の一手段。図面や模型では表現できない，設計のプロセスの中でユーザーと設計者が対等に建築・デザインについてコミュニケートできる共通言語として考え出された（206頁参照）。

バタフライ屋根　屋根形式の一つ。切妻屋根の形を逆にしV字形にしたもの。→図-屋根の形状（303頁）

パターンランゲージ の図

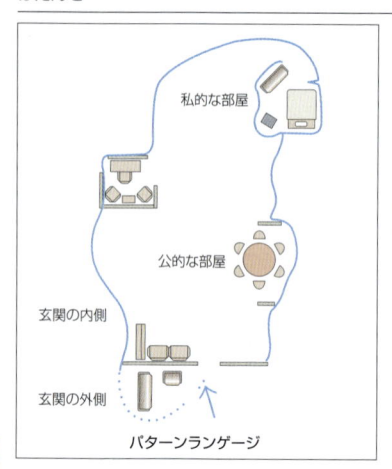

破断線（はだんせん）対象物の一部を破った境界や切断した境界，または一部を取り去った境界を表す線として用いる。建築図面では，ジグザグ線を用いることが多い。→表-線③（206頁）

八幡造り（はちまんづくり）奈良時代中期に成立したと思われる神社本殿形式の一種。仏ész における双堂形式をもち，前後に軒を接しての切妻造り，平入りの前殿と後殿からなり，宇佐神宮本殿（1855〜61）はこの代表例。

はっかけ 左官工事の壁の端部仕上げの一つ。床の間の下がり壁の下部や隅柱の仕上げ面に用いられ，「面はっかけ」と「剣はっかけ」とがあり高級な納まり。

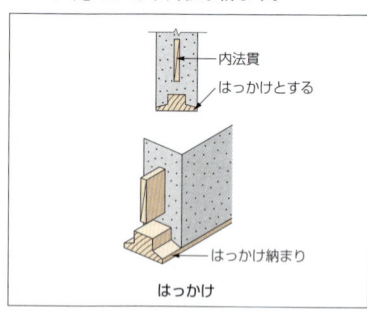

はっかけ の図

曝気槽（ばっきそう）圧縮空気を送ったり，機械的に水を空気にさらして好気性バクテリアを増殖させ汚水を浄化する槽。バクテリアはやがて互いに凝集して沈殿する。活性汚泥法のし尿浄化槽の中心となる部分。

パッキン［packing］①流体の漏れを防ぐ詰め物の総称。配管やダクトのフランジ接合部に挿入されることが多い。②こん包容器と収容物の間に詰めて損傷を防止するクッション材。

パッケージユニット方式 冷媒利用のパッケージユニットで空調する方式。水冷式は，冷房時は冷却塔を利用して冷却水を循環し，暖房時は温水ボイラーからの温水や電気ヒーターを利用する。空冷式は，冷房のみのものとヒートポンプで暖房まで行うものもある。比較的簡便で，部屋単位の独立運転に適する。

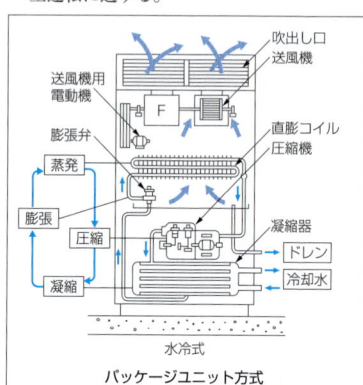

パッケージユニット方式 の図

発光ダイオード［Light emitting diode］電圧を加えると発光する半導体。超小型でランプ寿命も長く，赤，黄，橙，青，緑色が市販されている。照度は得られにくいが，高輝度の特性を生かした表示用のほかに，装飾照明の効果演出も期待できる。

パッシブソーラーシステム［passive solar system］人工的な機械やエネルギーを用いずに，太陽熱や自然風などの自然エネルギーを建物の構造，間取り，方位などの工夫によってうまく取り入れる方法。→アクティブソーラーシステム

ハッチ［hatch, hatching］住宅などの間仕切りの両面から物の出し入れをするために設けられた開口部のこと。台所と食堂との間に設けられるもの。また，出入りの際にくぐってゆくような小さな出入口や，図面上に斜め線を書き込むことを「ハッチングする」ともいう。

ハッチング［hatching］対象物のある特定の部分や切断面などを明示するために，細い実線でその部分に規則的に並べた平行線群を記入すること。→表-線③（206頁）

バットレス［buttress］控え壁の意。壁か

ら突き出して設けられる補強用の壁（または化粧の柱型など）をさす。

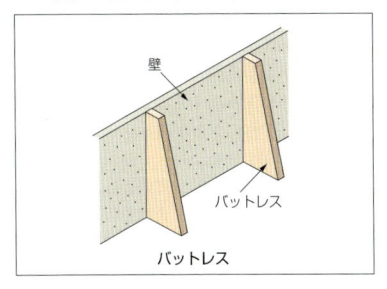

バッフル［baffle］直射グレアの要因になる不要な光をカットするための遮光器。ルーバー天井に使われたりするが，わが国ではダウンライトに装着されるぎざぎざ状のフードを一般的にいう。→ルーバー天井

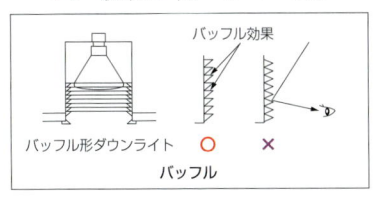

発泡ウレタン 熱硬化性樹脂ポリウレタンを発泡処理した材で，断熱性が高く断熱材として使用される。

発泡剤 コンクリートに混入して用いる薬剤の一種。熱や化学反応により気泡を発生して多孔質にしてゆくもの。気泡コンクリートは，軽量で断熱性，耐火性に優れる材料。

発泡樹脂板 発泡させて断熱防音材として用いられるもので，おもにスチレン樹脂とポリウレタン系が用いられる。
　ポリウレタン系：硬質ウレタンフォームの両面をポリコート紙（または片面アルミ箔使用）で被覆したもの。床，壁，天井などの断熱材に多く使用。寸法は，910×1,820mm，厚さ10，15，20，25，30～50mmなど。
　ポリスチレン系：各種パネルやコンクリート造の打込みなどに用いる。その他には，硬質イソシアスレート板，炭酸カルシウム発泡板，セルロースファイバー，発泡ポリエチレン系などがある。

発泡プラスチック 現場発泡や工場で発泡成形されたプラスチック（合成樹脂）で，断熱材として使用される。おもなものには，フォームポリスチレン，硬質ウレタンフォーム，高発泡ポリスチレンなどがある。

発泡ポリエチレン 断熱材の一種。製法には，押出し発泡方式や金型による成形発泡による製造法などある。種類には，フォームポリエチレン，押出し発泡ポリエチレン，高発泡ポリエチレン（各板状，厚さ25～80mm）などがある。

パティオ［patio 西］スペインの住宅の中庭の意。住宅建築の造形上のポイントともなっている。

鼻隠し（はなかくし）屋根軒先の垂木（たるき）の先端部をそろえて隠す化粧用の幅広い横板のこと。「鼻隠し板」ともいう。→垂木

鼻隠し板（はなかくしいた）⇒鼻隠し

鼻母屋（はなもや）洋小屋組の部材の一つ。母屋のうち最も軒に近く，外壁まわりの最上部に取り付けられたもので，和小屋組では軒桁（のきげた）がこれに相当する。→図-洋小屋組（303頁）

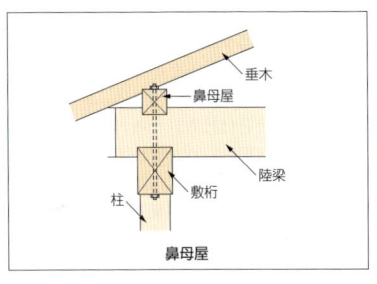

ハニカムコア合板［honeycomb core plywood］⇒ハニカムボード

ハニカムボード［honeycomb board］コア（芯）をクラフト紙やアルミ箔で蜂の巣状の構造に作り，両面に合板，ストレートなどを張り付けたもの。「ハニカムコア合板」ともいう。

パネル［panel］本体そのもので一つの水平面を保持できる丈夫な枠組をもつ板のこと。床パネル，壁パネル（大きさは180cm×90cm程度）などと用い，パネル構造としても使用される。

パネル工法 組立て工法の一種。はじめに柱，梁などの構造材を組み上げてから，屋根，外壁，床などを一定の形状と寸法とで作られたパネルで構成してゆく工法のこと。パネル自体に構造部材が組み込まれている工法もある。

パネルヒーター［panel heater］広い面積の面状の放熱器。面全体を加熱して，ふく射（放射）放熱する。壁面に沿って設置するものと，床・天井面に設置するものがある。

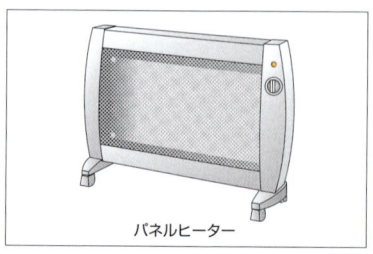

パネルヒーター

幅木（はばき）造作工事の部材の一つ。床面と壁面の接合部に設けられる細い横板で，壁面下部の汚染と損傷を防止するもの。材料には，木材，石，タイル，金属板，プラスチックなどがある。→入り幅木（いりはばき），雑巾摺（ぞうきんずり），出幅木（ではばき）

パビリオン［pavilion］一般に博覧会などの展示館，庭園や公園の休憩場，あずまや，運動会などのテントといった仮設の建物。

破風（はふ）入母屋（いりもや）屋根の妻側の山形に取り付けられた板のこと。元来は神社建築に用いられたもの。屋根形式によっては，切妻破風，入母屋破風，切破風，板の形状によっては，反り破風，照り破風など各種の様式がある。「破風板」ともいう。→棟

バフ［buff］磨き仕上げ用の道具の一つ。回転する車輪に布地（木綿など）を厚く巻き重ね，研磨剤を滴下させながら表面を磨きあげる。

破風板（はふいた）⇒破風

パブリックスペース［public space］公共の空間の意。だれもが自由に出入りできるスペースで，住宅の場合，私的空間に対する共用的，家族的に使用する部分（居間，食堂など）を総称して用いられる。→プライベートスペース

バラストレス水銀ランプ［self-ballasted mercury lamp］ランプのガラス球内に接続した白熱ランプ用フィラメントが安定器の役割を果たすため，安定器不要の高圧水銀ランプ。フィラメントの発光も利用するため，ランプ寿命とランプ効率は一般の高圧水銀ランプに比べ劣る。

バランス［balance］平衡・均衡。造形における視覚的つり合いをさす。部屋と家具のバランス，家具と家具のバランス，形や色のバランスなど大きさ，材料，かたさなどの形にかかわる総合的な均衡状態で，よいバランスを生み出すものとしてシンメトリー（左右対称）などがある。

バランス照明［luminous valances］建築化照明の一種。基本的に窓の上に取り付けられる。目隠し板の中に光源を入れ，天井面への間接照明と，おもにカーテンやブラインドに対するアクセント照明の効果を同時に得ることができる。→建築化照明

梁（はり）木造建物などにおいて，柱頭の位置などを連結している水平部材。上部の床面や屋根を支える小屋組などを支持する重要な部材である。

梁成（はりせい）梁の下面から上面までの高さ寸法をさす。

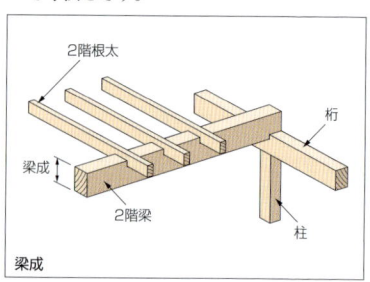

梁成

梁(張り)間（はりま）⇒スパン

バルコニー［balcony］建物の外壁の一部から突出し，生活の一部の場として利用できる屋外空間。手すりやスクリーンなどで転落防止に注意し，プライバシーの防御にも気をつける。またバルコニーには，生活の一部が行えるリビングバルコニー，台所に隣接したサービスバルコニー，防煙時の避難に利用する避難バルコニーなどがある。

バルサ材 熱帯アメリカ産の淡紅白の軟らかく軽い材で，加工が容易。おもに模型製作材として用いる。

パルプセメント板 普通板と化粧板とがあり，軽量，断熱，吸音，加工性に優れ，内壁，天井，軽天井（厚さは，6，8mm）などに用いられる（JIS A 5414）。→表-セメント製品の分類①②（204頁）

ハロゲン化物消火設備 炭化水素のハロゲン化物を消火剤として利用する消火設備。ハロゲン化物を放射し，その窒息作用，冷

却作用などにより消火するもので，毒性が低く，二酸化炭素による消火よりも危険度が低い。

ハロゲンランプ［tungsten halogen lamp］おもに石英ガラス球内にハロゲン物質と不活性ガスが封入されている白熱ランプの一種。ハロゲン再生サイクルがタングステンの蒸発によるバルブ内壁の黒化を防ぐ。ランプは小型で高輝度のため，反射鏡との組合せで精巧なスポット光を得ることができる。→赤外線反射膜ハロゲンランプ，ダイクロイックミラー

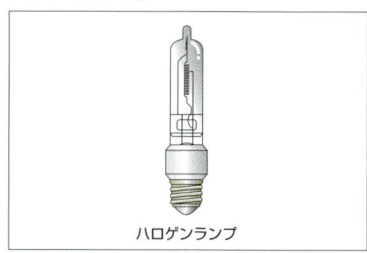

ハロゲンランプ

バロック様式［Baroque style］ルネッサンス末期（1600年頃）から1730年頃にかけてヨーロッパに広まった様式のことで，ポルトガル語のバロッコ（いびつな真珠）の意。端正なルネッサンスの古典主義の造形芸術に対し，躍動・不規則・感情の激しさなどを表現した。イタリア・バチカンのサンピエトロ寺院に代表されるように，室内は壁柱，軒蛇腹，色大理石のモザイク，フレスコ画，タピストリーなど豪華に装飾され，家具はその表面が葉飾りや彫像などで飾られた彫刻作品の性格をもつようになる。

半埋込み式浴槽　浴室洗い場の床面より下に半分くらい埋め込み，出入りの際のまたぎ高さを300～400mmとした浴槽。住宅などの小規模な浴室には，最適な設置方法といわれている。

半円形アーチ　円形の中心を通る水平線で切った上部の形をもつアーチのこと。開口部の上部を支えるために石・れんがを積み上げた構造。「迫（せり）」「迫持（せりもち）」ともいう。

パンカールーバー型吹出し口　吹き出す方向を自由に調節できるノズル型吹出し口の一種。局所的な冷暖房を行う場合に適する。→ノズル型吹出し口

パン型吹出し口　天井面に設置する吹出し口の一種。吹出し口に皿（パン）状のじゃま板が付いたもので，平面形状は丸形と角形とがある。

反響　音源からの直接音と反射音との間の時間差のために，1つの音が2つあるいはそれ以上に聞える現象。「エコー」ともいう。音のずれが1/20以上になったとき，あるいは音の速度は常温で340m/秒のため音の路程差が17m以上あるときに生じる。

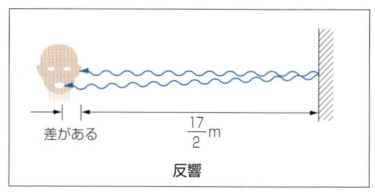

反響

半切妻（はんきりづま）⇒袴腰（はかまごし）屋根

半硬質繊維板［semi-hard board］木質繊維に接着剤を添加しながらシート状に成形・熱圧したもの。表面は平滑で加工性が良い。床，外壁，屋根の各下地などに用いられる。

反射形投光電球　ガラス球内面にアルミウム真空蒸着を施し，シールドビーム電球より柔らかなスポット光を得るように設計されている。ダウンライトに広く使われている。

反射（率）　⇒光の性質

半直接照明　⇒直接照明

パンチングメタル［punching metal］金属板に多様な模様を打ち抜いたもの。木造住居の基礎の換気孔などに用いられる部品。

パンテオン［pantheon］ローマにある大円形神殿（118～128年頃再建），もう一つは，ルイ15世がパリに建てたサント・ジュヌヴィエーヴ聖堂（1755年，J.G.スフロ設計，1764～90年頃に建造），1791年に霊廟となりパンテオンと改称した。

反転図形　⇒ルビンの壺

ハンドシャワー［hand shower］固定シャワーの反対語で，給水，給湯管からシャワーヘッドまでを自由に動かせるパイプでつないだシャワー。シャワーヘッドを手にもって，自由に位置を変更できる。

ハンドスプレー吐水（—とすい）台所で使用する水栓金具に付属した小型のシャワーのような器具。水を霧状に散水し，食器や食物の洗浄に用いる。

半柱（はんばしら）構造柱として片引戸などを設けた壁面などに設けられるもの。

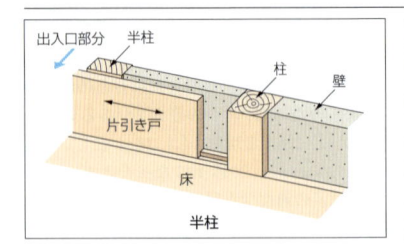

板(膜)振動吸音材（ばんまくしんどうきゅうおんざい）合板やボードなど比較的薄く気密性のある材に音が当たると，音圧によって板が振動し，音エネルギーが運動エネルギーに変換され吸音される。低音域に有効であるが，大きな吸音効果は望めない。
→吸音

半密閉型燃焼器具 ⇒燃焼器具

ひ

BA［building automation］⇒ビルディングオートメーション

BL部品 1973年，住宅部品の開発・普及促進のため住宅部品開発センターが設立され，ここで消費者等の選択基準の目安となるよう優良として認定された住宅部品。「優良住宅部品」（ベターリビング部品）ともいう。

BOD値 生物化学的酸素要求量のこと。水質汚染の指標の一つで，溶存酸素の存在する水中における分解可能な有機物が，20℃・5日間で生物化学的に安定化するために必要な酸素量をmg/ℓで表す。

PCCS［Practical Color Co-ordinate System］日本色研配色体系。日本色彩研究所が発表した色彩調和用色体系。色相は実際の配色が行いやすいように24分割され，この中には色料・色光の三原色のほか，「心理四原色」と呼ばれる通常使用頻度の高い色相が含まれている。明度は白と黒との間が9等分され，マンセルの明度とほぼ一致し，彩度はすべての色相について純色をほぼそろえ，この間を9段階に分割している。特色は明度・彩度を合せたトーン（色調）分類を位置づけ，色彩を色相とトーンの二層性で取り扱ったことである。

ビーダーマイヤー様式［Biedermeier stil 独］ドイツの19世紀前半（1815～48）様式。家具意匠には，日常生活に使用されたものに単純明快なデザインが多く，中産階級に好まれた。

ヒートアイランド［heat island］都市の気温上昇現象。人間が都市に密集して生活することにより，都市部の気温が周辺部より熱くなる現象。

ヒートポンプ［heat pump］フロンなどの冷媒が，蒸発する際に周囲から熱（気化熱）を取得し，気体から液体に凝縮する際に周囲に熱（凝縮熱）を放出することを利用して熱をくみ上げる熱源機器。構成部品は，圧縮器，凝縮器，蒸発器，膨張弁，切替え弁など。

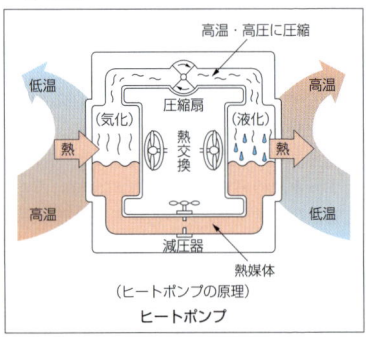

Pトラップ［P trap］サイホン型の排水トラップの一種。封水の安定性が良く，洗面器や手洗い器などの排水口に接続され，壁から排水する。

PP［picture plane］透視図を描く際の画面を表し，「画面線」ともいう。

PBX［private branch exchange］NTTなどの外線と内線および内線相互を接続する構内電話交換機。あるいは交換設備や内線電話機によって外線と内線および内線相互の通話を可能にする電話。

ppm［part permillion］百万分の1を意味する単位。大気汚染や水質汚濁物質の濃度など，気体や液体に他の物質が含まれる比率に用いられる。0.1％＝1,000ppm。

PPC［plain paper copier］普通の用紙にコピーがとれる複写機のこと。「普通紙複写機」とも呼ばれるが，正式には「間接静電式複写機」という。光の当たった部分にだけ，

静電気的な性質の異なる感光紙を用い，静電気の力で付いた黒鉛粉（トナー）を普通紙に転写する方式。

ビーム照明 ⇒光梁（こうりょう）照明

火打ち（ひうち）木造建物の構造部材に使用される名称。直角に交わる水平部材の強度を補強するために取り付けられる斜め材をいう。→火打ち土台，火打ち梁

火打ち土台（ひうちどだい）土台の隅角部，T形部などに設けられ，土台を補強する部材のこと。大きさは土台と同じ，または2つ割の貫材などを使用し，防腐剤を塗布して腐食を防止している。

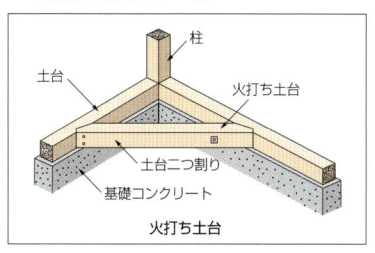

火打ち土台

火打ち梁（ひうちばり）小屋組の隅角部に45度に取り付けた部材のこと。地震や強風などの横力に対して抵抗する部材で，大きさには90角などが用いられる。

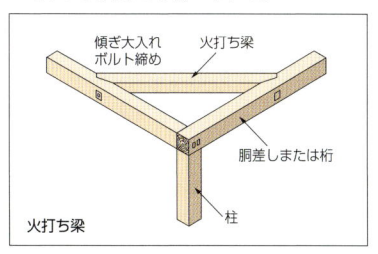

火打ち梁

飛雲閣（ひうんかく）京都西本願寺内にある建物。1587（天正15）年に完成したと伝えられる。聚楽第（豊臣秀吉造営）の遺構の一部。3層楼閣造の書院，池泉に臨み建てられ，各階平面の変化とともに，巧みな均衡と対照の美をもつ。

控え柱 壁・門・塀などが傾くのを防ぐために設けられる支えの柱。本柱に添わせる場合と上方に傾斜させて設ける場合とがある。

東三条殿（ひがしさんじょうどの）平安時代，藤原氏歴代の邸宅で，寝殿造り平面として復原されたもの。屋敷の中心には主人の住まいである寝殿（間口5～7間，奥行2間），その左右や後に対の屋，これらは渡り廊下（渡廊：わたろう，渡殿：わたどの）で結ぶ。南庭には広い池を掘り，中島を築き，釣殿（つりどの）が設けられた。

東山殿（ひがしやまどの）1482（文明14）年，8代将軍足利義政（1436～90）が京都東山浄土寺に営んだ山荘。今日の滋照寺銀閣寺。建物に銀箔をおす予定であったが果たされず死去。2層からなり楼閣建築と書院造りを融合したもの。代表的な書院造りの東求堂（とうぐどう：持仏堂，1486年建立），茶室建築として名高い同仁斎（どうじんさい：1485年，四畳半，付け書院，違い棚をもつ現存最古の室）などがある。

光ディスク[optical disc] ディスクにレーザー光によってデジタル情報を記録し，必要に応じて情報を取り出せるシステム。1枚のディスクにA4判の書類を1万枚程度は書き込めるし，ファイルの検索も容易なので，オフィスの書類スペースを大幅に削減できる。

光天井[luminous ceiling] 天井面を広く覆った乳白色ガラス板等の拡散透過材を通して照明する。ガラス面にランプの影が生じないよう配灯に留意すれば室内全体が明るく，開放的な雰囲気をもつ照明効果が期待できる。人目をひくのでオフィスのロビーや店舗の売場照明に適している。→建築化照明

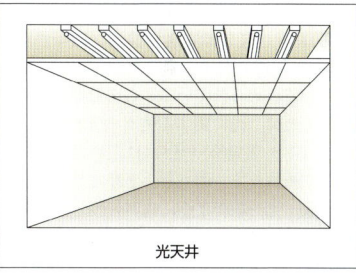

光天井

光の性質 光の伝わり方は音や電波と同じ波の性質をもち，波の戻るまでの時間と周期長さを「波長」，また1秒間に振動する波の数を「周波数」と呼ぶ。光は音と同じように異なった物質の境界面上で反射，屈折，吸収，透過し，伝播する。伝播のしかたは光の入射角度と物質の性質，さらに波長の違いによって変化する。

屈折：光が密度の違う物質間を進むとき，物質の抵抗の違いによって光線の方向が変

化する。これを屈折といい，屈折する角度は，入射角度が浅いほど，また物質間の密度の差が大きいほど大きく，波長の短い光は長い光ほど大きく屈折する。

反射（率）：光の一部が密度の異なった物質間を通過する際，跳ね返ること。鏡などの場合には，光は入射角と同じ角度で反射する。これを「正反射」（鏡面反射）といい，表面が凹凸状の場合には，光は四方八方に反射される。これを「拡散反射」という。反射率とは，反射した光束量に対し入射光束量を割った値で示す。

透過（率）：光がある物質に入射したとき，物質の密度によって光の一部が通り抜ける。これを透過といい，透過率は入射した光束に対して透過した光束の比率で示される。透過率の高い物質は多くの光を通すこととなる。

吸収（率）：すべての物質はその中を光が透過するとき，ある定まった波長の範囲を吸収する。吸収は物質の化学構造や含有する不純物，結晶構造などによって異なり，その量は吸収率で示される。同じ物質でも光の透過する層が厚ければ吸収率は大きくなる。

その他：干渉，回折，散乱などがある。「干渉」とは波が相互に影響し合うことをさし，「回折」とは音が障害物の背後に回り込むこと，短い波長が物質に当たって四方八方に広がることを「散乱」と呼んでいる。

光の単位 光の標準的特性が，国際照明委員会（CIE）によって「CIE標準比視感度」として決められている。この標準比視感度をもとに，光に関する種々の量を表す単位が日本工業規格（JIS）に定められ，これらを総称して「測光量」と呼んでいる。

光束：光を線のように細いものとして考え，単位時間当たりの放射エネルギー（放射束）の中で，人間の目のフィルター（視感度）を通して見た光の量をさす。単位時間当たりに流れる光のエネルギーの量をいい，光束を表す記号はF（あるいはΦ），単位はルーメン（lm）が用いられる。

光度：電球などランプの明るさを表す単位で，光源から光が空間に放たれるとき単位立体角当たりにどれだけの光束があるか，ある方向に発散される光の強さを表す。光度を表す記号はI，単位はカンデラ（cd）が用いられる。

	定 義 式
光束 (F)	$F = Km \int_{380}^{780} V(\lambda) f(\lambda) d\lambda$ Km：最大視感度＝680（lm/W） $V(\lambda)$：標準比視感度（W/nm） $f(\lambda)$：ふく射束の分光分布
光度 (I)	$I = \dfrac{F}{W}$
照度 (E)	$E = \dfrac{F}{S}$
光束発散度 (M)	$M = \dfrac{F}{S}$
輝度 (L)	$L = \dfrac{I}{S\cos\theta}$

光の単位

照度：光が当たっている物質の表面（受光面）の単位面積当たりの光束量を示す。照度を表す記号はE，単位はルクス（lx）が用いられる。

光束発散度：照度が受光面における明るさならば，光束発散度とは単位面積当たりに発散される光束量を示す。ある面から反射されるすべての光をその面積で割った量。記号はM，単位は1m²当たりの光束量（lm/m²），ラドルクス（rlx）が用いられる。

輝度：人が明るいと感じる場合の明るさを測る単位。光源あるいは反射面，透過面を

ある方向から見たとき，その面がどのくらい明るいかを示す。光束発散度がある点について一つの値に定まるのに対し，輝度はある点のある方向ごとに定まる量のため，方向が変われば輝度も変化する。記号はL，単位は$1m^2$当たりの光度（cd（カンデラ）/m^2）が用いられる。

引き金物 石工事に用いられるもので，石材がはく落しないように下地と緊結させているもの。亜鉛引き鉄線やステンレス線が用いられている。

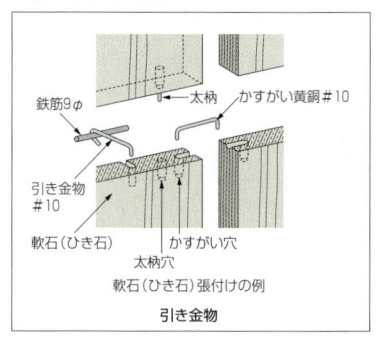

引き金物

引込み目地 ⇒図-れんが積み（311頁）
引出し線 図面上で記述・記号（建築図面では部位名称，仕上材料名称等）などを示すために引き出すのに用いられる線で，細い実線を用いる。→表-線③（206頁）
挽物（ひきもの） 荒加工の板石のこと。切断機で挽いたままの状態のものをいう。
ビクトリア様式 ［Victorian style］ イギリス・ハノーバー朝ビクトリア女王（在位1837～1901）時代の建築・工芸の様式をさす。イギリスの産業が世界の工場として繁栄した時期で，初期は古典主義的，中期にはアンピール様式から，そして近代化への思潮の影響を受け通俗的な商業主義的装飾過剰な様式となった。
非サイホン式トラップ トラップ内部に溜まった排水があふれ出ることによって流れる形式のトラップ。自浄作用はないが，油脂分や毛髪などの異物を阻集できる。形状によって，わん（ベル）トラップ，ドラムトラップなどに分類される。

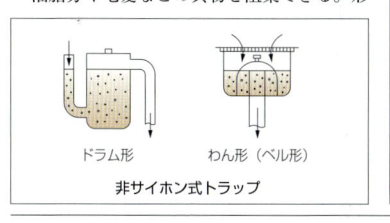

ビザンチン様式 ［Byzantine style］ ビザンチン帝国（395～1453）6世紀頃になってから独自の文化が形成された。建築意匠の傑作は平面の上にドームを掛ける技術の完成。家具は実物がないが，ギリシア・ローマの形式を基調とし，曲線から直線的形態に変化している。象嵌（ぞうがん）や薄肉彫による表面装飾もある。

比視感度（ひしかんど） 光を感じる目の能力を「視感」，さまざまな波長の光に対して感じる度合いを「視感度」，その最大値に対する比を「比視感度」という。明所視（明るい所での見え方）では波長555nm（黄緑色）のとき，視感度は最大値＝1となり，その他の波長の光に対して視感度は小さくなっていく。→暗所視，明所視

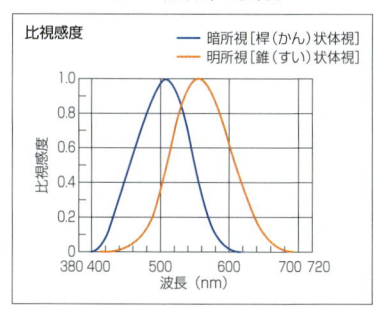

比視感度

ビジュアルデザイン ［visual design］ 視覚デザインのことで，視覚に訴えて各種の情報を伝達することを目的としている。ポスターやパンフレット，パッケージのデザインなど。
非常警報設備 火災などの非常時に，音によって非常通報し，避難誘導する設備。熱および煙感知器や発信器からの信号によって自動作動する。非常ベル，非常放送設備，自動サイレンなどの種類がある。
非常災害 地震，風水害，爆発・火災など外的な要因による建物の破壊や崩壊によって人命が失われたり，家財等に被害を被る災害。→日常災害
非常用エレベーター 火災発生時に消火，救出作業のために使用するエレベーター。平常時はふつうに使用することができる。
非常用照明 火災などの災害時に，建物内が停電しても避難活動を可能にするため，床面で最低でも1ルクスの平均照度を確保

するように設置される非常用照明器具。停電すると自動的に非常電源に切り替えて点灯し，30分は明るさを確保する。

（非常用照明器具の認定マーク）
非常用照明

左勝手（ひだりかって）⇒本勝手
ヒッコリー［hickory］広葉樹の一種。心材は淡褐色で運動具，器具材，特にスキー用材に用いられる。北アメリカ東部産。
ピッチ線 ⇒表-線③（206頁）
必要換気量 室内の空気を清浄に保つために必要な換気量をさし，建築基準法では在成人1人当たり（休息時）につき30m³/h，開放型燃焼器具使用の場合は理論廃ガス量の40倍の値が定められている。→換気回数，燃焼器具（開放型燃焼器具）
ビデ［bidet］衛生器具の一種。水受け容器より水や温水を吹き上げ，外陰部や肛門などを洗浄するための器具。
避難設備 建築基準法で規定される非常用照明や，消防法で規定されている誘導灯などの避難のための器具や設備の総称。
避難対策 地震，火災，爆発など万一の非常時にあって，人間を安全に建物から避難させるための安全対策。避難経路は単純明快で安全なこと，避難手段は簡単で操作がやさしいこと，2方向からの避難が可能なこと，人間の本能的行動・習性などが考慮されていること，老人・子供・身障者など健常者以外の人々にも安全なこと，などの配慮が必要。
ヒバ［桧葉］ヒノキと同科。材質・比重ともヒノキよりやや劣る。木理通直でち密，軽軟で弾力性大，建築材，水中用材，彫刻材などに用いられる。「アスヒ（明日桧）」「アスナロ（翌桧）」ともいう。
樋端（ひばた）敷居，鴨居（かもい）の溝の脇にある高くなった縁のことで，室内側から外部に向かって「内樋端」「中樋端」「外樋端」という。
ひび割れ ⇒亀裂（きれつ）
ヒューズコック［fuse cock］ガス栓の一種。

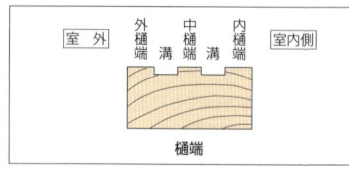

樋端

万一，ゴム配管が外れた場合，自動的にガスを止める「過流出防止機構」を組み込んだ安全なコック。法的に設置が義務づけられる場合もあり，幅広く使われている。

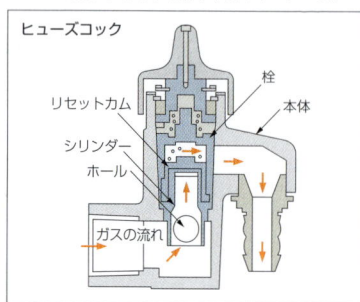

ヒューマンインターフェイス［human interface］⇒インターフェイス
ヒューマンエンジニアリング［human engineering］⇒ヒューマンファクターズエンジニアリング
ヒューマンファクターズエンジニアリング［human factors engineering］アメリカで使われる人間工学の意味。アメリカでは人間工学はシステム工学的な意味合いが強い。「ヒューマンエンジニアリング」ともいう。→エルゴノミクス，人間工学
表示記号 図面を構成する要素として，線・文字のほかに表示記号がある。
　材料・構造体の表示：材料・構造表示記号（JIS A 0150）。
　意匠一般の表示：家具・寝具・機器類，樹木や床面仕上げや階段等の表示。
　建具の表示：各種建具の平面・断面・立面等の表示。→建具表示記号
　その他の表示：給排水衛生・電気・空調など設備の配管・配線・機器，構造の溶接・配筋などの記号表示。
標準色標（ひょうじゅんしきひょう）⇒色標
標準偏差値 データのばらつきの程度を示す値。個々のデータの値と平均値との差（偏差）の2乗を平均したもの，（分散）の正平方根。σ（シグマ）で表される。

ひょうし

表示記号①(屋内配線)

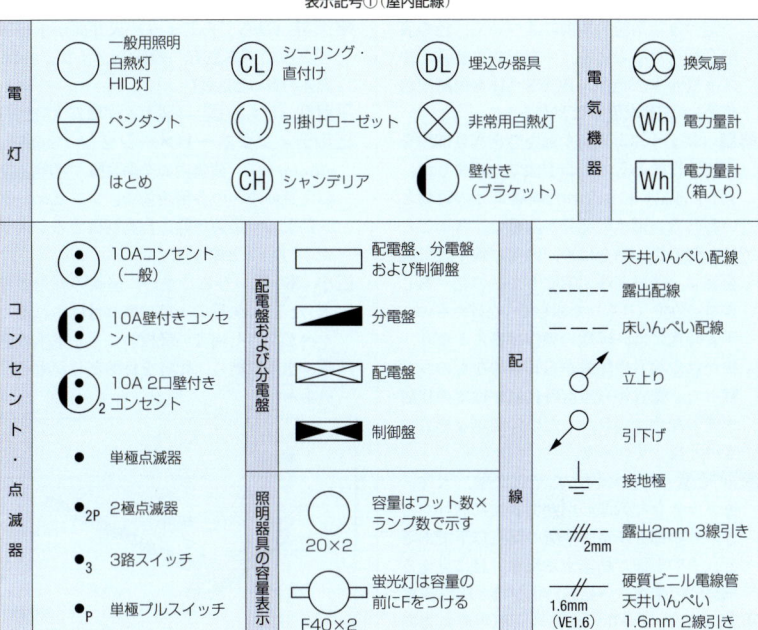

電灯						電気機器	
○	一般用照明 白熱灯 HID灯	CL	シーリング・直付け	DL	埋込み器具	∞	換気扇
⊖	ペンダント	○	引掛けローゼット	⊗	非常用白熱灯	Wh	電力量計
⊙	はとめ	CH	シャンデリア	●	壁付き(ブラケット)	Wh	電力量計(箱入り)

コンセント・点滅器		配電盤および分電盤		照明器具の容量表示		配線	
⦂	10Aコンセント(一般)	□	配電盤、分電盤および制御盤	○ 20×2	容量はワット数×ランプ数で示す	———	天井いんぺい配線
⦂	10A壁付きコンセント	◤	分電盤	⊖ F40×2	蛍光灯は容量の前にFをつける	------	露出配線
⦂₂	10A 2口壁付きコンセント	⊠	配電盤			− − −	床いんぺい配線
●	単極点滅器	▨	制御盤			⌀↗	立上り
●₂ₚ	2極点滅器					⌀↙	引下げ
●₃	3路スイッチ					⏚	接地極
●ₚ	単極プルスイッチ					--///-- 2mm	露出2mm 3線引き
						// 1.6mm (VE1.6)	硬質ビニル電線管 天井いんぺい 1.6mm 2線引き

表示記号②(通信信号)

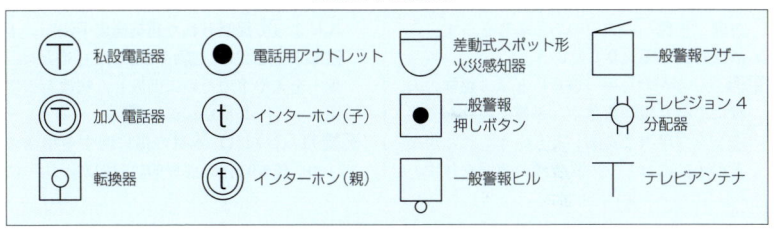

Ⓣ	私設電話器	●	電話用アウトレット	⌂	差動式スポット形火災感知器	▭	一般警報ブザー
ⓣ	加入電話器	ⓣ	インターホン(子)	●	一般警報押しボタン	⌀	テレビジョン4分配器
ⓠ	転換器	ⓣ	インターホン(親)	☐	一般警報ビル	T	テレビアンテナ

表示記号③(給水・給湯・排水設備)

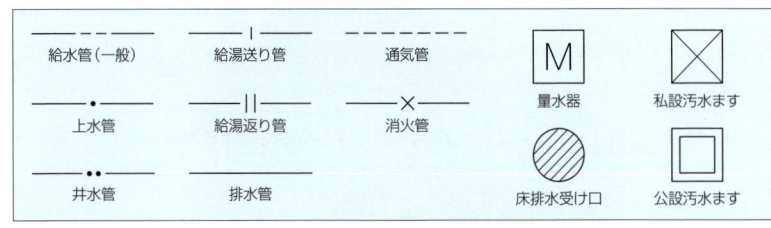

− − − 給水管(一般)	—|— 給湯送り管	− − − − − 通気管	M 量水器	⊠ 私設汚水ます	
—•— 上水管	—||— 給湯返り管	—×— 消火管	▨ 床排水受け口	□ 公設汚水ます	
—••— 井水管	——— 排水管				

表示記号④(ガス・消火設備)

ガス設備用記号				消火設備用記号		
—●—	供給管(ガス管)	▲ ガスカラン	GM ガス軽量器	◤ 屋内消火栓	H Ⓗ 屋外消火栓	
—⊤—	ガスコック					

表色系（ひょうしょくけい）color system 一定の色彩系統の規則に基づいて，色の表示を行うための体系。マンセル表色系，オストワルト表色系，PCCS（日本色研配色体系），CIE表色系などがある。

屛風（びょうぶ）人目や風をさえぎり部屋を区切る目的のもの。わが国での始まりは，『日本書紀』に記された新羅よりの貢物といわれる。形は大部分が六扇で，各扇ごとに木製の枠に帖をはめ，内側に錦や綾で縁をとり，接扇と呼ぶ紫皮とか緋の紬（あしぎぬ）の紐（ひも）で通してつなげたもの。平安時代には，屛風の製作は盛んとなり，描かれる絵も中国風から日本的なものへと移った。鎌倉から室町時代にかけての住居形式の変化につれ，しだいに簡単な形式のものとなっていった。

表面結露 室内の湿った空気が壁，天井，窓ガラスなど低温の室内側表面に触れたとき，その部分が室内空気の露点以下であると，その表面で結露する現象。目に見える部分での結露。→結露防止対策，内部結露

平入り（ひらいり）建物の大棟と直角方向に入口などがある場合をさし，その玄関を「平入り玄関」という。一般に建物の長手方向（平側）に入口のある場合をさす。この反対は「妻入り」という。

平側（ひらがわ）平（ひら）とは，建物の大棟に平行な側面をさす。平側に設けた玄関などを「平入り玄関」ともいう。れんがなどの小口に対しての長手側の側面をさす。→妻側（つまがわ）

平天井（ひらてんじょう）天井面が水平面となっている最も一般的なタイプ。→図-天井の形（233頁）

平目地（ひらめじ）⇒図-れんが積み（312頁）

ビルディングオートメーション［building automation］建物内の空調設備，照明設備，防災設備などの各種設備を，コンピューターによって最適状態に自動制御するシステム。「BA」と略す。

広小（木）舞（ひろこまい）屋根の軒先の垂木（たるき）先端の上部に取り付けられるやや台形をした幅広い横木のこと。垂木の先端を水平に納め，化粧を目的としたもの。→垂木

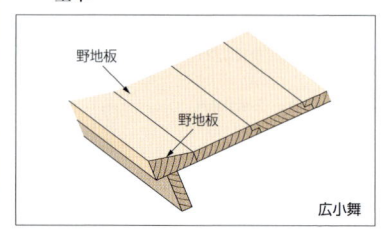

広小舞

ピロティー［pilotis 仏］フランス語で建物を支える杭の意味。建築家ル・コルビュジエによって提唱された建築構成手法で，1階部分を柱で支え建物を浮かせて中空とし，地上を人や車のために開放した吹放ちの空間。→ル・コルビュジエ 人

干割れ（ひわれ）木材の傷に関する用語の一つ。乾燥に伴い部分的に収縮が不均一に

屋根部分の名称（切妻の場合）

なり生じた割れのこと。

貧調合（ひんちょうごう）コンクリートやモルタル工事に用いられる用語の一つ。セメントと水を混ぜる際に，セメントの使用量が単位容積当たり少ないものをさす。反対に割合が多いのは「富調合」という。

ピンホール［pinhole］塗装などの塗膜に生ずる小さな穴で，欠陥の一つ。

ふ

ファーニッシングデザイン［furnishing design］インテリアの設計プロセスにおいて，床，壁，天井，各種エレメントなどの色彩，材料，テクスチャーなど仕上げに関する部分を総合的に検討し，決定に導く段階をいう。この部分は人間の感覚的評価に訴えるだけでなく，性能やコストとの関係も強く，これらも含めて検討される必要がある。

ファクシミリ［facsimile］送信側は，文字，図表，写真などが描かれた紙を一定の規則に従って順次走査し，時系列の電気信号に変換して通信回線に送り，受信側は送信側と逆の処理によって記録紙に出力する通信機器。G（グループ）1，G2，G3，G4の種類があるが，数字が大きいほど高性能機器。

ファサード［façade 仏］建物の正面。一般的には正面玄関の取り付いた建物の立面をいうが，外観として重要な面であればファサードとも呼ぶ。

ファシリティーマネジメント［facility management］高度な機能をもったインテリジェントビルなどの会社経営による管理形態をいう。建物や土地など，どのように管理・活用すれば，どの程度企業や組織，集団にとって貢献できるか，人間に快適で効率のよい環境はどのようなものかなどを，単に施設管理のみならず，インテリアの家具，備品あるいは設備など，その予算等までも含めて幅広く管理すること。

ファニチャーレイアウト［furniture layout］インテリアの設計プロセスにおいて，室空間に設置される，家具をはじめとするさまざまなインテリアエレメントの内容，機能，位置などの検討と選択段階をさす。家具のみならず，照明，カーテン・カーペット，設備機器，インテリアアクセサリーなどすべてのインテリアエレメントの選択や配置を対象とするため「エレメントレイアウト」ともいう。

ファンコイルユニット・ダクト併用方式　冷温水利用のファンコイルユニットと冷温風利用のダクトを併用する空調方式。ふつうファンコイルユニットがペリメーターゾーンの熱負荷を受けもち，ダクトがインテリアゾーンの熱負荷と新鮮外気の導入を受けもつ。

ファンコイルユニット方式　室内のファンコイルユニットに冷温水を送り冷暖房する方式。部屋ごとの制御が容易なので，住宅などの個室の多い建物によく採用される。難点は，換気や湿度調節の機能をもたせられないこと。

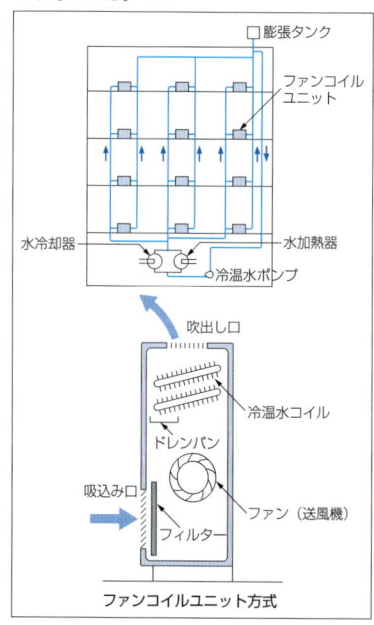

ファンコイルユニット方式

ファンヒーター［fan heater］家庭用暖房器具の一つ。石油やガスストーブにファンを組み込んだ個別暖房器具。暖房の立上りは早いが，室内に排気ガスを放出するため換気が必要。

フィードバック［feed back］一般に，結果に含まれた情報をもとに戻して原因などを考え直すこと。

VDT［visual display terminal］コンピューターやワープロなどのディスプレー（表示）装置。ブラウン管や液晶を利用した製品が使われている。

VDT用蛍光灯　OA室のように，鉛直面ブラウン管ディスプレーを多用している空間の全般照明用に有効な天井付け蛍光灯器具。直射グレアが生じないため，CRT文字が見ずらくなる照明器具の映り込みを防ぎ，さらにキーボードや原稿面の明るさも確保することができる。

フィニッシュモデル［finish model］完成した模型のこと。

VP［vanishing point］消点。→1消点透視法

VVFケーブル　ビニル絶縁ビニル外装ケーブル（VV）のうち，平形のもので，「Fケーブル」ともいう。屋内の低圧電気配線に，心線の太さ1.6mm以上の2心または3心のものが多用されている。また，平形以外には丸形（VVR）もある。

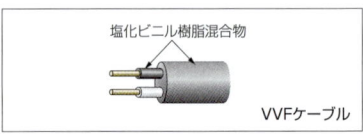

フィラメント［filament］電流によって高温に熱せられる導体。白熱ランプの場合，多くの光束を得るためには，単コイルフィラメントをらせん状に巻いた二重コイルが有効で，高温に長時間耐えられるフィラメント素材としてタングステンが欠かせない。→白熱ランプ

ブース［booth］仮小屋など囲われた小さな室の意。

封水（ふうすい）トラップの水封部にある悪臭を防ぐための空気遮断用の溜め水。排水管内の気圧変動によって吸引されたり，跳ね出したりしないように，封水の深さは最低50mmとする。また，深すぎると清掃しにくいので，最高100mm以下とする。

風水（ふうすい）中国の秦・漢の時代から伝承されてきた術数（陰陽・卜占・観相など術の総称）の一派で，都市や村落，家屋，墓地をつくる際に，目に見えない自然の「気」の動きを可視的な地上の現象によっ

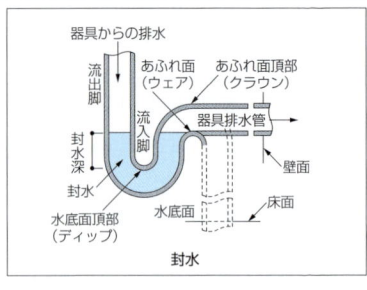

て判断し，生きる者と死者に吉福が及ぶよう生活空間を整えようとすること。

ブースター［booster］ある設備機器の能力不足を補うために，機器の後方に取り付けて補助する装置の一般名称。テレビなどの受信信号を増幅するためのブースターアンプやブースターファン，ブースターポンプなどがある。

フーチング［footing］建物の柱や壁体を支えるコンクリートのみ，あるいは鉄筋の入ったコンクリート基礎の底の部分をいう。別に「基礎」をいうことある。

封入ガス（ふうにゅう—）ガラス内に封入されるガスは，白熱ランプの場合，アルゴン，窒素，クリプトンなどがあり，おもにタングステンフィラメントの蒸発を抑え，ランプ寿命を延ばすことに貢献する。蛍光ランプやHIDランプにもさまざまなガスが封入されるが，発光効率を高めたり，始動補助用に役立っている。→アルゴンガス

風力換気　開口部またはすき間から空気の拡散現象によって行われる方式。建物の開口部やすき間から圧力が高い（正圧）ほうから低い（負圧）ほうへと自然換気が行われる。換気が発生するためには，風上側と風下側双方に開口部のあることが必要で，風力による換気量は，ほぼ開口部の面積と風速に比例する。→自然換気，重力換気

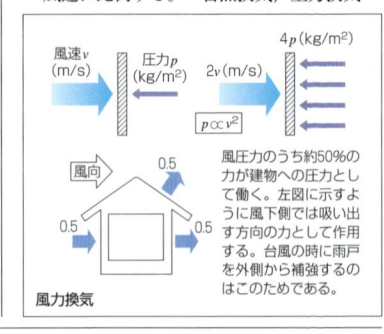

フールプルーフ［fool proof］空間や機器の設計や生産・使用に際しては，健常者だけでなく，老人，子供，身障者など社会的弱者に対しても十分に安全が確保されるように考慮して計画されること。→フェイルセーフ

ブール様式［Boolle style］ルイ14世の宮廷家具師シャルル・ブール（1642～1732）が製作したフランス家具の傑作ともいわれ，それは，黒檀（コクタン）に精巧な象嵌（ぞうがん）を施した衣裳戸棚，机，時計台などに表れている。→シャルル・ブール 人

フェイルセーフ［fail safe］空間や機器の設計・生産に際し，たとえ十分に安全性が確保されていても，使用時において誤った使い方がされれば万が一の危険性も伴う。そうした場合にも二重の安全性が確保されるよう考慮されて計画されること。→フールプルーフ

フェルト［felt］羊毛などの繊維を圧縮してつくった厚い布地。建物の吸音・断熱用などに使用される。繊維を必要な厚さに敷き並べ加湿・加熱して固着している。カーペットの下に敷き込んだり，アスファルトフェルト（防水材）にも使用される。

フォーカルポイント［focal point］焦点。インテリア空間での人間の視線が集中するような場所。空間の中に焦点を計画的につくり出すことによって，空間に方向性や中心性を与え，安定感・落ち着き感を出す。例えば，和室では床の間，洋室では暖炉のような場所をさす。

不快指数 温度と湿度の2つの要素を加味した人間の快適度を示す指数。（乾球温度＋湿球温度）×0.72＋40.6。指数の70台はすがすがしさを感じ，80以上では不快，86以上では耐えがたい不快を感じる。

吹付け仕上げ 塗装に際し，高圧空気を利用して霧状に塗料などを吹き付け，均一な塗膜をつくり出してゆく工法。今日では内外装を問わず利用されている。→表-吹付け仕上げの種類（274頁）

吹き抜け［well］室内などで2層以上に通して設けられる広がり部分，空間などをさす。

吹き寄せ 縦または横格子組みなどで，2本または数本ずつ間隔を狭めて一組とし，それらの組と組との間隔は広くして組み込むことをさす。障子の組子，垂木（たるき），天井の竿縁（さおぶち）などに用いる。

複合天井システム 天井材と天井付け蛍光灯器具に空調やスプリンクラー，スピーカーなどの設備を一体化し施工する方式。オフィスビルや公共建築など比較的規模の大きい空間では工期の短縮が図れ，メンテナンスもしやすいので効果的。 →Tライン手法

輻射（熱）（ふくしゃねつ）ふく射は「放射」ともいい，物体から熱流，光線などの電磁波が放出される現象で，ふく射熱とは高温物体から熱源がふく射され，空間を通過し，ほかの低温物体に吸収されて生じる熱をさす。

輻射冷暖房方式（ふくしゃれいだんぼうほうしき）床面や天井面を加熱または冷却し，ふく射（放射）伝熱により冷暖房する方式。暖房は床暖房などの採用例が多いが，室内上下温度差が少なく，室温が多少低くてもふく射伝熱により快適。冷房は結露処理に問題があり，あまり普及していない。

輻輳（ふくそう）遠い所の物と，近い所の物を見た場合，両眼によって生じる視線の交わる角度は，わずかに異なる。この角度の差によって人間は遠近の違いを判断する。奥行知覚の生理的な解釈の一つ。

複層ガラス 断熱性が高く，ガラス表面の結露防止に役立つもの。組合せは，（3mm＋真空層0.2mm＋3mm），（5mm＋真空層0.2mm＋5mm）など。「ペアガラス」ともいう。→表-ガラスの種類（128頁）

複層住戸［duplex apartment］⇒メゾネット

袋床（ふくろどこ）おもに茶室に使用される床の間形式の一つで，小柱を立て，そで壁を設けて下地窓などを取り付けたもの。→図-床の間（241頁）

覆輪目地（ふくわめじ）⇒図-れんが積み（312頁）

武家造り（ぶけづくり）鎌倉時代に武家に用いられた住宅形式といわれ，古代の寝殿造りの流れをもつ。今日では，特定の形式としては見られなかったともいわれている。

節（ふし）木材組織の欠点の一つで，木の枝の分かれているつけ根の部分，またそれを切り落とした跡をさす。品質（生節，死節，腐れ節，抜け節）と形状（円（まる）節，丸節（材面に円形に現れたもの），流れ節（材面に細長く現れたもの），隠れ節（材面に現れないもの）とに分けられる。

ふし

吹付け仕上げの種類

種類		仕上げ名称例	おもな適用下地	材料および形状
薄付け仕上げ塗り材仕上げ (JIS A 6909)	セメント系（薄塗り材C）仕上げ 珪酸質系（薄塗り材Si）仕上げ 合成樹脂系（薄塗り材E）仕上げ 合成樹脂溶液系（薄塗り材S）仕上げ 水溶性樹脂系（内装用薄塗り材W）仕上げ	セメントリシン シリカリシン 繊維壁 京壁 聚楽	コンクリート モルタル 石綿スレート ALC （各種ボード） （木毛セメント板）ほか	セメント、シリカゲルのほか、珪砂、寒水石、砂などの骨材を主原料とする。 吹付け、ローラー塗り、こて塗りなどによって厚さ3mm程度以下の凹凸模様に仕上げる。
複層仕上げ塗り材仕上げ (JIS A 6909)	ポリマーセメント系（複層塗り材CE）仕上げ 珪酸質系（複層塗り材Si）仕上げ 合成樹脂系エマルション系（複層塗り材E）仕上げ 反応硬化形合成樹脂エマルション系（複層塗り材RE）仕上げ 合成樹脂溶液系（複層塗り材RS）仕上げ	セメント吹付けタイル シリカタイル エポキシタイル	コンクリート モルタル ALC 石綿スレート ほか （石膏ボード）	セメント、シリカゲル、合成樹脂、エマルションのほか、珪砂、寒水石、軽量骨材などを主原料とする。 吹付け、ローラー塗り、こて塗りなどによって3層かつ厚さ1～5mm程度の凹凸模様に仕上げる。
防水形複層仕上げ塗り材仕上げ	防水形複層塗り材E-1仕上げ 防水形複層塗り材E-2仕上げ 防水形複層塗り材RS仕上げ	弾性吹付けタイル	コンクリート モルタル ALC 石綿スレート ほか	
厚付け仕上げ塗り材仕上げ (JIS A 6909)	セメント系（厚塗り材C）仕上げ 珪酸質系（厚塗り材Si）仕上げ 合成樹脂系エマルション系（厚塗り材E）仕上げ	セメントスタッコ シリカスタッコ	コンクリート モルタル ALC 石綿スレート ほか	セメント、シリカゲル、合成樹脂、エマルションのほか、珪砂などの骨材を主原料とする。 吹付け、ローラー塗り、こて塗りなどによって厚さ4～10mm程度の凹凸模様に仕上げる。
軽量骨材仕上げ塗り材仕上げ (JIS A 6917)		パーライト吹付け ひる石吹付け	（コンクリート） （モルタル） （石膏ボード） （石綿スレート） ほか	セメント（主結合材）とパーライトなどを主原料とする。 厚さ3mm程度以上に仕上げる。
ロックウール吹付材仕上げ			（コンクリート） （モルタル） （ALC）ほか	乾式工法と湿式工法とがある。 厚さ10～25mm程度に仕上げる。
掻き落しリシン材（掻き落し粗面仕上げ）		掻き落しリシン リシ仕上げ	コンクリート モルタル コンクリートブロック	厚さ6mm以上に塗りつけ、金櫛（かなくし）などで表面を粗面に仕上げるもの。

注）（　）内は内装。

伏図（ふせず）framing plan　構造的な骨組などを平面図として表示する図面。基礎伏図，床（ゆか）伏図，小屋伏図，天井伏図などがある。

富調合（ふちょうごう）⇒貧調合（ひんちょうごう）

普通板ガラス　最も歴史が古い，一般建築用の透明板ガラス。→表-ガラスの種類（128頁）

フックボルト［hook bolt］木造住居の土台と基礎とのアンカーボルトに使用されるもので，先端がかぎ状に折れ曲がっているボルトのこと。

物体色　物体の表面から光を反射したり，物体の中を光が透過することによって知覚される色のことをさす。

筆返し（ふでがえし）違い棚・文机（ふづくえ）などの縁に取り付け，筆や物が落ちないようにするためのもの。材種は，マツ，ケヤキ，サクラ，クス，クロガキなどが用いられ，断面形式には，都鳥（みやこどり），若葉，唐波（からなみ）等，多様なものが用いられる。→図-本床（ほんどこ，285頁）

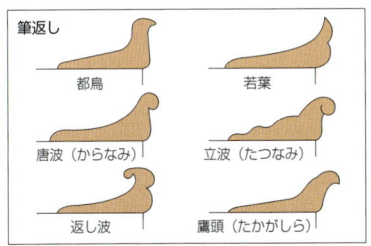

筆返し
都鳥　若葉
唐波（からなみ）　立波（たつなみ）
返し波　鷹頭（たかがしら）

不等角投影法（ふとうかくとうえいほう）trimetric「トリメトリック」ともいい，対象物の一面を基線に対してそれぞれ異なった角度で投影し，これらを対象物の間口，奥行，高さの方向ととらえて表現してゆく手法。室内をわかりやすく表現する場合などに用いられる。→軸測投影法

歩止り（ぶどまり）yield, yield rate　原材料の有効利用率のこと。原材料が製品製作に当たり有効に利用された量と実際の使用ロス量との比率の意。例えば，原木に対するかんな屑や切り捨てなど。

布団張り（ふとんばり）壁装材などの工法の一つ。下地は木質系を用い，ビニールレザーや織布（裏打ちされないもの）などに用いられる。椅子張り工法を壁張りに取り入れたもので，弾力性のある仕上がりが可能。

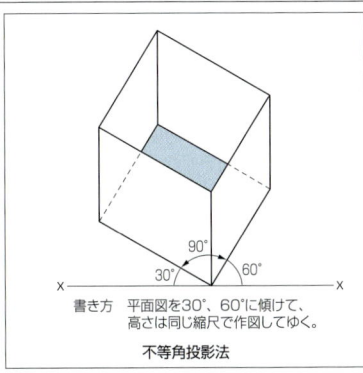

書き方　平面図を30°，60°に傾けて，高さは同じ縮尺で作図してゆく。
不等角投影法

舟底天井（ふなぞこてんじょう）舟底を逆さにしたような形の天井。空間を広く感じさせ，和室に用いられることが多い。→図-天井の形（233頁）

布海苔（ふのり）壁の左官工事に用いられるもので，おもに海藻を煮沸して作るもの。→表-左官仕上げの分類②（166頁）

腐敗槽（ふはいそう）し尿浄化槽の構成機器の一種。汚水中の固形物や浮遊物と脱離水を分ける沈殿分離槽と，空気を断ち，沈殿物を嫌気性バクテリアの活動によって処理する酸化槽が組み合わされる。

部品集積体　住宅生産の工業化によって，バスユニット，システムキッチン，内装システムなどの住宅部品が開発された。今後の住宅はこうした多種の住宅部品群を住要求に従って組み合わせ，一つ一つの部屋として納め，組み立てられていくだろうという意味で，部品集積体という言葉が使われている。

踏込み床（ふみこみどこ）より略式な床の間形式の一つ。草（そう）といわれる床框（とこがまち）や蹴込み板を設けず，床板（とこいた）面と畳面とを同じ高さにしたもので，自由な発想でつくられ多様な意匠がある。→図-床の間（241頁）

踏面（ふみづら）階段の足をのせる段板の上面のこと。法規により寸法規制がある。→図-階段（119頁），階段の寸法 販

踏面寸法（ふみづらすんぽう）階段にて足を乗せる段の上面の幅の寸法のこと。→図-階段（119頁）

浮遊粉塵（ふゆうふんじん）微細な固体粒子（浮遊粒子状物質）をさし，人体に及ぼす害は，それが肺中に吸い込まれて沈積することが原因となる。粉じんが発生しやす

い工場などでは，空気中に含まれる粉じん量は0.15mg/m³以下と定められている。

プライベートスペース［private space］個人的な空間の意。住宅の場合，寝室，子供室などプライバシーが求められるスペースを総称して用いられる。→パブリックスペース

ブラケット［wall bracket］壁付け器具。一般には壁から灯具が突き出た照明器具で，シャンデリア球露出タイプやグローブ，シェード付きが多い。最近，間接的な柔らかい光を出す壁付け器具が増えているが，これを「スカンス」と呼ぶことがある。

プラスター［plaster］建物の内外の塗り壁仕上材料の名称。無機質の粉末と水とを練り混ぜて塗る材料。石膏プラスター塗り，ドロマイトプラスター塗りなどに用いられる。

フラッシュオーバー［flash over］「FO」と略す。火災初期段階において，可燃性ガスが室内に次第に蓄積されて，ある時間と状況に応じて，それが空気と混合し，瞬時に爆発的に燃えあがる状態。着炎してからおよそ3～10分程度で生じる。

フラッシュバルブ［flush valve］水洗便器の給水管に直結され，弁の操作によって一定時間に一定量の水を流して自動停止する給水器具で，「洗浄弁」ともいう。連続使用できることが特徴だが，給水管の太さはふつう25mmであるため，住宅ではほとんど採用されなかった。最近，細い給水管でも使えるものが開発された。

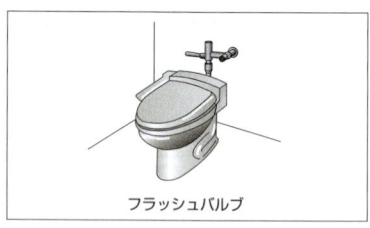

フラッシュバルブ

フラット［flat］住戸が1層で完結しているもの。共同住宅の住戸形式の一つ。

フラット型住戸 住戸形式の一つで，1つの住戸が1層でできた形式。

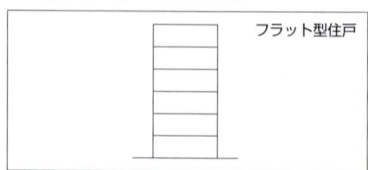

フラット型住戸

フラットケーブル［flat cable］多対の導体を絶縁物で被覆して集合し，断面を偏平な形状に保護被覆したもの。アンダーカーペット配線システムに使われるケーブルで，床上に露出して布設され，その上にタイルカーペットを敷く。配線変更が比較的容易なため，事務所などで使われる。

プラン［plan］⇒平面図

フリーアクセスフロア［free access floor］コンクリートなどの床下地と仕上げの床面との間に，配線や配管を自由にできるようにすき間をとる床構法。仕上げ床面の支持金物を床下地に固定し，その上に可動の床パネルを敷く方式が多い。コンピューター利用室で使われ始めたが，最近では一般的な事務所でも採用される。

フリーハンドスケッチ［freehand sketch］通常，三角定規やコンパスを使用しないで書かれたスケッチ（設計・デザインなどの構想をまとめるために書いた図のこと）。→エスキス

フリープラン方式 住まい手の個性化に対応するために，集合住宅においても，居住者の自由な内装設計を許す住宅供給方式。住宅・都市整備公団（現住宅再生機構）で実施されている。賃貸住宅でも行われており，これを「フリープラン賃貸住宅」という。また部屋の一部に自由性をもたした方式を「フリールーム」と呼ぶ。

プリント合板 合板の表面に天然材の杢（もく）目や種々の模様を印刷したもの。→表-合板の種類（151頁）

プルキンエ現象 色彩の視感度の変化に関することで，暗い場所では，人間の目の感度は短波長（青色）へとずれるため青色が鮮やかに映り，長波長（赤色）側の色は黒ずんで感じる現象をさす。→暗所視

ブレーカー［breaker］漏電遮断機。電気回路に過大な電流が流れると自動的に電流を遮断するもの。

プレカット（自動機械化）工法 木造住宅の継手や仕口をあらかじめ切ったり，切り込みを工場で機械加工した部材を組み立てて仕上げる工法をいう。

フレキシビリティー［flexibility］一般には変化に対し，容易に対応，追従・調整できる性質。建築・インテリアでは主として使用上の変化に対して，制約を受けることへの抵抗が少なく空間の対応が自由性をも

つことをさす。模様替えに対し家具配置が制約を受けなかったり，間仕切りの変更が容易であったり，間取りが自由に変えられたりすることなどである。

フレキシブル板 石綿スレート板の一種。特に曲げ強度や加工性に優れるもの。厚い物は床や間仕切りに，化粧板は住宅外壁などに用いられる（厚さは，4，6mmなど）。→表-セメント製品の分類②（204頁）

フレスコ［fresco 伊］漆喰（しっくい）の壁面が半乾きのうちに水性顔料で描く壁画技法のことで，イタリア・ルネッサンス期に完成されている。

プレゼンテーションパネル［presentation panel］プレゼンテーションに際して作成された図面やコンセプトを表現したパネル。「プレゼンテーションボード」ということもある。→プレゼンテーション 販

プレゼンテーションボード［presentation board］⇒プレゼンテーションパネル

振れ止め 一般に洋小屋組の水平部材の一つで，真束（しんづか）を相互に緊結して横振れを防止する部材のこと。→図-洋小屋組（303頁）

プレハブ構法 建物の屋根・壁・床などの部材を工場で作っておき，それを現場に運んで組み立てる構法をいう。利点は，工期の短縮，現場労務の省力化，品質の安定など。構法種別には，木質系，コンクリート系，鉄骨系などがある。

風炉（ふろ）茶の湯の席で使用されるもの。湯を沸かすための道具で，今日では5～10月まで炉をふさいで風炉を使う。

フロアスタンド［floor stand］床に置かれる照明器具。コンセントがあればどこにでも移動できる。一般には高い支柱にシェードやリフレクターの灯具が付いているものをいうが，乳白グローブタイプで生活視線より低い位置に置かれるものもある。

フロアダクト［floor duct］床のコンクリートスラブ内に埋め込んで使用する鋼板製の電気配線用パイプ。断面形状は長方形か台形で，電力配線や弱電配線に使用する。コンセントや電話端子はダクトに付属品を取り付けることで，60cm間隔程度で設置できる。

フロアヒーティング［floor heating］床暖房方式のこと。オンドル（朝鮮，中国東北地方などで行われている暖房装置）などはその一つ。

ブローアウト式便器 トラップ底部からの噴流の力によって，強力に洗浄する水洗便器。高い水圧を必要とする。

フロートガラス［float glass］溶融ガラスをガラスより融点の低い溶融金属上に流し込んで成形したガラスで，最も優れた透光性をもつ。透明とすりガラスがあり，厚さは3，5，6，8，10，12mmなどがある。→表-ガラスの種類（128頁）

フローリングブロック張り 床仕上げの一つで，正方形に接合したブロック（大きさ240角，300角，303角，厚さ15，18mm，材種はナラ，ブナ他）で裏面を防水処理したものを接着張り，足金物などで張り付ける。市松（いちまつ）張りとし，床面の中央部より周囲に向けて張る。摩耗の激しい床面に適する。

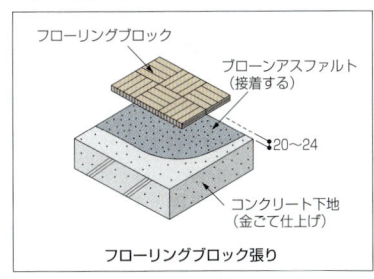

フローリングブロック張り

フローリングボード張り 床仕上げの一つで，幅広の床板（とこいた，幅101mm，303×長さ1,818，3,950mm，厚さ12，15mm他）を実刻（さねは）ぎなどの接合法で張り付けるもの。表面仕上げは天然木化粧が長く，居室や適度な弾性を必要とする体育館等に適する。

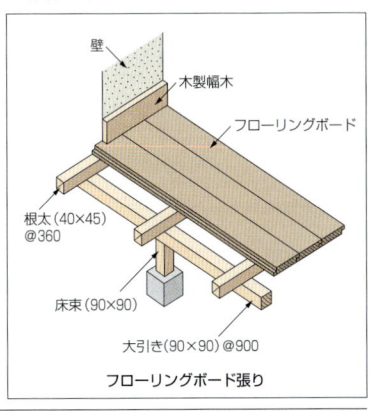

フローリングボード張り

プロダクトデザイン［product design］道具や機器類などの立体を対象としたデザインをさす。家具のデザインなども含まれる場合もある。生産方式により，大量生産の場合と手仕事による一品生産の場合とに分けられる。

フロッタージュ［frottage 仏］シュールレアリスム（超現実主義）の技法として考案されたもの。例えば，メダルの上に紙をのせ鉛筆などでこすると，メダルの表面が紙面に写し出されてくるなど。

プロトタイプ［proto type］原型の意。大量生産される製品を手造りで製作した試作品をさし，各種テストの検討に用いられる。

プロポーション［proportion］比例。かたちを構成するにあたって全体と部分，部分と部分などの数量的比率関係を意味し，空間やものの形態を決定するうえで，古くから重視されてきた造形上の要素。美しい比例，意味をもった比例として，黄金比，ルート長方形，整数比，級数比などがあげられる。→黄金比，級数比，整数比，ルート長方形

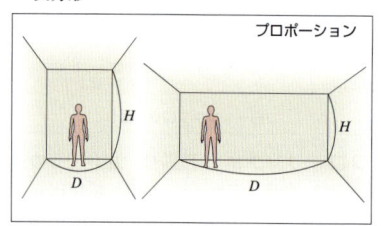

プロポーション

フロンテージセービング［frontage saving］フロンテージは建物の前面，間口の意味であり，間口を最小限にして，同じ土地であればなるべく多くの住宅に南面などを提供し空間効率を上げようとする考え方。集合住宅でとられる，いわゆるうなぎの寝床式の住戸プランが代表例である。

分岐回路 分電盤から末端の配線器具までの配線系統。住宅の場合，部屋別，用途別など，いくつかの群に分け，1分岐回路当たり15A以下（または20A以下）にする。エアコンなどの大容量機器には，専用分岐回路が必要になる。

分電盤 幹線からの配線を分岐し，分岐回路を構成するための盤。過電流遮断器，漏電遮断器，配線用遮断器などを一体に組み込んだもので，保守点検が容易な場所に設置される。

分流式排水 排水方式の一種。汚水，雑排水，雨水を3系統に分けて排水する方式。

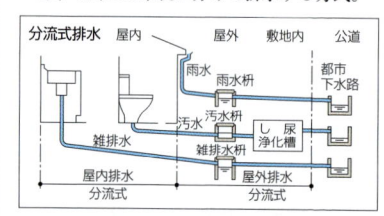

分流式排水

分岐回路②（住宅の広さと回路数の目安）

住宅の広さ	望ましい回路数		
	照明用	コンセント用	計
50m²(15坪)以下	1	2	3
70m²(20坪)以下	1	4	5
100m²(30坪)以下	2	4	6
130m²(40坪)以下	2	6	8
170m²(50坪)以下	3	7	10

分岐回路①

種類	過電流遮断器の定格電流	コンセント定格電流	照明灯具のソケット	コンセントの個数	電線の太さ
15A分岐回路	15A	15A以下	39φ以下	大型機器用は1個，他のコンセントは10個以下とする	1.6mmφ
20A配線用遮断器分岐回路	20A				
20A分岐回路	20A	20A	39φ	コンセントは専用とし2個以下とする	2mmφ以上
30A分岐回路	30A	20A以上30A以下			2.6mmφ以上または5.5mmφ以上
50A分岐回路	50A	30A以上50A以下			14mmφ以上
50Aを超える分岐回路	配線の許容電流以下	50Aを超える電気使用機械器具専用			過電流遮断器の定格以上

ヘアートラップ［hair trap］阻集器の一種。排水中に含まれる毛髪の流下を阻止し，分離，収集して水液だけを排水する器具。美容院や理髪店に設置される。

ペアガラス［pair glass］⇒複層ガラス

平均吸音率　室内の床，壁，天井などの音の吸音率の平均値。（各材料の使用面積）×（各材料の吸音率）＝吸音力。（床・壁・天井などの総面積）×（平均吸音率）＝吸音力。したがって，平均吸音率＝（各材料の使用面積）×（各材料の吸音率）／（床・壁・天井などの総面積）によって表される。住宅では通常0.2～0.4程度であるが，0.25以下では響く感じで，0.35以上では静かな感じとなる。

平行透視図　⇒1消点透視法

平面図　建築・インテリアの場合，間取りを示すために，およそ眼の高さ（約1.5m）の水平面で切断した平面を表現する。柱，壁，扉や窓の位置が表示記号によって表され，「プラン」ともいう。→表示記号

平面表示記号　建築・インテリア図面の平面図に書かれる建具類の表示方法のこと（JIS A 0150）。

ベーシックザデイン［basic design］基礎デザインの意。形や色彩などの基本的な訓練を重ね表現手法を習得すること。

ベースカラー［base color］インテリアの色彩計画において，床・壁・天井など一般には長い期間仕上げを変えることなく，面積の大きい部分に使われる色彩。「基調色」と呼ばれ，一般的に高明度・低彩度の色彩が選ばれる。→アクセントカラー，アソートカラー

ペーパーモデル［paper model］スタディー模型製作に際し，ケント紙などで作られたモデルのこと。

べた基礎　基礎形式の一種。建物の床面積全体を板状の基礎としてしまう形式。敷地の地盤が弱い場所に使用される。

ヘッダー［header］水や空気などの流体を数多くの系統へ送るため，または合流させるための管寄せ部分。

ヘッダー配管方式　水上に設置したヘッダーから，細いフレキシブルな配管材料で各水栓金具へ単独で配管する方式。水圧の変動が少なく，湯待ち時間も短いので，住戸セントラル給湯設備に適する。

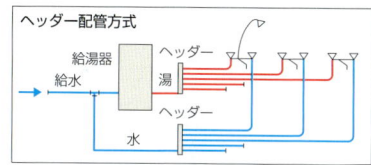

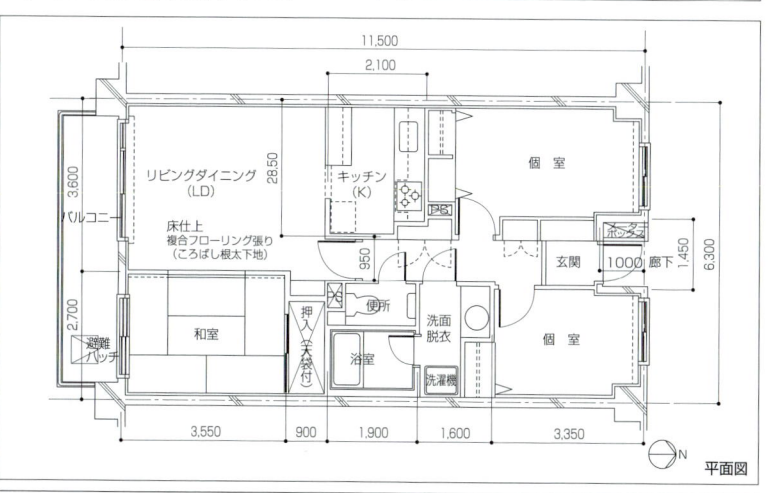

ヘッダー配管方式

平面図

ヘップル・ホワイト様式［Hepple White style］18世紀末にイギリスの家具作家ジョージ・ヘップル・ホワイト（?〜1786）が創始したシールド(楯)形やハート形の椅子の背が特色の家具様式。古典主義を基調とし，市民のための機能性を重視した堅実な意匠で，主材はマホガニー。→ジョージ・ヘップル・ホワイト 🧑

ヘップル・ホワイト様式

紅色（べにいろ）⇒表-慣用色名（132頁）

ペニンシュラ形配列　厨房機器の配列形式の一つ。壁面から半島（ペニンシュラ）のように，ワークトップを突き出して配置する形式。調理作業者とそれ以外の人が向かい合う形にもなり，そのような場合は「対面型キッチン」と呼ばれる。

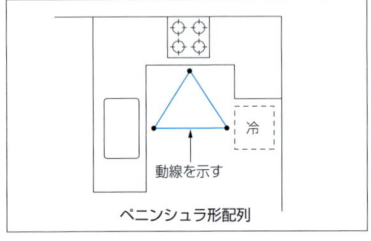

ペニンシュラ形配列

ペリメーターゾーン［perimeter zone］事務所などの広い部屋における外壁から3〜6m以内の部分。冷暖房の負荷計算をするとき，日射や外気温の影響が大きいので，インテリアゾーンと分けて計算する。→インテリアゾーン

ベル型トラップ　⇒わん型トラップ

ヘルツ［Hz］⇒周波数

ベルトコンベヤー［belt conveyer］複数のベルト車にベルトを掛けて循環させ，その上に物を乗せて運ぶ装置。

弁柄色（べんがらいろ）⇒表-慣用色名（132頁）

便器　用便のための衛生機器。大便用と小便用，水洗式と非水洗式，和式と洋式などの種類がある。水洗便器の選択ポイントは，溜水面積が大きく汚物が付着しにくいこと，洗浄音が静かで水使用量が少ないこと，洗浄力が強いことなどである。

便器洗浄方式　水洗便器を洗浄する方式のこと。洗い出し式，洗い落し式，サイホン式，サイホンゼット式，サイホンボルテックス式，ブローアウト式などがある。

辺材　⇒白太（しらた），表-心材と辺材（188頁）

辺材星割れ　⇒星割れ

便所［toilet，lavatory］大・小便のための部屋の総称で，和式，和洋折衷型，洋式がある。衣服の着脱，排せつなどが支障なく行える広さが基本となるが，介助のスペースも見込んでおく。臭気，湿気の排除のための換気，暖房便座用，掃除用のためのコンセントが必要。隣室に居室のある場合には遮音に注意。

ペンダント［pendant］1灯用の天井吊下げ器具のことをいう。デザインによっては3〜4灯のランプが一つのシェードに入っていてもペンダントと呼ばれる。3kgまでの軽量器具はコード吊りで，それ以上の重量器具はワイヤーやパイプ，チェーン吊りになる。

ベンチレーター［ventilator］自然力を利用した換気装置。自然の風や空気の温度差を利用して下方から吸い込み，上方へ排出する形式の換気塔などをいう場合が多い。工場などでの採用例が多い。

ベントキャップ［vent cap］通気管，排気管末端の開口部に設けられる閉鎖防御のためのカバー。通気管末端は大気中に開放しなければならないが，積雪や凍結のおそれのある地域や樹木の多い場所では，通気管の機能を阻害しないように防護のための端末器具を取り付ける。

ベントパイプ［vent pipe］⇒通気管

ベントキャップ

ボイラー［boiler］油やガスなどの燃料を燃やすか，電気ヒーターで水を加熱昇温したり，あるいは沸騰させて蒸気を得るための装置の総称。

ポインテッドアーチ［pointed arch］アーチの一種で，「尖（とが）りアーチ」ともいう。間口に等しい半径をもつ2つの円弧を組み合わせて尖頭形にしたアーチ。

防煙垂れ壁（ほうえんたれかべ）火災の際に，煙が天井面に達すると天井面に沿って拡大するのを防止するために，一定区画に設けられる防煙用の垂れ壁。天井からは50cm以上下方に不燃材料で仕上げるなどを建築基準法で規定している。

防音　建物・インテリアにおける音の伝わり方は，空気中を伝わる空気伝搬音と，物体の中を通る固体伝搬音とがある。両者を遮断し，静かな環境を造り出すことを防音という。

防火区画　火災時に隣室などに延焼することを防ぎ，火を局部的に抑えるためとそうした場合の人間の避難を容易にするために，建築基準法により一定の面積内で防火的な区画が定められている。例えば一般の耐火建築物では，1,500m²ごとに防火区画が必要で，区画となるのは，耐火構造としての床，壁，あるいは扉は甲種防火扉が義務づけられている。

防火性能　建物部位，材料などの火災に対しての延焼防止の性能。これに対し耐火性とは，建物の部位・材料が火災に対しどの程度耐えられるかの程度をいう。

防火対策　火事を引き起こさないためには，建物の不燃化，火源となるものや可燃物を室内に持ち込まないなど，火災を生じさせない受動的な方法と，万が一火災が発生しても，建物の形状・構造の工夫や火災感知や消火・排煙設備の設置などで火災の拡大をできるだけ遅らせ，大きな被害に至らせない能動的な方法がある。

防火ダンパー　火災時に温度上昇や煙発生を感知し，自動的に閉じるようになっている金属製のふた状部品。空調ダクトの内部や換気扇に取り付けて延焼を防止する。

方形（ほうぎょう）屋根形式の一つ。寄棟（よせむね）の大棟がなく一つの頂点に集まった形のもの。平面が正方形，八角形の建物に見られ，仏寺建築に用いられる。→図-屋根の形状（303頁）

方形張り（ほうぎょうばり）床や壁面を整形状の石材を張り仕上げとする工法。両者を併用した張り方に「ミックス張り」がある。

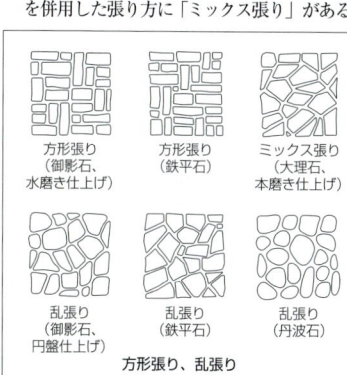

方形張り、乱張り

防災設備　万一の災害時に，被害を最小限にするための設備の総称。機能別には，自動火災報知設備，非常警報設備，避難設備，消火設備，防犯設備などに分類され，これらの全体を防災設備という。

防災設備図　大規模な建築物の場合に計画される図面で，電気，給排水，ガス，一般警報装置，火災報知装置や消火栓の位置，非常電源，非常口の表示，非常用進入口などが表示される。

防災センター　建物の防災設備全体を監視し，火災などの非常事態の早期発見，初期対応，避難誘導システムなどを総合的に制御し，被害を最小限にするために設けられる中央管理室。特定の建物用途や規模により法的に設置が義務づけられている。

防湿器具　相対湿度90%以上のところで使用できる器具。バスルームや洗面室に使われる。

防湿シート　床下や壁からの湿気の侵入を防ぐための層を作る材料。床下の処理方法には，コンクリートを全面に打ち込み，その上にプラスチックシートを敷き込む方法，

水溶性フイルム材による土壌処理法，活性炭や脱臭・除湿セラミック炭による方法などがある。壁面ではアルミ箔などが使用される。

放射 空間的に離れた物質間で熱をやりとりする現象で，電磁波によって伝えられる。真空中でも伝わるが，中間に障害物があればさえぎられる。

方丈 （ほうじょう）禅家における座禅をする室名。一丈四方を示し，茶室にうつして四畳半としたといわれる。経文の一節によって，四畳半裡に座禅することは広大無辺な世界に呑却し，自由自在の闊達を得，真に覚ったものは一切皆空であるという理に基づく。方丈の中に3尺角の敷瓦を9枚敷いて九天をかたどり，四畳半敷では，半畳は中心を，四畳は東西南北にかたどり，九天（易学にて）と同意義とする。禅家では，仏殿を方丈という場合もある。

防水工事 防水とは水の浸入・透過を防ぐことで，さまざまな防水材料を用いて水を通さない機能を備える工事をいう。→表-防水工法の種類

防水紙 ボール紙にアスファルトを含浸させたもので，床，壁，屋根などの防水下地に用いられる。アスファルトフェルト，アスファルトルーフィングなどがある。→アスファルトルーフィング

防水性 サッシなどが外から内へ雨水など，水を透さない程度のこと。水密圧力で表され，単位は$kg・m^2$。これはサッシなどに雨量$4ℓ/m^2・min$をかけながら，ある振動圧力を順次加えていったときの漏水しない限界の平均圧力をいう。

防水石膏ボード ⇒シージング石膏ボード

防水パン FRPなどの防水性の高い材料で一体につくられた皿状水受け製品。排水口を有するもので，浴室，シャワー室の床用の防水パンや洗濯機を設置するための洗濯機パンなどの種類がある。

防水ブロック ［waterproofed block］⇒コンクリートブロック

方杖 （ほうづえ）洋小屋組の斜め部材の一つ。真束（しんづか）と合掌とを緊結した部材のことで，垂直材と水平材との隅角部に設ける斜め材をさす。横力に対しての変形を防

防水工法の種類

分類		工法の特徴	適用特性ほか
アスファルト防水	熱工法 密着工法	下地にプライマーを塗り，アスファルトルーフィングを3〜5層溶融アスファルトで張り重ねて押さえ層を設けるもの。	多少の凹凸がある下地でも施工できる。作業手間がかかる。信頼性が高い。
	熱工法 絶縁工法	下地の目地部を部分的に絶縁して，周辺部は密着張りとする。	
	冷工法	アスファルトルーフィングに塗布した粘着化アスファルトを，圧着して張り付けるもの。	工期は短く施工が容易である。やや高価。
	トーチ工法	アスファルトルーフィングをLPGガスでバーナーのトーチ（torch:炎の意）によって加熱し軟化させ，下地に圧着してゆくもの。	工期は短いが，やや高価。小規模なものに適するが，施工に熟練を要する。
シート防水		下地にプライマー（primer:液状の下塗り用のもの）を塗り，延性に富んだプラスチックまたは合成ゴムシートを，接着剤または粘着剤で張り付けるもの。素材により各種のものがある。	工期が短い。下地の亀裂に強い。そのほか，着色できるもの，耐候性のよいものなどがある。
塗膜防水		下地にプライマーを塗り，防水材をスプレーまたは刷毛で数回塗り重ねてゆくもの。素材により各種のものがある。	仕上げの納まりは簡単だが，下地精度の高さが必要。安定した下地に適し，便所，洗面所などの室内防水に適する。
モルタル防水		モルタルに防水用混和剤を混ぜ，コンクリート下地に直接施工するもの。	納まりが簡単で安価。小規模なものとか簡易な防水用として使用。

防滴形器具 （ぼうてきがたきぐ）dripproof luminaires　鉛直方向，もしくはそれに近い方向から落下する水滴に対して有害な影響を受けない器具。おもに軒下照明用として使われる。

放熱フィン　放熱面積を大きくするために，パイプなどの表面に突出させた薄板状，または針状の金属板。

防犯検知器　人やものの動きや出入りを，赤外線遮断や磁力変化で感知する機器。

泡沫水　（ほうまつすい）あわ状の水。厨房用水栓金具の吐水口にメッシュ状の部品を取り付け，泡沫水を吐水させることがある。水跳ねが少ないので，洗浄作業に適する。

ほうろう　[琺瑯]　鋼材などの表面に釉薬を塗り，焼いてつくられるガラス質の保護層。耐薬品性，耐摩耗性，耐汚染性などに優れるが，機械的衝撃や急激な熱変化があるとひび割れする。

ホースコック　[hose cock]　ガス栓の一種。接続口がホースエンド式でガスヒューズを内蔵していないもので，現在は法的に新設が禁止されている。

ポータブルトイレ　[portable toilet]　持ち運び可能な便器または便所。「おまる」のこと。

ホームエレクトロニクス　[home electronics]　ホームオートメーションの別称。⇒ホームオートメーション

ホームオートメーション　[home automation]　住宅用の総合情報処理システム。機能的には，空調，照明などのコントロール機能と，災害の発見，表示，通報を行うセキュリティ機能に大別されるが，それ以外にも情報のネットワーク化に伴う各方面の発展が期待されている。「HA」と略す。

ホームテレホン　[home telephone]　住宅用のボタン電話設備。外部からの局線は1本でも，何台もの各種電話機やファクシミリが接続でき，各機器から受発信や転送，相互通話ができる。

ボールタップ　[balltap]　水槽の水位の高さを制御し，自動給水する装置。ボール状の浮き玉の浮力を利用して弁の自動開閉を行うもので，便器の洗浄用タンクの内部などに設置されている。

ボール電球　形状が球の白熱ランプ。球径はおもに50mm，70mm，90mm，120mmで，全般照明用より装飾照明用器具に使われる場合が多い。→白熱ランプ

保温銅管　温水や冷媒などの搬送中の熱損失を防ぐため，銅管を保温材（多孔質な発泡プラスチックなどの材料がよく用いられる）でカバーした配管材。

補強コンクリートブロック造　組積式構法の一種。縦横に積んだコンクリートブロック積みに，各区画ごとに適当な間隔で鉄筋を入れ，コンクリートを充てんして補強する構法。

補色　2つの色を混合させると，色味がなくなり灰色や黒（物質の場合），あるいは白（光の場合）など，色が失われるような相互の色のそれぞれを補色という。一般に色相環の中心に対して，反対側に位置する色どうしを補色とみなすことができる。→色相環

補色残像　⇒残像

補色対比　補色どうしにある色を並べてみた場合，実際の色よりもその色相の違いが強調して見えるため，より鮮やかに感じる。

星割れ　木材組織の欠点の一つで，外樹皮面から樹心に向かって生ずる辺材の乾燥割れのこと。「辺材星割れ」ともいう。

ポスターカラー　[poster color]　⇒着彩材料

ポストモダン　[post-modern]　脱近代主義の意。近代主義によって否定された方法論やデザイン要素を積極的に取り入れた建築や家具などのデザインをいう。特徴は過去からの引用や装飾性にある。

枘　（ほぞ）木材の接合仕口の一つ。2つの部材を接合するために，部材の木口（こぐち）に造り出した突起をさす。片方の部材には，この突起を受ける穴が設けられる（284頁参照）。

ボックスコック　[box cock]　ガス栓の取付け方法別タイプ分類の一種。壁や床に埋め込んで設置されるボックスタイプ。別の取付け方法としては，露出タイプもある。

ポピュレーションステレオタイプ　[population stereo type]　人間の動作や行動に共通して見られる癖や傾向をいう。計器類のレバー，ボタン類の設計，各種つまみ類など出力のための操作具，取手など開閉の部品，家具や機器類の配置，方向性などの計画に際して考慮される。文化・民族の違いによっても差は現れる。

ホモゲンホルツ　[Homogenholz 独]　パー

ほらとこ

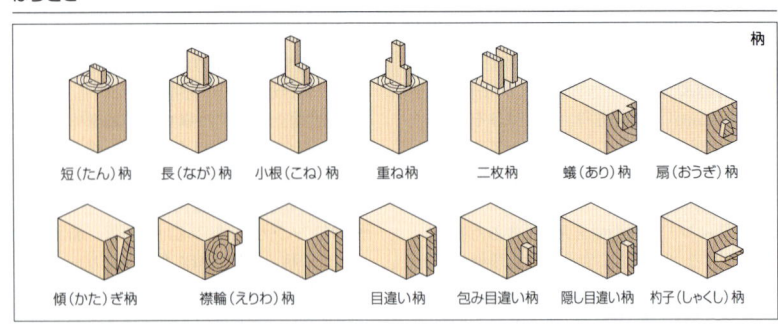

柄

短(たん)柄　長(なが)柄　小根(こね)柄　重ね柄　二枚柄　蟻(あり)柄　扇(おうぎ)柄

傾(かた)ぎ柄　襟輪(えりわ)柄　目違い柄　包み目違い柄　隠し目違い柄　杓子(しゃくし)柄

ティクルボードの商品名称。→パーティクルボード

洞床（ほらどこ）茶室風和室などに用いられる床の間形式の一つで，床の間内部の隅柱や天井を塗り壁で隠して塗り回しに仕上げたもの。前面開口の間口より奥行のほうが大きいもので，床柱や落し掛けを設けている。→図-床の間（241頁）

ポリウレタンフォーム［polyurethane form］⇒発泡樹脂板

ボルト［volt］電位または電圧，起電力の単位名称。単位記号はV。

ポルトランドセメント［Portland cement］1824年，イギリス人J・アスプディンが発明したもので，最も一般に使用されている（JIS R 5201）。→表-セメント製品の分④（205頁）

ホログラフィー［holograhy］レーザー光線（波長の短い強力な光の増幅・発振装置からの光線のこと。宇宙通信や機械の精密加工などに用いる）を利用した立体像の投影法のこと。

ホワイエ［foyer 仏］一般に入口から会議室，ホールなどの間にある広い空間をさす。または，劇場入口からロビーなどに至る通行的な広間をさしている。

ホン［phon］騒音の単位で，指示騒音計で測定して得られた数値をさす。

本勝手（ほんがって）平面計画におけるものの配置を説明する言葉。書院造りの和室の床の間まわりでは，向かって左に床の間，右に棚，左手前に付け書院を設けているもの。茶室の場合も用いられている。また，「左勝手」ともいう。

本実（ほんざね）⇒実矧ぎ（さねはぎ）

本実矧ぎ（ほんざねはぎ）⇒実矧ぎ（さねはぎ）

本実目透し（ほんざねめすかし）⇒図-実矧ぎ（さねはぎ，169頁）

本実面取り（ほんざねめんとり）⇒図-実矧ぎ（さねはぎ，169頁）

本床（ほんどこ）最も正式な真（しん）の床の間形式の一つ。床の一部を一段高くして，床（とこ）は畳または薄べりを敷いたものが正式。前方に床框（とこがまち）を設け，上部に落し掛けを設ける。床框は蝋（ろう）色漆塗りが最高。床柱，床框，落し掛けには，シタン，コクタン，タガヤサン，ケヤキな

本床（床の間の標準木割り例）

部材	種別	木割り寸法	備考
床柱	角柱	本柱の幅×1.1	ヒノキ、アカマツ、スギ、キリなど大面加工。
	丸太柱	本柱の幅と同じ（末口径）	磨き丸太、絞り丸太、天然はだ丸太、人工丸太、銘竹類など。
床框 (とこがまち)	角框	成（せい）＝柱幅×0.8～1.2 見込み＝柱×0.8～1.2	堅木類（カエデ、クリ、シオジなど）、上下面取り、漆塗りも一般とする。
	面皮框	角框と同じ （ただし、成は柱幅×0.8以下とする）	各種磨き丸太、天然はだ丸太など太鼓落し。
落し掛け	角もの 丸太もの	成（せい）＝柱幅×0.5～0.6 見込み＝柱幅×0.8	アカマツ、スギ、ケヤキ、その他の堅木および銘竹

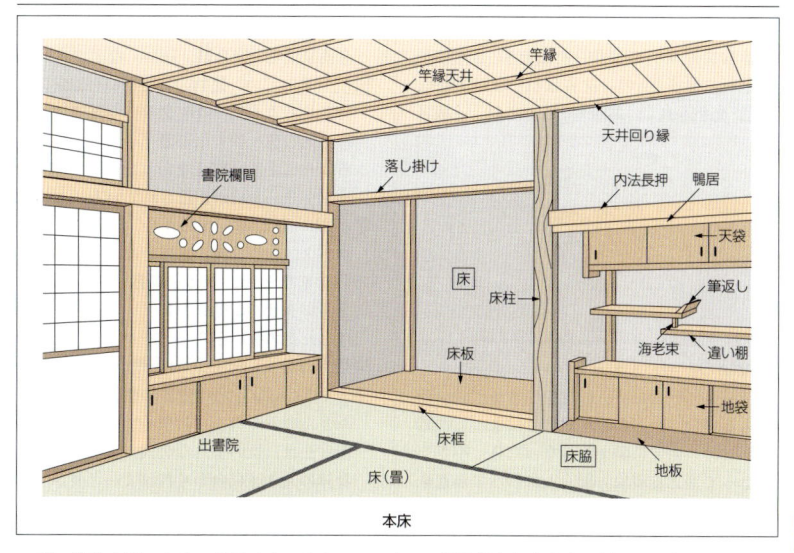

図の説明（本床）： 竿縁天井、竿縁、天井回り縁、内法長押、鴨居、天袋、筆返し、違い棚、海老束、地袋、地板、床脇、床框、床(畳)、床板、床柱、床、落し掛け、書院欄間、出書院

本床

どの堅木を用いたものが最高といわれる。「框床（かまちどこ）」ともいう。

ポンプ圧送方式 ⇒タンクレス給水方式

本棟造り（ほんむねづくり）民家形式の一種。長野県南部を中心に見られる板葺き、切妻造り（本を開いて伏せた形）・妻入りで、大棟の上の雀踊り（雀おどし）も庄屋級の豪家にふさわしい形式をもつ。

ま

マイクロフィルム［microfilm］記録保存用の縮写できる不燃性のフィルム。新聞、書籍、図面などの各種文献資料の複写保存用に用いられるもので、読むときは閲読器で拡大する。

曲り家造り（まがりやづくり）民家形式の一種。岩手県下に多い草葺き民家で、平面L字型の突出部分は以前馬屋で、馬を献身に世話するための造り。別に、「曲り屋」「曲り屋造り」ともいう。

幕板（まくいた）幅広の板を横長方向に使用したものをいう。例えば、鴨居（かもい）の上部に取り付けて見切りとしたもの、床の間の上部に落し掛けのように取り付けたもの、机類の脚部の収納部分に張りめぐらされた板、収納家具と天井との間を埋める板、階段笠木と平行に設けるものなど。→塗り回し

間口（まぐち）frontage 建物、家具、敷地などの主たる方向から見た際の幅のこと。これに直角な方向を「奥行」という。

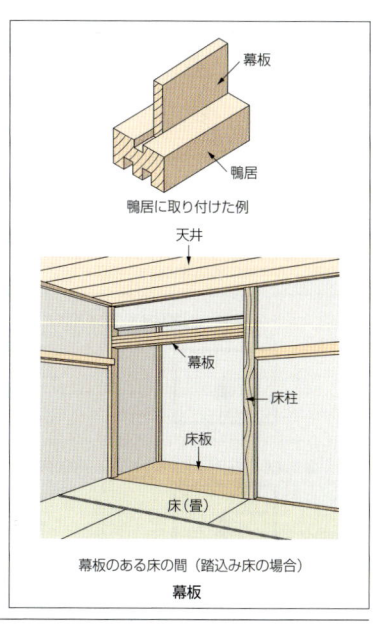

図の説明： 幕板、鴨居（鴨居に取り付けた例）／天井、幕板、床柱、床板、床(畳)（幕板のある床の間（踏込み床の場合））

幕板

まさめ

柾目（まさめ）木材組織の部分名称の一つで、年輪に直角方向に切った面をさし、木目が平行に見えるもの。材質はねじれが少なく、色・光沢も良く、高級材となり高価。→板目

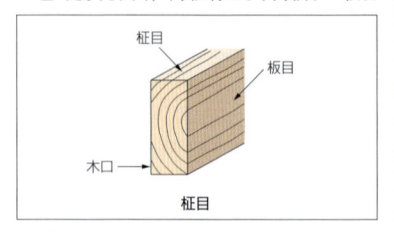

間仕切り ⇒パーティション

マスキング［masking］2つの音が同時に聞える場合，一方の音が他の音によって影響を受け、完全に聞えなくなったり、小さくなって聞える現象。聞く人にとって無意味な音のレベルを上げることによって、他の不快な音を聞えにくくすることが可能で、この無意味な音を「暗騒音」という。

マスタープラン［master plan］計画における全体的な方向づけを示すもの。または、将来の都市の発展などを予測する都市基本計画などの意にも用いる。

町屋（まちや）室町時代から江戸時代にかけて、商業の発達とともに現れた店舗併用型の住居形式。敷地は、間口が狭く奥行の長い短冊型、通り土間形式が多く、妻入り、平入りなど。基本的には、おもての間、だいどころ、おくの間の3室からなる。現存のものでは、栗山家住宅（奈良県，1608），今西家住宅（奈良県，1650）などが古い。

松杭（まつぐい）建物の基礎を固い地盤に支持させるように、コンクリート基礎の下に打ち込む杭。松丸太で地下の常水面下にあるようにすると腐らなかったが、現在ではコンクリート杭が使用されている。

マッサージ吐水（―とすい）シャワーの吐水パターンの一種。水圧を高めた勢いのよいシャワーで、身体を刺激する吐水のこと。マッサージ効果と似ていることからつけられた名称。

抹茶色（まっちゃいろ）⇒表慣用色名（132頁）

マットレスの寸法 洋式の敷物の一つで、ふとんの下やベッドに敷くマットレスの平面寸法は、次のような公式によって人間の身体の大きさに合わせればよい。長さ＝身長×1.05＋15cm。幅＝肩幅×2.5。また、仕上がり面での平面寸法はJISによって規定されている。

窓台（まどだい）軸組を構成する部材の一つ。建具取付けに必要なもので、窓建具の下枠取付けのための水平材をさす。「捨枠」ともいう。→図-通し柱（239頁）

窓高（まどだか）床面から窓全体の大きさの上部（鴨居の下面）の下面までをいう。→図-階高（119頁）

窓の種類 採光のために設けられる窓の種類はさまざまあるが、基本的には、側窓採光（サイドライト），高窓（ハイサイドラ

マットレスの寸法（住宅用ベッドの寸法規格） (mm)

L \ W	800	900	1,000	1,100	1,300	1,500	1,600	1,700	1,800
1,900	○	○							
2,000	○	○	○	○	○	○	○	○	○
2,100			○	○	○	○	○	○	○

注）上記の数値の中には、ベッドメーキングのために必要な部分の寸法g、および製作寸法公差tを含んでいるので、マットレスの実体寸法は幅方向については（−80）、長さ方向については（−50）が製品の中央値になると考えればよい。

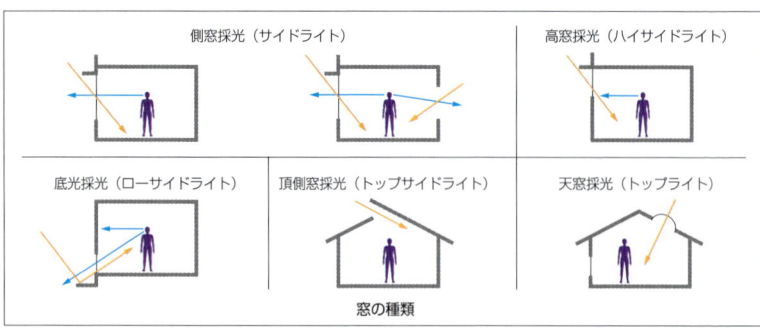

窓の種類

イト),底光採光(ローサイドライト),頂側窓採光(トップサイドライト),天窓採光(トップライト)がある。→天窓

窓楣(まどまぐさ)軸組を構成する水平部材の一つ。建具取付けに必要なもので,窓建具の上枠取付けのための水平材をさす。→図-通し柱(239頁)

マナハウス[manor house]イギリスの荘園(manor)の管理者となった騎士がすごした居館。それまでの城形式の建物に比べ居住性が高く,その後の西欧の居住形式の原型ともいえるものであった。この建物を中心に都市と田園の交流が行われ,貴族の文化ができあがっていった。プランはホールを中心に構成されている。

マニエリスム[manierisme 仏]「マニエリズモ」manierismo(伊)ともいう。イタリア語のマニエラ(作風・様式)に由来。16～17世紀ルネッサンスの巨匠たちの様式を重視し,内容を軽視した様式(イタリアの盛期ルネッサンスとバロックの間の時期をさす)。一種のマンネリズム(独創性を失って型にはまった状態)をさし,人体をくねらせたり引き伸ばしたりして,盛期ルネッサンス後の精神的な捲怠や退廃を反映している。ミケランジェロ,G.ロマーノらの作品に見られる。

招き屋根(まねきやね)屋根形式の一つ。切妻屋根の片方が短い変形のもの。→図-屋根の形状(300頁)

間柱(まばしら)柱と柱との間に補強して壁下地材などを取り付け大壁(おおかべ)仕上げとするためのもの。大きさは本柱の2つ割(45×90mm),3つ割(30×90mm)とし,間隔は450mm程度に配置する。金属製のものも用いられる。→図-通し柱(239頁)

マホガニー[mahogany]産地はメキシコ・パナマ他。材色は紅褐色で,材質は緻密(比重0.80)かつ色彩や光沢がすこぶる美しい。高級な室内装飾用材,家具材,船舶用など。→表-木材の分類②(295頁)

豆板(まめいた)コンクリート工事の際,コンクリート表面に砂利が集まり空隙ができたりした不良部分。「ジャンカ」ともいう。

真物(まもの)石材などに用いられる用語で,単一材の総称。「しんもの」ともいう。

丸太組工法 ⇒丸太組構法

丸太組構法 組積式構法の一種。丸太の部材を桟に使用し,井桁(いげた)に組んで造られる構法で,「丸太組工法」ともいう。似たような構法では,日本では「校倉(あぜくら)造り」と呼ばれ,正倉院は代表的な建物。→図-板倉造り(99頁)

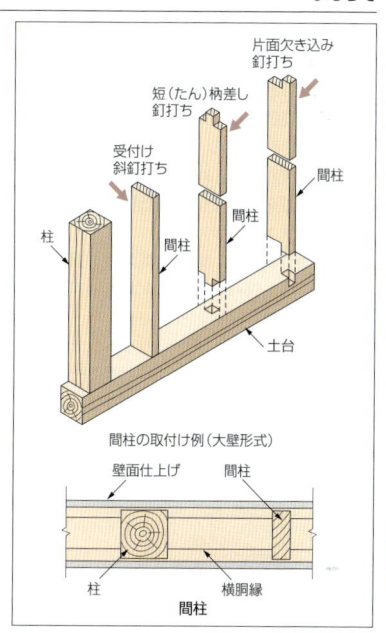

マルチ型エアコン セパレート型ルームエアコンディショナーのうち,1台の室外ユニットで数台の室内ユニットと接続し,数室の冷暖房を行うタイプをいう。

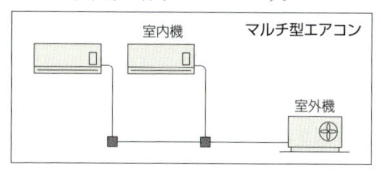

マルチゾーン方式 空気調和方式の一種。冷温水用の2つのコイルをもつマルチゾーンユニット(空調機の一種)を用いて,熱負荷の異なる各部屋に応じた温湿度の空気をつくり,別々のダクト系統で送風する。

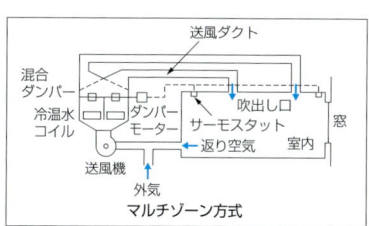

マルチン式計測法 身長をはじめとして人体各部の人体計測を行う手法。基本的には桿(かん)状計,触角計,滑動計などマルチン式計測器を用いて,直接的に各部寸法を2点間で測定する。

丸面取り柱 (まるめんとりはしら) 角柱の角を丸面をもって仕上げた柱。→面取り

回り階段 ⇒階段の分類

マンサード屋根 切妻屋根の下の部分が急勾配で,上部はゆるい勾配になっている。別に「腰折れ屋根」ともいう。

マンセル表色系 [Munsell color system] アメリカの画家マンセルに(1858〜1918)よって1905年に考案された方法で,「色の三属性(色相・明度・彩度)」で色を表示する代表的なもの。色相は赤(R),黄(Y),緑(G),青(B),紫(P)の5つの基本色相とその間に5つの中間色相を加えた10色相を基本とし,さらにそれぞれを10等分して100色相とする。実質的には2.5,5,7.5,10の4段階に区分して40色相としたものが使われている。明度は,反射率0の黒から反射率100％の白までを0〜10の11段階として等間隔に分けている。顔料では完全な黒や白は存在しないため1〜9.5の範囲となっている。彩度は,無彩色を0として1,2,3…とし,次第に彩度を増して,「純色」で最高の彩度となる。彩度の段階は色相,明度によって異なる。表色系の方法は,有彩色では,色相(H)・明度(V)・彩度(C)で表す。例えば,赤は5R4・15となる。色相,明度,彩度を同時に表したものが「色立体」である。

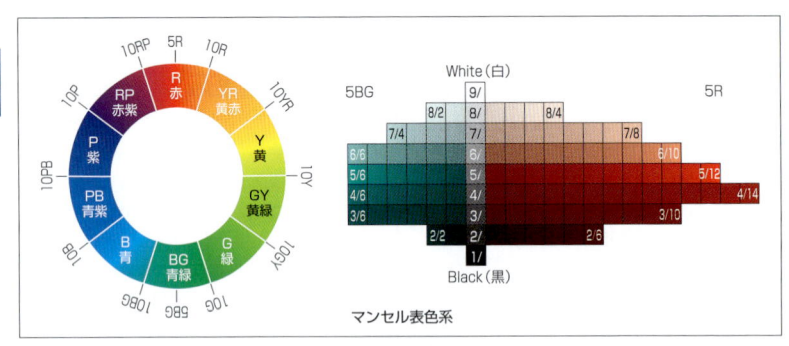

マンセル表色系

み

磨き丸太 (みがきまるた) 床の間の床柱に使用される柱の一種。スギの皮をはいだ丸太に砂を付けて水磨きしたもの。

御影石 (みかげいし) ⇒花崗岩(かこうがん)

ミキシングバルブ式水栓 給水,給湯の量を使用温度に合わせて混合するための弁の付いた水栓金具。

見込み 枠などの見えている部分の奥行のこと。→見付け

ミシン張り ⇒緞子(どんす)張り

御簾 (みす) ①障屏具(しょうびょうぐ:人目や風を防ぎ,部屋を区切るもの)の一種。竹を編み萌黄(もえぎ)色の絹に,瓜(うり)の切り口に似た文様(窠文(かもん))を黒く染めつけ,四方を縁取りしたもの。廂(ひさし)と母屋(もや)との境を仕切り,長押(なげし)の下端にかけ連ねるものをいう。②壁の下地。→壁代(かべしろ)

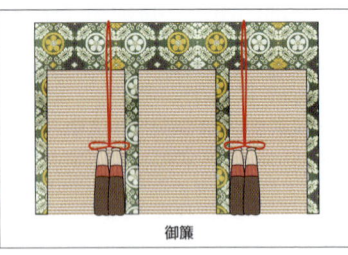

御簾

水糸 (みずいと) leveling string 水平を示すために使用する糸のこと。

水返し 枠や窓枠の下部に設けられ,水の浸入を防止するために立ち上げられた縁のこと。→水切り,水勾配

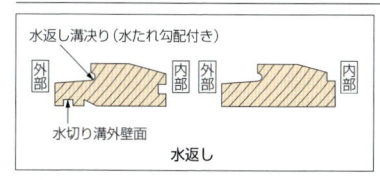

水切り 外回りに設けられた窓・出入口枠の下枠につける細い溝のこと。雨水などが枠の下面を伝わって壁面に汚れをつくらないようにつけるもの。→水返し

水勾配 雨水や汚水などを流れやすく，排水しやすくするために設ける勾配のこと。屋根や床面，また各種窓枠，扉枠の下部などに設けられる。→水返し

水セメント比 コンクリート工事に関する用語の一つ。コンクリートやモルタルを練り混ぜるときの数値で，セメント量Cと水量Wの重量比W/Cで表す。

見付き ⇒見付け

見付け 枠などの部材の正面から見たときの見えている部分をさす。「見付き」ともいう。枠の見付け30mm以上では重々しい感じを与える。→散り，見込み

密接距離 ⇒人間の距離

密閉型燃焼器具 ⇒燃焼器具

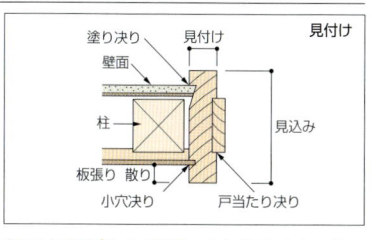

ミニクリプトン電球 白色塗装電球に封入されているガスはアルゴンと窒素の混合だが，アルゴンに代わってクリプトンを封入した小型ランプをいう。熱伝導率の低いクリプトンガスの特性を生かし，白色塗装電球に比べランプ寿命も長い。

美濃紙（みのがみ）障子，襖（ふすま）や壁の下張りに用いられる和紙の一種。紙質は強くて厚く，美濃国で産したことからこの名がある。

蓑張り（みのばり）壁装材を張る工法の一つ。半紙（半折りぐらい）の上半分ぐらいに接着剤をつけて重ね張りしてゆくこと。

民家 古代からの庶民（被支配）階級の住宅の総称。支配階級の住宅形式には，寝殿造り，書院造りや社寺建築がある。民家の種別として，農家と町屋に分けられる。

む

ムーンアンドスペンサーの調和論 ムーンとスペンサーによって考案された計算によって求めようとする色彩調和手法（この計算方法を「美度計算」という）。まず使用される色について，マンセル系による色の三属性を求める。C（複雑さの要素）＝色数＋色相差のある色の対の数＋明度差のある色の対の数，彩度差のある色の対の数，を求める。次にD（秩序の要素）を求める。これは使用色の色相，明度，彩度の差を計算し，図表で調べ，該当する組数を求め，さらにそれぞれの関係に該当する美的係数を表から求め，組数にその美的係数を掛け，組数との和を求める。さらに美度(M)＝秩序の要素／複雑さの要素，とする。

起り（むくり）現場仕上げ工事の用語で，上方に対して凸形に湾曲している仕上げ面をさす。「起り破風（はふ）」「起り屋根」「起り梁」「天井の起り」などと用いる。→反り

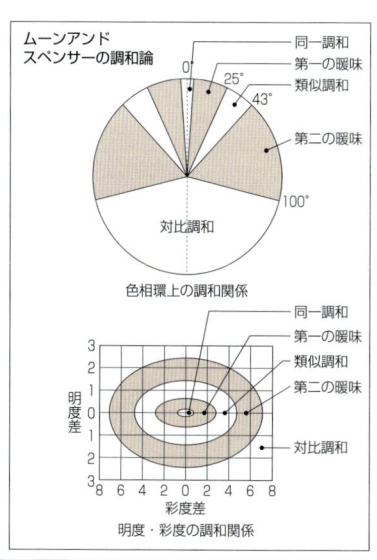

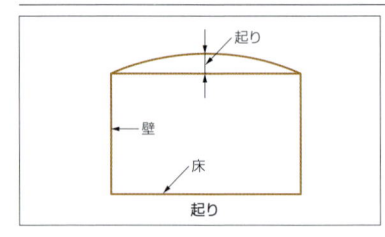

起り破風入母屋造り（むくりはふいりもやづくり）入母屋屋根の破風板が上方に向かって反っている形のもの。→破風，図-屋根の形状（303頁）

無彩色　白，灰色，黒のように，明度はあるが，色相はなく，彩度0，どの色味にもかたよっていない色を無彩色という。これに対し，赤，青，黄のように，色のはっきりした色や少しでも色味のある色を「有彩色」という。→有彩色

矛盾図形　目の錯覚（錯視）を利用した図形の一種。実際にはあり得ない形が表現される。→多義図形

矛盾図形

筵（むしろ）坐臥具（ざがぐ）の一種。竹，菅（すげ），藺（い），茅（かや）などで編んだ茣蓙（ござ）のようなもの。その形により長筵，広筵，狭筵などがある。同じような敷物には，フェルトの「氈（せん）」と呼ばれるものがある（法隆寺献納宝物・東京国立博物館蔵）。

無双四分一（むそうしぶいち）床の間の天井回り縁部分に取り付け，掛軸を吊るすための細い横木をさす。→稲妻金物

無電極ランプ　フィラメントがなく高周波で点灯させるランプ。したがって，点灯には高周波発生装置が必要。蛍光ランプと光質が似ており，ランプ寿命が半永久であることが最大の特徴。

棟木（むなぎ）小屋組の頂点にある母屋（もや）と同じ役目をもつ水平部材のこと。→図-和小屋組（314頁）

棟（むね）屋根の部分名称の一つで，切妻屋根の上端に接する水平部分をさす。位置により「大棟」「隅棟」がある。→谷，破風（はふ），寄棟（よせむね）

無目（むめ）鴨居（かもい）や敷居と同一の部材で同一の個所に取り付けられ，建具用の溝の彫られていないものをさす。

むら直し［斑直し］左官工事の工程の一つ。表面を平たんに塗ること。→鹿の子摺り（かのこずり）

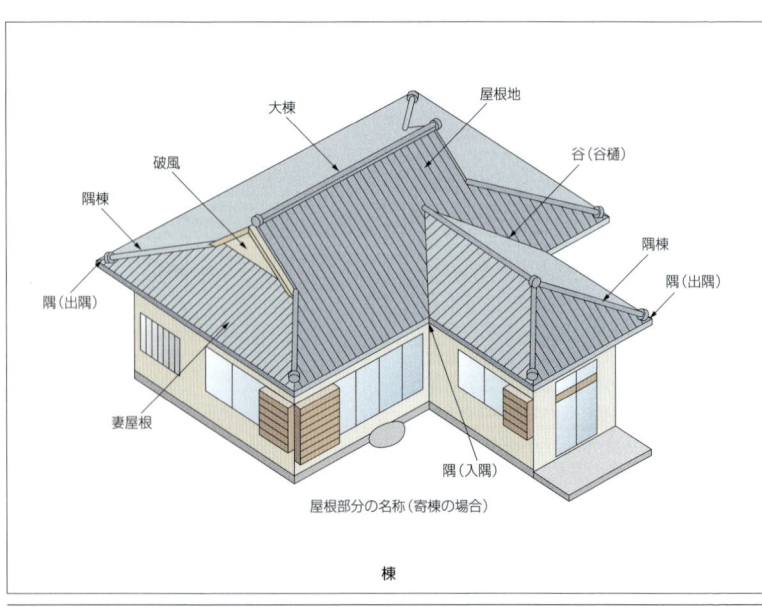

屋根部分の名称（寄棟の場合）

め

明彩調（めいさいちょう）⇒トーン
明順応 ⇒順応
明所視（めいしょし）明るい場所での物や色の見え方をいう。人間の視覚は明るい所では555nmの波長の光（黄緑色）に最も感度が高く、これは網膜にある色に機能する錐（すい）状体細胞に反応する。→暗所視，比視感度
明清色（めいせいしょく）⇒清色（せいしょく）
目板（めいた）panel strip 板の継目に打ち付けた幅の狭い板をさし、羽目板張りや天井張りに用いる。
目板張り（めいたばり）板の継目に目板（幅の細い板のこと）を打ち付ける張り方の一つで、下地や仕上げ工事に用いられる。→敷目板張り
明度［value］色の明るさの度合をいい、有彩色、無彩色の双方に存在する色の性質。最も高い明度の色が白、最も低い明度の色が黒である。→色の三属性
明度対比 色の明るさに対して生じる対比で、2つの色を並べて見た場合、明るい色はより明るく、暗い色はより暗く感じる。
銘木（めいぼく）特別な趣をもつ高価な木材の総称で、形状、色合い、木理、材質などの珍奇なもの。床の間まわりや竿縁（さおぶち），回り縁，欄間（らんま）などに用いられる。
メートル法 1959年、それまでのわが国で用いられていた尺貫法の尺度単位を改め国際的なメートル、グラムなどを単位とした。尺貫法は日本人の生理や人体の尺度であったが、これに対しメートル法は物理的な尺度といえる。
メートル間（一ま）1間を2mとして、柱を心々（しんしん）としてこの間に畳を敷く。畳の寸法は長さ192cm×幅96cmとなる。→心々，表畳の仕上り（215頁）
メールシュート［mail chute］郵便投下装置。中高層建物の各階から投入した手紙などの郵便物を下階で集荷できるようにした装置。
盲目目地（めくらめじ）⇒眠り目地

目地（めじ）元来は石やれんがを積む際の継目をさす。今日では、建物のすべての面仕上げの建築部材の接合に生ずる線状の部分をいう。
目地棒（めじぼう）左官工事（例えば、現場テラゾー塗り床など）で、一定の間隔に目地をつくって床仕上げ面の亀裂などを防止するために使用されるもの。通常は真ちゅう目地棒を埋め込んでゆく。

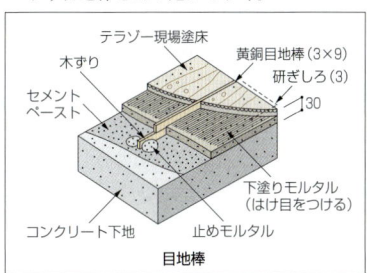

目地棒

目透し（めすかし）2つの部材の接合部にすき間をあけた目地の形状。
目透し張り（めすかしばり）目地の形状をさす用語で、2つの部材の接合部分にすき間をあけて張り上げること。例えば、簀子（すのこ）板張り、野地板張りなど、下地工事や仕上げ工事にも用いられる。→野地板
メゾネット［maisonette］各住戸が2層以上で構成されているもので、共同住宅の住戸形式の一つ。「複層住戸」ともいう。

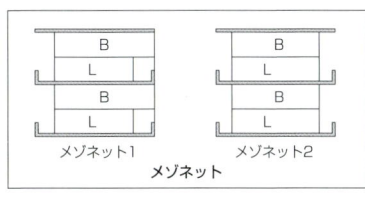

メゾネット

メゾネット型住戸 1つの住戸が2層以上にわたる断面形式のタイプ。1層だけでできたフラットに対し、住戸内部が変化に富み、プライバシーへの要求も高い。
メタルハライドランプ［metal halide lamp］高圧水銀ランプの内管に金属ハロゲン化物を添加することによって演色性やランプ効率をさらに高めたランプ。少し高価だが、

屋内照明はもちろん屋外の景観照明まで幅広く使われている。なお、ランプは点灯方向に制約があるので選ぶときに注意を要する。→HIDランプ

メタルラス［metal lath］塗り壁の下地に用いられ金属の薄板に，一定間隔の切れ目を入れ伸ばした網状のもの。形状には，平ラス，リブラス，波形ラスなどがあり，おもに内壁（浴室タイル下地のモルタル塗りなど）に用いる。→ラス，ラス下地

目違い継ぎ（めちがいつぎ）木材の継手仕口の一種。一方の部材端部に突起をつけ，他部材に同形の溝を彫り接合するもの。形状により各種の継手がある。→図-継手と仕口（228頁）

メディシンキャビネット［medicine cabinet］洗面台の上部などに取り付けられる鏡，照明，コンセント，収納棚などを組み合わせたキャビネット。

目通り 目の高さで立木の幹の太さを表すことから，床柱などの丸い柱を「目通り何mm」などとして用いる。一般に，目の高さは床上1.5m程度をいう。

メニュー方式 住宅・都市整備公団（現都市再生機構）で実施された，集合住宅において入居者が入居するに際して，間取りと仕上げをある程度弾力的に選択できる方式。標準的・画一的な供給方式に対し，間取りと仕上げについてあらかじめいくつかのタイプを準備し，希望によって選択し，住まい手のニーズに対応しようとした住宅供給方式。

面 建築室内の仕上げ部材の角断面の出隅を削り取ってできる表面のこと。また，建築物や室内での正面，側面，東面，南面などと呼ぶのに用いられる。

面内（めんうち）柱の面と他の部材や部位との仕上げ表面の取付け方・納め方をさす。

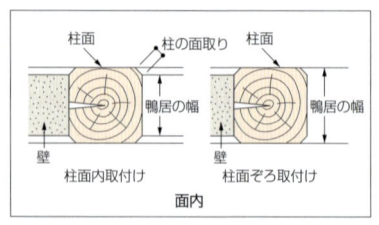

面内

面押え グリッド（組立基準面）に対して柱や壁などの構成材の一つの面を合わせて配置すること。→心押え（しんおさえ）

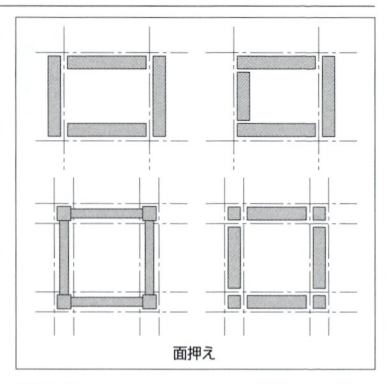

面押え

面皮柱（めんかわばしら）茶室などの数寄屋建築に使用される柱。柱の角に木の皮が残って付いている柱のこと。

面積表 建築物の面積を算出し，一覧表として配置図または1階平面図の右下に書き入れる。

メンテナンスコスト［maintenance cost］⇒イニシャルコスト

面戸板（めんどいた）軒桁（のきげた）の上部と垂木（たるき）との間にできたすき間（面戸という）をふさいでいる板のこと。

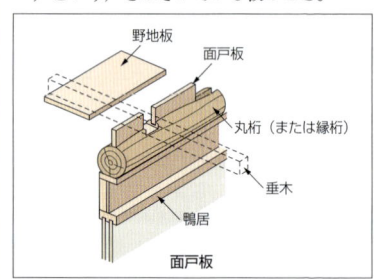

面戸板

面取り（めんとり）建築室内の仕上げ部材の角断面の出隅を削り取って面を作ること。柱の場合，糸面取り，大面取り，丸面取りなどがある。

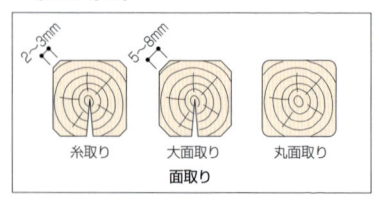

面取り

面吹出し口 通気天井のように，広い面積から吹き出す形式。吹出し部分には，パンチングメタルや有孔のボード類が使用されることが多い。

も

モアレ[moire 仏] 一般に，幾何学的な模様が2種以上重なり合ってできる干渉模様。また，対象物の量感を把握するために縞模様などを映写して，その表面にできた波形の動きや形態により対象物をつかむことをいう。

萌黄(木)色（もえぎいろ）⇒表-慣用色名（132頁）

杢（もく）木材組織の部分名称の一つ。板目の木目の乱れや節や髄線が装飾として美しく，奇妙な面白い紋様を形成した場合に装飾用として使用される。樹種には，ケヤキ，カエデ，クルミ，ナラ，カシ，マホガニーなどで，玉杢，ちぢみ杢，ぼたん杢，銀杢などの呼び名がある。

木材 建築用材料の一種。分類すると，針葉樹（おもに構造用）と広葉樹（各種仕上げ用，造作用）とがある。

木材の狂い（もくざいのくるい）製材後の挽（ひ）き曲りや乾燥による収縮によって起こる木材の変形のことで，変形の状態によって，曲がり，反り，ねじれの区分がある。

木材の特性 木材の主たる特性は，軽量かつ強度は大で，適度な強さをもち粘りがある，美しい杢（もく）目や紋様など独特な材質感をもち，不均質な材質なため狂いやすく腐りやすい，加工（穴あけ，釘打ち，削りなど）や取付けが容易など。→表-木材の特性

木材の引張り強度 木材の繊維方向に対する許容応力度（荷重・外力を受けたとき，構造部材に生じる応力が一定限度以上にならないように定められた限界の応力度をいう。単位kgf/cm²）でみると，針葉樹・広葉樹とも引張り強度よりも圧縮強度のほうがやや大きいことがわかる。

木材の分類 木材には，建築構造・造作材に用いられる針葉樹と，堅木と呼ばれ家具，建具や各種仕上材に用いられる広葉樹とがある。→表-木材の分類（294頁）

木材の特性②（木材の硬さ）

区分	樹　種
最硬	アカガシ，シラカシ，ツゲ，クヌギ，タガヤサン，コクタン，ヒッコリー
甚硬	ケヤキ，ミズナラ，アキニレ，イヌエンジュ，イヌブナ，ヤマグワ
硬	ブナ，クリ，セン，クス，シイ，シラカバ，カツラ，シオジ，カエデ，イチイ，ツガ
軟	アカマツ，クロマツ，カラマツ，ヒノキ，ヒバ，スギ，トチ，カヤ，クルミ，シナ
甚軟	キリ，トウヒ，エゾマツ，トドマツ，サクラ，ネズコ，コウヤマキ

木材の特性①（日本産木材の力学的性質：無欠点材の場合） （強度：kgf/cm²）

	樹　種	気乾比重	引張強度	圧縮強度	曲げ破壊係数	せん断強度
針葉樹	アカマツ	0.52	1,400	450	900	90
	カラマツ	0.50	850	450	800	80
	スギ	0.38	900	350	650	60
	ツガ	0.50	1,100	450	750	90
	ヒノキ	0.44	1,200	400	750	75
広葉樹	シオジ	0.53	1,200	440	900	110
	ケヤキ	0.69	1,300	500	1,000	130
	ミズナラ	0.68	1,200	450	1,000	110
	ヤチダモ	0.55	1,200	440	950	110
	キリ	0.30	600	200	350	55

注）気乾状態、応力の方向は繊維//方向、標準値を示す。

もくさい

木材の分類①

	樹種	材色		特性	用途
		辺材	心材		
広葉樹	キリ(桐、白桐)	淡白	帯黄淡褐	木肌美、木理の硬度一様、脂気皆無、防湿性あり、曲げにくく、反張しない。	装飾材(天井材など)、建具材、家具材、造作材など
	ケヤキ(欅)	黄白帯黄白	帯黄赤淡褐褐	やや堅硬、木肌優美、光沢あり、弾力大、伸縮少、反張少、水湿に耐える。	建築材、装飾材(杢は珍重される)、家具材、彫刻材
	シオジ(塩路、柾樹)	黄白帯黄白	鮮黄褐	ケヤキに似るが劣る。硬軟中庸、反張少、工作容易、水湿に耐える。	建築材、装飾材、造作材、家具材、彫刻材など
	シナ(榀)	淡褐	褐	軽軟、木理通直、光沢なし、反張少、割裂易。	板材、ベニヤ板、彫刻材
		ともに帯淡褐			
	ブナ(橅、椈)	白	淡褐	堅硬、じん性大、反張大、水湿により腐朽しやすい(蓄積量最大)。	建築材(構造材、床材など)、家具材
		ともに帯淡褐			
	ナラ(楢)	淡褐白	帯黄褐	緻密、堅硬、伸縮大、反張大、光沢あり、髄線優美	建築材、装飾材、家具材、ベニヤ板
	サクラ(桜)	帯暗褐帯黄	帯暗褐	緻密、硬軟中庸、光沢あり、反張少、割裂易、折曲げ難、工作容易	用途は広い。建築材、造作材、装飾材、彫刻材
針葉樹	アカマツ(赤松、女松)	黄白白	帯褐黄	木理通直、弾力大、脂気多、工作容易、耐久性大(蓄積日本一)。	建築材(小屋組、床組、床板、敷居、鴨居、垂木)、皮付き木、化粧垂木ほか
	カラマツ(唐松、落葉松)	白	紅赤褐	木理通直、やや堅硬、脂気多、割裂易、工作容易。	構造材、防腐土台、造作材、こけら板、基礎杭、建具材
	クロマツ(黒松、男松)	白	淡褐	アカマツより劣る。やや堅硬、弾力大、脂気ははなはだ多い。工作はアカマツより難。	建築材(土台、小屋組ほか)基礎杭
	サワラ(椹)	黄白白	帯黄褐	ややスギに劣る。軽軟、割裂易、工作容易、ヒノキ、スギより劣る。	板類、こけら板、建具材(障子・ふすまの組子)、浴槽、おけ類
	スギ(杉、椙)	白淡黄白	淡赤紅褐	木理通直、脂気少、香気あり、割裂、工作容易、水湿に耐える(産出最大)。	用途最も広い。建築一般、建具材、丸太材ほか
	ツガ(栂)	淡黄褐	帯黄褐褐紫白	木理通直、やや堅硬、光沢あり、耐久性大、水湿に強い。	建築材(柱、土台、根太、床板、敷居、鴨居、造作材一般)、建具材
	ヒノキ(桧、檜、扁柏)	淡黄黄白白	淡黄褐	木理通直、軽軟、光沢美、割裂少、弾力あり、耐久性大、工作容易。	上級建築一般(建築材としての第1位)、磨き丸太、樹皮は屋根葺き材

もくさい

木材の分類②（主要外国産木材）

	樹種	材色		特性	用途
		辺材	心材		
北米材（針葉樹材）	ベイヒ（ピーオーシーダー）	白色〜淡黄	黄白色〜淡黄	木理通直、やや軽軟、工作容易、仕上げ面光沢あり	日本産ヒノキより劣る。構造材、造作材、床板、建具材
	ベイマツ（オレゴンパイン）	淡黄〜淡赤	淡赤色〜黄〜赤黄	木理通直、肌目やや粗、工作やや難、耐久性やや小、北方のものほど良質	ベイツガにつき多い。構造材、防腐土台、造作材、建具材、家具材、合板材
	ベイツガ（ウエスタンヘムロック）	白	帯褐（含紫）淡褐	木理通直、肌目やや密、軽い、工作容易、水湿に弱い	輸入量最大、構造材、防腐土台、造作材、建具材
南洋材（広葉樹）	赤ラワン	黄白	桃色〜赤褐色	木理交錯、やや重硬、ケヤキよりやや軽軟、工作容易、白ラワンより重く高級品、耐久性小	造作材、床材、家具材、合板、防虫処理木材
	白ラワン	淡黄白〜淡灰褐	帯桃淡褐	赤ラワンより装飾的価値小、木理交錯、肌目粗、狂い少なく、工作容易、耐久性小	内装材、家具材、合板、防虫処理木材
	アピトン	淡黄白色	灰赤褐〜赤褐	肌目やや粗、やや重硬、耐久性は小さく、木理直通〜交錯	構造材、防腐土台、造作材、家具材
唐木材	ラミン	黄白	黄白	木理浅く交錯、肌目やや粗、やや重硬、工作容易、耐久性小	造作材、家具材、器具材
	コクタン（黒檀）	淡桃褐色	濃黒色（しまあり）	木理通直〜浅く交錯、肌目精、非常に重硬	装飾材（床材、床框、落し掛け、寄木床）、家具、彫刻材
	タガヤサン（鉄刀木）	黄白色	濃褐色（しまあり）	肌目やや粗、重硬、耐久性大	装飾材（床材、床框、落し掛け、寄木床）、家具、彫刻材
	シタン（紫檀、ローズウッド）	黄白色	赤褐〜濃紫褐	肌目やや粗、木理交錯、重硬、工作容易	装飾材（床材、床框、落し掛け、寄木床）、家具、彫刻材
	チーク	黄白色	金褐〜濃褐	木理通直、肌目粗、やや重硬、工作容易、狂いが少なく、耐久性甚大	内部装飾材、高級家具、キャビネット材
中西米材	マホガニー	黄白色	桃色〜赤褐色	木理通直〜浅く交錯、肌目中庸、軽軟〜重硬、工作容易	内部装飾材、高級家具、彫刻材

木材の分類③

種別	名称・特性	名　　　称	特　　　徴
外長樹	針葉樹 葉は針のように細いか，幅が狭くて細長いもの。軟木といわれ，通直な材が得られやすく，軽量で加工が容易である。	マツ，スギ，ヒノキ，ヒバ，モミ，ツガ，サワラ，エゾマツなど	仮導管（細胞組織）が木材組織の主要構成要素となる（繊維，導管はない）。春夏材の区別は，比較的明らかである。長さだけ生長し，太さはほとんど肥大しない。寒い地方に分布し，樹種は少ないが量は多い。
	広葉樹 葉は幅が広い。堅木といわれ，造作材，家具材に用いられる。	ナラ，シオジ，ケヤキ，タモ，シナ，ブナ，チーク，ラワン，アピトンなど	樹体を支える繊維（木材組織の主要構成要素）や水分や養分を移動させる導管（ただし，ヤマグルマにはない）がある。機能が分化している。春夏材の区別は，しにくいものが多い。長さが伸びるとともに，太さも肥大生長する樹種である。暖かい地方に多く，樹種は多様である。
内長樹	シュロ，ヤシ，ビンロウジュなど。タケの生長も構造的にはよく似ている。		

木造枠組壁構法　⇒ツーバイフォー構法

木版　木の板に文字や絵を彫刻して作った印刷用の版，またはそれで印刷したもの。この手法は最古のもの。

木片セメント板　木片とセメントを混ぜて加圧した板状の材料。普通板は断熱・吸音性に富み，内壁，天井，床下地用（厚さは30, 80mmなど）。硬質板は防火，遮音，断熱，耐久性に富み，内外壁，軒天井，屋根下地用（厚さは12, 25mm），ほかに仕上げ補強板（厚さは60, 80mmなど），鉄筋補強板（厚さは50, 70mmなど）がある。→表-セメント製品の分類③（204頁）

木目（もくめ）　木材組織の部分名称の一つで，年輪の模様が美しいものの総称。柾目（まさめ），板目，杢（もく）などがある。「木理」ともいう。

木毛セメント板［cemented excelsior board］ひも状に削った木片とセメントを混ぜて加圧・成形した板状の材料。断熱板（断熱・吸音用）は，軽量，防腐，防蟻に富み，床，内外壁，天井下地用（厚さは15, 30mmなど），難燃板（防火用）は，発煙・有毒ガスの発生がなく，内外壁下地用，屋根下地（厚さは15, 30mmなど）に用いる。→表-セメント製品の分類③（204頁）

木理（もくり）　⇒木目

木れんが［木煉瓦］コンクリート造に木製仕上材を取り付けるための補助材。その他，舗装面に敷き並べる防腐剤を注入したれんが様の木塊（例：クリ，60×90×90mm）のこともいう。

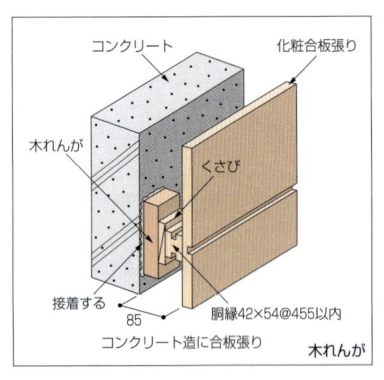

模型　建築・インテリアの模型というときは，立体的な縮尺模型で，空間的に理解しやすくするために用いられる。

モザイクタイル［mosaic tile］おもに床・壁面装飾仕上げ用の小型タイルのこと（JIS A 5209）。→表-陶磁器質タイル②（237頁）

モザイクパーケット張り　居室の木製床仕上げの一つ。長さの等しい板を3枚以上並べて正方形に接合したものを接着剤などにより張り付けてゆく。下地には木造とコンクリートがあり，仕上げはワックスまたはラッカー塗りなどを行う。

モチーフ［motif］芸術作品などの主旨，主題をさす。創作活動における考え方や進め方の基幹ともなり，作品に強く反映される。

モックアップ［mock-up］実物と同じ大きさの模型のこと，または模型を作ること。

モデュール［module］建築や建築構成材の寸法を決める際に便利な単位寸法または寸

モザイクパーケット張り

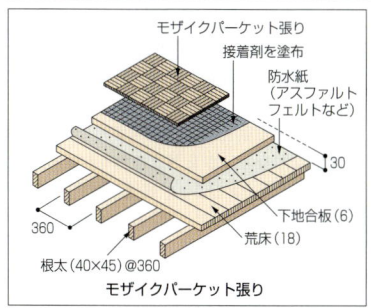

法の体系をいう。これは2つに類別でき，1つは使いやすい寸法（数値）をまとめてセットとし，その全体をさすことと，もう一つは基本となる一つの単位寸法（数値），例えば10cmという数値そのものをさしてモデュールと呼ぶ場合もある。→建築モデュール

モデュール呼び寸法 向かい合う構成材基準面間の距離を「呼び寸法」といい，ここにモデュールの数値を用いた場合を特にモデュール呼び寸法という。構成材に割り当てられた領域の大きさを示す寸法。→構成材の寸法

モデュラーコーディネーション［modular co-ordination］設計や生産に用いられる寸法の単位，または寸法の体系をモデュールというが，建築生産の合理化，コストダウン等を目的として，建築および構成材の寸法関係に対し，このモデュールを用いて調整し，建築空間を計画・構成することをモデュラーコーディネーション（モデュール割り）という。「MC」と略す。例えば，収納家具や設備ユニットなどの寸法をモデュールでおさえ，モデュールで割り付けられた位置に納まるよう調整する。

モデュロール［modulor 仏］ル・コルビュジエによって提案されたデザインを行うための寸法単位。フランス人の人体の標準寸法183cm，それに片手を挙げたときの高さ226cm，へその高さ113cmなどを基準として，一連の数値を割り出したもので，これらは黄金数列で構成されている。→ル・コルビュジエ

モデリング［modelling］建築・インテリアなどの立体模型を製作してゆくこと。

モデルスコープ［model scope］模型を通して空間の見え方や実際に完成した際の視野を観察するもので，特殊な小型カメラを使用して検索・検討すること。

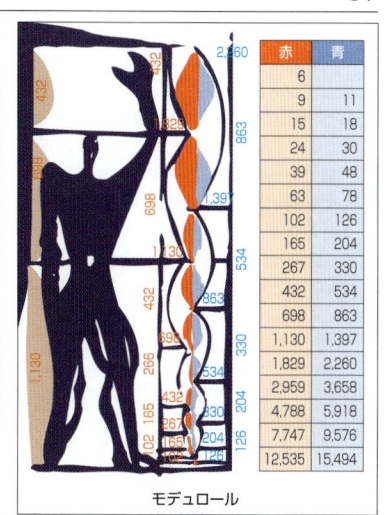

元，本（もと）立木の状況から呼ばれる名称の一つで，地表面の根に近い部分をさし，その木口（こぐち）を「元口」という。→末

モドゥルス［modulus］古代建築において，部材間の比例関係を決めた基準単位で，円柱の基底部の半径を1モドゥルスとして，他の寸法を規定していった。今日でいうモデュールの語源となるもの。

元口（もとくち）bottom end 製材した用材の部分をさす名称で，木の根に近い部分の木口（こぐち）をさす。→末口

元図（もとず）原図のもとになる図，または図面のこと（JIS Z 8114）。

元止め式瞬間湯沸器 加熱部より上流側に設けた水栓を開くことによって，通水すると同時に着火して給湯する瞬間湯沸器。水栓を閉じれば消火するもので，給湯個所は1個所の比較的小型のタイプ。→先止め式瞬間湯沸器

モミ［樅］マツ科の樹木。心材は白色，軽く柔らかく伸縮が大きい。建築・建具材，棺桶，卒塔婆（そとうば）用材に用いられる。

桃色（ももいろ）⇒表慣用色名（132頁）

母屋（もや）小屋組の水平部材の一つ。棟木（むなぎ）に平行に取り付け，小屋束（こやづか）の上部を連結した垂木（たるき）を支える水平材。一般に90角のものを使用し，張り間は1.8m，間隔は900mmとする。→図・和小屋組（314頁）

もるたる

モルタル［mortar］セメント，砂，水を練り混ぜたもの。ほかにアスファルトモルタルなどがある。

モルタル塗り　セメント・砂・水を練り混ぜたもので，「セメントモルタル」ともいう。手軽で安価であり，多くの仕上材の下地としても利用される。床面の場合，目地なしか目地つき（亀裂防止）とする。壁面の場合，床面と同じくセメント，骨材，混和材，混和剤などを用いる。

モンタージュ［montage 仏］フィルムの編集手法の一つ。種々の像を組み合わせて一つの画面を構成して特別な効果を生み出すこと。

文様　植物や動物の形，幾何学的な図形，抽象的な形など，さまざまな物を図案化した模様・デザインのこと。建築，家具，紋章，染織，漆器などの分野における装飾の技法に用いられる。また，文様には記号的な特別な意味をもつものもある。

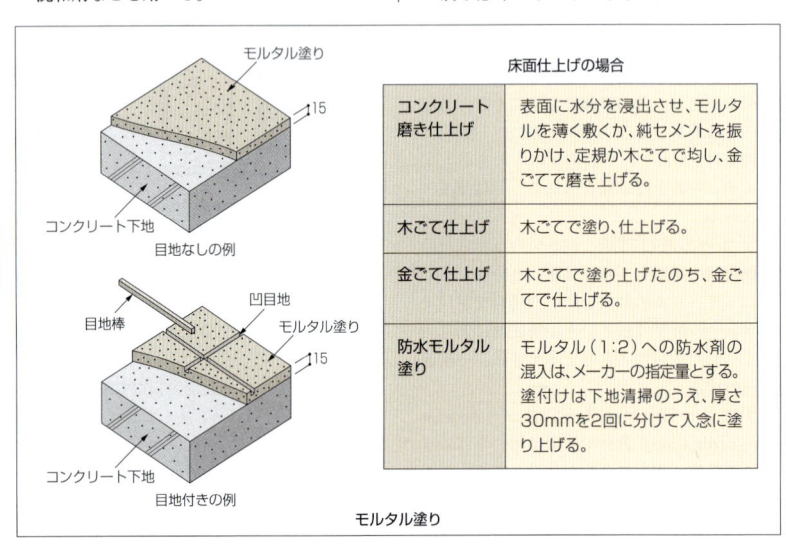

床面仕上げの場合

コンクリート磨き仕上げ	表面に水分を浸出させ、モルタルを薄く敷くか、純セメントを振りかけ、定規か木ごてで均し、金ごてで磨き上げる。
木ごて仕上げ	木ごてで塗り、仕上げる。
金ごて仕上げ	木ごてで塗り上げたのち、金ごてで仕上げる。
防水モルタル塗り	モルタル（1:2）への防水剤の混入は、メーカーの指定量とする。塗付けは下地清掃のうえ、厚さ30mmを2回に分けて入念に塗り上げる。

モルタル塗り

モルタル塗り①（天井面・壁仕上げの場合）

仕上げの種類	工　法　の　概　要
木ごて	ほかの仕上材のための下地として用いる。
金ごて	塗装仕上げ、タイル張りの下地として用いる。
刷毛引き	木ごてで塗り上げ、刷毛目正しくまたは粗面に仕上げる。
吹付け	着色したセメントペーストをモルタルガンで2回以上吹き付け、むらなく仕上げる。
のろ引き	下地を湿らせたのち、のろ（セメント、石灰、プラスターなどを水だけで練ったのり状のもので、「あま」ともいう）を下地の見えるところがないように刷毛で塗り付ける。
色モルタル	中塗りの上に着色剤を混ぜ、塗り厚3mm以上に仕上げる。
掻き落とし	普通セメントまたは白色セメントと粗面仕上材料（花崗岩、大理石、さび砂利などの色砂利、川砂、消石灰、ドロマイトプラスター、防水剤ほか）とを塗り合わせ、中塗りの上に塗り厚6mm以上に塗ったのち、こて、金櫛（かなぐし）、ブラシなどでむらなく掻き落して仕上げる。

モルタル塗り②（下地ごしらえの工程）

下地の種類	工　法　の　概　要	
メタルラス リブラス ワイヤーラス	ラスこすり	ラス面より2mm程度厚くし、こて押さえを十分に塗り付ける。一般に14日以上放置する。
	むら直し	塗面の表面むら直しを行い、荒し目を付け、14日以上放置する。
	中塗り	塗り厚の不均等を平坦に仕上げる。
	上塗り	中塗りの水引き状態をみはからい、こてむら、地むらなく塗り付ける。通常は翌日の工程となる。

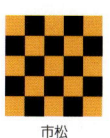

バロックの
アカンサス　　ゴシックの
トレーサリーの
幾何図形　　アラベスク　　麻の葉　　市松　　かご目

七宝　　青海波　　松川びし　　まんじつなぎ　　雷文

文様

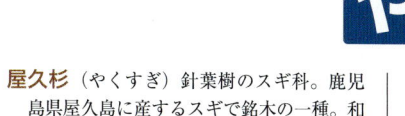

や

屋久杉（やくすぎ）針葉樹のスギ科。鹿児島県屋久島に産するスギで銘木の一種。和風室内の天井材，装飾材に使用。

雇い実矧ぎ（やといさねはぎ）板を張り合わせるとき、接合する2つの部材に溝を彫り、別の細い材（実）によりはぎ合わせて接合する工法。

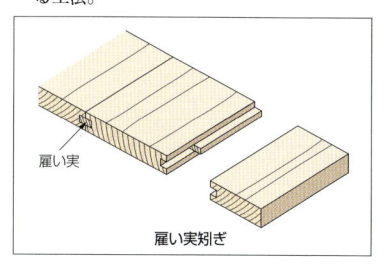

雇い実

雇い実矧ぎ

屋根　屋根の形状とその種類は，木構造や鉄筋コンクリート構造により使用される形式が限定される場合がある。陸（ろく）屋根は鉄筋コンクリート構造に用いられ，入母屋（いりもや）屋根は和風木構造に使用される。→図-屋根の形状（300頁）

屋根伏図（やねぶせず）屋根を上から見て平面図のように仕上げる図面。一般に，縮尺1/100が用いられる。

破れ目地（やぶれめじ）⇒馬乗り目地，図-れんが積み（312頁）

大和造り（やまとづくり）平入り（間口に出入口が設けられていること）で妻面（側面）を強調する点で格式を表現している。平面は，田の字型の四つ間取りを基本とし，土間部分（釜屋という）の瓦葺き屋根と床上部分の草葺き屋根を合体させた切妻屋根が特徴。大阪府南部から奈良盆地にかけて分布している民家の造り。

大和張り（やまとばり）おもに天井板，羽

やまふき

目板張りに用いられ，板を交互に重ね合わせて打ち付ける手法のこと。→敷目板張り

山吹色（やまぶきいろ）⇒表-慣用色名（132頁）

遣戸（やりど）寝殿造り（平安後期）に用いられた板の引戸（舞良（まいら）戸に似ている）の総称のことで，敷居と鴨居（かもい）をもつ。引違いのものは，「違い遣戸」ともいう。

ヤンピー［yumppie］羊の皮の意。

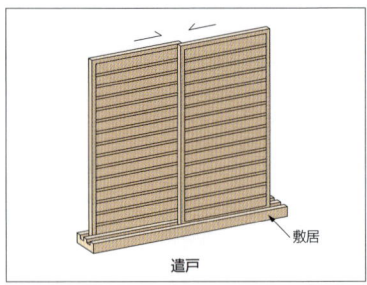

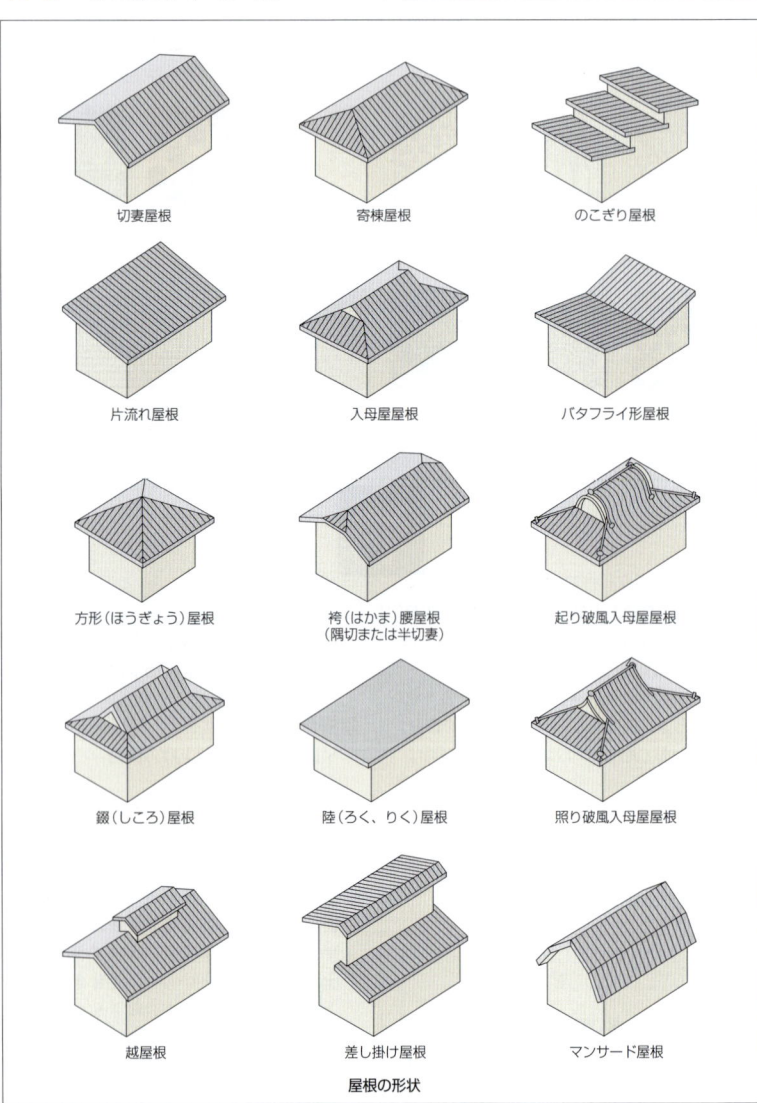

遣戸／敷居

切妻屋根　寄棟屋根　のこぎり屋根

片流れ屋根　入母屋屋根　バタフライ形屋根

方形（ほうぎょう）屋根　袴（はかま）腰屋根（隅切または半切妻）　起り破風入母屋屋根

錣（しころ）屋根　陸（ろく，りく）屋根　照り破風入母屋屋根

越屋根　差し掛け屋根　マンサード屋根

屋根の形状

誘引ユニット方式 ⇒インダクションユニット方式

U形配列 厨房機器の配列形式の一つ。ワークトップの平面形状を，Uの字形（正確にはコの字形）とした配列。作業動線は短くなるが，2個所のコーナーの使い勝手の処理に注意する。

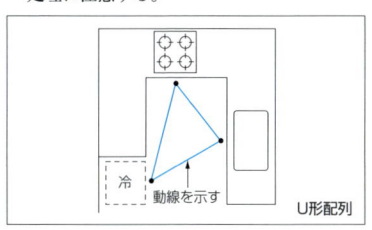

U形配列

ユーゲント・シュティール [Jugend-stil 独] 青春様式の意。アール・ヌーボー様式の，ドイツ，オーストリアなどのドイツ語圏における呼称。1890年代，曲線様式で自然形態により忠実に表現され，アール・ヌーボー様式とはやや異なっていた。

有効温度 ET。アメリカのヤグローによって提唱された体感温度で，「感覚温度」ともいう。温度，湿度，気流の3要素の組合せで成り立つ。実験結果を線図に表したものを「有効温度線図」という。また，有効温度にふく射熱の効果を加えたものが「修正有効温度」（CET）といい，近年では，人間の着衣状態を基準にして研究されたASHRAE（アメリカ暖房冷凍空調学会）の「新有効温度」などがある。

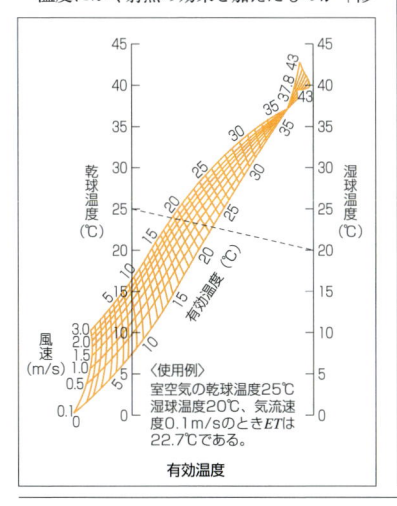

有彩色 （ゆうさいしょく）赤，橙，黄緑，青，紫などのように，はっきりとした色味をもったり，わずかでも色合いをもつ色をいう。色相は色合いの違いを表し，無彩色は，色味をまったくもたずに，明るさの度合いだけで色の違いを感じるもの。→無彩色

ユーティリティ [utility]「家事室」ともいう。住宅の中で洗濯およびアイロン，衣類の繕いなど一連の家事作業を行うための空間。主婦の家事作業を一緒にまとめる意味で台所に隣接して設置される場合と，配管設備の効率化を図るため脱衣所や洗面と一緒に扱われる場合とがある。

誘導灯 災害発生時に避難者を誘導するための照明器具。普段は常用電源で点灯させ，停電すると自動的に非常電源で点灯する。告示などの基準に合格した誘導灯には認定マークが表示される。消防法に設置基準が定められ，避難口誘導灯，通路誘導灯，客席誘導灯などの種類がある。

（誘導灯の認定マーク）
誘導灯

Uトラップ サイホン式トラップの一種。横引き排水管をU字形に曲げたもので，雨水排水系統の横主管末端などに設けられ，下水道からの悪臭の侵入を防ぐ。

UVフィルター 光源から放射される紫外線をカットするフィルター。紫外線により退色しやすい貴重な展示品などの照明にUVフィルター付き器具が使われる。

優良住宅部品 ⇒BL部品

床勝ち （ゆかがち）一般に，間仕切りパネルや収納ユニットなどを用いて室内施工す

ゆかくみ

る場合，床を先に施工し，それによって部品数や性能，納まりが決められること。その後に施工されるほうを「負け」とする。例えば，「壁勝ち」「天井負け」などと使用する。

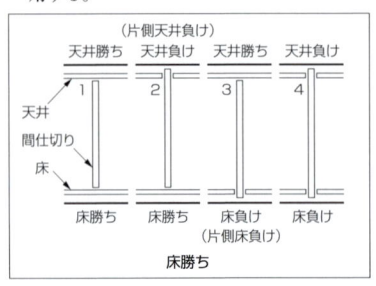

床勝ち 図

	天井勝ち	天井負け（片側天井負け）	天井負け	天井負け
	1	2	3	4
	床勝ち	床勝ち	床負け（片側床負け）	床負け

床組 床仕上材を直接支持する下地材の根太（ねだ）以下の骨組部分をさす。床組には，1階の地盤に近い床と，2階以上の高い所の床とがある。1階床組には，束立（つかだて）て床と転（ころ）ばし床とがあり，2階床には，根太床（単床），梁床（複床），組み床などがある。→図-床組の種類

床下換気口 木造建築の1階床組の換気のために，コンクリート基礎部に設けられた開口部。基礎長さ5m以下ごとに，面積300cm²以上のものを設けなければならない（令第22条）。

床スラブ 床版の意。一般構造に使用される用語の一つで，垂直方向の重量を受ける水平の板状面をさす。通常は，鉄筋コンクリート造の床版をいい，「スラブ」ともいう。

床タイル張り 床用タイルには，モザイクタイル（大きさ19～55mmまでJIS A 5209），クリンカータイルなどがあり，工法にはドライタイプとウエットタイプとがある。目地仕上げは，幅3mm程度，白色セメントを用い，床張りの模様には布目地，市松（いちまつ）目地や石張りの模様など各種パターンがある。

床高 （ゆかだか）床仕上げ面から直下の地盤面または基準とする地盤面より床仕上げ面（上面）までの高さで，木造床組の場合は45cm以上と決められている（令第22条）。→図-階高（119頁）

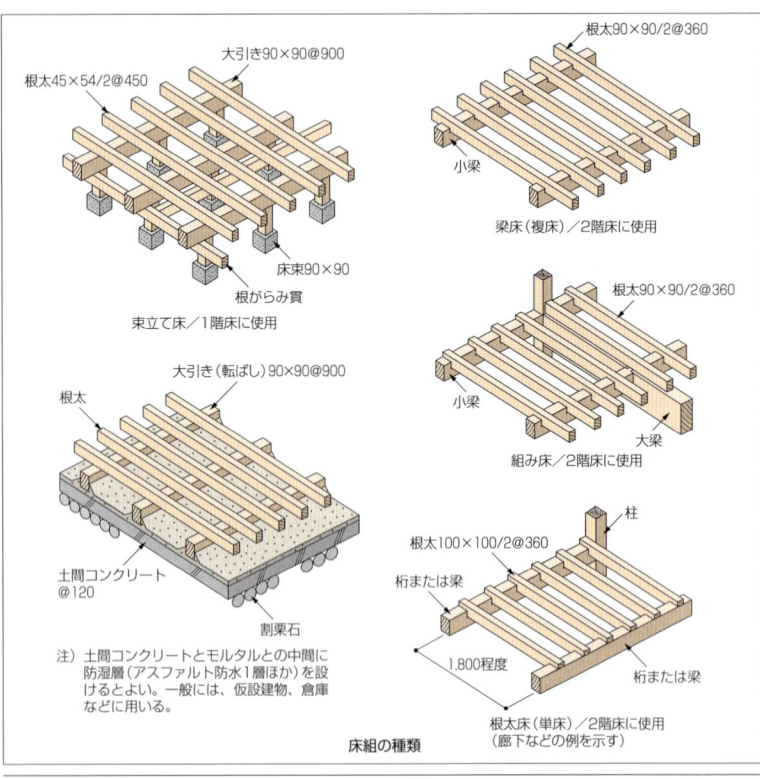

床組の種類

束立て床／1階床に使用
- 根太45×54/2@450
- 大引き90×90@900
- 床束90×90
- 根がらみ貫

（土間コンクリート@120、割栗石）
注）土間コンクリートとモルタルとの中間に防湿層（アスファルト防水1層ほか）を設けるとよい。一般には，仮設建物，倉庫などに用いる。
- 根太
- 大引き（転ばし）90×90@900

梁床（複床）／2階床に使用
- 根太90×90/2@360
- 小梁

組み床／2階床に使用
- 根太90×90/2@360
- 小梁
- 大梁

根太床（単床）／2階床に使用（廊下などの例を示す）
- 根太100×100/2@360
- 桁または梁
- 柱
- 1,800程度

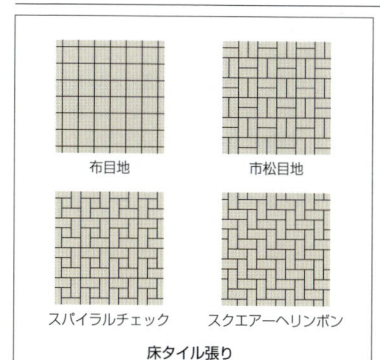

布目地　市松目地
スパイラルチェック　スクエアーヘリンボン
床タイル張り

床暖房　床面を加熱し，おもにふく射（放射）熱で部屋を暖房する方式。全放熱量の半分以上がふく射伝熱し，室内の上下温度差が少ないので，室温が低めでも快適。温水式と電気式とがある。

床束（ゆかづか）木造建築の1階床を支える垂直材のこと。大引を受けるもので，大きさ寸法は90角，105角，間隔900mm程度に設けられる。→荒床，コンクリート束石（つかいし）

床伏図（ゆかぶせず）床仕上材等の表層材を除いた床面を支持する構造材を平面的に表現したもの。木造住宅では，土台，大引き，根太（ねだ）などの大きさや配置寸法等を適宜に表示する。2階建の場合，1階，2階の各床伏図を書く。縮尺は1/100程度が用いられる。

油性絵具　おもに鉱物質，植物質や動物質の顔料を亜麻仁油またはテレピン油で練り合わせた絵具。

ユニット［unit］建築空間に直接関係する大きさ，すなわち部屋の大きさに相当するものをいう。工場で生産される部品で，機能的に一つのまとまりをもち，流通の単位になっている構成材で，形態によって，「スペースユニット」と「ウォールユニット」に分けられる。

ユニティー［unity］統一性。空間やかたちを整える際，構成の諸要素を整理し，一つのまとまった形に調和させることで一定の秩序を人に感じさせる手法。

ユニバーサル型吹出し口　長方形の開口部に可動の羽根を取り付けた可動型吹出し口。羽根を格子状に固定したタイプを「グリル型吹出し口」という。これらは，壁面上部やファンコイルユニットの吹出し口に用いられる。

よ

洋銀［white metal］銅，ニッケル，亜鉛の合金で，装飾器具類や家庭用器具種に使用され，「ホワイトブロンズ」「洋白」ともいう。色が銀に似て硬度，耐食性が大きい。

洋小屋組　洋風の小屋組のこと。各部材が三角状に構成され，力の伝達は引張力を主とするもの。比較的大きな空間を構成することができる。→小屋組，真束（しんづか）

養生（ようじょう）工事現場の危険防止や，塗り壁や塗装部分など建物の仕上がった個所を保護すること。養生の種類には，窓・ビニル養生，シート養生，内部開口部養生，防音シート養生などがる。

養生紙（ようじょうし）養生のために表面

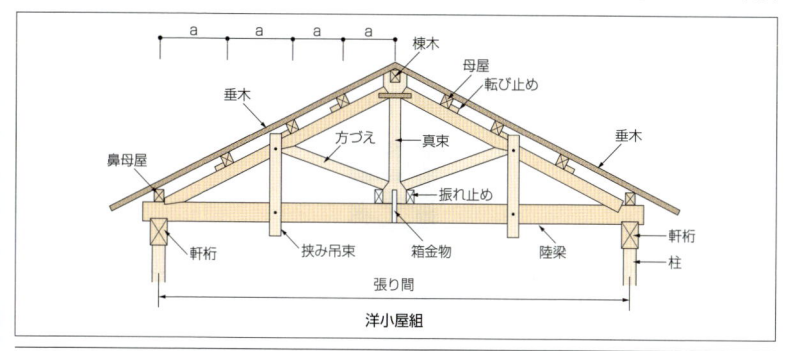

棟木／母屋／転び止め／垂木／方づえ／真束／振れ止め／鼻母屋／軒桁／挟み吊束／箱金物／陸梁／軒桁／柱／張り間／**洋小屋組**

ようふう

を覆う材料のこと。紙類，マスキングテープ，テープ，ポリエチレンシート，合板などが使用される。ほかに養生カバーとしてプラスチック製のものもある。

洋風便器 欧米風の便器で，大便の用を足す際に腰掛けた姿勢で使用する便器。

洋風浴槽 身体を横たえて入浴し，浴槽内で身体を洗い，使用後は排水してしまうタイプの浴槽で，内法（うちのり）長さは1,250～1,500mm，内法深さは400～450mm程度。

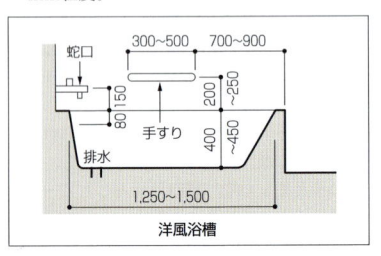

洋風浴槽

浴室［bathroom］入浴・衛生のための部屋。洋風は浴槽内で身体を洗うため洗い場が不用で，便器，洗面器を浴室内に一緒に置くことができサニタリー全体の面積は少なくてすむ。和風は，浴槽に洗い場を設け，浴室だけが独立した型で計画されることが多い。平面計画上は外気部分に面して窓を取ることが望ましいが，やむを得ない場合には，機械換気設備を設ける。内装は防火・耐水性を有し，清潔に保てるような仕上材とする。内釜(BF釜以外)を使用するときは，燃料カロリーに見合った換気量が得られるようにする。照明器具は防湿型として，人影が窓外に映らないように注意する。近年，住宅用浴室ユニットが開発されている。

浴室乾燥型換気扇 浴室用換気扇にヒーターやヒートポンプなどを組み込み，浴室を乾燥させる機能をもつ換気扇。浴室内で洗濯物を乾燥する場合に設置される。

浴槽 入浴に用いる湯船，風呂おけのこと。形状により，和風，洋風，和洋折衷に分類

され，設置方法により，据置式，半埋込み式，埋込み式に分類される。

浴槽の材質 一般的な工場生産品としては，FRP（ポリバス），ステンレス，鋼板ほうろう，鋳物ほうろう，人造大理石の種類がある。その他に，木製，陶器製などがあり，また現場施工によってタイルや石を張ることもある。

横軸回転窓 戸の水平方向の中央に回転軸を設け，上半分が室内側に倒れるように開閉する窓。

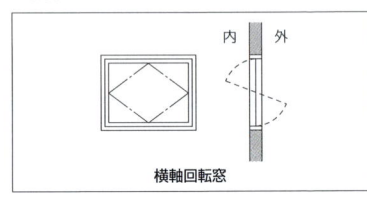

横軸回転窓

横繁（よこしげ）⇒縦繁（たてしげ）

横水栓 水がおもに横（水平）方向に流れる水栓。各種の水栓金具の原型。

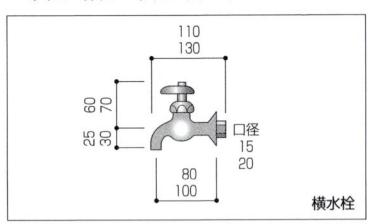

横水栓

寄棟（よせむね）屋根形式の一つ。四方に流れる屋根のうち頂部に棟をもつ形式で，一般住居の和風・洋風の建物に用いられる。「寄棟屋根」ともいう。→図屋根の形状（300頁）

寄棟屋根（よせむねやね）⇒寄棟

四つ間型（よつまがた）⇒田の字型住宅

呼び出し装置 点滅表示と音声信号によるもので，表示ランプとブザーまたはベルチャイムを基本とする。「呼び出し表示装置」ともいう。

呼び出し表示装置 ⇒呼び出し装置

ら

ラーメン構造［Rahmen 独］建築物の各構成材の接点が剛（ごう：外力によっても変化しない接合部をいう）に接合され，曲げ，

圧縮，引張りの各材が組み合わされたもの。通常の鉄筋コンクリート造に多用されている。

ライティングダクト［lighting duct］電気の導体を絶縁体でカバーしたもの。連続したコンセントのようなもので，専用アダプターにより任意の個所から電気を取り出したり，照明器具を取り付けられる。埋込み式，直付け式，2線式，3線式などの種類がある。

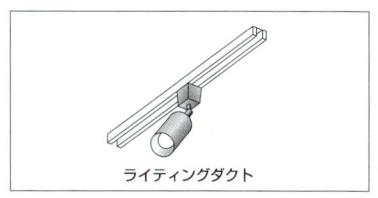

ライティングダクト

ライティングレール［lighting rail］⇒トラックライト

ライニング加工 さびやすい金属表面を保護するため，主としてプラスチックなどの成形材料を接着剤により圧着すること。

ライフサイクル［life cycle］生活環，障害設計の意。ファミリーライフスタイル（家族周期）という意味で用いられる場合は，個人もしくは家族の生涯の移り変わりの過程全体を示す。一般にライフサイクルは，乳幼児期→児童期→青年期→新婚期→養育期→教育期→排出期→老年期，などに区分されている。また，建物やその部品の耐用年数という意味にも使われる。

ライフスタイル対応住宅 居住者の個性的な住まい方や住要求に対応できるよう考慮された都市再生機構（旧住宅・都市整備公団）の新しい集合住宅の供給方式。調査・分析によってあらかじめ住まい手のライフスタイルをいくつかに分類し，居住者を想定し，それに応じたいくつかの住宅プランを提供しようとしたもの。

ライン型吹出し口 ⇒線吹出し口

ラジエーター［radiator］①室内の床や壁に露出で設置される鋳鉄製の放熱器。対流とふく射で室内を直接暖房する。②自動車などの内燃機関の冷却用放熱部分。

ラス［lath］塗り壁や塗り天井の下地の総称。メタルラス，ワイヤーラス，ラスボード（または石膏ラスボード）などをさす。時には，石膏ラスボードを略してラスともいう。

ラス擦り（―こすり）左官工事の工程の一つ。ラス下地にモルタルなどを最初に塗り付けて平たんにすること。

ラス下地 左官工事の一つ。おもに外壁や浴室のタイル張りに用いられる下地のこと。下地板上に防水紙（アスファルトフェルトまたはアスファルトルーフィング）を張り付け，その上にメタルラス（またはワイヤーラス）を止め付け，モルタル塗り仕上げとするのに用いられる。→メタルラス，ワイヤーラス

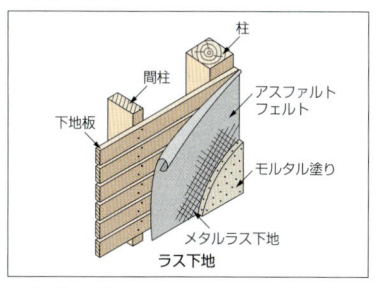

ラス下地

ラスボード［lath board］⇒石膏ラスボード

ラスボード下地 左官工事下地の一つ。胴縁（どうぶち）の上にラスボードを張り付けたもので，今日の塗り下地の最も基本的なタイプ。

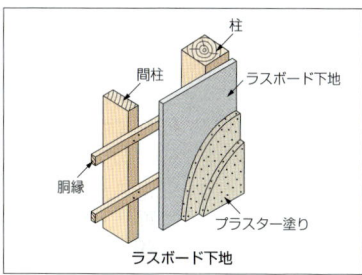

ラスボード下地

螺旋階段（らせんかいだん）spiral staircase, corkscrew stair ⇒階段の分類

ラチス梁 合せ梁の一つ。軽量形鋼とプレート（金属製平板のこと）または鉄筋とを組み合わせたもので，広いスペースに架け渡す水平材の梁として使用される。

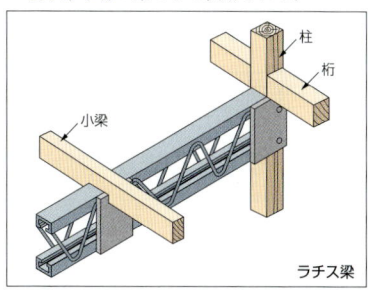

ラチス梁

ラッカーエナメル［lacquer enamel］ラッカーに顔料を入れたもの（入れないものは「クリアラッカー」という）。家具などの金属面塗装に用いられる。→表・塗装材料の分類（244頁）

ラディエーション［radiation］⇒リズム

ラピッドスタート［rapid start］蛍光ランプを点灯させる方式の一つ。ラピッド安定器の使用で点灯管なしで即時点灯できるため、オフィスや店舗のように多数の蛍光灯をいっせいに点灯させる場合に適している。なおラピッド式の蛍光灯にグロー式用蛍光ランプは不適当である。→グロースターター

ラフスケッチ［rough sketch］設計・デザインの発想の過程で浮かんでくるアイデアを、平面上に視覚的立体化するためにおおまかに描いた略図や概略図のこと。「アイデアスケッチ」ともいう。

LAN（ラン）local area network　構内情報通信網。一定の範囲内に分散しているコンピューター、パソコン、ワープロ、電話、ファクシミリなどを同軸ケーブルや光ファイバー、電話回線で接続し、その地域内の情報通信を高速かつシステム的に行うもの。

乱層積み ⇒図・石積み（103頁）

ランドルト環（―かん）視力の測定に用いられてきたC字型の指標。C字の切れ目を目で判別できるか否かで視力を判定する。

ランニングコスト［running cost］住宅や設備を使用していくうえで必要な維持費のこと。建設時点で必要な費用（イニシャルコスト）に対して使われる用語。→イニシャルコスト

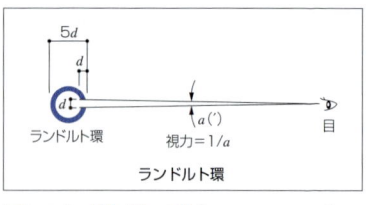

ランドルト環

ランニングトラップ［running trap］⇒Uトラップ

ランバーコア合板［lumber core plywood］角材（ストリップ）を互いに端（そば）面着または結合した心板（コア）の上下に、クロスバンド表板、裏板を接着した集成材のこと。狂いの少なく、家具などの甲板やドアに使用される。

乱張り　床や壁面を、不整形の石材を張って仕上げてゆく工法。

ランプ効率［luminous efficacy of a lamp］1ワット当たりのランプ光束（lm：ルーメン）。例えば白色塗装電球100Wの場合、1,520lmあるのでランプ効率は15.2lm/Wになる。ちなみに60Wは13.5lm/Wで、同じ種類でもワット数が低いとランプ効率も低下する。蛍光ランプやHIDランプは、電球に比べランプ効率が高い。

欄間（らんま）採光や通風および意匠的な目的から、鴨居（かもい）の上に設ける開口部のこと。設ける場所によって、「縁側欄間」「明り取り欄間」「間仕切り欄間」（間越し欄間、書院欄間）などがある。意匠面からは、「板欄間」「彫刻欄間」「透し欄間」他、形状からは、「角柄（つのがら）欄間」「塗り回し欄間」「通し欄間」などがある。→鴨居（かもい）

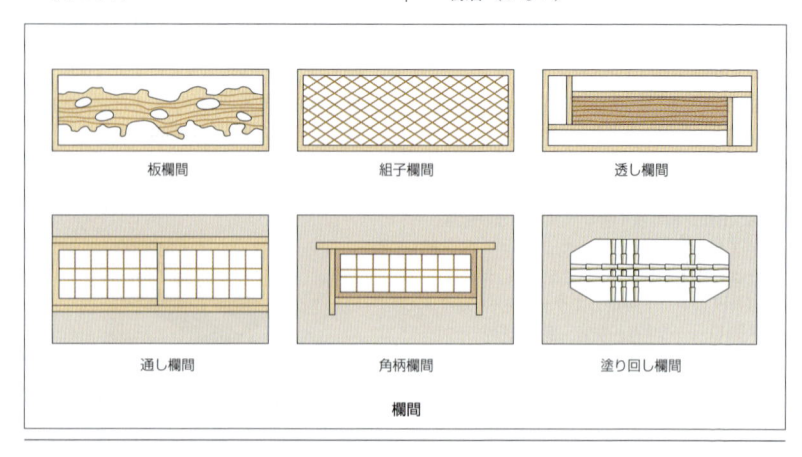

板欄間　組子欄間　透し欄間
通し欄間　角柄欄間　塗り回し欄間

欄間

リージェンス様式［Regency style］19世紀初頭，フランスのアンピール様式の影響を受けて，イギリスにおこった古代ギリシア風の室内装飾や家具などの様式。室内装飾や家具・調度に対する嗜好は保守的。過去の栄光ある時代の様式を尊重している。代表的な家具作家はトーマス・ホープ（1769〜1831）。

利休鼠色（りきゅうねずみいろ）⇒表-慣用色名（132頁）

リシン掻き落し仕上げ（―かきおとししあげ）scratching finish of stucco 内外装セメント系薄付け仕上げ塗り材の一つ。着色したモルタルまたは大理石の細かい砕石を骨材に混入したモルタルを塗り，なかば硬化したとき表面をくし状の金具でひっかき，粗面に仕上げる。適用下地にはコンクリート，モルタル，コンクリートブロック，石綿スレートほかがある。

リシン吹付け仕上げ 掻(か)き落し仕上げと同じ塗り材で，同一の材料を吹き付けて，厚さ3mm程度以下のでこぼこ模様に仕上げるもの。退色性が大きいが，耐久性・不燃性に優れる。

リズム［rhythm］律動。造形上，一定の間隔である部分が規則的に繰り返して配列されること。活気ある躍動感や動的変化を与える。リズムには次のようなものがある。

リペティション（repetition）：同じ要素の繰り返し，同じ形，図柄，ラインなどの反復によるリズム。例えばカーテンのひだなどをさす。

グラデーション（gradation）：大きいものから次第に小さいものへ，明るい色調から暗い色調といったように，段階的に同系列の要素で調子を変えていくリズム。

オポジション（opposition）：いくつかの縦線と横線などの対照的要素が組み合わされて構成されることによって生じるリズム。主として直線的な組合せに用いられる。

トランジッション（transition）：曲線的造形要素が繰り返されてつくり出されるリズム。変化が多く，人間の目を引きつけやすいリズム。

ラディエーション（radiation）：中心から放射状に外へ向かって広がっていく繰り返しのパターンによるリズム。照明器具のシェードのデザインやカーペットのパターンに用いられる。

アルターネーション（alternation）：2つ以上の造形要素を，交互に繰り返し用いることによって生じるリズム。

リターンダクト［return duct］空気を熱媒体とした空調方式の場合，室内の空気を再び空調機に戻すためのダクト。「還気ダクト」ともいう。

立体作業域 ⇒作業域

立体視 ⇒奥行知覚

立面図［elevation］建築物の外観の東西南北の各面を，見たままに表示してゆく図面で，「エレベーション」ともいう。必要に応じて構造材を点線で書き入れたり，仕上材の名称を書いたり，着彩仕上げとする場合もある。縮尺は1/100程度が用いられる。

| リペティション | グラデーション | オポジション | トランジション | ラディエーション |

リズム

リトグラフ [lithograph] 石版画。版画に彫り込みをしない「平版」（石版や亜鉛版を使用する）手法のもので，描いた図柄を彫らずにそのまま転写できる利点がある。その他の手法には，版画に彫り込む「凹版」（エングレービングやエッチング）と「凸版」（板目版，日本の浮世絵版画と小口版，西洋の挿絵版画に多用される）とがある。→エッチング

リノリウム [linoleum] 床仕上材の一つ。乾性油（亜麻仁油など）を酸化してロジンなどの樹脂類，コルク粒，着色剤などを混入して布に圧着したもの。耐水，耐久性に富む。車椅子などの走行性に優れ，医療福祉施設などで使われている。

リピート [repeat] 繰り返しの意。柄模様の壁装仕上げなど，柄と柄の反復をいう。

リペティション [repetioion] ⇒リズム

利便性 ものや空間について目的にかなった使いやすさ，使用上の合理性をさす。利便性を左右するのは，適正な形，大きさ，あるいは材質・色彩，さらには配置などである。

流行色 [fashion color] 特定の時期だけに大量に売れた商品色や，実際に売れたり用いられた色だけでなく，日本流行色協会（JAFCA）で提案された色などを含める。

両眼視差 （りょうがんしさ）人間が物や空間を見た場合に，左右の眼の存在によって，網膜に結ばれる像は微妙に異なる。この視差の違いによって，ものや空間を立体的にとらえることができる。

量水器 ⇒水道メーター

る

類似の調和 色相環上で距離の近い関係どうしの色の調和，あるいは明度差，彩度差が少ない間の調和をいう。

ルイ15世様式 [Louis XV style] ロココ様式の典雅な装飾形式をもつ。家具は，曲線の美しさ，繊細な繰形（くりがた）装飾，カブリオールの曲線脚，寄木細工，漆や蒔絵（まきえ）の手法を取り入れた特色をもつ。種類には，コモード（小型の整理だんす），ひじ掛け椅子，ふた付き事務机など。寄木細工の優れた技能をもつジャン・フランソワ・エーバン（1720～63）は代表的な家具作家。

ルイ13世様式 [Louis XIII style] ルイ13世（在位1610～43）時代，ルネッサンスの確立期に当たり，厳格さの中に端正で古典的な様式をもつ。

ルイ14世様式 [Louis XIV style] ルイ14世（在位1643～1715）時代にフランスで栄えた様式。国力の充実と中央集権体制の確立により，ベルサイユ宮殿（アルドアン＝マンサール1646～1706）や宮廷画家シャルル・ル・ブラン（1619～90）の指導によるフランス・バロック美術の最盛期であった。家具意匠には，その形態や装飾に所有者の社会的地位や格式が強調された。黒檀（コクタン）の化粧張り，黄銅・象牙などの象嵌（ぞうがん），ブロンズの銀めっき表装などが用いられた。

ルート長方形 長方形の1辺を1として，長辺を$\sqrt{2}$, $\sqrt{3}$, $\sqrt{5}$などの無理数を用いた長方形。特に$1:\sqrt{2}$は2分割しても永久に同じ比例が保たれることから，A判，B判などの用紙の大きさとして適用されてきた。

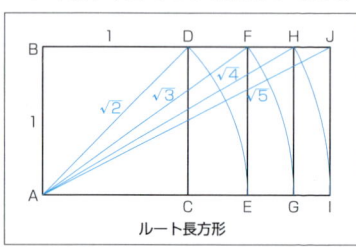

ルート長方形

ルーバー [louver] よろい状に組んだ格子。外部の視覚情報を確保しつつ，直射光をさえぎったり，光を拡散，反射させたり，また日射熱を外気に放出させ，室内への日射熱防止効果などをねらって，水平，垂直，格子状などの平面板を窓の外部に取り付けたもの。

ルーバー天井 [louvered ceiling] 建築化照明の一種。平行あるいは格子状ルーバーが天井面の大部分を占め，それを上から照明する。ルーバーの色と形状によってルーバ

ルーバー

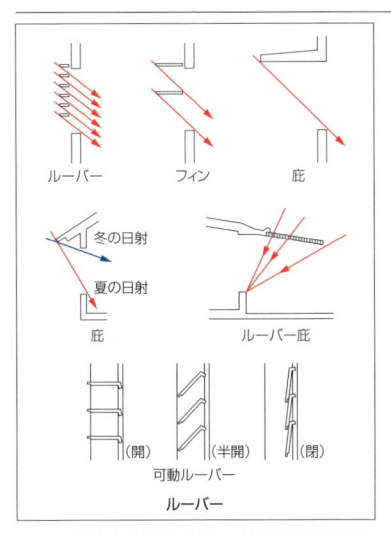

冬の日射
夏の日射
庇
ルーバー庇

(開) (半開) (閉)
可動ルーバー

ルーバー

ーの輝き方が異なるが，光源が直接目に入らぬように配灯される。作業面が明るいわりには天井面のまぶしさが抑えられ，落ち着いた雰囲気になる。→バッフル

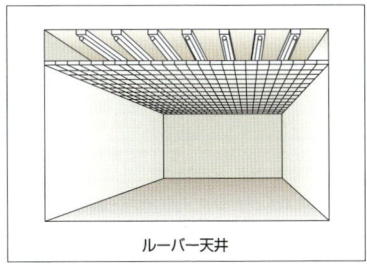

ルーバー天井

ルーフィング［roofing］厚紙にアスファルトをしみ込ませたアスファルトルーフィング，ルーフィングフェルトをいう場合が多い。屋根葺き，またはその材料。→アスファルトルーフィング

ルーフファン［roof fan］屋根に取り付けられる送風機。工場に採用例が多く，おもに換気を目的として，大風量，低静圧の送風機が利用されることが多い。

ルームエアコン［room air conditioner］おもに住宅などの小さな部屋に使われる小型のパッケージエアコンディショナー。冷暖房や除湿の機能をもつ。取付け方法には，ウインド型とセパレート型とがある。「エアコン」ともいう。

ルクス［lux］照度の単位をさす。1ルーメンの光束（こうそく）によって$1m^2$の面が一様に照らされた場合の明るさ。単位はlxで示す。1ルクスは$1lm/m^2$，$1lm/m^2 = 1$フォト。

ルネッサンス様式［Renaissance style］再生・復活の意。15世紀から16世紀にかけてイタリアを中心におこり，全ヨーロッパに広がった古典主義的な建築様式で，古代ローマ建築の荘重な様式を理想とした。建築意匠では，各種のオーダーや装飾モチーフ，シンメトリー（左右対称）とバランス（釣り合い）を設計の原理とし，明快で直截な外観をもつ。室内装飾は古代ローマの手法を取り入れて，床は大理石，モザイク，寄木，壁体の円柱，蛇腹や壁面の絵画，彫刻など豪華に飾っている。家具は，彫刻・象嵌（ぞうがん）・絵などの技法を取り入れて豪華に装飾された。近代的な芸術観の出発点となり，ダビンチ，ミケランジェロ，ラファエルの三大巨匠の出現と彼らの作品に表れている。

ルネッサンス様式

ルビンの壺（―のつぼ）形の知覚上，形を浮かび上がらせる背景となる「地」と，そこから浮かび上がる「図」との双方によって，形は認知される。この関係を説明する場合に引き合いに出される図形で，地と図との関係から顔にも壺にも見える。こうした図形を「反転図形」という。→ゲシュタルト心理学，地と図

ルビンの壺

冷凍冷蔵庫 冷凍室と冷蔵室が一体となったもの。冷却方式には，ファンで冷気を噴射させるファン冷却式と，内壁面あるいは棚が冷却器になっている直冷式とがあり，最近は霜取りがいらないファン冷却式が多い。また新温度帯（チルド，凍らない程度の低温で食品を保存すること），急速冷凍，自動脱臭などの機能も準備されている。

レジスター [register] 吹出し口の一種。グリル型吹出し口にシャッターやダンパーを取り付けたもので，吹出し空気量の調整ができる。

レタリング [lettering] 文字を造形化しながら仕上げてゆくこと，または図面に文字を書き入れてゆくこと。

レディミクストコンクリート [readymixed concrete] 固まらない状態で，コンクリートの製造工場から工事現場に運搬されるもの。「生コン」ともいう。

レリーフタイル [relief tile] 素地は磁器質，炻（せっ）器質のもので施釉され，タイル表面にレリーフ（浮彫り）模様を施したもの。タイル状のものとブロック状のものとがあり，おもに内装用に用いる。→表-陶磁器質タイル②（237頁）

れんが [煉瓦] brick 粘土（70％）を用い，これにさく土（粘性の小さい土15％）と川砂（15％）を混ぜて形成し焼成した直方体の製品。柔らかい質感をもち，耐久・防火性に優れる。種別，大きさ，等級などは，表の通り。

れんが敷き [煉瓦敷き] れんがのもつ独特の色合いから，室内外の床面に使用される。下地には敷きモルタルを施し，れんがを据え，注ぎモルタルにて仕上げる。敷き方には，いも，市松（いちまつ），網代（あじろ）などの目地が用いられる。

れんが積み [煉瓦積み] れんがのもつ重厚さや落ち着きを演出するもので，室内外に使用される。積み方には，小口積み，長手積み，イギリス積み，フランス積み，オランダ積みなどがある。

連子 （れんじ）建物の窓，扉，欄間（らんま）などに設けられた格子のこと。細い材を縦または横に等間隔に並べたもの。

レンジフード型換気扇 台所の燃焼装置あるいは加熱装置の上部に設置される排気用送風機を組み込んだフード。

連続住宅 集合住宅の一つ。1棟（おもに2階建）に2戸以上の住戸を横に連ねたもので，縦・横に積み合わせたものを「共同住宅」という。「テラスハウス」とも呼ぶ。

レンダリング [rendering] インテリアや建築物の外観を完成された状態に着彩して描いてゆくこと，または描かれた図のこと。描く人を「レンダラー」といい，日本レンダラーズ協会がある。

れんが①（種別・大きさ） (mm)

	寸　法	備　考
普通	210×100×60	上焼1等，上焼2等　並焼1等，並焼2等
焼すぎ	210×100×60	
耐火	230×114×65	粘土質耐火れんが

注）異形れんが，化粧積みれんが，くすり掛けれんが，空洞れんがの形状，強度，吸水率そのほかの指定は特記による。

れんが②（等級・使用個所・規格）

区　分		使用個所	規　格
普通れんが	並焼1等　並焼2等	見え掛り　見え隠れ	JIS R 1250　普通れんがによるもの
	上焼1等　上焼2等	特に湿気の多い所，煙突・煙道の裏積み	
耐火・耐熱れんが	耐火度ゼーゲルコーンSK26（1,590℃）以上	かまど	JIS R 2611　耐火・耐熱れんがによるもの
	耐火度ゼーゲルコーンSK30（1,670℃）以上	煙突，煙道	

注）特に高い耐火度を要するものは特記による。

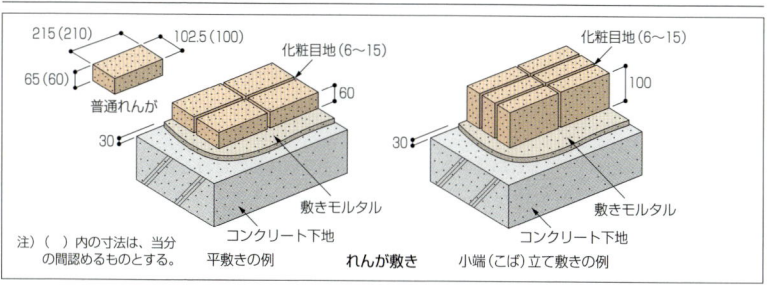

れんたり

れんが敷き

- 普通れんが: 215(210) × 102.5(100) × 65(60)
- 化粧目地(6〜15)
- 60
- 30
- 敷きモルタル
- コンクリート下地

平敷きの例

- 化粧目地(6〜15)
- 100
- 30
- 敷きモルタル
- コンクリート下地

小端(こば)立て敷きの例

注)( )内の寸法は、当分の間認めるものとする。

れんがの種類

- おなま: 215(210) × 102.5(100) × 65(60)、ヒラ・長手・小口、1/1
- 半ます: 1/2 × 1/2
- 七五: 3/4 × 1/4
- 二五分: 3/4 × 1/4
- 羊かん: 1/2 × 1/2
- 半羊かん: 1/4 × 1/4 × 1/2

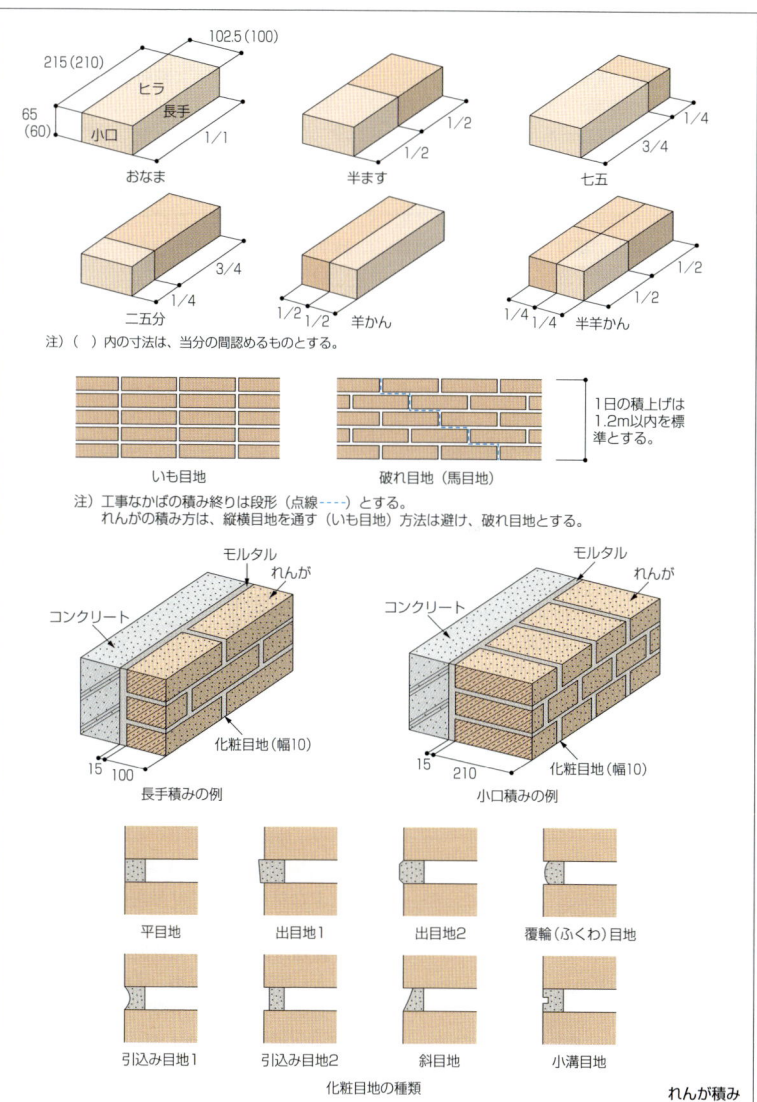

注)( )内の寸法は、当分の間認めるものとする。

目地

- いも目地
- 破れ目地(馬目地)

1日の積上げは1.2m以内を標準とする。

注)工事なかばの積み終りは段形(点線----)とする。
　れんがの積み方は、縦横目地を通す(いも目地)方法は避け、破れ目地とする。

れんが積み

長手積みの例
- コンクリート、モルタル、れんが
- 化粧目地(幅10)
- 15、100

小口積みの例
- コンクリート、モルタル、れんが
- 化粧目地(幅10)
- 15、210

化粧目地の種類

- 平目地
- 出目地1
- 出目地2
- 覆輪(ふくわ)目地
- 引込み目地1
- 引込み目地2
- 斜目地
- 小溝目地

ろ

炉(ろ) hearth fire pit 茶室の畳敷きの床に設けられたもの。冬と春(11〜4月)に使用され、炭櫃(すみびつ)、囲いをヒノキ材でつくり、内側を土塗りとする。ほかに、鉄、銅、陶器、石などでも造る。炉の切り方は、「八炉の法」によってその位置を定めている。

廊下[corridor] 人や物が通過し、空間と空間とをつなぐ空間。1人の人間が通行するには、廊下幅は75cmあればよい。車椅子の通行には90〜95cm程度が必要となる。高齢者のための手すりの設置などを想定してゆとりをもたせる必要もある。廊下の床材料ははき物との関連で、滑りにくい材料や歩きやすい材料を選び、歩行者にも気をつける。

老人室 住宅における高齢者のための個室。ほかの家族と生活のリズムやサイクルが違うため、就寝のほか、接客や洗面・便所あるいはミニキッチンなどを設け、独立した生活も行えるよう機能上の考慮が必要。ただし、あまり強く孤立化させるのではなく、家族との接触が常に保てる配慮も必要で、また心身機能の低下によって車椅子の使用や介助への対応も可能としておく。かつて老人室は和風座敷とする場合が多かったが、現実的にはベッド、椅子などの洋風の生活様式のほうが生活上の支障が少ない。

ロータンク[low tank] 便器より1m以内の高さに取り付けられた洗浄用水槽。低いため水圧が高くならないので洗浄管を太くして抵抗を減らし、短時間に大量給水できるようにしてある。ハイタンクに比べると騒音が少なく、故障時の修理もしやすい。住宅用水洗便器はほとんどこれを採用している。→シスタン

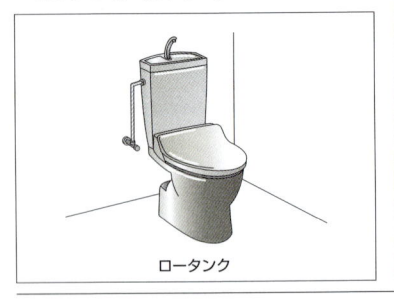

ローボルト器具 低電圧白熱ランプ器具。点灯にはダウントランスが必要。12Vハロゲンランプ用スポット器具が多く、屋内照明用としてはもちろん、屋外や水中照明用としても安全に使える。ランプは小型のため、反射鏡によって精巧なスポット光に変換できる。

陸(ろく) 現場用語の一つで、水平なことをいう。例えば、「この床面は陸(ろく)になっていない」とか、陸屋根(ろくやね)、陸梁(ろくばり)などと用いる。

緑青色(ろくしょういろ) ⇒表-慣用色名(132頁)

ログハウス[log house] 丸太を組んで造った建物。丸太組構法と同じように使用されている呼称。1986年、丸太組み構法に関する建設省(現国土交通省)告示が制定され自由に建てられるようになった。

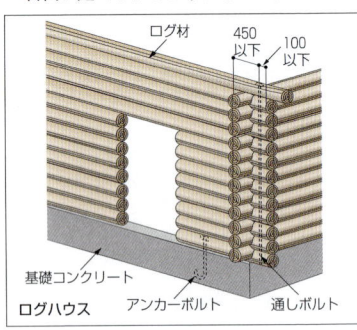

ログハウス

陸梁(ろくばり) 洋小屋組の水平部材の一つで、和小屋組の小屋梁と同じもの。→図-洋小屋組(303頁)

陸屋根(ろくやね) 屋根形式の一つ。水平またはほとんど勾配が小さい(水勾配1/100〜1/200程度)屋根をさす。一般に、鉄筋コンクリート造建築に用いられ、屋上として遊び場、庭園、運動場などが設けられる。→図-屋根の形状(300頁)

ロココ様式[Rococo style] 1730年頃から1770年頃にかけてヨーロッパに栄えた様式で、ロカイユ(貝殻装飾)をおもなモチ

ーフとする。室内装飾の特徴は，重苦しいバロック装飾や，左右対称的な堅苦しい構成から離れ，軽やかな装飾，変化に富んだ曲線構成となる。

露地（ろじ）数寄屋に付属し配置された庭園のこと。千利休は，草庵寂莫の境をすべたる名なりと説く。一般的な構成は，露地口から数寄屋への苑路を主とし，それらを区画して寄付，中門，待合，雪隠（せっちん），蹲踞（つくばい），灯籠，井泉などの施設をおく。区画によって，一重露地，二重露地，三重露地，または外露地（景観よりも清浄感をもたせる），中露地，内露地（幽玄，わび・さびの景趣を表す）に区分する。

ロックウール板〔rock wool board〕⇒ロックウール製品 販

ロットリング〔rotring〕線を書く製図道具の一つ。比較的容易に一定の太さ（0.1～2.0mm）の線を書くことができ，従来の烏口（からすぐち）に代わって今日では広く用いられている。

露点（ろてん）一定の水蒸気を含む空気を冷却して温度だけを下げていくと，ある温度になると空気中の水蒸気が飽和に達する。このときの温度を露点といい，これから結露が始まる。→結露

ロマネスク〔Romanesque〕10世紀末から12世紀にかけて西ヨーロッパ全土に広まった様式。名称の由来は「ローマ風」「ローマ的」。特色は，円形アーチを基本とした教会建築。半円アーチを使って天井を高くすると，必然的に柱や壁を厚くし，開口部が少なく重厚な印象を与えるものとなる。家具（椅子・寝台，テーブル・チェストなど）の意匠は，無駄な装飾がなく，構造体をむき出した人間味豊かなものが多い。装飾文様には，アカンサス，忍冬（すいかずら），ぶどう，あざみなどの植物，繰形（くりがた）には歯形，ジグザグ，市松（いちまつ）などが多い。

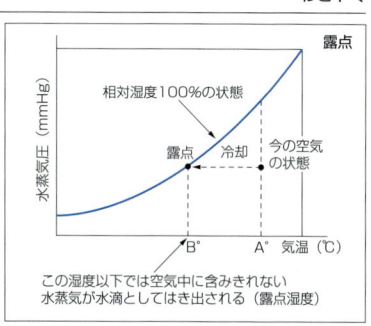

ロマン主義〔Romanticism〕古典主義に対する芸術上の主義をさす。形式よりも情念や空想を強調することが特色で，18世紀前半にみられる思潮。建築ではロンドンの国会議事堂（1840～65）は有名。

わ

ワーカビリティ〔workability〕コンクリート工事に関する用語で，コンクリート打込み作業のしやすさの程度を表す。「施工軟度」ともいう。

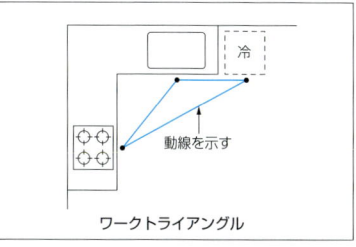

ワークトライアングル〔work triangle〕キッチンの主要な構成機器であるレンジ，シンク，冷蔵庫の平面図における前面中心位置を頂点とする三角形。この三角形の辺の長さの合計やある1辺が，長すぎたり，短すぎたりすると調理作業がしにくいといわれる。

ワイヤーラス〔wire lath〕塗り壁下地に用いられ針金を編んだ金網状のもの。メタルラスよりも塗り厚が厚くなるため外壁用に使用される。形状には，丸形，甲形，菱形などがある。→ラス，ラス下地

若草色（わかくさいろ）⇒表-慣用色名（132頁）

枠組壁構法〔wood frame construction〕⇒ツーバイフォー構法

和小屋組　日本古来からの小屋組のことで，桁の上に小屋梁を架け渡して，これに小屋束（こやづか）を立てて屋根面を構成した

わにす

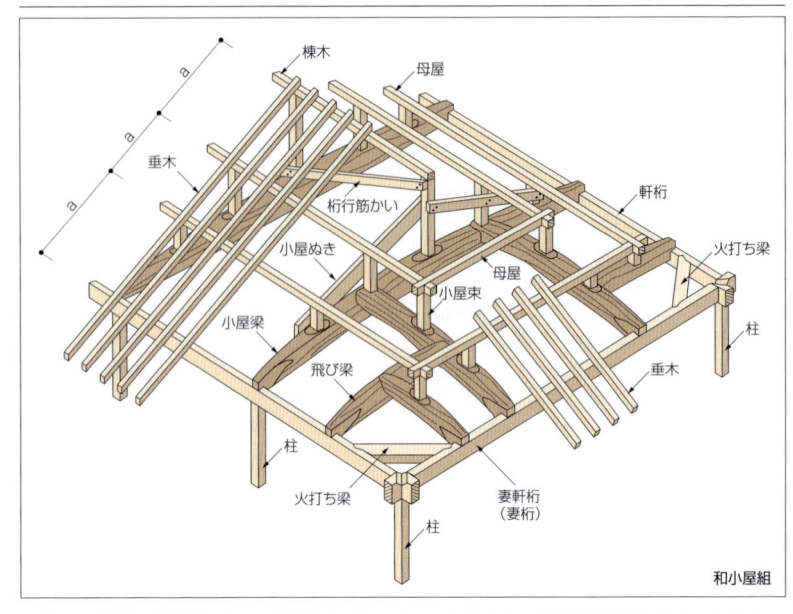

和小屋組の図
(ラベル: 棟木、母屋、垂木、軒桁、桁行筋かい、火打ち梁、小屋ぬき、小屋束、小屋梁、飛び梁、柱、妻軒桁（妻桁）、火打ち梁)

もの。水平・垂直材によって構成されているため，圧縮力が主で水平力に弱く，広い空間をつくりにくい欠点がある。→小屋組

ワニス [varnish] ⇒ニス

和風便器 日本風の便器で，大便の用を足す際にしゃがんだ姿勢で使用する便器。

和風浴槽 しゃがんで入浴するタイプの浴槽。内側の立上り部分がほぼ垂直なので，寄りかかりにくい。内法（うちのり）長さは1,100～1,150mm，内法深さは500～600mm程度。

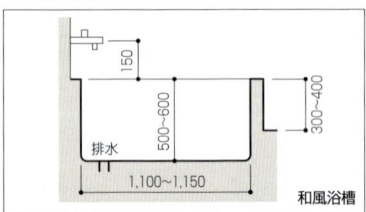

和風浴槽の図 (150, 500～600, 300～400, 1,100～1,150, 排水)

和風両用便器 大便と小便の両方に使えるように設置された和風大便器。床面より一段高い面に，和風便器を据え付け，小便兼用としたもの。汽車の便器などに使われたことから，「汽車式便器」ともいわれる。

わらうだ ⇒円座（えんざ）

藁座（わらざ） ⇒円座（えんざ）

割石（わりいし） 石の目によって割ったままの凹凸のある状態のもので，間知石（けんちいし）などもその一種。

割栗（わりぐり） 基礎工事に用いられる材料の一つで，基礎コンクリートの下部にあらかじめ打ち込まれる岩石を割った石材のこと。「割栗石」ともいう。→基礎

割栗石（わりぐりいし） ⇒割栗

割れ 木材の欠点の一つで，乾燥割れで生じたもの。心割れ，星割れ，目まわり（年輪面の流れに沿って生ずる割れ），乾裂（木材表面に生ずる割れのこと，「干割れ」ともいう），木口（こぐち）割れなどがある。

椀型トラップ（わんがた―） 非サイホン型トラップの一種で，「ベル型トラップ」ともいう。わんを伏せた部分が水封を構成するもので，キッチンのシンク排水部や浴室床排水部に使用されている。わん状の部品を取り外すとトラップの役割を果たさないので注意。

III 人名

A.カスティリオーニ、A.アアルト、A.ヤコブセン
A.メンデーニ、A.レイモンド、A.ガウディ、A.パラディオ
H.V.ヴェルデ、イサム・ノグチ、W.モリス、W.グロピウス
E.サーリネン、E.ギマール、E.ソットサス
E.W.ゴドゥイン、E.ガレ、A.ペレー、O.ニーマイヤー
O.ワーグナー、K.クリント、G.T.リートフェルト、剣持勇
小堀遠州、G.ポンティ、C.ブール、C.L.ブラン
C.ペリアン、ジョージ・ナカシマ、G.H.ホワイト
J.コンドル、J.ラスキン、千利休、武野紹鴎、C.イームズ
C.R.マッキントッシュ、T.シェラトン
T.チッペンデール、豊口克平、中村順平、新居猛
H.ベルトイヤー、H.J.ウェーグナー、H.ホライン
V.オルタ、V.マジストレッティー、P.ジョンソン
F.L.ライト、F.アルビーニ、B.タウト、F.ノル
P.ベーレンス、P.ヘニングセン、M.ブロイヤー
M.V.D.ローエ、M.トーネット、村田珠光、村野藤吾
柳宗理、柳宗悦、吉田五十八、J.ホフマン、R.ノイトラ
L.カーン、L.H.サリヴァン、ル・コルビュジエ

あきれか

アキレ・カスティリオーニ［Achille Castiglioni］イタリアの工業デザイナー（1918〜）。1944年，ミラノ工科大学を卒業後，兄とスタジオを開設，母校の教授でもある。イタリアの合理主義デザイン「ラショナル」のリーダーとして活動。家具，照明器具（アルコ）など，ゴールデン・コンパス賞ほか受賞多数。

アルコ／カスティリオーニ

アルヴァ・アアルト［Alver Aalto］フィンランドの建築家（1898〜1976）。ヘルシンキ工科大学を卒業後，北欧の風土と伝統を生かした有機的な建築物や家具を発表している。建築では「ニューヨーク万国博フィンランド館」や「パイミオのサナトリウム」，家具では成形合板を用いたスツールや椅子がその代表作。→成形合板 販

アルネ・ヤコブセン［Arne Jacobsen］デンマークの建築家（1902〜70）。コペンハーゲン王立芸術大学卒業，同大学ほか，オックスフォード大学，グラスゴー大学などの名誉博士を受けている。代表作にはスカンジナビア航空ビル，デンマーク国立銀行など，家具では成形合板の「アリンコ」や硬質発泡の「エッグチェア」「スワンチェア」「セブンチェア」などがある。→エッグチェア 販, スワンチェア 販, セブンチェア 販

アントチェア（アリンコ）／ヤコブセン

アレキサンドロ・メンデーニ［Alessandro Mendini］イタリアの建築家。ラディカルデザインの理論家として知られる（1931〜）。ミラノ工科大学を卒業，「カサベラ」「モード」「ドムス」の各編集長を歴任，ネオ・モダンデザイン活動の中核として活躍。1984年「ヌーボ・アルキミア」を設立した。著作に『我国の原風景』『不幸なデザイン』などがある。

アントニイ・レイモンド［Antonin Raymond］チェコ生れのアメリカの建築家（1888〜1976）。プラハ工科大学を卒業後，渡米し建築事務所を開設。特に戦前戦後の日本での活動を通じてアメリカの建築様式を紹介した。代表作には東京女子大学，リーダーズダイジェスト社，南山大学など。

アントニオ・ガウディ［Antonio Gaudi］スペインの建築家（1852〜1926）。幻想的かつ強烈な形態を特徴とした作風で世界に知られる。「サグラダ・ファミリア教会」は現在も建築中の彼の代表作としてあまりにも有名。ほかに「カサミラ・アパート」や「グエル公園」など。

アンドレア・パラディオ［Andrea Palladio］イタリア後期ルネッサンスの建築家（1508〜80）。厳正厳格な古典形式をもち，代表作には「バシリカ・パラディアーナ」（1549着工，北イタリアのヴィチェンツァにある会館建築），「ヴィラ・ロトンダ」（1567着工，北イタリアのヴィチェンツア郊外の別荘建築）などがある。

アンリー・ヴァン・デ・ヴェルデ［Henry van de Velde］ベルギーの建築家（1863〜1957）。アントワープ美術学校を卒業後，建築と工芸の分野で活躍，1895年，ブリュッセルでアール・ヌーボー様式を確立した。代表作にはワイマール工芸学校，ケルン工作連盟展劇場などがある。

イサム・ノグチ［Isamu Noguchi］アメリカの彫刻・造園家（1904〜88）。アメリカ，イスラエルを中心に彫刻，造園，舞台デザインに活躍。アメリカ芸術科学院会員，同アカデミー会員でもある。代表作にはパリのユネスコ本部の庭園，チェース・マンハッタン銀行の庭園など，特に岐阜提灯を現

代的にデザインした「アカリ」は国際的にもよく知られている。

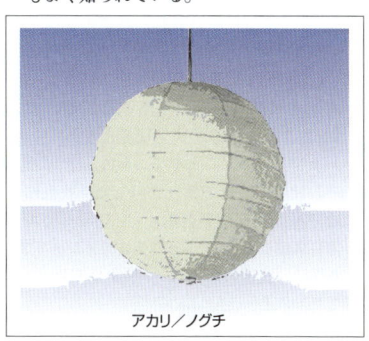

アカリ／ノグチ

ウィリアム・モリス［William Morris］イギリスの詩人・工芸家，社会思想家（1834～96）。オックスフォード大学を卒業，ジョン・ラスキンの著作『建築の七燈』による中世讃美の影響を受け，1861年，ジョーンズ・ウェッブらとモリス・マーシャル・フォークナー商会を設立し，職人の協力のもとに手加工による良質の製品生産を目指した。産業革命による機械生産を否定した「アーツアンドクラフツ運動」の指導者として知られている。→アーツアンドクラフツ運動 技

ウォルター・グロピウス［Walter Gropius］ドイツの建築家（1883～1969）。ミュンヘン工科大学を卒業，1919年，ワイマールで「バウハウス」を創設，その初代校長となり，1928年までモダンデザインの教育に貢献，1934年にイギリスに亡命，1937年にハーバード大学教授としてアメリカに移住，1946年に建築家集団TACを結成，近代建築の父として知られる。代表作にはファグス工場（1911年），デッサウ・バウハウス校舎（1926年），ハーバード大学院学生寮など，著書には『国際建築』（バウハウス叢書）ほか多数。→バウハウス 技

エーロ・サーリネン［Eero Saarinen］フィンランド生まれのアメリカの建築家（1910～61）。エール大学建築科を卒業後，1950年に建築事務所を開設。1950年代のアメリカのモダン建築を代表する作品を多く残している。代表作にはケネディ空港のTWAターミナルビルやニューヨークのリンカーン・センターなどがある。特に家具の分野では，グラスファイバーシェルの「チューリップチェア」や「ウームチェア」などがよく知られている。→チューリップチェア 販

エクトル・ギマール［Hector Guimard］フランスの建築家（1867～1942）。オルタの影響を受けたアール・ヌーボーの代表的作家で，幻想的で流動感のある曲線構成を特徴とした作風で知られる。代表的作品には「パリの地下鉄入口」，「キャステル・ベランジュ」などがある。

エットーレ・ソットサス［Ettore Sottsass］イタリアの建築家，デザイナー（1917～）。トリノ工科大学を卒業，1947年，ミラノにソットサス・スタジオを開設し多方面で活動。1981年「メンフィス」を設立，ポストモダンの一つ，合理主義的デザイン活動の中心的存在として知られている。

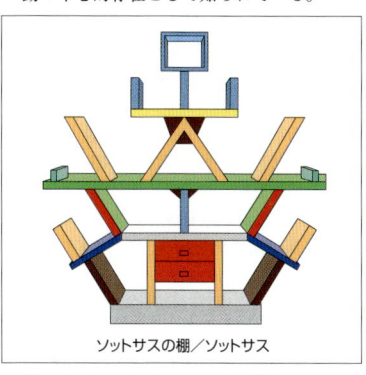

ソットサスの棚／ソットサス

エドワード・ウィリアム・ゴドウィン［Edward William Godwin］イギリスの建築家，家具デザイナー（1833～86）。明快な平面構成，簡潔な形態，図案化された装飾で，イギリス建築の近代化を推進した。

エミール・ガレ［Emile Galle］フランスの美術工芸家（1846～1904）。アール・ヌーボーの代表的工芸家として，ガラス工芸品や象嵌（ぞうがん）彫刻にその作品を残している。

オーギュスト・ペレー［Auguste Perret］フランスの建築家（1874～1954）。エコール・デ・ボザールを中退，1890年からコンクリートの建物を設計する。コンクリートの柱や梁の構造体を，ほとんどそのまま建築表現の要素とし，鉄筋コンクリート造独自の構造美を追求，構造技術家というだけでなく，構成材の規格化と工業化への研究は，彼の弟子であったル・コルビュジエに多大の影響を与えた。

人名

オスカー・ニーマイヤー［Oscar Niemeyer］ブラジル近代建築を代表する指導的建築家（1907〜）、ル・コルビュジエに影響を受け，複雑な曲面の展開に鉄筋コンクリートを用い，ブラジリア（1956〜61）は洗練さと優雅さを表現した4大作品の一つ。建築設計表現については，表現するための偉大な芸術であり，社会意図を表すためにも偉大な芸術であるとの理想をかかげた。

オットー・ワーグナー［Otto Wagner］オーストリアの建築家（1841〜1918）。ウィーンとベルリンで建築を学び，1894年よりウィーン美術学校で合理主義建築を指導，著書『現代建築』（1895）の中で新しい建築の設計原理として「芸術はただ必要によってのみ支配される」の言葉を残している。ゼツェッシオン（分離派）運動の原動力となった。門下にはホフマンやオルブリッヒらがいる。代表作として「ウィーン郵便局」や「シュタインホーフ礼拝堂」などがある。→ゼツェッシオン 技

カーレ・クリント［Kaare Klint］デンマークの建築家（1888〜1954）。バウハウスの影響を受け，人体プロポーションに基づく家具の標準化を研究。1940年代，ヨーロッパを風びしたスカンジナビアデザインの基礎をつくった。代表作にはコペンハーゲンの「ベツレヘム寺院」，家具の「サファリチェア」などがある。

P1-7021／クリント

ゲーリット・トーマス・リートフェルト［Gerrit Thomas Rietveld］オランダの建築家（1888〜1964）。画家モンドリアンの影響を受け，1919年，新造形運動「デ・スティール」に参画，1929年，ラ・サラで「CIAM」を設立。代表作には建築で「シュレーダー邸」や「ヴァン・ゴッホ博物館」，家具では「赤と青の椅子」（1917）などがある。→レッド＆ブルーチェア 販，デ・スティール派 技

剣持勇（けんもちいさむ）日本のインテリアデザイナー（1912〜71）。東京高等工芸（現千葉大学）を卒業後，商工省工芸指導所（現通産省製品科学研究所）を経て，1955年，剣持デザイン研究所を設立。インテリアザデインの啓蒙・向上，デザイナーの社会的地位の確立に尽した。代表作には「国立京都国際会館」「ブリュッセル万博日本館」「京王プラザホテルのインテリア」など。

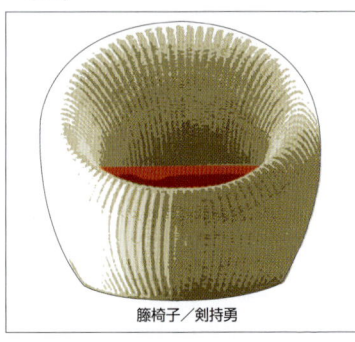

籐椅子／剣持勇

小堀遠州（こぼりえんしゅう）江戸初期（1579〜1647）の茶人・造園家。近江の小領主で秀吉，家康に仕えて各地の築城・造園にあたる。茶を古田織部（桃山期の茶人，1543〜1615）に学んで遠州流の祖となり，一方で御所や書院造りの殿舎を建設する奉行などを務めた。二条城二の丸庭園（1625），孤篷庵忘筌（こほうあんぼうせん）の間と庭園（1643）など。

ジオ・ポンティ［Gio Ponti］イタリアの建築家（1891〜1979）。ミラノ工科大学卒業後，1926年「ドムス（Domus）」を創刊。1957年よりミラノ工科大学教授，その間，イタリア合理主義運動の啓蒙に努め，イタリア近代建築運動の父と称された。代表作にはヨーロッパ最初の超高層ビル「ピレリ・ビル」や「アルメロ修道院」，家具では超軽量椅子「スーパーレジェラ」がある。→スーパーレジェラ 販

シャルル・ブール［Charles Boulle］フランスの宮廷家具師（1642〜1732）。ルイ14世のベルサイユ宮殿の造営において，同宮殿の家具装飾を担当。特にべっ甲の表面に金属を象嵌（ぞうがん）した「ブール象嵌」を用いた装飾は，「ブール様式」とも呼ば

シャルル・ル・ブラン [Charles Le Brun] フランスの宮廷画家・装飾家（1619～90）。ルイ14世のベルサイユ宮殿の造営など芸術活動を総括指導した。特に同宮殿では「礼拝堂」「戦争の間」など，ルーブル宮殿の「アポロンの間」などはよく知られている。

シャルロット・ペリアン [Charlotte Perrian] フランスの家具デザイナー（1902～）。ル・コルビュジエとの共同で「バスキュラント（スリング）チェア」などを開発。戦前の「ペリアン女史創作展」，戦後は工芸指導所の招きによるデザイン指導など，日本のデザイン界に対する功績は大きい。→スリングチェア販

ジョージ・ナカシマ [Gorge Nakashima] アメリカの工芸家（1905～90）。ワシントン大学，マサチューセッツ工科大学大学院を卒業，1934年来日，アントニイ・レイモンド建築事務所で軽井沢セントポール教会などを担当，「私は木から始める」という世界的なハンディ・クラフトマンとして知られている。AIA（アメリカ建築家教会）ゴールドメダリスト。→コノイドチェア販

ラウンジアームチェア／ナカシマ

ジョージ・ヘップル・ホワイト [George Hepple White] イギリスの家具師（不祥～1786）。イギリスのネオ・クラシシズム様式を代表するヘップル・ホワイト様式の創始者。特に同様式は当時のパラディアニズムの影響を受け，シールド（楯）形バックの背もたれとスペードフックにその意匠的特徴をもっている。→ヘップル・ホワイト様式技

ジョサイア・コンドル [Josiah Conder] イギリスの建築家（1852～1920）。明治9年，明治政府の招きで東京工部大学（現東京大学）の造家学科を指導，わが国に建築教育の制度を整え洋風建築を紹介した。門下には辰野金吾，片山東熊，妻木頼黄らがいる。代表作には「上野博物館」「鹿鳴館」「ニコライ聖堂」などがある。

ジョン・ラスキン [John Ruskin] イギリスの美術思想家（1819～1900）。オックスフォード大学教授。著書『建築の七燈』（1849）で中世ゴシックの建築様式を高く評価。産業革命を否定したモリスらの「アーツアンドクラフツ運動」に大きな影響を与えた。

千利休 （せんのりきゅう）堺の町人（1522～91）で武野紹鴎に茶を学び，精神的深みのある侘（わび）茶を大成した。信長，秀吉に仕えたが，華やかさを好む秀吉と簡素を尊ぶ利休とは一致できない面もあり，大徳寺の山門に自像を安置したことで罪に問われ，天正19年秀吉の怒りを受けて自刃した。

武野紹鴎 （たけのじょうおう）室町後期（1502～55）の代表的茶人。堺に住んで村田珠光に茶を学び，四畳半，三畳の席，二畳の席などを考案し，侘（わび）茶を一段と簡素化した。室飾りや道具を最小限度のものとし，わびの茶道を理想とした。門人には，千利休，細川幽斎，今井宗及など。

チャールズ・イームズ [Charles Eames] アメリカの家具デザイナー（1907～78）。ワシントン大学を卒業後，建築，家具，映画の分野で活動。特に家具デザインでは成形合板，強化プラスチックほかの新技術の開発と導入に努力。ハーマン・ミラー社より多くの作品を発表。その業績はアメリカモダンを代表するものとして世界的に評価が高い。オーガニックデザイン賞，カウフマン国際デザイン賞など受賞も多い。

ワイヤーチェア／イームズ

チャールズ・レニエ・マッキントッシュ
[Charles Rennie Mackintosh] イギリスの建築家（1868～1928）。グラスゴー美術大学を卒業後、建築、テキスタイル、水彩画と幅広い分野で活動。「アーツアンドクラフツ運動」の影響を受けた「グラスゴー派」であるが、後期には「アール・ヌーボー」を経て、構造を装飾とした構成原理を重視したデザインでウィーンの分離派「ゼツェッシオン」に大きな影響を与えた。代表作に「ヒル・ハウス」や「イングラム通りのティールーム」がある。→アーガイル販, ラダーバックチェア販

トーマス・シェラトン
[Thomas Sheraton] イギリスの家具師（1751～1806）。イギリス・ジョージアン時代の代表的家具デザイナーで、角形の背当りに先細りの脚、全体に優雅な形態をもつ「シェラトン様式」を創始した。著作に"Cabinet Maker & Upholster's Drawing Book"がある。→シェラトン様式 技

トーマス・チッペンデール
[Thomas Chippendele] イギリスの家具師（1718～79）。イギリス・ジョージアン時代の代表的家具工芸家。初期はルイ15世（ロココ）様式、中期はゴシック様式、後期は中国風（シノワズリ）の様式と、全体に折衷主義的な作風を特徴とする。

豊口克平
（とよぐちかっぺい）日本の工業・インテリアデザイナー（1905～91）。東京高等工芸（現千葉大学）を卒業後、「形而工房」を結成、旧商工省工芸指導所を経て武蔵野美術大学名誉教授、日本インテリアデザイナー協会、日本インダストリアルデザイナー協会の各名誉理事。勲三等瑞宝賞、総理大臣功労賞など受賞。日本のデザイン界のパイオニアとして高い評価を得ている。→スポークチェア販

中村順平
（なかむらじゅんぺい）船舶の室内装飾を中心にインテリアデザインを手がけた建築家（1887～1977）。名古屋高等工業から国立パリ美術院卒業。帰国後、設計業務に携わり、1900年代初頭、ドイツ中心の建築運動に対してフランス・ボザール流の様式主義建築の実践をはかる。塾の門弟には、坂倉準三、円堂政喜らがいる。1958年、日本芸術院賞受賞。

新居猛
（にいたけし）インテリアデザイナー（1920～）。旧制中学卒業後、稼業である剣道具の製造に従事した後、戦後家具づくりをはじめる。さらに、安価で座り心地の良い椅子の製作を目指し誕生したのが「ニーチェアX」で、人間工学に基づいた設計のこの椅子は、きわめて安楽性が高く、ニューヨーク近大美術館収蔵品に選定されている。→ニーチェアX販

ハリー・ベルトイヤー
[Harry Bertoia] アメリカの工芸家（1915～）。デトロイト美術学校、クランブルック美術アカデミーを卒業後、金属工芸、彫刻工芸の分野で活動。スチール・ワイヤーを用いたシェル構造の椅子「ダイヤモンドチェア」(1952)は家具の代表作として知られている。

ダイヤモンドチェア／ベルトイヤー

ハンス・J・ウェーグナー
[Hans J.Wegner] デンマークの家具デザイナー（1914～）。スカンジナビアを代表する「椅子の巨匠」、「今世紀家具デザイナーの最高峰」として世界に知られ、デンマーク・ロイヤルアカデミー賞ほか、受賞も多い。→パレットチェア販, ピーコックチェア販, Yチェア販

ピーコックチェア／ウェーグナー

ハンス・ホライン
[Hans Hollein] オーストリアの建築家（1934～）。1960年カルフ

ォルニア大学大学院を卒業後，建築誌「バウ」の編集長，ウィーン工芸アカデミー建築学部教授を歴任，「絶対建築」を提唱。代表作は，ウィーンの「シュリアン宝飾店」「フランクフルト近代美術館」など。オーストリア国家賞(1974)など受賞は多数。

ビクトル・オルタ［Victor Horta］ベルギーの建築家（1861〜1945）。アール・ヌーボーの代表的建築家。ブリュッセルの「デュラン通りの家の階段室」(1893)は彼の代表作としてよく知られている。

ビコ・マジストレッティー［Vico Magistretti］イタリアの建築家，工業デザイナー（1920〜）。ミラノ工科大学を卒業後，建築から都市計画，工業デザインの分野で活動。特に家具デザインでは現代のイタリアを代表する作品を数多く発表し，その多くがニューヨーク近代美術館の永久展示品として選定されている。コンパーソ・ドーロ賞，トリエンナーレ展グランプリなど受賞も多い。

フィリップ・ジョンソン［Philip Johnson］アメリカの建築家（1906〜）。ハーバード大学を卒業後，1932年，ニューヨーク近代美術館建築部長に就任。ユニバーサル・スペースの「ガラスの家」(1949)の代表作ほか，著書も多い。

フランク・ロイド・ライト［Frank Lloyd Wright］アメリカの建築家（1867〜1959）。ウィスコンシン大学卒業。作品の特徴は長方形，60度・30度の角度，円形や旋形のパターンにある。住宅建築の伝統的概念を脱した「有機的建築」は世界の建築界に大きな影響を与えた。代表作には「ロビー邸」(1909)，「山邑邸」(1924)，「落水荘(カウフマン邸)」(1936)，「ジョンソン・ワックス研究所」(1947)，「グッケンハイム美術館」(1942〜1956)などがあり，家具では「バレルチェア」(1904)，「ミッドウェイ(6角形の形状を基にデザインされた椅子)」(1914) がある。

フランコ・アルビーニ［Franco Albini］イタリアの建築家（1905〜77）。建築から都市計画まで幅広い分野で活動。合理主義的な作品を数多く残した。代表作には「パラッツォ・ビアンコ美術館」(1951)，ジェノアの「サン・ロレンツォ宝物館」，家具では「ルイザチェア」(1951) がある。

ブルーノ・タウト［Bruno Taut］ドイツの建築家（1880〜1938）。表現主義建築のリーダー。1933年来日。仙台の国立工芸指導所において工芸デザインと製作を指導。その功績は大きい。代表作には，ケルン博の「ガラスの家」(1914)，著作には『日本美の再発見』がある。

フローレンス・ノル［Florence Knoll］アメリカの家具デザイナー（1917〜）。ノル社の元社長。シカゴ・イリノイ工科大学を卒業後，ミース・ファン・デル・ローエに師事。1943年，ノル社を創設したハンス・G・ノルと結婚，1959年まで同社の事業に携わった。アメリカ建築家協会よりゴールデン・メダル賞を受賞。

ペーター・ベーレンス［Peter Behrens］ドイツの建築家，工業デザイナー（1868〜1940）。1899年，ダルムシュタットでゼツェッシオン(分離派)運動に参加。1907年，ヘルマン・ムテジウスらと「ドイツ工作連盟」を設立，美術と工業の結合を図り，後のバウハウスの理念に大きな影響を与えた。代表作は「AEGタービン工場」(1900)がある。→ゼツェッシオン 技，ドイツ工作連盟 技

ポール・ヘニングセン［Poul Henningsen］デンマークの建築家（1894〜1967）。バウハウスの創設に参加。北欧モダンデザインを代表する一人。特にルイス・ポールセン社と共同で発表した「P・Hランプ」シリーズは世界的に有名。→バウハウス 技

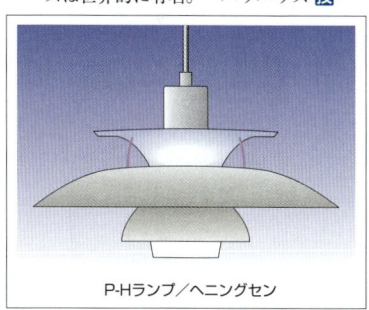

P-Hランプ／ヘニングセン

マルセル・ブロイヤー［Marcel Breuer］ドイツ生まれのアメリカの建築家（1902〜81）。ワイマールのバウハウス第1期生で，卒業後同ハウスの家具部門を指導。1937年グロピウスの招きで渡米，ハーバード大学の教授となる(1946まで)。バウハウスの代表的建築家として，機能性と量産化を追求するデザイン理念は「国際様式」とし

て高く評価された。家具の代表作にはカンティレバーの「チェスカチェア」がよく知られている。→チェスカチェア 販, バウハウス 技

ワシリーチェア／ブロイヤー

ミース・ファン・デル・ローエ［Mies Van Der Rohe］ドイツ生まれのアメリカの建築家（1886～1969）。バウハウス校長を経て，戦後はイリノイ工科大学建築学部長に就任した。「優雅で簡素な美しさと完璧なディテール」で，つねに鉄，ガラス，コンクリートを使用し，ライト，コルビュジエ，グロピウスと並んで現代建築の四大巨匠として知られている。代表作には「バルセロナ世界博ドイツ館」(1929)，「シカゴ・レークショアドライブ・アパート」，家具では「バルセロナチェア」や「ブルーノチェア」がある。→バルセロナチェア 販

ブルーノチェア／ミース

ミカエル・トーネット［Michael Thonet］オーストリアの家具工芸家（1796～1871）。曲木の加熱成形を開発し，1842年，トーネット社を設立，軽量で大量生産による曲木家具の多くは今日でも生産され愛用者も多い。→曲木（まげき）椅子 販

14番の椅子／トーネット

村田珠光（むらたじゅこう）室町後期の茶人（1423～1502）で，足利義政（1436～90，8代将軍）に仕えた，侘（わび）茶の創始者。茶道と仏法を一元化して茶禅一味の法を説き，従来の舶来の名品を鑑賞しながら楽しむ書院広間の茶事を脱し，四畳半の質素な部屋で行う庶民的で簡素な精神的深みのある侘（わび）茶を始めた。

村野藤吾（むらのとうご）建築家（1891～1984）。早稲田大学卒業後，渡辺節建築事務所を経て，村野建築事務所を開始（昭和4年）。ランシーの教会（ル・コルビュジエ設計）を思わせる南大阪教会を皮切りに，「宇部市民館」「日生劇場」，そして「新高輪プリンスホテル」など秀作，話題作を手がける。数々の受賞に輝やき，1967年，文化勲章を受けた。

柳宗理（やなぎそうり）工業デザイナー（1915～）。柳宗悦の長男として生まれ，東京美術学校（現東京芸術大学）を卒業後，商工省の招きで来日したシャルロット・ペリアンのアシスタントになる。終戦後，工業デザインに着手し，家具や照明，オリンピックの聖火台等幅広い分野で活躍する。なかでも「バタフライスツール」は有名。→バタフライスツール 販

柳宗悦（やなぎむねよし）日本の民芸研究家（1889～1961）。学習院高等科，東京大学を卒業後，民芸の研究に携わり，1935年，日本民芸館を創設し初代館長となる。日本の民芸運動のリーダーとして浜田庄司，河井寛次郎らとともにその功績は高く評価されている。→民芸家具 販

吉田五十八（よしだいそや）建築家（1895～1975）。1923年，東京美術学校建築科（現東京芸術大学）を卒業後，日本の伝統

建築を研究。特に「近代数寄屋建築」を創始したことで知られる。東京芸術大学教授，芸術院会員。文化勲章（1964年）ほか，受賞も多い。代表作には「歌舞伎座」「明治座」，「芸術院会館」などがある。

ヨゼフ・ホフマン［Josef Hoffman］オーストリアの建築家（1870～1956）。ウィーン・アカデミーでオットー・ワグナーに師事。1887年，オリブリッヒらと「ゼツェッション」を創始。1903年，ウィーン工房を設立，1920年，ウィーン市建築監となる。代表作には「ブリュッセルのストークレー邸」「ベニスビエンナーレのオーストリア館」。家具では曲木による「こうもり椅子」がある。→ゼツェッション 技

リチャード・ノイトラ［Richard Neutra］アメリカの建築家（1892～1970）。ウィーンで生まれ，1923年アメリカに渡り，フランク・ロイド・ライトの影響を受ける。一連の流れるように並列した内部空間と，薄く重さを感じさせない形は優美に展開され，「砂漠の家」（カウフマン邸，1946～47）などは伝統的国際様式と呼ばれる。ロヴェル邸は，初期の成熟を示す作品，主として住宅に良い作品を残す。

ルイス・カーン［Louis Kahn］アメリカの近代建築家（1901～74）。エストニア生れ。独自の建築哲学による表現豊かな空間と明快な造形で知られる。「イエール大学美術館」（1951～53），「キンベル美術館」（1966～72）などがある。

ルイス・サリヴァン［Louis H.Sullivan］アメリカの建築家（1856～1924）。マサチューセッツ工科大学を卒業，アール・ヌーボーの影響を受けた「シカゴ派」の建築家。機能主義建築の先駆者で「形能は機能に従う」という言葉はよく知られている。代表作には「ウエンライト・ビル」（1890），「カースン・ピリー・スコット百貨店」（1899～1904）など。

ル・コルビュジエ［Le Corbusier］フランスの建築家（1887～1965）。オザンファンらと「ピュリズム」，純粋主義運動を始め，「エスプリ・ヌーボー」を創始。住宅建築から都市計画まで幅広い分野で業績を残した。1927年，近代建築の特色として「ピロティ，独立骨組，自由な平面，自由なファサード，屋上庭園」をあげ，「家は住むための機械である」との言葉は有名。代表作には「オザンファン邸」（1920），「ロンシャン教会堂」（1955），「ベネチア病院」（1965）など，家具では「バスキュラントチェア」や「シェーズ・ロング」などLCシリーズがある。→スリングチェア 販

シェーズロング／コルビュジェ

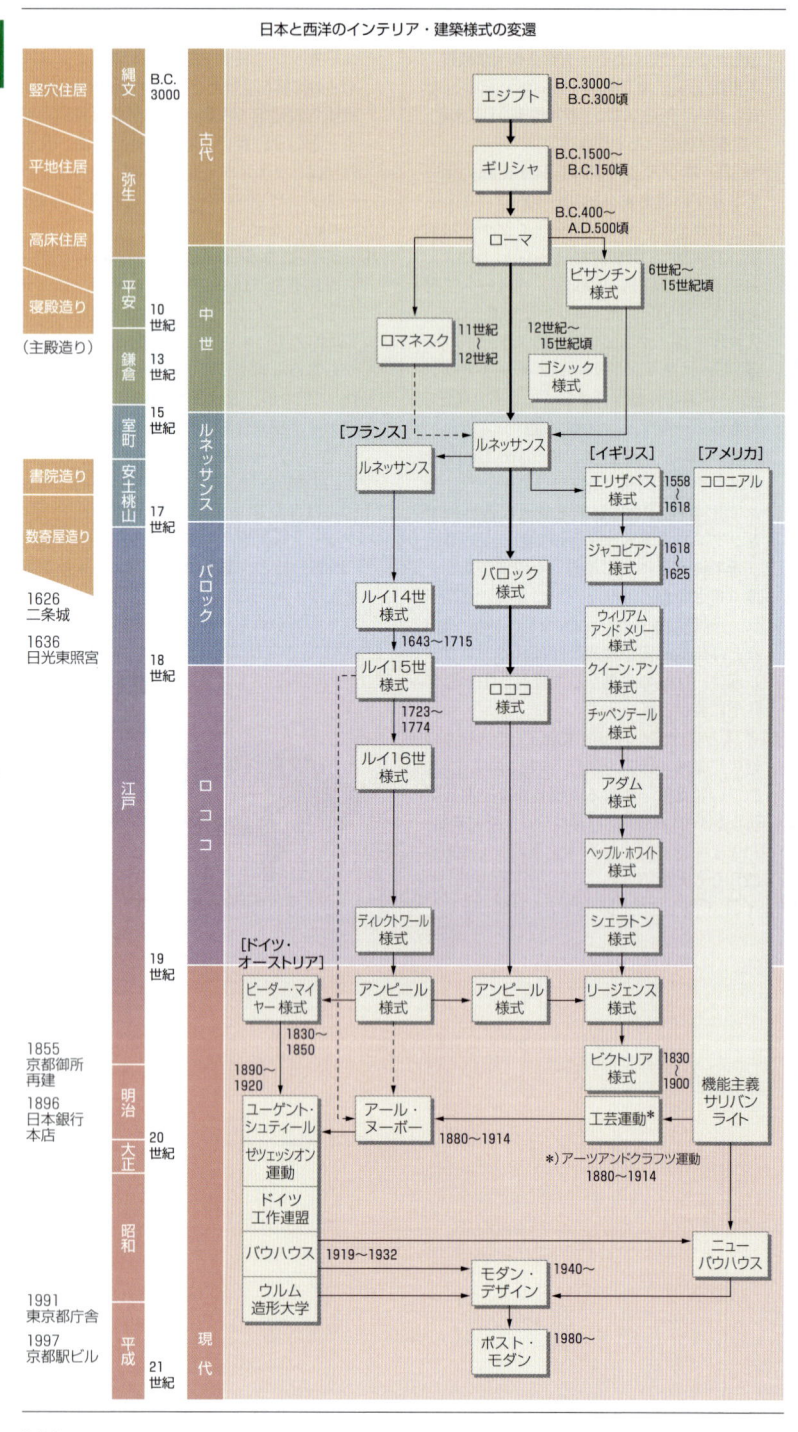

日本と西洋のインテリア・建築様式の変遷

人名（日本）

- 1626 二条城
- 1636 日光東照宮
- 1855 京都御所再建
- 1896 日本銀行本店
- 1991 東京都庁舎
- 1997 京都駅ビル

日本の住居・建築様式

竪穴住居	縄文（B.C.3000〜）
平地住居	弥生
高床住居	弥生
寝殿造り（主殿造り）	平安（10世紀）／鎌倉（13世紀）
書院造り	室町（15世紀）／安土桃山（17世紀）
数寄屋造り	安土桃山／江戸

日本の時代区分：縄文 → 弥生 → 平安 → 鎌倉 → 室町 → 安土桃山 → 江戸 → 明治 → 大正 → 昭和 → 平成

西洋様式区分

古代 → 中世 → ルネッサンス → バロック → ロココ → 19世紀 → 20世紀 → 現代（21世紀）

西洋様式の流れ

古代
- エジプト（B.C.3000〜B.C.300頃）
- ギリシャ（B.C.1500〜B.C.150頃）
- ローマ（B.C.400〜A.D.500頃）

中世
- ビザンチン様式（6世紀〜15世紀頃）
- ロマネスク（11世紀〜12世紀）
- ゴシック様式（12世紀〜15世紀頃）

ルネッサンス
- ［フランス］ルネッサンス
- ルネッサンス
- ［イギリス］エリザベス様式（1558〜1618）
- ［アメリカ］コロニアル

バロック
- ルイ14世様式
- バロック様式
- ジャコビアン様式（1618〜1625）
- ウィリアム アンド メリー様式
- クイーン・アン様式
- チッペンデール様式

ロココ
- ルイ15世様式（1643〜1715）
- ロココ様式
- ルイ16世様式（1723〜1774）
- アダム様式
- ヘップルホワイト様式
- シェラトン様式

19世紀
- ［ドイツ・オーストリア］ビーダー・マイヤー様式（1830〜1850）
- アンピール様式
- ディレクトワール様式
- アンピール様式
- リージェンス様式
- ヴィクトリア様式（1830〜1900）

20世紀
- ユーゲント・シュティール（1890〜1920）
- ゼツェシオン運動
- ドイツ工作連盟
- バウハウス（1919〜1932）
- アール・ヌーボー（1880〜1914）
- 工芸運動＊
- 機能主義 サリバン ライト
- ニューバウハウス

＊）アーツアンドクラフツ運動 1880〜1914

現代
- モダン・デザイン（1940〜）
- ウルム造形大学
- ポスト・モダン（1980〜）

[索　引]

あ

アーガイル	2
アーキテクト	96
アーケード	96
アーゴノミー系家具	96
アース	96
アーチ	96
アーツアンドクラフツ運動	96
アート紙	96
アーバンデザイン	96
アームチェア	2
アーリー・アメリカン様式	96
アール・デコ	96
アール・ヌーボー	96
合欠き	97
アイキャッチャー	97
アイコリドール	97
合決(じゃく)り	97
合決(じゃく)り実刳ぎ	97
アイストップ	97
アイソメトリック	97
アイデアスケッチ	97
アイポイント	97
アイボール	97
アイ(マーク)カメラ	97
アイランド形配列	97
アイレベル	98
アウトライン	98
アウトレットストア	3
アウトレットボックス	98
アウトレットモール	3
亜鉛鉄板	98
亜鉛鍍金	3
亜鉛鍍金鋼管	98
あおり張り	3
赤と青の椅子	3
茜(あかね)色	98
アカマツ(表)	294
赤身	98
赤ラワン(表)	295
上り框	98
明り障子	3
アカンサス	98
あき	98
アキスミンスターカーペット	3
あきの設計	98
アキレ・カスティリオーニ	316
アクセントカラー	98
アクセント照明	99
アクソノ	99
アクソノメトリック	99
アクティブソーラーシステム	99
あぐら	99
アクリル	3
アクリル樹脂	3
アクリル樹脂エナメル(表)	244
アクリル塗装	3
アクリルラッカー塗料	3
上げ下げ障子	3
アコーディオンカーテン	3
アコーディオンドア	4
麻	4
浅型レンジフード	4
浅葱(あさぎ)色	99
麻の葉(図)	299
脚物(あしもの)	4
アジャスター	4
アシンメトリー	99
アスナロ	99
アスヒ	99
アスファルト	99
アスファルトシングル	99
アスファルトルーフィング	99
アスファルト防水(表)	282
アスベスト	99
校倉(あぜくら)造り	99
アセチル化木材	4
アソートカラー	99
アソートメント	4
頭つなぎ	99
アダム様式	99
圧縮強度	100
厚張り	4
アップツーデート	4
圧力水槽給水方式	100
アドオン方式	4
アドバタイジング	4
アドバンス	4
アドホック調査	4
アトリウム	100
アナログ	4
アネモ形吹出し口	100
アピトン	100
アブストラクト	4
アフターサービス	4
溢れ	100
アプローチ	100
あま	100
雨仕舞(あまじまい)	100
網入り板ガラス(表)	128
あみウェブテープ	4
アミノアルキド塗料	4
アミノアルキドワニス(表)	244
アメニティー	100
アメリカ・モダン	100
アモルファス金属	5
綾織り	5
洗い落し式便器	100
洗い出し仕上げ	100
洗い出し式便器	100

325

洗い場付き浴槽 …………………100	イオン化式煙感知器 ……………103
荒壁 ………………………………100	衣架(いか) …………………………6
荒土壁(表) ………………………166	生き節 ……………………………103
荒床 ………………………………101	衣桁(いこう) ………………………6
アラベスク ………………………101	イサム・ノグチ …………………316
粗磨き ……………………………101	倚子(いし) ………………………103
アラミド繊維 ………………………5	石積み ……………………………103
粗面仕上げ塗料(表) ……………245	意匠図 ……………………………103
粗利益 ………………………………5	いすか継ぎ ………………………103
あられ継ぎ …………………………5	椅子の上張り材 ……………………6
蟻壁 ………………………………101	椅子の構造 …………………………6
蟻組継ぎ ……………………………5	椅子の支持面のプロトタイプ …103
有田焼 ………………………………5	椅子の下張り材 ……………………6
アルヴァ・アアルト ……………316	椅子の種類 …………………………6
アルカリイオン整水器 ……………5	イスラム様式 ……………………104
アルコーブ ………………………101	委託販売 ……………………………8
アルゴンガス ……………………101	板戸 ………………………………104
アルターネーション ……………101	板矧(は)ぎ …………………………8
アルネ・ヤコブセン ……………316	板目 ………………………………104
アルマイト …………………………5	イタリアン・モダン ……………104
アルミサッシ ………………………5	位置誤差 …………………………104
アルミスパンドレル ……………101	市松(図) …………………………299
アルミダイキャスト ……………101	一酸化炭素 ………………………104
アルミニウムペイント(表) ……244	1種S型キッチン ……………………8
アレキサンドロ・メンデーニ …316	1消点透視法 ……………………104
アローアンス ………………………5	一点鎖線 …………………………104
アローダイアグラム ………………5	一般情報 ……………………………8
アローチェア ………………………5	移動累計平均図 ……………………8
合せガラス ………………………101	糸面 ………………………………104
アンカーボルト …………………101	田舎間 ……………………………104
アングル …………………………101	稲子(いなご) ……………………105
アングル丁番 ………………………5	稲妻金物 …………………………105
安山岩(表) ………………………200	イニシャルコスト ………………105
暗順応 ……………………………101	イノベーション ……………………8
暗所視 ……………………………101	居間 ………………………………105
暗清色 ……………………………101	イマジネーション ………………105
安全色彩 …………………………101	伊万里焼 ……………………………8
安全性 ……………………………101	イミテーション …………………105
暗騒音 ……………………………102	イメージ …………………………105
アンダーコート ……………………5	イメージスケッチ ………………106
アンダーフェルト …………………5	イメージターゲット ………………8
アンダーレイヤー …………………5	イメージボード …………………106
アンティーク ……………………102	イメージマップ …………………106
アンティーク塗装 …………………5	いも ………………………………106
安定器 ……………………………102	いも継ぎ …………………………106
アンテナショップ …………………5	いも目地 …………………………106
アントニイ・レイモンド ………316	イラストシート …………………106
アントニオ・ガウディ …………316	イラストパネル …………………106
アンドレア・パラディオ ………316	イラストボード …………………106
アンバランス ……………………102	イラストレーションボード ……106
アンピール様式 …………………102	入側(いりかわ) …………………106
アンペア …………………………102	入り皮柱 …………………………106
安楽椅子 ……………………………5	入り幅木 …………………………106
アンリー・ヴァン・デ・ヴェルデ …316	入母屋(いりもや) ………………106
	色温度 ……………………………106
い	色の感情効果 ……………………106
	色の三属性 ………………………107
イージーチェア ……………………6	色の視認性 ………………………107
イートイン …………………………6	色の対比 …………………………107
イエスバット話法 …………………6	色の伝達 ……………………………8
イオニア式 ………………………103	色の同化 …………………………107

色モルタル仕上げ …………………………107	ウォークインクロゼット ………………109
色焼付け板ガラス（表）…………………130	ウォーターハンマー ……………………109
色立体 ………………………………………107	ウォーターベッド ………………………11
岩谷堂箪笥 …………………………………8	ウォールキャビネット …………………11
イングルヌック ……………………………107	ウォールツーウォール …………………11
印紙税 ………………………………………8	ヴォールト ………………………………109
インシュレーションボード ……………107	ウォールユニット ………………………109
インショップ ………………………………8	ウォッベ指数 ……………………………110
インスタントレタリング ………………107	ウォルター・グロピウス ………………317
インストアマーキング ……………………8	ウォルナット ……………………………110
インストアマーチャンダイジング ……8	浮き床工法 ………………………………110
インセンティブプロモーション …………9	鶯（うぐいす）色 ………………………110
インターフェイス …………………………107	請負契約書 ………………………………110
インターホン ………………………………107	鬱金（うこん）色 ………………………110
インダクションユニット方式 …………107	雨水 ………………………………………110
インダストリアルデザイン ……………108	薄張り ……………………………………11
インテリア …………………………………108	渦巻き ……………………………………110
インテリアエレメント ……………………108	内金 ………………………………………11
インテリアグリーン ………………………9	打ち継ぎ …………………………………110
インテリアコーディネーター …………108	打付け継ぎ ………………………………11
インテリアコーディネーター資格制度の目的 …9	内法（うちのり）…………………………110
インテリアコーディネーターの業務 …9	内法高 ……………………………………110
インテリアコーディネーターの情報処理 …9	内法貫 ……………………………………110
インテリアコーディネーターの職能 …9	内法柱間制 ………………………………110
インテリアコーディネーターの助言・提案 …9	内法幅 ……………………………………110
インテリア情報の種類 ……………………9	打放しコンクリート ……………………110
インテリアゾーン …………………………108	ウッドシーラー …………………………11
インテリアデコレーション ………………108	馬乗り目地 ………………………………111
インテリアデザイナー ……………………108	馬踏み目地 ………………………………111
インテリアデザイン ………………………108	埋め樫（がし）……………………………111
インテリアプランニング …………………108	埋込み式浴槽 ……………………………11
インテリジェンス …………………………9	売上原価 …………………………………11
インテリジェントカード …………………9	売上仕入 …………………………………11
インテリジェントビル ……………………108	売上総利益 ………………………………11
インナーキャンペーン ……………………9	漆塗り ……………………………………11
インバーター ………………………………109	漆の精製 …………………………………11
インパック …………………………………9	ウレタンクリア …………………………111
インフォメーション ………………………9	ウレタンフォーム ………………………11
インボイス …………………………………9	上澄吸収価格政策 ………………………11
飲料水 ………………………………………109	上塗り ……………………………………11, 111
引力モデル …………………………………9	上張りジョイント ………………………11
	上端（うわば）……………………………111
う	雲竜紙 ……………………………………11
ヴァナキュラー ……………………………109	
ヴィスタ ……………………………………109	**え**
ウィリアムアンドメリー様式 …………109	エアーコンプレッサー …………………111
ウィリアム・モリス ………………………317	エアーチャンバー ………………………111
ウィルトンカーペット ……………………10	エアープランツ …………………………12
ウインク ……………………………………10	エアコン …………………………………111
ウィングチェア ……………………………10	エアスプレー塗装 ………………………12
ウィンザーチェア …………………………10	エアブラッシュ …………………………111
ウインドートリートメント ………………10	エアレススプレー塗装 …………………12
ウインドーファン …………………………109	営業外収支 ………………………………12
ウール ………………………………………10	営業外損益 ………………………………12
ウールマーク ………………………………10	営業諸経費 ………………………………12
ウエアハウス ………………………………10	営業費 ……………………………………12
ウェーバーフェヒナーの法則 …………109	営業用見積 ………………………………12
ウェビングテープ …………………………10	営業利益率 ………………………………12
ヴェルサイユ宮殿 …………………………109	衛星通信 …………………………………12
ヴォイド ……………………………………109	エーロ・サーリネン ……………………317

327

液化石油ガス法	12
エキスパートシステム	12
エクステリア	111
エクステリアエレメント	12
エクステンションテーブル	13
エクトル・ギマール	317
エコー	111
エコマーク	13
エコロジー壁紙	13
エスキス	111
エスマーク	13
エゾマツ	112
越前焼	13
エッグチェア	13
エッチング	112
エッチングガラス(表)	130
エットーレ・ソットサス	317
エディキュラ	112
江戸指物	13
江戸間	112
江戸紫色	112
エドワード・ウィリアム・ゴドウィン	317
エナメル	112
エナメルオープンボアー塗装	13
エナメル塗装	13
エナメルペイント	112
海老(えび)束	112
エプロン	112
エポキシ樹脂エナメル(表)	245
エポキシ樹脂接着剤	14
エマルションペイント塗装	14
エミール・ガレ	317
エリアマーケティング	14
エリザベス様式	112
エルゴノミクス	112
エレベーション	113
エレメントボード	113
エレメントレイアウト	113
縁(えん)	113
塩化ビニル管	113
塩化ビニル樹脂	14
塩化ビニル樹脂エナメル(表)	245
塩化ビニルライニング鋼管	113
縁甲(えんこう)板	114
縁甲板張り	114
円座	114
演色性	114
遠心力ファン	114
延性(えんせい)	114
エンタシス	114
エンタルピー	114
園壇(えんだん)	14
鉛丹(えんたん)色	114
鉛直材	114
エンドテーブル	14
塩ビ管	114
鉛筆	14
エンプラ	14
エンボス加工	15

お

追い焚き	114
オイルステイン(表)	244
オイルフィニッシュ	15
横架(おうか)材	114
黄金比	115
黄金比長方形	115
黄金分割	115
応酬話法	15
大入れ蟻掛け	115
大入れ継ぎ	15
大壁	115
オーギュスト・ペレー	317
オーク	115
オーストリアンシェード	15
オーソリゼーション	15
オーダー	115
オーダーエントリーシステム	15
オーダリーマーケティング	15
オーディトリアム	115
オーナメント	115
オーバーフロー	115
オーバーレイ合板	116
オーバーロック加工	15
大引き	116
大引き受け	116
オーブン	15
オープンオフィスシステム	15
オープン価格制	15
オープン懸賞	16
オープン部品	116
オープンボア塗装	16
オープンレンジ	16
大面(おおめん)	116
送り付け商法	16
置畳	116
置床	116
屋外設置型瞬間湯沸器	116
オクターブ	116
屋内消火栓	116
奥行	116
奥行知覚	116
納まり	116
押板	116
折敷(おしき)	117
押縁(おしぶち)	117
汚水	117
オスカー・ニーマイヤー	318
オストワルト表色系	117
オットー・ワーグナー	318
オットマン	16
落し掛け	117
音の三属性	117
音の性質	117
踊り場	118
オパール加工	16
オピニオンリーダー	16
オフィスオートメーション	16
オフィスランドスケープ	16

オフコン	118	階段室型集合住宅	120
オブジェ	118	階段の寸法	21
オフパック	16	階段の分類	120
オフホワイト	118	快適性	120
オペレーションズリサーチ	16	回転信用	21
オポジション	118	外部仕上げ	120
オムニバス調査	16	界壁	120
折り上げ天井	118	開放型チャネル政策	21
オリエルウインドー	16	開放型燃焼器具	120
オリジナリティ	118	開放的チャネル方式	21
オリジナル	118	買回し品	21
織部板	118	回遊導線	22
織部床	118	カウチ	22
織物壁装材	16	カウンター	22
オレフィン壁紙	16	カウンタートップ	22
温水洗浄便座	118	カエデ	120
温水暖房	118	価格カルテル	22
温度	118	価格協定	22
温熱(度)感覚の四要素	118	価格支持制度	22
オンパック	16	価格指導制	22
温風暖房	118	化学繊維	22
		価格先導制	22
		価格弾力性	22

か

カーテン	16	鏡(表)	130
カーテンウォール	119	鏡板	120
ガーデンクォーター	119	鏡戸	120
カーテン工事の積算	16	掻(か)き落し仕上げ	120
カーテン装飾用品の種類	16	掻(かき)落し粗面仕上げ	120
カーテンの生産地	17	柿渋(かきしぶ)塗装	22
カーテンの製造	17	隠し丁番	22
カーテンの染色	17	拡張式テーブル	22
カーテンの洗濯取扱い絵表示	17	核店舗	22
カーテンの品質表示	17	確認申請	120
カーテンの要尺	17	家具の安全基準	22
カーテンの流通	17	家具の産地	22
ガーデンファニチャー	17	家具の分類	22
カーテンボックス	17	家具の流通	22
カーペット	17	家具配置	120
カーペット工事の積算	20	家具表示	121
カーペットのジョイント	20	額縁	121
カーペットの寸法	20	隠し線	121
カーペットの生産地	20	掛込み天井	121
カーペットの染色	20	花崗岩	121
カーペットの単位	20	加工木材	23
カーペットのテクスチャー	20	囲み型家具配置	121
カーペットの流通	21	かご目(図)	299
カーポート	119	火災報知発信器	121
カーボランダム	119	笠木(かさぎ)	121
カーボン繊維	21	重ね継ぎ	121
カーレ・クリント	318	カシ	121
外形線	119	可視光線	121
開口部の断面表示記号	119	家事室	121
開口部の立面表示記号	119	瑕疵(かし)担保責任	23
介護保険制度	21	加湿器	122
介護保険法	21	下肢(かし)のスペース	122
概算見積	21	カシュー塗装	23
会所桝(かいしょます)	119	可照時間	122
階層分類	21	可処分所得	23
階高	119	ガスオープンレンジ	23
階段	119	かすがい	122
		春日造り	122

春日部桐箪笥	23
ガスグリルオーブン	23
ガスコック	122
ガスコンセント	122
ガス事業法	23
ガスストーブ	122
ガス設備図	122
ガス栓	122
ガステーブル	122
カストマーリレーションズ	23
ガスボンベ	122
ガスメーター	122
ガス漏れ警報器	122
ガスレンジ	122
火成岩（表）	200
仮設工事	23
寡占（かせん）	23
仮想環境表示システム	23
型板ガラス	122
片銀杏（かたいちょう）面	123
傾（かた）ぎ大入れ	123
片几帳（かたきちょう）面	123
片流れ	123
片流れ天井	123
片持ち梁	123
片廊下型集合住宅	123
型枠	123
勝ち・負け	123
合掌造り	123
カットガラス	23
カットパイルベルベット	23
カットループ	23
割賦（かっぷ）購入斡旋方式	23
割賦販売	23
割賦販売の法的規制	23
割賦販売法	23
カップボード	23
カップリング付き水栓	123
桂離宮	123
家庭用品の品質表示	23
家庭用品品質表示法	24
カテゴリーキラー	24
家電リサイクル法	24
カトラリー	24
金巾（かなきん）	24
金鏝（かなごて）	123
金鏝仕上げ	123
矩計図（かなばかりず）	123
矩折（かねおり）階段	124
矩折金物	124
矩尺（かねじゃく）	124
加熱調理機器	124
加熱吹付け塗り（表）	246
鹿（か）の子摺り	124
カパ	124
カバーリング	24
兜（かぶと）造り	124
被（かぶり）厚さ	124
カブリオール	124
壁掛け小便器	124
壁紙下地処理	24

壁紙の品質規格	24
壁紙の防炎加工	24
壁紙張り仕上げ	125
壁構造	125
壁式構造	125
壁下地	125
壁代	125
壁タイル張り	125
壁床	125
可変型住宅	125
可変費用	24
加法混色	125
鎌錠	24
框（かまち）	24, 125
框組み	24
框戸	24
框床	126
紙のサイズ	126
紙壁装材	24
画面線	126
鴨居（かもい）	126
加茂桐箪笥	25
カラーコンディショニング	127
カラーシミュレーション	127
カラースキーム	127
カラーチャート	127
カラートーン	127
カラートタン	127
カラーハーモニー	127
カラーベスト	127
唐木（からき）	25
唐木家具	25
ガラス	127
ガラス繊維	25
ガラス丁番	25
ガラス戸	127
ガラスブロック	127
唐津焼	25
唐戸	25
唐櫃（からびつ）	127
カラマツ（表）	294
カラン	127
カリガラス	25
カリン	127
カルテル	25
ガレージ	127
側桁（がわげた）	127
側桁階段	127
為替手形	25
側根太	127
瓦	127
瓦座	130
瓦桟	130
瓦棒	130
瓦棒葺き	130
簡易課税制度	25
簡易施工型キッチン	25
感覚温度	130
環形蛍光ランプ	130
換気	131
換気回数	131

換気扇	131
還気ダクト	131
乾球温度	131
環境保全志向マーケティング	25
元金均等償還	25
間欠空調	131
関西間	131
慣習価格政策	25
桿(かん)状体	131
寒色	131
寒水石	131
含水(がんすい)率	25
間接経路政策	25
間接照明	132
カンティレバー	132
カンティレバーチェア	25
カンデラ	132
関東間	133
ガントチャート	25
岩綿(がんめん)	133
慣用色名	133
元利均等償還	26
管理費	26
顔料	133

き

キーテナント	26
キーボード	133
キーワード	26
木裏	133
記憶調光器	133
木表	133
危害情報システム	26
幾何図形(図)	299
気乾状態	133
機器・器具リスト表	133
起居(ききょ)様式	133
気硬性	133
木鏝(きごて)	133
木鏝仕上げ	134
刻み継ぎ	26
木地(きじ)色塗装	26
汽車式便器	134
基準線	134
基準面積	134
木地蠟(ろう)漆	26
木摺(きずり)	134
木摺下地	134
擬石(表)	200
基礎	134
基礎情報	26
木曽檜	134
基礎伏図	134
北側斜線制限	26
北山杉	134
几帳(きちょう)	134
基調色	134
キッチン	134
キッチン設備工事の積算	26
キッチンユニット	135

規定型住宅	135
輝度	135
輝度比	135
木取り	135
機能図	135
規模計画	135
基本計画	135
基本色名	136
基本設計	136
基本設計図	136
気密性	136
机面高(きめんこう)	136
逆系列戦略	27
客導線	27
ギャザー襞	27
キャスター	27
キャッシュレスカード	27
キャッシュレスカードの種類	27
キャッチ	27
キャッチセールス	27
キャット端末	27
キャノピー	136
キャビネット	27
キャビネット図	136
キャプション	27
キャプチェア	27
キャプテン	28
ギャラリー	136
キャンバスの寸法	28
吸音	136
吸音材	136
吸音性	137
吸音率	137
吸音力	137
吸収(率)	137
給水設備	137
給水栓	137
給水方式	137
給水量	137
級数比	137
休息椅子	137
宮殿張り	137
給湯方式	137
給湯量	137
給排水・衛生設備図	137
キュービクルタイプ	138
キュービック	138
強化合せガラス(表)	129
凝灰岩(表)	200
強化ガラス(表)	129
京壁	138
京指物	28
強制(機械)換気	138
強制循環式太陽熱温水器	138
鏡像投影法	138
脇息(きょうそく)	138
鏡台	28
共同住宅	138
京都御所	138
京間	139
共鳴	139

共鳴器吸音材	139	組立基準面	142
鏡面仕上げ	28	組手継ぎ	29
局所式給湯	139	組み天井	142
局部照明	139	曇りガラス	142
居室	28	クライアント	142
居室の換気面積	28	グライド	29
居室の採光面積	28	グラスウール製品	29
居室の天井高	28	クラスター分析	29
居住性	139	クラック	142
清張り	139	蔵造り	142
清水焼	28	グラデーション	142
許容騒音レベル	139	クラフトデザイン	142
キリ（表）	294	クリ	142
切妻（きりづま）	139	クリア電球	142
切り目縁	139	クリアラッカー（表）	244
気流	140	グリース阻集器	142
キルティング加工	28	クリープ変形	143
亀裂	140	クリスタルガラス	29
木割り	140	クリスモス	143
均斉	140	グリッド	143
均斉度	140	グリッパー工法	30
金属塗装の前処理	28	クリッピング	30
金属板葺き	140	クリモグラフ	143
筋電図	140	グリル	30
きんま塗り	28	クリンカータイル	143
銀もみ	140	車椅子	30
		クルミ	143
く		グレア	143
		クレイモデル	143
クィーン・アン様式	140	グレード分類	30
杭基礎	140	クレーム処理	30
空気圧縮機	140	榑縁（くれえん）	143
空気汚染の許容値	140	クレジットカード	30
空気音	140	クレジット販売	30
空気清浄器	140	クレセント	30
空気線図	141	クロー	143
空気調和	141	グロースターター	143
空気伝搬音	141	クローズド部品	144
空調	141	クロームなめし	30
空調設備図	141	クローム鍍金	30
クーリングオフ	29	クロガキ	144
クーリングタワー	141	クロス	144
釘	141	クロスオーバーカーテン	30
釘打ち張り	141	クロスコネクション	144
釘隠し	141	クロス張り	144
くさび	141	クロスマーチャンダイジング	30
クス	141	クロノサイクル	144
葛布（くずふ）	142	クロマツ（表）	294
躯体（くたい）	142	クロルビリホス	30
躯体図	142	群青（ぐんじょう）色	144
九谷焼	29		
管柱（くだばしら）	142	**け**	
口金（くちがね）	142		
クッキングヒーター	29	蹴（け）上げ	144
クックトップ	29	経営情報システム	31
沓摺（くつずり）	142	軽休息椅子	144
グッドデザイン商品選定制度	29	蛍光ランプ	144
沓脱石（くつぬぎいし）	29	蛍光ランプの種類	31
くど造り	142	経済企画庁国民生活局	31
区分所有権	29	経済性	144
汲置（くみお）き式太陽熱温水器	142	軽作業椅子	144

継時対比	144
傾斜路	31
経常利益(率)	31
珪藻土壁紙	31
系統色名	144
系統図	31
景品表示法	31
契約アンペア	144
契約自由の原則	31
契約図面	144
契約の解除	31
契約の成立	31
契約の取消し	31
契約の無効	31
契約用見積	32
軽量衝撃音	144
軽量鉄骨造	145
軽量ブロック	145
系列化戦略	32
ケースウェイ	145
ケースメント	32
ゲートレッグテーブル	32
ゲーリット・トーマス・リートフェルト	318
毛織り物	32
蹴込(けこ)み	145
蹴込み板	145
蹴込み寸法	145
蹴込み床	145
ゲシュタルト心理学	145
化粧合板	145
化粧石膏ボード	145
化粧張り合板	145
桁高(けただか)	145
桁行(けたゆき)	145
結露	146
結露防止壁紙	32
結露防止対策	146
ケナフ壁紙	32
煙感知器	146
下屋(げや)	146
ケヤキ(表)	294
欅(けやき)箪笥	32
けらば	146
ケルビン	32
減圧弁	146
原価	32
限界消費性向	32
限界利益	32
減価償却	32
原価値入率	32
原価率	32
玄関	146
源氏襖	32
原色	146
原図	146
現寸図	146
建設業法	32
建築確認申請	32
建築化照明	146
建築基準法	32
建築士	146
建築製図通則	146
建築法規	32
建築面積	32
建築モデュール	147
現テラ	147
ケント紙	147
玄能(げんのう)	147
現場テラゾー塗り	147
建蔽(ぺい)率	33
減法混色	147
剣持勇	318

こ

コア	148
コアスペース	148
小穴加工	148
高圧蛍光水銀ランプ	148
高圧的マーケティング	33
高圧ナトリウムランプ	148
甲板(こういた)	33
甲板の構造	33
高演色形蛍光ランプ	148
高架水槽	148
高輝度放電ランプの種類	33
公共下水道	148
公共住宅	148
工業デザイン	148
工業標準化法	33
工芸	148
光源色	148
鋼構造	148
広告	33
広告カバレッジ	33
広告規制	33
広告効果の測定法	34
広告予算	34
公差	148
交差比率	34
鋼材	148
工事請負契約書	148
公室	148
硬質塩化ビニルライニング鋼管	149
硬質繊維板	149
公衆距離	149
恒常視	149
公序良俗	34
公正競争規約	34
構成材	149
構成材基準面	150
構成材の寸法	150
構成主義	150
合成樹脂	34
合成樹脂エマルションペイント(表)	245
合成樹脂調合ペイント(表)	244
合成樹脂の成形加工	34
合成繊維	34
合成繊維綿	34
公正取引委員会	34
合成皮革	34
構成部材	150

公正マーク	34	国民生活センター	36
合成木材	34	誤差	153
構造計算書	150	戸境壁(こざかいかべ)	153
構造材	150	腰折れ屋根	153
高層住宅	150	腰掛け蟻継ぎ	153
構造図	150	腰掛け鎌継ぎ	153
構造用合板	150	腰壁	153
構造用パネル	34	腰高	153
光束	150	個室	153
光束発散度	150	ゴシック様式	153
高置水槽	150	ゴシックリバイバル	154
高置水槽給水方式	150	腰貫(こしぬき)	154
光電式煙感知器	150	越(こし)屋根	154
格(ごう)天井	151	胡床(こしょう)	154
光度	151	個人信用情報機関	36
勾配天井	151	コストコントロール	154
合板	151	コストプラス法	36
格縁(ごうぶち)	151	コストプランニング	154
抗弁権の接続	34	固体音	154
広葉樹	151	個体距離	154
小売引力の法則	151	固体伝搬音	154
小売商業調整特別措置法	34	古代紫色	154
交流	151	小叩(たた)き	154
合流式排水	152	骨材(こつざい)	154
光梁(こうりょう)照明	152	兀子(ごつし)	154
高カボルト	152	固定費	36
高齢者	152	古典主義	154
高齢者対応住宅	34	後藤塗り	36
高炉セメント	152	子供室	154
コーキング	152	コノイドチェア	36
コージェネレーション	152	コの字型家具配置	154
コーディネーター業務のプロセス	35	小端(こば)立て	155
コーティング加工	35	コファー照明	155
コーデュロイ	35	こぶ出し	155
コード	35	個別情報	36
コードカーペット	152	個別暖房方式	155
コートハウス	35	小堀遠州	318
コードペンダント	152	コマーシャルカーペット	36
コーナービード	152	小舞(こまい)	155
コーニス照明	152	小舞下地	155
コーブ照明	152	小舞竹	155
コーポラティブチェーン	35	小溝目地	155
コーポラティブハウジング	152	コミュニケーション能力	36
コーポレートアイデンティティ	35	コミュニティー	155
コーポレートシチズン	35	菰戸(こもど)	155
コーポレートチェーン	35	コモンスペース	155
コール天	35	小屋組	155
ゴールデンライン	35	小屋筋違い	155
コーン形	152	小屋束	155
小壁	152	小屋貫	155
互換性	153	小屋梁	155
小切手	35	小屋伏図	156
小切手の種類	35	固有色名	156
顧客志向	35	コラージュ	156
顧客情報収集	35	コリント式	156
石(こく)	153	コレクター	156
国際消費者機構	35	コロニアル様式	156
コクタン	153	転ばし根太	156
木口(こぐち)	153	コンクリート	156
木口割れ	153	コンクリート合板(表)	151
国民生活審議会	36	コンクリート束石	156

コンクリートブロック	156	サイドボード	38
コングロマーチャント	36	サイバネティックス	159
権現造り	157	再販価格維持制度	38
混合構造	157	サイホン作用	159
混合水栓	157	サイホン式トラップ	159
混構造(こんこうぞう)	157	サイホン式便器	160
コンサルタント	36	サイホンゼット式便器	160
コンサルティング業務	36	サイホンボルテックス式便器	160
コンサルティング業務の基本的姿勢	36	財務諸表	38
コンサルティングセールス	36	債務不履行責任	38
コンサルティングの機能	36	在来構法	160
コンサルティングの必要性	36	在来木造軸組構法	160
コンサルティングの留意事項	36	サイリスタ	160
コンシューマリズム	37	材料・構造表示記号	160
混色	157	差益率	38
コンセプト	157	竿縁(さおぶち)	160
コンセント	157	竿縁天井	160
コンソールテーブル	37	魚の骨	38
コンテ	157	下がり壁	38
コンデンサー	157	砂岩(表)	200
コントラクトカーペット	37	左官工事の積算	38
コントラスト	157	左官仕上げ	160
コンパクト形蛍光ランプ	157	詐欺・強迫	38
コンビニエンスストア	37	先止め式瞬間湯沸器	166
コンピューター	37	先分岐配管方式	166
コンピューター援用生産	157	作業域	166
コンピューター援用設計	157	作業椅子	166
コンピューター支援設計	37	作業台の高さ	167
コンピューターセキュリティ	37	錯誤	38
コンベクター	157	酢酸ビニル樹脂接着剤	38
コンポーネント	157	錯視(さくし)	167
婚礼家具	37	錯視図形	167
コンロ	37	座屈	167
混和材料	157	サクラ(表)	294
		下げ苧(さげお)	167
		座高	167

さ

サーキュレーター	158	座骨結節点	168
サージング	37	ささら桁	168
サービスヤード	158	ささら桁階段	168
サーモスタット	158	差掛け屋根	168
座位基準点	158	座敷飾り	168
サイクルグラフ	158	指物	38
採光	158	差尺(さじゃく)	168
採光基準	158	さすり	168
材工込み見積	37	座卓	38
材工別見積	37	サッコ	38
採光有効面積	37	雑排水	168
在庫統制	37	雑用水	169
最終安定姿勢	158	サテン仕上げ	38
最小限住宅	158	茶道口(さどうぐち)	169
サイズ	159	差動式熱感知器	169
座椅子	37	サニタリー	169
再生繊維	37	サニタリーユニット	169
最大作業域	159	実刎(さねは)ぎ	169
サイディング	159	サブシステム	169
サイディング張り	159	三六(さぶろく)	169
最適残響時間	159	差別価格政策	38
彩度	159	サムターン回し対策	38
彩度対比	159	皿張り	38
サイドテーブル	38	猿頬面(さるほおめん)	169
		サワラ(表)	294

桟木(さんぎ)	169
残響	169
残響時間	170
産業廃棄物	38
三原色	170
三原組織	39
珊瑚(さんご)色	170
3種M型キッチン	39
3消点透視法	170
残像	170
三層構造	170
サンディングシーラー	39
桟戸(さんど)	171
サンドブラスト仕上げ	171
参入障壁	39
三波長域発光形ランプ	171
三波長蛍光ランプ	171
サンフォライズ加工	39
散布図	39
サンプリング	39
サンプル調査	39
3面図	171
三路(さんろ)スイッチ	171

し

シアーカーテン	39
仕上材	171
仕上げ天井	171
仕上表	171
シアム	171
シアン	171
シージング石膏ボード	172
シーズヒーター	172
地板(じいた)	172
シート防水(表)	282
シーベキップ	39
シーリング材	172
シーリングライト	173
シールドバックチェア	39
シールドビーム電球	173
仕入計画	40
仕入原価	40
仕入売価(定価)	40
シェーカー様式	173
シェード	40
ジェットバーナー仕上げ	173
ジェットポリッシュ仕上げ(表)	201
ジェネリックブランド	40
シェラトン様式	173
シェル構造	173
シェルター系家具	173
シオジ(表)	294
ジオ・ポンティ	318
紫外線	173
視覚	174
直(じか)天井	174
直(じか)張り	40
信楽焼	40
磁器	174
敷居(しきい)	174

色材(しきざい)	174
色彩計画	174
色彩調節	174
色彩調和	174
色相	174
色相環(しきそうかん)	174
色相対比	175
式台(しきだい)	175
敷畳(しきだたみ)	175
敷地と道路	40
色調	175
敷梁(しきばり)	175
色標	175
色名	175
敷目板張り	175
敷面(蟻)継ぎ	175
敷面(蟻)柄継ぎ	175
敷面鎌継ぎ	175
指極(しきょく)	175
軸組	175
軸組構法	175
軸組図	176
軸測投影法	176
仕口	40
軸吊り丁番	40
軸流ファン	176
時効	40
自己破産	40
錣庇(しころびさし)	176
錣屋根(しころやね)	176
自在水栓	176
私室	176
市場細分化戦略	40
慈照寺東求堂	176
市場調査	40
止水栓	176
シスタン	176
システム家具	40
システムキッチン	40
システム収納	40
システムズビルディング	176
姿勢	176
自然換気	176
自然循環式太陽熱温水器	176
自然石(表)	200
視線の計画	176
下調調整	41
下地窓	177
下塗り	41, 177
下端(したば)	177
下張り	41
下見板(したみいた)	177
シタン	177
質感	177
湿球温度	177
漆喰	177
漆喰塗り	178
室空間	178
シックハウス症候群	41
シックハウス対策	41
実行用見積	41

実施設計	178	重心線	182
実施設計図	178	集成材	182
実線	178	修正マンセル表色系	182
湿度	178	修正有効温度	182
室内空気汚染物質	42	住宅性能保証制度	182
七宝(図)	299	住宅部品	182
実務情報	42	絨緞(じゅうたん)	43
室礼, 鋪設(しつらい)	178	集中型集合住宅	182
私的独占	42	集熱器	182
地と図	178	収納	182
茵(しとね)	178	収納家具	43
蔀(しとみ)	179	収納家具の構造	43
蔀戸	179	周波数	183
シナ(表)	294	重量衝撃音	183
シニア住宅	42	重力換気	183
死節(しにぶし)	179	縮尺	183
屎(し)尿浄化槽	179	樹脂加工	43
四半目地(しはんめじ)	179	主寝室	183
シフ	42	受信能力	43
地袋(じぶくろ)	179	受水槽	183
ジベル	179	朱子織り	43
支保工(しほこう)	179	主体構造	183
シミュレーション	179	出資法	43
シミリラリティー	179	主殿造り	183
湿り空気線図空	179	受電電圧	183
視野	179	受電方式	183
ジャージー	42	需要創造	43
遮音	180	需要弾力性	43
遮音材料	180	聚楽(じゅらく)壁	184
遮音性	180	シュレッダー	184
遮音等級L値	180	巡回販売	43
遮音等級D値	180	瞬間湯沸器	184
社会距離	181	春慶塗り	43
社会志向マーケティング	42	純色	184
シャギーカーペット	42	準人体系家具	184
蛇口(じゃぐち)	181	順応	184
尺度(しゃくど)	181	順応型住宅	184
尺度構成法	42	準不燃材料	43
決(しゃく)り	181	ジョイナー	184
遮光カーテン	42	書院	184
ジャコビアン様式	181	書院造り	185
斜線制限	42	省エネラベリング制度	43
尺貫法(しゃっかんほう)	181	消音ボックス	185
斜投影法	181	消火器	185
斜文織り	42	消化仕入	44
蛇紋岩	181	床几(しょうぎ)	185
ジャルージ	42	商圏	44
シャルル・プール	318	昇降機設備図	185
シャルル・ル・ブラン	319	詳細図	185
シャルロット・ペリアン	319	床子(しょうじ)	185
ジャロージー窓	42	障子(しょうじ)	44
シャワーカーテン	181	障子紙の種類	44
シャワーヘッド	181	使用者責任	44
ジャンカ	181	仕様書	185
ジャンクションボックス	181	承塵(しょうじん)	185
シャンデリア	182	浄水器	44
シャンデリアランプ	42	使用水量	185
朱色	182	商勢圏	44
修学院離宮	182	消石灰(表)	166
集合住宅の分類	182	上段	185
集視ポイント	42	上段の間	185

337

商調法	44
省電力形蛍光ランプ	185
照度	185
照度基準	186
照度計算	186
承認・取引内容の決定	44
錠の種類	44
消費者行政機構	44
消費者金融	44
消費者コンテスト	44
消費者信用	44
消費者の四つの権利	45
消費者破産	45
消費者物価指数	45
消費者プレミアム	45
消費者保護会議	45
消費者保護ガイドライン	45
消費者保護基本法	45
消費者保護条例	45
消費生活センター	45
消費生活用製品安全法	45
消費性向	45
消費税の納税軽減措置	45
消費税法	45
商標	45
商標法	45
商品安全三法	45
商品回転率	45
商品保管	46
正礼政策	46
小便器	186
情報	46
情報検索	46
情報収集	46
情報処理	46
情報整理	46
情報分析	46
情報分類	46
消防法	46
照明計画	186
照明方式	186
ジョージ・ナカシマ	319
ジョージ・ヘップル・ホワイト	319
初期強度	186
初期高価格政策	46
初期値入高	46
初期利幅率	46
食事室	186
職種別見積	46
食寝(しょくしん)分離	186
ジョサイア・コンドル	319
除湿機	187
食器洗浄機	187
ショッピングセンター	46
ジョブコーディネーション	187
ジョンコン	187
ジョン・ラスキン	319
白木塗装	46
白太(しらた)	187
シリカセメント(表)	205
自力救済	46
シリンダー錠	46
シルクスクリーン	187
シルクライン仕上げ	46
シルバーボールランプ	46
白ガス管	187
シロッコファン	187
白ラワン	187
心押え	187
真壁(しんかべ)	187
人感センサー付き照明	46
信義誠実の原則	46
信義則	47
シンク	47
ジンククロメート防錆塗料	187
シングルグリッド	187
シングルダクト方式	188
シングルレバー式混合水栓	188
人工芝	47
人工頭脳学	188
人工知能	188
新古典主義	188
心材(しんざい)	188
心材星割れ	188
心去(しんさ)り材	188
真珠庵	188
身障者用キッチン	188
身障者用トイレ	188
身障者用浴槽	188
心々(しんしん)	188
靭性(じんせい)	189
浸漬塗り(表)	246
寝装具	47
人造石	189
人造石塗り	189
人造大理石	189
深層面接法	47
迅速継手	189
人体各部の質量比	189
人体系家具	189
人体寸法の略算値	189
人体のプロポーション	189
伸長式テーブル	47
真束(しんづか)	190
人的販売	47
寝殿造り	190
浸透価格政策	47
人研ぎ	190
神明(しんめい)造り	190
シンメトリー	190
心持(しんも)ち材	190
真物(しんもの)	190
深夜電力	190
深夜電力利用湯沸器	190
新有効温度	190
信用獲得	47
針葉樹	190
心(しん)割れ	190

す

水圧	190

水銀灯	190
水硬(すいこう)性	190
錐状(すいじょう)体	190
水性絵具	190
水性エマルションペイント	190
髄線(ずいせん)	191
水栓金具	191
髄線柔細胞	191
水洗タンク	191
垂直作業域	191
スイッチ	191
水道直結給水方式	191
水道メーター	191
水平作業域	191
スーパーキャプテン	47
スーパーストア	47
スーパーマーケット	47
スーパーレジェラ	48
末(すえ)	191
末口	191
蘇芳(すおう)色	191
スカーフジョイント	191
スカイライト	191
姿図	191
スカラップカーテン	48
スカンジナビアモダン	191
スカンス	191
スギ(表)	294
スキップフロア	191
スキップフロア型住戸	191
スキミングプライス	48
数寄屋(すきや)造り	192
スキャナー	48
スキャニング	192
スクール型	192
スクラッチ仕上げ	48
スクリーン	48
スクリーントーン	192
スクレーパー	48
スケール	192
すさ	192
厨子(ずし)	192
筋違い(すじかい)	192
厨子棚	192
スターリングシルバー	48
スタイルカーテン	48
スタッキングチェア	48
スタッコ	193
スタッド	193
スタディー模型	193
スタディーモデル	193
スチレンボード	193
スチロール樹脂	48
スツール	48
ズック	48
ステイン	48
ステー	48
ステープル	48
捨床(すてどこ)	193
捨張り(すてばり)	193
捨枠(すてわく)	193
ステンシルセリグラフィー	193
ステンドガラス	193
ステンレス釘	193
ステンレス鋼	193
ステンレス鋼鋼管	193
ステンレススチール	193
ストロイヤリティー	48
ストール型小便器	193
ストッパー	49
スネークスプリング	49
スネークワイヤー	193
スパン	194
スピーカー	194
スプラットバックチェア	49
スプリング	49
スプリンクラー	194
スプルース	194
スペースユニット	194
スペシャリティーストア	50
滑(すべ)り出し窓	194
滑り刃刎(は)ぎ	194
スポークチェア	50
スポットライト	194
スマートビル	194
住まい方調査	194
住まい手	194
隅切(すみきり)	194
住吉(すみよし)造り	194
図面	194
図面の大きさ	194
図面表示記号	194
スライス木質壁装材	50
スライディングウォール	50
スライド丁番	50
スラグセメント	195
スラブ	195
スラブ厚	195
スランプ	195
すり上げ障子	50
スリーインワン	195
すり漆塗り	50
すりガラス	195
スリングチェア	50
スロープ	195
スロット型吹出し口	195
スワンチェア	50
寸法感覚	50
寸法線	195
寸法補助記号	195
寸法補助線	195

せ

成(せい)	196
静圧(せいあつ)	196
青海波(図)	299
生活行為	196
生活像	196
正規分布	196
正規連鎖店	50
成形合板	50

製作誤差	196
製作寸法	196
製作面	197
清色(せいしょく)	197
整数比	197
製図総則	197
製図に用いる文字	197
製図用具	198
脆性(ぜいせい)	198
製造物責任法	50
静電塗装	51
静電吹付け塗り(表)	246
正投影法	198
性能	198
製品安全データシート	51
製品計画	51
製品差別化政策	51
製品多様化政策	51
製品陳腐化政策	51
製品標準化政策	51
製品ライフサイクル	51
生物学的処理	198
西洋風庭園	198
セイラー	198
ゼーゲルコーン	198
セーブル焼	51
セーリングポイント	51
セールスプロモーション	51
セールスポイント	51
セールスマニュアル	51
堰板(せきいた)	198
石英粗面岩(表)	200
赤外線	198
赤外線吸収ガラス	198
赤外線反射膜ハロゲンランプ	198
石材	199
石材の仕上げ	199
積算	51
積算の手順	51
石炭酸樹脂	51
石炭酸樹脂接着剤	51
石綿	199
石綿スレート板	199
石綿スレート板張り	199
石綿セメントパーライト板	199
石綿セメント板	199
石油燃焼器具検査合格証	199
セキュリティシステム	199
セクショナルキッチン	52
セクショナルチェア	52
セクション	199
セクションパース	199
セクレタリー	52
施工図	199
施工軟度	199
軟障(ぜじょう)	199
ゼツェッシオン	199
炻器(せっき)	199
設計図書	199
設計プロセス	202
石膏プラスター(表)	165
石膏プラスター塗り	202
石膏ボード	202
石膏ボード張り	202
石膏モデル	202
石膏ラスボード	202
接触曝(ばっ)気装置	202
絶対湿度	202
切断線	202
接地	202
接地型住宅	202
接着材料	202
折衷浴槽	203
セットスプリング	52
設備工事の積算	52
設備図	203
セティ	52
瀬戸焼	52
ゼネラルマーチャンダイズストア	52
セパレーション	203
セパレートカーテン	203
セパレートチェア	52
セブンチェア	52
セマンティックディファレンシャル法	52
セミアーゴノミー系家具	203
セメント	203
セメント製品	203
セメントペースト	203
セメントモルタル	203
セメントモルタル塗り(表)	164
背もたれ点	203
セラミックヒーター	203
背割り(せわり)	203
栓(せん)	205
線	205
繊維壁塗り	205
膳板(ぜんいた)	207
繊維板	207
前傾椅子	207
前後処理工事	52
洗浄弁	207
センタークロスカーテン	52
選択的チャネル方式	52
全天空照度	207
千利休	319
専売型チャネル政策	52
専売店制	52
全般拡散照明	207
全般照明	208
線吹出し口	208
全面敷き	52
洗面所	208
洗面ボール	208
専門機関媒介方式	52
専門店	52
専門品	52
専用庭	208

そ

草庵(そうあん)茶室	208
騒音	208

騒音レベル	208
象嵌(ぞうがん)	208
早強ポルトランドセメント(表)	205
雑巾摺(ぞうきんずり)	208
増減見積	53
造作(ぞうさく)	208
造作工事の積算	53
造作材	208
造作図	208
障子(そうじ)	208
相称(そうしょう)	209
装飾	209
想像線	209
相対湿度	209
増築部分の面積	53
草墪(そうとん)	209
総張りぐるみ	53
送風機	209
添毛(そえけ)織り	53
添え柱	209
ソースマーキング	53
ソーダガラス	53
ゾーニング	209
ソーラーシステム	209
殺(そ)ぎ継ぎ	53
ソシオフーガル	209
ソシオペタル	209
素地(そじ)調整	53
塑性(そせい)	210
組積(そせき)工事の積算	53
組積造(そせきぞう)	210
外倒し窓	210
ソファー	53
ソファーベッド	53
ソフトウエア	53
反り	210
ソリッド	210
ソリッドモデル	210
揃(ぞろ)	210
損益計算書	53
損益分岐点	53
存清(ぞんせい)	54
損料	54

た

ターゲットマーケティング	54
ターボファン	210
ダイアグラム	210
体圧分布	210
待庵	210
第一角法	210
耐火構造	54
耐火性	211
大規模小売店舗立地法	54
ダイキャスト	211
耐久性	211
ダイクロイックミラー	211
対向型家具配置	212
耐光堅牢度	54
大黒柱	212
太鼓(たいこ)張り	212
第三角法	212
貸借対照表	54
大社(たいしゃ)造り	212
耐震対策	212
耐水壁紙	54
帯電防止加工	54
台所	212
ダイニング	212
台盤(だいばん)	212
耐摩耗性	212
太民(たいみん)・中民(ちゅんみん)・幼民(やんみん)	54
台目畳(だいめだたみ)	213
対面型キッチン	54
太陽光発電システム	54
太陽熱温水器	213
大理石	213
大理石張り	213
対立の調和	213
対流	213
タイル	213
タイルカーペット	54
タイル工事の積算	54
ダイレクトマーケティング	54
台輪(だいわ)	213
ダウンライト	213
ダウンライト照明	213
高坏(たかつき)	213
タガヤサン	214
高床住居	214
抱き	214
多義図形	214
タキストコープ法	54
濁色(だくしょく)	214
ダクト	214
ダクトファン	214
ダグマーモデル	54
竹小舞(たけこまい)	214
竹の子面(たけのこづら,たけのこめん)	214
武野紹鴎	319
多孔質(たこうしつ)吸音材	214
多彩模様塗料(表)	245
タスク・アンビエント照明	214
畳	214
畳床	215
畳の寸法	215
畳寄せ	215
畳割り	215
タッセル	54
タッピングねじ	215
タッピングビス	215
竪穴住居	215
縦型水栓	215
建具工事の積算	54
建具表	215
建具表示記号	215
縦軸回転窓	215
縦繁(たてしげ)	219
建坪	55
縦羽目張り	219

建物系家具	219
堅枠	219
棚卸し	55
谷	219
谷樋	219
種石	219
田の字型住宅	219
タブテール継ぎ	55
タフテッドカーペット	55
ダブルグリッド	219
ダブルフェイス	55
タペストリー	55
多変量解析	55
太柄(だぼ)	219
太柄継ぎ	55
玉石洗い出し床	219
玉石積み	219
玉石張り	219
ダミーモデル	219
ダムウエイター	219
多翼(たよく)ファン	219
垂木(たるき)	219
垂れ壁	55
単位空間	220
段板	220
単一ダクト方式	220
段階価格政策	55
タンクレス給水方式	220
団子(だんご)張り	220
短冊(たんざく)金物	220
暖色	220
箪笥(たんす)	221
箪笥の種類	55
弾性	221
単相3線式	221
単相2線式	221
緞通(だんつう)	55
単独処理槽	221
タンニンなめし	55
断熱材	221
断熱性	221
ダンパー	221
段鼻(だんばな)	221
単板積層材	55
暖房負荷	221
タンポ摺り(表)	246
断面詳細図	221
断面図	221

ち

地域暖房	222
チーク	222
チェーンストア	56
チェスカチェア	56
チェスト	56
地階	56
違い棚	222
地下室	222
力桁(ちからげた)	222
力桁階段	222
力布(ちからぬの)	56
千切(ちぎり)	222
蓄圧水槽給水方式	222
蓄熱槽	223
チタン	56
窒素酸化物	223
チッペンデール様式	223
千鳥	223
チャールズ・イームズ	319
チャールズ・レニエ・マッキントッシュ	320
着彩材料	223
着色亜鉛鉄板	223
着色塗装	56
茶室	223
チャネルキャプテン	56
チャネル方式	56
チャネルリーダー	56
チャンバー	223
中央式給湯	223
中央ホール型	223
中間色	223
昼光色蛍光ランプ	56
昼光率	223
中国緞通(だんつう)	56
中質繊維板	56
中小小売商業振興法	56
中心線	224
中性色	224
チューダー・ゴシック様式	224
鋳鉄(ちゅうてつ)放熱器	224
厨房(ちゅうぼう)	224
中明色	224
中庸熱ポルトランドセメント(表)	205
チューリップチェア	57
聴覚	224
鳥瞰図(ちょうかんず)	224
調光装置	224
彫漆(ちょうしつ)	57
長尺(ちょうじゃく)シート床材	224
長寿社会対応住宅設計指針	57
調節	224
帳台(ちょうだい)	224
帳台構え	224
丁番	57
帳壁(ちょうへき)	224
直接経路政策	57
直接照明	225
直通階段	225
直流	225
直列型家具配置	225
貯蓄性向	57
直管形蛍光ランプ	57, 225
貯湯(ちょとう)式湯沸器	225
貯湯槽	225
散(ち)り	225
散り決り	225
沈金(ちんきん)	57
狆潜(ちんくぐ)り	225

つ

- 衝(つい)重ね …………………………226
- 堆朱(ついしゅ) ………………………57
- 追跡調査 ………………………………226
- 衝立(ついたて) ………………………226
- 衝立障子 ………………………………226
- ツインコリダー型 ……………………226
- ツインベッド …………………………57
- ツーウェイコミュニケーション ……57
- 通気管 …………………………………226
- 通常作業域 ……………………………226
- 通信販売 ………………………………57
- ツーバイフォー構法 …………………226
- ツーバルブ式水栓 ……………………226
- 通風 ……………………………………226
- 束(つか) ………………………………226
- ツガ(表) ………………………………294
- 束石 ……………………………………227
- 束柱 ……………………………………227
- 使われ方調査 …………………………227
- 突板(つきいた) ………………………57
- 突出し窓 ………………………………227
- 突付け …………………………………227
- 継手(つぎて) …………………………57
- 継手と仕口 ……………………………227
- 蹲踞(つくばい) ………………………229
- 付け ……………………………………229
- 付け鴨居 ………………………………229
- つけとろ張り …………………………229
- 付け柱 …………………………………229
- 土壁(表) ………………………………166
- 続き間型住宅 …………………………229
- 角柄(つのがら) ………………………229
- 妻(つま) ………………………………229
- 妻入り …………………………………229
- 妻側 ……………………………………229
- 積上げ張り ……………………………229
- 艶(つや)出し本磨き …………………229
- 面(つら) ………………………………229
- 面一(つらいち) ………………………229
- 吊木(つりぎ) …………………………229
- 吊木受け ………………………………229
- 吊子(つりこ) …………………………229
- 吊束 ……………………………………230
- 吊床 ……………………………………230

て

- 提案説明時の留意事項 ………………59
- ディーラーコンテスト ………………59
- ディーラープレミアム ………………59
- ディーラーヘルプス …………………59
- ディーラーローダー …………………59
- 定温式スポット型熱感知器 …………230
- 定価政策 ………………………………59
- 定期借地権 ……………………………59
- 定期借家権 ……………………………59
- ディグリーデイ ………………………230
- 提携ローン販売 ………………………59
- 定尺(ていじゃく) ……………………230
- テイスト分類 …………………………59
- ディスポーザー ………………………230
- 定性情報 ………………………………59
- ディテール ……………………………230
- 泥板岩(表) ……………………………200
- ディフューザー ………………………230
- デイベッド ……………………………59
- ディメンション ………………………231
- 出入口 …………………………………231
- 定量情報 ………………………………59
- ディレクトワール様式 ………………231
- ディンクス ……………………………231
- データ …………………………………60
- データ測定尺度 ………………………60
- データベース …………………………60
- テーブルウエア ………………………60
- テーブルクロス ………………………60
- テーブルコンロ ………………………231
- テーブルの構造 ………………………60
- テーブルの種類 ………………………60
- テーブルリネン ………………………60
- テキスタイル …………………………60
- 適正包装 ………………………………60
- テクスチャー …………………………231
- デコラティブチェア …………………231
- デコレーション ………………………231
- デザイン ………………………………231
- デザインサーベイ ……………………231
- デザインプロセス ……………………231
- デジタル ………………………………60
- デシベル ………………………………231
- デ・スティール派 ……………………231
- テストマーケティング ………………60
- 手摺子(てすりこ) ……………………231
- 手すりの高さ …………………………60
- デッキプレート ………………………232
- 鉄筋コンクリート構造 ………………232
- 手付金 …………………………………60
- 鉄骨構造 ………………………………232
- 鉄骨鉄筋コンクリート構造 …………232
- テッセラタイル ………………………232
- 鉄平石 …………………………………232
- テナント ………………………………232
- デニール ………………………………60
- 出幅木 …………………………………232
- デビットカード ………………………60
- テフロン加工 …………………………60
- デベロッパー …………………………60
- 点前畳(てまえだたみ) ………………232
- 出窓 ……………………………………61
- 出目地 …………………………………232
- デモグラフィックス …………………61
- デモンストレーション ………………61
- デュアルダクト方式 …………………232
- テラコッタ ……………………………232
- テラス …………………………………61
- テラスハウス …………………………232
- テラゾー ………………………………232
- テラゾータイル ………………………232
- テラゾーブロック ……………………232

テラリウム … 61	動作 … 236
照り … 232	動作域 … 236
テリトリー制 … 61	動作空間 … 236
デルファイ法 … 61	胴(どう)差し … 236
デルフト陶器 … 61	動作分析 … 236
テレコントロールシステム … 232	陶磁器質(とうじきしつ)タイル … 236
天板 … 61	等色相面(とうしきそうめん) … 236
展開図 … 232	透視図法 … 237
電気設備図 … 232	同時対比 … 237
電球形蛍光ランプ … 233	動線 … 237
電球口金形蛍光ランプ … 233	動線計画 … 237
電気用品安全法 … 61	導線計画 … 62
天空光 … 233	胴トラップ … 237
電子式受発注システム … 61	胴貫(どうぬき) … 237
電子ダウントランス … 233	トウヒ … 237
電磁波 … 233	胴縁(どうぶち) … 237
電子メール … 233	胴縁下地 … 237
天井直付け器具 … 233	唐木(とうぼく) … 62
天井台輪 … 233	銅鍍金 … 62
天井高 … 233	等ラウドネス曲線 … 237
天井長押 … 233	道路斜線制限 … 62
天井の形 … 233	通し柱 … 238
天井伏図 … 234	トータルインテリア … 238
天井回り縁 … 234	ドーマーウインドー … 62
電子レンジ … 61	トーマス・シェラトン … 320
電着塗装 … 61	トーマス・チッペンデール … 320
伝導 … 234	ドーム … 238
伝統工芸マーク … 61	トールキャビネット … 62
電導性ガラス(表) … 129	トーン … 238
伝熱 … 234	尖(とが)りアーチ … 239
天然繊維 … 61	土器 … 239
天然皮革 … 61	研(とぎ)出し … 239
天然木化粧合板 … 234	特殊加工化粧合板(表) … 151
天端(てんば) … 234	特殊石綿板 … 239
天袋(てんぶくろ) … 234	特殊排水 … 239
澱粉(でんぷん) … 234	特性要因図 … 63
テンペラ … 234	独占禁止法 … 63
天窓 … 234	独占的チャネル方式 … 63
点滅器 … 234	特定家庭用機器再商品化法 … 63
	独立型住居 … 239
と	独立基礎 … 239
	独立住宅 … 239
ドアアイ … 61	独立方式 … 63
ドアクローザー … 61	床板 … 239
戸当り金物 … 62	床框 … 239
ドアチェック … 62	常滑焼 … 63
ドアノッカー … 62	床の間 … 240
ドアノブ … 62	床柱 … 240
ドイツ工作連盟 … 234	床脇 … 240
ドイツ下見張り … 234	都市ガス … 240
トイレユニット … 234	都市計画法 … 63
籐(とう) … 62	吐水口(とすいこう) … 242
投影法 … 62, 235	吐水口空間 … 242
籐家具 … 62	塗装工事の積算 … 63
等角投影法 … 235	塗装材料 … 242
透過損失 … 235	塗装仕上げ … 242
透過(率) … 235	塗装・仕上材料の省略表示 … 242
陶器 … 235	塗装の種類 … 63
動機調査法 … 62	土台 … 242
道具畳 … 235	特価政策 … 63
同向型家具配置 … 235	トップトリートメント … 63

トップライト	63	流し塗り(表)	246
土手張り	63	長手積み	247
トネリコ	242	中塗り	65, 247
帳(とばり)	242	中間(なかま)	247
トピアリー	63	中村順平	320
砥部焼	63	長持(ながもち)	247
塗膜防水(表)	282	流れ造り	247
ドミナンス	242	中廊下型集合住宅	247
留め	242	中廊下型住宅	247
ドメス	63	長押(なげし)	247
留め継ぎ	63	梨子地(なしじ)塗り	65
豊口克平	320	ナショナルブランド	65
トラス	242	捺染(なっせん)	65
トラック導線	63	ナトリウムランプ	247
トラックライト	242	斜(ななめ)目地	247
トラップ	243	生ゴミ処理機	65
ドラフト	243	生コン	247
ドラム型トラップ	243	波型石綿スレート(表)	204
トランジッション	243	並焼	248
取合い	243	ナラ(表)	294
ドリス式	243	均しモルタル	248
ドリゾール	243	南京錠	65
鳥の子紙	64	軟質繊維板	248
ドリフトピン	243	納戸(なんど)	248
トリプレット	243	納戸色	248
トリミング	64	難燃カーテン	65
トリム	64	難燃材料	65
トリメトリック	243	難燃性	248
トルソ	243		

に

トレイヤージュ	64	新居猛	320
ドレーキップ	64	ニーチェアX	65
トレーシングペーパー	243	ニードルパンチ	65
トレース	243	二階	248
トレーディングスタンプ	64	二階厨子	248
トレードマーク	64	二階棚	248
ドレープ	64	二階床高	248
ドレッサー	64	二月堂机	65
ドレパリー	64	膠(にかわ)	248
トレリス	64	二級建築士	248
ドレン	243	逃げ	248
ドレンチャーヘッド	243	二酸化炭素	248
トレンド商品	64	錦板(にしきいた)	249
とろ	243	二重敷き	65
ドロップリーフテーブル	64	二重ダクト方式	249
ドロマイトプラスター(表)	165	二重梁	249
ドロマイトプラスター塗り	243	二重回り縁	249
ドロワー	64	二重床	249
トロンプルイユ	243	2種H型キッチン	66
緞子(どんす)張り	243	二条城	249

な

		2消点透視法	249
		躙口(にじりぐち)	250
内装材	247	ニス	250
内装仕上工事の積算	64	二段階供給方式	250
内装システム	247	日影(にちえい)曲線	250
内装制限	64	日影図	250
ナイトテーブル	64	日常災害	250
ナイトラッチ	64	ニッケル鍍金	66
内部結露	247	日射	250
ナイロン繊維	65	日射量	250
中敷き	65		

345

日照	250
日照時間	250
日照率	251
ニッチ	251
ニッチャー	66
ニットカーペット	66
日本消費者協会	66
入札用見積	66
ニュースリリース	66
ニューセラミックス	66
ニュートレンドハウジング	251
ニューメディア	66
ニューロコンピューター	66
尿素樹脂接着剤	66
二列形配列	251
人間工学	251
人間の距離	251

ぬ

貫(ぬき)	252
布基礎	252
布目地	252
塗籠(ぬりごめ)	252
塗代	252
塗り回し	252
濡れ縁(ぬれえん)	252

ね

値入高	66
値入率	66
音色	252
ネオ・クラシシムズ	252
ネオ・ゴシック	252
ネオ・バロック	253
ネオ・ルネッサンス	253
ネオン管	253
ネガティブオプション	66
ネガティブオプションの商品保管期間	66
根搦(ねがら)み貫	253
ねこ	253
猫間障子	66
ねじコック	253
ネストテーブル	66
鼠講(ねずみこう)	67
根太(ねだ)	253
根太掛け	253
根太間隔	253
熱	254
熱可塑性	254
熱可塑性樹脂	67
熱感知器	254
熱貫流	254
熱貫流率	254
熱源	254
熱源プラント	254
熱硬化性	254
熱硬化性樹脂	67
熱交換型換気扇	254
熱線	254

熱線吸収板ガラス	254
熱線反射ガラス(表)	129
熱対流	254
熱伝達	254
熱伝導	255
熱伝導率	255
熱負荷	255
熱輻(ふく)射	255
熱放射	255
熱容量	255
眠り目地	255
練芯(ねりしん)構造	67
燃焼器具	255
粘板岩(表)	200

の

ノウハウ	255
農林物資法	67
ノーヒューズブレーカー	255
ノーブランド商品	67
軒桁(のきげた)	255
軒高	255
野地板(のじいた)	255
熨斗(のし)瓦	256
ノズル型吹出し口	256
ノックダウン家具	67
ノックダウンタイプ	256
ノブ	67
野縁(のぶち)	256
野縁受け	256
延べ面積	67
延べ床面積	67
ノベルティ	67
のみ切り仕上げ(表)	201
のり(表)	166
法(のり)	256
法面	256
ノンスリップ	67

は

バーコード	67
バーゴラ	67
パース	256
パースペクティヴ	256
パーセンタイル値	256
パーソナルスペース	256
パーソナルセーリング	67
パーソナルチェア	67
パーソナルマーケティング	67
バーチカルブラインド	67
バーチャルリアリティ	67
パーティクルボード	256
パーティション	256
バードアイ	257
ハードウエア	68
ハードツイスト	68
ハートビル法	68
ハードボード	257
ハーフユニット	257

パームロック	68	バタフライ屋根	259
ハーモニー	257	破断線	260
φ(パイ)	257	バチェラーズチェア	69
排煙口	257	八幡(はちまん)造り	260
排煙設備	257	はっかけ	260
売価還元法	68	曝(ばっ)気槽	260
売価値入率	68	パッキン	260
配管	257	パックオン	69
配管図	257	バックストゥール	69
廃棄物処理法	68	パッケージユニット方式	260
配光曲線	257	発光ダイオード	260
配合色	257	パッシブソーラーシステム	260
配色	257	ハッチ	260
排水管	257	ハッチング	260
排水勾配	257	バットレス	260
排水設備	257	バッフル	261
配線	257	発泡ウレタン	261
配線図	257	発泡剤	261
配線ダクト	257	発泡樹脂板	261
配線用遮断器	258	発泡プラスチック	261
ハイタンク	258	発泡ポリエチレン	261
配置図	258	パテ	69
配電盤	258	パティオ	261
配電方式	258	鼻隠し	261
ハイドロカルチャー	68	鼻隠し板	261
売買益率	68	鼻母屋(はなもや)	261
ハイバックチェア	68	ハニカムコア合板	261
パイル織りの種類	68	ハニカムボード	261
パイロットスイッチ	68	パネル	261
パイロットランプ	68	パネル工法	261
ハウジング	258	パネル調査	69
ハウスオーガン	68	パネルヒーター	262
ハウス55計画	258	幅木(はばき)	262
バウハウス	258	パビリオン	262
袴腰(はかまごし)屋根	258	破風(はふ)	262
萩焼	68	バフ	262
バキュームブレーカー	258	破風板	262
白色蛍光ランプ	259	パブリシティ	69
白色塗装電球	259	パブリックスペース	262
白熱電球	259	バラストレス水銀ランプ	262
白熱ランプ	259	パラレルスライド	69
白熱ランプの種類	68	バランス	69, 262
刷毛塗り(表)	246	バランスカーテン	69
刷毛(はけ)引き仕上げ	259	バランス照明	262
羽子板(はごいた)金物	259	梁(はり)	262
羽子板ボルト	259	バリアフリー住宅	69
箱階段	259	ハリー・ベルトイヤー	320
箱金物	259	梁成	262
箱物(はこもの)	69	梁間	262
挟み吊束	259	バルーンカーテン	69
芭蕉布(ばしょうふ)	259	バルーンシェード	69
バスケット	259	バルコニー	262
バスタブ	259	バルサ材	262
パステル	259	バルセロナチェア	69
バスユニット	69	パルプセメント板	262
破線	259	パレート図	69
パソコン	259	パレットチェア	70
パターン	259	ハロゲン化物消火設備	262
パターンランゲージ	259	ハロゲンランプ	70, 263
バタフライスツール	69	バロック様式	263
バタフライテーブル	69	パワーセンター	70

347

半埋込み式浴槽	263
半円形アーチ	263
パンカールーバー型吹出し口	263
パン型吹出し口	263
反響	263
半切妻(はんきりづま)	263
半硬質繊維板	263
反射形反光電球	263
反射(率)	263
ハンス・J・ウェーグナー	320
ハンス・ホライン	320
半直接照明	263
パンチングメタル	263
番手	70
パンテオン	263
反転図形	263
ハンドシャワー	263
ハンドスプレー吐水	263
販売事務	70
半柱(はんばしら)	263
板(膜)振動吸音材	264
半密閉型燃焼器具	264

ひ

ピアテーブル	70
ピーコックチェア	71
ピース敷き	71
ビーダーマイヤー様式	264
ヒートアイランド	264
ヒートポンプ	264
ヒートン	71
ビーム照明	265
ピールアップ接着工法	71
火打ち	265
火打ち土台	265
火打ち梁	265
飛雲閣	265
控え柱	265
皮革	71
東三条殿	265
東山殿	265
光通信	71
光ディスク	265
光天井	265
光の性質	265
光の単位	266
非関税障壁	71
挽(ひき)板	71
引き金物	267
引込み目地	267
引出し線	267
引出しの構造	71
引手	71
引手の種類	71
引戸(ひきど)	71
引独鈷(ひきどっこ)	71
挽き肌仕上げ(表)	201
挽物(ひきもの)	267
ピクチャーウインドー	71
ビクトリア様式	267
ビクトル・オルタ	321
ピコ・マジストレッティー	321
非サイホン式トラップ	267
ビザンチン様式	267
肘(ひじ)掛け椅子	72
比視感度	267
ビジネスマインド	72
びしゃん仕上げ(表)	201
ビジュアルアイデンティティ	72
ビジュアルデザイン	267
ビジュアルプレゼンテーション	72
ビジュアルマーチャンダイジング	72
非常警報設備	267
非常災害	267
非常用エレベーター	267
非常用照明	267
ヒストグラム	72
備前焼	72
左勝手(ひだりかって)	268
ピッキング対策	72
ヒッコリー	268
ピッチ線	268
必要換気量	268
ビデ	268
非提携ローン方式	72
ビデオテックス	268
避難設備	268
避難対策	268
ビニル壁紙	72
ビニル壁紙の種類	72
ビニル発泡壁紙	72
ビニル床シート	72
ビニル床タイル	72
ヒノキ(表)	294
ヒバ	268
樋端(ひばた)	268
ひび割れ	268
ピボットヒンジ	73
百貨店	73
ヒューズコック	268
ヒューマンインターフェイス	268
ヒューマンエンジニアリング	268
ヒューマンファクターズエンジニアリング	268
ビューロー	73
ビューローキャビネット	73
表示記号	268
標準在庫高	73
標準色標	268
標準偏差値	268
表色系	270
屏風(びょうぶ)	270
標本調査	73
表面結露	270
平板の構造	73
平入り	270
平織り	73
平織りカーペット	73
平側	270
平天井	270
平目地	270
ビルディングオートメーション	270

ビルトイン家具	73
ビルトイン機器	73
ビルトインファニチャー	73
ビロード	73
広小舞(ひろこまい)	270
ピロティー	270
干(ひ)割れ	270
ヒンジ	73
貧(ひん)調合	271
ピンホール	271

ふ

ファーニッシングデザイン	271
ファイリング	74
ファクシミリ	271
ファクトリーアウトレット	74
ファサード	271
ファシリティーマネジメント	271
ファニチャーレイアウト	271
ファブリック	74
ファンコイルユニット・ダクト併用方式	271
ファンコイルユニット方式	271
ファンチャート	74
ファンヒーター	271
フィードバック	272
フィックス	74
フィニッシュモデル	272
部位別見積	74
フィラー	74
フィラメント	74, 272
フィランソロピー	74
フィリップ・ジョンソン	321
フィンガージョイント	74
ブース	272
封水(ふうすい)	272
風水	272
ブースター	272
フーチング	272
封入ガス	272
風力換気	272
フールプルーフ	273
プール様式	273
フェイルセーフ	273
フェースシート	74
フェノール樹脂	74
フェノール樹脂接着剤	75
フェルト	273
フェンス	75
フォーカルポイント	273
フォームラバー	75
フォルディングチェア	75
フォルディングテーブル	75
不快指数	273
深型レンジフード	75
ふき漆塗り	75
吹付け仕上げ	75
吹付け塗り(表)	246
吹き抜け	273
不況カルテル	75
吹き寄せ	273

複合材料	75
複合天井システム	273
輻(ふく)射(熱)	273
輻射冷暖房方式	273
福祉用具法	75
輻輳(ふくそう)	273
複層ガラス	273
複層住戸	273
袋床	273
袋張り	75
覆輪(ふくわ)目地	273
武家(ぶけ)造り	273
不公正取引	75
不公正な取引方法	75
部材ユニット型キッチン	75
節(ふし)	273
襖(ふすま)	75
襖障子	76
不正競争防止法	76
伏図(ふせず)	275
附帯(ふたい)費用	76
フタル酸樹脂エナメル(表)	244
富(ふ)調合	275
普通板ガラス	275
普通合板(表)	151
普通丁番	76
普通ポルトランドセメント(表)	205
文机(ふづくえ)	76
フックドラグ	76
フックボルト	275
物体色	275
フットスツール	76
筆返し	275
不等角投影法	275
不当表示	76
不当廉売	76
歩止り(ぶどまり)	275
布団(ふとん)張り	275
ブナ(表)	294
舟底天井	275
不燃カーテン	76
不燃材料	76
布海苔(ふのり)	275
腐敗槽	275
部品集積体	275
不変費	76
不法行為責任	76
踏込(ふみこ)み床	275
踏面(ふみづら)	275
踏面寸法	275
浮遊粉塵	275
フライアッシュセメント(表)	205
プライウッド	76
プライベートスペース	276
プライベートブランド	76
プライマー	76
ブラインド	76
ブラケット	276
プラスター	276
プラスチック	76
ブラッシュ	77

349

フラッシュオーバー	276
フラッシュ構造	77
フラッシュバルブ	276
フラット	276
フラット型住戸	276
フラットケーブル	276
フラップ丁番	77
プラン	276
フランク・ロイド・ライト	321
フランコ・アルビーニ	321
フランス落し	77
フランス丁番	77
フランス戸	77
フランス窓	77
フランチャイズチェーン	77
ブランド	77
ブランド法	77
フリーアクセスフロア	276
プリーツ加工	77
プリーツシェード	77
フリーハンドスケッチ	276
フリープラン方式	276
プリペイドカード	77
プリペイドカード法	77
プリペイドカード法の規制	77
プリント合板	276
ブルーエンジェルマーク	77
ブルーノ・タウト	321
プルキンエ現象	276
ブレーカー	276
フレーム	77
プレーンシェード	77
ブレーンストーミング	77
プレカット(自動機械化)工法	276
フレキシビリティー	276
フレキシブル板	277
フレスコ	77
プレゼンテーション	77
プレゼンテーションツール	77
プレゼンテーションパネル	277
プレゼンテーションボード	277
振れ止め	277
プレハブ構法	277
プレラック	77
風炉(ふろ)	277
フロアーキャビネット	78
フロアーヒンジ	277
フロアスタンド	277
フロアダクト	277
フロアヒーティング	277
ブローアウト式便器	277
フローコーター塗装	78
フロートガラス	277
フロート発色ガラス(表)	129
フローリングブロック張り	277
フローリングボード張り	277
フローレンス・ノル	321
プロジェクト情報	78
プロダクトデザイン	278
フロックカーペット	78
フロッタージュ	278
プロトコル	78
プロトタイプ	278
プロポーション	278
フロンテージセービング	278
フロントキャビネット	78
分岐回路	278
粉体塗装	78
分電盤	278
分流式排水	278

へ

ヘアートラップ	279
ヘアーライン仕上げ	78
ヘアーロック	78
ペアガラス	279
ペア住宅	78
ベイウインドー	78
平均演色評価数	78
平均吸音率	279
平衡含水率	78
平行透視図	279
ベイツガ(表)	295
ベイヒ(表)	295
ベイマツ(表)	295
平面図	279
平面表示記号	279
ベーシックザデイン	279
ベースカラー	279
ペーター・ベーレンス	321
ペーパーモデル	279
ヘーベシーベ	78
壁装工事の積算	78
壁装材の種類	78
壁装材の寸法	79
ベターリビングマーク	79
べた基礎	279
べた張り	79
ヘッシャンクロス	79
ヘッダー	279
ヘッダー配管方式	279
別珍(べっちん)	79
ベッドスプレッド	79
ベッドの構造	79
ベッドの種類	79
ヘッドボード	79
ベッドリネン	79
ヘップル・ホワイト様式	280
ペデスタルチェア	79
紅色	280
ベニヤ板	79
ペニンシュラ形配列	280
ベネシャンブラインド	79
へら塗り(表)	246
ペリメーターゾーン	280
ベル型トラップ	280
ペルシャ緞通	79
ヘルツ	280
ベルトコンベヤー	280
ベルベッチン	80
弁柄(べんがら)色	280

便器	280
便器洗浄方式	280
辺材	280
辺材星割れ	280
便所	280
変成岩(表)	200
ペンダント	280
ベンチレーター	280
変動費	80
変動費比率	80
ベントキャップ	280
ベントパイプ	280

ほ

ボイラー	281
ポインテッドアーチ	281
ボウウインドー	80
防炎加工	80
防炎製品ラベル	80
防炎対象品	80
防煙垂れ壁	281
防炎ラベル	80
防汚加工	80
防音	281
防火規制	80
防火区画	281
防火構造	80
防火性能	281
防火対策	281
防火ダンパー	281
防かび壁紙	80
防火壁装材	80
方形(ほうぎょう)	281
方形張り	281
防災設備	281
防災設備図	281
防災センター	281
方策展開図	80
防湿器具	281
防湿シート	281
放射	282
防縮加工	80
方丈(ほうじょう)	282
防じん壁紙	80
防水加工	80
防水工事	282
防水紙	282
防水性	282
防水石膏ボード	282
防水パン	282
防水ブロック	282
坊主襖	80
紡績	80
包装	80
防虫加工	81
方杖(ほうづえ)	282
防滴形(ほうてきがた)器具	283
放熱フィン	283
防犯検知器	283
泡沫水(ほうまつすい)	283

訪問販売等に関する法律	81
訪問販売の禁止行為	81
ほうろう	283
ホースコック	283
ポータブルトイレ	283
ホームインプルーブメントセンター	81
ホームエレクトロニクス	283
ホームエレベーター	81
ホームオートメーション	283
ホームセンター	81
ホームテレホン	283
ホームバンキング	81
ホールセールクラブ	81
ボールタップ	283
ボール電球	283
ポール・ヘニングセン	321
保温銅管	283
ボーンチャイナ	81
補強コンクリートブロック造	283
ポジティブオプション	81
母集団	81
保証書	81
補色	283
補色残像	283
補色対比	283
星割れ	283
ポスターカラー	283
ポストモダン	283
柄(ほぞ)	283
柄組	81
柄差し	81
柄継ぎ	81
蛍スイッチ	81
ボックスコック	283
ポップ	82
ポピュレーションステレオタイプ	283
ホモゲンホルツ	283
洞床(ほらどこ)	284
ボランタリーチェーン	82
ポリアミド	82
ポリウレタン	82
ポリウレタン樹脂	82
ポリウレタン樹脂塗料	82
ポリウレタンフォーム	284
ポリウレタンワニス(表)	244
ポリエステル	82
ポリエステル樹脂	82
ポリエステル樹脂塗料	82
ポリエステルワニス(表)	244
ポリエチレン樹脂	82
ポリ塩化ビニル	82
ポリ塩化ビニル繊維	82
ポリカーボネート	82
ポリクラール繊維	82
ポリプロピレン樹脂	82
ポリプロピレン繊維	82
ボルト	284
ポルトランドセメント	284
ホルマル化木材	82
ホルムアルデヒド	82
ホログラフィー	284

ホワイエ	284
ホワイトボール	83
ホン	284
本勝手(ほんがって)	284
本実(ほんざね)	284
本実矧(は)ぎ	284
本実目透し	284
本実面取り	284
ボンディング加工	83
本床	284
ポンプ圧送方式	285
本磨き仕上げ(表)	201
本棟(ほんむね)造り	285

ま

マークアップ	83
マーク一覧(図)	7
マークオン	83
マーケティング	83
マーケティングコンセプト	83
マーケティングリサーチ	83
マーチャンダイジング	83
マイクロフィルム	285
マイセン磁器	83
前払式特定取引	83
曲り家造り	285
蒔絵(まきえ)	83
幕板(まくいた)	285
間口	285
曲げガラス(表)	129
曲木(まげき)	83
曲木椅子	83
曲木家具	83
柾目(まさめ)	286
間仕切り	286
益子焼	83
マジョリカ陶器	84
マスキング	286
マスタープラン	286
マズローの欲求段階説	84
町屋	286
マッカーシーの４Ｐ	84
松川びし(図)	299
松杭(まつぐい)	286
マッサージ吐水	286
抹茶色	286
マットレスの寸法	286
松本民芸	84
窓台	286
窓高	286
窓の種類	286
窓楣(まぐさ)	287
マトリクス	84
マナハウス	287
マニエリスム	287
マニフェスト制度	84
マニュアル	84
招き屋根	287
マネジリアルマーケティング	84
間柱	287
マホガニー	287
豆板	287
真物(まもの)	287
マルコフ連鎖	84
マルセル・ブロイヤー	321
丸太組工法	287
丸太組構法	287
マルチ型エアコン	287
マルチゾーン方式	287
マルチレベルループ	84
マルチン式計測法	288
丸籐(まるとう)	84
丸面取り柱	288
回り階段	288
マンサード屋根	288
まんじつなぎ(図)	299
マンスリークリア方式	84
マンセル表色系	288
マントルピース	84

み

ミース・ファン・デル・ローエ	322
ミカエル・トーネット	322
磨き板ガラス(表)	128
磨き丸太	288
御影石	288
ミキシングバルブ式水栓	288
見込み	288
ミシン張り	288
御簾(みす)	288
水糸	288
水返し	288
水切り	289
水勾配	289
水腰障子	84
水セメント比	289
水磨き仕上げ(表)	201
未成年者の法律行為	84
溝型ガラス(表)	130
見付き	289
見付け	289
密接距離	289
密閉型燃焼器具	289
見積	85
ミニクリプトン電球	289
美濃紙	289
蓑(みの)張り	289
ミラー仕上げ	85
民家	289
民芸家具	85
民芸家具の産地	85
民法	85

む

ムーンアンドスペンサーの調和論	289
無過失責任法	85
無機質壁紙	85
起(むく)り	289
起り破風入母屋造り	290

無限連鎖講 …………………………………85
無彩色 ………………………………………290
無作為抽出法 ………………………………85
矛盾図形 ……………………………………290
筵(むしろ) …………………………………290
無双四分一(むそうしぶいち) ……………290
無双(むそう)窓 ……………………………85
無電極ランプ ………………………………290
棟木(むなぎ) ………………………………290
棟(むね) ……………………………………290
無能力者 ……………………………………85
無目(むめ) …………………………………290
村田珠光 ……………………………………322
むら直し ……………………………………290
村野藤吾 ……………………………………322

め

明彩調(めいさいちょう) …………………291
明順応 ………………………………………291
明所視(めいしょし) ………………………291
名声価格政策 ………………………………85
明清色(めいせいしょく) …………………291
目板(めいた) ………………………………291
目板張り(めいたばり) ……………………291
明度 …………………………………………291
明度対比 ……………………………………291
銘木(めいぼく) ……………………………291
メートル法 …………………………………291
メートル間 …………………………………291
メールシュート ……………………………291
盲目(めくら)目地 …………………………291
目地(めじ) …………………………………291
目地棒(めじぼう) …………………………291
目透し(めすかし) …………………………291
目透し張り(めすかしばり) ………………291
メセナ ………………………………………85
メゾネット …………………………………291
メゾネット型住戸 …………………………291
メタアクリル樹脂 …………………………85
メタルハライドランプ ……………………291
メタルラス …………………………………292
目違い継ぎ(めちがいつぎ) ………………292
鍍金(めっき)仕上げ ………………………85
鍍金の工程 …………………………………85
メッシュウエビング ………………………85
メディシンキャビネット …………………292
目通り ………………………………………292
目止め ………………………………………85
メニュー方式 ………………………………292
目張り ………………………………………292
メラミン樹脂 ………………………………86
メラミン樹脂接着剤 ………………………86
面 ……………………………………………292
綿 ……………………………………………86
面内(めんうち) ……………………………292
面押え ………………………………………292
面皮柱(めんかわばしら) …………………292
面格子 ………………………………………86
面積表 ………………………………………292
メンテナンス ………………………………86

メンテナンスコスト ………………………292
面戸板(めんどいた) ………………………292
面取り ………………………………………292
面吹出し口 …………………………………292

も

モアレ ………………………………………293
モアレ加工 …………………………………86
萌黄(もえぎ)色 ……………………………293
杢(もく) ……………………………………293
木材 …………………………………………293
木材塗装の工程 ……………………………86
木材の狂い …………………………………293
木材の特性 …………………………………293
木材の引張り強度 …………………………293
木材の分類 …………………………………293
木造枠組壁構法 ……………………………296
木版 …………………………………………296
木片セメント板 ……………………………296
木目 …………………………………………296
木毛セメント板 ……………………………296
木理(もくり) ………………………………296
木れんが ……………………………………296
模型 …………………………………………296
モケット ……………………………………86
モザイクタイル ……………………………296
モザイクパーケット張り …………………296
モチーフ ……………………………………296
モチベーションリサーチ …………………86
モックアップ ………………………………296
木工事 ………………………………………86
木工事の積算 ………………………………86
モデュール …………………………………296
モデュール呼び寸法 ………………………297
モデュラーコーディネーション …………297
モデュロール ………………………………297
モデリング …………………………………297
モデルスコープ ……………………………297
元，本(もと) ………………………………297
モドゥルス …………………………………297
元口(もとくち) ……………………………297
元図(もとず) ………………………………297
元止め式瞬間湯沸器 ………………………297
モニター調査 ………………………………86
モノロック …………………………………86
モミ …………………………………………297
桃色 …………………………………………297
母屋(もや) …………………………………297
最寄品(もよりひん) ………………………86
モルタル ……………………………………298
モルタル塗り ………………………………298
モルタル防水(表) …………………………282
モンタージュ ………………………………298
文様 …………………………………………298

や

焼付け塗装 …………………………………86
屋久杉 ………………………………………299
約束手形 ……………………………………86

夜錠	86
約款	86
雇い実矧(は)ぎ	299
柳宗理	322
柳宗悦	322
屋根	299
屋根伏図	299
破れ目地	299
大和造り	299
大和張り	299
山吹(やまぶき)色	300
遣戸(やりど)	300
ヤンビー	300

ゆ

誘引ユニット方式	301
ユーゲント・シュティール	301
有効温度	301
有彩色	301
有償契約	87
ユーティリティ	301
誘導灯	301
優良住宅部品	301
床勝ち	301
床組	302
床仕上材の種類	87
床下換気口	302
床下の換気	87
床ユニット	87
床スラブ	302
床タイル張り	302
床高	302
床暖房	303
床束	303
床付き丁番	87
床伏図	303
床面積	87
雪見障子	87
油性絵具	303
油性調合ペイント(表)	244
油性ワニス(表)	244
ユニット	303
ユニット家具	87
ユニットバス	87
ユニティー	303
ユニバーサル型吹出し口	303
ユニバーサルデザイン	87
輸入家具の流通	87
ユリア樹脂接着剤	88

よ

洋銀	303
洋小屋組	303
養生	303
養生紙	303
容積率	88
溶接加工	88
用途地域	88
洋風便器	304
洋風浴槽	304
浴室	304
浴室乾燥型換気扇	304
浴槽	304
浴槽の材質	304
横軸回転窓	304
横繁(よこしげ)	304
横水栓	304
吉田五十八	322
ヨゼフ・ホフマン	323
寄棟(よせむね)	304
寄棟屋根	304
四つ間型	304
呼び出し装置	304
呼び出し表示装置	304

ら

ラーメン構造	304
ライティングダクト	305
ライティングビューロー	88
ライティングレール	305
ライニング加工	305
ライフオケーション分類	88
ライフサイクル	305
ライフスタイル	88
ライフスタイル対応住宅	305
ライフスタイルの把握	88
ライフステージ	88
雷文(図)	299
ライリーの法則	88
ライン型吹出し口	305
ラインロビング	89
ラウンジチェア	89
ラグ	89
ラジエーター	305
ラス	305
ラス擦(こす)り	305
ラス下地	305
ラスボード	305
ラスボード下地	305
螺旋(らせん)階段	305
ラダーバックチェア	89
ラチス梁	305
ラッカーエナメル	306
ラッカー塗装	89
ラックジョバー	89
ラディエーション	306
螺鈿(らでん)	89
ラバーライズドヘアー	89
ラピッドスタート	306
ラブシート	89
ラフスケッチ	306
ラブチェア	89
ラミネート加工	89
ラミン(表)	295
乱層積み	306
ランダムサンプリング	89
ランドルト環	306
ランニングコスト	306
ランニングトラップ	306

ランバーコア合板	306
乱張り	306
ランプ	89
ランプ効率	306
欄間（らんま）	306

り

リアルターゲット	89
リアルタイム受発注システム	90
リージェンス様式	307
リージョナルショッピングセンター	90
リース	90
リードターゲット	90
利益率	90
利掛率	90
利休鼠（りきゅうねずみ）色	307
リサイクル法	90
利潤志向マーケティング	
リシン掻き落し仕上げ	307
リシン吹付け仕上げ	307
リストラクチャリング	90
リズム	307
利息制限法	90
リターンダクト	307
リチャード・ノイトラ	323
立体作業域	307
立体視	307
リップル加工	90
立面図	307
リテールサポート	90
リトグラフ	308
リニューアル	90
リネン	90
リノベーション	90
リノリウム	308
リピート	308
リピート寸法	90
リビングダイニングチェア	90
リビングボード	90
リフォーム	90
リフレクターランプ	90
リフレッシュ	90
リベート政策	90
リペティション	308
利便性	308
リボルビング方式	90
リボンバックチェア	90
流行色	308
留置権	91
流通センター	91
両眼視差	308
量水器	308
緑廊（りょくろう）	91
隣地斜線制限	91
隣地使用権	91

る

類似の調和	308
ルイ15世様式	308
ルイ13世様式	308
ルイ14世様式	308
ルイス・カーン	323
ルイス・サリヴァン	323
ルートセールス	91
ルート長方形	308
ルーバー	308
ルーバー天井	308
ルーフィング	309
ループカーペット	91
ルーフファン	309
ルームエアコン	309
ルクス	309
ル・コルビュジエ	323
ルネッサンス様式	309
ルビンの壺	309

れ

レイアウト	91
冷凍冷蔵庫	310
レース	91
レースの種類	91
レーダーチャート	91
レーヨン	92
レギュラーチェーン	92
レジスター	310
レストチェア	92
レタリング	310
レッド＆ブルーチェア	92
レディミクストコンクリート	310
レベルループ	92
レリーフタイル	310
れんが	310
れんが敷き	310
れんが積み	310
連鎖販売取引	92
連子	310
レンジ	92
レンジフード	92
レンジフード型換気扇	310
連想記号法	92
連続住宅	310
レンダリング	310
レンタル	92

ろ

炉（ろ）	312
廊下	312
老人室	312
ロータンク	312
ロードサイドリテイラー	92
ローボード	92
ローボルト器具	312
ローマンシェード	92
ローラーセールス	92
ローラー塗り（表）	246
ロールシェード	93
ロールスクリーン	93
ロールブラインド	93

ロールプレイング	93	AIDCAモデル	2
ローン契約	93	AIDMAモデル	2
ローン提携販売	93	ALC製品	111
陸(ろく)	312	AVルーム	111
緑青(ろくしょう)色	312	BA	264
ログハウス	312	BCR	71
陸梁(ろくばり)	312	BL部品	264
陸屋根	312	BLマーク	71
ロココ様式	312	BOD値	264
露地(ろじ)	313	Cマーク	39
ロジスティックス	93	CAD	136
ロスリーダー	93	CAE	26
露壇(ろだん)	93	CAM	136
ロッキングチェア	93	CATV	172
ロックウール製品	93	CFRC	39
ロックウール板	313	CG	172
ロットリング	313	CHS	172
露点(ろてん)	313	CI	39
ロマネスク	313	CIE	172
ロマン主義	313	CIE表色系	172
ロマンスシート	93	CPI	39
		CRT	172
		CV	172

わ

		DCブランド	59
ワーカビリティ	313	DIY	230
ワークトップ	93	DK型住宅	230
ワークトライアングル	313	DKマーク	59
ワードローブ	93	DSS	59
ワイヤーラス	313	Eマーク	6
和家具	94	EL	103
若草色	313	EL(アイレベル)	103
脇卓子(わきたくし)	94	EOS	6
枠組壁構法	313	EP	103
和小屋組	313	Fケーブル	112
ワゴン	94	FA	14
和紙	94	FF型	112
輪島塗り	94	FMS	14
ワシリーチェア	94	FOB	14
ワニス	314	FRP	14
和風便器	314	Gマーク	39
和風浴槽	314	GL	172
和風両用便器	314	GMS	39
わらうだ	314	GP	172
藁座(わらざ)	314	GRC	39
割石(わりいし)	314	HA	112
割栗(わりぐり)	314	HIDランプ	112
割栗石	314	HL	112
割籐(わりとう)	94	I形配列	97
割肌仕上げ(表)	201	ICカード	2
割引政策	94	ID	97
割れ	314	ID機能	2
椀(わん)型トラップ	314	IH調理器	2
ワンストップショッピング	94	INS	2
		ISDN	2

A－Z

		ISMマーク	8
ABC分析	12	ISO	97
ABS樹脂	12	JANコード	42
AE剤	111	JAS規格	42
AI	12	JAS法	42
AIDAモデル	2	JASマーク	42
		JIS法	41

JISマーク	41	PSCマーク	70
KJ部品	145	PSEマーク	70
KJ法	32	PSLPGマーク	70
L形配列	112	PSTGマーク	71
L(字)型家具配置	113	Qマーク	28
L続き間型住居	113	RALマーク	89
LAN	306	RC造	96
LDK空間のタイプ	113	RCラーメン構造	96
LPガス	113	S造	112
LSI	14	Sトラップ	112
LVL	14	SD法	112
Mマーク	14	SGマーク	13
MC	112	SP	13, 112
MDF	14	SRC構造	111
MIS	14	SVマーク	13
MSDS	14	Tライン手法	230
NB	14	TPO	230
NDC	14	TQC	59
NFM	13	U形配列	301
NTB	14	Uトラップ	301
OA	15	UDC	87
OCR	15	UV塗装	87
OES	15	UVフィルター	301
off JT	16	VAN	70
OJT	15	VANの種類	70
OR	15	VDT	272
Pトラップ	264	VDT用蛍光灯	272
PAR形電球	256	VI	74
PB商品	71	VMD	74
PBX	264	VOC	74
PCCS	264	VP	74, 272
PL法	71	VR	74
POSシステム	81	VRS	74
POSの機能	81	VVFケーブル	272
PP	264	WPC	55
PPC	264	Yチェア	94
ppm	264	Zグラフ	52

＊) 索引中の(図),(表)の表記は,該当用語が図表中に掲載されていることを示す.

[逆引き索引]

織り
綾織り ……………………………………5
斜文織り …………………………………42
朱子織り …………………………………43
添毛(そえけ)織り ………………………53
平織り ……………………………………73

カーテン
アコーディオンカーテン ………………3
クロスオーバーカーテン ………………30
シアーカーテン …………………………39
遮光カーテン ……………………………42
シャワーカーテン ………………………181
スカラップカーテン ……………………48
スタイルカーテン ………………………48
セパレートカーテン ……………………52
センタークロスカーテン ………………52
難燃カーテン ……………………………65
バランスカーテン ………………………69
バルーンカーテン ………………………69
不燃カーテン ……………………………76

カーペット
アキスミンスターカーペット …………3
ウィルトンカーペット …………………10
コードカーペット ………………………35
コマーシャルカーペット ………………36
コントラクトカーペット ………………37
シャギーカーペット ……………………42
タイルカーペット ………………………54
タフテッドカーペット …………………55
ニットカーペット ………………………66
平織りカーペット ………………………73
フロックカーペット ……………………78
ループカーペット ………………………91

加工(カーテン、カーペット)
エンボス加工 ……………………………15
オーバーロック加工 ……………………15
オパール加工 ……………………………16
キルティング加工 ………………………28
コーティング加工 ………………………35
サンフォライズ加工 ……………………39
樹脂加工 …………………………………43
帯電防止加工 ……………………………54
プリーツ加工 ……………………………77
防炎加工 …………………………………80
防汚加工 …………………………………80
防縮加工 …………………………………80
防水加工 …………………………………80
防虫加工 …………………………………81
ボンディング加工 ………………………83
モアレ加工 ………………………………86
ラミネート加工 …………………………89
リップル加工 ……………………………90

ガラス
網入り板ガラス(表) ……………………128
合せガラス ………………………………101
色焼付け板ガラス(表) …………………130
エッチングガラス(表) …………………130
型板ガラス ………………………………122
強化合せガラス(表) ……………………129
強化ガラス(表) …………………………129
曇りガラス ………………………………142
ステンドガラス …………………………193
すりガラス ………………………………195
赤外線吸収ガラス ………………………198
電導性ガラス(表) ………………………129
熱線吸板ガラス …………………………254
熱線反射ガラス(表) ……………………129
複層ガラス ………………………………273
普通板ガラス ……………………………275
フロートガラス …………………………277
フロート発色ガラス(表) ………………129
ペアガラス ………………………………279
曲げガラス(表) …………………………129
磨き板ガラス(表) ………………………128
溝型ガラス(表) …………………………130

仕上げ(金属)
鏡面仕上げ ………………………………28
サテン仕上げ ……………………………38
シルクライン仕上げ ……………………46
スクラッチ仕上げ ………………………48
ヘアーライン仕上げ ……………………78
ミラー仕上げ ……………………………85
鍍金(めっき)仕上げ ……………………85

仕上げ(左官仕上げ)
洗い出し仕上げ …………………………100
色モルタル仕上げ ………………………107
掻(か)き落し仕上げ ……………………120
掻き落し粗面仕上げ ……………………120
金鏝(かなごて)仕上げ …………………123
刷毛(はけ)引き仕上げ …………………259
リシン掻き落し仕上げ …………………307
リシン吹付け仕上げ ……………………307

照明
アクセント照明 …………………………99
間接照明 …………………………………132
局部照明 …………………………………139
建築化照明 ………………………………146
光梁(こうりょう)照明 …………………152
コーニス照明 ……………………………152
コーブ照明 ………………………………152
コファー照明 ……………………………155
全般拡散照明 ……………………………207
全般照明 …………………………………208
ダウンライト照明 ………………………213
タスク・アンビエント照明 ……………214

358

直接照明	225
バランス照明	262
半直接照明	263
ビーム照明	265
非常用照明	267

チェア
アーガイル	2
アームチェア	2
アローチェア	5
アントチェア(図)	316
イージーチェア	6
ウインク	10
ウィングチェア	10
エッグチェア	13
カンティレバーチェア	25
キャブチェア	27
コノイドチェア	36
サッコ	38
シールドバックチェア	39
シェーズロング(図)	323
スーパーレジェラ	48
スタッキングチェア	48
スプラットバックチェア	49
スポークチェア	50
スリングチェア	50
スワンチェア	50
セクショナルチェア	52
セパレートチェア	52
セブンチェア	52
ダイヤモンドチェア(図)	320
チェスカチェア	56
チューリップチェア	57
デコラティブチェア	60
ニーチェアX	65
パーソナルチェア	67
ハイバックチェア	68
パイミオチェア(図)	51
バタフライスツール	69
バチェラーズチェア	69
バルセロナチェア	69
パレットチェア	70
ピーコックチェア(図)	320
フォルディングチェア	75
ブルーノチェア(図)	322
ペデスタルチェア	79
ラウンジアームチェア(図)	319
ラウンジチェア	89
ラダーバックチェア	89
ラブチェア	89
リビングダイニングチェア	90
リボンバックチェア	90
レストチェア	92
レッド&ブルーチェア	92
ロッキングチェア	93
ワイヤーチェア(図)	319
ワシリーチェア(図)	322
Yチェア	94

丁番
アングル丁番	5
隠し丁番	22
ガラス丁番	25
軸吊り丁番	40
スライド丁番	50
普通丁番	76
フラップ丁番	77
フランス丁番	77
床付き丁番	87

テーブル
エクステンションテーブル	13
エンドテーブル	14
拡張式テーブル	22
ゲートレッグテーブル	32
コンソールテーブル	37
サイドテーブル	38
伸長式テーブル	47
ドロップリーフテーブル	64
ナイトテーブル	64
ネストテーブル	66
バタフライテーブル	69
ビアテーブル	70
フォルディングテーブル	75

天井
折り上げ天井	118
掛込み天井	121
片流れ天井	123
組み天井	142
格(ごう)天井	151
勾配天井	151
竿縁(さおぶち)天井	160
直(じか)天井	174
光天井	265
平天井	270
舟底天井	275
ルーバー天井	308

床(床の間)
置床	116
織部床	118
蹴込み床	145
吊床	230
袋床	273
踏込(ふみこ)み床	275
洞床(ほらどこ)	284
本床	284

トラップ
サイホン式トラップ	159
胴トラップ	237
ドラム型トラップ	243
非サイホン式トラップ	267
ヘアートラップ	279
ベル型トラップ	280
ランニングトラップ	306
椀(わん)型トラップ	314
Pトラップ	264
Sトラップ	112
Uトラップ	301

359

塗り(家具・工芸品)
- 漆塗り ……………………………………11
- 上塗り ……………………………11, 111
- きんま塗り ………………………………28
- 下塗り ……………………………41, 177
- すり漆塗り ………………………………50
- 中塗り ……………………………65, 247
- 梨子地(なしじ)塗り ……………………65
- ふき漆塗り ………………………………75

塗り(工法)
- 加熱吹付け塗り(表) ……………………246
- 浸漬塗り(表) ……………………………246
- 静電吹付け塗り(表) ……………………246
- セメントモルタル塗り(表) ……………164
- 流し塗り(表) ……………………………246
- 刷毛(はけ)塗り(表) ……………………246
- 吹付け塗り(表) …………………………246
- へら塗り(表) ……………………………246
- ローラー塗り(表) ………………………246

塗り(左官仕上げ)
- 現場テラゾー塗り ………………………147
- 漆喰塗り …………………………………178
- 人造石塗り ………………………………189
- 石膏プラスター塗り ……………………202
- 繊維壁塗り ………………………………205
- ドロマイトプラスター塗り ……………243
- モルタル塗り ……………………………298

張り(椅子)
- あおり張り …………………………………3
- 厚張り ………………………………………4
- 薄張り ……………………………………11
- 皿張り ……………………………………38
- 土手張り …………………………………63

張り(仕上げ)
- 縁甲板張り ………………………………114
- 壁タイル張り ……………………………125
- サイディング張り ………………………159
- 敷目板張り ………………………………175
- 捨張り(すてばり) ………………………193
- 石綿スレート板張り ……………………199
- 石膏ボード張り …………………………202
- 大理石張り ………………………………213
- 縦羽目張り ………………………………219
- 玉石張り …………………………………219
- 団子(だんご)張り ………………………220
- つけとろ張り ……………………………229
- 積上げ張り ………………………………229
- ドイツ下見張り …………………………234
- フローリングブロック張り ……………227
- フローリングボード張り ………………227
- 方形張り …………………………………281
- 目板張り(めいたばり) …………………291
- 目透し張り(めすかしばり) ……………291
- モザイクパーケット張り ………………296
- 大和張り …………………………………299
- 床タイル張り ……………………………302
- 乱張り ……………………………………306

張り(壁装材)
- 宮殿張り …………………………………137
- 清(きよ)張り ……………………………139
- 釘打ち張り ………………………………141
- クロス張り ………………………………144
- 直(じか)張り ………………………………40
- 下張り ………………………………………41
- 緞子(どんす)張り ………………………243
- 袋張り ………………………………………75
- 布団(ふとん)張り ………………………275
- べた張り ……………………………………79
- ミシン張り ………………………………288
- 蓑(みの)張り ……………………………289
- 目張り ………………………………………85

マーク
- ウールマーク ……………………………10
- エコマーク ………………………………13
- エスマーク ………………………………13
- 公正マーク ………………………………34
- 伝統工芸マーク …………………………61
- トレードマーク …………………………64
- ブルーエンジェルマーク ………………77
- ベターリビングマーク …………………79
- BLマーク …………………………………71
- Cマーク ……………………………………39
- DKマーク …………………………………59
- Eマーク ……………………………………6
- Gマーク ……………………………………39
- ISMマーク …………………………………8
- JASマーク …………………………………42
- JISマーク …………………………………41
- Mマーク …………………………………14
- PSCマーク ………………………………70
- PSEマーク ………………………………70
- PSLPGマーク ……………………………70
- PSTGマーク ……………………………71
- Qマーク …………………………………28
- RALマーク ………………………………89
- SGマーク …………………………………13
- SVマーク …………………………………13

マーケティング
- エリアマーケティング …………………14
- オーダリーマーケティング ……………15
- 環境保全志向マーケティング …………25
- 高圧的マーケティング …………………33
- 社会志向マーケティング ………………42
- ターゲットマーケティング ……………54
- ダイレクトマーケティング ……………54
- テストマーケティング …………………60
- パーソナルマーケティング ……………67
- マネジリアルマーケティング …………84
- 利潤志向マーケティング ………………90

目地
- いも目地 …………………………………106
- 馬乗り目地 ………………………………111
- 馬踏み目地 ………………………………111
- 小溝目地 …………………………………155
- 四半目地(しはんめじ) …………………179

出目地	232
斜目地	247
布目地	252
眠り目地	255
引込み目地	267
平目地	270
覆輪(ふくわ)目地	273
盲目(めくら)目地	291
破れ目地	299

焼き

有田焼	5
伊万里焼	8
越前焼	13
唐津焼	25
清水焼	28
九谷焼	29
信楽焼	40
セーブル焼	51
瀬戸焼	52
常滑焼	63
砥部焼	63
萩焼	68
備前焼	72
益子焼	83

様式

アーリー・アメリカン様式	96
アダム様式	99
アンピール様式	102
イスラム様式	104
ウィリアムアンドメリー様式	109
エリザベス様式	112
起居(ききょ)様式	133
クィーン・アン様式	140
ゴシック様式	153
コロニアル様式	156
シェーカー様式	173
シェラトン様式	173
ジャコビアン様式	181
チッペンデール様式	223
チューダー・ゴシック様式	224
ディレクトワール様式	231
バロック様式	263
ビーダーマイヤー様式	264
ビクトリア様式	267
ビザンチン様式	267
ブール様式	273
ヘップル・ホワイト様式	280
リージェンス様式	307
ルイ15世様式	308
ルイ13世様式	308
ルイ14世様式	308
ルネッサンス様式	309
ロココ様式	312

ランプ

環形蛍光ランプ	130
蛍光ランプ	144
高圧蛍光水銀ランプ	148
高圧ナトリウムランプ	148
高演色形蛍光ランプ	148
コンパクト形蛍光ランプ	157
三波長域発光形ランプ	171
三波長蛍光ランプ	171
シャンデリアランプ	42
省電力形蛍光ランプ	185
シルバーボールランプ	46
赤外線反射膜ハロゲンランプ	198
昼光色蛍光ランプ	56
直管形蛍光ランプ	57, 225
電球形蛍光ランプ	61
電球口金形蛍光ランプ	233
ナトリウムランプ	247
白色蛍光ランプ	259
白熱ランプ	259
バラストレス水銀ランプ	262
ハロゲンランプ	70, 263
無電極ランプ	290
メタルハライドランプ	291
リフレクターランプ	90
HIDランプ	112

＊) 索引中の(図),(表)の表記は，該当用語が図表中に掲載されていることを示す。

●参考文献

1) 社団法人インテリア産業協会『インテリアコーディネーターハンドブック　販売編[改訂版]』
2) 社団法人インテリア産業協会『インテリアコーディネーターハンドブック　技術編[改訂版]』
3) 小林一元・高橋昌巳・宮越喜彦・宮坂公啓『木造建築用語辞典』井上書院
4) 吉河功監修，日本庭園研究会編『庭園・植栽用語辞典』井上書院

［編著者］

尾上孝一（おのえこういち）
  1934年　埼玉県に生まれる。
  1957年　千葉大学卒業
  現　在　創デザイン工房主宰。一級建築士

大廣保行（おおひろやすゆき）
  1943年　熊本県に生まれる。
  1966年　佐賀大学卒業
  現　在　東横学園女子短期大学教授

加藤　力（かとうつとむ）
  1946年　長野県に生まれる。
  1970年　千葉大学大学院修士課程修了
  現　在　宝塚造形芸術大学大学院教授。工学博士

図解・インテリアコーディネーター用語辞典
［改訂版］

1993年 9 月20日　第 1 版第 1 刷発行
2004年 7 月10日　改訂版第 1 刷発行
2020年 3 月30日　改訂版第12刷発行

編著者　　尾上孝一・大廣保行・加藤　力Ⓒ
発行者　　石川泰章
発行所　　株式会社 井上書院
　　　　　東京都文京区湯島 2-17-15 斎藤ビル
　　　　　電話（03）5689-5481　FAX（03）5689-5483
　　　　　https：//www.inoueshoin.co.jp
　　　　　振替 00110-2-100535
印刷所　　株式会社ディグ
製本所　　誠製本株式会社
装　幀　　川畑博昭

・本書の複製権・翻訳権・上映権・譲渡権・公衆送信権（送信可能化権を含む）は株式会社井上書院が保有します。
・**JCOPY**〈（一社）出版者著作権管理機構 委託出版物〉
本書の無断複写は著作権法上での例外を除き禁じられています。複写される場合は，そのつど事前に，(一社)出版者著作権管理機構（電話 03-5244-5088，FAX 03-5244-5089，e-mail：info@jcopy.or.jp）の許諾を得てください。

ISBN 978-4-7530-0096-8　C3552　Printed in Japan

インテリアコーディネーター資格試験（一次）突破の必携書！

最新5か年
インテリアコーディネーター資格試験問題集 年度版／解説付

インテリアコーディネーター試験研究会編　A5・320頁（二色刷）

基礎知識や販売・商品知識はもちろんのこと、関連分野におよぶ幅広い知識が要求されるインテリアコーディネーターの資格取得を目指す初学者を対象に、過去5年間の試験問題と解答を収録し、わかりやすく解説する。1回分の模擬問題付。　**本体2500円**

完全図解
インテリア コーディネート テキスト

尾上孝一・小宮容一・妹尾衣子・安達英俊著　B5・136頁

インテリアの基礎が無理なく理解できるよう、歴史、計画、家具と人間工学、デザイン要素、建築構造、構成、建築材料、環境工学、関連設備、関連法規、表現技法の基本を徹底図解する。　**本体2700円**

インテリアコーディネーターの実務に役立つ知識満載！

インテリアデザイン実践講座 ［1］
スペースデザイン

旭化成ホームインテリア研究所編
B5・128頁　本体3200円

【主な内容】ライフスペースデザイン／予条件の把握／基本方針の作成〜エレメントのデザイン、セレクト／トータルインテリアコーディネーション／インテリアスタイル／色彩／行為別空間計画

マンガで学ぶ
インテリアコーディネーターの仕事

社団法人インテリア産業協会監修
B5・152頁　本体2700円

【主な内容】リフォーム相談／ヒアリングと現場調査／情報の収集と確認／プレゼンテーション／契約／工事打合せと発注業務／工程管理・工事管理／完成引渡し

インテリアデザイン実践講座 ［2］
デザインビジネス

旭化成ホームインテリア研究所編
B5・96頁　本体3000円

【主な内容】インテリアデザインビジネス概論／インテリアデザインビジネスの実践（業務フロー）／請負契約に関する法的基礎知識／インテリアデザインビジネスの戦略

図解テキスト
インテリアデザイン

小宮容一・加藤力・片山勢津子・塚口眞佐子・ペリー史子・西山紀子
B5変・152頁　本体3000円

【主な内容】デザイン計画の基礎から、インテリアの表現・演出にかかわるインテリアスタイル、ウインドートリートメント、ライティング、マテリアル、色彩、また新しいデザインの手法まで徹底図解。

＊上記の本体価格に，別途消費税が加算されます。